명청시기 예수회 선교사 한학의_史

지은이

장시핑 張西平, Zhang Xi-Ping

베이징언어대학교 특빙교수, 베이징외국어대학교 교수와 『국제한학(國際漢學)』 주편으로 재직 중이다. 국제중국문화연구원 원장, 비교문명과인문교로고등연구원(比較文明与人文交路高等研究院) 원장 등을 맡았고, 국제유교연맹(國際儒联) 부회장, 세계한어교육사학회 회장, 중국중외관계사학회 부회장, 중국종교학회 및 중국비교문학학회 이사 등을 역임했다. 2019년에 스페인 국왕 펠리페 6세(Felipe Ⅵ)가 수여한 스페인 시민공로십자훈장을, 2021년에는 이탈리아 대통령이 수여한 이탈리아 국가공로훈장을 받았다. 주요 연구 분야는 현대 서양철학, 1500~1800년의 동서문화교류사, 서양 한학사, 중국 기독교사이다. 대표적인 저술로는 『歷史哲學的重建』(三联哈佛燕京叢書), 『中國和歐洲宗教与哲學交流史』(東方出版社), 『西方早期對漢語學習调查』(大百科出版社), 『中外哲學交流史』(湖南教育出版社), 『本色之探－20世纪中國基督教文化學術論集』(中國國際廣播电视出版社) 등이 있다.

엮고 옮긴이

전홍석 全洪奭, Jeon Hong-Seok

성균관대학교에서 한국철학, 중국철학을 공부하고 동 대학원에서 철학박사 학위를 받았다. 이후 한국연구재단 해외박사후연수지원사업에 선정되어 중국 사회과학원 철학연구소에서 동서비교철학을 공부했다. 그리고 베이징외국어대학교 방문학자로 초빙을 받아 동대학 중국해외한학연구센터에서 문명교류사에 관한 다양한 연구를 수행했다. 그 외에 중국톈진외국어대학교 객좌교수, 원광대학교 HK+ 연구교수, 순천향대학교 학술연구교수 등으로 재직했다. 현재는 중국저장공상대학교 동아시아연구원 교수로 있다.

명청시기 예수회 선교사 한학의_史

초판발행　　2024년 7월 25일

지은이　　장시핑
옮긴이　　전홍석

펴낸이　　박성모
펴낸곳　　소명출판
출판등록　　제1998-000017호
주소　　서울시 서초구 사임당로14길 15 서광빌딩 2층
전화　　02-585-7840
팩스　　02-585-7848
이메일　　somyungbooks@daum.net
홈페이지　　www.somyong.co.kr

ISBN　　979-11-5905-948-3 93910
정가　　49,000원

장시핑 지음 / 전홍석 엮고 옮김

명청시기 예수회 선교사 한학의 _史 ^{역사}

오늘날 세계는 하나의 세계가 되었고 각 민족과 국가가 진정한 전 지구의 한 구성원으로 세계의 활동에 참여하기 시작하면서 세계는 경제와 문화상에서 하나의 전체를 이루고 있다. 이 모든 것이 16세기 지리적 대발견에서 비롯되었다고 할 수 있다. 각개 상호영향력의 범위는 이러한 발전과정에서 거듭 확대되어 각 민족의 원시적인 폐쇄상태는, 갈수록 완비되어가는 생산방식이나 교류, 그리고 이를 기초로 발전한 각 민족 간의 자연 발생적인 분업으로 인해 더욱더 철저하게 소멸되고 역사는 점점 더거세게 전 세계의 역사가 되어가고 있다.

포르투갈과 스페인에 의해서 시작된 지리적 대발견의 역사는 서양인들이 칼과 불로 이 세계를 경작하는 과정이자, 서양의 식민사殖民史가 시작된 역사이기도 했다. 라틴아메리카의 혈관이 절개되었고 포르투갈이 서아프리카 해안에서 자행한 흑인 노예에 대한 인신매매도 개시되었다. 포르투갈이 인도양에서 중국 남해로, 그리고 스페인이 태평양에서 중국과 가까운 필리핀으로 건너왔을 때 중국은 급기야 명말明末시기에 유럽과 만났다.

포르투갈과 스페인이 중국 남해에서 포위했을 때 그들은 유구한 문명이자 대단히 강대한 중국을 직접 대면하게 되었다. 글로벌 히스토리Global History로 볼 때 명나라 말기에서 청나라 중기1500~1800에 이르기까지 동서양이 서로 접촉하는 시기에 중국은 독자적이고 강대한 국가 이미지를 세계 무대에 펼쳐 보였다. 이 시기 중국은 세계와 상호 작용을 하면서 중심적이고 주도적인 위치에 있었다. 또한 유럽과 200여 년 동안 평등한 문화교류의 시대를 열었다. 이는 청나라 말기의 상황과는 완전히 다른 모습이었다.

이 한국어판 원저인 나의 저작『유럽 초기 한학사―동서양의 문화교류와 서양 한학의 흥기歐洲早期漢學史―中西文化交流与西方漢學的兴起』는 중국과 유럽의 초기 문화교류를 연구한 것이다. 이 역사시대에는 서양의 문화가 중국에 전래됨西學東漸과 동시에, 중국의 문화가 유럽에 전파되어東學西傳 18세기 유럽의 중국 열풍中國熱을 고조시켜 서양 초기 한학이 흥성했다. 마테오 리치Matteo Ricci, 利瑪竇, 1552~1610와 쉬광치徐光啓, 1562~1633가 개척한 이 역사는 동서양 공동의 문화유산이며 이미 글로벌화된 오늘날 이 역사를 되돌아보는 것은 의미가 있다.

끝으로 이 책을 한글로 편역해서 대한민국의 많은 문사文史 애호가들이 읽을 수 있도록 노고를 아끼지 않은 전홍석 교수께 감사드린다. 본 저서에서 다룬 역사가 중국뿐만 아니라 동아시아 전체에 광범위하게 영향을 미쳤다는 점에서 이 책이 한국에서 출판되는 것은 값진 일이라고 생각한다.

2023년 11월 1일
장시핑

　16~18세기 내화^{來華}한 천주교 서양 선교사^{특히 예수회원} 지식인들은 최초 동서양 간 문명의 지성적 인식시대를 이끈 동서양 문명교류의 한복판에 위치한다. 이들 서양 선교사들은 르네상스 휴머니즘의 이성을 폭넓게 흡수하고 고도로 교육받은 문화인이었다. 이들은 동아시아의 세계관과 그 주류 이념이었던 유교 천권^{天權}문명을 이해하고자 대화를 나누었고 이렇게 생산된 '천학^{天學}'이라는 학술체계의 지적 구성물을 통해서 동서교류를 진척시킨 최초의 동아시아학자들이었다. 이른바 천학은 유럽 신권^{神權}문명^{기독교문화}과 동아시아 천권문명^{유교문화}의 융합체라고 할 수 있다.

　당시 유럽 라틴어·기독교문명권의 동양 학문이나 동아시아 한문·유교문명권의 서양 학문은 모두 이들의 저역서가 쌍방향적 문화운반체 구실을 했다. 선교사의 저역서는 동서양 중세 공동문어^{라틴어·한문}로 각각 집필·전달되었기 때문에 그 영향은 두 문명권의 동문^{同文}세계 전역을 망라한다. 따라서 이들의 동·서양어 문헌은 매우 중요한 사료적·학술적 가치를 지닌다고 할 것이다. 그것은 지구화 초기 인류문명^{文化}교류사의 진귀한 보고로서 동서문명이 처음 만났을 때의 대화와 교류, 그리고 두 문명이 서로에게 귀감이 된 풍부한 성과를 말해준다.

　특히 '한문 천학서^{天學書}'는 동아시아의 근대적 사유의 발단, 근대 사상의 발생과정을 새로운 시각에서 이해하는 데 극히 중요한 학술적 토대이다. 명청시기 재화^{在華} 서양 선교사 지식인들이 동아시아의 다양한 사회적 층위에서 상호작용한 역사적 사건이나 그 결과로서의 한문 문헌은 동아시아의 근대사, 근대문화의 탄생과 불가분의 관계에 있다. 그러므로 근대화와 관련된 역사동학the dynamics의 주요한 자원으로서 내화 선교사들의 서구 지식체계의 계보학적 소개는 동아시아 근대 사회로의 이행을 이해하는 데 필수적이다. 이는 동아시아 근대화의 장구한 궤적을 설명해주는 소중한 문화자원이자 사상적 유산이라고 할 수 있다.

또한 한문 천학서는 한국 근세 지식 사회 형성과도 깊이 관련된다. 천학 한적漢籍이 지역사와 지구사를 포괄한다는 점에서 그에 관한 연구는 글로컬glocal, 지구지역적 한국학의 지반을 조성하는 데도 일조할 것이다. 조선 후기나 한국의 근대 지식인들이 천학서를 자기화하면서 한국의 지성사를 변화시켜간 역사는 이미 지방성locality · 지역성regionality · 지구성globality을 하나로 연결하는 지구지역성glocality을 내포하기 때문이다. 그러므로 중세에서 근대로의 이행기명청시기 동아시아에 온 서양 선교사 지식인들의 한문 천학서는 동아시아의 근대적 사유나 관련 한국학 분야의 연구 진척에 유용한 연구자료를 제공할 것이다.

그러나 이러한 연구 지형의 중요성에도 불구하고 명청시기 동아시아에서 활동했던 내화 유럽 선교사 지식인에 대한 연구와 그 학문적 정립이 진척되지 못한 것은 자료 수집이 용이하지 않았기 때문이다. 기존 연구의 불완전성은 이들의 전체적 '한문 텍스트'가 미발굴되어 문헌들 간의 상호관계성이 잘 규명되지 않아 초래된 결과인 것이다. 다행히도 최근 중국학계에서는 로마 교황청 바티칸도서관Biblioteca Apostolica Vaticana과의 국제 교류 협력을 통해서 『바티칸도서관 소장 동서문화교류사 문헌총서梵蒂岡圖書館藏明清中西文化交流史文獻叢刊』라는 도서명으로 아직 공개되지 않은 방대한 자료들을 영인, 발간하고 있다.

유럽이 소장하고 있는 대량의 한적은 돈황 문헌과 바티칸도서관 문헌이 대표적이다. 그 가운데서도 후자가 수량이 가장 많고 저본으로서도 최상이다. 또한 명청시대 동서양의 문명교류사를 이해하는 데도 매우 중요한 문헌적 사료와 학술적 연구 가치를 지닌다. 내용 면에서는 총 여섯 종류, 즉 종교, 과학, 중국 고적古籍, 사전, 예술, 지도·항성도輿圖星圖로 분류되며 구체적으로는 명말청초 서양 선교사들이 동서양의 과학, 종교, 문화, 역사 등을 소개한 저술, 동아시아에서의 선교 과정이나 황제·관리와 접촉한 역사 문헌, 동아시아 지식인들의 서학 수용과 이해의 문헌, 선교사들의 민간 활동 기록 문헌 등이 주를 이룬다.

그런데 중국에서 현재 진행 중인 상술한『바티칸도서관 소장 동서문화교류사 문헌총서』의 학술 사업을 이끈 장본인이 바로 본서의 저자인 장시핑張西平 교수님이다. 나는 일찍이 이 학술 분야의 초기 개척 저작인 주첸즈朱謙之, 1899~1972의『중국 사상이 유럽문화에 끼친 영향中國思想對於歐洲文化之影響』商務印書館, 1940을 2003이후 개정판 2010·2019년도에 번역해서 한국에 소개해 광범한 학술적 반향을 일으킨 바 있다. 금번에 출간하는 본서는 동서양 문명교류 방면에서 주첸즈 선생의 학술적 후계자라고 할 수 있는 장시핑 교수님의 대표 저작『유럽 초기 한학사─동서양문화교류와 서양 한학의 흥기歐洲早期漢學史─中西文化交流與西方漢學的興起』中華書局, 2009에 대한 한국어 판본이다. 특히 본서는 이 중문 원서 중에서 문헌학상 한국 내 연구가 비교적 취약한 한문 문헌과 관련된 내용들을 선별해서 편역했음을 밝혀둔다. 아무쪼록 이 책이 한국의 이 분야 학술적 발전에 기여하기를 바란다.

2024년 7월

전홍석 識

　한국 천주교회의 뿌리를 찾다 보면 복음을 전해준 매개가 한문 서학서임을 발견하게 된다. 조선에서는 중국으로부터 전래된 서양 학문에 대한 서적을 가리켜 서학, 천학, 양학 등 다양하게 불렀다. 그러한 새로운 학문을 연구하던 조선 후기 학자들 가운데 서학의 천주교 가르침에서 진리를 발견하고 천주교 공동체를 시작한 이들이 있었다. 한국 천주교회는 그렇게 천주교 서적을 통해서 시작되었고 문서선교의 매우 특별한 성공사례라고 평가되기도 한다.

　명말청초에 주로 예수회 선교사들에 의해 간행된 서학서에는 천주교 서적만이 아니라 과학, 수학, 의학, 지리학 등 서양의 각종 전문지식이 담겨 있었다. 선교사들이 중국어를 학습하고 서구문화를 번역하는 과정에서 문화적 적응, 변용, 발전이 일어났고 동-서의 문화적 차이 때문에 갈등도 발생했다. '중국전례典禮논쟁Chinese Rites Controversy'1645~1742이라고 불리는 오랜 논의와 갈등은 중국에만 영향을 미친 것이 아니라, 한자문화권과 유교문화를 가진 동아시아 국가에도 영향을 주었다. 조선에서는 전통적인 제사의식을 거부하던 천주교인이 사형을 당하면서 지속적으로 박해가 이어지기도 했다.

　서학의 범위는 매우 넓지만 흔히 서학의 인문학 측면인 이편理篇과 과학기술 측면인 기편器篇으로 크게 나누어진다. 조선 후기 정조正祖, 1776~ 1800 재위 시대에 천주교 공동체가 시작될 때만 해도 서학의 기적器的 측면인 과학기술 서적은 용인되어 적극적으로 활용되기도 했다. 잘 알려져 있듯이 수원 화성이 건설될 때 사용되었던 거중기는 바로 『기기도설奇器圖說』을 참고해 다산茶山 정약용丁若鏞, 1762~1836 등이 만든 것이었다. 그러나 조상제사 거부와 관련된 문제가 발생하자 천주교의 가르침은 조선 사회에서 이단으로 규정되었다. 조선 정부는 서학을 사학邪學이라는 이름으로 단죄하기 시작했다. 그러면서 점차 서학의 이적理的 측면인 천주교와 더불어 기적 측면인 서학서도 모두 파기되기에 이르렀다. 그럼에도 불구하고 천주교를 믿던 이들은 여전히 자신들에게 꼭 필요한 교리와 전례, 그리고 신심 생활을 위한 서적들을 비밀리에 들여와서 한글로 번역해 사용했다. 결국 한국교회의 기원과 발전의 근간에는 서학서가 자리하고 있다고 평가할 수 있다.

금번 전홍석 교수께서 펴낸 『명청시기 예수회 선교사 한학사』는 중국에서 한문 서학서 연구의 거장이라 할 수 있는 장시핑張西平 선생의 중문 명저를 편역한 것이다. 전교수님은 일찍이 주첸즈朱謙之, 1899~1972의 『중국 사상이 유럽문화에 끼친 영향中國思想對於歐洲文化之影響』을 번역해 한국 학계에 큰 도움을 준 바 있다. 더해서 그 자신의 저작 『초기 근대 서구지식인의 동아시아상과 지식체계—예수회 선교사의 유교오리엔트: 호혜적 교류 형상』역시도 학계에 널리 알려진 책이다. 이번에 또 장시핑 선생의 방대한 저서를 한국에 소개하고 있는데 이 역작이야말로 중국의 예수회 한학漢學에 대한 역사를 온전히 알려주는 개론서 그 이상의 역할을 할 만한 책이라고 할 수 있다. 본문의 번역 자체가 지난至難한 거질의 책인데다가 때때로 인용되고 있는 옛 용어의 내용을 현대어로 번역한다는 것은 결코 쉬운 일이 아니다. 나는 중간 중간 어려운 고비도 있었다고 전교수님에게 들었다.

이 책은 내화來華 예수회 선교사들의 한학의 시작과 발전을 다루면서 마지막에 그들의 한문 작품에 대한 종합적인 정리도 하고 있다. 중국에서 선교사들의 한학이라고 부르는 작품은 국내에서 한문 서학서라고 일컬어지는 서적을 가리킨다. 한문 서학서에 대한 관심을 가진 연구자들에게는 너무도 큰 선물이자 향후 연구를 위한 큰 안내서가 될 만한 책이다. 무엇보다 평생 이 분야 연구에 매진해 큰 성과를 이룬 장시핑 선생과 그의 저술을 한국어로 쉽게 볼 수 있도록 힘든 작업을 하며 완성해준 전홍석 교수님께 깊은 감사의 마음을 전해드리고 싶다.

2024년 7월

재단법인 한국교회사연구소장, 『교회사연구』 편집인

조한건 신부

한국 천주교회의 교회사는 천주교의 전래로 볼 때 타 국가들과는 다른 독특한 특징을 가진다. 그것은 한국 천주교가 유럽의 성직자 선교사의 한국 진출을 통해서 시작되지 않았다는 점이다. 중국은 명청明淸시기 예수회를 대표로 하는 유럽 선교사들에 의해 유럽 라틴계 성서문화의 토착화천주교가 전개되었다. 이와 함께 한반도에서도 중국으로부터 한문 서학서들 — 특히 마테오 리치Matteo Ricci, 利瑪竇, 1552~1610의 『천주실의天主實義』 — 이 유입되면서 천주학이 조선 후기에 본격적으로 등장했다. 당시 유교문화 중심의 조선에서는 서양 학문을 연구한 조선 문인들이 천주학을 종교천주교로 받아들이기 시작했고, 이로부터 서양에 뿌리를 두고 있는 그리스도교 신앙의 토대가 한반도에 마련되어 1784년에 신앙 공동체가 최초로 설립되었다.

당대 소수의 조선 문인들로 구성된 초기 한국 천주교회 지도자들은 천주교 교세의 성장과 발전을 위해서는 천주교 성직자가 반드시 필요하다는 사실을 깨닫게 되었다. 이들은 여러 방면으로 노력한 끝에 마침내 1794년 중국인 출신 로마 가톨릭교회 사제 저우원모周文謨, 1752~1801가 입국하기에 이르렀다. 이후로 한국 천주교는 유교 질서에 도전하고 만민평등사상을 주창한다는 이유로 사교邪敎로 인식되어 조정으로부터 오랜 기간 수차례에 걸쳐 박해를 받았다. 주지하다시피 최초의 한국인 성직자는 성 김대건 안드레아Saint Andrew Kim Taegon, 金大建, 1821~1846 신부이다. 김대건은 중국 마카오로 유학을 떠나 철학과 신학 과정을 이수했으며 1845년 중국

상하이上海에서 성품성사를 받아 신부가 되었다. 그 뒤로 조선에 입국해 전교 활동을 하다가 1846년 9월 16일 새남터에서 순교殉敎했다. 이렇게 설립 과정의 자생적인 측면에서 보면 한국 천주교는 중국 천주교회사와 확연하게 구별된다. 그러나 중국의 한문 서학서의 유입, 중국인 성직자의 입국, 중국에 유학한 최초 한국인 성직자 등을 고려한다면 한국 천주교회 사는 중국으로부터 확장된 동서양 교류와 긴밀하게 연결되어 있다.

사실 인류 문명사에서 동양과 서양의 조우에는 그리스도교라는 종교 가 핵심적인 배경에 있었다. 크리스토퍼 콜럼버스Christopher Columbus, 1451~ 1506의 신대륙 발견 이후, 포르투갈과 스페인이 주도한 그리스도교의 식 민주의 선교 정책으로부터 서양 종교가 동양인도, 일본, 베트남, 중국 등에 전파되 었다. 이 과정에서 발생한 상호 충돌 양상을 극복하기 위해 식민주의 정 책은 적응주의 정책으로 전환되었고, 이를 계기로 유럽 선교사들의 활발 한 전교 활동이 동양에서 진행될 수 있었다. 박해의 경중은 다르더라도 서양 종교를 탄압했던 조선의 쇄국적인 대외 정책과 비교해보면 중국은 유럽 선교사들에 대해서 유연한 입장을 취했다. 물론 명청시기에 중국인 들 역시도 유교 질서에 대한 도전을 문제 삼아 천주교를 박해한 것은 사 실이지만 그들은 최소한 유럽 선교사를 통해 전파된 서양의 과학 기술과 선진 문화를 수용하려는 개방적인 태도를 유지했다. 또한 중국에 진출한 유럽 선교사들은 한학漢學을 심도 있게 연구해 중국의 문화와 사상을 유 럽에 소개함으로써 서양이 근대적 정신과 문화를 형성하는 데 깊은 영향 을 미쳤다.

본 『명청시기 예수회 선교사 한학사』는 저명한 중국인 학자 장시핑張西 平 교수님 저작의 한글 번역서로서 이 책은 중국과 유럽의 문화교류의 초 기 역사를 체계적으로 설명한 역작이다. 중국과 한국은 문화적으로 적지 않은 상호 연관성을 가지고 있는 바와 같이, 명청시기 중국과 유럽이 주축이 된 동서교류는 조선에, 특히 한국 천주교의 역사에서 중대한 역할을 했다. 이와 관련된 연구성과가 미비한 한국의 역사학계에 이 저서는 큰 가치와 의미를 지니고 있음이 분명하다. 그런 점에서 이 저서를 우리말로 편역하신 전홍석 교수님께 진심으로 감사드린다.

2024년 7월
광주가톨릭대학교 신학연구소장, 『신학전망』 출판부장
김일두 신부

중국의 발흥은 이미 금세기의 가장 중요한 역사적 사건이 되었다. 청말
淸末의 비감을 털어내고 평정한 마음으로 세계를 조망해보면 세계가 중국
을 제대로 이해하지 못하고 있음을 발견할 수 있다. 특히 중국에 관한 서
양의 지식과 관념은 우리의 실제 생활과 현격한 차이를 보인다. 때문에
중국에 관한 그들의 지식과 형상이 어디로부터 유래한 것인지에 대한 의
문을 품지 않을 수 없다. 이러한 그들의 인식은 어떻게 형성된 것일까?

이를 탐구하기 위해서는 반드시 역사, 그리고 중국과 서양이 최초로 조
우한 날들을 되돌아보아야 한다. 즉 역사상의 지난 일들에서 그들의 중
국 지식과 중국 형상의 변천 과정을 정리해내야 한다. 이와 같이 유럽의
초기 한학사漢學史는 학술계가 관심을 기울여야 하는 초점이 되어야 한다.
왜냐하면 서양의 중국에 대한 인식이 비록 카멜레온과 같이 시대에 따라
끊임없이 변화해온 것은 사실이지만 일단 뿌리로부터 그들의 동양에 관
한 지식의 근원을 탐지해보면 분명한 생각의 맥락들이 점차로 드러나게
될 것이다.

우리는 역사의 옛 자취를 더듬어 동서 최초 인식의 시대, 즉 인류 지구
화의 기점인 1500~1800년 인류가 지구화를 향해 매진한 초기의 시간으
로 다시 되돌아갈 필요가 있다. 이 격동의 역사 속에서 중국과 유럽은 처
음에는 정신상 서로 만났고 그다음에 쌍방의 문화와 사상 상의 변천과
유럽의 초기 한학이 형성되는 역정을 밟았다.

오늘날의 역사는 1492년 8월 3일이라는 평범한 날에서 기원한다. 이
날은 이탈리아의 선원 크리스토퍼 콜럼버스Christopher Columbus, 1451~1506가
스페인 파로스Palos 항구로부터 출발해 위대한 항해를 시작한 때이다. 그

의 항해 목적은 동향同鄕 사람 마르코 폴로Marco Polo, 1254~1324가 말한 향료가 산처럼 쌓여 있는 츠퉁항刺桐港을 찾고자 함은 물론, 또한 스페인의 국왕을 대신해서 머나먼 거란의 대칸Great Kan, 大汗을 알현하고자 한 데 있었다. 1493년 3월 15일 콜럼버스가 출발지인 스페인 항구 파로스에 되돌아왔을 때 해안가는 온통 환호성으로 떠들썩했고 244일 간의 원양 항해는 마침내 종결되었다. 이것은 인류의 유사 이래 해안선에서 가장 멀리 벗어난 항해이기도 했다. 콜럼버스는 사람들에게 자신이 거란을 이미 찾았다고 공언했다. 그러나 실제로 그가 발견한 것은 북미주의 아이티Haiti와 쿠바Cuba에 불과했지만 유럽인의 입장에서 볼 때 이것은 놀라운 소식이었고 한때 콜럼버스의 명성으로 온 천하가 들썩였다.

마르코 폴로의 『동방견문록Divisament dou Monde』의 마법에 빠진 이들은 스페인 사람들뿐만 아니라 그 이웃 나라인 포르투갈 사람들도 똑같이 이 '백만' 대인大人의 여행기를 좋아했다. 가령 포르투갈 국왕 두아르뜨Duarte까지도 이 책을 수장했다고 한다. 항해왕 엔리케Dom Henrique O Navegador, Henry the Navigator, 1394~1460 왕자는 아프리카 서해안의 무역을 독점한 다음에 그의 큰 삼각돛을 단 범선대帆船隊를 아프리카 서해안을 따라 더 먼 곳까지 보내어 마르코 폴로가 말한 향료를 찾아낼 것을 고려하기 시작했다. 1498년 7월 8일, 산티아Santhia 기사의 수령 바스코 다 가마Vasco da Gama, 1460~1524가 이끄는 선대는 희망봉을 돌아 인도양에 들어가 1499년 7월 다 가마는 리스본Lisbon으로 귀환했다. 동양이 시야에 들어오자 포르투갈인들은 동양을 발견했다는 기쁨에 휩싸였다.

1517년정덕 12년에 포르투갈의 선대는 광저우만廣州灣에 진입했고 1565년에는 스페인의 미겔 로페스 데 레가스피Miguel López de Legazpi, 1502~1572가 그의 선대를 이끌고 루손呂宋, Luzon제도를 점령함으로써 이베리아반도의 이 두 국가는 중국 남해에서 서로 만나게 되었다. 이로써 세계를 포위하는 지구화가 개시된 것이다.

스페인의 선교사 마르틴 데 라다Martin de Rada, 拉達, 1533~1578는 푸젠福建을 통해 중국에 들어왔고 포르투갈의 선교사는 마카오Macao로부터 중국에 진입했다. 변화가 느린 중국은 멀리 대서양에서 온 프랑크Frank인과 직면하기 시작한 것이다.

마테오 리치Matteo Ricci, 利瑪竇, 1552~1610가 자오칭肇慶에서 가사袈裟를 벗어던지고 그 대신에 유포儒袍와 유관儒冠으로 갈아입었을 때 중국에 온 예수회Jesuits 선교사들은 중국에서 장기간 생활하는 문화의 지렛목을 찾았다고 할 수 있다. 관외關外로부터 이제 막 베이징北京에 진입한 청나라 사람들은 명조明朝의 표준어를 능숙하게 구사하는 이들 선교사들에게 호기심이 많았다. 순치제順治帝는 독일의 선교사 아담 샬Johann Adam Schall von Bell, 湯若望, 1591~1666을 '마파瑪法, 만주어로 尊師의 칭호'라 칭하며 공경했고 강희제康熙帝는 프랑스의 선교사들인 조아셍 부베Joachim Bouvet, 白晉, 1656~1730, 장 프랜시스커스 제르비용Jean Franciscus Gerbillon, 張誠, 1654~1707의 도움으로 매일 서양 수학의 학습에 정진했다. 이때부터 중화에 서양풍이 전면적으로 고취되었다.

이러한 고비벽안高鼻碧眼의 서양인에 대해 비록 혐오하고 반대하는 사건이 끊이지 않았지만 황조皇朝의 비호 아래 로마로부터 온 외래종교는 천천히 중국 사회의 상층과 하층에 침투해 발전해나갔다. 청조의 문인학사들이 서양 역산曆算의 학문을 배우기 시작할 때 이 유럽에서 온 선교사들 역시도 '사서四書', '오경五經'을 깊이 연구하고 있었다. 선교사들은 황궁에서 거주하면서 문인학사들과 교제했다. 이들은 이 유서 깊은 국가에 대해 매료되었으며 유럽의 교회와 황실이 그들이 정복하고자 한 곳이 얼마나 신비롭고 기이한 땅인지 알기를 바랐다.

그리하여 '사서'가 라틴어로, 『시경詩經』이 프랑스어로 각각 번역되기 시작했다. 유럽인들은 우이武夷 홍차紅茶를 마심과 동시에 멀리 천조天朝로부터 전래된 환상적이고도 감동적인 서신과 이야기를 읽기 시작했다. 황족들이 그 속에서 발견한 것은 황권의 무한한 위력이었고 상인들이 발견한 것은 비교할 수 없는 제국의 재부財富였다. 교회가 그 속에서 주목한 것은 세계에서 가장 큰 귀의할 곳 없는 일군의 어린 양들이었고 사상가들이 주목한 것은 세속의 생활철학, 유구한 인류역사였다. 그리고 예술가들이 중국에서 발견한 것은 황가 정원의 작은 다리와 흐르는 물, 구곡회랑九曲回廊이었다. 모든 사람들은 각자 자신의 입장에 따라 중국을 해석했다. 중국은 그들 자신의 사상을 발전·전개시키는 외부의 힘이자 자신의 문화를 해석하는 '타자' 다름 아니었다.

예컨대 아득히 먼 서양이 쉬광치徐光啓, 1562~1633에게는 인간의 성지가 되었던 것과 마찬가지로 요원한 중국은 18세기 유럽의 유토피아였다. 중국과 서양은 서로 동경하면서도 한편으로 의심하고 비난하는 기간 또한 적지 않았지만 하늘은 변함없이 쪽빛이었다. 전쟁의 화학 연기도 없었고 오직 순수 이론적 차이와 논쟁만이 존재했을 뿐이었다.

훗날 '중국전례典禮논쟁Chinese Rites Controversy'1645~1742 중에 로마 교황의 금령에 격분한 강희제가 샤를 토마스 마이야르 드 투르농Charles Thomas Maillard de Tournon, 多羅, 1668~1710이 중국에 왔을 때 "지금부터 서양인은 중국에서 종교를 행하지 말라. 마땅히 금지시키는 것이 옳은 일이니 이는 많은 불상사를 피하기 위해서이다"[1]라고 명확하게 말한 바 있다. 옹정제雍正帝는 왕위를 이은 후에 금교를 더욱 엄중하게 시행했고 건륭제乾隆帝도 옹정제의

---

1   "以後不必西洋人在中國行教, 禁止可也, 免得多事." 陳垣, 『康熙與羅馬使節關係書』.

금교정책을 계승해 선교사를 매개로 하는 동서문화교류에 심각한 영향을 미쳤다.

또한 이때 유럽에서는 지나치게 적을 많이 만들었던 예수회는 여러 방면에서 비난을 받았다. 로마 교황청은 1773년 예수회를 해산시켰지만 이 칙유는 1775년에나 되어서야 중국에 전달되었다. 로마 교황청은 재회在華 예수회에게 그 선교사업을 라자로회Lazaristae, 遣使會에 인도할 것을 명령했다. 라자로회는 1783년 정식으로 명을 받들어 니콜라 조제프 로Nicolas-Joseph Raux, 羅廣祥, 1754~1801, 장 조제프 지슬랭Jean-Joseph Ghislain, 吉德明, 1751~1812, 샤를 파리Charles Paris, 巴茂正, 1738~1804를 곧바로 파견해 중국에서 이루어지고 있는 예수회의 각종 전도사업을 접수해 관리하도록 했다.

18세기 후반 유럽에서 급속히 성장한 영국은 상업을 목적으로 되도록 이면 빨리 청 왕조와의 외교관계를 수립할 것을 희망했다. 1787년 영국 정부는 국회의원 찰스 캐스카트Charles Cathcart를 대사로 중국에 파견해 교섭하도록 했다. 그러나 사실 캐스카트는 불행히도 도중에 병으로 죽고 말았다. 1792년 영국은 또 조지 매카시George Macarthey에게 방문단을 이끌고 중국에 가도록 조치했다. 매카시는 1793년 8월에 정식으로 중국 대륙에 들어갔고 9월에 건륭제는 피서산장에서 그들을 접견했다. 건륭제는 매카시가 영국을 대표해서 제기한 모든 요구 사항들을 거부했다. 이미 노둔해진 청 왕조는 구만리 밖의 외딴섬 소국이 근본적으로 안중에 있을 리 없었다. 매카시는 건륭제가 영국 국왕에게 보내는 세 통의 편지를 가지고 서둘러 귀환하지 않을 수 없었다.

이렇게 예수회의 해산으로부터 매카시의 중국 방문에 이르기까지 1800년대를 목전에 두고도 거대한 역사 발전 과정에서 이것은 완전히 경시되어 기억하지 않는다. 그러나 이때로부터 1800년대는 동서관계사에서 하나의 역사 분계선을 이룬다. 40년 후에 영국의 군함이 후먼虎門 포대를 폭파하면서 역사는 새로운 장을 열게 된다. 19세기는 유럽인의 세기이자 서양인이 팽창하는 세기인 반면에 동양인은 고난으로 가득 찬 세기이자 특히 중국인은 가정을 잃어버리고 뼈에 사무치도록 몰락하고 분투하는 세기였다.

유럽인의 중국에 관한 지식은 1500~1800년이라는 이 300년간의 동서문화교류 속에서 큰 걸음을 내딛기 시작했다. 유서 깊은 유럽의 동양학 계보에 새로운 학문인 '한학'이 형성되기 시작한 것이다. 이 시기 유럽 한학의 주역은 다름 아닌 중국에 온 선교사들이었다.

예수회원으로 대표되는 내화來華 선교사들은 중국과 유럽의 상이한 두 문화 분위기 속에서 그들의 한학 연구를 전개하기 시작했다. 중국의 입장에서 말하자면 그들은 한문漢文으로 서학西學과 천주교를 전파했기 때문에 대량의 선교사 한학 한문 문헌들을 남겼다. 그 수량의 많은 것도 사람을 경탄하게 만들지만 문장의 정교하고 우아함 또한 후세의 한학자들이 따를 수 없을 정도이다. 심지어 한학의 각도에서 보면 명청明淸시기 중국에 온 선교사들의 한문 저작들은 오늘날 서양의 한학자들조차도 이 수준에 미치지 못한다. 중국 지식인들의 도움으로 출판된 이러한 유럽 초기 한학 저작들은 중국근대사에 중요한 영향을 미쳤다. 그것은 직접적으로는 중국 근대문화의 변천과 서로 긴밀하게 연결되어 있다. 그러나 오늘날 초기 한학의 관점에서 이 한문 작품들을 자세히 살피고 연구하는 학자는 극소수이며 단지 그것들을 중국 천주교사의 역사 문헌으로 간주할 뿐이다. 이 일단의 선교사 한문 문헌의 다양성과 문화의 다중성은 중국과 유럽 간 문화교류의 복잡성과 유럽 초기 한학의 중요한 특징을 보여준다.

서양의 입장에서 말하자면 중국의 선교사들은 유럽 본토의 초기 한학에 대한 지식의 제공자이자 중요한 저작자라고 할 수 있다. 중국에서 유럽으로 되돌아간 선교사들은 잠시도 멈추지 않고 집필했다. 바로 이러한 그들의 작품과 중국에서 서구어로 쓴 한학의 작품은 유럽 초기 중국 지식의 근원을 구성했다. 이와 같은 요원한 동양에 관한 지식과 기록은 유럽 본토에서 중국을 연구하는 최초의 일군의 세속적인 한학자들을 충족시켜 주었다. 어쩌면 이러한 세속적인 한학자들의 작품은 오늘날의 관점에서는 매우 유치하고 미숙하게 보일지도 모른다. 그러나 이렇게 단순하게만 보이는 지식들은 점차로 유럽 전문 한학의 큰 건물을 건립하기 시작했다. 유럽의 한학은 차츰 선교사 한학의 틀로 나아가 유럽 근대의 지식과 한 덩어리로 융합되어 유럽 현대 동양학의 중요한 지맥을 이룬다.

에드워드 사이드Edward W. Said의 저작『오리엔탈리즘Orientalism』은 우리에게 동서양의 전체 지식과 학술체계를 새롭게 성찰할 수 있게 하는 새로운 시각을 제공해준다. 즉 후식민주의 사상의 관조 아래 서양의 동양학은 이제 지난날의 신성함을 유지할 수 없게 되었다. 한때 명성을 떨쳤던 서양적 동양학의 명저들은 모두 제국주의의 동양에 대한 팽창과 서로 연결된다. 사이드는 서양이 동양을 '타자'로 삼아 자신의 정신체계를 구축하고자 했으며 이로부터 파생된 동양학은 서양 학술 영역 속의 '이데올로기'가 되었다고 판단했다. 그것들은 더 이상 진실을 말할 수 없을 뿐더러 어떠한 학술적 의미도 없으며 단지 서양의 사상과 문화를 해독하는 하나의 주석일 따름이다.

그러나 현대사학의 관점에서 보면 서양의 한학은 사이드가 말한 대로 전적으로 '집단적 상상'만은 아니다. 또한 그것은 자국문화와 이데올로기의 절대적 영향 하에 있는, 곧 조금도 믿을 수 없는 언어 기교가 되었다거나 아무런 객관성도 없는 그러한 지식이 결코 아니다. 서양의 한학중국학으로 말하자면 16세기 이후로부터 그들의 중국에 대한 지식은 괄목할 만한 진보를 이루었다. '여행기 한학'과 '선교사 한학'을 구별하는 이유가 여기에 있다. 후자는 이미 장기간 중국에서 생활하면서 기본 문헌에 의거한 진정성 있는 연구를 개시했다. 그것은 인상이 깊지 못한 기록이거나 주마간산 식의 연구가 더 이상 아니었다. '선교사 한학'은 선교사들이 마음대로 긁어모아다가 서양인에게 제공한 낭만적 도화도 아니었다. 중국의 실제 인식에 대한 그들의 진전, 중국 전적典籍에 대한 능숙함과 번역상의 노력은 오늘날의 한학자와는 비교하기조차도 어려울 정도이다.

특히 유럽의 '전문적 한학'시기에 한학자들은 지식론에 있어 비약적인 발전을 거두었다. 우리는 프랑스의 저명한 한학자 폴 펠리오Paul Pelliot, 1878~1945를 상기해보아도 이를 충분히 알 수 있다.[2] 이런 의미에서 사이드의 『오리엔탈리즘』의 일부 관점 즉 "오리엔탈리즘의 모든 것들은 동양과 무관하며 이러한 관념은 서양의 각종 표현 기교에서 영향 받은 것이다"라고 하는 식의 생각은 정확하다고 할 수 없다. 사이드의 견해에 기초해보면 서양의 전체 동양학은 지식론에 있어 모두 이데올로기화된 것이고 그 진실성은 의심받아야 한다. 그는 서양의 동양학이 제공한 것은 "종족주의적일 뿐만 아니라 이데올로기적이고 제국주의적인 성격 규정의 개념"이라고 생각했다. 따라서 그는 동양학의 실패는 이미 학술의 실패이자 인류의 실패로 보았다. 사이드의 관점은 분명히 서양 한학의 참된 면모와 부합되지 않는다. 서양 지식 체계의 한 부분으로서의 동양학은 지식의 내용상에서 확실히 인류의 동양에 대한 인식을 촉진했으며 한학으로 볼 때 이것은 하나의 상식이다.

2   David B. Honey, "Incense at the Alter : Pioneering Sinologists and the Development of Classical Chinese Philology", *American Oriental Society* 86, 2001 참조.

내가 이렇게 말한다고 해서 서양 한학이 유럽중심주의의 영향을 받았다는 사실을 결코 부인하는 것은 아니다. 냉정히 말해서 사이드가 서양의 동양학이 제국주의의 해외 확장에 수반해 형성된 것이라고 논한 점은 옳다. 또한 동양학이 서양문화의 영향과 제약을 받았다고 한 견해도 틀리지 않는다. 다만 여기에 근거해 서양의 동양학이 "우리가 항상 상상하는 것만큼 그렇게 객관성을 가지고 있는 것은 결코 아니다"고 한 결론은 오히려 구체적인 분석을 결여하고 있다. 사이드가 우리에게 제공한 비교문화적 각도에서 서양의 동양학을 평가하는 방법은 옳지만 우리는 그의 분석과 결론에 완전히 동의할 수는 없다. 왜냐하면 동양학에 내재된 이데올로기적 성향으로 인해 그 속에 포함된 '객관성'마저도 완전히 부정할 수는 없기 때문이다. 선교사 한학을 예로 들자면 선교사들이 중국에 들어온 것은 확실히 중국의 현대화를 추진하기 위한 것이 아니라 중국의 기독교화인 '중화귀주中華歸主'를 목표로 한 것이었다. 이러한 심리 상태는 그들의 한학 연구에 중대한 영향을 미친 것은 사실이다. 그렇다고 해서 이것이 한학 연구의 일정한 '객관성'을 유지하는 데 방해가 되지는 않았다. 선교사들은 여전히 비교적 정확한 중국에 관한 지식을 유럽에 제공해주었던 것이다.

비교문화연구의 방법은 서양 한학 속의 이 양 부분의 내용을 객관적으로 분석하는 데 있다. 즉 어떤 것이 이데올로기의 내용이고 어떤 것이 객관 지식인지, 또한 이 양자 사이에 어떻게 상호 영향을 미쳤는지에 관한 것들이다. 비교문화의 방법으로 한학을 분석하는 것은 바로 두 문화 틈새 속에서 생활하는 한학자들이 이 양대 문화에 걸쳐 있는 언어 경계에서 어떻게 그러한 학술연구들을 전개했는지를 고찰하고자 하는 것이다. 아울러 그것은 그들의 구체적 문헌과 자료 배후에 존재하는 일반적 방법을 분석해 그 방법과 관념 사이의 관계를 전체적으로 드러내 보이는 것이 매우 중요하다. 그러므로 편역자는 구미의 한학을 완전히 이데올로기로 귀납시켜 비판하거나 포기해서는 안 된다고 생각한다. 우리는 동양에 관한 서양의 지식과 이러한 지식을 발생시키는 권력을 반드시 하나의 역사 속에 놓고 연구해야만 한다. 오직 지식의 진실에 집중하되 지식이 생산된 배후의 권력을 망각해서는 안 된다. 뿐더러 지식 배후의 권력이 지식 생산에 미친 영향을 이해한다는 이유로 지식을 전적으로 부인해서도 안 될 것이다. 우리가 후현대의 사학관에 관심을 기울이고 후식민주의 이론의 독특한 시각을 충분히 인정한다고 하더라도 그것들이 역사를 충분히 해석할 수 있는 것은 아니다.[3]

우리는 실제의 역사 과정으로 되돌아가야만 중국의 지식이 어떻게 유럽에 전파되었는지를 알 수 있다. 이러한 전파 과정에서 진실한 지식과 이데올로기의 상상이 어떻게 함께 교직交織되었는지를 파악할 수 있다. 나아가 유럽의 초기 한학이 중국과 유럽의 문화적 상호작용이나 혹은 유럽의 근대 지식과 사상이 형성되는 데 어떻게 하나의 새로운 학문 분야를 이룰 수 있었는지를 이해할 수 있다. 이제 역사의 화폭을 펼쳐서 중국과 서양이 처음 대면하게 된 시간들을 재현하고 유럽 초기 한학 형성의 샘터로 거슬러 올라가보자.

---

3   저 사이드의 후식민주의 이론 뒤에 이어지는 대작들 역시 정확한 인식과 명철한 견해가 적지 않지만 내가 다소 신중한 태도를 취하게 된 데는 바로 이런 점들 때문이다.

차례

01

서양의
초기 여행기
한학

중국과 유럽은 유라시아 대륙의 양단에 각각 위치해 그 사이에는 끝없이 이어지는 사막, 그리고 높은 산과 험준한 산맥들이 가로막고 있다. 상고시대에 이 유라시아 대륙의 양단을 연결한 이들은 유라시아 내지의 유목 민족만이 가능했다. 구두의 전설, 여행객의 기록이 대대로 전해졌다. 이것은 반은 신화이고 반은 전설로서 서양의 중국에 관한 최초의 지식을 형성했다. 로마인의 동정東征과 그 이후로 강력한 몽골 기병의 서정西征이 이루어짐에 따라 여행객들은 말을 타고 초원의 오솔길을 밟으며 중국의 북방으로 왔다. 프란시스코회Franciscans, 方濟各會의 선교사들은 중국의 남방에서 이미 포교를 시작했다. 유럽인들의 동양에 관한 지식은 신화에서 탈피해 현실로 나아가기 시작했다. 마르코 폴로Marco Polo, 1254~1324의 『동방견문록Divisament dou Monde』이 그 시대를 대표하는 가장 전형적인 예로서 그것은 서양 초기의 '여행기 한학'의 기초를 닦았다.

1. 그리스시대 서양의 중국 인식

고대 그리스 역사학의 아버지 헤로도토스Herodotos, BC 484~425는 그의 명저 『역사Historiai』에서 먼 동방의 중국에 관한 대체적인 방위를 기록하고 있다. 그는 말하기를 "기원전 7세기 때 지금의 흑해 동북 돈Don강 하구 부근으로부터 볼가Volga강 유역을 지나 북쪽으로 우랄Ural산맥을 넘어 이르티슈Irtish강에서 알타이阿爾泰와 톈산天山산맥 사이로 들어가는 상로商路는 이미 그리스인들이 알고 있었다"[1]고 했다. 이 논점을 증명하기 위해 그는 『역사』제4권에서 그리스 여행가 아리스테아스Aristeas of Procounesus의 서사시 「아리마스페아Arimaspea」에서 말하는 북풍北風의 나라 너머에 사는 히페르보레오이Hyperboreoi라고 불리는 민족은 그 주거지가 바다에까지 뻗어 있다는 내용을 인용하고 있다. 헤로도토스는 1만 권의 책을 읽고 1만 리의 길을 여행한 인물로서 '여행가의 아버지'로 찬양받는다. 이 기술은 그의 폭넓은 시야를 반영한다. 그렇다고 해서 모든 사람들이 그의 견해에 동의하는 것은 아니다. 비근한 예로 프랑스의 저명한 동양학자 조지 코데스Goerge Codès, 1886~1969는 "헤로도토스의 지식이 이렇게까지 멀리 미치는 것은 불가능하다"[2]고 주장하기도 했다.

그렇다면 고대시대 중국에 관한 서양인의 실제 지식은 어떠했을까? 서양의 입장에서 말하자면 영토가 넓은 이 고대문명의 나라는 상고시대에는 불분명하면서도 대단히 거대한 그 어떤 것이었다. 각기 상이한 시대에 서로 다른 시각으로 인해 중국은 다양한 명칭이 부여되었다. 만약 중국을 아시아 반도 남부 항로의 종점으로 본다면 중국은 '진秦', '진내秦奈', '지나支那, Sina, Chin, Sinae, China'로 불렸고, 만약 아시아 대륙의 북방 육상 통로를 횡단하는 종점으로 생각한다면 '세레스Seres, 塞里斯'로 일컬어졌다.[3]

그러나 거의 모든 서양 연구자들은 기원전 400년에 크테시아스Ctesias,

1   方豪, 『中西交通史』 第1卷, 臺灣中華文化出版事業委員會, 1953, 64쪽; 莫東寅, 『漢學發達史』, 上海書店, 1989, 1쪽 참조.

2   戈岱司, 耿昇 譯, 『希臘拉丁作家遠東古文獻輯錄』, 中華書局, 1987, 11쪽.

3   H. 裕爾 撰, H. 考迪埃 修訂, 張緖山 譯, 『東域紀程錄叢』, 雲南人民出版社, 2002, 3쪽. 이 문제에 관해서는 지금까지도 여전히 토론이 진행되고 있다. 吳焯, 「"秦人"考」, 『中國社會科學院歷史研究所學刊』 第2集, 商務印書館, 2004.

BC 416년 경~?가 가장 먼저 '세레스'를 중국으로 부른 그리스 작가로 간주한다. 당시 그리스인들은 중국에서 생산된 고치실蠶絲을 극히 신비한 물건으로 여겼다. 그들은 견시絹絲가 어디서 나온 것인지 몰랐기 때문에 그것이 "나무에서 자라는 하얀 털"이라고 상상했다. 플린느Pline L'Ancie, 23~79는 『자연사Histoire Naturelle』에서 "사람들이 그곳에서 마주친 첫 번째 무리가 세레스인이었다. 이 민족은 그들의 숲에서 나는 양털로 인해 멀리까지 이름이 알려졌다. 그들은 나무에 물을 뿜어 나뭇잎 위의 백색 융모絨毛를 잘라낸다. 그런 다음에 그들의 아내에게 방적과 직조라는 두 제조 공정을 완수하게 한다"[4]고 했다.

100여 년 후 그리스 역사학자 파우사니아스Pausanias는 자신의 저작『그리스 여행기Hellados Periegesis』에서 견사에 대한 기록을 남겼다. 그는 설명하기를, "세레스인이 견직물을 짜는 데 쓰는 생사는 식물에서 나온 것이 아니라 따로 그것을 만드는 비법이 있다. 그 방법은 다음과 같다.

그 나라에는 그리스인이 '세르Ser'라고 부르는 벌레가 있다. 그러나 세레스인은 그것을 '세르'라고 부르지 않고 별도로 다른 명칭을 사용한다. 큰 벌레는 대략 갑충甲蟲의 두 배 정도 된다. 나무 아래서 줄을 치는 이 벌레의 특성은 거미와 유사하다. 거미는 다리가 여덟 개인데 이 벌레 역시 다리가 여덟 개이다. 세레스인은 겨울과 여름 두 계절에 각각 전문 축사를 세워 기른다. 이 벌레는 가는 실과 같은 것을 내뿜어 발로 휘감는 성질이 있다. 먼저 기장으로 4년을 기르고 5년째가 되면 푸른 갈대를 먹이는데 이것이 대체로 이 벌레가 가장 좋아하는 먹이이다. 벌레의 수명은 5년에 불과하다. 벌레가 푸른 갈대를 과다하게 먹으면 피가 많아서 몸이 찢

---

4   戈岱司, 耿昇 譯, 앞의 책, 10쪽.

어져 죽는다. 그 안에 있는 것이 곧 견사이다"[5]라고 했다.

이러한 견해는 분명히 플린느보다 크게 발전된 형태이기는 하지만 여전히 적지 않은 착오를 범하고 있다. 그러나 중요한 것은 그가 견사가 누에로부터 나왔고 중국에 대한 그리스인의 호칭은 직접적으로 이와 서로 관련된다고 인식한 점이다. 장싱랑張星烺, 1889~1951은 '세르'를 좀 빠르게 읽으면 저장浙江 일대의 '잠蠶' 자 독음과 서로 비슷하다고 주장한다. 게다가 그리스어와 이후 라틴어의 끝소리 '스'는 이 '세레스'라는 명칭을 발생시켰고 라틴어 '세리쿰Sericum'은 나중에 영어 '실크silk'가 되었다고 했다.

이때 중국인에 대한 그리스인의 인식은 참으로 분명하지 않을 뿐더러 몽환적이었다.

세레스인은 어떻게 생겼을까?

그들의 신체는 일반 보통 사람을 초과한다. 긴 붉은 머리털, 푸른 눈, 거친 목소리……

이것은 플린느의 견해이다. 중국인의 수명은 특히 길다. 가장 많기로는 "300세의 고령에 이른다". 이렇게 장수하는 까닭은 무엇 때문일까? 루시엥Lucien은 세레스인이 양생의 방법에 능숙하며 그 비결은 온종일 냉수를 마시는 것인데 "전체 세레스 민족이 물 먹는 것이 생활화되었다"[6]고 생각했다. 이렇게 항상 양생하는 세레스인의 성격은 어떠할까? 이에 대한 그리스 작가들의 견해는 서로 다르다. 스테이시Stace는 "세레스인은 매우 인색해서 성수聖樹의 나뭇가지와 잎을 거의 다 꺾는다"고 했다. 기원 후 1세

---

5   張星烺, 『中西交通史料匯編』第1冊, 臺灣世界書局, 1983, 57쪽.
6   戈岱司, 耿昇 譯, 앞의 책, 12·15쪽.

기 무렵 폼포니우스 멜라Pomponius Mela는 "세레스인은 정의로 가득 찬 민족이다. 그 무역 방식은 기묘하고 매우 유명하다. 그 방식이란 상품을 외진 곳에 놓아두고 물건을 사려는 손님은 그들이 그 장소에 없을 때 와서 물품을 취한다"[7]고 생각했다.

최초로 중국 사회의 상황을 소개한 인물은 2세기 말에서 3세기 초까지 활동했던 바르데산Bardesane, 154~222이다. 그는 "세레스인은 법률로 살생, 매음, 도둑질, 우상 숭배를 엄금한다. 이렇게 영토가 광활한 국가에서 사원, 기녀와 간통하는 여성을 볼 수 없다. 또한 법적 제재에서 벗어난 도적이나 살인범과 살해당하는 자도 찾아볼 수 없다"[8]고 말한다. 많은 그리스 작가들이 바르데산의 영향을 받았다. 후대의 그리스인 암미아누스 마르켈리누스Ammianus Marcellinus도 이 점을 언급할 때 "세레스인은 병기를 지니지 않으며 영원히 전쟁 없이 평화롭게 살아간다. 그들의 성격은 침착하고 과묵하여 이웃 나라를 어지럽히지 않는다. 그곳의 기후는 따뜻하고 공기는 깨끗하다. 하늘은 그다지 안개가 없고 강렬한 바람도 없다. 숲이 매우 많아서 사람들이 그 가운데를 다니며 위를 보아도 하늘을 볼 수 없을 정도이다"[9]라고 했다.

머나먼 동양은 하나의 꿈이었다. 세레스는 정의의 나라였고 문명국이었다. 맑게 개인 하늘 만리에 밝은 달이 떠 선경처럼 꿈과 환상 그 자체였다.

만약 우리가 이 단계에서 세레스인과 그 국가에 대한 그리스인의 인식을 개괄하고 전설이 분명한 부분을 제외한다면 결국 헨리 율Henry Yule, 1820~1889의 다음 말에 동의하지 않을 수 없다.

---

7   위의 책, 9쪽.
8   위의 책, 57쪽.
9   張星烺, 앞의 책, 69~70쪽.

세레스국은 끝없이 넓고 인구가 많아 동쪽으로 대양에 이르고 어떤 사람은 세계의 가장자리에 거주한다. 서쪽으로는 거의 이마우스Imaus산(히말라야)과 박트리아Bactria의 경계에까지 뻗어 있다. 세레스인은 문명이 진보한 종족으로서 성격이 온화하고 정직하며 소박하다. 그들은 이웃 사람과 충돌하는 것을 원치 않으며 심지어는 다른 사람과 밀접하게 교제하는 것도 부끄럽게 여긴다. 그러나 기꺼이 자신의 생산품을 팔기를 좋아한다. 그 생산품 중에서 견사가 대종을 이루며 그밖에도 견직물, 양털, 질 좋은 철 등이 있다.[10]

2. 로마시대 서양의 중국 인식

중국과 로마 제국은 수없이 많은 산과 강을 사이에 두고 멀리 떨어져 있지만 로마 제국의 동방원정과 한조漢朝의 서역 경영 과정에서 이 위대한 양대 문명은 직접적으로 또는 간접적으로 관계를 맺어왔다. 이와 관련해서는 이미 역사학자들의 심도 있는 연구가 이루어지고 있다.[11] 이처럼 로마인의 역사 문헌에는 먼 중국에 대한 진일보한 인식이 존재하며 그 환상 속에는 진전된 실제 지식이 내재되어 있다.

무엇보다도 중국의 지리적 위치에 대한 로마인의 보다 발전된 인식이 발견된다. 알렉산더 대왕Alexander The Great시대에 태어난 그리스인 코스마스 인디코플레우스테스Cosmas Indicopleustes는 자신의 저서 『세계 그리스도교의 지지학地誌學, Universal Christian Topography』에서 중국을 다음과 같이 언급하고 있다.

---

10 H. 裕爾 撰, H. 考迪埃 修訂, 張緒山 譯, 앞의 책, 11~12쪽.

견사를 생산하는 나라는 인도 여러 국가들 중 가장 먼 곳에 위치한다고 말할 수 있다. (…중략…) 이 국가는 친이짜^Tzinitza라고 불리며 그 좌측에는 해양으로 둘러싸여 있다. (…중략…) 친이짜국은 왼쪽으로 상당히 심하게 기울어져 있어서 비단 대상隊商들이 육상으로부터 여러 나라를 거쳐 페르시아에 어렵게 도착했다. 소요되는 시간은 비교적 짧았지만 해로에서 페르시아에 이르는 거리는 도리어 더 길었다. (…중략…) 해상으로 친이짜에 가는 사람들은 (…중략…) 반드시 인도양 전체를 통과해야 했으므로 그 거리 또한 무시할 수 없었다. 때문에 육지를 경로로 친이짜에서 페르시아로 가는 사람들은 그 여정을 크게 단축할 수 있었다. (…중략…) 이것은 페르시아가 항상 대량의 견직물을 확보할 수 있었던 이유를 설명해주는 열쇠이기도 하다.[12]

여기서 다음 두 가지 점에서 주목할 필요가 있다. 하나는 코스마스가 비교적 정확하게 중국의 방위를 기술함은 물론, 또 하나는 중국에 도달하는 두 노선의 특징을 명확하게 지적하고 있다는 사실이다. 이 점에서 영국의 학자 율은 "코스마스는 중국에 관해 반신비적 상태의 국가가 아닌 정확한 사실에 근거해 기술했다"[13]고 평가한다.

그 다음으로 서양의 역사에서 중국 역사의 정확한 사건을 기록한 인물은 바로 로마인 테오필락투스 시모카테스^Theophylactus Simocattes가 최초일 것이다. 그는 자신의 저서 『역사^History』에서 '타우가스^Taugas, 桃花石 사람'에 관해 언급하고 있다. 우리가 중국에 대한 서양인의 인식과정을 고찰할 때

---

11   弗雷德里克·J 梯加特, 丘進 譯, 『羅馬與中國―歷史事件的關係研究』, 人民交通出版社, 1994.
12   H. 裕爾 撰, H. 考迪 修訂, 앞의 책, 188쪽.
13   위의 책, 15쪽.

기억해야 할 사항은 역사상 중국과 유럽 간 문화교류의 교량은 중앙아시아 지역과 아라비아 세계였다는 사실이다. 중국에 관한 서양의 수많은 지식은 중앙아시아 지역과 아라비아문명이라는 이 중간 부분을 통해서 이루어졌다.[14] 시모카테스가 기록한 '타우가스인ʌ'에 관한 것은 바로 투르크인Turkic peoples, 突厥族의 문헌에 근거한다. 그는 책에서 타우가스Taugaste 성城 부근에 대단히 용감하면서도 강대한 민족이 형성되었는데 타우가스인의 수령인 태산Taïsan은 그리스어 표면상의 의미로는 '천자天子'를 가리킨다. 타우가스인에게 권력은 결코 파벌의 고통을 받지 않는다. 그들의 입장에서 볼 때 군주는 하늘이 내려주기 때문이다.[15]

계속해서 시모카테스는 이 민족은 우상을 숭배하고 법률을 공정하게 하며 생활 속에는 지혜가 충만하다고 기술한다. 그들은 법률적 효력에 버금가는 관습이 있는데 남자에게 귀금속의 장신구 착용을 금지하는 것이 그것이다. 설사 그들이 무역 종사 차원에서 극대한 규모와 편리를 갖추어 대량의 금과 은을 관리한다고 하더라도 말이다. 타우가스는 강을 경계로 삼는다. 종전에 이 강은 강기슭을 사이에 두고 서로 멀리서 마주 보고 있는 양대 민족을 갈라놓았다. 그 중 한 민족은 검은 옷을 입었고 또 다른 한 민족은 선홍색의 복장을 했다. 오늘날 우리 시대에 이르러 마우리키우스Mauricius 황제의 통치 아래서 저 검은 옷을 입은 자들이 큰 강을 넘어 붉은 옷을 입은 자들에게 전쟁을 발동했다. 그들은 승리자가 되어 자신들의 패업을 이루었다. 또한 시모카테스는 타우가스인이 옛 황성皇城에

---

14 (古代阿拉伯) 馬蘇, 耿昇 譯, 『黃金草原』, 靑海人民出版社, 1998; 費瑯 編, 耿昇·穆根來 譯, 『阿拉伯波斯突厥人東方文獻輯注』, 中華書局, 1989; 阿里·瑪扎海里, 耿昇 譯, 『絲綢之路-中國-波斯文化交流史』, 中華書局出版社, 1993; 阿里·阿克巴爾, 張至善 編, 『中國紀行』, 三聯書店, 1988 참조.
15 戈岱司, 耿昇 譯, 앞의 책, 104~105쪽.

서 수마일 먼 곳에 또한 다른 성을 건설하자 미개인들이 이 성을 '코우브단Khoubdan, 庫博丹'이라 불렀다고 했다.[16]

그렇다면 이 타우가스성은 어디에 있는 것일까? 그리고 이 타우가스인은 어떤 민족일까? 프랑스의 한학자 조세프 드 기네Joseph de Guignes, 1721~1800와 영국의 역사학자 에드워드 기번Edward Gibbon, 1737~1794은 타우가스가 가리키는 것은 바로 중국이며[17] '타우가스'는 한문의 '대위大魏'라는 글자가 전음轉音된 것이라고 주장한다. 왜냐하면 당시 중국의 북방은 탁발拓跋 민족이 점거하여 국명을 '위'라고 했기 때문이다. 이 '타우가스'라는 글자는 원조元朝의 리즈창李志常, ?~1256이 쓴 중국 문헌 『장춘진인서유기長春眞人西遊記』 속에 언급되어 있다. 이를테면 "타우가스의 모든 기물들은 정교하다고 했다. 타우가스는 한인漢人을 일컫는다"[18]고 했다. 타우가스인의 수령을 태산Taïsan이라고 하는데, 장싱랑은 그것을 '태산泰山 : Taïssan은 곧 Taïsan이다'으로 번역해 중국어 '천자'의 전음으로 보았다. 앞에서 말한 '강'은 장싱랑은 창장長江으로 보았고 검은 옷을 입은 민족과 붉은 옷을 입은 민족 간의 전쟁은 바로 수隋 문제文帝의 중국 통일 전투를 가리킨다고 했다. 당시 중국은 창장을 경계로 삼아 창장 이북은 수로서 검은색을 높였고 창장 이남은 진국陳國으로서 진의 군대는 붉은색을 중시했기 때문이다. 이렇게 해서 비로소 "흑의국黑衣國과 홍의국紅衣國의 전설이 발생하게 된 것이다".[19]

타우가스인은 옛 도읍지 부근에 성 하나를 건설해 '코우브단'이라 명명

---

16   위의 책, 104~105쪽.
17   장싱랑(張星烺)은 '桃花石(Taugas = Tavrás)'을 '陶格司'로 번역했다.
18   "桃花石諸事皆巧. 桃花石謂漢人也." 伯希和, 馮承鈞 譯, 「支那名稱之起源」, 『西域南海史地考證譯叢』 第1卷, 商務印書館, 1995, 40~43쪽.
19   張星烺, 앞의 책, 156쪽.

했다. 장싱랑은 이것은 중국의 역사 사실과도 부합된다고 판단했다. 왜냐하면 수 문제는 옛 수도 바깥에 분명히 새로운 성을 건설했기 때문이다. 고대의 투르크 민족과 서아시아의 여러 나라들은 중국의 장안長安을 '쿠므다Khumda, 克姆丹'로 불렀다. 여기서의 쿠므다와 코우브단은 같은 단어이지만 쓰는 법이 좀 다를 뿐이다. 그런 까닭에 그는 말하기를, "단지 이 한 면만 보더라도 시모카테스가 기록한 타우가스는 이미 의심할 것도 없이 중국이라는 사실이 증명된 셈이다. 쿠므다의 명칭은 시안부西安府 대진경교유행중국비大秦景敎流行中國碑의 시리아어 속에 있다"[20]고 했다.

이리하여 장선생은 이 로마의 역사학자 시모카테스가 지은 『타우가스국기國記』는 바로 『중국기中國記』이고 그가 소개한 대부분의 역사 사실은 정확한 것으로 인식했다. 이것은 서양인의 역사상 중국 지식에 관한 최초의 가장 구체적인 기록이자 중국사에서도 검증된 것이다. 이 기록은 또한 나중에 서양의 한학자에 의해 실증되었다.[21] 중국에 관한 서양인의 불분명한 기억은 차츰 신화에서 현실로 나아갔고 실제적인 지식 또한 점차로 형성되어갔다.

---

20 위의 책.

21 드 기네는 타우가스를 수조(隋朝) 전의 '대위(大魏)' 즉 위조(魏朝)로 번역했는데 프랑스의 저명한 한학자 폴 펠리오(Paul Pelliot, 1878~1945)는 드 기네의 관점을 받아들였다. H. 裕爾 撰, H. 考迪埃 修訂, 앞의 책, 18·26쪽 참조.

3. 중세시대 서양의 중국 인식

1206년 테무진Temüjin, 鐵木眞, 1162~1227이 몽골의 왕공王公대회에서 칭기즈
칸Chingiz Khan, 成吉思汗으로 추대된 이후 유라시아 대륙에는 말 등 위의 초원
제국이 급속하게 발흥했다. 유라시아 대륙에 걸쳐 있는 몽골 제국이 정식
으로 수립되자 중국과 서양의 교통은 전대미문의 발전 단계에 진입했다.
중국과 유럽 사이에 끝없이 펼쳐져 있는 사막과 셀 수 없이 이어져 있는
수많은 산들은 이제 더 이상 낙타 방울 소리의 대상들을 막을 수 없었다.
더욱이 역참驛站의 건설은 동서교통을 위해 보다 안정된 조건을 제공해주
었다. 바야흐로 유럽은 몽골시대에 와서야 처음으로 참 중국을 이해할 수
있었다.

플라노 카르피니의 『몽골사*Histoire des Mongols*』

플라노 카르피니Johannes de Plano Carpini, 1182~1252는 이탈리아의 신부이다.
그는 몽골의 강력한 기병이 동유럽을 휩쓴 이후 1245년에 교황 인노첸
시오 4세Innocentius IV의 명을 받들고 몽골에 외교사절로 동래했다. 그 목적
은 몽골의 군사 동향을 파악하고 몽골 제국과 유럽의 관계를 회복해 몽
골인에 대한 유럽인의 두려움을 해소하기 위해서였다. 카르피니는 고생
스러운 먼 여정으로 몸은 다소 뚱뚱해지고 나이도 많아졌지만 기적적으
로 몽골 제국의 심장부인 카라코룸Karakorum에 도착했다. 그는 구유크Güyük,
貴由 대칸Great Kan, 大汗의 등극의식에 참가해 교황의 서신을 올린 후에 1247
년 프랑스의 리옹Lyon에 되돌아왔다.

유럽에 귀환한 후에 쓴 카르피니의 『몽골사』는 당시 유럽에서는 몽골
인에 관한 최초의 저작이었다. 이 문헌은 동양과 중국을 소개한 것으로

"신빙성과 명확성 차원에서 상당히 긴 시간 동안 첫 손가락에 꼽혔고 그에 필적할 만한 것이 없었다".[22] 이렇게 높이 평가를 받는 이유는 주로 아래의 두 가지 점 때문이다.

첫째는 현지 조사가 이루어져 자료가 상세하고 확실하다. 카르피니는 몽골 제국에서 3년여 동안 생활하면서 대부분 직접 본 것을 책에 기록했다. 몽골과 중국에 관한 역사 상황 또한 몽골에서 다년간 생활해온 서양인, 즉 우크라이나인, 프랑스인 등이 그에게 알려준 것으로 신빙성이 매우 높았다. 그러므로 이 『몽골사』의 특징은 과거 구두로만 전해졌던 서양의 여행기와는 근본적으로 차이가 있다.

둘째는 태도가 공정하고 평가가 객관적이다. 카르피니가 비록 프란시스코회의 선교사이기는 했지만 이 책에서는 결코 선교사의 정신과 면모로 몽골인을 소개하지 않았다. 더욱이 그는 "독자들에게 지나치게 부풀려서 교리를 평론하지 않았고 현지 민족의 결점과 미덕을 객관적으로 평가했다. 그러나 그들의 사회도덕과 그 준칙에 대한 평가는 신중하고 상당히 분별력이 있다".[23]

카르피니는 이 책에서 몽골인의 생활 환경, 지리 조건, 풍속 습관, 종교 신앙뿐만 아니라, 이 가공할 만한 초원 제국의 정치 구조와 군사 조직, 그리고 주변으로 확장해간 역사와 그 과정을 상세하게 소개하고 있다. 그는 그야말로 진실한 동양의 그림을 유럽에 펼쳐 보였다.

카르피니는 일반 몽골인을 다음과 같이 소개한다.

타타르인Tatar, 韃靼人은 그 양 눈 사이와 뺨 사이의 간격이 다른 민족보다 넓고 광

22 耿昇·何高濟 譯, 『柏郞嘉賓蒙古行記』, 中華書局, 1985, 13쪽.
23 위의 책, 13쪽.

대뼈가 특히 돌출되어 있다. 코가 납작하고 작으며 눈 또한 아주 작다. 그밖에도 눈꺼풀이 뒤집혀 곧바로 눈썹과 연결되어 있다. 일반적으로 말해서 그들의 체격은 매우 왜소하고 단지 극소수를 제외하고는 거의 모든 사람이 중등 수준이다.[24]

그런가 하면 카르피니는 몽골의 대칸 구유크에 관해서 다음과 같이 기술한다.

이 황제의 나이는 대략 40세에서 45세 혹은 좀 더 많을 수도 있다. 체격은 중간 정도이며 대단히 영민하다. 일이 생기면 심사숙고해서 잘 처리하고 습관상 행동거지가 엄숙하고 진중하다. 그가 제멋대로 웃거나 일시적 충동에 따라 경거망동한 것을 어떤 사람도 본 적이 없다.[25]

이 책은 결코 주마간산 식의 여행기가 아닌 서양의 동양학 역사상 중요한 위치를 차지한다. 그것은 몽골 제국의 역사와 현상을 소개한 일찍이 전례가 없는 걸작이다. 오늘날의 중국 학술계로 말하자면 이 저서는 문학적 독본일 뿐만 아니라 몽골 민족의 당시 정황에 대해 대단히 풍부한 자료를 제공해준다. 나아가 우리가 원나라의 몽골 제국사를 이해하는 데 당시 한문 문헌의 부족한 부분을 여러 면에서 보완해준다.

예컨대 상당히 장시간 동안 중국의 사학자들은 일반적으로 당唐 무종武宗, 814~846의 불교 탄압 이후에 경교景教 역시 여기에 연루되어 점차로 소멸되었다고 인식하고 있다. 그러나 카르피니는 몽골 제국 당시 경교도

---

24 위의 책, 28쪽.
25 위의 책, 104쪽.

의 활동을 자세히 소개함으로써 과거 우리의 잘못된 생각을 바로잡아준다. 경교는 전 몽골 제국에 걸쳐 특수한 위치에 있었다. 쿠빌라이Kublai, 忽必烈, 1215~1294 통치의 중국이나 훌라구Hulagu, 旭烈兀, 1217?~1265 통치의 페르시아 지역 모두에서 기독교의 신앙이 몽골 사회의 상층에 침투해 경교도는 매우 특별한 예우를 받았다.[26] 실제로 극렬부克烈部와 내만부乃蠻部, 이들은 문화와 정치 면에서 몽골인과 가장 밀접한 관계에 있었다는 주로 기독교를 신봉했고 몽골의 귀족은 극렬부 왕족과 통혼했다. 그렇기 때문에 대칸들의 부인과 모친 중에는 많은 기독교인들이 있었다. 그들 중 일부 가장 영향력 있는 인물로서는 몽케Mongke, 蒙哥, 1208~1259, 쿠빌라이, 훌라구의 모친 등이 포함되어 있었다.[27] 현재기까지도 우리가 중국 기독교사를 쓸 때 이 카르피니의 책은 빼놓을 수 없는 기본 문헌에 해당된다.

카르피니의 시대에 유럽인은 여전히 중국에 관한 개념이 없었다. 당시 그들이 알았던 거란Khitan, 契丹은 사실 오늘날의 중국이다. 서양인이 거란에서 중국으로 인식이 전환되기까지는 대략 근 1백 년이라는 시간이 걸렸다. 이 점과 관련해서 카르피니는『몽골사』에서 거란을 두 부분으로 나누어 비교적 자세하게 논급했다.

카르피니는『몽골사』제5장에서 몽골 제국의 발흥사를 소개할 때 칭기즈 칸이 자신의 모든 군대를 소집해서 재차 거란을 공격했다고 기술한다. 즉 "장시간 혈전을 거듭한 끝에 칭기즈 칸은 이 나라의 일부 영토에서 승리를 거두었고 심지어 거란의 황제를 수도에서 겹겹이 포위해 오랫동안 공격했다. 그들은 성문을 쳐부수고 성 안으로 진입해 황제와 수많은 주민들을 무참히 살육했다. 또한 성을 탈취한 다음에 성 안의 금은보배를 몽

---

26   勒尼·格魯塞,『草原帝國』, 靑海人民出版社, 1991, 331~336·390~393쪽.
27   道森 編,『出使蒙古記』, 中國社會科學出版社, 1983, 18~19쪽.

땅 약탈했다. 이리하여 거란의 강대한 황제는 격파당했고 이 칭기즈 칸은
마침내 황제로 옹립되었다"[28]고 했다. 이 역사 사건은 실제로 몽골 군대
와 당시 중국 북방의 금조金朝 간에 있었던 전쟁을 가리킨다. 여진족의 금
정권은 1115년에 세워져 1234년 몽골인에 의해 완전히 파괴되었다. 이
를테면 몽골인이 1215년에 베이징을 탈취하자 여진인은 베이징을 버리
고 카이펑開封으로 달아났다. 1233년에 재차 격파되어 금조의 황제는 도
피하지 않을 수 없었고 최후에는 자살해 생을 마감했다.[29]

또한 카르피니는 거란인의 문화와 정신적 삶을 소개한다. 그는 말하기
를, "거란인은 모두 이교도이고 그들은 자신만의 특수한 자모字母를 보유
하고 있다. 마치 『신약』과 『구약』을 가진 듯이 보이며 동시에 신도전神徒傳,
은수사隱修士도 존재한다. 그리고 예배당과 같은 가옥을 건설해 항상 여기
서 기도한다. 그들은 융통성 있고 인정이 많다. 그들은 수염이 길지 않으
며 얼굴 생김새는 몽골인의 형상을 연상시킨다. 그러나 몽골인만큼 그렇
게 넓지는 않다. 그들이 말하는 언어도 매우 독특하다. 세계에서 사람들
이 종사하는 여러 일들 중에서 그들보다 더 능숙한 숙련공과 훌륭한 장
인은 찾아볼 수 없을 것이다. 그들의 국토에서는 소맥小麥, 과일주, 황금,
견직물 등 인간의 생활에 필요한 모든 것이 생산된다"[30]고 했다.

프랑스의 한학자 루이 앙비스Louis Hambis, 1906~1978 는 "거란인에 대한 카
르피니가 기술한 내용은 유럽인에게는 미증유의 일이었다. 그는 또한 중
국의 언어와 문헌을 소개한 최초의 인물이기도 했다. 그러나 글에서 언급

---

28 耿昇·何高濟 譯, 앞의 책, 49쪽.
29 周良曉·顧菊英, 『元代史』, 上海人民出版社, 1993, 190~193쪽; 勒尼·格魯塞, 『草原帝
    國』, 靑海人民出版社, 1991, 288~290·331~336쪽 참조.
30 耿昇·何高濟 譯, 앞의 책, 49쪽.

된 것은 모두 사원과 승려에 관한 것이다. 때문에 카르피니가 말한 것은 한문 불경佛經일 가능성이 크다. 한인의 성격과 체형의 기술을 제외하고는 기타 정황은 모호해서 명확하지 않다"[31]고 평가했다.

『루이스브로크의 동행기』東行記, The Journey of William of Rubruk to the Eastern Parts 』

플라노 카르피니의 보고는 서양 교회 내부에 중요한 영향을 미쳤다. 크리스토퍼 도슨Christopher Dawson, 1889~1970이 말한 바와 같이 "서양으로 말하자면 카르피니의 보고서보다 사람을 더 놀라게 한 것은 없으며 구유크가 교황에게 보낸 편지보다 더 위협감을 주는 것은 아무것도 없었다"[32] 인노첸시오 4세는 또한 도미니코회Dominican Order의 니콜라 아셀랭Nicolas Ascelin, 앙드레 드 롱쥐모André de Longjumeau, 기샤르 다 크레모나Guichard da Cremona 세 수사를 몽골 군대의 주둔지에 따로 파견했는데 이 대표단 역시도 교황에게 보내는 대칸의 회신을 가지고 돌아왔다. 아셀랭 등이 유럽에 귀환한 뒤의 일들에 대해서는 어떠한 문헌도 남아 있지 않다. 이 기간에 몽골 제국과 로마 교황청 간에 서로 왕래가 있었고 아셀랭이 서양에 되돌아왔을 때 몽골 제국의 특사 두 사람도 동행해 1248년 이탈리아에서 교황의 접견을 받았다. 1248년은 프랑스의 루이 9세Louis IX 역시 몽골 제국의 사절인 경교도 모리파트 데이비드Moriffat David 등을 접견했고 이듬해 프랑스는 또 앙드레 드 롱주모André de Longjumeau를 몽골에 외교 사절로 파견했다.[33]

카르피니의 중국 소개에 가장 영향을 많이 받은 이는 단연 빌렘 반 루이스브로크Willem van Ruysbroeck, 1215?~1295?이다. 그는 프랑스인이자 프란시스

---

31 위의 책, 129쪽.
32 道森 編, 앞의 책, 13쪽.
33 羅光, 『敎廷與中國使節史』, 臺灣光啓出版社, 1961, 26~58쪽.

코회의 수사였다. 루이스브로크는 루이 9세의 위탁을 받아 프랑스 국왕이 몽골 대칸에게 보내는 서신을 가지고 1253년 5월 7일에 콘스탄티노플Constantinople에서 출발했다. 그리고 바투Batu, 拔都, ?~1255?의 식민지를 경유해서 마침내 칸의 궁정에 도착하기에 이른다. 그는 대칸 몽케를 알현하고 이후 1255년 8월 15일에 파리로 되돌아갔다.

이 루이스브로크의 책은 서양 세계에 몽골인을 소개하는 측면에서든 아니면 거란인을 소개하는 측면에서든 간에 카르피니의 책과 비교했을 때 보다 발전된 것이다. 전자로 말하자면 카르피니는 단지 구유크의 등극의식에 참여했을 뿐 대칸과의 실제 접촉은 그다지 많지 않았다. 그러나 루이스브로크는 대칸 몽케 신변에서 1년 동안 생활하면서 접촉할 기회를 더 많이 가졌다. 그럼으로써 몽골 제국의 내부 정황을 소개하는 데 보다 치밀하고 철저할 수 있었다. 예컨대 그에 따르면 몽케에게는 시린나昔林納라고 불리는 비妃가 있었다. 그녀는 기독교를 신앙했고 몽케의 아이를 낳았다. 몽케는 그녀와 동반해 함께 교회당에 가서 예배를 보기도 했다. 몽케의 장자는 두 아내를 두었고 그 자신도 기독교를 매우 존중했다. 또한 쿼타이闊台라고 불리는 몽케의 둘째 부인이 병이 나자 선교사가 그녀를 치료했다고 기록하고 있다. 심지어 루이스브로크의 여행기에는 몽골 대칸 구유크가 바투에 의해 살해되었다고 전한다. 중국의 학자 허가오지何高濟는 이 기록을 구유크 사인死因에 관한 유일한 자료로 보았다.[34]

루이스브로크의 거란에 대한 소개는 두 가지 점에서 크게 진보했다.

첫째, 루이스브로크는 거란이 서양 고대에서 말한 '비단의 나라'임을 명확하게 지적했다. 그는 말하기를, "또한 대거란이 존재하는데 나는 그

---

34 何高濟 譯, 『魯布魯克東行記』, 中華書局, 1985, 184쪽.

민족이 바로 고대의 '비단의 사람'이라고 생각한다. 그들은 가장 좋은 실크[이 민족은 그것을 '絲'로 일컫는다]를 생산하고 그들의 도시에서 '실크의 사람'이란 이름을 얻었다"[35]고 했다. 이러한 루이스브로크의 발견이 서양의 문화, 역사, 기억 차원에서 매우 중요한 것은 다름 아닌 학자들이 지적한 대로 "유럽인들 중에서 그가 고대 지리학에서 말하는 '세레스국'과 '중국인' 사이의 관계, 즉 한 국가와 그 백성을 매우 정확하게 추측해낸 첫 번째의 인물이라는 데 있다"[36] "그는 한동안 중단된 서양의 중국 형상의 전통을 또한 계승해"[37] 상상을 되살려냈다. 즉, 거란과 그 당시 비단의 나라는 똑같이 풍부하고 넉넉했기 때문에 "성벽은 은으로 쌓았고 성루城樓는 금이었다"고 인식되었다.

둘째, 루이스브로크가 소개한 거란은 추측이 아니라 실제 지식에 근거한 인식으로 카르피니보다 그 내용이 더 풍부했다.

루이스브로크는 말하기를, "그 국토 내에 수많은 성省이 있고 대부분 아직 몽골인들에게 복종하지 않으며 그들과 인도 사이에는 해양이 가로막고 있다. 이 거란인들의 몸집은 왜소하고 그들의 말에는 강한 비음이 섞여 있다. 또한 모든 동양인과 마찬가지로 눈이 작다. 그들은 각종 공예의 숙련공이다. 의사는 약초의 성능에 매우 정통했으며 능숙하게 진맥하고 진단했다. 그들은 이뇨제利尿劑를 사용하지 않을 뿐더러 소변 검사를 알지 못했다"[38]고 했다. 이것은 중국의 지리, 방위, 인종, 의학을 소개한 것이다. 특히 의학에 대한 소개는 서양에서 최초의 일이다.

---

35 何高濟 譯, 앞의 책, 254쪽.

36 馬吉多維奇, 『世界探險史』, 世界知識出版社, 1988, 83쪽.

37 周寧 編, 『2000年西方看中國』 上, 團結出版社, 1999, 44쪽.

38 何高濟 譯, 위의 책.

더욱 놀라운 것은 루이스브로크가 중국의 불교, 인쇄, 그림을 소개했다는 점이다. 그 전에는 이러한 내용을 서양에 소개한 사람은 아직까지 없었다. 그는 다음과 같이 말한다.

상술한 여러 종족 가운데 우상을 숭배하는 승려들은 모두 붉은 빛깔의 넓은 승포僧袍를 입는다. 내가 아는 바로는 거기에는 은사가 있는데 이들은 숲이나 산속에 거주한다. 그들의 생활은 청빈해서 사람들을 경복시킨다. 거란에서 통용되는 돈은 부드럽고 얇은 일종의 종이이다. 길이와 너비는 손바닥만 하며 그 위에는 몇 줄의 인장이 찍혀 있는데 흡사 몽케의 옥새 모양과 같다. 그들은 털로 만든 솔로 글씨를 쓰고 화가로 보이는 이들은 털로 만든 솔로 그림을 그린다. 그들은 몇 개의 글자로 자형字形을 써서 완전한 말을 구성한다.[39]

루이스브로크는 실제로 중국에 가본 적은 없었다. 그러나 당시 대단히 많은 중국의 북방인들이 카라코룸에 거주하고 있었다. 이로 볼 때 중국에 관한 그의 지식은 현지에서 생활하고 있는 중국인들에게서 획득한 것으로 보인다.

실제로 중국을 방문한 이는 마르코 폴로와 조반니 다 몬테코르비노Giovanni da Montecorvino, 1247~1328를 꼽을 수 있다. 마르코 폴로의 『동방견문록』은 1299년에 발표되어 시간상 몬테코르비노의 서신보다 앞선다. 그러나 『동방견문록』은 사실 서양의 전체 여행기 한학을 집대성한 것이므로 하나의 절을 할애해서 전문적으로 논구해야 한다. 여기서는 선행적으로 서양의 중세시기 루이스브로크 이후 기타 중국과 관련된 서적을 집중적으

39 위의 책, 255·280쪽.

로 토론하고자 한다.[40]

『헤툼의 여행기』*The Journey of Het'nm I, King of Little Armenia, Central Asiatic Journal*

소小아르메니아Armenia의 국왕 헤툼Hethum, 또는 Hayton, ?~1271은 당시 몽골인의 강력한 기병을 막을 수 없어 멸망당하는 것보다는 강화講和하는 편이 더 낫다고 판단했다. 그리하여 1254년 초에 출발해 멀고도 험한 길을 거쳐 그해 9월에 대칸의 막사에 도착했다. 그는 예물을 바치고 기꺼이 대칸의 신하 되기를 원했다. 대칸은 크게 기뻐하며 예로써 대했다. 헤툼은 1255년 그의 조국 아르메니아에 귀환했다. 『헤툼의 여행기』는 그가 여행하는 중에 보고 들은 것을 기록한 것이다. 비록 몽골 제국의 정황을 기술한 내용이 대부분이기는 하지만 중원 지역을 언급한 내용도 있다.

몬테코르비노 등의 선교사 서간

몬테코르비노는 이탈리아인이자 프란시스코회의 선교사이다. 1289년 그는 교황 니콜라스 4세Nicolas Ⅳ가 원나라 세조世祖에게 보내는 친서를 가지고 출발해 1294년에 원의 칸발리크Khanbaliq, 汗八里·大都, 위대한 칸의 거주지라는 뜻에 도착했다. 베이징에 있는 동안 그는 네스토리우스파Nestorianism 교도의 박해를 당하기도 했다. 그러나 최종적으로는 대칸의 신임을 얻는 데 성공해 칸발리크에 천주교의 교회당을 세워 폭넓게 신도들을 받아들였

---

40 중세시기 일부 아라비아인들이 중국을 방문하고 기록한 여행기가 존재한다. 예컨대 아부 알피다(Al-Muayyad Abu al-Fida, 1273~1331)의 여행기, 이븐 바투타(Abu Abdullah Mahomed Ibn Batuta, 1304~1368)의 여행기 등이 그것이다. 비록 이 여행기들이 나중에 모두 서양에 전해져 서양의 동양 지식에 일정 부분 영향을 미치기도 했다. 그러나 그것들은 대체로 18세기 혹은 19세기나 되어서야 비로소 유럽에 번역·소개되었다. 이 점을 고려해서 본 연구에서는 포함시키지 않기로 한다.

다. 이렇게 볼 때 몬테코르비노는 실제로 중국 천주교의 개창자라고 할 수 있다. 학자들은 말하기를, "몬테코르비노는 성聖 프란시스코회의 진정한 문도이다. 그의 성격은 매우 소박하고 꾸밈이 없지만 영웅과 같은 강인하고 흔들리지 않는 기백과 기독교 사도로서의 정신을 갖추었다. 그가 고독하게 홀로 중국의 몽골 황제들의 궁정에서 12년에 달한 오랜 세월 동안 전교한 이야기는 선교사에 있어 가장 유명한 에피소드 중의 하나이다"[41]라고 했다.

몬테코르비노는 중국에 있는 동안 세 번에 걸쳐 각각 유럽에 서신을 보내어 중국 원대元代와 관련된 신빙성 있는 문헌을 남겼다. 몬테코르비노의 정성과 노력 덕분에 천주교는 중국에서 점차로 힘을 얻게 되었다. 원대 기간 동안 로마 측에서는 연이어 제라드Gerard. A, 페레그리누스 다 카스텔로Peregrinus da Castello, 페루자의 안드레아Andrew of Perugia, 조반니 마리뇰리Giovanni dei Marignolli, 1290?~1357? 등 선교사들을 중국에 파견해 한때 원대 천주교는 상당히 번창했다.

『오도리쿠스의 동유기東游記, The Eastern parts of the World』

당시 로마 교황이 파견한 선교사 외에 이탈리아인 오도리쿠스 데 포르투 나오니스Odoricus de Portu Naonis, 1285?~1331는 프란시스코회의 수사로서 방랑을 사명으로 여겨 구름처럼 세상을 떠돌아다녔다. 그의 동양 여행은 1318년에 시작되어 인도를 경유해서 남해를 건너 광둥廣東으로부터 중국에 진입했다. 1322년부터 1328년까지 오도리쿠스는 중국 내륙을 6년 동안이나 여행했다. 만년에 귀국한 후 병상 앞에서 그의 신기한 동양의 여

---

41 道森 編, 앞의 책, 260쪽.

행을 구술했다. 그 책이 세상에 널리 퍼져 오도리쿠스는 서양 중세의 4대
여행가로 꼽힌다.

『마리뇰리의 여행기』*Der Reisebericht des Johannes Marignolla*

마리뇰리는 이탈리아인이자 프란시스코회의 수사이다. 1338년에 교
황의 명을 받고 중국을 방문했는데 동행자 30여 인과 함께 1342년에 칸
발리크에 도착했다. 원나라 순제順帝는 성대하게 환영하며 상빈으로 대
우했다. 마리뇰리는 교황을 대신해서 원 순제에게 말을 바치자 조정에서
는 한때 문인과 대신 들이 시를 지어 이를 칭송하는 붐이 일었다. 『원시선
元詩選』에는 5편의 천마가天馬歌 혹은 그 부賦가 실려 있다. 1346년에 항저
우杭州, 닝보寧波를 경유해 취안저우泉州에서 유럽으로 되돌아갔다. 그리고
1353년에 로마에 도착했다. 나중에 보헤미아Bohemia 연대기를 썼는데 그
안에 중국의 여행기가 수록되어 있다. 1820년에 독일어로 번역·출판되
었다.

몽골 제국은 인류사에서 유라시아 대륙을 하나로 연결하는 유일한 세
계 제국이었다. 중국 동해의 해안에서 지중해의 동안東岸까지, 중국의 칸
발리크에서 이슬람의 다마스쿠스Damascus까지, 러시아 남부의 평원에서
홍해의 해구海口까지 이 모든 길들이 막힘 없이 통했다. 해로는 안전했고
육로는 평온했다. 사학자들의 말대로 당시 사람들이 머리에 금괴를 이고
대지의 동쪽 끝에서 서양까지 이동한다 해도 내내 안전했다. 이때는 바야
흐로 대여행의 시대였으므로 아르메니아의 헤툼 왕으로부터 맨발로 중
국을 횡단했던 가난한 수사 오도리쿠스에 이르기까지 다 올 수 있었다.
몽골 제국시기에 몇 십여 명이 유럽에서 동양, 중국으로 왔다. 그들의 서
신과 여행기는 초원 위의 흰 구름처럼 중국과 유럽의 사이에서 떠돌았다.

유럽인들은 바로 이 여행기와 서신을 통해서 점점 막연한 상상에서 현실로 나아갈 수 있었다. 신기하고도 요원한 중국은 어떤 때에는 밝은 모습으로, 또 어떤 때에는 어두운 모습으로 그들의 눈앞에 나타났다.

이 시기의 여행기들을 귀납해보면 다음 세 측면의 소개가 주목된다.

첫째, 중국의 사회, 경제, 문화, 생활을 더욱 폭넓게 이해할 수 있다. 오도리쿠스, 페레그리누스, 안드레아는 여행기에서 광저우廣州, 츠퉁刺桐, 푸저우福州, 항저우, 양저우揚州, 밍저우明州 등 많은 중국의 도시들을 각각 소개하고 있다. 그 소개 범위의 광범위성은 이전의 여행기에는 없었던 것이다. 예를 들면 오도리쿠스는 항저우에 관해 다음과 같이 말한다.

나는 그 이름이 '천당의 도시'를 뜻하는 항저우시를 방문했다. 이것은 전 세계에서 가장 큰 도시이다. (만일 내가 베니스Venice에서 일찍이 그곳에 자주 와본 적이 있는 사람을 만난 것이 아니라면 확실히 나는 정말 감히 말하지 못할 것이다.) 그 도시는 사방이 족히 100마일이나 되고 쉴 새 없이 사람으로 계속 분빈다. 그곳에는 매우 많은 여인숙이 있고 매 여인숙마다 10개 혹은 12개 정도의 방이 설치되어 있다. 또한 큰 교외 지역이 있는데 그 인구는 심지어 그 도시 자체보다 더 많다. 성에는 12개의 문이 있다. 각 성문, 성진城鎭은 모두 8마일 안팎까지 멀리 뻗어 있다. (…중략…) 거기에는 1만 2천 개의 교량이 있다. 각 교량에는 호위병을 주둔시켜 대칸을 위해 성을 수비케 한다.[42]

오도리쿠스는 중국의 다채로운 사회, 경제, 생활을 언급하면서 광저우에는 셀 수 없을 정도의 많은 선박이 있다고 했다. 즉 이탈리아의 배 전부

---

42   何高濟 譯, 앞의 책, 67쪽.

를 합친다고 해도 광저우만큼 그렇게 많지 않다는 것이다. 거란에는 닭, 거위, 오리, 심지어는 대단히 맛있는 뱀 고기도 있으며 먹고 싶은 것은 다 있다고 했다. 남녀의 복식, 어민의 가마우지, 사원의 동물, 티베트^{Tibet}의 천장天葬, 만쯔국蠻子國, 중국 남부 민간 부유층의 생활 등은 모두 그의 관심 속에 있었다. 오도리쿠스는 유럽의 독자를 위해 한 폭의 중국 전경을 담은 그림을 그려내고 있다.

몬테코르비노는 감탄하며 "동양인의 국토, 특히 대칸의 제국은 내가 단언컨대 세계에서 그것보다 더 큰 국가는 존재하지 않을 것이다", "내가 아는 바로는 넓은 토지, 수많은 인구, 거대한 재부 등 측면에서 세계의 어떤 국왕이나 군주도 대칸 폐하와 견줄 수는 없다"[43]고 증언하고 있다. 츠퉁의 주교 페레그리누스는 "만일 이 위대한 제국의 상황, 즉 거대한 권리, 수많은 군대, 광활한 영토, 세입의 총액, 자선구제의 지출 등을 서술한다면 아마도 사람들은 믿지 못할 것이다"[44]고 했다.

둘째, 원조의 궁정 생활에 대해 비교적 깊이 이해할 수 있다. 소문만으로도 전 유럽을 두렵게 만들었던 몽골의 대칸은 당시 서양에서는 하나의 신비한 인물이었다. 그리고 대칸의 거주지인 칸발리크는 더욱 베일에 감추어져 있었다. 이들 선교사들의 여행기는 대칸과 칸발리크의 비밀을 천천히 벗겨냈다. 오도리쿠스는 칸발리크에는 12개의 성문이 있고 두 성문 사이의 거리는 2마일이며 전 성벽을 합치면 40마일이 넘는다고 소개했다. 칸발리크성城은 내외 두 층으로 되어 있었다.

대칸과 그의 가족은 내층에서 거주한다. 그 수가 대단히 많았다. 즉 수많은

---

43   道森 編, 앞의 책, 263쪽.
44   위의 책, 270~272쪽.

자녀, 사위, 손자, 손녀, 처첩, 참모, 서기, 하인 등 그 수를 헤아릴 수 없을 정도이다. 4마일 내 궁전 전체는 모두 사람으로 가득 찼다.

큰 궁전 안에 작은 산을 쌓아 그 위에 또 다른 궁전을 건축했다. 이것은 전세계에서 가장 아름답다고 할 수 있다. 이 산에는 나무를 두루 심었기 때문에 그 이름을 녹산綠山이라고 했다. 산 옆에 연못을 파고 그 위로 극히 아름다운 다리를 놓았다. 연못에는 무수한 야생 거위, 오리, 백조가 노닐며 사람들을 경탄케 만든다. 그러므로 군왕은 사냥을 위해 집을 떠날 필요가 없다. 또한 궁전 안에는 각종 야수들로 가득 찬 숲이 구비되어 군왕은 마음대로 사냥할 수 있었다. 그로 인해 더 이상 그 지역을 떠날 필요가 없었다. 요컨대 그가 거주하는 궁전은 웅장하고 아름다웠다.[45]

오도리쿠스는 또한 대칸의 외출과 사냥 등의 상황을 기록했다.

황제는 이륜차를 타는데 그 내부에는 극히 아름다운 침실이 꾸며져 있고 모두 침향목沈香木과 금으로 이루어졌다. 더구나 크고 정교한 짐승의 가죽으로 덮어 장식했고 많은 진귀한 보물로 가득 채워 넣었다. 차는 잘 길들여지고 위로 굴레 씌워진 네 마리의 코끼리가 끌고 또한 화려하게 단장한 네 필의 준마가 있다. 황제는 케시크kesig, 怯薛라 불리는 네 명의 왕들과 병행하는데 그들은 황제가 테러를 당하지 않도록 차를 보호해준다.

대칸이 수렵을 갈 때 다음과 같이 안배한다. 칸발리크에서 대략 20일 정도의 여정지에 훌륭한 숲이 하나 있다. 그 둘레는 8일간의 노정이다. 숲의 주위에는 칸을 위해서 주둔하며 지키는 감시자가 있어 정성껏 보살핀다. 매 3년 혹은

45 何高濟 譯, 앞의 책, 73쪽.

4년마다 칸은 군대를 인솔해 이 숲에 간다.[46]

　마지막으로 이들 선교사의 서간은 원대 천주교사의 참된 역사 장면들을 보여준다.

　몬테코르비노는 대칸이 "기독교도에게 매우 관대했다"고 생각했다. 마리뇰리에 따르면 그가 칸발리크에 도착하자 대칸은 매우 따뜻하게 맞이해주었으며 칸발리크에서 또한 "유대인을 비롯한 다른 여러 종교인들과 몇 차례 논쟁해 모두 이겼다"고 했다. 또한 당시 칸발리크성 내의 천주교 교회당의 비용과 선교사들의 비용은 "모두 황제가 아주 풍족하게 지원해준다"고 진술하고 있다. 오도리쿠스는 말하기를, "그 도시에서 꼭 3년을 살았다. 우리는 지위가 낮은 승려이기 때문에 왕궁에 지정된 한 자리가 마련되었다. 동시에 우리는 앞으로 나가서 시종 책임을 다해 그를 위해 축복해야 한다"고 했다. 황궁에는 기독교도, 투르크인, 우상 숭배자가 있었다. 이 사실은 원대의 종교 신앙의 다원성과 원조의 개방적 종교정책을 충분히 설명해준다.

　몬테코르비노 등의 신조는 원대의 경교와 천주교 사이의 투쟁을 사실대로 반영하는 것이었다. 그는 다음과 같이 말한다.

　네스토리우스파 교도 — 그들은 자칭 기독교도라고 했지만 그들의 행동은 근본적으로 기독교도의 모습과는 달랐다 — 는 이 지역에서 세력이 강대했다. 그런 까닭에 그들은 다른 종류의 종교의식을 봉행하는, 즉 다른 기독교도가 예배하는 장소를 포함해서 그것이 설사 아주 작은 예배당이라 할지라도 허락하지

46　위의 책, 73·78쪽.

않았다. 아울러 그들과 상이한 교의를 설교하는 어떠한 것도 허락하지 않았다. 지금까지 어떠한 사도나 사도의 문도가 이들 지역에 온 적이 없었기 때문에 앞에서 언급한 네스토리우스파 교도는 직접적으로 뇌물의 방법을 써서 다른 사람이 우리에게 잔혹한 박해를 가하도록 지시했다. 그들은 나에 대해서 교황 폐하가 파견한 사람이 아니라 간첩, 마술사, 사기꾼이라고 공표했다.[47]

그러나 천주교는 그래도 원대에서 비교적 크게 발전한 것이 사실이다. 몬테코르비노는 대략 6천 명의 사람들이 그에게서 이미 세례를 받았고 베이징에는 두 개의 교회당이 있다고 말한다. 츠퉁의 안드레아 주교는 그곳에도 매우 훌륭한 교회당이 있을 뿐만 아니라 지금 한창 새로운 교회당을 지을 계획이라고 증언한다. 여기서 이룬 그들의 가장 혁혁한 공은 몽골 왕 중의 하나인 기와르기스Giwargis, 闊里吉思, ?~1298를 천주교에 가입시킨 일이다.

이 기와르기스 왕은 네스토리우스파의 기독교를 신앙했다. (…중략…) 내가 여기에 온 지 첫 해만에 그와 친교를 맺었다. 나는 그를 로마 천주교의 진정한 정통 교의로 개종하도록 만들었다. 그에게 비교적 낮은 성직이 수여되었다. 내가 미사를 거행할 때면 그는 엄숙한 법의를 입고 참가했다. 이 때문에 다른 네스토리우스파 교도들이 그가 배반했다고 책망했다. 그러나 그는 많은 백성들에게 진정한 로마 천주교에 귀의하도록 설득했다. 이와 함께 웅장하고 화려한 교회당을 지어 기부하고 하느님, 삼위일체와 교황 폐하를 모셨다. 내 건의에 따라 '로마 교회당'이라는 이름을 하사했다.[48]

이들 프란시스코회 수사들의 기록은 현대 학자들의 연구를 통해서 이

미 실증되었다. 즉 원몽元蒙 시기는 중국 기독교의 발전상에서 매우 중요한 시기였다.[49]

4. 마르코 폴로의 『동방견문록』

중세의 동양 여행기 가운데 그 영향력으로 볼 때 마르코 폴로의 『동방견문록』과 필적할 만한 것은 없을 것이다. 동양 때문에 부자가 된 이 백만 부옹富翁은 그로부터 전 서양에서 누구나 다 아는 유명한 인물이 되었다. 『동방견문록』의 매력은 어디에 있는 것일까? 그것이 중세에 그렇게 많은 서양인의 마음을 사로잡은 이유는 무엇인가? 우리는 그것을 서양이 중국 문화를 인식하는 역사 과정 속에서 고찰해야 할 것이다.

마르코 폴로는 베니스의 거상巨商 니콜로 폴로Niccolo Polo 의 아들이다. 그가 출생한 지 얼마 되지 않은 때 그의 부친과 숙부인 마페오 폴로Mafeo Polo 는 몽골 제국의 킵차크칸국欽察汗國에 장사하러 떠났다. 뒤늦게 킵차크칸국의 베르케Berke 와 일칸국伊利汗國의 훌라구 사이에 전쟁이 발생했다. 그들은 귀국 도중에 우연히 훌라구가 원조에 보낸 사신을 만나 반신반의로 그 사신을 따라 원의 칸발리크에 와서 쿠빌라이를 알현했다. 나중에 그들은 원 세조의 부탁을 받고 로마 교황청의 특사로 파견되었다. 쿠빌라이는 그들이 로마에 가서 여러 학문에 정통한 100명의 선교사를 데리고 돌아오

---

47 道森 編, 앞의 책, 263쪽.

48 阿·克·穆爾, 郝鎭華 譯, 『一五五〇年前的中國基督敎史』, 中華書局, 1984, 197쪽.

49 伯希和, 馮承鈞 譯, 「唐元時期中亞及東亞之基督徒」, 『西域南海史地考證譯叢』, 商務印書館, 1995; 羅香林, 『唐元二代之景敎』, 香港中國學社, 1966.

기를 희망했다. 1271년, 15세의 마르코 폴로는 아버지와 삼촌을 따라 로마 교황청이 쿠빌라이에게 보내는 회신을 가지고 재차 거란의 길을 찾아나섰다. 1275년, 천신만고 끝에 마침내 원의 칸발리크에 도착해 원 세조의 환영을 받았다. 그로부터 이 세 폴로 일가는 중국에서 17년 동안이나 살게 되었다. 원 세조는 총명하고 영리한 마르코 폴로를 좋아해서 그를 초대해 사냥과 음주를 함께 했다. 나아가 그는 원조의 외교 사신, 지방 관리로 파견되는 등 그야말로 관운이 형통했다.

1289년, 일칸국의 아르군Arghun, 阿魯渾, 1258?~1291은 부인을 잃어 구혼 차 사신을 원조에 보내어 몽골 공주를 아내로 맞이하고자 했다. 쿠빌라이는 불루간ト魯罕족의 코코친闊闊眞 공주를 선택했으며 이 코코친 공주가 사신과 함께 일칸국으로 귀환할 때 세 명의 폴로 일행도 공주를 수행해 유럽으로 되돌아가도록 조치했다. 1291년, 그들은 취안저우에서 출항해 남해, 인도양, 홍해를 거쳐 아라비아반도에 도달했다. 그리고 코코친 공주와 작별하고 세 사람은 육로를 통해 고향으로 돌아갔다.

1296년, 베니스와 제노아Genoa의 해전 중에 마르코 폴로는 전쟁 포로로 잡혀 투옥되었다. 감옥에서의 외롭고 울적한 생활은 옥중 동료 피사Pisa 출신의 소설가 루스티치아노Rusticiano와 빠르게 가까워지게 만들었다. 마르코 폴로의 동방 여행 이야기는 루스티치아노를 단번에 사로잡았다. 두 사람은 좀 더 일찍 만나지 못한 것을 한탄할 정도였다. 마르코 폴로가 자신의 여행 견문을 구술하면 루스티치아노는 그것을 기록했다. 이리하여 1298년에 세상을 뒤흔들었던『동방견문록』은 매우 빠르게 완성될 수 있었다.

『동방견문록』의 출판은 마르코 폴로의 명성을 크게 떨치게 만들었다. 오래지 않아 이 책은 여러 언어로 출판되었고 급기야 "세계의 일대 기서奇書"가 되었다. 마르코 폴로는 또한 세계에서 제일가는 유협遊俠이 되었다.

그리고 1324년에 그는 생을 마쳤다.

마르코 폴로의 『동방견문록』은 모두 4권으로 나뉜다. 제1권은 마르코 폴로의 일행이 동양을 여행하면서 얻은 견문을 기록하고 있는데 그 여정은 칸발리크에서 멈춘다. 제2권은 몽골 대칸 쿠빌라이와 그 궁전, 도성, 조정, 정부 경축일, 사냥 등의 일들을 기술하고 있다. 여기에는 칸발리크의 남행으로부터 항저우, 푸저우, 취안저우에 이르기까지, 그리고 동쪽 지역의 연안과 여러 바다와 주洲 등이 포함된다. 제3권은 일본, 베트남, 동인도, 남인도, 인도양 연안과 여러 도서, 아프리카 동부가 기록되어 있다. 제4권의 내용은 아시아를 군림하고 있는 칭기즈 칸의 후예인 여러 타타르 종왕宗王들의 전쟁과 아시아 북부에 관한 기록이다.

각 권은 장으로 분류된다. 그리고 매 장은 한 지역의 상황이나 역사 사실을 서술했고 모두 229장으로 되어 있다. 책 속에 기술된 국가, 도시의 지명만도 100여 개에 달한다. 이들 지역의 정황을 종합해 보면 산천 지형, 물산, 기후, 상인 무역, 주민, 종교 신앙, 풍속 습관, 심지어 국가의 자질구레한 소식, 세상에 알려지지 않은 일 등에 이르기까지 광범위하다. 『동방견문록』은 서양이 중국을 인식하는 역사 과정에서 하나의 이정표가 되는 저작이라 할 수 있다. 그것은 전면적이고도 깊이 있게 중국을 소개한 최초의 여행기이다. "마르코 폴로의 책은 서양인들을 위해 완전히 다른 세계로서의 모호하고 명확하지 않은 이해에 대해 한 줄기의 빛을 제공해준 셈이었다."[50]

서양 학계의 주류는 이 책의 신빙성을 줄곧 믿고 있다. 비록 다소 의문스런 부분이 발견되기도 하지만 그들은 『동방견문록』을 몽골 제국과 동서문화교류사를 연구하는 중요한 문헌으로 간주한다.[51] 근래에 이 책의 진실성을 부정하는 관점이 재차 나타나고 있지만[52] 학술 연구 차원에서 보면 이것은 정상적인 현상이라고 할 수 있다. 편역자는 학술적으로 볼때 이 책은 기본적으로 사실과 일치한다고 본다. 양즈주楊志玖, 1915~2002가 말한 바와 같이 "마르코 폴로의 책에는 중국의 정치, 경제, 사회 상황, 인물 활동, 풍토, 인정人情과 관련된 내용이 대량으로 기록되어 있다. 그 중 대부분이 중국 문헌에서 실증된 것들이고 또한 연구가 심도 있게 진행됨에 따라 계속적으로 고증되고 있다. 아무래도 일부는 너무 과장되어 신빙성이 떨어지거나 착오를 범하는 등의 결함도 발견되지만 그래도 총체적으로 볼 때 기본적으로 사실과 부합한다고 할 수 있다".[53] 양즈주 선생은 일찍이 1941년에 중국 문헌 속에서 『동방견문록』과 완전히 상응하는 문헌을 최초로 찾아내어 마르코 폴로가 중국에 실제로 온 역사 사실을 실증했다. 그 해에 샹다向達, 1900~1966는 양즈주의 글에 대해 "『동방견문록』의 진실성에 믿을 만한 증거를 제공해주었다"[54]고 평가한 바 있다.

학자들의 연구에 근거하자면 『동방견문록』에는 확실히 사실과 맞지 않는 말이 존재한다. 그러나 그 속에 기록된 대량의 몽원蒙元시대의 역사 내용들은 대부분 역사 문헌에서 고증할 수 있다. 만일 마르코 폴로가 중국에 온 적이 없고 또한 직접 경험하지 않았다면 이러한 내용을 쓰기란 거의 불가능하기 때문이다. 그런 까닭에 양즈주는 다음과 같이 말한다.

---

50 中國文化書院 編, 『中西文化交流的先驅－馬可·波羅』, 商務印書館, 1995, 8쪽.
51 1938년 펠리오와 모울(A. C. Moule)은 영문 정판(整版)을 출판했다. 나중에 펠리오는 단독으로 『마르코 폴로 주석(Notes on Marco polo)』을 출판했다. 저명한 동서교류사 연구의 전문가 율 역시도 자신의 주석본을 출간했다.
52 王育民, 「關于〈馬可·波羅游記〉的眞僞問題」, 『史林』 第4期, 1988; 吳芳恩(Frances Wood), 『馬可·波羅到過中國嗎?』, 新華出版社, 1997.
53 中國文化書院 編, 앞의 책.
54 楊志玖, 「關于馬可·波羅離華的一段漢文記載」, 『文史雜志』 第1卷 第12期, 1941; 余士雄, 『馬可·波羅介紹與硏究』, 書目文獻出版社, 1983, 68쪽.

마르코 폴로 자신과 그 책이 얼마간의 결점과 착오가 있는 것은 사실이지만 전체적으로 볼 때 여전히 믿을 만하다. 그의 책의 진실성을 말살할 수는 없다. 세계 역사와 지리에 대한 그의 영향과 공헌도 마땅히 인정해야 한다. 마르코 폴로는 아시아 대륙을 횡단하고 그것을 자세히 기록한 최초의 인물이다. 즉 중국의 내륙과 변경, 그리고 아시아의 기타 국가와 민족의 정치 사회 상황, 풍속 습관, 종교 신앙, 토산품, 일화와 기이한 일 등을 하나하나 상세하게 책에 담았던 것이다. 비록 소박하고 꾸밈은 없지만 생동감 있고 흥미롭기 그지없다. 이전이나 이후에도 중국을 방문한 서양인이 여행기를 남긴 경우는 적지 않다. 글재주와 어떤 사건에 관한 기술 측면에서도 어쩌면 그보다 뛰어날 수도 있다. 그러나 마르코 폴로처럼 이렇게 폭넓게 기록하고 전면적으로 개괄한 저적은 오히려 극히 드물다.[55]

마르코 폴로 전후의 다른 여행기들과 서로 비교해 보았을 때『동방견문록』의 중국에 대한 소개는 두 가지 점에서 매우 분명하고 뛰어나다.

첫째, 『동방견문록』은 원몽 제국을 상세하고 빠짐없이 소개한 미증유의 저작이다.

마르코 폴로시대에 원몽 제국을 가장 상세하게 소개한 책은 다름 아닌 오도리쿠스의 여행기이다. 그러나 이 여행기는 폭이나 깊이 면에서『동방견문록』과 비교될 수 없다. 그 한 예로 칸발리크성과 대칸의 소개를 보면 오도리쿠스는 단지 5쪽에 그친 데 반해서 마르코 폴로는 14장 43쪽에 이른다. 다음 몇 가지 측면에서 원대에 대한 그의 자세한 기록을 살펴볼 수 있다.

---

55   楊志玖, 『馬可·波羅在中國』, 南開大學出版社, 1999, 38~39쪽.

① 원대의 정치 투쟁

원대에는 두 차례의 내부적인 정치 투쟁이 있었다. 하나는 나얀Nayan, 乃顔의 반란이고 또 하나는 아흐마드Ahmad, 阿合馬사건이다. 『동방견문록』에서는 이 두 사건을 비교적 자세하게 기술한다. 마르코 폴로는 나얀의 반란을 평정하는 전투와 나얀의 사형 과정을 묘사했다. 그리고 그가 말한 아흐마드사건은 기본적으로 『원사元史』의 기록과 일치한다.[56]

② 원대의 군사 체제

칭기즈 칸시대에 몽골의 군사제도는 '천호제千戶制'를 확정했다. 마르코 폴로에 따르면 "그들은 매 10명의 사병마다 1명 10호에 배치해 1백 명은 1백 호에, 1천 명은 1천 호에, 1만 명은 1만 호에 각각 배치한다". 이 군사제도는 몽골 군대의 외향外向 확장을 보증해 주었다.

③ 원대의 정치 제도

행성제行省制, 역참제驛站制, 조운제漕運制는 원대 정치 제도의 주요 내용이다. 마르코 폴로는 여행기에서 이 세 제도를 상세히 소개한다. 『동방견문록』은 당시 원조에는 모두 12개의 행중서성行中書省이 있고 "전국에는 역참 1만여 개, 역마 20여만 필이 있다. 그리고 호화로운 역참 체계를 배치해 궁전에는 1만여 개를 두었다"고 지적했다. 마르코 폴로는 원조 조운체계에서 과저우瓜洲의 위치에 대해 "조정에서 필요한 곡물은 이 지역에서 대해大海를 거치지 않고 선박으로 하천과 호수를 통해 운송한다"고 명확하게 설명하고 있다. 또한 그는 원조시기의 역전驛傳 제도를 높이 평가

56　『元史』卷158, 許衡傳 참조.

하면서 "대칸의 이 모든 사물 관리 측면은 다른 황제, 군주, 혹은 보통 사람과 비교해볼 때 더욱 뛰어나다"고 인식했다. 이 점은 결코 과장된 것이 아니다. 원 제국은 유라시아 대륙을 가로지르는 제국으로 당시 세계에서 가장 빠르고 가장 완비된 '참적站赤, 즉 역참' 제도를 구축했다.

④ 원조의 경제

『동방견문록』에는 특별히 한 장을 할애해 원조의 지폐를 소개한다. 지폐는 원대 사람들의 경제생활에 필수적 요소가 되어 "모든 주, 군, 국토와 군주가 관할하는 지역이면 통행되지 않는 곳이 없었다. 신민의 지위가 비록 높더라도 감히 사용을 거부할 수 없고 사용을 막는 자는 죽임의 죄에 해당한다." 『원사·식화지食貨志』의 기록에 근거하자면 1260년 원조는 지폐를 발행하기 시작해 크게 문文으로 계산하는 것과 관貫으로 계산하는 두 종류로 액면 가격을 구별하는 근 10등급의 지폐를 보유했다.

⑤ 원 수도와 대칸의 생활

마르코 폴로는 칸 조정의 궁전에 대해 다음과 같이 기술한다.

이 궁은 여태까지 본 것 가운데 가장 거대하다. 궁은 2층이 없고 평지에 세워졌다. 바닥이 지면보다 열 뼘 정도 더 높이 올라와 있고 궁의 지붕이 대단히 높다. 궁의 담장과 방의 벽은 모두 금과 은으로 색칠해져 있고, 용, 짐승, 새, 기병 등 여러 모습들이 그려져 있다. 천장 역시 금칠과 그림 이외에는 아무것도 보이지 않게 만들어져 있다. 접견실은 크고 넓어서 6천 명이 한꺼번에 식사할 수 있으며 놀라울 정도로 많은 방들이 있었다. 또한 이 궁의 규모와 화려함으로 볼 때 그보다 더 잘 만들 지식을 가진 이는 세상 어디서도 찾아볼 수 없을 것이다. 꼭

대기 지붕은 모두 적색, 녹색, 청색, 황색 등 갖가지 색깔의 타일로 덮여 있었는데 얼마나 곱고 정교하게 잘 만들어졌는지 수정처럼 투명해서 황궁 주변 아주 멀리까지 빛을 내뿜었다.[57]

마르코 폴로는 대칸의 매년 경축일 축하 의식에 대해 매우 구체적으로 소개했다. 직접 참가하지 않고서는 이렇게 기술하기란 불가능한 일이다. 여행기 연구의 전문가들은 마르코 폴로의 기술은 "당시 중국의 문헌과 서로 부합된다"[58]고 했다. 심지어 대칸의 사생활조차도 손바닥 들여다보듯이 훤히 꿰뚫고 있다. 대칸은 매년 웅그라트Ungrat, 弘吉刺에서 미녀들을 모집해 "궁중의 부인들에게 맡겨서 함께 생활하고 한 침상에서 자도록 했다. 그렇게 함으로써 그녀의 호흡이 고운지, 신체는 건강한지의 여부를 살피게 했다. 그리고 그들 가운데 용모가 수려하고 건강한 자를 골라 교대로 군주를 모시게 했다. 그 방식은 6인 1조로 사흘 낮과 밤마다 한 번씩 바꾼다". 이것만 보아도 마르코 폴로가 궁중의 일들을 얼마나 깊이 파악했는지를 알 수 있다.

⑥ 원조 일반 민중의 생활

마르코 폴로는 황궁뿐만 아니라 당시 칸발리크의 가난한 백성들의 생활에 대해서도 세밀하게 소개했다. 예컨대

성 안에서 장사 지내는 것을 불허하기 때문에 모든 죽은 사람은 성 밖으로 옮겨서 안장安葬했다. 기녀는 성 밖에서만 거주하며 그 수만도 2만여 명에 달한

---

57 馮承鈞 譯, 『馬可·波羅行記』, 上海書店出版社, 2001, 201쪽.
58 위의 책, 355쪽.

다. 또한 칸발리크의 경제생활은 매우 활기를 띠어 "들어오는 온갖 물건들이 냇물처럼 끊임없이 이어진다. 견사 한 항목만 하더라도 매일 성으로 들어오는 양이 천 수레를 헤아린다.

현재까지 『동방견문록』은 외국어 문헌 중에서 원몽 제국을 빠짐없이 가장 자세하게 기록한 문헌이다. 비록 과장된 말이 적지 않고 부실한 기록도 발견되지만 그 대부분의 기록들은 중국 역사 문헌 속에서 실증되고 있다. 이 여행기는 중국의 학자들이 원몽사를 연구하는 데 중요한 문헌일 뿐만 아니라 당시의 유럽이 몽골 제국의 참 면모를 이해하는 데 밑그림이 되었다.

둘째, 『동방견문록』은 전체 중국과 주변 국가를 비교적 전반적으로 기술한 저작이다.

① 수많은 중국 도시의 소개

마르코 폴로는 중국에서 17년간 거주하면서 거의 중국 전역에 발자취를 남겼다. 그가 방문한 지역을 보면 하미저우哈密州, 쑤저우肅州, 간저우청甘州城, 줘저우涿州, 타이위안太原, 관중關中, 청두成都, 젠저우建州, 윈난리장푸雲南麗江府, 진츠저우金齒州, 쉬저우叙州, 신저우新州, 린저우臨州, 화이안淮安, 가오유高郵, 타이저우泰州, 양저우, 과저우, 전장鎭江, 쑤저우蘇州, 푸저우, 취안저우 등지이다. 이처럼 그의 중국 소개는 내용상 이미 원대의 시공을 크게 넘어서는 실제로 중국 고대문명과 문화에 대한 하나의 보고라고 할 수 있다. 이 정도의 스케일은 동시대에는 존재하지 않는다. 오도리쿠스 역시 중국 장난江南의 부유층의 생활을 소개했지만 매우 제한적이어서 근본적으로 마르코 폴로와 견줄 수 없다.

마르코 폴로는 시안西安을 언급할 때 "이 도시는 매우 크고 아름다우며 옛날에는 당당하고 부유하고 또 강력한 징자오京兆府 왕국의 도읍지로서 용맹하고 명망 있는 군주들이 많았다"[59]라고 말한다. 또 항저우 남송南宋의 궁전을 말할 때도 이것은 "이 세상에서 가장 아름답고 훌륭한 건물이다. 이제 그것에 대해 조금 이야기해 보겠다. 그 궁전은 둘레가 10마일이고 성가퀴가 있는 높은 성벽으로 둘러싸여 있다. 성벽 안에는 아름다운 정원이 많은데 뭐라고 형언하기조차 어려운 갖가지 좋은 과일들이 있다. 분수가 많고 고기들이 뛰노는 호수도 몇 개 있다. 그 가운데에 아주 장려한 궁전이 있는데 얼마나 큰지 굉장히 많은 사람들이 그 안에 머물며 탁자에서 식사할 수 있을 정도이다. 접견실에는 금색으로 된 초상화나 그림들이 그려져 있는데 여러 이야기, 짐승과 새, 기사와 숙녀, 또 많은 천장에 금칠로 된 그림 이외에 다른 것은 볼 수 없다"[60]고 했다.

② 중국 종교 신앙의 소개

기독교도였던 마르코 폴로는 중국에서의 기독교 전파에 시종 비상한 관심을 보인다. 즉 몽골 제국에서 여전히 위세를 떨치고 있는 경교도의 활동과 사적을 매우 중시했다. 그는 친긴탈라스Chingintalas, 사저우沙州, 톈더天德 등에 경교도의 존재가 있다고 기록하고 있다. 특히 전장鎭江의 기독교에 대한 기록은 매우 상세하고 구체적이다. 이러한 마르코 폴로의 기록을 단순히 이데올로기 형태로만 해독해서는 안 될 것이다. 물론 그와 같은 경향이 없지는 않지만 그의 문헌은 중국 기독교사 연구상에서 중요한 역사 사실들을 제공해준다. 프랑스의 폴 펠리오Paul Pelliot, 1878~1945나 중국

59　위의 책, 266쪽.
60　위의 책, 352쪽.

의 천위안陳垣, 1880~1971이 원대의 기독교를 연구할 때 이 『동방견문록』을 기본 자료로 삼아 판별·분석하고 있다.

그밖에도 마르코 폴로는 중국의 회교回敎의 상황을 소개했다. 물론 상인의 한 사람으로서 그의 관심이 익숙한 교파와 물질생활에 있었음은 당연했다. 이와 동일한 맥락에서 그가 유교儒敎를 논급하지 않은 이유를 이해할 수 있다.

③ 중국 과학기술의 소개

중국의 물질생활을 소개할 때 마르코 폴로는 무의식중에 갖가지의 사소한 부분까지 소개한다. 여기서 우리는 당시 중국 과학기술의 성과를 엿볼 수 있다. 『동방견문록』에서 당시 중국 과학기술의 성과를 발췌해보면 다음과 같다.

조선造船 기술
ⓐ 다외선多桅船, ⓑ 방수선放水船, ⓒ 정반定扳과 선새船塞, ⓓ 봉선법縫船法

운수
ⓐ 역참, ⓑ 공용거公用車

청결과 위생 물품
ⓐ 오늘날 마스크와 비슷한 입과 코 덮개口鼻套, ⓑ 타액잔, ⓒ 음료수잔, ⓓ 금니

건축, 옷과 일상 용품
ⓐ 죽방竹房, ⓑ 죽람竹纜, ⓒ 폭죽爆竹, ⓓ 수피의樹皮衣

정사
ⓐ 지폐, ⓑ 경종警鐘

기타

ⓐ 조판雕版인쇄, ⓑ 끊은 말총截馬尾[61]

④ 중국 풍속과 문화의 소개

마르코 폴로는 상인의 입장에서 중국 민속에 대해 대단히 흥미를 가졌다. 그는 타타르인은 12지지地支인 사람의 띠로 나이를 기억한다고 하면서 이것은 사실상 한인의 풍속이라고 기술한다. 또 띠로 운세를 점치는 것은 중국에서 일찍부터 전해내려 온 풍속이라고 말한다. 그리고 여러 차례 한인의 상장예속喪葬禮俗을 언급했다. 즉 "사람이 죽으면 그 시신을 불태운다. 죽은 자를 위해 그 친척과 친구는 상복을 입고 여러 악기를 들고 시신의 뒤를 행진하면서 우상 앞에서 상가喪歌를 연주한다. 나아가 시신을 태우는 장소에 이르면 종이로 만든 말, 갑옷, 투구, 금전, 비단 등의 물건과 함께 불태운다"고 했다.

또한 마르코 폴로는 여행기에서 여러 차례에 걸쳐 중국 각지의 음식은 물론이고 몽골의 마유, 낙타 젖에서부터 남방의 미첨주米甛酒, 약주, 포도주 등 각종 음료를 소개했다. 그는 궁정의 국연國宴이나 민간의 '선연船宴'에 참가하면서 위로는 왕궁 귀족의 음식뿐만 아니라 아래로는 민간 일반 백성의 일상생활에 이르기까지 모두 묘사하고 있다. 이러한 그의 묘사는 원대의 시공을 초월한 그야말로 중국의 유구한 문화 전통과 관계된 것들이다. 물론 중국인의 효도를 찬양할 때 "공자孔子, 노자老子, 장자莊子, 손자孫子, 묵자墨子, 맹자孟子의 이름이나 심지어 주희朱熹의 이름조차도 언급하지 않은 것은 그가 중국어에 정통하지 못했다는 사실을 보여준다. 동시에 철학 사상에 대해서도 전혀 관심을 보이지 않고 있다".[62]

---

61   D. E. W. 古德格, 朱杰勤 譯, 「元代馬可·波羅所見亞洲舊有之近代事物」, 『中外關係史譯叢』海洋出版社, 1984, 68~90쪽.

5. 『동방견문록』의 사상·문화적 의미

마르코 폴로의 『동방견문록』은 서양의 동양학에 관한 가장 중요한 역사 문헌임은 의심할 여지가 없다. 이 여행기는 중세 서양의 중국 인식과 관련해서 최고봉이라고 할 수 있다. 이를 넘어선 것은 100년 이후에나 가능했다. 그러나 서양에 미친 영향을 단지 지식론 차원에서만 접근해서는 안 되며 서양 자체의 문화 발전상에서도 검토해야 한다. 중국에 관한 서양의 인식은 서양의 문화 배경 속에서 이루지는 법이다. 따라서 그것은 본질적으로 서양 지식 체계나 서양문화 진전의 한 부분이라고 할 수 있다.

이러한 관점으로 볼 때 비교문학의 형상학 이론을 적용시키는 것이 좋다. 여기서 형상학이란 "한 작품이나 한 문학 속의 이국異國 형상에 대한 연구이다."[63] 소위 형상의 성립은 단지 작가 개인의 충동에만 그치지 않고 실제로 다른 문화에 대한 한 문화의 언설에 해당한다. 우리는 오직 언설자의 모체문화의 넓은 배경 속에서만 그것이 창조해낸 형상의 진정한 원인을 드러내 보일 수 있다. 또한 '타자'의 형상이 어떻게 "사회 집단의 상상물"[64]이 되는지를 발견해낼 수 있다.

마르코 폴로의 시대는 바로 유럽문예부흥의 전야였고 『동방견문록』은 이 문예부흥을 거치면서 우아하고 특별한 광채를 발할 수 있었다. 이탈리아는 유럽 근대문화의 적장자로서 그것이 창도한 르네상스Renaissance는 본질상 세계의 발견이자 인간의 발견이었다. 『동방견문록』의 전파와 수

62　艾田蒲, 許鈞·錢林森 譯, 『中國之歐洲』, 河南人民出版社, 1992, 119쪽.

63　巴柔, 「從文化形象到集體想像物」, 孟華 外編, 『比較文學形象學』, 北京大學出版社, 2001, 118쪽.

64　莫哈, 「試論文學形象學的硏究史及方法論」, 위의 책, 26쪽.

용, 그리고 그 영향사는 바로 문예부흥시기의 "사회 집단의 상상물"이라고 할 수 있다. 이 점은 다음 세 가지 측면에서 설명할 수 있다.

먼저 마르코 폴로의 『동방견문록』은 유럽인의 세계관을 넓혀주었다. 중세시기 "이탈리아인들은 유럽의 다른 지역에서 벌어지고 있는, 즉 발전을 방해하는 수많은 속박에서 이미 벗어나 고도의 개인의 발전을 이룸과 동시에 고대문화의 훈도를 받았다. 그럼으로써 그들의 생각을 외부 세계의 발견으로 돌려 언어와 형식 속에서 그것을 표현했다".[65] 당시 동양의 여행기는 기본적으로 모두 이탈리아인들이 쓴 것이다. 베니스의 거상 마르코 폴로의 거란 여행기는 서양인의 시선을 단번에 대륙의 멀고도 신비한 극동으로 이끌었다. 이렇게 유럽인이 펼치는 상상의 시공은 크게 확장되어 대칸의 궁정, 항저우의 호수, 양저우의 석교 등이 모두 그들의 의식 속에 들어왔다.

유럽은 이제 과거 지중해의 세계관에서 벗어나 로마는 더 이상 세계의 중심이 아니었다. 그것은 "유럽이 곧 세계라는 신화를 분쇄하고 생생한 중국의 모습을 유럽인의 눈앞에 펼쳐보였다. 그들은 매우 놀라고 의아해하며 선뜻 믿지 못했다".[66] 14세기에 "유럽의 사상가로 활약한 몇몇 인물들은 이 베니스의 여행가가 제공한 지식에 따라 그 세계관을 형상화했다. 유럽은 일찍이 지리 대발견 이전, 즉 과거 유럽과 지중해를 경계로 했던 시야를 넓혀 세계의 거대한 새로운 지역을 포용하기 시작했다. 1375년에 제작된 중세에서 가장 뛰어난 세계지도 〈카탈루냐 지도첩Catalan Atlas〉은 바로 마르코 폴로의 지리학을 구현한 것이다. 그것은 중세 지도학의 환상으로부터 탈피한 유럽 사상·문화사의 중요한 이정표가 되었다".[67]

---

65   雅各布·布克哈特, 『意大利文藝復興時期的文化』, 商務印書館, 1988, 279쪽.
66   中國文化書院 編, 『中西文化交流的先驅－馬可·波羅』, 商務印書館, 1995, 223쪽.

그 다음으로 마르코 폴로의『동방견문록』은 유럽의 세계관을 자극했다. 문예부흥은 이탈리아인의 새로운 성격을 배양했다. "이 성격은 근본적으로 결함이면서도 동시에 위대성을 형성하는 하나의 조건이기도 했다. 그것은 바로 극단적 개인주의이다."[68] 세속 생활의 갈망, 부에 대한 미련, 애정의 추구 등은 대부분 개인의 욕망을 충족시키기 위한 것들이다. 그런데『동방견문록』은 이탈리아인의 이러한 모든 충동들을 만족시켜 주었다. 즉 이루 다 셀 수 없는 대칸의 금은보배, 베니스를 훨씬 능가하는 거란의 모든 도시들의 풍요로움 등은 그 단적인 예들이다.

이탈리아인으로 볼 때 매혹적인 동양 여인의 아름다움, 기이한 풍속 등은 거란에서 영원히 누릴 수 있는 즐거움이었다. "거란의 출현은 즉각적으로 서양문화의 표현, 곧 억눌린 사회적 무의식의 상징 혹은 부호가 되었다. 그들은 거란의 부를 기꺼이 묘사했다. 이러한 표현을 통해 자신들의 문화 속에 내재된 억압된 잠재의식의 욕망을 실현시키고자 했다. 이탈리아인이 표면적으로는 이방의 민족과 땅을 논하고 있지만 실제로 그 마음 깊은 곳에는 피억압의 욕망 세계가 자리한다. 중세 말기에 출현한 이러한 거란 형상은 서양인의 상상 속에 감추어진 하나의 해방의 힘이었다."[69] 마르코 폴로의『동방견문록』은 이탈리아가 꿈꾼 신생활의 상징이자 모든 세속 추구의 이상적인 왕국 다름 아니었다.

마지막으로 마르코 폴로의『동방견문록』은 근대의 지리 대발견을 촉진시켰다. 지구화의 서막은 15세기의 지리 대발견에서 비롯되었다고 할 수 있다. 그 첫 번째 인물은 큰 삼각돛을 단 범선을 이끌고 대서양으로 항

---

67   雷蒙·道森, 常紹民 譯,『中國變色龍』, 時事出版社, 1999, 28~29쪽.
68   雅各布·布克哈特,『意大利文藝復興時期的文化』, 商務印書館, 1988, 445쪽.
69   周寧,『契丹傳奇』, 學苑出版社, 2004, 205쪽.

로를 잡은 이탈리아인 크리스토퍼 콜럼버스Christopher Columbus, 1451~1506였
다. 이 이탈리아의 수군 제독은 『동방견문록』의 최고 애독자였다. 오늘
날 스페인 세빌랴Seville시의 콜럼버스도서관에는 그가 당시 읽었던 마르
코 폴로의 『동방견문록』이 아직도 보관되어 있다. 콜럼버스의 거란에 대
한 동경은 거란의 부를 갈망하는 스페인 국왕의 뜻과 맞아떨어졌다. 그
리하여 『동방견문록』이 그에게 안겨준 꿈과 함께 스페인 국왕 카스티야
Castilian가 대칸에게 보내는 친서를 가지고 거란을 찾아 출항했다. 향료가
산처럼 쌓여 있고 범선이 하늘과 태양을 가리는 츠퉁항刺桐港을 찾아 떠난
것이다.

당시 거란을 동경한 사람은 사실 콜럼버스만이 아니었다. 이탈리아의
지리학자 파올로 달 포초 토스카넬리Paolo dal Pozzo Toscanelli, 1397~1482도 거란
에 매혹되었다. 토스카넬리는 스스로 해도海圖를 그려 리스본에서 2,550
해리를 건너가면 츠퉁항에 도달할 수 있을 것으로 판단했다. 콜럼버스에
게 보낸 그의 서신에는 풍요로운 거란에 관한 상세한 묘사가 담겨 있다.
토스카넬리는 말하기를, "여러 지역의 상인들이 구입해서 운반해온 그 엄
청난 양의 화물들은 비록 세계의 모든 수량을 다 합친다고 해도 거항巨港
츠퉁항에는 미치지 못할 것이다. 해마다 대형 선박 1백 척이 후추를 싣고
츠퉁에 온다. 그리고 다른 향료를 운반하는 선박은 이루 다 헤아릴 수가
없다. 그 나라는 엄청난 수의 인구와 비할 바 없는 부를 보유하고 있다.
수많은 방국邦國, 성구省區, 성읍城邑은 셀 수 없을 정도이다. 이 모든 것들은
라틴어로 대황제를 뜻하는 대칸에 신속臣屬되어 있다. 수도는 거란성省이
다"[70]라고 했다.

---

70   張星烺, 앞의 책, 439쪽.

콜럼버스는 끝이 보이지 않는 행해 길에서 거듭된 어려움에 직면할 때마다 토스카넬리의 판단을 굳게 믿었고 마르코 폴로의 『동방견문록』이 모든 고난을 이겨내는 원동력이 되었다. 콜럼버스는 대서양의 해풍이 그의 선대船隊를 아메리카 대륙의 작은 섬으로 이끌었을 때도 여전히 자신이 거란을 발견했다고 생각했다. 콜럼버스는 "항저우시에 가서 폐하의 친필 서신을 대칸에게 전달하고 그에게서 답장을 받아 국왕 폐하께 바치겠습니다"[71]고 말한 바 있다.

실제로 콜럼버스는 죽을 때까지 자신이 발견한 곳이 아시아의 동해안 '거란'이라고 굳게 믿었다. "이러한 믿음은 콜럼버스가 죽은 지 20여 년이 지나도 여전히 사라지지 않았다."[72] 심지어 1세기가 지난 후 마르코 폴로가 말한 거란이 이미 중국이란 사실이 확정된 뒤에도 서양의 항해가들은 단념하지 않았다. 예컨대 영국의 수많은 탐험가들에게서 거란이란 여전히 그들이 찾는 목표였다. 마르코 폴로의 『동방견문록』이 서양인에게 미친 영향은 실로 엄청난 것이었다. 바로 월터 롤리Walter Raleigh, 1552?~1618가 『영국의 16세기 항해사』에서 말한 대로 "거란을 탐험하는 일은 확실히 모험 세계 최고의 화두였으며 수백 년 동안 항해업의 의지요 영혼 그 자체였다."[73]

1603년 예수회원 베네딕트 고에스Benedict Goës, 鄂本篤, 1561~1605가 처음으로 '거란'이 곧 '중국'임을 실증했다. 사후 그의 묘지명에 "거란을 탐방해 도리어 천당을 발견했다"고 되어 있다. 콜럼버스로 말하자면 "거란을 찾다가 확실히 아메리카 대륙을 발견했고" 그것은 사실상 신세계를 발견한

71   劉福文 外譯, 『哥倫布美洲發現日記』, 黑龍江人民出版社, 1998, 64쪽.
72   H. 裕爾 撰, H. 考迪埃 修訂, 앞의 책, 143쪽.
73   朱謙之, 『中國哲學對歐洲的影響』, 福建人民出版社, 1985, 18쪽에서 재인용.

것이었다. 그리고 새로운 시대가 도래했다. 예수회Society of Jesus가 중국에 들어옴으로써 선교사 한학의 시대가 시작된 것이다.

02

대항해시대와
선교사의
중국진출

1. 지리 대발견의 시대

크리스토퍼 콜럼버스Christopher Columbus, 1451~1506는 어릴 때부터 항해를 좋아해 『동방견문록Divisament dou Monde』으로부터 깊은 영향을 받았다. 콜럼버스는 마르코 폴로Marco Polo, 1254~1324의 숭배자였다. 이 이탈리아 제노바인은 마르코 폴로가 말한 거란을 찾아내려고 결심했다. 당시 지리학자 파올로 달 포초 토스카넬리Paolo dal Pozzo Toscanelli, 1397~1482도 마르코 폴로의 숭배자였다. 토스카넬리는 『동방견문록』에 근거해서 콜럼버스에게 서쪽으로 항해할 수 있는 지도를 제공했다. 머나먼 거란의 부는 콜럼버스뿐만 아니라 당시의 스페인 국왕까지도 매료시켰다. 이 두 사람은 합의서에 서명했다. 그 내용은 다음과 같다.

국왕은 콜럼버스에게 귀족 직함을 수여함은 물론 발견한 모든 지역의 원수로 임명한다. 그리고 이를 대대로 계승할 수 있도록 한다. 콜럼버스는 또한 그가 발견한 지역의 전체 부의 10분의 1을 소유하고 모두 면세를 받는다. 뿐더러 그는 발견 지역의 모든 선박에 대해서 8분의 1의 세금을 징수할 수 있다. 이 두 사람은 요원한 동방에 희망을 걸고 그곳에 도착하기만 하면 단번에 일확천금을 거머쥘 수 있을 것으로 생각했다. 스페인 국왕은 일부러 콜럼버스에게 거란의 대칸Great Kan, 大汗에게 보내는 서신을 주고 그의 성공을 기대했다.

　1492년 10월 12일, 콜럼버스의 선대는 30여 일 동안이나 육지를 보지 못한 채 항해를 지속한 끝에 마침내 바하마제도Bahamas를 발견했다. 이 섬에서 그들은 인디언Indian들과 마주쳤다. 당시 인디언들은 아직도 원시 사회의 후기, 즉 남녀노소 할 것 없이 모두 몸에 실 한 오라기도 걸치지 않은 채 신석기시대를 살고 있었다. 콜럼버스는 그곳이 아시아의 주변 지역일 것이라고 생각하고 대인도 지역이라고 칭했다. 10월 28일, 그들은 쿠바를 발견했는데 신기하게도 쿠바 원주민들은 모두 담배를 피우면서 매우 편안해 보였다. 스페인 사람들은 이 풍습을 빠르게 배워 전 세계에 전파했다. 콜럼버스는 이 궁벽한 쿠바 지역이 필시 거란의 가장 황량한 곳이고 거란은 결코 이렇지 않을 것이라고 여겼다. 그는 마르코 폴로가 말한 향료가 산처럼 쌓여 있는 츠퉁항刺桐港을 반드시 발견할 수 있을 것으로 믿었다. 1493년 3월 15일, 콜럼버스는 처음 출발지인 스페인 항구 파로스로 귀환함에 따라 244일 간의 원양 항해는 종결되었다. 콜럼버스는 사람들에게 자신이 거란을 이미 찾았다고 공언했다. 유럽의 입장에서 말하자면 이것은 그야말로 놀라운 소식 그 자체였고 한때 콜럼버스의 명성이 온 천하를 뒤덮었다.

　포르투갈은 유럽의 가장 서쪽 끝에 위치한다. 시인들이 "육지는 여기서 끝나지만 대해는 여기로부터 시작한다"라고 함은 이 유럽의 작은 나라를 두고 한 말이다. 당시 지중해는 전통적으로 이탈리아인의 상업 세력 범위였고 북해와 발트해Baltic Sea는 한자 동맹Hanseatic League의 상업 세력 범위였다. 북부와 동부는 스페인이고 서부는 끝없이 넓은 대서양이 자리한다. 이러한 지정학적 특징은 포르투갈인들을 남쪽으로 진출하게 만들었다. 그들은 큰 삼각돛을 단 범선을 몰고 서아프리카 해안을 따라 천천히 앞으로 밀고 나아갔다. 무어인Moors과의 투쟁과 해상 무역의 발전 속에서 포르투갈의 귀족들은 말을 선박으로 바꾸고 방패, 투구, 갑옷을 나침반과 성반星盤으로 바꾸었다. 그리고 기수를 선장으로 만들었다. 상인의 입장에서 보면 영토의 확장은 장사가 번창함을 의미했다. 또 국왕과 궁정의 입장에서 보면 영토의 확장은 위엄과 명망을 제고시키는 일이었다. 특히 이를 통해 새로운 재원을 개척하고 국가의 영역과 자신의 권리를 확대할 수 있었다. 그리고 신흥 자산 계급은 그들의 상업활동을 보다 새롭고 좀 더 먼 시장으로 확장하고자 했다.

1415년 포르투갈은 북아프리카 군사 요지인 세우타Ceuta를 점령하고 이슬람 세계의 가장 중요한 전략적 요충지를 탈취했다. 이로써 이후 서아프리카 해안을 탐험하는 데 그 활동의 발판을 마련할 수 있었다. 세우타 전역戰役 이후 젊은 엔리케Dom Henrique O Navegador, Henry the Navigator, 1394~1460 왕자는 기사로 봉해졌고 포르투갈 기사단의 총단장에 올랐다. 당시 기사단은 반半군사 조직이자 반半종교 조직으로서 많은 재화를 소유하고 있었다. 그는 항해학교를 설립해 당시대 최고의 항해가와 지리학자를 초빙했다. 그리하여 지도를 제작하고 조선造船기술을 연구해 민첩하고 견고한 카라벨caravel 경범선을 만들어냈다.

엔리케 왕자가 주관하는 항해 탐험 사업은 포르투갈 전체 항해 사업의 하나의 전환점이 되었다. 그는 "역사상 맨 먼저 명확한 지리정책을 확정했고 일련의 탐험활동을 안배했다. 그럼으로써 탐험과 발견이 예술과 과학의 한 분과가 되게 하고 전국적으로 원양항해를 고취시켜 그것이 이익과 밀접하게 연관을 맺는 사업이 되게끔 했다".[1]

---

1   張箭, 『地理大發現硏究 -15~17世紀』, 商務印書館, 2002, 81쪽.

유럽의 역사서는 북위 26도가 경계라고 말한다. 만약 이 위도를 넘어가면 그곳의 바닷물이 몹시 뜨거워 사람의 목숨을 해치고 백인이 이 경계선을 한번 넘으면 햇볕에 까맣게 타서 다시는 백인이 될 수 없다는 것이다. 그러나 엔리케 왕자의 탐험대는 1436년 보자도르곶Cape Bojador을 건넜지만 뜨거운 바닷물 때문에 죽지도 않았을 뿐만 아니라 아프리카 대륙에 상륙했을 때 처음으로 흑인을 만났다. 이것은 역사상 백인과 흑인의 첫 대면이기도 했다. 포르투갈인 바르톨로메오 디아스Bartolomeo Dias, 1450~1500가 희망봉을 발견한 것은 포르투갈 항해사에서 하나의 중요한 사건으로 기록된다.

당시 이슬람의 오스만제국Ottoman Empire이 한창 발흥해 유럽과 아시아의 관계를 가로막고 있었기 때문에 아시아의 향료는 유럽으로 들어갈 수 없었다. 유럽인이 쇠고기, 쇠갈비찜을 먹을 때는 반드시 향료를 필요로 했다. 성탄절의 더 맛있는 쇠고기 요리를 위해 그들은 아시아로 가는 새로운 노선을 찾고자 했다. 어디에 향료가 있을까? 마르코 폴로는 거란의 츠퉁항에 향료가 산처럼 쌓여 있다고 말한 바 있다. 츠퉁항을 찾아라! 그때 27세였던 디아스는 콜럼버스 이전 유럽에서 가장 뛰어난 항해가로 손꼽힌다. 그가 이끈 선대는 아프리카 남부의 희망봉을 돌아 인도양에 진입했다. 그는 그곳을 '대해각大海角'이라 이름하고 석주를 세워 이 땅의 점유를 표시했다. 그가 포르투갈로 돌아온 뒤에 주앙 2세João II는 그 이름을 '희망봉'으로 바꾸었다.

바스코 다 가마Vasco da Gama, 1460~1524는 의심할 것도 없이 포르투갈 역사상 가장 위대한 항해가이다. 1492년 이탈리아 항해가 콜럼버스는 스페인 선대를 이끌고 대서양을 횡단해 아메리카 대륙을 발견했다. 이 일은 포르투갈인들을 크게 자극했다. 그들은 거란의 거대한 부를 숙적 스페인이 독점하도록 내버려 둘 수 없었다. 당시 포르투갈 국왕 마누엘 1세Manuel I, 1469~1521는 바스코 다 가마의 원양항해를 결정했다. 바스코 다 가마가 이끄는 선대는 동아프리카 해안선을 따라 항해해 모잠비크Mozambique 잠베지강Zambezi River 하구에 도달했다. 그들이 정박하고 휴식을 취하고 있을 때 현지 흑인들의 친절한 접대를 받았다. 또한 그곳에서 두 명의 견직 모자를 쓴 수령을 만났는데 그들은 날염포捺染布를 선물로 주었다. 이들은 어쩌면 정허鄭和, 1371~1435가 남겨 놓은 속관屬官인지도 모른다. 왜냐하면 정허가 여기를 떠난 지 70여 년에 불과했고 이곳은 그가 서양을 방문한 가장 먼 지역이었기 때문이다.

1511년 포르투갈인들은 인도양 서단西端의 말라카Malacca를 점령했다. 이것은 포르투갈이 인도양 해상海上 식민제국의 윤곽 그리기를 완료했음을 의미한다. 동시에 그것은 태평양의 해상무역에 끼어들기 시작했음을 상징한다. 이를테면 말라카해협을 통과하면 곧바로 광활한 태평양이 포르투갈인의 눈앞에 펼쳐졌다.

스페인이 북미에서 발견한 것이 토지였다면 포르투갈은 극동에서 문명을 발견했다. 이 문명은 기독교문명보다 더 유구한, 즉 고도로 발달한 '중국문명'이었다. 스페인 사람과 포르투갈 사람이 푸젠福建 밖 해역에서 서로 마주치고 페르디난드 마젤란Ferdinand Magellan, 1480~1521이 1522년 세계 일주의 항해를 마쳤을 때 세계는 포위되었다. 즉 지구화의 시대가 개막된 것이다.

2. 예수회의 중국 진입

포르투갈인이 마카오에서 장기간 주둔한 뒤로부터 마카오는 점차로 당시 동서문화교류의 합류점으로 발전했다. 포르투갈이 전체 동양에 대한 호교권護敎權을 가지고 있었기 때문에 그들의 목표는 중국을 설득시켜 중국과 안정된 관계를 구축해 중간에서 지속적으로 막대한 무역 이윤을 취하는 것이었다. 1517년 포르투갈의 주駐동인도 총독으로 황가 어의御醫 토메 피레스Tomé Pires, 1465?~1524 혹은 1540가 임명되어 중국을 방문했다. 이들은 중국에 들어온 최초의 서양 사절단이라고 할 수 있다.

당시는 바야흐로 명대明代 정덕正德 연간이었다. 1521년 피레스 일행은 베이징北京에 도착했지만 이번 방문은 3가지 이유로 좌절되고 말았다. 첫째는 포르투갈에 의해 멸망당한 말라카국의 사신이 베이징에 와서 말라카 해협에서 저지른 포르투갈인의 악행을 고발했기 때문이다. 둘째는 그들의 입경入京을 허락한 명 무종武宗 황제가 세상을 떠났기 때문이다. 그리고 셋째는 당시의 통역관 훠저야싼火者亞三이 베이징에서의 명예가 극도로 추락했던 까닭이었다. 결국 야싼은 처형당했고 피레스 일행도 투옥되었다. 아직까지도 파레스의 마지막 생사의 상황이 밝혀지지 않은 상태이다. 단지 옥중에서 그의 동료에게 쓴 몇 통의 편지만을 남겨 두었을 뿐이다.

동양에 온 초기 서양인들은 대부분 순탄치 않았다. 예수회원으로서 처음 동양을 방문한 인물은 프란치스코 하비에르Franciscus Xaverius, 沙勿略, 1506~1552이다. 그의 운명은 피레스보다 약간 나았을 뿐이다. 하비에르는 먼저 일본에서 선교활동을 했는데 당시 일본인은 그에게 묻기를 중국인이 당신들의 종교를 아는가? 하비에르는 모른다고 대답했다. 일본인은 그때 만일 중국인이 당신의 종교를 알지 못한다면 당신의 종교는 필시 좋은 종교일 리가 없다고 대꾸했다.

이리하여 하비에르는 비로소 동아시아에서의 중국문화의 위치를 알았고 무엇보다도 극동 선교는 먼저 중국을 귀화시켜야 한다는 방침을 세웠다. 머지않아 하비에르는 일본에서 마카오로 건너와 중국 대륙으로 들어갈 수 있는 기회를 엿보았다. 나중에 그는 어느 한 중국 어민의 안내로 광저우廣州 부근의 상촨다오上川島라고 불리는 곳에 도착했다. 섬에는 인가가 드물었다. 여기서 한동안 머물었지만 결국 중국 대륙에는 진입하지 못했다. 하비에르는 큰 소리로 "암석이여, 그대는 언제나 문을 열 것인가!"라고 외쳤다. 그러나 중국의 큰 문은 끝내 열리지 않았다. 하비에르는 상촨다오에서 쓸쓸히 가을비 내리는 날에 병사하고 말았다.

비록 실패하기는 했지만 하비에르는 많은 후배들에게 귀감이 되었다. 이후 예수회Society of Jesus 동방 전교의 책임자는 알레산드로 발리냐노Alessandro Valignano, 範禮安, 1539~1606였다. 그는 중국 선교 방침으로 중국문화에 적응하는 '적응노선'을 세웠다. 이 노선을 처음 실행한 인물은 이탈리아 예수회원 미켈레 루지에리Michele Pompilio Ruggieri, 羅明堅, 1543~1607였다. 루지에리는 마카오에 도착한 후에 한 중국 문인을 찾아 그림을 보면서 중국어를 배웠다. 루지에리가 광저우에서 매년 외국인에게 개방하는 무역회에 유창하게 중국어를 구사하면서 나타났을 때 즉각적으로 중국 관리의 주목을 받았다. 중국 현지 관리는 그와 접촉한 후에 루지에리가 뜻밖에도 거동이 온화하고 예의가 바르며 중국문화에도 비교적 익숙한 것을 발견하고 무척 기뻐했다. 이렇게 2년 동안 교류하게 되자 중국 관리는 루지에리에게 당시 양광兩廣 총독의 소재지인 자오칭肇慶에서 장기간 거주할 수 있도록 허가해주었다.

1583년 루지에리는 자오칭에 진입했다. 그리고 머지않아 자오칭에서 중국의 첫 번째 천주교 예배당을 세웠는데 현지 관리 왕판王泮은 선화사仙花寺로 이름을 지어주었다. 이어서 루지에리는 이탈리아 예수회원 마테오 리치Matteo Ricci, 利瑪竇, 1552~1610를 자오칭으로 불러들였다. 루지에리는 전교를 위해 여러 곳을 돌아다니면서 중국이 중앙 집권제 국가라는 사실을 깨달았다. 만일 황제의 주의를 끌지 못하면 기독교는 인가받지도 못할 뿐만 아니라 또한 크게 발전할 수도 없었다. 어떻게 하면 황제의 마음을 살 수 있을까? 바티칸의 교황이 직접 나서서 중국 명조 황제에게 친서와 후한 예물을 보낸다면 선교사들은 중국의 황제를 알현할 수 있었다. 그리고 황제의 호감을 얻은 다음에야 그들의 전교계획을 제기할 수 있었다. 이 계획의 실행을 위해 루지에리는 유럽에 갔다. 그러나 뜻밖에도 정세가 복잡하게 변할 줄을 누가 알았겠는가? 바티칸의 교황이 연이어 병사하자 루지에리의 계획은 결국 수포로 돌아갔다. 루지에리는 고향 나폴리Napoli에서 노사老死했다.

이때 리치는 혼자서 이 어려운 국면을 견디고 있었다. 그는 두 가지 큰 일을 단행함으로써 중국 기독교의 활로를 타개하고자 했다. 첫째는 과거 '서승西僧'으로서의 면모를 '합유역불合儒易佛'로 수정해 입고 있던 승복을 벗고 유교 복장으로 갈아입었다. 리치는 이 차림새로 문밖으로 나와 교량에 앉아서 중국의 유생처럼 '사서四書'를 읽고『시경詩經』을 낭독했다. 문인과 묵객의 사이를 출입하면서 한때 서유西儒 리치는 장난江南에서 그 명성이 자자했다. 둘째는 베이징에 진주進駐해 명 왕조에 접근했다. 1601년, 리치는 천신만고 끝에 마침내 베이징에 입성했다. 그는 만력제萬曆帝에게 진상한 자명종 덕분에 황제의 문객이 되어 베이징에서 거주할 수 있었다.

비록 리치가 황제를 알현한 적도, 조정의 일에 참여한 적도 없었지만 그의 영향은 문인들 사이에서 자못 컸다. 쉬광치徐光啓, 1562~1633, 리즈짜오李

之藻, 1565~1630 와 같은 명말 중신들이 리치의 문하에 몸을 담았다. 뿐더러 리
즈李贄, 1527~1602 와 같은 이색적인 문인도 리치의 재능을 좋아해 여러 방면
에서 도움을 주었다. 1610년, 리치는 베이징에서 병으로 생을 마쳤고 서
쪽 교외 펜스에 묻혔다. 기독교는 그의 활동을 계기로 중국에서 뿌리를
내릴 수 있었다.

3. 도미니코회의 중국 남부 진입

콜럼버스가 1492년에 히스파니올라섬Hispaniola 과 1521년에 코르테
Corte를 발견한 뒤로도 스페인이 아메리카 대륙에서 얻은 이윤은 포르투
갈이 마카오에서 얻는 이익에 훨씬 미치지 못했다. 그러자 그들은 오래지
않아 콜럼버스와 그 후계자들이 아직 거란을 찾지 못했음을 알게 되었다.
1519~1521년에 이루어진 마젤란의 세계 일주 항해는 바로 거란과 향료
를 찾는 데 목적이 있었다. 비록 마젤란이 도중에 죽고 말았지만 몰루카
제도Moluccas에서 싣고 돌아온 향료는 이 항해의 모든 비용을 충당하고도
남았다. 향료 때문에 포르투갈인과 스페인인이 몰루카제도에서 충돌했
지만 최후에 스페인인은 이 향료의 제도가 포르투갈의 세력 범위에 있다
는 사실을 인정했다.
이후로 스페인은 그 관심을 필리핀으로 돌리기 시작했다. 비록 스페
인 사람들이 1545~1548년에 멕시코와 페루에서 은광을 발견하기도 했
지만 여전히 그들은 향료 무역의 전체 이익을 포르투갈인들에게 넘겨주
기를 원치 않았다. 1565년 2월에 스페인의 미겔 로페스 데 레가스피Miguel
López de Legazpi, 1502~1572는 선대를 이끌고 필리핀제도에 와서 정복 활동을

개시했다. 1569년 8월 14일에 레가스피는 필리핀 총독에 임명되었다. 그는 1571년 4월 15일에 루손呂宋, Luzon섬을 침입했고 마닐라Manila를 공격해 점령했다. 마닐라를 점령하자 스페인인들은 이제 중국과 지척에 있게 되었다. 그들은 그곳 토착민으로부터 어려움에 처한 일부 푸젠성 상인들을 구원해준 일이 있었다. 1572년, 이 상인들은 대량의 교환용 상품을 가지고 마닐라로 돌아왔다. 이로부터 중국-필리핀-멕시코-스페인의 무역항로가 개통되어 마닐라는 그 매개점이 되었다.

1574년에서 1575년까지 필리핀에 주재하는 스페인인과 명조 관병이 협력해 마닐라에 잠적해 있는 해적 린펑林鳳을 포위해 토벌하는 등 쌍방은 비교적 좋은 관계를 유지했다. 이러한 분위기에 편승하여 필리핀에 있던 스페인 신부 마르틴 데 라다Martin de Rada, 拉達, 1533~1578와 헤로니모 마린Jeronimo Marin은 명조 관리 왕왕가오王望高의 군함에 동행해 중국에 들어왔다. 1575년 7월 3일에서 9월 14일까지 그들은 2개월 하고도 9일 동안 중국에 체류했다. 그런데 스페인인의 부주의로 해적 린펑이 직접 만든 작은 배를 타고 스페인의 포위를 뚫고 달아나고 말았다. 이 일은 왕왕가오를 몹시 분개하게 만들었고 그로 인해 라다는 황야에 버려졌다. 라다는 요행히 구조되어 필리핀으로 되돌아온 뒤 그 유명한 『외교사절로 푸젠성에 간 기록』을 저술하게 된다. 이 책은 대항해 이후 서양인의 중국에 관한 최초의 지식이다. 신임 필리핀 총독 프란시스코 데 산데Francisco de Sande, 1540~1602는 뜻밖에도 스페인 국왕에게 무력으로 중국을 정복하자는 계획을 제출했다.

이러한 생각은 나중에 포르투갈 예수회원 알폰소 산체스Alfonso Sanchez가 적극적으로 추진했다. 당시 스페인 국왕 필리페 2세Philippe II, 1527~1598는 포르투갈을 합병했다. 그는 동양에 있는 포르투갈인들이 복종하지 않을 것을 두려워한 나머지 동양에 사람을 파견해서 설득에 나섰다. 1581년 9월, 산체스는 마닐라 주교의 신분으로 도미니코회원 살라자르Salazar와 함께 필리핀으로 왔다. 1582년 3월, 산체스는 마닐라에서 출발했지만 표류해 푸젠에 도달했다. 5월 2일, 광저우에 이르러 투옥되었다가 루지에리의 탄원으로 석방되었다. 산체스는 1586년 필리핀 당국을 성공적으로 설득시켰다. 그리고 스페인 국왕 필리페 2세에게 「중국정복론Sur la conquête de la Chine」이라는 보고서를 제출하면서 단지 1만에서 1만 2천 명 정도의 서양인이면 중국을 충분히 정복할 수 있다고 판단했다. 그는 필리페 2세에게 계책을 개진하기를, "이것은 장차 스페인의 역사상 전례가 없는 가장 중대한 사업이 될 것이다. 국왕은 세계에서 가장 큰 민족을 자신의 권리 아래에 둘 것이다. 이 사업은 하느님이 창세한 이래 아직까지 있어 본 적이 없는 정신 발전과 현세 번영을 이끌 것이다"[2]라고 했다. 말 그대로 서양인들의 초기 식민주의 심리상태를 그대로 표출시키고 있다.

당시 동방에 진출한 유럽의 국가들은 '선교'와 '무역'이라는 이중 이익에 사로잡혀 스페인은 1624년에 타이완臺灣 지룽鷄籠을 점령했고 네덜란드는 1624년에 타이난臺南을 침입했다. 네덜란드인과 스페인인은 상업 이익을 위해 중국 타이완에서 충돌했다. 네덜란드인은 1641년과 1642년 두 차례에 걸쳐 선대를 지룽항에 보냈고 1642년 전쟁에서 스페인인의 투항을 받아냈다. 그리고 네덜란드인은 1662년 정청궁鄭成功, 1624~1662에 의해 타이완에서 쫓겨났다.[3]

이와 함께 1573년 7월에 스페인 프란치스코회Franciscan Order의 뻬드로

---

2   裴化行, 「明代閉關政策與西班牙天主教傳敎士」, 『中外關係史譯叢』 第4集, 上海譯文出版社, 1988, 266쪽; 張鎧, 『中國與西班牙關係史』, 大象出版社, 2003 참조.
3   陳宗仁, 「西班牙占領時期的貿易活動」, 『歷史月刊』(臺灣) 第222期 7月號, 2006.

데 알파로^{Pedro de Alfaro} 신부가 처음으로 중국에 들어와 자오칭에서 양광 총독을 만났지만 나중에 간첩으로 몰려 추방당했다. 1631년 1월에는 도미니코회^{Dominican Order}의 이탈리아 안젤로 코치^{Angelo Cocchi} 신부가 마닐라를 통해 푸젠에 들어와 그곳에서 선교의 기틀을 닦았다.⁴ 이처럼 프란시스코회, 도미니코회, 아우구스티노회^{Order of Saint Augustine} 등 천주교 수도회가 중국에 들어오면서 뒷날 '중국전례典禮논쟁^{Chinese Rites Controversy}'^{1645~1742}의 불씨를 점점 지펴가고 있었다.

4   崔維孝, 『明淸之際西班牙方濟會在華傳敎硏究(1579~1732)』, 中華書局, 2006, 28~29쪽.

03

미켈레 루지에리의
한어 학습

서양에 관한 동아시아인의 지식은 명청明淸시기[16~18세기] 동서양의 문화교류 속에서 장족의 발전을 거두었다. 동아시아학 계보에 새로운 학문인 '서양의 학문西學'이 자리 잡기 시작한 것이다. 그 주역은 바로 당시 입화入華한 유럽의 예수회 선교사 한학자漢學者들이었다. 이들은 동아시아 중세 공동문어인 한문漢文으로 기독교의 현지화를 추진했기 때문에 수많은 '서학 한적漢籍 문헌'을 남겼다. 이 한적 문헌은 그 수량의 방대함은 말할 것도 없고 정교하고 우아한 문장의 수준은 인류의 동서문화교류사상上 최고의 문화적·학술적 성과 중의 하나로 평가된다. 그 내용 면에서도 "『성경Bible』 자체의 번역, 그리스도교의 교의, 교리, 규율, 의식에 대한 소개, 서양의 신학神學과 선진先秦 유학儒學을 상호 실증하고 회통시키는 글을 포괄하는 호교護敎 저작, 서양의 철학, 윤리, 교육, 논리, 지리, 문화 등을 총체적으로 소개하는 역술譯述 저작, 천문, 역산曆算, 수학, 기타 과학기술 방면에 관한 번역소개서 등을 망라한다".[1]

이러한 방대한 서학 한적 학술체계의 성립 이면에는 명청시기 라틴계 성서문명天主敎의 동아시아 전래사와 함께 유럽 선교사들의 한어漢語 학습사가 존재한다. 예수회 선교사들이 중국에 와서 가장 먼저 했던 일은 한어를 배우고 구사하는 것이었다. 이것은 당시 인도에서 중국으로 온 승려들이 한어를 공부해 불경佛經을 번역한 것과 동일했다. 선교사들이 중국

---

1   전홍석,『초기 근대 서구 지식인의 동아시아상과 지식체계─예수회 선교사의 유교오리엔트 : 호혜적 교류 형상』, 동과서, 2018, 57~58쪽.

에서 한어를 학습한 일은 매우 중요한 의미를 지닌다. 서양인의 한어 학습사는 서양 한학사漢學史의 기초로서 한학 연구사는 무엇보다도 이로부터 시작해야 한다. 그렇다면 최초로 그 토대를 닦은 인물은 누구일까? 서양 한학의 창시자 미켈레 루지에리Michele Pompilio Ruggieri, 羅明堅, 1543~1607가 마카오Macao, 澳門에서 첫 한자漢字를 써냈을 때 유럽 선교사 한학의 서막이 열렸다고 할 수 있다. 유럽 선교사 한학이 무엇보다도 중국에서 발생되었다는 점을 주목한 사람은 극히 드물다. 선교사의 한어 학습에 관한 연구는 명청시기 동서문화교류를 새롭게 인식하게 함으로써 유럽 초기 한학사 연구를 보다 심도 있게 발전시키는 데 토대가 될 것이다.

이와 관련해서 본 연구는 서양 선교사의 한어 학습사를 고찰함으로써 새로운 연구영역인 '한어 교육사'의 개척을 타진함과 동시에, 동아시아 초기 '한어 신학한어 선교 신학'의 성립을 이해하는 데 목표를 둔다. 이 논제는 동아시아 언어사 연구에도 중요한 영향을 미칠 것이다. 라틴계 성서문명의 전래와 함께 생성된 한자 신조어, 한자 차용어 등 동아시아 근대 언어의 변화는 근본적으로 유럽 선교사들이 중국에 들어온 이후로부터 시작되기 때문이다. 그러나 사료의 결핍과 연구의 학제學際적 성격 때문에 학계에서 이러한 시각으로 초기 한어 신학의 성립이나 언어학사를 연구한 사람은 매우 드물다. 따라서 이 광범위한 학술 세계에서는 새로운 도전과 개척을 기다리고 있다. 이 연구영역의 의미와 가치를 여기서 일일이 다 개진할 수는 없다. 다만 16~18세기 유럽 선교사 한학의 관점에서 중국에 최초로 정착한 예수회원 루지에리의 한어 학습으로부터 착수해보고자 한다. 여기서는 이러한 구체적인 개별 연구를 통해서 한어 교육사, 한어 신학의 성립 등과 결부된 내화來華 선교사의 한어 학습에 대한 진면모를 재현하고자 한다. 더불어 그 과정에서 초기 기독교의 동아시아화, 즉 마테오 리치(Matteo Ricci, 利瑪竇, 1552~1610)의 '합유역불合儒易佛 노선'이 가동되기 이전 불교佛教와의 교섭이라는 진귀한 역사 풍경을 관찰할 수 있을 것이다.

1. 루지에리의 중국 활동 개관

미켈레 루지에리는 자가 복초復初이고 이탈리아인이다. 1543년 이탈리아의 스피나졸라Spinazzola에서 출생했고 예수회에 들어가기 전에 이미 두 개의 법학 박사 학위를 취득해 시정부에서 "높은 관직을 지냈다."[2] 29세에 관직에서 물러나 수도원에 들어가 30세에 리스본Lisbon에서 출발해 인도의 고아Goa에 도착했다. 31세 때에 마침내 마카오에 이르러 중국에서의 선교 사업은 물론이고 한학 인생을 시작했다.

루지에리는 마카오에 막 도착했을 때 재회在華 신부는 "마땅히 중국말과 한문을 배워야 한다"[3]라는 알레산드로 발리냐노Alessandro Valignano, 範禮安, 1539~1606의 요구에 따라 한어를 공부하고 중국의 풍속과 습관을 조사했다. 당시 마카오의 대다수 신부들은 발리냐노의 의도를 이해하지 못해 한어 공부의 필요성을 깨닫지 못했다. 때문에 루지에리의 방법은 적지 않은 반응을 불러왔다. 가령 "여러 지인들은 영원히 이루기 힘든 연구에 귀중한 시간을 허비한다고 말리거나 조롱했다."[4] 그런가 하면 또 어떤 사람은 "신부로서 선교회에서 다른 일도 할 수 있는데 무엇 때문에 좋은 시간을 아

---

2   費賴之(Louis Pfister), 馮承鈞 譯, 『在華耶蘇會士列傳及書目』上冊, 中華書局, 1995, 23쪽.
3   利瑪竇, 『天主教傳入中國史』, 臺灣光啓社, 1986, 113쪽.
4   費賴之(Louis Pfister), 위의 책, 23쪽.

무 희망도 없는 한어 공부에 낭비하는가?"[5]라고 의문을 품기도 했다.

그러나 루지에리는 동요하지 않고 한어 공부를 계속했다. 그는 처음 한어를 배우기 시작할 때의 어려움을 한 편지에서 다음과 같이 기술한다.

문교의 책임자가 편지로 내게 통지하기를 중국의 언어와 문자를 학습할 때 읽기, 쓰기, 말하기 세 방면에서 모두 균등한 발전을 꾀하라고 했다. 나는 명령을 받자마자 전력을 다해 실행했다. 그러나 중국의 언어와 문자는 우리나라는 물론이고 세계 어느 나라의 것과도 달라서 자모도, 일정한 자수도 없고 매 글자마다 뜻이 담겨있다. 중국인이 자신들의 책을 읽는 데도 반드시 15년간의 고된 공부가 필요하다. 처음에는 정말 읽기가 어려웠지만 온 힘을 다해 끈기 있게 명령을 실천했다.[6]

루지에리는 처음 한문을 공부할 때 일반 유아들이 하는 것처럼 그림을 보고 글자를 익히는 방법을 취했다. 1583년에 예수회의 총회장에게 보낸 편지에서, "처음에 내게 한어 표준어를 가르칠 수 있는 선생님을 찾기가 매우 어려웠다. 나는 선교를 위해서 표준어를 배우지 않으면 안 되었다. 그러나 선생님이 한어 표준어를 하더라도 포르투갈어를 못하면 내가 알아들을 수 없으니 허사였다! 그래서 나는 나중에 그림으로 한어를 가르칠 수 있는 선생님을 찾았다. 예를 들면 말의 그림을 그려놓고 내게 이 동물의 한어가 '마馬'라고 알려주는 방식이다"[7]라고 말한다.

5   羅明堅, 「1580年11月8日"羅明堅致羅馬麥爾古里諾神父書"」, 『利瑪竇通信集』, 臺灣光啓社, 1986, 426쪽.

6   裴化行(Henri Bernard), 『天主敎十六世紀在華傳敎志』, 商務印書館, 1937, 183쪽.

7   『利瑪竇通信集』, 臺灣光啓社, 1986, 446쪽. 당시 루지에리는 중국 화가를 선생님으로 삼았다. 利瑪竇, 『天主敎傳入中國史』, 114쪽; 龍思泰, 『早期澳門史』, 東方出版社,

루지에리는 굳센 의지와 천부적인 재능을 가진 선교사였다. 마카오에 도착한 지 몇 개월 만에 1만 5천 개의 한자를 익혔고 초보적으로나마 중국의 서적을 읽을 수 있었다. 그리고 3년이 넘자 한문으로 글을 짓기 시작했다. 루지에리가 한어를 배운 목적은 선교를 위해서였다. 그는 "이것은 그들을 귀화시키려면 반드시 필요한 절차이다. 뒷날 한문으로 책을 지어 한문 서적종교와 관련된 방면에 있는 오류들을 논박해야 한다. 장래에 천주天主를 위해 봉사해 진리의 빛이 이 거대한 민족을 밝게 비출 수 있기를 희망한다"[8]고 했다.

루지에리의 한문 실력이 향상되자 선교 사업이 급진전되었다. 루지에리는 마카오에 포교소를 세웠고 한어로 마카오의 중국인들에게 선교하기 시작했다. 루지에리는 이 포교소를 '경언학교經言學校'라 명명했는데 나중에 마테오 리치는 이를 '성 마르틴St. Martin 경연학교'라 칭했다. 선교역사로 볼 때 이것은 명대明代 중국 최초의 선교기구 중의 하나이다. 또한 한학사로 볼 때 이것은 명말明末시기 중국 최초의 외국인이 한어를 배우는 곳 중의 하나였다. 그런 점에서 루지에리는 "지금 나는 여기서 중국의 언어를 공부하고 있다. (…중략…) 이들 교우들은 틀림없이 최적의 통역가가 되어 선교 사업에 큰 도움을 줄 것이다"[9]라고 말한다.

루지에리가 명말시기 천주교를 중국 내지로 전파시킨 첫 번째 인물이 된 것도 그의 능숙한 한문 실력과 직접적으로 관계가 있다. 1581년 중에 루지에리는 세 차례에 걸쳐 포르투갈 상인을 따라 광저우廣州에 들어갔다. 그리고 매우 빠르게 광저우 해도海道의 신임을 얻어 해안에서 밤을 지

1997, 193쪽; 費賴之(Louis Pfister), 馮承鈞 譯, 앞의 책, 2쪽 각각 참조.

8 　위의 책, 413쪽.

9 　위의 책, 432쪽.

낼 수 있게 되었다. 이것은 해도가 루지에리를 품격 있는 군자이자 "중국 문학에 조예가 깊은 신부이자 스승"으로 여겼기 때문이다. 1583년에 루지에리는 연이어 프란체스코 파시오Franciscus Passio, 巴範濟, 1551~1612, 리치와 함께 광저우에 들어가 양광兩廣 총독 천루이陳瑞, 1515~1583, 샹산 지현香山知縣이자 자오칭 지부肇慶知府 왕판王泮 등 중국 지방관리들과 교섭했다. 그리하여 마침내 1583년 9월 10일에 자오칭에 진입해 중국 내륙에서 선교할 수 있는 발판을 마련했다. 이 기간에 이루어진 루지에리가 천루이에게 보낸 한문 편지와 천루이의 회신, 그리고 루지에리의 유창한 한어 표준어 실력이 가장 중요한 작용을 했다.

루지에리는 중국에 있는 동안에 계속해서 저장浙江, 광시廣西에서 선교 활동을 펼쳤으며 중국에서의 천주교 위상을 확고히 하는 데 크게 기여했다. 동시에 한학자로서도 매우 두드러진 성과를 거두었다. 그가 집필한 『포한葡漢사전Dicionário Português-Chinês』10은 입화 선교사들이 한어를 배우는 데 도움을 주었다. 그런가 하면 한문으로서는 최초의 천주교 교리서인 『조전천주십계祖傳天主十誡』를 썼다. 이것은 천주교 현지화의 가장 중요한 첫걸음이기도 했다. 1586년 11월, 루지에리는 중국문화를 비교적 깊게 이해하게 됨으로써 자칭 "우리는 이미 중국인으로 여겨졌다"11고 했다.

1586년, 루지에리는 로마 교황에게 "베이징에 정식적인 사절파견"을 요청하기 위해 유럽으로 돌아갔다. 당시 로마 교황청은 교황의 교체가 잦은 시기여서 식스투스 5세Sixtus V, 1585~1590, 우르바노 7세Urbanus VII, 1590, 그레고리오 14세Gregorius XIV, 1590~1591, 인노첸시오 9세Innocentius IX, 1591 등 네 번이

---

10 羅明堅·利瑪竇, 魏若望(John W. Witek, S. J.) 編, 『葡漢辭典』, 澳門, 2001.

11 羅明堅, 「羅明堅1586年11月8日致總會長阿桂委凡神父書」, 『利瑪竇通信集』, 臺灣光啓社, 1986, 494쪽.

나 바뀌었다. 게다가 유럽 자체 문제까지 겹치면서 바티칸은 중국에 외교 사절을 파견하는 데 더 이상 흥미를 갖지 않았다. 루지에리는 최종적으로 이 일을 완수하지 못하고 결국 살레르노^{Salerno}에 돌아가 1607년에 이 도시에서 생을 마감했다. 덧붙이자면 루지에리는 유럽에 머물면서 중국 고전인 『대학大學』을 라틴어로 번역해 로마에서 공개적으로 발표했다. 선교사 한학자로서 또 하나의 대업을 이룬 것이다.

2. 루지에리의 한어 학습과 성과

1) 한어 학습의 자료

미켈레 루지에리가 수행한 한어 학습의 상황을 파악하고자 했을 때 과거에는 주로 그 자신이 당시에 쓴 편지에 의지할 수밖에 없었다. 때문에 그가 한어를 공부한 실제적 과정을 구체적인 문헌에 의거해서 전개하기란 쉽지 않았다. 그러나 근래에 저자장시핑(張西平)는 여러 차례 로마 예수회 기록보관소를 방문해 문헌을 조사함으로써 루지에리가 한어를 학습하고 연구한 직접적인 일차 문헌들을 발굴해냈다. 이를 통해서 이제 우리는 선교사들의 한어 학습 상황을 구체적이고도 진실하게 이해할 수 있게 되었다.

먼저 루지에리의 한자 학습에 대해 살펴보도록 하자. 로마 예수회 기록보관소의 Jap. Sin. I-198호 문헌은 루지에리가 한어를 공부한 중요한 원시 문건이다. 이 문헌에는 작자가 명기되어 있지는 않지만 다음의 두 가지 사실에서 그것이 루지에리의 것임을 추정할 수 있다. 첫째, 이 문헌의 32~125쪽은 한어와 포르투갈어의 '어휘대조사전'을 담고 있다. 이 사전에 관해서는 양푸몐楊福綿이 음운학상 이미 깊이 연구한 바 있다. 그에 의하면 이 사전은 주로 루지에리가 지었고 마테오 리치는 기껏해야 보조적인 역할을 했을 것이라고 판단했다.[12] 둘째, 이 루스 리프loose leaf식 문헌에는 한 성직자와 이름이 '차이이룽蔡一龍'이라는 사람이 소송했던 한 통의 고소장이 끼워져 있다. 저자는 『서양 한학의 창시자－루지에리西方漢學的奠基人 - 羅明堅』에서 이 성직자가 바로 루지에리이고 고소장은 그 자신이 쓴 것임을 이미 고증했다. 또한 『마테오 리치의 중국 찰기利瑪竇中國札記』도 이 사실을 실증해준다.[13]

문헌의 24, 25, 25v, 26 등 네 쪽은 모두 자표字表로 이루어져 있다. 글자체로 볼 때 루지에리의 한어 선생이 쓴 것으로 보인다. 자표에는 모두 306자가 수록되어 있다. 자표의 구체적인 내용을 소개해보면 다음과 같다.

24쪽에는 66자가 수록되어 있다.

龍, 來, 贏, 里, 履, 鹵, 老, 卵, 呂, 了, 豐, 耒, 令, 麗, 力, 立, 人, 幾, 而, 兒, 耳, 再, 二, 刃, 入, 肉, 日, 東, 鍾, 江, 陽, 支, 思, 齊, 微, 魚, 摸, 皆, 來, 眞, 文, 寒, 山, 恒, 歡, 先, 天, 蕭, 豪, 歌, 戈, 家, 麻, 車, 遮, 庚, 靑, 昴, 元, 侯, 尋侵, 監咸, 廉纖

25쪽에는 80자가 수록되어 있다.

幾, 辰, 晨, 單, 是, 氏, 盾, 上, 示, 十, 石, 香, 兄, 凶, 與, 起, 喜, 蟲, 火, 虎, 享, 七, 血, 黑, 兀, 行, 黃, 菓, 禾, 兮, 九, 爻, 玄, 熊, 萑, 壺, 亥, 弓, 棗, 戶,

12   楊福綿, 「羅明堅,利瑪竇〈葡漢辭典〉所記錄的明代官話」, 『中國語言學報』 5, 1995.6.
13   張西平, 「西方漢學的奠基人－羅明堅」, 『歷史硏究』 第3期, 2001.

亡, 系, 號, 會, 穴, 學, 衣, 音, 尤, 天, 鳥, 印, 亞, 西, 邑, 乙, 壹, 一, 雲, 雲,
韋, 口, 羊, 王, 予, 鹽, 負, 也, 永, 有, 雨, 酉, 羽, 又, 用, 戌, 亦, 戈, 聿, 曰

25v쪽에는 80자가 수록되어 있다.

走, 井, 左, 中, 足, 冂, 青, 僉, 此, 且, 爨, 寸, 束, 酋, 泉, 齊, 自, 人, 司, 須,
心, 西, 辛, 麻, 三, 先, 絲, 思, 死, 小, 素, 四, 歲, 州, 索, 象, 夕, 舟, 厄, 支,
佳, 章, 瓜, 止, 正, 至, 灸, 車, 齒, 舛, 處, 册, 赤, 出, 尺, 床, 巢, 士, 舌, 食,
身, 尸, 山, 書, 生, 申, 疋, 首, 手, 黍, 豕, 水, 豕, 舜, 嗇, 殺, 色, 束, 臣, 殳

26쪽에는 80자가 수록되어 있다.

全, 田, 二, 第, 大, 豆, 男, 能, 乃, 久, 竹, 丑, 卩, 長, 重, 卪, 丈, 寧, 兆, 中
女, 巴, 畢, 比, 七, 貝, 半, 八, 辟, 比, 卜, 華, 必, 片, 皮, 釆, 鼻, 步, 白, 帛,
門, 明, 麻, 毛, 矛, 民, 冥, 馬, 皿, 黽, 卯, 米, 面, 月, 戊, 麥, 首, 糸, 目, 木,
夫, 方, 風, 飛, 非, 不, 市, 弗, 豐, 幾, 父, 阜, 文, 毋, 巫, 亡, 尾, 勿, 卯, 子

26쪽에는 72자가 수록되어 있다.

金, 斤, 高, 戈, 交, 弓, 瓜, 巾, 龜, 甘, 工, 京, 光, 已, 葵, 韭, 古, 久, 鬼, 九,
鼓, 幾, 升, 果, 見, 無, 句, 更, 珏, 甲, 角, 革, 谷, 骨, 豈, 可, 口, 大, 欠, 去,
磬, 曲, 琴, 其, 臼, 其, 言, 牙, 魚, 牛, 危, 豕, 瓦, 未, 臥, 月, 王, 巖, 歹, 東,
多, 丹, 刀, 十, 氏, 斗, 鼎, 鳥, 門, 天, 本, 土

청대淸代의 저명한 문자 훈고학자 주권성朱駿聲, 1788~1858은 "독서는 먼저 글자를 아는 것을 귀하게 여긴다. 글자를 안 뒤에 경經에 통할 수 있다. 그리고 경에 정통한 뒤에 실제에 응용할 수 있다"[14]라고 했다. 글자를 아는 것이야말로 선교사들이 한어를 공부하는 첫걸음이었다. 그러나 한자를 배운다는 것은 그들의 입장에서는 여간 어려운 일이 아닐 수 없었다. 선교사들은 한자의 수량이 너무 많다고 생각했다. 리치는 중국의 문자를 배울 때, "한문에서 한 음절은 하나의 단독 글자임을 명심해야 한다. 사용하는 각각의 음절은 각각의 대상을 가리키기 때문이다. (…중략…) 각기 대상마다 그 자체에 합당한 기호가 있지만 그 수많은 기호로 구성된 방식 때문에 전체 글자 수는 7만 또는 8만을 넘지 않는다. 한 사람이 대략 1만 개의 기호를 배우면 글을 쓸 수 있는 단계에 진입하게 된다. 이것이 아마도 조리 있게 작문하는 데 필요한 최소한의 글자 수일 것이다"[15]라고 언급한 바 있다. 이후 알바로 데 세메도Alvaro de Semedo, 曾德昭 또는 謝務祿, 1585~1658는 한자의 총수가 약 6만 자라고 인식했다.[16] 대부분의 선교사들이 중국의 문자가 지나치게 많다고 불평했다. 방대한 한자의 수는 그들이 한어를 배우기가 어려운 주요 원인이었다.

루지에리가 남긴 자표는 간결하다는 뚜렷한 특징을 보인다. 자표의 전체 글자 수는 모두 306자이다. 현재 그것이 어떤 책에서 나왔는지 아직 출처를 밝히지는 못했지만 자표가 비교적 간결하다는 사실만은 분명하다. 사실 한자의 총수가 비교적 많기는 하지만 상용자는 결코 많다고는

---

14 "讀書貴先識字, 識字然後能通經, 通經然後致用." 朱駿聲, 『進說文通訓定聲表』, 道光 十三年(1833), 上海古籍出版社 影印本.

15 利瑪竇, 何高濟 外譯, 『利瑪竇中國札記』, 中華書局, 1983, 28쪽.

16 計翔翔, 『十七世紀中期漢學著作研究』, 上海古籍出版社, 2002 참조.

할 수 없다. 중국의 『현대 한어 상용 자표現代漢語常用字表』에는 총 3천500자가 수록되어 있다. 그중에서 2천500자가 상용자이고 1천 자가 차次상용자이다. 학자들의 통계에 따르면 현대의 상용한자 중 1획에서 7획까지의 상용자는 모두 791자인데, 그것은 쉬선許愼, 30~124의 『설문해자說文解字』에 이미 713자가 보이고 90%를 차지한다.[17] 그런 의미에서 루지에리의 자표는 상당히 간결하며 선교사들이 한어를 학습하는 단계에서의 한자 교육이 여전히 매우 실용적이라는 사실을 보여준다. 안쯔제安子介는 현대 한자의 상용자를 3천650자로 보고 500자를 알면 일반 문장의 3/4을 읽을 수 있으며 2천 자를 알면 일반 문장의 97.4%를 읽고 이해할 수 있다고 했다. 현대 대외 한어 교육에서 글자를 배우는 속도는 한계가 있다. 만약 글자를 익히는 데 집중시켜 학생들이 최단 시간에 한어의 가장 기본적인 글자를 습득하게 하는 문제는 여전히 미해결 상태이다.

당시 선교사들은 기본적으로 중국 전통적 어문 교육 위주로 한어를 공부했기 때문에 여전히 글자를 익히는 것에서부터 시작했다. 바티칸도서관에는 그들이 당시 한자를 공부했던 『천자문千字文』, 『삼자경三字經』 등 교본이 남아 있다. 그런데 실제로 중국 전통의 어문 교육은 줄곧 글자가 중심이 되었다. 이러한 어문 교육법은 진조秦朝의 『창힐편倉頡篇』, 한조漢朝의 『급취편急就篇』에서부터 남조南朝의 『천자문』, 송대宋代의 『삼자경』, 『백가성百家姓』에 이르기까지 1천여 년이나 지속되었다. 여기에는 단순한 경험적 방법의 문제에 그치지 않고 한어의 특징에 대한 기본적인 인식이 담겨있다. 자오위안런趙元任은 "한어에서 말의 구절詞을 문제 삼지 않는 특징은 최소한 최근까지도 그랬다. 중국인의 관념 속에는 글자字가 중심 주제이

---

17   李開, 『漢語語言學和對外漢語教學論』, 中國社會科學出版社, 2002, 109쪽.

다"[18]라고 했다. 또 쉬퉁창徐通鏘도 "한어의 구조는 글자가 중심이 되기 때문에 글자를 기초로 구법句法 연구를 진행해야 한다"[19]라고 지적한다.

이런 점에서 루지에리의 간결한 식자표는 상용한자 교육의 중요성을 더욱 일깨워준다. 동시에 이 문제를 역사적 차원에서 새롭게 인식하도록 만든다. 루지에리가 남긴 이 문헌에는 또한 그 자신이 공부한 어휘에 관한 기록이 있다. 나열해보면 다음과 같다.

27쪽 : 北京, 南京, 山東, 山西, 陝西, 河南, 浙江, 江西, 湖廣, 四川, 福建, 廣東, 廣西, 雲南, 貴州, 大前日, 前日, 昨日, 今日, 明日, 後日, 大後日, 去年.

27v쪽 : 立春, 雨水, 驚蟄, 春分, 淸明, 穀雨, 立夏, 小滿, 芒種, 夏至, 小暑, 大暑, 立秋, 處暑, 白露, 秋分, 寒露, 霜降, 立冬, 小雪, 大雪, 冬至, 小寒, 大寒.

28쪽 : 甲乙, 丙丁, 戊己, 庚辛, 壬癸, 子丑, 寅卯, 辰巳, 午未, 申酉, 戌亥, 四季, 孟春, 仲春, 季春, 孟夏, 仲夏, 季夏, 孟秋, 仲秋, 季秋, 孟冬, 仲冬, 季冬.

29쪽 : 聲色, 形影, 儒道釋, 孟仲季, 東南西北, 春夏秋冬, 士農工商, 琴棋書畫, 分寸尺丈, 飛潛動植, 金木水火土, 靑黃赤白黑, 安危笑哭.

29v쪽 : 街市, 門戶, 房屋, 壇廟, 寺觀, 弓箭, 干戈, 紙筆, 墨硯, 盤碗, 椅桌, 枕席, 鳥獸, 牛羊, 龍虎, 鷄犬, 魚蟲, 草木, 枝葉, 身體, 手足, 牙齒, 口舌, 腸肚, 耳目, 血脈, 骨肉, 肝肺, 衣裳, 鞋襪, 財寶, 珠玉, 金銀, 酒飯, 茶果, 山川, 海岳, 河漢, 水石, 人物, 君臣, 父母, 兄弟, 夫妻, 妻子, 師友, 弟妹, 姻婭, 孩童, 你我, 飮食, 誦讀, 言行, 問答, 增減, 嫁娶, 吉凶, 行止, 利害, 疾病, 損益, 魂魄, 年節, 旦夕, 宮殿, 樓臺, 室家, 庭閣, 館舍, 城池.

18 趙元任, 「漢語詞的槪念及其結構和節奏」, 『中國現代語言學的開拓-趙元任語言學論文選』, 淸華大學出版社, 1992(1975).

19 徐通鏘, 「字和漢語的句法結構」, 『世界漢語敎學』 2, 1994.

30v쪽 : 表裏, 異同, 迎送, 遠近, 厚薄, 授受, 新舊, 冷熱, 豊荒, 飢飽, 老少, 壽夭, 貧窮, 奢儉, 貴賤, 精粗, 輕重, 淸濁, 消長, 盈虛, 大小, 男女, 長短, 淺深, 肥瘦, 難易, 方圓, 首尾, 出入, 開閉, 天地, 日月, 風雲, 雷雨, 霜雪.

31쪽 : 眞僞, 愛惡, 是非, 文武, 强弱, 生死, 存亡, 浮沈, 動靜, 抑揚, 俯仰, 前後, 左右, 長幼, 尊卑, 衆寡, 聚散, 賢愚, 優劣, 生熟, 乾濕, 始終, 早晩, 晝夜, 昏明, 賓主, 親疏, 巧挫, 順逆, 用舍, 吞吐, 向悖, 離合, 買賣.

31v쪽 : 陰陽, 升降, 寒暑, 往來, 上下, 高低, 內外, 進退, 香臭, 甘苦, 幽明, 隱現, 有無, 虛實, 得失, 榮枯, 盛衰, 興敗, 曲直, 斜正, 喜怒, 哀樂, 勤懶, 逸勞, 古今, 治亂, 急緩, 寬窄, 起倒, 舒倦, 鈍利, 美醜, 橫直, 屈伸, 善惡.

어휘는 언어 속 구절의 총체이자 언어의 건축 재료이다. 한어 교육에서 어휘는 중요한 부분이며 현재 중국에서 공포한 한어 교수요목 가운데 초급 단계의 어휘_{가장 상용되는 것}는 764개이다. 이는 명사, 동사, 형용사, 수사, 양사, 대명사, 부사, 개사, 접속사, 조사, 감탄사, 의성어 등 모든 한어 품사를 포괄한다. 그러나 상술한 루지에리가 공부한 어휘를 보면 2음절어가 비교적 많고 품사는 주로 복합어 유형이다. 가령 이십사절기二十四節氣나 천간지지天干地支와 같은 어휘가 모두 그러하다. 더군다나 이 어휘표는 반의복합어가 상당히 많다는 것도 두드러진 특징이다. 반대로 현 우리 초급 단계의 어휘_{가장 상용되는 것}에는 반의복합어가 매우 적은 편이다. 루지에리는 마카오에서 한어를 공부할 때 일찍이 다른 사람에게 보낸 편지에서, "나는 중국인들이 관화官話, 표준어라고 부르는 중국 언어를 배우고 있다. 중국의 지방 관리나 조정 대신은 모두 이 언어를 사용한다. 그것은 다 셀 수도 없을 정도로 어휘가 거의 무한하기 때문에 습득하기가 매우 어렵다. 중국인조차도 배우는 데 많은 시간이 소요된다"[20]라고 썼다. 복합적 반의어를 배우는 것은 좋은 방법이다. 외우기 쉽고 또 대칭적이어서 이해하기도 쉽기 때문이다. 따라서 루지에리의 어휘표는 오늘날 한어 교습에 여전히 많은 영감을 제공한다.

루지에리는 동아시아의 공동문어인 한문을 공부했다. 공동문어와 구어로 구별되는 것은 한어의 중요한 특징이다. 중국에 들어온 선교사들은 이 점을 잘 알았다. 리치가 "중국 언어의 애매모호한 성질은 중국인들이 예로부터 그들의 주의력을 줄곧 문어의 발전에 절대적으로 집중했고 구어에는 별로 관심을 두지 않았던 데 기인한다"[21]라고 말한 이유이다. 이 때문에 선교사들이 중국인과 교제하기 위해서는 문어 공부가 필수적이었다.

로마 예수회 기록보관소의 Jap. Sin. II-161호 문헌인 『척독지남尺牘指南』은 루지에리가 한어를 공부할 때 쓴 중요한 문헌이라고 할 것이다. 이 문헌은 루지에리의 것으로 판단되는데 두 가지의 이유 때문이다. 먼저 문헌을 보면 불교 용어를 천주교 용어로 바꾼 점을 꼽을 수 있다. 이를테면 「승가서술기정僧家叙述己情」이란 절에서 다섯 번째 원문은 본래 "소승은 삼가 계를 지키며 독경을 행하니 하늘이 영원한 복을 내리시어 온 세상의 여러 시주 신자十方檀越가 시골 농장에 장 보러온 사람들만큼 많아지기를 바란다小僧謹守戒行誦經, 愿天常福, 十方諸檀挪集莊"라고 되어 있다. 그러나 이 문구는 "소승은 삼가 계를 지키며 독경을 행하니 천주께서 보살피시어 곳곳의 시주 신자가 기꺼이 보시하기를 바란다小僧謹守戒行誦經, 愿天主福佑, 各處檀挪肯布施"로 바뀌었다. 또 여섯 번째 원문은 원래 "사람들에게 마음의 이치를 깨우쳐 부처님을 뵙고 충실히 받들어 수행하기를 바란다明人講示心理, 期見佛, 着

20   任繼愈 外編, 『國際漢學』 2, 大象出版社, 1998, 254쪽.
21   利瑪竇, 何高濟 外譯, 앞의 책, 28쪽.

實修奉"인데, 나중에 "사람들에게 마음의 이치를 깨우쳐 선천先天의 천주를 뵙고 충실히 받들어 수행하기를 바란다明人講示心理, 期見先天天主, 着實修奉"로 바뀌었다.

이 문헌의 「삼자술수도수문사정三自述修道修門事情」이란 절에는 천주교의 논술이 첨가되어 있다. 그 내용을 소개해보면 다음과 같다.

① 우리는 천주의 가르침을 닦고 받든다. 천주는 신불神佛과는 달리 천지를 개벽하고 인간을 창조한 주인으로 결코 형체가 없다. 다른 신불은 전부 세상의 일반적인 사람들이 도를 닦아 이룬 것이다. 따라서 우리가 하늘, 땅, 인간의 본래 주인을 믿고 그 가르침을 숭상하며 본래의 마음을 수행하는 것은 다른 종파와 구별되는 것으로 죄에 이르지 않는다.

② 우리는 밤낮으로 우리의 교문敎門과 법계法戒를 온몸으로 성찰하고 약간의 잡념도 밖에서 침입하는 것을 두려워하며 일심一心을 굳게 지킨다. 또한 본교는 자신에 힘쓰기를 살아서 선한 일을 행하고 몸이 죽은 뒤에는 저절로 천국에 이르기를 기원한다.

③ 우리의 법교法敎는 유학聖學에 가깝고 오늘날 중생들이 염불하는 불교와는 전혀 다르다. 우리는 정심正心과 성의誠意를 알고 하늘天의 이치에 따라 일을 처리한다. 우리가 섬기는 상천上天의 천주는 소리도 없고 형체도 없는 선천의 주인이지 해와 달이 걸려 있는 후천後天이 아니다.[22]

---

22 "① 生之修奉天主之敎, 天主非同神佛, 乃是開天闢地生人之主, 幷無形相; 若別神佛, 俱世人修道所成, 故生等奉事天地人本來之主, 尊敎修其本來之心, 不敢二門有別致罪. ② 生等敎門法戒日夕省察切己, 恐有一念外入, 堅持一心. 且本敎務己修生前之善, 祈身後天堂之自. ③ 生等法敎與聖學僅同, 與今衆生念佛之敎迥不相同. 生等明白正心誠意, 順天行事, 所事天主, 乃上天無聲無色先天之主, 非懸日月之後天也."

이상의 내용으로 보건대 이 문헌은 선교사 루지에리가 쓴 것이 분명하다. 기본적으로 불교의 용어를 활용하면서도 이후 리치가 합유역불노선을 채택하는 단초를 제공하고 있다. 여하튼 주목해야 할 사항은 이 문헌의 원시 장정裝幀이 루지에리가 쓴 시문詩文 문헌인 Jap. Sin. II-159호의 원시 장정과 완전히 일치한다는 사실이다. 이것은『척독지남』이 루지에리의 것임을 확인시켜주는 또 다른 이유이다.

실제로 이 문헌은 전적으로 문인의 문어로 구성된, 즉 글을 어떻게 쓰고 각종 사람들과 어떻게 교제하는지를 가르쳐주는 안내서이다. 제1장의 「서별사叙別詞」에는 "가까운 곳의 오랜만에 만난 친척이나 친구와 서로 나누는 대화近處相叙間闊", "먼 곳의 오랜만에 만난 친척이나 친구와 나누는 대화遠方間闊", "오랜만에 만난 때의 기간 차이에 맞게 나누는 대화叙間闊時月遠近" 등 절이 있다. 어떤 인용구에는 루지에리가 직접 쓴, 즉 일부 어휘들을 설명해주는 비주批注가 달려 있다. 가령 "어진 덕과 은혜가 충만한 사람은 무궁무진한 복을 간구할 수 있다仁澤祈[23]福[24]無疆"[25]라는 말이 그 예일 것이다.

또 「송찬인덕頌贊人德」 절에는 "따스한 봄바람이 품에 안기는 것이 즐거운 것은 무엇 때문인가春風襟懷樂爲何如", "기꺼이 군자의 경지에 도달해 꾸밈없이 질박한 본성을 기르고 천금 같은 몸을 소중히 여기며 매일 만사형통의 복을 누린다喜達人君養天眞, 珍重千金之軀, 日膺萬意之福" 등 문구가 있다. 「첨송수재瞻頌秀才」 절에는 "삼가 생각하니 가슴에 만 권의 책을 품고 잠시 학교에 기거하지만 앞으로 붕정鵬程의 만 리를 비상해 하늘 높이 떠오를 것이다恭維, 胸藏萬卷, 暫寄迹泮宮,[26] 鵬程飛上萬里, 即飛騰霄漢"라는 문구가 있다. 「첨찬

---

23   루지에리는 "祈求"라고 주해했다.
24   루지에리는 "愿福"이라고 주해했다.
25   루지에리는 "無窮無盡"이라고 주해했다.

리원瞻贊吏員」절에는 "평소에 샤오허蕭何, 차오찬曹參을 흠모해 재상의 관직에 오른 것은 처음에는 연리椽吏, 말단의 행정을 담당한 관리에서 비롯되었다. 오직 나라의 법률과 조례에 정통하고 인품과 덕성이 높고 고상하며 법에 따라 공정하게 공무를 처리하니 이제 입신출세해 재상의 관직에 이르렀다.

素仰蕭[27]曹[28]登[29]相[30]位, 起[31]于[32]椽吏,[33] 唯飽飫律[34]例,[35] 法[36]公[37]思[38]博,[39] 日後之相[40]發迹于今日"라는 문구가 있다.

이들 문헌 속 주석들은 루지에리가 한어의 문어를 열심히 공부했다는 사실을 설명해준다. 선교사들이 한어를 공부할 때 문어를 중시한 점은 우리에게 시사해주는 바가 크다. 당시 선교사들의 한어 학습을 보면 그 직접적인 교재는 사서四書였다. 또한 선교사들은 언어를 공부할 때 시종문화를 주체로 삼았다. 시작 단계에서 그들이 채택한 교재는 주로 『삼자경』,『천자문』 등 중국 당시의 서당 교과서蒙學課本였다. 이는 문어를 숙지하고 숙달하기에 비교적 좋았을 것이다. 특별히 루지에리의 한어 학습

---

26 루지에리는 이 말을 "반궁재에는 반지가 있다(泮宮齋有半池)"라고 해석했는데 옳지 않다. 반궁은 고대의 학교를 가리킨다.

27 루지에리는 "蕭何"라고 주해했다.

28 루지에리는 "曹參"이라고 주해했다.

29 루지에리는 "登到"라고 주해했다.

30 루지에리는 "宰相"이라고 주해했다.

31 루지에리는 "起初"라고 주해했다.

32 루지에리는 "由于"라고 주해했는데 이것은 분명히 옳지 않다.

33 루지에리는 "椽役史吏"라고 주해했다.

34 루지에리는 "大明法律"이라고 주해했다.

35 루지에리는 "條例"라고 주해했다.

36 루지에리는 "法度"라고 주해했다.

37 루지에리는 "公道"라고 주해했다.

38 루지에리는 "思德"이라고 주해했다.

39 루지에리는 "博大"라고 주해했다.

40 루지에리는 "宰相"이라고 주해했다.

자료들은 애초에 서양인들이 한어를 배울 때부터 문어의 학습이 중요한 내용이었음을 보여준다. 이것은 현재 절실하게 요청되는 한어 중 문어에 대한 연구와 교육의 강화를 위한 역사적 근거와 참고 자료를 제공한다는 점에서 유의미하다.

2) 한어 학습의 성과

미켈레 루지에리는 1579년 마카오에 도착했고 1588년 마카오를 떠나 유럽으로 돌아갔다. 그가 중국에 있었던 기간은 겨우 10년에 지나지 않았지만 한어의 수준은 대단히 높았다. 이것은 주로 두 가지의 측면에서 관찰할 수 있다.

첫째, 동아시아 '한어 신학'의 성립이라는 차원에서 능숙한 한문 작문을 꼽을 수 있다. 루지에리는 십계명을 최초로 한문으로 번역·해설해 보급했다. 또한 최초의 한문 교리서인 『천주성교실록天主聖教實錄』의 초판본이라고 할 수 있는 『신편서축국천주실록新編西竺國天主實錄』1584 을 집필했다.[41] 이 책은 루지에리가 지은 대표적인 한문 저작으로 리치의 『천주실의天主實義』1603 보다 훨씬 앞서 나왔고 일부 내용이나 용어, 개념 등이 그대로 리치에게 수용되었다. 루지에리는 1584년에 쓴 서신 왕래에서, "나의 언어 학습은 매우 큰 성과를 거두었다. 이곳 내륙에서 도움을 받아 나날이 향상되고 있다. 나는 이미 4년 전에 한문으로 쓰기 시작한 『천주성교실록』을 완성했다. 중국의 관리들은 이 책에 대단히 매료되어 출판하기로 동의했다"[42]라고 말한다. 루지에리는 1580년부터 1584년까지 4년 동안 이 책을 썼고 이 책의 출간에는 물론 중국 문인들의 도움이 있었을 것이다. 그

---

41   Michele Ruggieri(羅明堅), 곽문석 외역 및 주해, 『신편천주실록(新編天主實錄) 라틴어본·중국어본 역주』, 동문연, 2021 참조.

리고 이 책은 1637년 이후에 『천주성교실록』이라는 명칭으로 개정본이 간행되었다.[43] 이는 다른 선교사들의 수정을 거치면서 루지에리의 서문 외에는 많은 내용이 바뀌었다.

그런데 로마 예수회 기록보관소의 Jap. Sin. I-198호 문헌에는 루지에리가 쓴 루스 리프식 한문 문서가 있다. 내용상 이 한문 문헌은 『신편서축국천주실록』을 끝내기 전이나 그 집필시기에 완성한 것으로 보인다. 그것은 어떤 의미에서 『신편서축국천주실록』이 정식으로 출판되기 전의 '매개 글'이라고 할 수 있다. 이 루스 리프식 문헌은 한국 내에서는 한 번도 공개된 적이 없다. 때문에 한국어로 번역해서 원문과 함께 소개해보고자 한다.

012v쪽 : 이 면에는 단문 「성수가 이전에 지은 죄를 제거함을 풀이하다 解釋聖水除前罪」라는 글만이 수록되어 있다.

사람이 천주의 교문에 입교하고자 하는 자는 그 교문의 승려에게 경문經文, 성경 구절을 대신 낭송하고 그 천주의 성수로 자신에게 세례淨首, baptism를 베풀어줄 것을 청해야 한다. 이미 천주의 성수를 얻으면 전날에 지은 죄악은 다 사라지고 천주를 알게 되어 천정天庭에 태어날 것이다. 다른 사악한 마귀와 온갖 귀신이 감히 근접하지 못하며 사후에는 천당에 올라가 복을 받는다. 반면에 만약 아직 세례를 받지 않았다면 예전과 같이 영혼이 불결하고 죄악이 많다. 그때에는 사악한 마귀를 군왕처럼 섬기고 천주와는 원수가 된다. 사후에는 영혼이 지옥으로 떨어져 마귀와 서로 어울리게 된다. 만약 세상 사람이 천국에 올라가 복을 받기를

---

42 任繼愈 外編, 앞의 책, 262쪽.
43 최초의 판본에는 "서승(西僧) 루지에리"라고 서명되어 있다. 그러던 것이 뒤에 나온 판본에는 "후학(後學) 루지에리"라고 수정되었다.

원한다면 반드시 이 가르침을 따라야만 비로소 천주의 힘을 얻을 수 있다.

人欲進天主之教門者, 則請教門之僧代誦經文, 以其天主聖水與之淨首. 既得天主聖水, 則前日之罪惡盡棄, 識其天主而生天庭矣. 其余邪魔諸鬼神不敢親近, 至于死後則昇天堂受福矣. 若未受淨首, 先魂靈穢濁, 罪惡多端, 彼時事邪魔如君王與天主爲讐怨, 及其死後則魂進于地獄而同魔鬼相親矣. 若世人若欲昇天受福必得從此教, 方得天主之力矣.

015v~016쪽: 이 부분은 모두 여덟 쪽인데 루지에리가 쓴 천주교를 소개한 단문이 수록되어 있다. 이 단문은 표제가 존재하지 않는다. 그러나 이는 그의 한어 학습과 사상, 그리고 제반 한문 교리서를 이해하는 데 유의미한 가치를 지닌다. 그 원문의 전반부를 발췌해 옮겨보면 다음과 같다.

중화 대국은 우리 서방의 나라와는 거리가 멀고 막혀 있어서 본디 서로 왕래하지 못했다. 이 때문에 천주를 알지 못했을 뿐더러 그 경문經文, 성경도 보지 못했다. 승僧, 루지에리은 천축국天竺國, 서방국으로부터 마음속 깊이 중화의 가르침을 경모해 만 리의 길도 마다하지 않고 배를 타고 바다를 건너 3년 전에 광둥廣東 자오칭부에 도착했다. 독무督撫, 명청대의 최고 지방관 제독군문提督軍門, 郭應聘이 먼 곳에서 온 백성을 보살피시어 땅 한 곳을 하사했다. 이리하여 '선화仙花'라는 절寺을 창건하고 스승을 모셔다가 유학 경전을 교습했다. 다행히 여러 관리들과 교제하게 되어 가르침에 도움을 받았다. 다만 살펴보니 천주나 그 경문을 알지 못하는 까닭에 승이 삼가 경본經本을 한어華語로 번역함과 동시에 '실록'을 지어 열람하기를 청했다. 그리하여 선행을 쌓아 천당에 올라가 복을 받고 고난을 피할 수 있도록 일깨우고자 했다. 지금 이곳에 와서 수많은 대부, 군자들로부터 존중과 사랑을 받게 되니 감개무량하기 그지없다. 천주께서 혼돈 초기에 천지만물을 생성하셨지만 실상은 형상이 없어 한 남자를 지어 이름을 아담亞當, Adam이라 하셨고, 또 한 부인을 지어 이름을 하와也物, Hawwāh·Eve라고 부르셨다. 두 사람은 총명하고 걸출해 이 세상 최초의 할아버지, 할머니셨다. 처음에는 에덴Eden동산에서 살았는데 그곳은 풍경이 기이하고 추위도, 더위도 없으며 온갖 꽃과 과일이 다 있었다. 천주께서는 이들에게 이 세상을 관리하도록 명하셨고, 또 동산 안의 과일을 따먹되 어떤 과일만은 먹어서는 안 된다고 명하셨고 만일 이 명령을 어기면 죽음을 면치 못할 것이라고 했다. 그때 또 한 명의 천신이 자신의 미모와 많은 천신을 장악한 것을 믿고 방자하고 교만해져 천주의 위호位號를 빼앗으려고 꾀했다. 그 신은 마침내 지옥으로 내려가 마귀가 되어 마음에 시기심을 품고 그 화를 아담과 하와에게 옮기려고 했다. 하루는 큰 뱀으로 화해 몸길이가 한 길이나 되어 나무를 휘감고 아담과 하와에게, "천주가 비록 이 열매를 먹지 말라고 했지만 나는 그것을 먹기를 권하니 나중에 앎이 더욱 밝아져 천주와 같아지리라"라고 말했다. 하와는 그 참언에 넘어가 취식하고 또 하나의 과일을 취해 남편에게 주니 아담도 그것을 먹고서 명령을 어기고 작당하게 되었다. 이로써 아담과 하와의 자손은 만대에 걸쳐 다 천주의 원수가 되어 모든 세상 사람들이 천주께 죄를 짓게 되었다. 이미 죄를 지은 이상 고난을 겪게 된 것은 당연했다. 다행히 천주께서 자비로워 사람이 지옥에서 고통을 당하는 것을 불쌍히 여겨 15살 된 마리아媽利亞(里呀), Maria라는 이름을 가진 한 여자를 택해 남편 없이 스스로 잉태케 했다. 그리고 9월에 아기를 낳아 이름을 예수蠲虬, Jesus라 했는데 이는 천축국의 지방어로 큰 빛이 되어 널리 세상 사람을 구원한다는 뜻이다. 예수께서는 일찍이 좋은 일을 많이 하셨고 수많은 세상 사람들을 구제하셨다. 세상을 두루 다니시면서 두 귀가 들리지 않는 귀머거리, 두 눈이 보이지 않는 봉사, 말 못하는 벙어리, 숱한 병자들을 치료해주셨다. 이러한 기행들은 이루 다 셀 수 없을 정도로 많다. 또한 경권經卷, 성경을 전수하며 많은 제자들을 가르쳤다. 저 예수께서는 널리 세상 사람을 구원하시고 본래 아무런 죄가 없었다. 그러나 어느 한 곳의 나쁜 사람이 믿고 따르려 하지 않고 두 개의 나무로 십자가를 만들어 예수의 손과 발을 십자가에 못 박아 죽였다. 제자들은 시신을 거두어 석관에 안치했다. 3일 후에 예수의 영혼은 지옥에 들어가 선인과 악인을 비교하고 조사해 진리道를 깨우친 선인仙人을 구출해내니 모두들 생전에 선을 행하고 천주를 신봉하는 자들이었다. 단지 이들은 천주의 길을 안내받지 못해 지옥에 들어가 빛을 보지 못했던 것이다. 또 3일이 지나자 예수의 영혼은 자신의 시신으로 돌아와 관에서 부활해 여러 사람들을 만나셨다. 40일 후에는 대낮 모든 제자들 앞에서 많은 선량한 영혼을 데리고 기쁜 마음으로 승천하셨다. 또 예수께서는 제자들에게 사방을 돌아다니며 경권을 전파하고 사람들에게 선행을 권하며 능히 믿는 자들에게 성수를 받도록 이끌어 원죄를 풀어달라고 당부하셨다.

中華大邦與本國遼絶, 素不相通, 故不知天主, 不見經文. 僧自天竺國, 心慕華教, 不遠萬里航海, 三年前到廣東肇慶府, 蒙督撫軍門郭○俯錫柔遠, 施地一所, 創建一寺名曰仙花, 請師教習儒書. 幸承仕宦諸公往來教益. 第審之不識天主幷其經文, 僧敬將經本譯成華語, 兼撰實錄奉覽, 俾知作善降祥終昇天堂受福免致魔難. 今入貴境, 復承諸大夫君子垂靑, 感不敬陳. 蓋天主在混沌之初, 雖生成天地萬物, 實無形象, 化成一個男子, 名喚亞當, 一個婦人, 名喚也物. 二人聰明特達, 此天下原始祖公, 祖母也. 當初生在園內, 其園景物異常, 無寒無暑, 花果比畢聚. 天主命伊掌管天下, 又命園內果品憑從采食, 只有某果不許取用, 倘或違旨, 難免一死. 彼時又有一位天神見自己美貌又掌許多天神, 恣意驕傲, 謀奪天主位號, 遂下地獄作爲魔鬼, 其神心懷妬忌, 卽欲移禍于亞當, 也物. 一日化作大蛇, 身長一丈, 纏繞樹上, 與亞當, 也物言曰: "天主雖雲此果莫食, 吾勸食之, 後比識同天主." 也物感彼讒言, 依取而食, 又取一果付與其夫, 亞當亦食, 因此違命結黨. 亞當也物子孫萬代俱天主讐人, 故凡世人皆得罪天主. 旣然得罪, 相應魔難. 幸賴天主慈悲, 憫人地獄之苦, 擇一女子, 年方十五名曰: 媽利亞里呀無夫自孕, 九月生世名曰䩅㲹, 係天竺國鄕語, 卽大明普救世人之說. 䩅㲹曾做許多好事, 救許多世人. 凡兩耳俱襲, 兩目俱瞽, 啞無言, 凡百有病, 經行除救. 顯應難以枚擧. 傳授經卷, 敎出許多徒弟. 彼䩅㲹普救世人, 本無罪惡. 奈有一處不善之人, 不肯聽信, 將兩木做成十字架子, 釘伊手足, 死于架上. 其徒收取身尸, 殮于石棺. 後三日, 䩅㲹魂入地獄, 考較善惡, 取出得道仙人, 皆曰前爲善敬奉天主者. 緣不得天主指路, 入于地獄, 不見光明. 又三日, 䩅㲹魂復身尸, 回生出棺見衆. 四十日, 當衆徒前白日飛昇, 帶諸善魂上享樂. 又囑衆徒周流四方, 傳播經卷, 勸人爲善, 能信者勸人爲受之聖水, 解除夙罪. 自後衆徒雲游不憚千里, 化緣勸善得天主德澤, 通能會理各處鄕語, 受救衆生魂消罪, 做出事, 亦顯應. 僧竊效前修, 屢歷寒暑, 倍經險阻, 前來到此. 承達官長者聰明俊雅大人談論, 敎益良多, 極知感佩. 但大人君子名門巨族公卿甲弟聲名文物抵懼天主仙經, 未諳後日救拔昇靈, 未備倘承不外. 僧喜之勝當奉經文備覽, 以表芹誠. 其經幷非暹羅等制寂滅禪語, 亦非小僧私造, 天主親遣. 開天未入之大明者幸弗以善幻自雲.

混沌之初, 未有人物, 止有天主. 無行無聲無始無終非神之可比. 然後生成天地, 覆載萬物; 生成日月, 照臨萬國; 生成山川, 流峙兩間; 生成人民, 靈超萬類; 生成禽獸, 爲飛爲走; 生成草木, 爲天爲喬; 生成藥材, 料理百病. 溫涼寒暑, 成四時; 酸咸甘辛, 成五味; 又有聲香可嗅, 聲音可聞, 形色可觀, 凡百庶類非不備具. 故天主者, 其分至尊, 其恩至普, 爲世人所當敬奉也. 人苟敬奉天主, 必賜庇佑, 在生榮華顯盛, 死後魂昇天堂, 受諸快樂; 使不敬奉, 則必降殃, 貧窮夭折, 終墜地獄, 備經苦楚.

天主者譬諸父母, 子女不敬父母, 更敬何人? 又譬諸君長, 臣民不敬君長, 更敬何人? 胡人不知, 歹禮他神, 將天主生成恩德置諸無有也.

天主慈悲, 憫人地獄之苦, 化爲男子降生天竺, 勸人爲善, 顯靈感應, 制下敬文, 道理精妙, 天竺人至今家弦戶誦, 罔不敬禮, 受其庇萌. 此其眞實者也.

이 문헌은 여러 면에서 큰 학술적 의미를 갖는다. 우선 그것은 입화 예수회원의 첫 번째 종교적 논문이다. 뒷날 나온 『신편서축국천주실록』이나 『성교천주실록』과 대조해 보면 각 판본 사이에는 중요한 변화가 존재한다. 이러한 변화는 중국 사회에 대한 선교사들의 지속적인 깊은 인식을 보여준다. 특별히 상기上記한 루지에리의 Jap. Sin. I-198호 문헌을 보면 창조주 데우스Deus, 陡斯의 번역어로 '천주天主, Lord of Heaven'를 처음 사용하는 등 라틴계 성서문명의 개념어들을 한어로 옮기는 노력은 주목할 만하다. 이 노력은 천당, 지옥, 성수, 세례淨首, 죄악, 아담亞當, 하와地物, 마리아媽利亞, 예수龖虬, 십자가 등 개념어들도 포함됨은 물론이다. 다만 루지에리는 1583년에 자오칭에 처음 진입할 당시 승복을 입고 승려로 행세했다. 위의 인용문에서도 드러나다시피 중국에서 최초로 세워진 천주교 예배당을 '선화사仙花寺'로 이름했다든지, 그 밖에도 승僧, 천축국, 사寺 등의 불교 용어들을 채용한 점들은 눈여겨볼 필요가 있다.

그런가 하면 루지에리의 문헌은 언어학상 명대 이래 천주교 어휘의 형성과 발전을 연구하는 데도 중요하다. 루지에리는 Jap. Sin. I-198호 문헌에서 하와를 '예우也物'로 번역했다가 1584년의 『신편서축국천주실록』에서는 예와也襪로 고쳤고, 더해서 1637년 이후에 나온 개정본 『성교천주실록』에서는 '어와阿襪'로 변경했다. 또 예수를 '주이龖虬'로 번역했다가 1584년에는 '러쒀熱所'로 고쳤고, 재차 1637년 이후에는 '예쑤耶穌'로 변경해 "예쑤를 번역하면 '세상을 구원하는 사람救世者'을 말하고 치리쓰두契利斯督, Christus를 번역하면 '기름 바름을 받음受油擦'을 말한다"[44]라고 비교적 자세하게 설명을 덧붙였다. 여기서 우리는 '음역音譯'에서 변환된 신조어, '의역意譯'에서 전환된 신조어, 그리고 당시 문화의 영향을 받은 차용어도 관찰할 수 있다. 이 때문에 "서로 다른 언어는 상호 접촉할 수 있고 (…중략…) 서로 다른 언어가 접촉한 결과는 필연적으로 언어의 경계를 뛰어넘는 문화의 확산으로 이어진다."[45] 실제로 한어는 줄곧 다른 언어와의 접촉을 통해서 자신의 어휘를 변화시켜 왔다. 이 분야의 연구는 현대 학자들에 의해서 이미 만족스러운 성과가 나온 상태이다.[46] 그러나 명청시기 선교사를 매개로 한, 즉 한어와 라틴어의 접촉으로 인해 발생한 어휘의 변화에 관해서는 좀 더 심도 있는 연구가 이루어져야 할 것이다.

이와 함께 루지에리의 Jap. Sin. I-198호 문헌은 언어 학습의 관점에서 보면 특별한 글이다. 수고는 현지 문인의 도움을 받아서 쓴 것으로 판단된다. 루지에리는 아직 이 정도의 한문 작품을 쓸 수 있는 능력에는 미치지 못했을 것이기 때문이다. 글의 어투나 용어로 볼 때 그가 쓴 뒤에 현지 문인들이 수정했을 가능성이 크다. 이러한 일은 명청시기 입화한 선교사들에게는 일반적인 현상이었다. 이후에 출간된 『신편서축국천주실록』과 대조해 보면 이 문헌은 여전히 수고에 그친다. 글에는 여러 군데 수정한 흔적이나 약간의 오자가 발견되며 일부 문구도 매끄럽지 못하다. 다만 바로 이러한 점 때문에 초기 입화 선교사들이 행한 한어 학습의 실제적인 면모를 보여준다. 더해서 양방의 언어가 접촉하는 중에 남긴 사실적인 흔적들을 찾아볼 수 있다. 이는 언어 교류를 연구하는 데 풍부한 자료가 된다.

---

44 "耶穌譯言'救世者', 契利斯督譯言'受油擦'." 羅明堅,「天主聖敎實錄」, 미켈레 루지에리·줄리오 알레니, 모영환·정현수 역,『천주성교실록·만물진원』, 문사철, 2021, 107쪽.
45 鄒嘉彥·游汝杰,『語言接觸論集』, 上海敎育出版社, 2004, 2쪽.
46 梁曉紅,『佛敎詞語的構造與漢語詞滙的發展』, 北京語言學院出版社, 1994; 馬西尼,『現代漢語辭滙的形成－19世紀漢語外來詞硏究』, 上海漢語大詞典出版社, 1997 참조.

둘째, 루지에리의 한어 학습 성과는 그 자신이 지은 한문시에서 가장 잘 드러난다. 한문시의 친필 원고는 로마 예수회 기록보관소의 Jap. Sin. II-159호에 도합 34수가 보존되어 있다. 앨버트 챈Albert CHAN, S. J., 1915~2005 신부는 이 34수의 한문시를 영어로 번역하고 기초적인 연구를 수행한 바 있다.[47] 여기서는 지면이 한정된 관계로 서양인의 한어 학습사, 한어 신학의 생성이라는 관점에서 루지에리의 한문시 중 16번째 시「천주 탄신 12수天主生旦十二首」를 표본으로 삼아 살펴보도록 하자.

「16. 천주 탄신 12수」
「제1수」
천오백여 년 전에 천주께서 상천에 무형으로 계셨다.
지금은 성자聖子로 현신했으니 마땅히 존경해야 하는데 중국唐 왕조는 어찌하여 경건한 마음으로 섬기지 않는가.
其一
前千五百十餘年, 天主無形在上天.
今顯有兒當敬重, 唐朝何不事心虔.

「제2수」
그분이 가난한 삶으로 세상에 내려오신 것을 보고 성모 선인仙人이 경건하게 경배하였더라.
어찌하여 천주의 크심을 공경하지 않는가. 사람이 천주를 공경하면 그 복이 영원하리라.

---

47 Albert CHAN, S. J., "Michele Ruggieri, S. J. (1543~1607) and his Chinese Poems", *Monumenta Serica* 41, 1993, pp.129~176.

其二

看伊下地一貧生, 聖母仙人拜甚虔.

何不敬尊天主大, 人尊天主福無更.

「제3수」

나라도 황금도 원치 않으니 허망한 것으로 어찌 인간을 일깨우겠는가.

오직 바른 도를 전수해 그대의 양심을 깨우쳐 밝게 하시리라.

其三

不要國家不要金, 空虛是帝豈人驚.

特將正道來傳授, 敎汝人心悟即明.

「제4수」

일체삼위一體三位의 천주께서 강생하니 모두들 성상星象을 우러러 점치며 달려와 믿음으로 귀의했다.

본 승려는 경권經卷,성경을 가지고 중국으로 건너와 깊이 헤아려 백성들이 착한 마음을 가지도록 애썼다.

其四

神喩三王天主生, 共瞻星象達皈誠.

僧將經卷來中國, 遠度生靈發善心.

「제5수」

자비로운 천주께서 하늘에서 강림하시어 사람을 구원하고자 기꺼이 수난을 당하셨다.

천주께서 사람을 구원하고 선과善果를 맺게 하셨으니 사람은 선행을 쌓아 천주의 은혜에 보답해야 한다.

其五

慈悲天主下天來, 自願救人受苦災.

天主救人修善果, 人當修善報恩臺.

「제6수」

아이가 태어나 8일이 지나면 할례割禮, circumcision 의식을 간소화할 것이니,

습속과 가르침을 혁신해 성수를 머리에 뿌리는 것으로 언약의 징표로 삼는다.

其六

兒生八日後, 外腎略修皮.

革俗更新敎, 法水洒頭奇.

「제7수」

지극히 존귀한 신, 천주께서 육신으로 인간 세상에 강림하시어,

그 몸이 십자가에 못 박혀 기적을 보이시며 세상 사람을 선한 길로 인도하셨도다.

其七

天主至尊神, 下來化肉身.

將身釘十字, 顯度世間人.

「제8수」

천주께서 천상에 계시지만 높은 곳에서 언제나 아래에 일어난 일들을 살피시니,

만약 사람의 일들을 듣지 않으시면 선과 악을 누구나 다 피해갈 것이다.

其八

天主在天上, 居高聽下時.

若言聽不得, 善惡放過誰.

「제9수」

진실로 천주를 공경하면 그 마음은 외물에 흔들리지 않게 되니,

참된 본성을 지키면 마음이 편안하고 외물을 탐하면 마음이 공허하게 된다.

其九

信敬尊天主, 此心莫外圖.

守眞宜志滿, 逐物意移虛.

「제10수」

사람은 항상 맑고 깨끗할 것이며 천주의 밝음을 존숭해야 하니,

도가 높으면 용과 호랑이도 굴복하고 덕이 중후하면 귀신도 두려워한다.

其十

人得常淸淨, 尊崇天主明.

道高龍虎伏, 德重鬼神驚.

「제11수」

사람의 마음속에 생기는 모든 생각들을 천주께서는 다 아시니,

선과 악에 아무런 대가가 없다면 지극히 존귀한 자도 반드시 이기적인 욕망에

사로잡힐 것이다.

其十一

人心生一念, 天主悉皆知.

善惡若無報, 至尊必有私.

「제12수」

천주 탄신절에 나는 성도省都를 유람하노니,

배가 멈추면 풍경에 취해 때때로 아름다운 찬송의 노래를 바친다.

其十二

天主生時節, 吾游到省城.

舟停風色勁, 時送好歌聲.

그 외 한문시는 부록 참조.

실제로 한문시는 루지에리가 한어를 배운 중요한 영역 중의 하나였다. 이를 해명할 수 있는 증거로는 먼저 로마 예수회 기록보관소에서 『시운詩韻』이라 명명된 필사본이 발견되었다는 점을 꼽을 수 있다.[48] 이 문헌은 상술한 루지에리의 한문시 필사본 Jap. Sin. II-159호, 그리고 Jap. Sin. II-161호의 『척독지남』과 종이나 장정 상에서 완전히 일치한다. 따라서 이세 권의 문헌은 루지에리가 동시에 로마로 가지고 간 문헌일 것으로 판단된다. 중국 고대 문인들이 시를 지을 때는 운서韻書를 사용했는데 이 운서들은 모두 '관서官書'로 불리는 조정에서 반포한 것이다. 원대元代에는 『중원음운中原音韻』을 편찬했고 명대에 편찬한 관영 운서는 『홍무정운洪武正韻』이다. 이른바 『시운』은 동운東韻에서 시작해 각각의 운韻 뒤에 운시韻詞를 표시한 것이다. 루지에리가 유럽으로 가져간 운서는 그러한 운서의 필사본이니 나중에 연구할 필요가 있다. 이것은 최소한 루지에리가 한어를 공부할 때 『시운』을 배웠다는 사실을 말해준다.

그 다음으로 Jap. Sin. I-198호 문헌의 188쪽에 붓으로 쓴 "인문人們, 사람

---

48   로마 예수회 기록보관소 Jap. Sin. II-162호.

들, 시인時人, 투한偸閑, 틈틈이, 소년少年, 야승野僧, 어랑魚郎"이라는 글귀가 있다. 또 189v쪽에는 "지문地門, 수록水綠, 장안長安, 지변池邊, 청계淸溪, 산광山光, 청산淸山, 수광水光, 원두활수래源頭活水來, 원천에서 물이 흐르다, 원백源白, 수원水遠, 녹편綠遍, 산장山長, 삽전揷田, 산두山頭, 장사長沙, 모전暮田" 등 글귀가 있다. 이 구절들은 34수의 한문시 속에 이미 사용되고 있다. 이를테면 루지에리는 상기한 시문 외에도 11번째 시『우연한 감흥偶懷』에서 "당시 사람들은 내 마음의 즐거움을 알지 못해 젊은이들의 모습을 본받아 틈틈이 한가한 시간을 보낸다고 여긴다時人不識予心樂, 将謂偷閒學少年"라 했다. 그런가 하면 24번째 시『한어가 유창하지 못함을 한탄하다叹唐話未正』에서는 "수년 동안 이곳에 살면서도 선교가 어려운 것은 중국과 서양의 말이 다른 까닭이다. 중국의 언어에 능숙하면 그때는 설교가 순탄해질 것이다數年居此道難通, 只爲華夷話不同. 直待了然中國語, 那時講道正從容"라 했다.

특기할 사항으로 불교적 색채를 강하게 띤 루지에리의 찬송시는 명청시기 천주교의 중국 전교사傳敎史에서 불교 용어로 격의格義된 초기 한어 선교 신학의 흔적을 강하게 보여준다. 가령 루지에리 자신을 승려僧로 칭한다거나 성경을 불경의 용어인 '경권經卷'으로 표현하는 등의 면모는 대표적인 사례들이다. 루지에리는 재화시기에 줄곧 서승西僧으로 자처했고 각지를 왕래할 때도 사찰에 묵은 적이 많았다. 그런 까닭에 불교의 권선勸善문학을 자주 접하게 되었을 것이다. 『천주 탄신 12수』를 보면 「제8수」에서 "만약 사람의 일들을 듣지 않으시면 선과 악을 누구나 다 피해갈 것이다"라 했다. 그런가 하면 「제11수」에서는 "선과 악에 아무런 대가가 없다면 지극히 존귀한 자도 반드시 이기적인 욕망에 사로잡힐 것이다"라고 했다. 이러한 시문의 내용은 명말 권선문학의 직접적인 영향을 받음과 동시에, 천주교의 말세심판론이 "선행에는 좋은 보답이 있고 악행에는 나쁜 보답이 따른다善有善報, 惡有惡報"라는 불교의 업보業報 사상과 융합해 형성된 것이다.

3. 글을 마치며

이상으로 명말 미켈레 루지에리가 한어를 공부한 구체적인 상황과 그 성과를 살펴보았다. 객관적으로 볼 때 그의 한어 학습은 성공적이었고 그 수행 과정은 동아시아 근대 한어사漢語史와 한어의 본질을 연구하는 데 유의미한 가치를 지닌다. 뿐더러 서양인의 한어 학습사와 한어 교육사 연구에도 상당히 도움을 준다. 이러한 가장 원초적인 역사 문헌을 통해서 우리는 명청시기 동아시아에서 전개되었던 서양 선교사 한학의 원천은 물론, 유럽 계몽기 서양의 동양관에 중대한 영향을 미친 선교사 한학이 바로 이러한 한어 학습 과정을 거치면서 시작되었다는 사실을 이해할 수 있다. 돌이켜보면 오늘날 대외 한어 교육은 불교가 중국에 전래된 때부터 시작되었고 유럽인의 한어 교육은 16세기 말 유럽의 예수회 선교사가 내화한 때부터 시작되었다. 특히 후자는 대외 한어 교육사에서 한어 교육 연구의 새로운 방향을 제시해줄 것이다. 또한 선교사들이 수행한 한어 학습과 교육 자료는 오랫동안 정체된 한어 교육 분야에 과거의 역사 과정으로부터 지혜와 경험을 얻는 하나의 학문사적 버팀목이 되어줄 것이다. 이렇듯 선교사 한어 학습에 대한 역사적 조명과 연구는 중국, 한국, 일본 등 동아시아 국가들이 모두 우수한 전통문화를 동아시아 공동문어인 한문 문헌을 통해 공유한다는 점에서 결코 등한시할 수 없는 한어 교육사의 새로운 개척영역이라고 할 수 있다. 서양인의 한어 교육이 400년 이상의 역사를 가진다는 사실은 역설적이게도 우리 동아시아인들에게 시사해주는 바가 크다.

　이와 동일한 맥락에서 예수회 선교사 한학자들이 주도한 서양 기독교 문화의 동아시아 전래는 특기할만하다. 일반적으로 라틴계 성서문명천주교의 동아시아화는 적응주의적 '문서문자선교'를 토대로 진행되었다. 그리고 이 문서선교는 '한어 신학한어 선교 신학'의 성립과정과 겹친다. 그런 의미에서 루지에리의 한어 학습과 성취는 천주교의 동아시아 전교사에서 중요한 위치를 차지한다. 그가 남긴 한문 교리서 문헌과 기독교 시문 자료는 한어 신학의 효시라고 할 수 있다. 특별히 이 문헌들은 명청시기 최초로 종교성을 함유한 내화 선교사의 작품으로 평가된다. 이런 이유에서 그것은 극대한 동아시아 기독교사적·언어사적 가치와 의미를 지닌다고 말해지는 것이다. 따라서 당시 동서문화교류로 인해 생성된 종교적 신조어의 역사를 연구하고자 한다면 루지에리의 문헌으로부터 착수해야 한다. 여기에는 리치의 합유역불노선이 확립되기 이전 루지에리가 실행한 초기 합불合佛적 색채의 독특한 적응주의적 전개 양상에 대한 이해도 포함되어야 함은 물론이다. 사실 명말시기에 발생된 생소한 기독교의 용어들이 지금이야 일상적으로 쓰이지만 정작 그 배면에는 루지에리의 노고와 선교 역정이 존재한다는 사실을 주목하는 사람은 많지 않다. 그런 점에서 루지에리는 '한어 신학'의 초석을 마련한 숨은 공로자이자 동아시아 선교를 개척한 최초의 인물이라고 할 수 있다.

부록_루지에리의 한문시 원문

1. 度梅嶺
乍登嶺表插天高, 果見梅尖地位豪.
今日游僧經此過, 喜霑化雨濕長袍.

2. 游到杭州府
不憚驅馳萬里程, 雲游浙省到杭城.
携經萬卷因何事, 只爲傳揚天主名.

3. 寓杭州天竺詩答諸公二首(第一)
僧從西竺來天竺, 不憚驅馳三載勞.
時把聖賢書讀罷, 又将聖教度凡曹.

寓杭州天竺詩答諸公二首(第二)
一葉扁舟泛海涯, 三年水路到中華.
心如秋水先[1]涵月, 身若[2]菩提却[3]有花.
貴省肯容吾着步, 貧僧至此[4]便爲家.
諸君若問西天事, 非是如來佛釋迦.

4. 回廣邀友話情
去年小弟別離兄, 兄在廣城弟去京.
今日弟回思別久, 請兄舟內話離情.

5. 谢陳醫官治病

昨夜醫官散髮眠, 夢予獲病反沉堅.
來吾寺內施靈藥, 服了須臾病即痊.

6. 聖徒三像说觀音者知
慈悲三像最靈通, 不比人間等俗容.
左是聖兒天主化, 曾開天地著元功.
中間聖母無交配, 誕聖原前室女躬.
跪下右邊仙气象, 長成闡教度凡蒙.

7. 賀憲司生子
十月初三上得兒, 小僧初十賀遲遲.
奇逢天主慈悲大, 聖澤淋頭万福宜.

8. 元日漫兴
滌去舊污入歲新, 人同歲德兩皆新.
笑人但愛新衣服, 不愛靈臺日日新[5].

9. 遇聰明子
神童天主賦聰明, 天主生成公與卿.
天主教門今敬奉, 天堂久后任君行.

10. 寓廣西白水圍写景
綠树青山白水圍, 乱鶯啼柳燕雙飛.
茅簷瓦屋青溪上, 落日村莊人自歸.

11. 偶懷

---

1   원래는 "月常"이라 했다가 나중에 잔글씨 방주(旁注)로 수정했다.
2   원래는 "旹"라 했다가 나중에 잔글씨 방주로 수정했다.
3   원래는 "那"라 했다가 나중에 페이지의 아래쪽 여백을 통해서 잔글씨로 수정했다.
4   원래는 "到處"라 했다가 나중에 잔글씨 방주로 수정했다.
5   책장 윗 여백에 잔글씨로 주해한 글이 있는데 "그러나 변변치 못한 옷과 음식을 수치스럽게 여기는 지자(志者)가 있다(而耻惡衣惡食之志者有在矣)"고 했다.

朝讀四書暮詩編, 優游那覺歲時迁.
時人不識予心樂, 将謂偷閒學少年.

12. 觀葡萄
一古木無葉, 葡萄靠木而發達.
葡萄抽枝發葉盛大, 古木得其蓋覆.
葡萄抽暢植成功, 古木于中繫翠叢.
細干嫩時依古木, 枝多葉茂木姘幰.

13. 戲跛瞎相依
一譬喻今之朋友互相依倚.
長衢瞎子靠跛人, 跛瞎相依甚苦辛.
瞎靠跛人雙目看, 跛依瞎子一身行.

14. 觀水瓜纏古松歎銳茂不耐
高松纍繫水瓜藤, 長蔓相纏惹樹憎.
松樹瓜藤冬景到, 蒼松劲節水瓜崩.

15. 感喻二首

其一
八年僧灌此枯木, 正喜萌芽漸長成.
後日望他爲梁棟, 傍人不許妄残傾.

其二
暮雲收盡月光明, 前日閒愁不我驚.
聖母今朝逢聖寿, 歡天喜地福常生.

16. 與一秀才相聯論道

其一
君尊天主教教, 予學學人文.

結拜爲兄弟, 君予上紫辰.

其二
中舉君不難, 三年一度看.
登天知道狹, 地獄是眞寬.

17. 錄天主事實

其一
誰分清浊定乾坤, 惟仗靈通天主能.
人物生扶名教重, 合修孝善報深恩.

其二
天主靈通教法眞, 勸人爲善格非心.
惡終遭堕阴司獄, 善上天堂福祿增.

其三
天主雖生西竺國, 慈悲極大四方行.
唐朝若省修行事, 好整身心入教門.

其四
天地星辰婦對夫, 風雲雷雨兔對鳥.
東西南北春夏對, 天主靈通對却無.

18. 邀友
湖廣回來兄已知, 今過廣省拜兄遲.
與兄別久情多間, 高第兄居叙一時.

19. 一兒像左手生翼右手抱石
左手生成翼欲飛, 奈何右手石難揮.
聰年正好前程去, 却爲家貧愿已違.

20. 莫枉劳心
黑人洗白最爲難, 賤望荣華命又慳.
黑夜誰能爲白晝, 天高人手那能扳.

21. 勸人修善報天主
要酬天主德, 不用寶和珍.
只愛人心好, 常行礼義仁.

22. 途見古英雄石棺
石棺葬古一英豪, 過客停觀羡誉高.
眼見先前眞好漢, 心中感动爲他劳.

23. 叹唐話未正
數年居此道難通, 只爲華夷話不同.
直待了然中國語, 那時講道正從容.

24. 觀桃感懷二首

其一
西竺瑶池路不賒, 蟠桃每食味酸牙.
于今移种端溪上, 結實香甜見貴佳.

其二
桃入中華見貴佳, 吾身何薄物何加.
物離鄉貴人離賤, 古語傳來果不差.

25. 叹痴
痴坐難分痴与智, 出言便識是痴眞.
不如緘口無言动, 若是要言學巧文.

26. 避剛全之身
水里兩缸浪輙推, 一缸銅鑄一坭坯.

銅呼坭的相邻倚, 坭傍銅邊免浪摧.
坭識銅金剛不坏, 坭知坭土易崩開.
坭缸若靠銅缸住, 浪打銅挨坭盡災.

27. 冤命不饒譬喻
烏鴉拿获一蜈蚣, 啄食蜈蚣入腹中.
岂料蜈蚣身有毒, 即傷鴉命死相同.
從來殺命還填償, 自古冤家决不容.
曾子戒之當謹守, 出乎反爾理無窮.

28. 喻人外眞内假
巧畫描人一面頭, 腮頤耳鼻氣相侔.
野狸不識丹青手, 狐惑眞爲骨髓褛.
搂倒拟充飢腹饱, 抱攏那有舌唇喉.
于今世上人多少, 外貌堂堂内不侔.

29. 喻鼓唆者人必恨殺
拿获敌軍挈鼓兵, 分言鼓手岂凶倫.
惟當忿恨持刀者, 何事深讐挈鼓人.
兵聽鼓聲群队進, 鼓催令急兩兵陳.
交鋒百战皆凭鼓, 是鼓唆人殺战身.

30. 善人遭難無患歌
有客泛舟浮大海, 忽然風烈海涛喧.
波狂浪滚颠還倒, 帆敗檣傾覆又翻.
众命須臾俱没溺, 客身此际獨何存.
却将手挽团牌定, 方把力來水面掀.
泊上岸來生已活, 途中贼遇苦何奔.
奋身力战二三合, 退寇天垂百萬恩.
客乃善人應善報, 一連兩患不爲冤.

31. 七星巖写景[6]
坤輿重厚七星陳, 天际岩标絕點尘.
石室相通南北路, 洞門深鎖老龍神.
生成飛鳳蓮花座, 寶蓋觀音玉女身.[7]
多少登臨冠蓋[8]客, 留題兩壁萬年春.

32. 喜舊燕又來
予存其舊巢与止, 見予愛物之心
舊燕飛來尋舊主, 主人愛燕若嬌嬰.
去年舊空留伊止, 今歲新巢免別营.
舊話卸[9]喃新日語, 新歸態戀[10]舊時情.
予今物我渾忘却, 由爾依栖過此生.

33. 題塔
用王爺登塔志喜韵
役來星巖白石羊, 構成寶塔現金光.
擎天柱國三才正, 鞏固皇圖萬寿長.
簷繞雲霞霄漢近, 頂闊月窟桂花香.
日移影射端溪睡, 驚动騰蛟海表翔.

---

6   이 시의 책장 윗 여백에 "不写"라고 주석되어 있는데 시문에는 묵필로 'X'표를 했다. 아
     마도 루지에리가 그것을 삭제한 것으로 보인다. 그러나 여전히 연구의 가치가 있으므
     로 여기에 기록해둔다.
7   "觀音"에는 "仙姑"라고 방주되어 있다. 또 이 "觀音玉女身"은 모두 묵필로 칠해서 지워
     져 있다.
8   "登臨冠盖"는 잔글씨로 "富貴名利"라고 방주되어 있고, 또 책장 윗 여백에는 "利名來
     往"라고 주석되어 있다.
9   "卸"는 원래 "喃"이라 했다가 나중에 잔글씨 방주와 책장 윗 여백을 통해 수정했다.
10 "態戀"은 원래 "戀戀"이라 했다가 나중에 "戀"자 하나를 지우고 그 앞에 "態"자를 추가했다.

04

마테오 리치의
적응노선

합유역불의 전개와 영향

일군의 금발에 벽안의 서양인이 유교식 두루마기儒袍 복장에 유관儒冠을 쓰고 외출할 때는 가마를 타며 입만 열면 "자왈子曰", "시운詩雲"을 읊조렸다. 이러한 사람들이 중국 문인들의 눈길을 끄는 것은 당연했다. 예수회 선교사들은 중국에 진출한 이후에 중국의 사대부 계층과 광범하게 접촉했던 까닭에 매우 빠르게 명말明末 또는 청초淸初 지식인들의 호감을 샀고 그 가운데서 일부 중요한 지식인들이 천주교에 입교했다. 이 때문에 명말 청초시기 선교사와 당시 중국선비 간의 관계는 매우 중요하고 또 흥미진진한 문제가 아닐 수 없다.[1]

미켈레 루지에리Michele Pompilio Ruggieri, 羅明堅, 1543~1607 와 마테오 리치Matteo Ricci, 利瑪竇, 1552~1610가 자오칭肇慶에 입주할 때 승복을 입고 자칭 '서승西僧'이라 했다. 나중에 리치의 친구 취타이쑤瞿太素가 승려는 예로부터 문인들에게 멸시당해왔으며 만약 승려로 행세한다면 문인들의 오해를 불러올 것이라고 일깨워주었다. 이리하여 1592년 리치는 가사袈裟를 벗고 유복儒服으로 갈아입기로 결심하고 1594년 알레산드로 발리냐노Alessandro Valignano, 範禮安, 1539~1606의 동의를 얻었다. 그런 다음에 리치는 그의 동료와 함께 정식으로 수염과 두발을 기르고 유관과 동생복童生服을 착용했으며 손님을 만날 때는 유생儒生의 예를 모방했다. 훗날 리즈짜오李之藻, 1565~1630는 이 일과 관련해서 "리치가 처음 광저우廣州, 五羊에 들어왔을 때 수년 동안 불교

---

1   徐海松, 『淸初士人與西學』, 東方出版社, 2000. 이 책은 선교사와 청초 사인의 관계를 연구한 것이다.

에 섞여 있었지만 취타이쑤를 만나 그를 통해 승려로 행세하는 것이 옳지 않음을 깨닫고 머리를 기르고 유자儒者라 칭하며 중국을 주유했다"[2]라고 기술한 바 있다.

이렇게 합유역불合儒易佛의 노선이 확립되자 중국 전통의 사대부와 친교를 맺는 것이 급기야 중요한 임무이자 전교傳敎방식이 되었다. 이른바 '합유'란 리치가 고대 유가儒家에서 상제의 논술을 찾아내어 중국의 상고문화와 기독교문화가 서로 근접성이 있다고 인식하는 것이다. 그리고 '역불'이란 불교를 천주교의 비판 대상으로 삼는 동시에, 불교로부터 사상을 흡수한 유학의 세 번째 역사 형태인 정주이학程朱理學에 대해서도 비판적 태도를 취하는 것이다.

리치는 『교우론交友論』에서 다음과 같이 말한다.

나의 벗은 타인이 아니라 바로 나의 반쪽이니 바로 두 번째의 나라고 할 수 있다. 그러므로 마땅히 벗을 자기처럼 여겨야 한다.[3]

이러한 태도는 중국 전통의 오륜五倫과 결합된 것이다. 펑잉징馮應京, 1555~1606은 상기한 리치의 교우 태도에 대해서 "서태西泰, 리치 선생이 팔 만리의 힘들고 먼 길을 여행해 동쪽으로 중국에 온 것은 벗을 사귀기 위해서이다. 그는 벗 사귐의 도리를 매우 잘 깨닫고 있었기 때문에 절실하게 벗을 찾았고 (벗과) 서로 함께 있을 때는 돈독하게 대했고 벗의 도리를 말할 때는 특히 상세했다. (…중략…) 서태 선생이 산으로 바다로 마음껏 다니면

---

2 "卽利氏之初入五羊也, 以佛數年混迹, 後遇瞿太素氏, 氏乃辨非僧, 然後蓄髮稱儒, 觀光上國."
3 "吾友非他, 卽我之半, 乃第二我也. 故當視友如己焉."

서 함께 벗을 사귀는 것을 보고 유달리 많은 부끄러움을 느꼈다"[4]라고 높이 찬양했다. 대학자 펑잉징조차도 탄복할 정도면 그 영향이 얼마나 컸는지를 짐작할 수 있다.

심지어 쉬광치徐光啓, 1562~1633는 당시 "사방의 모든 사람들 가운데 리치선생이라는 사람이 있다는 것을 모르는 이가 없었다. 학식이 높거나 명망이 높은 여러 엘리트들 역시 그를 만나 보기를 학수고대하지 않은 이가 없었다"[5]고 증언한다. 『마테오 리치의 교우록利瑪竇交友錄』[6]을 읽어보면 리치의 교우가 광범위해서 명말시기 주요 관리, 왕공귀족, 문인이나 독서인 등 거의 모두가 그를 만난 적이 있었다는 사실을 간파할 수 있다. 리치 자신의 일기에 따르면 그가 베이징北京에 있을 때 하루에 수십 명의 손님을 영접해야 했다. 어떤 면에서 선교사들은 죽음에 이를 정도로 고되었음에도 불구하고 항상 겸손하고 온화한 태도를 취했기 때문에 많은 문인, 지식인들이 선교사와 교제하기를 원했다. 그러나 명청시기 문인들이 선교사들과 교제하는 데는 복잡하고도 다층적인 심리상태를 엿볼 수 있다. 당시 선비와 선교사 간의 교제를 개관해보면 대체로 중국 선비들의 심리는 두 부류, 즉 '호기심求異'과 '신앙' 때문이었던 것으로 보인다.

---

4   "西泰子間關八萬里, 東遊於中國, 爲交友業. 其悟交之道也深, 故其相求也切, 相與也篤, 而論交道獨詳. (…중략…) 視西泰子迢遙山海, 以交友爲務, 殊有餘愧."

5   "四方人士無不知有利先生者, 諸博雅名流亦無不延頸愿望見焉." 徐光啓, 「跋二十五言」, 『利瑪竇全集』, 復旦大學出版社, 2001, 135쪽.

6   林金水, 『利瑪竇與中國』, 中國社會科學出版社, 1996.

1. 서양의 기인

한 서양인이 구만리 밖에서 멀리 바다를 건너와서 중국에서 장기간 생활하는 것은 기이한 일이 아닐 수 없었다. 더군다나 이 서양인의 수중에 진기한 물건이 있고 중국 전역에 기이한 일로 알려진다면 중국인들의 이목을 끄는 것은 당연했다. 따라서 명청시기 호기심으로 인해 선교사 한학자들과 교제한 중국 문인들이 절대다수를 차지했다. 이 부류에도 두 가지의 원인을 찾아볼 수 있다.

첫째, 선교사들이 소지한 진기한 물건들 때문에 교제한 이들 중에는 연금술煉金術을 배우려는 이유가 있었다.

당시 중국 문인들의 입장에서 선교사들이 소지한 물품 중에는 이제껏 본 적이 없는 두 가지의 진귀한 물건이 있었다. 그것은 바로 시계와 프리즘이었다. 미켈레 루지에리와 마테오 리치가 처음 자오칭에 왔을 때 무엇보다도 자오칭 총독이 관심을 갖게 된 데는 이 두 물건 때문이었다. "그들은 시계와 몇 개의 삼각형 유리거울을 바쳤다. 거울 속의 물품은 여러 빛깔을 내뿜었다. 중국인들이 보기에 이것은 신기한 물건으로 오랫동안 그들은 유리를 극히 귀중한 보석으로 여겨왔다."[7] 난징南京에 있을 때는 수많은 문인, 관리들이 서양인이 진귀한 물건을 지니고 있다는 소문을 듣고 쉴 새 없이 몰려와 리치를 예방했다. 가령 형부시랑刑部侍郎 왕밍위안王明遠, 『明史』 卷221에 보임, 호부상서戶部尙書 멍난孟南, 『明史』 卷221에 보임, 예부시랑禮部侍郎 예상가오葉向高, 1599~1627, 『明史』 卷240에 보임, 국자감제주國子監祭酒 궈밍룽郭明龍, 『明史』 卷226에 보임, 한림원편수翰林院編修 양징옌楊荊嚴, 『明史』 卷226에 보임 등이 그들

---

7   利瑪竇, 何高濟 外譯, 『利瑪竇中國札記』, 中華書局, 1983, 151쪽.

이다. 리치는 베이징에 들어가서 황제께 바칠 예물인 시계와 프리즘 등을 방안에 안치해두고 문인들에게 참관하도록 했다. 그러자 갑자기 "모두들 희귀하게 여기고 왔다가 외국인이 중국 의복을 입고 한어를 구사하는 광경을 목격했고 서양의 자명종과 프리즘을 보았다. 리치는 그로부터 조용한 날이 없었다".[8]

무릇 리치를 접촉했던 사람들은 "성품이 베풀기를 좋아하고 남을 편안하게 해 사람들이 성실하고 후덕함을 느껴 감히 저버리지 못하게 했다".[9] 이는 리치가 사람들에게 좋은 인상을 심어주었던 일을 설명한 것이지만 사람들은 선교사들이 먹고 자는 데 걱정이 없고 매우 유유하게 생활하며 목통이 커서 "항상 손님의 밥을 남기고 밀식密食 수종數種을 내오면서도"[10] 돈이 어디서 생기는지를 알지 못했다. 그래서 선교사들에게는 단약丹藥, 불로장생의 약을 만드는 비술秘術이 있다는 것이 당시의 일반적인 생각이었다.

물론 선교사들은 대부분 뛰어난 학식이나 정치적 경륜을 가진데다가 경서經書를 숙독해 문인들의 환심을 샀다. 그러나 그들이 구만리를 항해해 중국에 온 이유를 많은 문인들은 이해하지 못했다. 명말 화가이자 문학가인 리르화李日華는 시詩를 리치에게 선사하고 다음과 같이 일렀다.

구름바다는 아침의 태양에 출렁이고 유랑流浪을 타고 노을에 맡기며 서쪽에서 육만리를 와 동쪽으로 외로운 뗏목 하나를 띄우다. 세상에 떠서 항상 나그네의 길과 같아 유거幽居하는 곳이 집이다. 그러니 돌아갈 꿈인들 꾸겠는가? 봄빛이 하늘 끝을 덮으리라.[11]

8   羅光, 『利瑪竇傳』, 臺灣光啓出版社, 1972, 91쪽.
9   "性好施, 能緩急人, 人亦感其誠厚, 無敢負者." 利西泰, 『萬曆野獲編』 卷30, 中華書局, 1997, 785쪽.

리르화는 세상을 두루 방랑하는 리치를 보고 출가한 사람의 삶 정도로 이해했다. 그러나 리치가 근 50세의 나이에도 불구하고 기질이 비범하고 얼굴이 복사꽃처럼 고왔다. 그런 까닭에 그는 "리치에게는 기이한 술법이 있어서 사람들이 해할 수 없고 또 기를 잘 받아들이고 몸 안을 통찰하기 때문에 질병이나 재난이 생기지 않는다"[12]고 여겼다.

아닌 게 아니라 리치는 혈색이 좋아서 사람들이 기공氣功과 같은 양생養生의 술을 할 줄 안다고 생각했다. 난징에 머물 때 전문적으로 장수를 연구하는 어떤 사람이 찾아와 리치가 능히 200년은 살 수 있을 거라 여기고 그 경험을 전수해줄 것을 청해 정말 웃지도 울지도 못하는 상황이 벌어지기도 했다. 그런가 하면 명말 대학자 리즈李贄, 1527~1602는 리치에 대해서 호감을 표시하면서 "매우 아름다운 사람이다. 안으로는 극히 영리하고 민첩하며 밖으로는 몹시 소박하다"[13]라고 했다. 그러나 리즈는 중국에 온 리치의 목적을 종잡을 수가 없다고 하면서 "리치가 무엇 때문에 이곳에 왔는지 모르겠다. 나는 이미 세 번이나 만났는데 결국 무엇 하러 여기에 왔는지를 알 수가 없었다"[14]고 말한다. 리즈가 생각하기에 만약 리치가 공맹孔孟의 도를 배우기 위해 중국에 왔다고 말한다면 너무도 우매한 것이며 반드시 다른 목적이 있을 것이라고 판단했다.

이렇게 이들 선교사들이 잘 파악되지 않으면 않을수록 더욱 신기하게 여겨졌으며 자연스럽게 연금술 상에서 생각할 수밖에 없었다. 탄첸談遷,

---

10   顧起元, 『客座贅語』, 中華書局, 1987, 194쪽.
11   "雲海蕩朝日, 乘流信彩霞. 西來六萬里, 東泛一孤槎. 浮世常如寄, 幽棲卽是家. 那堪作歸夢? 春色任天涯."
12   "竇有異術, 人不能害, 又善納氣內觀, 故疾瘵不作."
13   "是一極標致人也. 中極玲瓏, 外極朴實." 李贄, 『焚書』 卷6.
14   "不知(利瑪竇)到此爲何, 我已經三度相會, 畢竟不知到此地何干也" 李贄, 『續焚書』 卷1.

1594~1658이 아담 샬Johann Adam Schall von Bell, 湯若望, 1591~1666을 묘사하면서 그가 소장한 서양책들을 훑어보고 신비한 색채로 가득 차 있다. 이러한 서적들은 중국 문인의 눈에는 기괴했을 것이다. 특별히 탄첸은 샬에게는 "황백黃白의 술수를 전문적으로 연마하는 비책祕冊 두 권이 있다. (…중략…) 샬은 또한 은을 잘 수축시킨다. 약을 써서 은을 담금질하고 부서지지 않은 것만을 녹이므로 유리병에는 물처럼 맑고 깨끗하다. 또한 갑자기 꽃이 나타나고 그 화려함이 눈부시도록 아름답다. 정련된 꽃이 그 안에 들어 있으니 약의 가치는 헤아릴 수가 없다"[15]라고 기술한다. 탄첸이 말한 것은 너무도 신기할 뿐만 아니라 생동감이 넘치고 분명한 근거도 있다.

청淸의 군대가 베이징에 입성했을 때 천밍샤陳名夏, 1601~1654는 천주교의 교회당으로 도망가 샬에게 황백의 술수를 배우려고 했지만 이루지 못했다. 따라서 많은 사람들이 선교사를 찾아 연금술을 배우고자 한 것은 결코 근거가 없지는 않다. '난징교안南京敎案, 1616~1621'에 이르러서는 나열된 선교사들의 죄상 중의 하나가 바로 금과 은을 소련燒煉한 것이었다. 그렇다면 그들의 돈은 어디서 충당했을까? 리치 자신도 이 점을 알았다. 그는 친구에게 보낸 서신 중에서 자신이 중국에서 사람들에게 관심을 받는 다섯 가지의 원인을 거론한 바 있다. 그중에서 "내가 연금술에 정통했다는 풍설 때문이다. 수많은 사람들이 이 비술을 중시해 내게 배우기를 원한다. 그러나 그들에게 알리기를, '나는 이 술법에 대해서 문외한일뿐더러 근본적으로 이를 믿지 않는다'고 했다"[16]라고 기술한다.

둘째, 선교사들이 소개한 서양의 과학과 지식에 대한 호기심 때문에 그

---

15 "有秘冊二本, 專煉黃白之術 (…중략…) 湯又善縮銀, 淬銀以藥, 隨末碎, 臨用鎔之. 故有玻璃瓶, 瑩然如水. 忽現花, 麗艶奪目. 蓋煉花之精隱入之, 值藥卽榮也."談遷, 『北遊錄』, 中華書局, 1997, 278쪽.

들과 교제하려고 한 이유를 꼽을 수 있다.

명말청초 서양이 중국에 전해질 시기는 바로 중국의 전통 사상이 크게 변동할 때였다. 명말시기부터 사상계는 이미 양명학陽明學의 공허함에 대한 불만이 가시화되어 예스葉適, 천량陳亮이 창도한 실학實學이 많은 사람들에게 호응을 받고 있었다. 쉬광치가 말한 "실심實心, 실행實行, 실학"이 이 실학의 사상을 가장 선명하게 표현한 용어일 것이다. 서학西學으로 소개된 서양의 과학 사상은 중국 지식인들에게 환영을 받았고 실학의 사상적 배경과 큰 관련성이 있다.

무엇보다도 먼저 명청의 문인들에게 관심을 끌었던 것은 『만국여도萬國輿圖』였다. 문인들이 리치의 지도 앞에 섰을 때 눈동자가 빛났다. 세상이 원래 이렇게 크고 중국은 단지 세계의 일부분이라는 사실을 알게 되면서 중국전통의 화하중심론華夏中心論이 순식간에 무너졌다. 이 충격은 상당히 커서 천원지방天圓地方에서 지구가 둥글다는 세계관으로의 전환을 의미했다. 어떤 학자들은 그 영향이 "마치 고요한 곳에서 심한 천둥소리를 듣는 것과 같이 명말 유식자들에게 큰 반향을 불러일으켰다"[17]고 기술한다. 실제로도 그러했다. 리치의 지도는 계속해서 열두 번이 넘게 등사되었다. 이것만 보아도 사람들에게 얼마나 환영을 받았는지 짐작하고도 남음이 있다.

청에 벼슬한 이신貳臣, 두 임금을 섬기는 신하 딩야오캉丁耀亢, 1599~1669과 샬은 교분이 있었다. 샬이 딩야오캉을 매료시킨 것은 서양의 천문학과 망원경이었다. 딩야오캉은 시문에서 "선기璇璣, 옛날 천체를 관측하던 기계로 옥형(玉衡), 혼천의(渾天儀) 등을 가리킴의 법칙은 역법曆法에 따라 동륜銅輪이 도는 것인데 서양의 망원

---

16   『利瑪竇書信集』, 臺灣光啓出版社, 1986, 188쪽.
17   林金水, 앞의 책, 208쪽.

140
명청시기 예수회 선교사 한학의_史

경이 내 마음을 사로잡는다"[18]라고 쓴 바가 있다.

그런가 하면 청초 팡이즈方以智, 1611~1671는 중국 사상사에서 중요한 인물이다. 그의 『물리소식物理小識』은 오늘날 우리가 서학동점西學東漸을 연구하는 가장 중요한 저작 중의 하나이다. 팡이즈의 사상이 별종인 이유는 선교사들과 직접적으로 접촉한 것과 관련이 깊다. 숭정崇禎 13년1640, 팡이즈는 진사에 합격한 뒤 베이징에 왔다. 그로부터 살과 직접적인 접촉이 있었고 그가 살에게 배운 것은 천문학이었다. 나중에 난징에서 또 예수회 선교사 프란체스코 삼비아시Francesco Sambiasi, 畢方濟, 1582~1649를 알게 되었다. 팡이즈는 삼비아시에 대해 "천을 어떻게 섬길 것인가를 물으면 좋아하지민問事天則喜" 역산曆算, 진기한 기구 등 과학의 내용을 물으면 "상세하게 말하려고 하지 않아不肯詳言" 상당히 불만스러웠다. 그렇다고 하더라도 서학에 대한 많은 것들을 배울 수 있었다. 이런 이유에서 시를 지어 삼비아시를 찬양하기를, "선생은 가는 곳마다 신선과 같이 장읍長揖했다. 말은 평범했지만 의관은 더욱 기이하고 선적이었다. 몇만 리인지 모르나 일찍이 수천 년을 말하곤 한다. 나는 남방의 고됨을 싫어하지만 서로 어울려 천도 묻기를 좋아했다".[19]

잘 알려진 대로 팡이즈의 『물리소식』 중 서학의 내용은 예수회 선교사들의 한문 저작을 베껴서 전한 것이 절대다수를 차지한다. 팡이즈의 아들 팡중퉁方中通, 1634~1698은 부친의 학업을 계승해 천문학을 연구하고 수학算學을 좋아했다. 이러한 그의 서학 지식은 가학家學을 전수받은 것이기도 하지만 선교사 장-니콜라 스모골렌시키Jean-Nicolas Smogolensiki의 "승제역산

---

18 "璇璣法曆轉銅輪, 西洋之鏡移我神." 丁耀亢, 『陸舫詩草』卷4.
19 "先生何處至, 長揖若神仙. 言語能通俗, 衣冠更異禪. 不知幾萬里, 嘗說數千年. 我厭南方苦, 相從好問天."

乘除曆算을 배우면 대략 그 큰 줄기를 알 수 있다學乘除曆算, 略知梗概"라는 명제를 따른 것이다.

청초 계몽 사상의 대가 황쭝시黃宗羲, 1610~1695는 아마도 샬과 직접적인 교제가 있었을 것이다. 그가 흠모한 것은 역시도 샬의 서양 역산의 학문이었다. 만년에 샬을 자신의 계몽 스승에 비유해, "서양인 샬은 역산의 개척자로 일컬어진다. 나의 범상함을 일깨워 두렁길을 알게 했다"[20]라고 시를 짓기도 했다. 말 그대로 샬에 대한 경모의 감정이 글 속에 생생하게 나타나고 있다. 황쭝시의 아들 황바이자黃百家, 1643~1709는 선교사를 칭찬하는 말을 많이 했다. 황바이자는 『명사明史』에서 리치 등 선교사들을 소개하면서 서양의 천문역산에 대해 매우 높이 평가했다. 말하자면 "리치 등은 모두 천문역법에 정통했다. 그들의 나라에서는 이를 대업으로 여기고 5천 년 이래 영민하기 그지없는 선비들이 모여서 강구해 전문적인 학문이 되었다"[21]는 것이다. 또한 그는 자신의 『안경송眼鏡頌』에서도 서양의 각종 기구器物들에 대해서 "서양인이 제조한 기구는 뛰어나지 않은 것이 없다. 물로 톱질을 하고 실을 뽑아내며 시계는 스스로 시간을 알려준다. 실 한 올을 거듭 배워 천균千鈞의 무게를 끌어올린다. 그들이 제조한 수많은 것들을 이루 다 말할 수 없다"[22]라고 서슴지 않고 찬미해 마지않았다. 이로 보건대 황바이자가 당시 서양의 기구들을 익히 잘 알 뿐더러 행간에 서학을 칭찬하는 기색이 역력하다는 사실을 간파할 수 있다.

청초 유명한 이학자 루룽치陸隴其, 1630~1692는 일찍이 강희康熙 14년1675과

---

20 "西人湯若望, 曆算稱開僻. 爲吾發其凡, 由此識阡陌." 『黃宗羲全集』第11冊.

21 黃百家, 『明史·曆志』卷下.

22 "西人制器, 無器不精. 水使鋸紡, 鐘能自鳴. 重學一縷, 可引千鈞, 種種制作, 不勝俱論." 黃百家, 『眼鏡頌』.

강희 17년[1678] 두 차례에 걸쳐 베이징에 와서 페르디난드 페르비스트[Ferdinand Verbiest, 南懷仁, 1623~1688], 루도비코 불리오[Ludovico Luigi Buglio, 利類思, 1606~1682]와 서학을 논하고 서학 서적을 구입했다. 루룽치가 가장 흥미를 가진 것은 단연 서양의 천문역산이었다. 그는 친히 페르비스트에게 혼천의[渾天儀]와 관련된 정황을 묻고 선교사가 거주하는 천주당에 달려와 혼천구[渾天球]를 참관했다. 그리고 선교사들이 소지한 서양 기구에 대해 칭찬을 아끼지 않았다. 덧붙여 청초시기 선교사들과 빈번하게 교제했던 슝밍위[熊明遇, 1579~1649]가 예수회 선교사들에 의해 소개된 서학을 찬양한 문장은 특히 두드러진다. 그는 말하기를, "선교사들은 우아하고 웅대하며 두루 식견이 넓어 천궁[天宮], 일력[日曆], 산수의 학문에 정통했다. 그리고 명리[名理]를 말하기 좋아하고 천제[天帝] 섬기는 것을 종지로 삼는다. 화어[華語]를 전수하고 화문[華文]을 배우며 구등[籌燈]을 밝혀 정진하는 것이 유생과 다를 바 없다. 진실로 저들은 호걸의 선비이다"[23]라고 했다. 슝밍위의 눈에는 뛰어난 기예를 가진 선교사들이 유문[儒門]의 영재이자 문인과 고아한 선비 중의 영웅으로 보였다.

예수회 선교사들이 펼쳐 보인 서양과학은 심성[心性]공담에 치중한 양명심학[心學]의 말류와 비교해볼 때 중국 지식인들에게 매우 신선하게 다가왔을 것이다. 게다가 명말시기 쉬광치와 샬은 역국[曆局]에서 이미 회교력[回敎曆]을 서양역으로 대체하고자 하는 중대한 전환을 실행하고 있었다. 비록 청초시기 양광셴[楊光先, 1597~1669]이 조장한 역옥[曆獄], 혹은 흠천감교난[欽天監敎難, 1664~1669]이 발생하기는 했지만 강희제가 반발한 뒤 천주교가 역법투쟁에서 승리한

---

23 "諸公大雅宏大, 殫間洽聞, 精天宮, 日曆, 算數之學, 而猶喜言名理, 以事天帝爲宗, 傳華語, 學華文, 籌燈功苦, 無異儒生, 眞彼所謂豪傑之士也耶."『天學初函』影印本 第2冊, 臺灣學生書局, 1986.

것으로부터 전례논쟁1645~1742 전까지 40년은 강희조 가운데 동서문화교류의 황금기였다. 이 40년은 강희제가 선교사들을 적극적으로 지원한 시기이기도 하다.

이렇듯 사회 전반에 걸쳐 서학을 배울 수 있는 좋은 환경이 조성되자 서양의 천문역산에 대한 학습은 중국 지식인들이 선교사와 접촉하게 된 중요한 원인이 되었다. 리치는 일찍이 이 점을 간파하고 자신이 문인들에게 환영받게 된 원인 중의 하나를 다음과 같이 설명한다.

> 나는 수학에 능통했기 때문에 그들은 나를 프톨레마이오스Ptolemy-Tolomeo altro로 간주했다. (…중략…) 중국인에게는 해시계의 경사도가 오직 36도만이 존재한다. 때문에 그들은 전체 지구의 해시계가 모두 단지 36도 높이에서 많지도 적지도 않다고 생각한다. 그들은 나를 보러 와서 실제로 몇 시인지를 알고 싶어 한다.[24]

2. 서양의 친구

마테오 리치는 자신이 문인들에게 환영을 받았던 또 다른 원인으로 선교사들이 비록 서양인이기는 했지만 유학에 통했다는 사실은 유생들에게 각별히 호기심을 유발시켰다고 분석한다. 다시 말해서 선교사들이 중국의 풍속을 이해했던 까닭에 중국 문인들의 환영을 받았다는 것이다. 리치는 "내가 외국인인지라 그들은 과거에 일찍이 목격한 적이 없었고 또

---

24 『利瑪竇書信集』, 188쪽.

한 중국의 언어, 학문, 풍습, 습관 등을 알았기 때문이다"[25]라고 진술한다. 이는 예수회가 채택한 합유노선의 자연스러운 결과였다. 가령 내각 대학사인 예상가오가 리치에게 선사한 시에서 "말할 때는 중화풍을 사모하고 우리 유학의 이치를 깊이 통했으며 저술에는 격언이 많고 여러 명사들과 친교를 맺었다"[26]라는 시구詩句는 이를 잘 대변해준다. 선교사들은 교양이 넘쳤고 경서를 깊이 이해함은 물론 자유자재로 활용했다. 이러한 풍모는 문인들의 호감을 사기에 충분했다. 문인 천량차이陳亮采는 리치의 『기인십편畸人十篇』을 읽은 뒤에 매우 감탄해 "그 책이 뛰어나고 훌륭해 우리 유학자들이 추장推獎하고 칭찬한 바가 많다. 한 구절 한 구절이 가슴과 뼛속까지 파고들어 유문을 진작시킨다"[27]라고 적고 있다. 리치의 책은 진실로 문인들에게 깊은 인상을 남겼음을 알 수 있다.

우리는 중국 문인과 선교사 간의 읊고 회답하는 시에서 이 문제를 관찰할 수 있다. 『민중제공증시閩中諸公贈詩』는 명청시기 푸젠성福建省 일대의 문인과 예수회 선교사 줄리오 알레니Giulio Aleni, 艾儒略, 1582~1649의 관계를 반영한 시집이다. 이 시집에는 모두 84수가 실려 있고 74명의 유가 문인이 지은 것이다. 그 가운데서 68명은 푸젠성 사람이고 3명은 외지인이다.[28] 이들 시에는 알레니의 인격과 학문에 대한 문인들의 존경심을 엿볼 수 있다. 황밍차오黃鳴喬는 시문에서 "한 조각 가벼운 돛단배에 의지해 서쪽에서 대해를 건너며 무수한 풍랑과 모진 여정을 헤쳐온 것은 후학들에

---

25 위의 책.

26 "言慕中華風, 深契吾儒理. 著書多格言, 結交多名士." 『天主教東傳文獻』, 693쪽.

27 "其書精彩切近, 多吾儒所推稱. 至其語語字字, 刺骨透心, 則儒門所鼓吹也."

28 林金水, 「〈閩中諸公贈詩〉初探」, 『宗教文化』(陳村富) 3, 東方出版社, 1998, 77~106쪽. 그밖에 潘凤娟, 『西來孔子艾儒略－更新變化的宗敎會遇』, 臺灣財團法人基督敎橄欖文化事業基金會, 2002 참조.

게 진리와 학문을 열어주기 위해서였으니 이제서야 비로소 그 만 리 길을 온 선생의 위대함을 알게 되었다"[29]라고 읊었다. 그는 선교사들이 만리 길도 마다하지 않고 중국에 왔고, 더구나 그 길이 아주 멀고 무척이나 고달팠을 텐데도 조금도 무서워하거나 두려워하지 않은 정신을 높이 평가하고 경복했다. 푸저우福州의 왕뱌오王標는 증정한 시에서 "전도傳道의 사명을 짊어지고 객의 신분으로 남쪽에서 타향으로 오면서 그간 20년 동안 겪은 온갖 빈궁함을 전혀 개의치 않는다"[30]라 했다. 이는 종교에 대한 알레니의 헌신정신에 감동해서 쓴 것이다. 그런가 하면 어떤 문인의 눈에는 알레니는 서양의 위대한 유학자로 비쳤다. 진장晋江의 리스잉李世英은 알레니를 공자와 같은 큰 스승이자 당대唐代 문호 한위韓愈, 768~824의 화신으로 보았다. 도덕과 문장은 이 세상에 영원하고 도를 논하는 것이 구구절절 힘차다는 것이다. 이러한 찬양은 그야말로 신격화에 가까웠다.

푸젠성의 문인들 중에는 기독교에 대한 이해가 완전히 일치된 것은 아니었다. 그러나 천학天學,기독교과 유학이 융합해야 한다는 생각은 대다수 사람들에게 동일했다. 그들이 알레니를 호평하게 된 것도 그가 말한 것이 비록 천학이라고는 하지만 들어보면 유학과 같았기 때문이다. 가령 시인들이 "천은 본래 빈속이지만 사람은 자연히 유가의 부류이다"[31], "작자가 서방의 현인이라면 입장은 다르더라도 마음의 이치는 같을 것이다"[32]라고 쓴 바와 같다. 그러므로 『민중제공증시』는 리치가 확립한 합유노선이 중국 지식인에게 미친 영향을 증명해주는가 하면, 또 한편으로 명청시기

---

29 "滄溟西渡片帆輕,涉盡風濤不算程. 爲闢一天開後學,才能萬里見先生."『閩中諸公贈詩』.
30 "載道南來一客身,間關廿歲不知貧." 위의 책.
31 "天原腔子里, 人自儒家流." 위의 책.
32 "作者有西賢, 異地同心理." 위의 책.

예수회 선교사들이 무엇 때문에 많은 문인들에게 환영을 받았으며 이들 선교사들과 문인들이 접촉하게 된 내재적인 원인이 무엇이었는지를 설명해준다.

『민중제공증시』가 예수회 선교사들이 민간에 미친 영향이나 하층 문인과의 접촉을 보여준다면 『증언贈言』은 청초 베이징의 상층 인사와 선교사들의 접촉을 반영한다. 순치順治 18년[1661] 음력 4월 초하루에 아담 샬은 70번째 생일을 맞이했다. 경성京城에서 살과 교제했던 문인들은 글과 시를 지어 그의 생일을 축하했다. 이들 한인 사대부들은 원래 명나라의 관리였던 이들이 다수를 차지했다. 이들은 청나라가 중국 관내로 진입하자 자신들의 이익을 위해서 청 왕조에 빠르게 귀순했다. 그래서인지 이 한인 사대부들이 지은 하문賀文, 하시賀詩에는 다분히 아첨하는 말이나 찬사가 역력했다. 그러나 그중에는 "긴 앞섶으로 해박한 학식을 펼치지만 그 지식의 정밀함은 시장의 궤변과는 같지 않다. 명성과 지위는 높지만 교만하거나 우쭐대지 않는다"[33]라고 하는 살의 인격을 칭찬하는 말도 보인다. 이때 살은 이미 70세인 터라 학식이 해박한 것은 매우 자연스러운 일이었다. 황이눙黃一農의 고찰에 따르면 살은 교회의 역량을 확대하기 위해 순치 황제가 내리는 고위직을 사양하지 않았다. 그는 출가자로서 절색絕色, 절재絕財는 선교사가 반드시 지켜야 할 의무사항이었다. 그러나 문인들에게 "우리 스승은 세 가지를 절제하는데 재물, 여색, 사심이다. 우리 스승은 두 가지가 훌륭한데 역법 연구治曆와 기구 강연演器이다"[34]라고 찬양을 받았다.

『증언』은 청초 선교사와 중국 문인 간의 관계를 연구하는 데 필요한 중

33　"學博布以長衿, 識精不以市詭, 名業尊顯不以形驕倨." 『贈言』.
34　"吾師有三絶, 財色與私意. 吾師有雙絶, 治曆與演器." 위의 책.

요 문헌이다. 이 지점에서 우리는 다음과 같은 사항을 간파해야 한다.

샬은 합유를 기초로 삼고 천문의 산법, 역학을 수단으로 삼아 그 생존과 발전을 모색했고 성공한 셈이다. 또한 청초에 이들 문인들은 역산, 천문 분야에 대한 샬의 조예에 깊이 경복했음을 통찰해야 한다. 그것은 선교사와 문인이 교제한 일반적인 특징을 명시함과 동시에 문인과 선교사가 서로 왕래한 기본적 심리상태를 반영한다. 이와 함께 선교사 한학자와 문인 간의 관계가 순수한 문화적 교류 외에도 복잡다면한 정치적 관계가 있음을 이해해야 한다. 청조에 벼슬했던 이신두 임금을 섬기는 신하들은 샬의 영향력과 힘을 빌리려고 했다. 샬 역시도 이들 이신들과의 교류를 통해서 조정에서의 실력을 공고히 해 중국에서 교회의 이익을 보호하고자 했다. 이와 같은 쌍방의 정치적 협력은 종교적 요소와 정치적 요소의 상호결합을 말해준다.[35] 여하튼 일군의 문인, 사대부들은 조정의 고관이든, 아니면 민간의 대학자이든 간에 선교사들과 잔을 들고 양주를 마시면서 천학을 논하고 호응했다. 이는 당시 문인들과 선교사들 간의 관계를 충분히 설명해주고 있다.

최근 학자들이 리치와 알레니가 중국에서 활동하던 기간에 친교를 맺었던 전체 인물에 대해 통계를 낸 결과에 따르면 다음과 같다.[36]

리치가 중국에서 교제한 인물은 모두 129명이다. 그 중에서 쉬꽝치와 같은 문인 교도가 7명이고 유원후이游文輝 1575~1630와 같아 아예 출가해서 예수회에 들어가 수사가 된 자는 8명이다. 이로 보건대 리치가 교류한 인물 중에서 신도가 된 이는 단지 15명이고 전체 수의 11%에 그친다. 사실

---

35 黃一農, 「王鐸書贈湯若望詩翰硏究-兼論淸初貳臣與耶蘇會士的交往」, 『故宮學術季刊』 12卷 1期, 1993 참조.
36 林金水, 앞의 책, 286~316쪽.

리치가 교류한 범위는 놀라울 정도로 넓어서 위로는 황족의 왕손에 이르고 아래로는 승려를 망라한다. 그러나 문인과 환관이 그 수의 절대다수를 차지했다. 이들 중에서도 극소수의 사람만이 입교했으며 절대다수는 문화의 차이와 요구로 인해서 관계가 형성된 것이다. 따라서 통계는 상술한 논증과 분석이 설득력이 있음을 보여준다. 알레니는 중국에서 활동한 기간이 장장 39년에 달하지만 푸젠성에서만 25년간 선교활동을 펼쳤다. 이 25년 동안에 알레니가 교제한 중국인은 205명이다.[37] 그 가운데서 신도가 된 인물은 114명이고 전체 수의 55%를 차지한다.

그러나 알레니의 교제는 리치와 세 가지의 점에서 차이를 보인다. 첫째로 리치의 교제는 대부분 관리와 문인 위주였지만 알레니는 이러한 부류들 외에 "유학의 교관, 상생庠生, 공생貢生과 같은 유학자나 지방의 벼슬아치들이 대다수를 차지했다. 이들은 알레니가 푸젠성에서 선교활동을 전개하는 데 있어서 사회적 기초이자 의지의 대상이었다".[38] 이러한 차이는 물론 리치가 활동했던 베이징이라는 위치, 또 당시가 가톨릭 교회의 개척시기라는 특수한 요인들과 무관하지 않다. 둘째로 리치가 중국에서 28년간 선교활동을 하면서 친교를 맺은 중국인이 모두 129명이었고 알레니는 중국에서 활동한 지 39년 동안 푸젠성 지역에서 25년을 보냈고 205명과 친교를 맺어 리치보다 76명이 더 많았다. 이는 중국에서 천주교의 선교활동이 반세기가 넘게 진행되면서 이미 민간 사회에서 상당히 발전했다는 사실을 설명해준다. 마지막으로 알레니가 교제한 인물 중에는 신도의 인원수가 55%를 차지해 리치가 접촉한 신도수보다도 그 차이가 44%에 달한다. 이를 통해서 알레니가 비록 리치의 합유노선을 견지

---

37   林金水,「艾儒略與福建士大夫交遊表」,『中外關係史論叢』5, 書目文獻出版社, 1996.
38   위의 글.

했지만 그것은 더 이상 리치의 경우처럼 대학자들에 국한되지 않고 중국 기층 사회의 향신鄕紳 유생으로까지 그 범위가 더욱 확장되었음을 확인할 수 있다.

이 때문에 선교사와 중국 문인의 교제를 토론할 때 신도나 문인과 관련해서 쉬광치와 같은 대학자들은 물론이고 알레니와 호응했던 시골의 유생들에게도 주목해야 하는 것이다.

3. 홀로 실천하는 수행자

이제 신앙 차원에서 선교사와 교제했던 문인들을 살펴보자. 리치시대의 사대부들이 진정성을 가지고 입교했던 이들은 극소수였지만 청나라 강희시기에 이르러 천주교는 중국에서 비교적 큰 발전을 이루었다. 만일 중국 문인이 선교사와 접촉하고 최후에는 신앙을 바꾸고 천주교로 개종한 상황을 고찰해보면 명말시기 쉬광치, 리즈짜오, 양팅쥔楊廷筠, 1557~1627, 왕정王徵, 1571~1644이 가장 전형적인 인물들일 것이다. 팡하오方豪, 1910~1980는 이들을 중국 천주교의 "4대 현인", 그리고 쉬광치, 리즈짜오, 양팅쥔 이 세 사람을 중국 천주교의 "3대 기둥"이라고 칭했다. 나는 이들이 문인 사대부에서 문인 교도로 변모한 데는 네 가지의 원인이 있다고 생각한다. 이를테면 '선교사의 인격적 매력', '선교사가 전수한 서양과학', '이상주의적 종교관', '유교와 기독교가 융합된 천학 이론'이 그것이다.

무엇보다도 학문이 깊고 기품 있는 선교사들의 우아한 모습은 중국의 문인들에게 호감을 샀고 깊은 인상을 심어주었다. 예컨대 "서양의 여러 군자들은 훌륭한 품덕과 높은 재능으로 나라를 유익하게 하는 귀한 손님들이다. 그들이 처음 왔을 때 사람들마다 모두 감탄하고 신이하게 여겼다"[39]라는 말은 이를 잘 대변해준다. 쉬광치는 숭정제에게 올린 상주문上奏文에서 그 자신이 리치를 신복하게 된 데는 결코 일시적인 충동에 의해서가 아니라 말한다. 쉬광치는 매우 긴 시간 동안 관찰한 끝에 그들이 검소하게 생활하고 겸손하고 친절하게 사람을 대하며 학문이 깊고 넓다는 사실을 간파했다. 뿐더러 선교사들은 결코 무능한 자들이 아니라 그들의 나라에서는 모두들 "천 사람, 만 사람 위에 우뚝 선 영웅호걸千人之英, 萬人之傑"이어서 이러한 사람들과 함께 지내다 보면 마음이 움직인다는 것이다. 리즈짜오가 리치의 『기인십편』에 대한 서문을 쓸 때도 이와 동일한 느낌을 표현하고 있다. 그에 따르면 이들 선교사들은 결혼하지도 않고 관직을 구하지도 않으며 매일 오로지 "마음을 가라앉히고 덕을 닦으며 하느님을 밝히고 섬기기潛心修德, 以昭事上帝" 때문에 "자기의 뜻을 홀로 실천하는 사람들獨行之人"이라고 일컬을 만하다. 잠시 접촉해보니 그들은 항상 손에서 책을 놓지 않았으며 경서를 손바닥을 가리키듯 훤히 꿰뚫었고 막힘없이 줄줄 암송했다. 말에는 그 섭렵 범위가 극히 넓어서 경서, 역사서, 제자諸子, 시문집, 아울러 천문, 지리, 지도 제작에 걸쳐 능통하지 않은 바가 없었다. 그러면서도 항상 선인들이 분명하게 밝히지 못한 것을 밝혔으니 "폭넓은 지식과 도술을 가진 사람들博聞有道術之人"이라고 할 수 있다. 만일 선교사들과 함께 생활한다면 그들의 마음이 안정되고 평온해서 "하늘과 조화를 이루고 사람과 조화를 이루며 자신과 조화를 이루는 덕을 닦아 순수하고 더욱 정밀하다修和天和人和己之德, 純粹益精"는 사실을 발견하게 될 것이다. 이렇듯 도덕이 고상한 까닭에 그들을 "덕이 극치에 이른 사람至人"이라 칭할

---

39 "泰西諸君子以茂德上才, 利賓于國. 其始至也, 人人共嘆異之."

수 있다. 더해서 리즈짜오는 "홀로 실천하는 자", "도술을 지닌 자"라는 말로 리치 등 선교사들에 대한 존경심을 표현했다.

그러나 선교사들과 접촉했던 중국 문인들의 가장 큰 충격은 다름 아닌 선교사들이 소개한 서양과학이었다. 이것은 문인들에게는 전대미문의 물건이었고 그들이 종국에는 입교하게 된 두 번째의 원인이다. 관시關西 지방의 대학자 왕정은『원서기기도설록최遠西奇器圖說錄最』에서 다년간 선교사들과 함께 지내면서 "색다르고 보기 드문 이들로 비할 데 없는 학문을 듣고 싶지만 의기투합하기가 가장 어렵다畸人罕遇, 絶學希聞, 遇合最難"라고 말한다. 국가나 백성의 생활에서 이들 서유西儒의 진기한 기기器機가 필요할 때에 어찌 배우지 않고 전하지 않으리오. 선교사들의 서양 기기들은 너무 신비롭고 기이하기 때문이다. 리즈짜오도 리치와 다년간 공부하면서 서양의 과학을 익히고자 했다. 그리고 쉬광치는『태서수법泰西水法』에서 "오래도록 함께 지내면서 마음이 풀리고 내면에서 기뻐해 승복하지 않은 바가 없었고 그 실심, 실행, 실학이 진실로 사대부에게 믿음을 줬다"[40]라고 했다. 여기서의 실학은 예수회원이 소개한 천문역산의 학문이다. 이는 유용하고 특히 리치와 쉬광치 두 사람이 번역한『기하원본幾何原本』과 같이 일종의 수학의 방법으로 농업, 공업, 군사, 상업 등 쓰이지 않는 분야가 없을 정도였다. 이렇게 작은 기술에서부터 새로운 방법에 이르기까지 광범위했다.

중국 지식인들은 선교사들의 실학을 존경한 나머지 급기야는 그 종교관을 받아들이는 데까지 나아갔다. 이는 쉬광치, 리즈짜오, 양팅쥔, 왕정이 사현四賢이 천주교에 입교하게 된 공통된 사상적 논리였다. 리즈짜오

40　"久與處之, 無不意消而中悅服者, 其實心, 實行, 實學, 誠信于士大夫也."『徐光啓集』, 上海古籍出版社, 1984, 66쪽.

는 "유학자의 실학은 오직 학문을 닦는 데만 전전긍긍한다. 길흉을 예감하고 사람을 점괘로 미리 안다".[41] 여기서 그는 실학을 종교와 사상의 방향으로 전환시켜 "우리 선비는 세상에 잘 있거니와, 소망하는 바가 없으면, 실학은 더욱 저절로 있고, 리즈짜오는 불민하니, 군자의 힘을 받들기를 원합니다".[42]

어떤 면에서 중국 지식인들 중에는 현실에 불만을 품고 이상적 세계를 바랐기 때문에 천주교를 받아들였다. 이런 측면에서 쉬광치는 매우 전형적인 인물이었다. 그는 사오저우韶州, 지금의 사오관(韶關)시를 말함에 있을 때 라차로 카타네오Lazzaro Cattaneo, 郭居靜, 1560~1640를 알게 되었다. 그리고 1600년에 난징을 경유할 당시 처음으로 리치와 교분을 맺었다. 리치는 그에게 『천주실의天主實義』와 『천주교요天主敎要』를 증정했다. 쉬광치는 그 뒤로 꼬박 3년이 지나서 재차 난징에 왔다. 리치는 이때 베이징에 와 있었는데 장 드 로챠Jean de Rocha, 1566~1623 신부를 통해 천주교에 입교하라는 뜻을 전했다. 쉬광치는 8일 동안 천주교 신학 지식의 교육을 받은 뒤에 정식으로 세례를 받고 세례명을 바오로Paul라 했다. 이렇게 대유학자 쉬광치가 천주교에 입교한 것은 결코 일시적인 충동에 의해서가 아니라 깊은 사고가 있었다. 만력萬曆 44년1616에 선교사들을 변호하기 위해 작성했던 상주문에서 그 자신이 이러한 신앙을 갖게 된 이유를 다음과 같이 공개적으로 설명한다.

첫 번째, 윤리적 제약만으로는 인생의 모든 문제를 해결할 수 없다는 것이다. 쉬광치는 이 문제에 대해서 일찍이 사마천司馬遷 시기에 이미 제기되었다고 말한다. 안회顏回는 어찌하여 덕을 지녔음에도 단명했으며 도척

---

41   "儒者實學, 亦唯是進修爲兢兢; 禳祥感召, 籧人前知."

42   "吾儒在世善世, 所期無負宵壤, 則實學更自有在, 藻不敏, 愿從君子砥焉."

盜跖은 어찌하여 죄를 짓고도 장수했는가? 이 때문에 후세에 입법을 통해 인간의 도덕심 문제를 해결하고자 했지만 결국 더욱 악화되어 역대 통치자들은 "태평성대의 치세를 바라는 마음을 가졌지만 그러한 치세를 이룰 방법이 없음을 한탄했다空有愿治之心, 恨無必治之術". 바로 이러한 배경 하에서 불교가 중국에 들어왔지만 결과는 어떠한가? 쉬광치는 세상의 도의와 인심은 결코 어떠한 진보도 없었다고 진술한다. 이리하여 그는 예수회를 "천학을 전하는 것은 진실로 군주의 덕화德化를 보좌하고 유가의 학술을 도우며 불교의 교리를 바로잡는 일이다"[43]라고 인식했다. 오늘날로 볼 때 쉬광치의 문제인식은 매우 의미심장하며 중국문화의 근본적 특징, 즉 비종교성이 불러온 문제점을 명시해주고 있다.

두 번째, 선교사가 소개한 천주교는 이상적 종교라는 것이다. 상술한 내용이 중국 자신의 문제를 지적한 것이라면 이 논단은 그 해결 방법으로 서양의 천주교를 도입하자는 주장이다. 그 이유는 무엇인가? 이 종교는 서양에서 몇천 년 동안 실행되면서 사람들의 화목과 공존을 이끌어왔기 때문이다. 쉬광치에 따르면 "상하귀천을 불문하고 서로 부조하고 사이좋게 지내며 길에는 떨어진 물건을 줍지 않으며 밤에는 문을 닫지 않는다. 오래도록 태평하고 평안함이 이와 같다."[44] 분명히 리치 등은 천주교의 장점만을 말했고 쉬광치는 이를 진실하게 믿었다. 오늘날 비교문학의 관점에서 보면 이는 문화교류에 있어 '오독'에 해당된다. 실제로 당시 서양의 천주교 자체가 직면한 문제는 중국의 문제보다 결코 적다고 말할 수 없다. 그러나 쉬광치는 이상주의자였을 뿐만 아니라 또한 유럽에 가서 현지를 시찰할 수도 없었다. 그런 까닭에 그는 이론적 견지에서 말한 것이고

---

43   "所傳天學之事, 眞可以補益王化, 左右儒術, 救正佛法者也." 『徐光啓集』, 432쪽.
44   "大小相恤, 上下相安, 路不拾遺, 夜不廢關, 其長治久安如此." 위의 책, 432쪽.

선교사들이 소개한 서양은 이상적인 곳이자 마음속의 유토피아였다.

쉬광치는 여기서 말하지 않았을 뿐이다. 그는 황제에게 상소문을 올리면서 자칫하면 목이 날아가는 상황이라서 극히 절제해서 말한 것이다. 쉬광치는 숭정에게 말하기를 만약 자신이 말한 것이 옳지 않다면 세 가지로 자신의 견해를 검증할 수 있다고 했다. 첫째로 이들 선교사들을 베이징으로 불러 서학의 책들을 번역하게 한 다음에 천하의 유생들이 연구할 수 있도록 하자는 것이다. 만약 이 서학서가 이단이나 사도邪道라고 한다면 벌을 달게 받겠다고 했다. 둘째로는 선교사들을 불러서 사원寺院의 대사나 도관道觀의 천사天師들과 논전하게 하고 누구의 말이 이치에 맞는지를 보자는 것이다. 쉬광치는 만일 선교사들이 하는 "언사가 취할 수 없고 이치가 닿지 않아 말이 졸렬하다言無可采, 理屈詞窮"고 한다면 즉시 그들을 내쫓고 진심으로 자신도 처벌받기를 원한다고 했다. 마지막으로 쉬광치는 만약 번역서가 너무 늦어진다면 먼저 다이제스트판으로 번역해서 그 이론이 정말로 인심을 교화하는 데 유용한지를 판단해보자고 제안했다. 그리고 도움이 되지 않는다면 "바라옵건대 신이 그 죄를 받을 것이다臣愿受其罪"라고 덧붙였다.

쉬광치는 여기서 결사의 각오로 일에 임했을 뿐만 아니라, 더할 나위 없이 훌륭한 방법을 제기했다. 말하자면 조정이 천주교가 전파된 모든 곳을 조사해 3년 중에 죄를 범한 자들이 교도인지의 여부를 살피고 만약에 그렇지 않다면 교도들을 장려하자고 주장했다. 더해서 죄상이 발견되면 경범자는 벌을 내리고 중범자는 목을 베자고 제안했다. 이렇게 해야만 천주교의 장단점을 철저히 규명할 수 있다는 것이다. 여기서 쉬광치가 견지한 신앙적 자신감을 엿볼 수 있다. 실제로 그의 모든 저작과 언론 속에서 중화문화에 대한 애정과 확신, 또한 외래문화에 대한 열정과 개방성을 발견할 수 있다. 명 이래 중국 사상사에서 쉬꽝치와 같이 온화하고 점잖으면서 행동거지가 대범하며 교양있고 진보적이고 자신의 문화에 입각하면서도 외래문화를 훌륭하게 수용한 인물도 보기 드물다. 청대 말엽 이후의 중국 문인들이 서양문화를 대면하면서 초조·불안해하고 방황하며 무력했던 것과 비교해보면 쉬꽝치는 중국의 근대문화 사상에 있어서 가장 가치 있는 인물이라고 할 수 있다.

유교와 기독교가 서로 융합된 천학 이론은 유생과 선교사의 상호접촉이 사상적 기초를 이룬다. 선교사 학술에 대한 쉬꽝치의 견고한 신념을 논구할 때 우리는 예수회 선교사의 이론들을 피동적으로 수용한 것이 아님을 확인할 수 있다. 쉬꽝치는 유가儒家문화 속에서 성장한 문인으로서 천주교에 대한 이해는 '보유역불補儒易佛'의 기초 위에서 구축되었다. 그는 『「이십오언二十五言」발跋』에서 리치 등이 강론한 이치에 관해서 "수만 가지의 말 중에서 충효의 큰 가르침과 합치하지 않거나 사람의 마음과 세상의 도리에 무익한 말은 단 한 마디를 찾으려 해도 끝내 찾을 수 없었다"[45]고 논평한다. 이 논단은 천주교가 유가의 윤리, 도덕과 완전히 부합됨은 물론 유가의 부족한 점을 보완할 수 있다는 쉬꽝치의 자신감을 설명해준다.

리즈짜오는 리치와 서로 알게 된 지 오래되었지만 첩이 있었기 때문에 줄곧 입교하지 못했다. 뒷날 베이징에서 중병에 걸리자 리치는 매일 보살펴주었다. 이 일은 리즈짜오를 깊이 감동시켰고 역사는 "리치 선생이 삶과 죽음의 경계에 있을 때 뜻을 세워 봉교하라고 권하자 공리즈짜오은 문득 세례를 받았다利子勸其立志奉教于生死之際, 公幡然受洗"고 전한다. 그러나 천주교의 인식은 여전히 기독교와 유교가 그 공통된 기초를 가진다는 사상적 연장

45　"百千萬言中, 求一語不合忠孝大指(旨), 求一語無益于人心世道者, 竟不可得." 위의 책, 86쪽.

선상에서 형성된 것이다. 리즈짜오는 리치의 『만국여도』의 서문에서 유가가 사친事親, 어버이를 섬김을 얘기하면서 미루어서 생각이 '천天'에 미쳤으며 맹자孟子는 존양사천存養事天, 양심을 살피고 본성을 기르는 것이 천을 섬기는 것을 논할 때 이 '천'은 바로 리치가 말한 '천' 다름 아니라고 기술한다. 이렇게 유가의 전통에서 접근해보면 "천을 알고 천을 섬기는 큰 뜻은 바로 경전에 기록된 바이다知天事天大旨, 乃與經傳所記". 사실 유가가 말한 천과 천주교가 말한 천은 상당히 다르지만 궁극적으로 추구하는 관심과 사랑, 그리고 배려 상에서는 일치한다고 할 것이다. 리즈짜오는 이러한 인식선상에서 그 유명한 "동양과 서양은 마음도 같고 이치도 같다東海西海, 心同理同"라고 논변한 것이다.

이들 "4대 현인" 가운데 양팅쥔만이 유일하게 신앙 때문에 천주교에 입교한 인물일 것이다. 그는 선교사의 과학 저작에 서문을 쓰는 일이 극히 드물었다. 또한 쉬광치, 리즈짜오, 왕정의 경우처럼 선교사와 협력해서 서양 과학의 저작을 번역한 적이 한 번도 없었다. 그 자신도 선교사가 강론하는 그러한 기하幾何나 원圓과 같은 것을 이해하지 못한다고 말한다. 1611년 4월, 양팅쥔은 리즈짜오의 소개로 카타네오, 니콜라스 트리고Nicolas Trigault, 金尼閣, 1577~1628 등 몇몇 신부들을 자신의 집에 초대해 잠시 묵게 했다. 그리고 며칠 동안 신부들과 함께 신학과 그 이론 문제를 놓고 밤새도록 흉금을 터놓고 이야기를 나눈 끝에 종국에는 정식으로 세례를 받기로 결정함과 동시에 그 세례명을 미카엘Michael이라 했다.[46]

양팅쥔의 입교는 그가 줄곧 종교, 철학과 같은 문제에 비교적 관심이 많았다는 사실과 관련이 있다. 또한 그것은 양팅쥔이 선교사들이 쓴 『칠극七克』 등과 같은 윤리학 저작 속의 윤리가 유가 윤리와 극히 큰 유사성

---

46   鍾鳴旦, 『楊廷筠 — 明末天主教儒者』, 中國社會科學文獻出版社, 2002, 106~107쪽.

이 존재한다고 생각했던 것과도 무관하지 않다. 그러나 설사 그렇다고 하더라도 그가 이해한 천주교는 선교사가 기대했던 이해와는 오히려 매우 큰 거리가 있었다. 아닌 게 아니라 양팅쥔은 "오직 우리의 서양 천학은 모든 것을 일소하는 것에서 시작하지만 우리 유교와 서로 보완하고 도와서 실행할 뿐이다"[47]라고 분명히 말하고 있다. 과연 니콜라 롱고바르디Nicolas Longobardi, 龍華民, 1556~1654가 양팅쥔과 긴 이야기를 나눈 뒤에 "그의 견해는 여전히 중국학설 식의 견해이다"[48]라고 남긴 평어가 이상할 게 없다고 할 것이다.

명청시기 입교한 문인 사대부들은 서양의 종교 이론을 받아들인 후에 설사 '유야상보儒耶相輔'의 이념을 표방했다고 하더라도 문화상의 충돌 역시 때때로 발생했다. 그 대표적인 경우가 축첩蓄妾 문제였다. 가장 전형적인 인물이 왕정일 것이다. 왕정은 입교한 뒤에 처에서 낳은 아들들이 모두 병사했고 집안에는 두 딸만 남았다. 아내와 딸들은 울며 축첩을 애원했고 부친 역시도 그에게 첩을 들여 대를 이으라고 엄명했다. 이리하여 왕정은 천계天啓 3년1623에 겨우 15세였던 신 씨申氏를 맞이해 첩으로 삼았다. 이는 교도로서 『십계十誡』를 위반한 중죄를 범한 것이었다. 왕정은 66세 때에 공개적으로 『기구해죄계고祈求解罪啓稿』를 쓰고 신 씨와의 부부관계를 단절했다. 그러나 결코 버린 적은 없었고 그대로 집에 머물게 했다. 더욱이 "왕정이 죽은 뒤에도 신 씨는 여전히 왕 씨의 집안일을 관장하도록 요구받았다."[49] 이 사례는 중국 문인들이 천주교를 받아들인 후에 직면해야 했던 문화적 충돌과 갈등을 충분히 설명해주고도 남는다.

---

47   "唯我西方天學乃始一切掃除, 可與我儒相輔而行耳." 『代疑續篇』.
48   "他的見解還是中國學說式的見解." 鍾鳴旦, 위의 책, 204쪽.
49   黃一農, 『兩頭蛇－明末清初的第一代天主教徒』, 臺灣淸華大學出版社, 2005, 153쪽.

실제로 이와 같은 충돌과 갈등은 선교사 한학자와 사대부 쌍방 모두에게 동시에 존재했다. 왕정이 중국 문인의 고뇌를 상징한다면 선교사 한학자들은 천주교의 문화보다 훨씬 더 장구한 중국문화를 대면했을 때 진퇴양난에 빠졌다. 비록 영민한 리치가 '합유역불'이라는 최상의 전략을 고안해 냈다고 하더라도 그 근본적인 문제는 결코 해결될 수 없었다. 리치의 죽은 몸이 채 식기도 전에 그 자신이 선택한 후계자이자 이탈리아 동향인이었던 롱고바르디가 리치노선을 반대하는 대기치를 들었다. 그러자 일순간에 예수회 내부에서 사방팔방으로 공방과 논쟁이 일었다. 최종적으로는 선교사, 더 나아가서 전체 교회 내부에서 200년간의 '전례논쟁'이 초래되었다.

05

베이징 황궁의
서양 한학자

예수회는 유럽의 선교노선에서 상층선교와 문화선교의 노선을 걸었다. 유럽에서 제왕이 모시는 많은 참회 신부와 황족의 가정교사는 예수회원Jesuit이 적지 않았다. 그리고 오늘날까지도 구미에 있는 수많은 대학이나 중·고등학교는 예수회가 설립한 것이다. 중국에 들어온 예수회원예수회선교사들 역시도 예수회 수도회의 전통을 계승해 베이징北京의 쯔진청紫禁城 안으로 그들의 촉각을 곤두세웠다.

예수회 선교사들은 베이징으로 올라와 황궁에 진입해 중국의 황제에게 접근했다. 이것이야말로 내화來華 예수회원들이 처음부터 견지한 한결같은 꿈이었다. 미켈레 루지에리Michele Pompilio Ruggieri, 羅明堅, 1543~1607는 이를 실현하기 위해 유럽으로 되돌아가 교황특사의 이름으로 상경하고자 했다. 마테오 리치Matteo Ricci, 利瑪竇, 1552~1610는 자명종이 돌아가는 제어장치를 손에 쥐고 있으면서 일부러 명조明朝의 환관들에게 알리지 않고 이를 통해서 만력제萬曆帝를 알현하는 기회를 얻을 계획을 세웠다. 이 꿈은 아담 샬Johann Adam Schall von Bell, 湯若望, 1591~1666에 이르러서야 실현되었으며 강희康熙시기에는 예수회 선교사 한학자들이 궁중에서 완전히 입지를 굳히게 되었다.

이리하여 청淸제국 황제의 신변에 비로소 일군의 서양 선교사들이 출현했다. 이들은 궁전에 출입하면서 청조 황제의 과학고문이나 혹은 제국의 외교가로서 천하를 주유했다. 선교사들은 서양의 기계들을 제조하고 천문역법天文曆法을 편찬했다. 뿐더러 위안밍위안圓明園의 유명한 분수인 다수이파大水法를 건설함과 동시에 붓을 휘두르며 발묵潑墨의 기법으로 청제의 휘황한 전적戰績을 그려냈다. 그럼으로써 일시에 만청滿淸 황궁에서 일군의 중요한 인물들로 부상했다. 궁중의 선교사 한학자들은 청나라 중전기 정치생활에서 하나의 무시할 수 없는 세력을 형성하게 된 것이다.

1. 대서양국의 원객遠客 마테오 리치

마테오 리치는 유럽 이탈리아 중부 마체라타Macerata의 귀족 가문에서 태어났다. 리치는 1582년 8월에 루지에리와 함께 마카오Macao, 澳門로부터 자오칭肇慶에 도착한 이후로 중국대륙에 오랫동안 살았던 최초의 선교사 가운데 하나가 되었다. 그리고 루지에리가 1588년에 마카오로부터 승선해 로마로 돌아간 뒤에는 리치는 말 그대로 중국 예수회의 기수이자 지도자가 되었다. 리치가 중국인 친구 취타이쑤瞿太素의 권고를 받아들여 승복을 벗고 복장을 유복儒服과 유관儒冠으로 바꾸었을 때 '합유역불合儒易佛'의 선교노선은 이미 기본적으로 확정되었다. 동시에 베이징을 향한 진군도 중국에서의 전략적 목표가 되었다.

리치는 일찍이 세 차례에 걸쳐 베이징에 진입할 계획을 세웠다. 1595년, 리치는 사오저우韶州에서 봉조진경奉詔進京의 병부시랑兵部侍郞 스싱石星, 1538~1599을 알게 되었다. 스싱은 리치를 데리고 베이징에 들어가기로 약속했다. 그러나 그들이 난징南京에 도착했을 때 성안에는 전쟁의 분위기가 팽배하다는 사실을 알았다. 명조는 한창 왜구와 싸우느라 바빴다. 리치는 부득불 포기할 수밖에 없었다. 1598년, 리치는 그가 난징에서 알았던 예부상서禮部尙書인 왕중밍王忠銘이 베이징에 부임한다는 사실을 듣고 자신의 희망을 전달했다. 왕중밍은 두말없이 허락했다. 다만 그들이 베이징에 도착했을 때 명군明軍은 조선전쟁 속에서 초긴장 상태였고 수도의 분위기도 매우 불안정했다. 리치는 부득이 배를 타고 운하를 따라 돌아갈 수밖에 없었다. 1600년, 친구 난징의 예부급사禮部給事였던 주스루祝世祿 1539~1610가 재차 리치의 베이징 진입을 위한 모든 수속을 처리해주었다. 아울러 비단 공물을 호송해 상경하는 류劉 태감太監에게 여정 중에 리치를 잘 보살펴주라고 부탁했다.

리치 일행은 류태감의 배를 타고 상경했기 때문에 여행은 막힘없이 순조로웠다. 리치 등이 산둥山東 린칭臨淸 운하의 중요한 부두에 이르자 만력제가 파견한 독세태감督稅太監 마탕馬堂을 만나게 되었다. 마탕은 사리를 탐해 리치 일행의 물건을 압수했다. 그는 리치가 소지한 헌상품을 본 다음에 만력제에게 한 통의 상주문上奏文을 써서 리치의 진상공물에 대한 일을 아뢰었다. 오랜 시간이 지나서 어느 날 만력제는 갑자기 이 상주문이 떠올라 신변의 태감에게 그 외국인이 바친 자명종의 소재를 물었다. 황제는 아직 베이징에 들어오지 않은 사실을 알게 되자 즉시 "톈진세감天津稅監 마탕은 원이遠夷 리치가 바치는 방물方物과 수화물을 통역해 심사한 결과 이미 명확해졌다고 그 품평을 봉기封記해 상주했다. 황제는 방물을 풀어서 올리고 리치도 베이징으로 함께 보내되 관례대로 하급 기관에서는 통역해 심사할 것을 명한다"[1]라고 지시했다. 1601년 1월 24일에 리치는 만력제에게 공물을 바치는 원이 사자의 신분으로 마침내 베이징에 입성했다.

그런데 리치는 베이징에 들어가는 도중에 차오윈漕運 총독 류둥싱劉東星과 명말 대유학자 리즈李贄, 1527~1602를 만나게 되었다. 그들은 리치가 황제

---

1   "天津稅監馬堂奏遠夷利瑪竇所貢方物曁隨身行李, 譯審已明, 封記題知, 上令方物解進, 利瑪竇伴送入京, 仍下部譯審." 『明神宗實錄』卷354.

에게 올리는 상주문이 불충분하다고 판단하고 친히 수정해주었다. 덕분에 상주문은 간단명료하면서도 의미심장할 뿐더러 문필 역시 깔끔하고 원활하게 개선되었다. 리치는 이 상주문『上大明皇帝貢獻土物奏疏』에서 매우 분명하게 진술한다. 그 내용을 간추려보면, 중화의 천조天朝를 동경해 8만 리밖에서 왔으며 또한 베이징에 들어오기 위해서 자오칭, 난징 등지에서 한어를 배우고 중국 성현의 책을 깊이 연구했다. 지금 가져온 헌상품, 즉 천주의 성상 한 폭, 천주의 성모상 두 폭, 성경 한 권, 진주가 박혀 있는 십자가 하나, 시간을 알리는 자명종 두 개, 『만국도지萬國圖志』한 권, 서금西琴 한 대 등등은 모두 서양의 진귀한 물건으로 중국에서는 매우 보기 힘든 것들이다. 나 자신은 속세를 떠난 사람으로 지식도, 부모도 없다. 오로지 황제에게 힘써 충성을 다할 것이다. 우리가 본국에 있을 때 천문, 지리, 해시계, 역산曆算 등을 대략 배웠으며 또한 서법西法이 중국의 고법古法에 합치된다는 사실을 깨달았다. 황상을 뵙고 아뢸 수 있기를 바라 마지않는다.[2]

---

2   "上大明皇帝貢獻土物奏疏: 大西洋國陪臣利瑪竇謹奏, 爲貢獻土物事. 臣本國極遠, 從來貢獻所不通, 逖聞天朝聲敎文物, 竊語沾被其餘, 終身爲氓, 庶不虛生. 用是辭離本國, 航海而來, 時歷三年, 路經八萬餘里, 始達廣東. 蓋緣音譯未通, 有同喑啞, 因徙居傳習語言文字, 淹留肇慶, 韶州二府十五年. 頗知中國古先聖人之學, 于凡經籍, 亦略誦記, 粗得其旨. 乃復越嶺, 由江西至南京, 又淹五年. 伏念堂堂天朝, 方且招來四夷, 遂奮志徑趨闕廷, 謹以原携本國土物, 所有天帝圖像一幅, 天帝母圖像二幅, 天帝經一本, 珍珠鑲嵌十字架一座, 報時自鳴鐘二架, 『萬國圖志』一冊, 西琴一張等物, 陳獻御前. 此雖不足爲珍, 然出自西貢, 蓋差覺異耳, 且稍寓野人芹曝之私. 臣從幼慕道, 年齒逾艾, 初未婚娶, 無子無親, 都無係累, 非有望幸. 所獻寶像, 以祝萬壽, 以祈純嘏, 佑國安民, 實臣區區之忠悃也. 伏乞皇上憐臣誠慤來歸, 將所獻土物, 俯賜收納, 臣蓋瞻皇恩浩蕩, 靡所不容, 而于遠人慕義之忱, 亦少伸于萬一耳. 又臣先于本國, 忝豫科名, 已叨祿位, 天地圖及度數, 深測其秘, 制器觀象, 考驗日晷, 幷與中國古法吻合, 倘蒙皇上不棄疏微, 今臣得盡其愚, 披露于至尊之前, 斯又區區之大愿, 然而不敢必也. 臣不勝感激待命之至! 萬曆二十八年十二月二十四日具." 韓琦·吳旻 校注, 『熙朝崇正集』, 中華書局, 2006, 19~20쪽.

만력제는 리치가 바친 헌상품들을 보고 매우 신기하게 여기며 받았다. 그리고 리치를 잠시 베이징에 머물도록 하고 회관會館에서 묵게 했다. 리치가 올린 예물 중에서 가장 만력제의 환심을 산 물건은 자명종이었다. 특히 소형 자명종은 금빛 찬란했고 아주 깜찍하고 정교했다. 만력제는 이 조그마한 자명종을 매일 손에 들고 다니면서 마냥 만지작거리며 좋아했다. 나중에 황후는 이 사실을 알고 작은 자명종을 가지고 가서 며칠 동안 완상했다. 황제는 행여 그녀가 되돌려 주지 않을까 걱정되어 태감에게 자명종의 태엽을 풀게 했다. 황후는 며칠 가지고 놀다가 시계가 멈추자 황제에게 돌려주었다. 그런가 하면 대형 자명종은 궁중에서 아무도 조작할 줄 몰랐다. 만력제는 네 명의 태감을 리치에게 보내 자명종의 사용법을 배우게 했다. 그리고 궁중의 어화원御花園에 종루鐘樓를 세워 그 대형 자명종을 안치시켰다. 황제는 똑딱거리는 시계 소리를 유달리 좋아했다.

만력제는 유럽 궁전의 건축양식을 알고 싶어 했다. 리치의 헌상품 중에는 한 폭의 스페인 산 로렌소 데 엘 에스코리알 수도원Monasterio de San Loren-zo de el Escorial의 동판화銅板畵가 있었다. 또한 만력제는 유럽 제왕들의 장례의식에 대해 궁금해했다. 리치는 즉시 태감들에게 막 입수한 1598년 스페인 국왕 펠리페 2세Felipe II의 빈장도殯葬圖를 황제에게 전해줄 것을 부탁했다. 만력제도 리치가 그린 『만국여도萬國輿圖』를 무척 좋아했다. 황제는 이를 병풍에 따로 분리해서 붙여놓았다. 이렇게 해야만 앉거나 누울 때도 늘 감상할 수 있었기 때문이다.

또한 만력제는 리치가 헌상한 고금古琴에 대해서도 호기심이 많았다. 황제는 그 연주법을 리치의 조수였던 디에고 데 판토하Diego de Pantoja, 龐迪我, 1571~1618로 하여금 궁중에서 태감들에게 전수하도록 했다. 리치는 이를 위해 『서금팔곡西琴八曲』을 썼다. 이는 서양의 원곡에 한문 가사를 붙여서 황제가 서금을 듣는 중에 자연스럽게 천주교를 이해할 수 있도록 한 것이다. 『서금팔곡』 8장의 제목은 「오원재상吾愿在上」, 「목동유산牧童游山」, 「선계수수善計壽修」, 「덕지용교德之勇巧」, 「회로천덕悔老天德」, 「흉중용평胸中庸平」, 「견부쌍낭肩負雙囊」, 「명정사달命定四達」로 명명되어 있다.

매일 태감들이 연주하는 소리가 궁중에 울려 퍼질 때 만력제는 서양의 사신들을 한층 더 만나보고 싶었을 것이다. 그러나 유감스럽게도 중국의 역사상 조정에 나온 횟수가 가장 적었던 이 황제는 평소에 국내의 대신들조차도 좀처럼 대면하기가 어려웠다. 이렇다 보니 외국의 원신遠臣이 어떻게 그를 만날 수 있었겠는가? 만력제는 한 가지 방법을 생각해내어 화공들에게 리치의 초상화를 그리게 해 바치도록 했다. 황제는 초상화에서 그 오뚝한 콧날을 보고서 문득 어떤 생각에 잠긴 듯 리치 이 사람은 회교도回敎徒가 아닌가? 라고 중얼거렸다고 한다.

만력제는 리치가 바친 공물에 빠져있을 때 예부의 상소문이 올라왔다. 대서양은 『회전會典』에도 실려 있지 않으니 그 진위를 알 수 없습니다. 또 공물로 바친 천주녀도天主女圖는 이미 이치에 맞지 않으며 자루에는 신선의 골물骨物들이 있습니다. 무릇 신선이라면 선경仙境에 날아가니 어찌 뼈가 있을 수 있겠습니까! 한위韓愈, 768~824는 "불길하고 미심쩍은 것은 궁성에 들어서는 안 된다"고 했습니다. 마땅히 관리들에게 맡겨 돌려보내고 경사京師에 잠입하지 않도록 해야 합니다.[3]

이 서양인은 과거에는 본 적이 없고 『회전』에도 기록된 바가 없다. 진

---

3   "大西洋不載『會典』, 眞僞不可知, 且所貢天主女圖, 旣屬不經, 而囊有神仙骨物等. 夫仙則飛升, 安得有骨! 韓愈謂 : '凶穢之餘, 不宜令入宮禁.' 宜量給冠帶, 令還, 勿潛住京師." 谷應泰, 『明史記事本末』 卷65.

상한 물건들은 모두 신선이나 도사가 소장할 법하는 것들이다. 이렇게 확인되지 않는 사람들을 어떻게 체재하도록 할 수 있겠는가? 신종神宗 만력제는 이러한 내용을 접하고 마음이 언짢아 상소문을 막았다.

예부는 황제의 회지回旨가 없자 재차 상주했다.

신들은 리치를 귀국시킬 것을 의논하고 5월에 명을 기다렸으나 아직 윤음綸音, 임금이 내리는 훈유(訓諭)나 그 문서을 받지 못했습니다. 멀리 떨어져 사는 사람이 우울증이 생겨 고향으로 돌아가고 싶은 것은 당연합니다. 그 감정과 언사를 살피면 진실로 상방尙方, 천자가 사용하는 기물을 제작하던 궁정 기관으로부터 하사받고 싶지 않고 오직 밖에서 거주하기를 바라는 뜻이 있습니다. 가령 붙잡힌 사슴이 오래도록 속박되어 있으면 우거진 숲과 풍성한 풀이 더욱 그리워지는 법입니다. 바라옵건대 속히 은혜를 베푸시어 장시江西 여러 곳으로 보내어 자유롭게 심산유곡에 노닐며 살아가게 하소서.[4]

예부에서 이번에는 말투를 많이 누그러뜨려 황제가 리치를 위해 고려하기를 권했다. 그를 경사京師에 붙잡아놓고 매일 고향을 그리워하게 하는 것은 옳지 않다는 것이다. 이와 같이 예부에서 연이어 4건의 상주문을 올렸지만 만력제는 대답이 없었다.

이러한 상황을 지켜보다가 이부吏部 급사중給事中 차오위볜曹于汴, 1558~1634은 신종에게 상소문을 올려 황제가 두 신부를 경성京城에 머물게 하기를 바란다고 전했다. 이 말이야말로 만력제의 의중을 정확히 꿰뚫은 것이었

---

4   "臣等議令利瑪竇還國, 候命五月, 未賜綸音, 毋怪乎遠人之郁病而思歸也. 察其情詞肯切, 眞有不願尙方賜予, 唯欲山栖野宿之意. 譬之禽鹿久羈, 愈思長林豐草, 人情固然. 乞速爲頒賜, 遣赴江西諸處, 聽其深山邃谷, 寄迹怡老." 『神宗實錄』卷361.

다. 비록 이 상소문에도 회답은 없었지만 만력제는 태감을 통해 리치가 장기간 베이징에 거주해도 좋다는 뜻을 정식으로 알렸다. 그리고 매월 유럽 금화 여덟 개에 상당하는 생활비를 지급했다. 이를 『명사明史』에서는 "얼마 후에 황제는 그들이 멀리서 온 것을 가상하게 여겨 거주할 곳과 백미를 하사하고 후한 대접을 했다"[5]라 기록하고 있다. 이로부터 리치는 만력제의 정식 문객이 되어 황가의 봉록을 받으면서 베이징에서 생활하기 시작했다. 그 주요 사명은 매년 네 차례 입궁해서 자명종을 수리하는 업무였다. 역사는 이렇게 우연의 일치로 작은 자명종이 동서문화교류의 서곡을 울렸고 향후 200년 동안 지속된 유럽과 동아시아 양 문명의 만남이 이로부터 개시된 것이다.

2. 흠천감의 시양인 감정 아담 샬

아담 샬은 라인Rhein강변에서 온 예수회원으로 명청明淸 교체기에 베이징에 머물렀다. 샬은 직접 중국 왕조의 중대한 변혁을 경험하면서 한 달 동안 세 왕조의 교체를 목도했다. 이러한 중대한 역사의 전환점에서 그는 침착하고 냉정했으며 결국 당면할 수 있는 위기를 모면했다. 더욱이 순치제順治帝의 총애와 존경을 받았다. 이렇게 성공을 이루어낸 까닭은 무엇인가? 여기에는 몇 가지의 원인을 꼽을 수 있다.

첫째, 청이 막 중국 관내로 진입했던 터라 그 기반이 아직 견고하지 못해 가능한 한 여러 방면의 역량을 결속시킬 필요가 있었다. 이러한 사실

---

5   "已而帝嘉其遠來, 假館授粲, 給賜優厚." 『明史』 卷326.

들은 도르곤Dorgon, 多爾袞, 1612~1651이 베이징에 진입한 뒤에 취한 일련의 정책에서 분명히 확인할 수 있다. 특히 천문역법과 같은 전체 국면에 관계되는 대사는 새로운 정권인 청 왕조의 입장에서는 매우 중요한 문제였다. 섭정왕 도르곤은 흠천감欽天監이 보고한 역서曆書를 본 뒤에 "이러한 잘못된 역서는 그 예측이 위로는 천체 현상과 맞지 않고 아래로는 땅의 일에도 부합되지 않는다. 일찍이 샬이라는 유럽인이 훌륭한 역서를 만든 적이 있다고 하던데 그대들은 속히 이 사람을 불러오라"[6]라고 했다. 이는 당시 새로이 국가와 정권을 세운 청 왕조로 볼 때 샬과 같이 천문의 산법에 능한 인재가 필요했음을 설명해준다.

둘째, 대통력大統曆, 명나라 때의 역법, 회회력回回曆, 이슬람 역법과의 경쟁에서 샬의 서양력이 승리를 쟁취했다. 1644년 9월 1일, 고관상대古觀象臺에서 일식을 예측할 때 샬의 서양력이 대통력, 회회력과 맞대결을 벌인 결과 회회력은 1시전時辰, 2시간, 대통력은 반半 시전1시간이 각각 착오가 있었다. 그러나 오직 샬의 서양력만이 계산에서 일분일초도 틀리지 않았다. 당시의 대학사 펑취안馮銓, 1595~1672은 그 테스트의 결과를 도르곤에게 보고했다. 그해 12월 23일에 순치제는 정식으로 샬을 흠천감 감정監正에 임명했다. 이로써 그는 청 왕조에서 안정된 지위를 획득하게 된 것이다.

셋째, 샬 본인이 효장孝莊 황후와 양호한 관계를 맺었다. 어느 날 샬의 교회당에 세 명의 만주족 귀부인이 찾아와 친왕親王의 딸이 병에 걸렸다고 호소하면서 이 일로 특별히 신부에게 자문을 구하려고 이곳에 왔다고 했다. 샬은 군주郡主, 청대 친왕의 딸의 병세를 듣고 나서 병이 그다지 위중하지 않음을 알고 이 귀부인들에게 성패聖牌 하나를 건네주었다. 그리고 친

---

6   "這種舛錯百出的曆書, 其豫測上不合天象, 下不應地事. 有一位叫湯若望的歐洲人, 曾制佳之曆書, 爾等從速將此人喚來."

왕의 딸이 이 성패를 앞가슴에 차고 4일이 지나면 병이 곧 나을 것이라고 전했다. 예상한 대로 닷샛날 귀부인들은 재차 샬을 찾아와서 군주의 병이 이미 나았다고 알려주었다. 샬은 나중에야 이들을 보낸 이가 바로 효장 황후였다는 사실을 알게 된다. 그 발병한 군주^{효장 황후}가 바로 미래의 황후 보르지기트^{Borjigit, 博爾濟吉特} 씨였던 것이다.

효장 황후는 샬에게 깊이 감사했고 그 표시로 그의 수양딸이 되고자 했다. 훗날 9월 27일에 순치제가 대혼식大婚式을 거행할 때 샬은 황태후를 만날 수 있었다. 황후는 샬이 황제의 대혼식에 참석해준 데 대한 보답으로 자신의 손목 팔찌 두 개를 풀어서 궁녀를 통해서 하사했다. 그 뒤로 도르곤이 죽자 영친왕英親王, 1605~1651이 이어서 섭정왕이 되고자 했다. 효장 태후는 샬에게 중간에서 주선해줄 것을 부탁했다. 샬은 친히 영친왕을 방문해 설득했다. 그러자 영친왕은 문득 크게 깨닫고 "바로 그날 조정에 나가 백관을 이끌고 황상의 친정親政을 청했다. 이때부터 인심이 크게 안정되고 조정과 재야가 화합했다"[7]라고 말했다. 이를 계기로 샬은 황태후와 줄곧 우호적인 관계를 유지했다.

순치제가 젊고 배우기를 좋아한다는 특성도 샬을 특수한 지위에 올려놓은 원인 중의 하나였다. 순치제는 14세 때에 친정을 시작해 조정의 정사를 잘 다스리기 위해 각고의 노력으로 공부하고 더욱이 한문 습득에 매진했다. 그는 밤낮으로 열심히 독서하고 온 힘을 다해 생활하다 보니 더러는 피를 토한 적도 있었다. 순치제의 입장에서 샬은 각별히 존중할만한 어른임이 분명했다. 샬이야말로 "위로는 천문을 알고 아래로는 지리에 밝으며 역산에 능통하고 몸에는 전문적인 지식과 기술을 보유하고 있었

---

7   "卽日上朝, 倡率百官, 疏請皇上親政. 從此人心大定, 朝野翕然."

다".[8] 뿐더러 한낱 외국 선교사의 신분이지만 도리어 중국문화에 정통한 면모는 순치제를 감복시키기에 충분했다. 샬이 그에게 소개한 서양의 과학 지식과 문화는 신기함 그 자체였다. 그런가 하면 샬 신부의 생활방식 또한 호기심을 자극했다. 순치제는 사람을 보내어 그의 생활을 몰래 살피도록 할 정도였다.

페터 바이트하스Peter Weidhaas는 『아담 샬Johann Adam Schall von Bell』이란 저작에서 다음과 같이 기술한다.

순치제는 천문 지식을 갈구했을 뿐만 아니라 서양의 기독교 지식에도 매우 큰 호기심을 보였다. 순치제와 샬의 관계는 어떤 의미에서는 '아버지와 아들의 관계'를 넘어서 다분히 스승과 제자 같은 관계를 형성했다. 순치제는 샬이 입궁할 때 모든 번거로운 예절을 피했다. 그는 샬이 자리에 앉을 때 자신의 화려한 담비 모피를 방석으로 내어주었다. 또한 여러 차례 샬을 궁중으로 불러 깊은 밤까지 흉금을 털어놓고 이야기했다. 심지어는 밤에 잠들기 전까지도 샬이 말동무가 되어주기를 바랐다. 1년 동안 순치제는 24차례나 샬의 교회당을 찾아 그 내부에 있는 각종 가톨릭 성물聖物에 대해 묻는 등 호기심이 많았다. 이런 의미에서 순치제가 샬을 '마파瑪法, 만주어로 아버지라는 뜻'라고 부른 것은 양자의 관계가 친밀해서 조금도 격의가 없었음을 말해준다. 이는 또한 양자가 온갖 고난을 다 겪어 노련하고 침착한 경지에 도달한 노인과 젊은 제왕 간의 관계임은 물론, 더욱이 박식하고 식견이 넓은 손위의 한학자와 젊은 학생 간의 관계임을 반영한다.

샬에 대한 순치제의 신임, 존중, 총애는 중국 역사상 찾아보기 힘들 정도로 매우 이례적인 일이다. 그리고 이는 샬의 관직과 작위를 높여주는

---

8   "上知天文, 下曉地理, 精通曆算, 身懷絶技."

것으로 나타났다. 순치 10년 3월에 샬은 『대청시헌력大淸時憲曆』을 완성했다. 순치제는 "짐을 위해 『대청시헌력』을 편찬하고 마침내 성공했으니 근면하다고 할 것이다! 그대는 또한 청렴결백하게 행하고 마음을 다해 일하면서 여러 관리들을 이끌었으니 충직하다고 할 것이다"[9]라고 평가했다. 아울러 특별히 샬을 "통현교사通玄敎師"로 봉했다. 11년 3월, 샬이 리치묘 옆의 땅을 장래 자신의 묘지로 하사해달라고 청하자 허락했다. 14년 2월, 순치제는 성안을 순시하면서 쉬안우먼宣武門의 천주당을 지날 때 "아담 샬이 중국에 들어온 지 이미 수십 년이 지났지만 천주를 섬겨 새로 교회당을 짓고 변함없이 경건·청렴하며 근면하고 성실하니 참으로 존경할 만하다. 신하로서 이러한 마음을 품고 임금을 섬기며 주어진 소임에 소홀함이 없으니 짐은 이를 심히 가상히 여긴다"[10]라고 감회를 술회했다. 그러면서 순치제는 샬에게 상으로 자신이 친필로 쓴 "통현가경通玄佳境"이라는 당액堂額 한 장과 함께 어제御製『천주당비기天主堂碑記』한 편을 내렸다.

15년, 샬이 직무를 맡게 되었을 때 당시 이부에서는 그를 2품관二品官으로 생각하고 2대에 걸쳐 증정하는 것을 고려해볼 수 있다고 판단했다. 그러나 샬은 자신이 이미 "2품 관직에 1급 승진二品頂帶加一級"이라 여겨 1품의 대우로 3대까지 증여해주기를 바랐다. 16년 2월 초 4일, 순치제는 이 요구를 수용해 1품의 신분에 3대 증여를 허락했다. 다만 이 사령辭令은 강희 원년 2월 25일에야 정식으로 은전이 베풀어졌다. 『은영사세록恩榮四世祿』에는 이 일을 다음과 같이 기록한다.

---

9   "爲朕修『大淸時憲曆』, 迄于有成, 可謂勤矣! 爾又能潔身持行, 盡心洒事, 董率群官, 可謂忠矣." 樊國樑, 『燕京開敎略』中篇.
10   "若望入中國已數十年, 而能受敎奉神, 肇新祠宇, 敬愼蠲潔, 始終不渝, 孜孜之誠, 良有可尙, 人臣懷此心以事君, 未有不敬其事者也, 朕甚嘉之." 魏特, 『湯若望傳』第二冊, 楊丙辰 譯, 知識産權出版社, 2015, 315~316쪽.

샬은 이 사령에서 광록대부光祿大夫 등급을 하사받았다. 그의 증조, 조부, 부친도 이에 따라 광록대부, 통정사사通政使司의 관리인 통정사通政使, 2품 관직에 1급 승진이 증여되었다. 더해서 증조모, 조모, 모친 역시도 모두 1품 부인으로 추존되었다.[11]

황이눙黃一農은 샬이 명청 양대에 받았던 벼슬들을 표로 정리한 바 있다. 이는 샬의 은영과 정치적 대우를 분명하게 보여준다. 이를 옮겨보면 다음과 같다.

> 숭정崇禎 14년, 상보사경尚寶司卿 봉직과 역법의 관리.
>
> 순치 원년, 역법의 교정, 흠천감 감정의 직무 담당.
>
> 순치 3년 6월, 태상사소경太常寺少卿 봉직과 흠천감 사무 관장.
>
> 순치 6년 10월, 태부사경太仆寺卿 봉직과 흠천감 감정의 직무 담당.
>
> 순치 8년 2월, 태상사소경 봉직과 흠천감 사무 관장.
>
> 순치 8년 8월, 통의대부通議大夫, 태부사경 봉직과 흠천감 감정의 직무 담당.
>
> 순치 10년 3월, 통현교사, 태상사소경 봉직과 흠천감 감정의 직무 담당.
>
> 순치 12년 8월, 통현교사, 2품 관직, 통정사사의 통정사 봉직과 흠천감 사무 관장.
>
> 순치 14년 6월, 통현교사, 통정사사의 통정사 봉직, 2품 관직 승진에 또 1급 승진, 흠천감 사무 관장.
>
> 순치 16년 6월, 통현교사, 통정사사의 통정사 봉직, 2품 승진에 또 1급 승진,

---

11 "湯若望在此一誥命中獲授光祿大夫階, 其曾祖篤瑢, 祖父玉函以及父親利因亦因此被贈爲'光祿大夫, 通政使司通政使, 用二品頂帶加一級', 曾祖母趙氏, 祖母郎氏以及母親謝氏則均獲贈爲一品夫人." 黃一農, 「湯若望在華恩榮考」, 『中國文化』 7, 1992.

흠천감 사무 관장.

강희 원년 2월, 통현교사, 광록대부, 통정사사의 통정사 봉직, 흠천감 사무 관장.

이와 같이 샬은 중국의 역사상 관직이 가장 높았던 유럽인 중의 하나였다. 그는 순치제와 밀접한 관계를 유지하면서 점차 높은 관직에 봉해졌다. 그렇다면 샬이 순치제에게 미친 영향은 어느 정도였을까? 이 문제는 주목할 만한 가치가 있다.

순치제가 샬을 신임했기 때문에 이부 등 기관에서는 샬의 건의를 대부분 채택했다. 바이트하스의 자작 『아담 샬』에 근거해보면, 샬은 여러 번 상소문을 올려 흠천감 감생監生들의 급료를 인상시켜 줄 것을 희망했다. 1652년 7월 8일, 샬은 감생들의 급여를 208냥 8전에서 417냥 6전 8로 늘려달라고 요구했다. 그 변동 폭이 갑절이나 되었다. 예부는 원하는 대로 허가했다. 1655년에 샬은 또 이부에 다음과 같이 상주했다.

당시 관상대에는 단지 4명의 관측자밖에 없었다. 이렇게 편제가 적다 보니 관측자들이 너무 분주했다. 샬은 16명으로 증원해야 한다고 주장하면서 여러 차례 협상한 끝에 이부도 결국 이 의견에 동의했다. 그 뒤로 예부를 상대로 관상대에서 일하는 관측자 모두에게 밤에 추위를 막을 수 있도록 양가죽 외투를 지급해줄 것을 요청했다. 예부는 역시 원하는 대로 허가했다. 이를 통해서 샬이 민정을 세심하게 살피는 훌륭한 관리였다는 사실과 또한 조정에서 그의 영향력을 짐작할 수 있다.

샬과 순치제는 매우 특수한 관계였다. 순치제는 결혼하기 전에 좋지 않은 일들을 했다. 샬도 이 일을 알게 되었고 알현할 때 순치제를 정면에서 비판했다. 순치제는 뜻밖에도 진노했다. 이로 인해서 샬은 잠시 순치제를 피했는데 잠시 후에 순치제는 돌아와 샬에게 사과하고 계속 간언할 것을 청했다. 1655년, 성안에 역병이 돌자 순치제는 비교적 오랫동안 성밖에서 거주했다. 따라서 성안의 상황을 파악하기 위해 한밤중에 기마병을 배치해 샬에게 교회당에서 황제의 거처까지를 연결하게 했다. 아울러 그에게 조정의 각종 상황, 즉 불합리하거나 안 좋은 일들을 막론하고 조금도 숨김없이 사실 그대로 보고하도록 했다.

이로 보건대 샬에 대한 순치제의 신임을 알 수 있다. 이러한 신임 때문에 샬은 순치제의 면전에서 대담하게 간언할 수 있었던 것이다. 당시 조정에서 이렇게 당당하게 직언하고 황제에게 영향력을 행사할 수 있었던 인물은 오직 샬이 유일했다. 이런 이유에서 천위안陳垣, 1880~1971은 샬과 청세조世祖 순치제 푸린福臨의 관계는 "위징魏徵이 당태종唐太宗과 가졌던 유대감과 같다"라고 인식했다. 아래의 몇몇 사건들은 이를 잘 설명해준다.

1652년순치 9년, 한 전투에서 친왕이 전사했음에도 불구하고 그의 부하들은 승전했다. 그러나 당시의 규정대로라면 이 친왕의 200여 부하들은 처형을 당할 처지였다. 이는 청이 중국 관내로 들어오기 전에 정한 규율임은 물론이다. 이때 샬은 대담하게 상소해 그들을 너그러이 용서해줄 것을 청했다. 순치제 역시도 이 옛 규칙을 그다지 좋아하지 않았다. 그러던 차에 샬의 상소문이 올라오자 과감하게 은혜를 베풀어 친왕 부하들의 사형을 사면했다. 이렇게 200여 명의 장교들은 다행히 은사恩赦를 입어 목숨을 부지할 수 있었다. 그러나 예외 없이 모두 강등되었다.

1654년순치 11년, 순치제는 고향에 돌아가서 조상에 제사를 지내고 능에 참배를 올리고 싶었다. 그러나 당시 청이 세워진 지 얼마 되지 않아 전국의 정세는 여전히 불안정했다. 더구나 그해에는 흉년까지 들어 시기적으로 귀향하는 것은 부적합했다. 그럼에도 순치제는 성미가 급한데다가 젊고 혈기왕성해 기어코 강행하려고 했다. 이때 샬이 직접 나서서 말렸다. 예년의 역서로 볼 때 지금 베이징을 벗어나는 것은 불길하다고 타일렀다. 순치제는 마파의 의견에 순종해 원래 계획했던 동북행을 취소했다. 이 일은 바이트하스의 『아담 샬』이란 책은 말할 것도 없고 탄첸談遷, 1594~1658의 『북유록北遊錄』에도 다음과 같이 기록되어 있다.

황상은 오래도록 그리움이 사무쳐 동쪽으로 만주를 순시하고자 했다. 종신宗臣과 훈신勳臣들이 누차 만류했지만 시간이 갈수록 점점 더 간절해졌다. 황상은 갑오년 봄순치 11년이 되자 단호하게 4월에 가겠다고 뜻을 굽히지 않았다. 그러나 통현교사 아담 샬이 천문의 불길함을 거론하며 만류하자 마침내 의심하지 않고 단념했다.[12]

순치제가 제멋대로 고집을 부려서 저지른 가장 큰 사건은 1659년순치 16년 5월에 일어났다. 당시 정청궁鄭成功, 1624~1662이 반청反淸의 기치를 들고 대승을 거두어 수십만의 군대를 이끌고 북벌에 나섰다. 이 반청 군대가 창장長江에 진입해 전장鎭江으로 내려가자 일시에 국면이 긴장감에 휩싸였다. 이때 순치제는 더는 그냥 앉아 있을 수만은 없었다. 그는 친히 군사를 이끌고 전방으로 나아가 정청궁을 토벌하려고 했다. 이러한 판단은 전반적 정세로 보아 분명히 충동적인 행동이었지만 순치제는 성을 내며 완고하게 고집을 부려 당해낼 사람이 없었다. 많은 대신들은 황제에게 이 일을 냉철하게 판단하고 절대로 전방으로 가는 그러한 위험한 행동을 해서는 안 된다고 청했다. 순치제는 이 간언을 듣자 보검을 뽑아 어좌의 한

---

12   "上之東巡滿洲也, 積念久矣. 累爲宗勳所留. 去歲彌切. 甲午春(順治十一年)銳意四月
      往, 通玄敎師湯若望以象緯止之, 而終未慊也." 談遷, 『北遊錄』, 中華書局, 1981.

귀퉁이를 베면서 재차 누구든 자신을 막는다면 죽음을 면치 못할 것이라고 경고했다. 효장 황후를 모셔왔지만 마찬가지로 아무런 효과가 없었다.

이러한 상황에서 모두들 샬만이 유일하게 황제를 설득할 수 있을 것이라고 생각했다. 샬은 서둘러 궁궐로 달려가 황제에게 나라를 파괴하는 지경에 이르게 하지 말라고 간청했다. 그는 차라리 목숨을 잃을지언정 자신의 직분을 지켜 옳지 않은 일에 충언을 멈추지 않을 것이라고 했다. 샬의 충심은 결국 황제를 감동시켰다. 순치제는 마침내 냉정을 되찾아 다시는 군사를 이끌고 전방에 나가겠다는 말은 하지 않을 것이라고 선포했다. 청조에 대한 샬의 충심은 항상 황제를 사로잡았고 감동시켰다. 순치제는 샬의 상주문을 책으로 엮어서 곁에 두고 언제나 읽었으며 읽을 때마다 감동되어 거의 눈물을 흘릴 지경이라고 술회했다.

이처럼 샬과 순치제의 관계는 앞서 논급했다시피 천위안 선생이 말한 바 위징과 당 태종의 관계에 비유된다고 할 것이다. 실제로 샬이 순치조朝에 기여한 공헌은 그가 70세 생일을 맞이할 때 문인 궁딩쯔龔鼎孳, 1615~1673가 쓴 축하의 글에서 엿볼 수 있다. 이를 옮겨보면 "시정時政의 이해득실을 살펴 필히 직접 신묘한 비법을 아뢴다. 무릇 몸을 닦고 하늘天을 섬기며 친분을 넓히되 옛 벗을 소중히 한다. 또한 병사를 위문하고 백성을 위해 헌신하며 현인을 추천하고 충고를 받아들일 줄 안다"[13]라고 했다. 이는 청나라 초기에 샬이 수행한 정치적 역할을 잘 설명해준다.

물론 샬은 순치제를 천주교로 입교시키기 위해 무진한 공력을 들였지만 성공하지 못했다. 순치제는 이 점에 대해 자신이 쓴 『천주당비기』에서

---

13 "睹時政之得失, 必手疎以秘陳. 于凡修身事天, 展親篤舊, 恤兵勤民, 用賢納諫." 「湯若望文(贈言)」, 鍾鳴旦 外編, 『徐家匯藏書樓明淸天主教文獻』 第二冊, 臺灣輔仁大學神學院, 1996.

"대저 짐은 요堯·순舜·주공周公·공자孔子의 도를 마음속 깊이 간직하며 정일집중精一執中의 이치를 탐구해왔다. 더해서 『도덕경道德經』, 『능엄경楞嚴經』과 같은 도교나 불교의 서적도 일찍이 섭렵했지만 그 종지를 잘 파악하지 못하고 있다. 하물며 서양의 서적이나 천주의 가르침은 짐이 본디 접해본 적이 없으니 어찌 그 설을 알 수 있겠는가?"[14]라고 분명하게 밝히고 있다. 이로 보건대 순치제가 샬을 표창한 것은 노신老臣에 대한 존경이지 종교를 승인한 것은 아니었음을 알 수 있다. 그런 점에서 샬 역시도 자신의 역할을 명확하게 이해하고 있었다. 천위안이 말한 대로 "샬은 본디 신부선교사였다. 그럼에도 순치제는 그를 신부가 아닌 궁정 행주行走, 청대 경사(京師)에서 전관(專官)을 두지 않은 곳을 겸임하는 것을 지칭의 노신으로 간주했다. 샬 또한 감히 선교사로 행세하지 못했다".

　이처럼 황제에 대한 전교는 실현되지 못했다. 샬은 결국 조정에서 자신의 지위를 확보해 천주교의 기반을 공고화해 선교사업을 추동시키고자 했다. 샬은 한학자 신분으로 선교를 추진했던 가장 전형적인 인물이다. 순치제의 통치적 관점이든, 아니면 샬의 선교적 관점이든 간에 이들 쌍방이 준수했던 군신君臣관계의 원칙은 양자 모두에게 좋은 결과를 가져왔다. 샬이 노신의 지위로 순치조의 실무에 참여한 것은 순치제의 국가통치에 일정하게 공헌한 바가 있다. 동시에 순치제가 샬을 노신으로 표창한 것은 천주교가 중국에서 영향력을 확대하는 데 어느 정도 기여했음을 부정할 수 없다.

14　"夫朕所服膺者, 堯, 舜, 周, 孔之道; 所講求者, 精一執中之理, 至于玄笈, 貝文所稱『道德』, 『楞嚴』, 雖嘗涉獵而旨趣茫然, 況西洋之書, 天主之教, 朕素未覽閱, 焉能知其說哉?" 魏特, 앞의 책, 315~316쪽.

3. 강희제의 서양인 근신 페르디난드 페르비스트

벨기에 출신의 선교사 페르디난드 페르비스트Ferdinand Verbiest, 南懷仁, 1623~ 1688는 1659년에 마르티노 마르티니Martino Martini, 衛匡國, 1614~1661를 따라 서 중국에 왔다. 페르비스트는 입화入華한 뒤에 먼저 알버트 도르빌Albert D'Orville, 吳爾鐸, 1622~1662, 장 프랑소아 로누시 페라리Jean-Francois Ronusi de Ferrariis, 1608~1671, 李方西와 함께 산시陝西에서 선교활동을 펼쳤다. 후에 아담 샬이 연 로해지자 도르빌과 요한 그루버Johann Grueber, 白乃心, 1622~1680가 유럽으로 파 송되었다. 샬은 1660년순치 17년 2월 26에 페르비스트가 흠천감에 와서 자 신의 일을 도와주기를 바라면서 그를 순치제에게 추천했다.

1660년 5월 9일, 페르비스트는 천자의 명을 받들고 상경해 베이징의 생활을 시작했다. 그가 1688년 1월 28일강희 26년 12월 26일에 베이징에서 병 으로 사망하자 강희제康熙帝는 매우 애석해하면서, "페르비스트는 역법에 종사하며 오래도록 최선을 다해 공로가 크다. 또 전에 군대를 출동시킬 때 무기를 제조해 많은 도움을 주었다. 오늘 병으로 죽었다는 소식을 들 으니 짐의 마음이 심히 비통하다. 해당 부서는 공신의 죽음을 애도하는 특전의 선례를 찾아서 우대하고 구휼할 방안을 마련해 상주하라"[15]라고 했다. 더해서 강희제는 다음과 같이 성지를 내렸다.

짐은 페르비스트가 먼 곳으로부터 와서 오랫동안 쌓은 공헌을 추념하는 바이 다. 역법을 다스려 천도天度에 부합되었고 대포 제작을 감독해 군대에 도움을 주었다. 봉직함에 부지런하고 공손하며 나태하지 않았다. 천성이 소박하고 시

---

15 "南懷仁治理曆法, 效力有年. 前用兵時製造軍器, 多有裨益. 今聞病逝, 深軫朕懷, 應得 恤典察例, 從優議奏, 該部知道." 韓琦·吳旻 校注, 『熙朝定案』, 中華書局, 2006, 167쪽.

종 변함이 없었다. 짐은 본디 이러한 페르비스트의 모습을 가상히 여겼다. 전에 병에 걸려 누워있다는 소식을 전해 듣고 치료를 받아 완쾌되기를 바랐다. 그런데 지금 갑자기 죽었다는 비보를 들으니 짐의 마음이 비통하기 그지없다. 특별히 은銀 200냥을 내려 약간이나마 원신을 우대하고 구휼하는 뜻을 표한다.

특유特諭. 강희 27년 정월 27일.[16]

또한 강희제는 페르비스트를 안장安葬할 때 특별히 그의 대신, 일등공 一等公, 국구國舅, 시위侍衛, 호위무사 등을 파견해 장송葬送했다. 장송하던 날, 높다란 명기銘旗에 페르비스트의 성명, 관직을 쓰고 80인이 영구를 멨다. 그리고 대열은 그의 대형 초상화, 채색 비단으로 장식된 십자성대聖臺, 성상聖像, 강희제의 어비御批를 들고 긴 장례 행렬을 매우 엄숙하고도 경건하게 치장했다. 길가에는 구경나온 베이징의 백성들로 가득 차서 장례는 갑자기 항간을 떠들썩하게 하는 큰 사건이 되었다. 강희제는 국고에서 은銀 750냥을 출자해 선교사 토마스 페레이라Thomas Pereira, 徐日昇, 1645~1708에게 페르비스트의 묘지에 비碑와 석수石獸를 세워 그곳을 더욱 경건하게 만들도록 지시했다.

1688년 4월강희 27년 3월, 강희제는 또한 예부에서 올린 상주문에 따라 페르비스트에게 '근민勤敏'이라는 시호諡號를 내렸다. 『낭적총담浪迹叢談』을 보면 오직 1품관 이상이어야만 시호를 가질 수 있고 2품 이하는 시호가 없다고 되어 있다. 그래서 팡하오方豪, 1910~1980는 "페르비스트야말로 중국에

---

16 "諭: 朕念南懷仁來自遐方, 效力年久; 綜理曆法, 允合天度, 監造炮器, 有益戎行, 奉職勤勞, 恪恭匪懈; 秉心質朴, 始終不渝, 朕素嘉之. 前間臥疾, 尚期醫治痊可, 今遽爾溘逝, 用軫朕懷. 特賜銀貳佰兩, 大段十端, 以示優恤遠臣之意. 特諭. 康熙二十七年正月二十七日." 위의 책, 168쪽.

서 서양 선교사로서는 가장 벼슬의 등급이 높았다"[17]라고 증언한다. 동시에 페르비스트는 황제에게 시호를 받은 유일한 내화 선교사이다. 때문에 천위안陳垣, 1880~1971은 명청시기 내화 선교사 가운데 마테오 리치와 샬을 '쌍웅雙雄'이라 일컫지만 실제로는 '삼웅三雄'이라 해야 한다고 말한다. 선교사들이 누린 청 궁중의 지위와 그들이 행사한 청 조정의 정치적 영향력으로 논하자면 샬과 페르비스트는 타의 추종을 불허한다. 이제 페르비스트의 역사적 위치를 살펴보도록 하자.

역옥을 뒤집고 불후의 공을 세우다

순치 연간1644~1661 샬이 제정한 서양 역법은 결국 신법新法으로 불만을 가진 이들이 상당히 많았다. 조정에서 샬의 지위는 매우 빠르게 도전을 받았다. 순치 14년1657, 샬에 의해서 파면된 회회과回回科 추관秋官 우밍쉬안吳明炫이 가장 먼저 상서上書해 샬의 역법은 부정확하다고 주장하면서 "샬이 추정한 수성은 2월과 8월에는 모두 숨어 보이지 않는다"[18]라고 말했다. 순치제는 수하의 대신들에게 관상대에 올라가 천체 현상을 검증하게 했다. 그 결과 우밍쉬안이 말한 바와는 같지 않았다. 청조의 법률에 따르면 응당 우밍쉬안의 목을 베어야 했지만 관대하게 사면해주었다.

1661년에 순치제는 생을 마쳤다. 강희 3년 7월 6일1664.9.15, 샬의 서양 신법에 대해서 일찍부터 불만을 품고 있었던 양광셴楊光先, 1597~1669이 또 반란을 일으켰다. 그는 예부에 『청주사교장請誅邪敎狀』을 올려 샬의 3대 죄상을 다음과 같이 적시해 고발했다.

---

17   方豪, 『中國天主敎人物傳』 中冊, 中華書局, 1988, 166쪽.
18   "湯若望推水星二八月皆伏不見." 趙爾巽 等撰, 『淸史稿』 卷二七二, 中華書局, 1976, 7904쪽.

첫째, 역관曆官 리쭈바이李祖白, ?~1665에게 짓게 한『천학전개天學傳槪』는 민심을 어지럽히는 요사한 책妖書이다. 둘째, 샬이 올린 시헌력時憲曆에 쓴 "의서양신법依西洋新法, 서양의 새 역법에 따라서"이라는 문구는 중국을 빼앗으려는 의도가 숨어있다. 셋째, 샬은 몸을 경성에 두고 있지만 전국 각지에 도당을 배치하고 안과 밖으로 내통하면서 반란을 획책하고 있다.

양광셴은 전통적 문인으로 샬이 소개한 천주교를 몹시 혐오했다. 사실 그 자신은 천문역법을 전혀 몰랐다. 따라서 그가 제기한 3가지의 문제는 대부분 문화적 각도에서 이해한 것이다. 동시에 양광셴도 흠천감을 장악하고 영친왕榮親王의 장례 날짜를 택일擇日할 때 "도리어『홍범洪範』의 오행五行을 사용했으며 세 조목의 연월이 모두 살기殺忌를 범했다反用『洪範』五行, 三項年月俱犯殺忌". 그리하여 그의 모친과 순치제가 연이어 세상을 떠났다. 이는 엄중한 문제이자 중대한 사건이었다. 그럼에도 불구하고 어린 강희제가 이제 갓 즉위한 데다가 당시 4대 보신輔臣이었던 숙사하Suksaha, 蘇克薩哈, 1607?~1669와 오보이Oboi, 鰲拜, 1610?~1669는 순치제 생전의 정책들에 대해서 불만이 적지 않았다. 그들은 양광셴의 상소를 이용해 예부가 이부와 함께 샬을 공동으로 심리하도록 했다.

이때 샬은 이미 병이 깊어 팔다리가 반신불수였고 발음도 분명치 않아 변론할 수 없었다. 때문에 주로 페르비스트가 샬을 위해 변호했다. 그런가 하면 선교사였던 루도비코 불리오Ludovico Luigi Buglio, 利類思, 1606~1682, 가브리엘 데 마갈헤스Gabriel de Magalhaes, 安文思, 1609~1677, 흠천감의 리쭈바이, 쉬즈젠許之漸, 1613~1701, 판진샤오潘盡孝 등이 옥에 갇혔다. 옥중에서 샬, 페르비스트 등은 온갖 고초를 다 겪었다. 그러다가 1665년 4월강희 4년 3월에 이 사건은 판결이 내려졌다. 샬과 흠천감의 리쭈바이 등 7인은 능지처참을 언도받았다. 아울러 페르비스트 등 3인의 선교사만이 베이징에 머물 수 있고 그 외 각지의 모든 선교사들을 마카오로 추방한다고 선고했다.

그러나 속담에 하늘에는 예측할 수 없는 풍운이 일어난다고 했다. 판결 당일 베이징에서 지진이 일어나 갑자기 집이 무너졌고 연이어 경성에서 또 큰 화재가 발생했다. 이로 인해서 의견이 분분했고 조정의 대신들은 이 일을 두고 상천上天의 분노와 경고라고 생각했다. 황태후는 샬의 사건을 살펴본 뒤 대로해 4명의 보정대신輔政大臣들을 향해서 어찌하여 선제先帝의 총신寵臣을 이렇게 대우할 수 있느냐고 질책했다. 이리하여 1665년 5월 7일강희 4년 4월 3일에 원래의 판결을 바꾸어 샬은 무죄석방하고 리쭈바이 등 5인의 흠천감 관리는 참형斬刑에 처하며 쉬즈젠 등은 파직한다고 명시했다. 더해서 페르비스트 등 4인의 선교사만이 베이징에 머물고 그 나머지는 전부 광저우廣州로 돌려보낸다고 선고했다.

이로써 선교사들의 중국 활동은 최악으로 떨어졌고 동서양의 문화교류도 중단될 위험에 처했다. 강희제는 친정한 뒤로 오보이 등 보정대신들이 정사를 전단하는 행위에 대해서 일찍부터 불만을 가지고 있었다. 그러던 터라 그는 역옥曆獄, 혹은 欽天監教難, 1664~1669 사건에서부터 착수해 샬, 페르비스트가 양광셴 등과 벌인 역법 싸움의 진상을 철저하게 밝히겠다고 결심했다. 강희 7년 11월 23일, 강희제는 내각 대학사내각 총리 리웨이李霨, 1625~1684, 예부상서 부옌布顏 등에게 양광셴, 우밍쉬안이 페르비스트 등과 겨루도록 통지해 어느 쪽이 더 정확한지를 판단하라고 명했다. 강희제는 말하기를, "천문은 가장 정교하고 역법은 국가의 중요한 일에 관련되므로 그대들은 묵은 원한을 품지 말고 각자 자신의 견해를 견지해 자신이 옳고 상대방은 그르다고 여겨 서로 경쟁해보라. 옳은 것은 준수하고 그렇지 않은 것은 바로잡아 반드시 실심實心으로 천문역법을 정밀하게 확정해 최상의 표준을 만들어야 한다"[19]라고 했다. 3일간의 테스트를 거친 끝에 페

르비스트는 "정오의 일영日影이 그린 경계에 정확하게 합치되었다正午日影
正合所畵之界"라는 결과를 얻었다. 그가 예측한 것이 아주 정확했음을 알 수
있다. 그러나 양광셴 측의 우밍쉬안은 틀린 곳이 많았고 페르비스트는 그
잘못된 점을 낱낱이 지적했다.

이때 양광셴은 부끄럽고 분한 나머지 오히려 성을 내며 과학적 문제를
문화적 문제로 전환해 페르비스트를 공격했다. 그의 말을 옮겨보면 "신
이 감독해 제정한 역법은 요순으로부터 전승한 법도입니다. 황상의 올바
른 위치는 요순으로부터 전승한 자리입니다. 황상이 계승한 통치는 요순
으로부터 전승한 통치입니다. 황상이 반포한 역법은 요순의 역법을 적용
해야 합니다. 황상은 각 방면에서 모두 요순을 본받으면서 어찌 유독 역
법에서는 그렇지 않으십니까! 지금 페르비스트는 천주교인이니 어찌 우
리 요순의 성군을 본받겠습니까? 그는 천주교의 역법만을 법도로 삼을
뿐입니다"[20]라고 했다. 강희제는 이 의론을 듣고 크게 노했다. 그 뒤로 13
인의 만주족·한족 대신들은 페르비스트와 우밍쉬안의 측정 결과를 재차
테스트를 진행했다. 며칠간의 검측 끝에 화석강친왕和碩康親王은 강희제에
게 "페르비스트의 역법과 측정기구를 시험해본 결과 그것은 하나같이 다
정확했고 우밍쉬안의 것을 시험해본 결과 하나같이 다 틀렸다"[21]라고 상
주했다. 강희제는 8월 2월 초 7일에 양광셴을 파면함과 동시에 우밍쉬안

---

19 "天文最爲精致, 曆法關係國家要務, 爾等勿懷夙讐, 各執己見, 以己爲是, 以彼爲非, 相
   互競爭. 孰者爲是, 卽當遵守, 非者更改, 務須實心, 將天文曆法詳定, 以成至善之法."
   黃伯祿, 『正敎奉褒』, 1904, 44쪽; 韓琦·吳旻 校注, 앞의 책, 304쪽.
20 "臣監之立法, 乃堯舜相傳之法也; 皇上所正之位, 乃堯舜相傳之位也; 皇上所承之統,
   乃堯舜相傳之統也; 皇上所頒之曆, 應用堯舜之曆. 皇上處處皆法堯舜, 豈獨于曆有不
   然哉! 今南懷仁, 天主敎之人也, 焉有法堯舜之聖君, 而法天主敎之法也." 黃伯祿, 『正
   敎奉褒』, 44쪽; 韓琦·吳旻 校注, 위의 책, 46쪽.
21 "南懷仁測驗, 與伊所指儀器, 逐款皆符; 吳明烜所測驗, 逐款皆錯" 方豪, 앞의 책, 169쪽.

등도 파직시키고 그 죄를 엄히 심의하라고 명했다.

강희 8년 3월, 청 정부는 "서양 신법의 재사용"[22]을 정식화했다. 더불어 페르비스트에게 흠천감을 관리하게 했다. 당시에 그는 비록 공식적인 관직은 없었지만 감부監副의 급료에 준해서 매년 은 100냥, 쌀 25석을 받았다. 페르비스트는 흠천감을 주관하면서도 계속해서 『부득이변不得已辯』, 『망추길흉변妄推吉凶辯』, 『망택변妄擇辯』을 집필해 양광셴을 반격했다. 5월, 오보이의 죄상이 드러나고 강희제가 실권을 잡았을 때 페르비스트는 또한 양광셴을 "오보이사건이 발각된 이상 리쭈바이 등 여러 관리들의 정법正法을 복권시켜야 한다"[23]라고 고발했다. 얼마 안 있어 페르비스트의 요구로 역옥 당시 피해를 입었던 사람들은 억울한 누명을 벗게 되었다. 즉, 살과 희생을 당했던 5인의 관리들은 모두 복권되었다. 더해서 강희제는 쉬안우먼의 난탕南堂을 페르비스트에게 돌려주고 광저우에 구금되어 있던 25인의 선교사들도 원래의 선교구로 복귀하는 것을 허락했다.

한편 양광셴은 사형을 선고받았지만 고령임을 감안해서 베이징을 떠나 귀향하도록 선처했다. 그러나 고향으로 돌아가는 길에 병사하고 말았다. 이로써 청초에 발생한 역옥사건은 일단락되었다. 역옥은 동서문화교류사에서 매우 중대한 사건이다. 그 오류를 철저하게 바로잡은 데서 새로운 역사의 장이 열렸다. 이를테면 동서문화교류상 휘황찬란한 강희시대를 맞이했고 페르비스트의 역사적 위치도 이로부터 마련된 것이다. 타이완臺灣 학자 황이눙은 청초의 역옥에서 영친왕의 장례택일葬禮擇日이 핵심 문제라고 인식했다. 그러면서 쌍방이 "택일이라는 사무를 이용해 상대편

22　"復用西洋新法." 張廷玉 等, "象緯考", 『皇朝文獻通考』 第256卷, 光緖 8年(1882) 刊本,
　　2쪽 아래.
23　"依附鰲拜, 致李祖白等各官正法." 『淸聖祖實錄』 卷31.

을 공격했다_{당시 쌍방의 관심은 선택방식의 논쟁에 있었지 결코 과학과 비과학의 논쟁에 있지 않았다}"고 말한다. 이러한 인식은 적확하다. 왜냐하면 서양의 점성술이든 아니면 중국의 오행이든 간에 비과학적이기는 매한가지이기 때문이다. 지금껏 이루어진 이 논쟁에 대한 평론을 검토해보면 전적으로 과학 대 비과학의 논쟁으로 접근한 시각은 그다지 포괄적이고 정합적이지 못한 면이 있다.

더군다나 최근 새로 발표된 청초 역옥 관련 만문노당滿文老檔, 청초의 태조·태종 2대에 걸친 역사를 연대순으로 기록한 만주문자의 옛 기록은 쌍방의 논쟁이 역법 외에 또한 영친왕의 장례택일과도 무관하지 않음을 설명해준다. 그러나 강희제가 양광셴이 아닌 페르비스트를 선택한 데는 주로 역법상 쌍방의 대결을 고려한 것이다. 이러한 사실은 강희제가 추후에, "짐이 어린 시절에 흠천감의 중국인 관리와 서양인 간에 사이가 좋지 않아 서로 탄핵해 거의 대벽大辟, 사형의 형벌에까지 치달았다. 양광셴, 아담 샬이 오문午門, 紫禁城의 정문 밖 아홉 명의 고관九卿 앞에서 일영 측정의 승부를 겨루었을 때 어찌 된 일인지 이 고관들 중에 아무도 역법을 아는 사람이 없었다. 짐이 생각건대 자신들도 모르면서 어떻게 다른 사람의 옳고 그름을 판단할 수 있단 말인가? 이 때문에 스스로 분발해서 배웠다"[24]라고 말한 데서 명백하게 확인할 수 있다. 이는 페르비스트가 청 조정에서 천주교의 지위를 회복한 사실을 설명해주는 매우 중요한 내용이다.

중국 내 천주교의 국면 전환에서 최고의 공훈을 세우다

청초 역옥의 평정은 중국에서 선교사의 자유 선교 문제와는 성격을 달

---

24 "朕幼時, 欽天監漢官與西洋人不睦, 互相參劾, 幾至大辟. 楊光先, 湯若望于午門外, 九卿前, 當面賭測日影, 奈九卿中無一人知其法者. 朕思, 己不知, 焉能斷人之是非? 因自憤而學焉."「聖祖仁皇帝庭訓格言」,『欽定四庫全書薈要』, 吉林出版社, 2005, 86쪽.

리한다. 당시 천주교는 여전히 '사교邪敎'로 간주되어 금지의 목록에 들어가 있었다. 페르비스트는 기초적인 성과를 거둔 뒤로 천주교의 철저한 지위 회복을 자신이 경주하는 노력의 가장 중요한 목표로 삼았다. 그는 샬의 명예 회복을 청원하는 상소에서 강희제에게 천주교는 사교가 아님을 명확하게 설명했다. 그는 말하기를, "우리 교에서 말하는 '천주'란 『시경詩經·대아大雅』에서 말한 '위대한 상제가 아래를 굽어봄이 밝다'란 뜻으로 만물의 종주宗主일 뿐입니다. 중국에서는 옛 명나라 만력 연간에 (리치가) 책을 쓰고 입론했으며 그 대요는 경천애인敬天愛人을 종지로 삼고 극기진성克己盡性, 충효렴절忠孝廉節 등이 전부여서 항상 유명 고관들이 존경했습니다. 그런가 하면 세조世祖 장황제章皇帝, 순치제께서는 여러 차례 성당에 행차해 은화를 내려 그 수축을 도우셨습니다. 아울러 어제 비문과 문액門額 '통미가경通微佳境'을 하사함과 동시에, 샬에게 '통미교사通微敎師'라는 칭호를 부여했습니다. 만약 천주교가 사교라면 선제께서 어찌 엄금하지 않았겠습니까?"[25]라 했다. 이는 순치시기에 누린 샬의 영예와 지위를 환기시켜 천주교가 사교가 아님을 증명해 젊은 강희제를 설득하고자 한 것이다.

그러나 강희제는 이제 막 천주교를 이해하기 시작하던 터라 이 문제를 비교적 신중하게 처리하고자 했다. 강희 8년 신월辛月 말1669.9.5, 대신들은 강희제에게 양광선이 날조해 천주교가 사교라고 모함한 것이라고 소를 올렸다. 지금 천주교를 믿는 사람들을 살펴보면 악행을 저지르는 바가 없고 천주교를 사교라고 할 수도 없으니 자유롭게 신봉하도록 해야 한다는

---

25 惟天主一敎, 卽『詩經』雲'皇矣上帝, 臨下有赫', 爲萬物之宗主. 在中國故明萬曆間, 其著書立說, 大要以敬天愛人爲宗旨, 總不外克己盡性, 忠孝廉節諸大端, 往往爲名公卿所敬慕. 世祖章皇帝數幸堂宇, 賜銀建造, 御製碑文, 門額'通微佳境', 錫若望'通微敎師', 若繫邪敎, 先帝聖明, 豈不嚴禁?"黃伯祿, 「正敎奉褒」, 韓琦·吳旻 校注, 앞의 책, 312쪽에서 재인용.

것이다. 그러나 강희제는 도리어 "그 천주교는 페르비스트 등이 평소대로 자율적으로 행하는 것 말고는 즈리直隸 각 성省에 거듭 교회당을 건립하고 입교할 때는 금지령을 효시해 엄격히 이행하라"[26]고 회답했다. 이것이 그 유명한 강희 8년의 금교유禁教諭이다. 천주교에 대한 강희의 태도가 여전히 매우 신중했음을 말해주는 대목이다. 다만 강희제는 이 결정을 비교적 느슨하게 집행했다. 가령 페르비스트가 선교사를 각지에 보내고자 할 때 강희제에게 보고하기만 하면 대체로 승인했다.

역법의 논쟁은 서양의 과학기술에 대한 강희제의 강렬한 흥미를 자극했다. 이것도 페르비스트가 강희제에게 접근할 수 있는 기회를 제공했다. 페르비스트는 강희제가 동북東北과 서북西北을 순시할 때 동행했는데 이 두 차례의 기회를 이용해 천주교의 정황을 소개했다. 이와 관련해서 그가 지은 『타타르Tatar 여행기韃靼旅行記』에서, "나는 이번 장거리 여행 중에 많은 귀척貴戚이나 고관들에게 교리를 전파할 기회를 가졌다. 그럼으로써 그들에게 우리의 사명과 유럽 정신 질서의 목적과 성격을 알렸다. 뿐만 아니라 귀척, 고관, 황족에 국한하지 않고 모두들 여정의 적적함을 달래기 위해 내게 천계天界, 별, 기상이나 서양 항해의 실정들을 물어왔다. 나는 이때를 틈타 천주교의 교의와 신앙에 관한 지식을 가미해 대답했다"라 기술하고 있다. 덧붙여 "사람들은 내가 황제의 말을 타고 있는 것을 목격했다. 황제가 강단에서 연설하듯이 나와 우리의 신앙을 토론하는 것을 보았다. 또 내가 큰 집회에서 강연하는 것과 같은 담화를 들었다"라고 했다.[27]

이렇게 강희제를 향한 페르비스트의 상당히 지능적인 전교 전략은 그

---

26 "其天主敎除南懷仁等照常自行外, 恐直隷各省復立堂入敎, 仍嚴行曉諭禁止." 『東華錄』, "康熙九", 35쪽.

27 「韃靼旅行記」, 『淸代西人見聞錄』, 中國人民大學出版社, 1985, 71~80쪽.

다지 큰 효과를 거두지 못했다. 그러나 강희제는 최소한 천주교에 흥미를 느끼기 시작했고 천주교에 비교적 좋은 인상과 호감을 갖게 됨으로써 이는 향후 전도사업을 건설적인 방향으로 발전시키는 계기가 되었다. 강희 15년1676, 강희제는 예수회의 거주지에 행차해 신부들을 위문했다. 이때 "황제는 친필로 쓴 '경천敬天' 두 글자의 편액을 하사해 교회당에 걸게 하고 자신朕이 쓴 경천은 곧 '천주를 받들다敬天主'라는 뜻임을 효유曉諭했다."[28] 이러한 사실들은 강희제가 천주교의 신앙을 존중했음을 분명하게 보여준다.

그런가 하면 강희제는 마갈헤스가 사망하자 특별히 관심을 기울여 시위 궁씨興薩 등을 선교사 거주지로 보내어 장례의 상황을 살피게 했다. 아울러 천주교의 장례방식에 따라 안장하고 선교사들에게 은량銀兩, 당시 화폐로 사용한 은을 내려 비용으로 사용하도록 조치했다. 더욱이 강희제는 페르비스트를 한층 더 총애하고 배려했다. 양자 관계의 밀접성은 일반적인 군신 관계를 훨씬 능가했다. 페르비스트가 강희제를 따라 외부로 나가서 순시할 때 모든 비용은 황제가 부담했다. 여행 중에 그는 강희제의 말과 배를 탔다. 감히 다른 대신들은 엄두도 못 낼 일이었다. 또한 강희제는 항상 페르비스트를 자신의 텐트에 초대했음은 물론, 식사를 할 때는 언제나 어찬御餐의 일부를 페르비스트에게 나눠주었다. 이를 지켜보던 몇몇 황숙皇叔들은 황제가 페르비스트와 함께해야만 기뻐하신다고 말할 정도였다.

바로 이러한 과정을 거치면서 강희제는 선교사들을 이해할 수 있었다. 그는 일찍이 다음과 같이 말한 바가 있다.

---

28 "御賜匾額, 宸翰所書'敬天'二字, 懸供堂中, 諭雲: 朕書'敬天'卽敬'天主'也."『欽命傳敎約述』, 徐家滙圖書館藏, 5쪽.

페르비스트를 위시해서 마갈헤스, 페레이라, 불리오 등 서양인들은 궁정의 공무에 진력하면서 전혀 착오가 없었다. 중국인들은 대부분 믿지 않지만 짐은 처음부터 이 서양인들의 진실성과 신뢰성을 깊이 알고 있었다. 지난 몇 년간 짐은 이들의 행실을 자세히 조사해왔다. 그런 결과 일체의 예가 아닌 일은 결단코 행한 바가 없으니 어찌 과실이 있다고 하겠는가.[29]

강희제의 이러한 인식은 페르비스트가 더욱더 금교정책을 바꿀 수 있다는 기대감을 갖도록 만들었다. 강희 18년[1679], 페르비스트는 예수회원 시몬 로드리게스Simon Rodrigues, 李守謙가 상경해 자신의 역법제정을 돕도록 추천했다. 뒤에 그는 황제에게 소견되었고 그때 강희제는 "어명을 받들어 전교하고 각 성에 가서 선교하는 것을 허용한다"[30]라는 어서御書를 돌려주었다. 이는 강희제의 천주교정책에 매우 큰 변화가 발생했음을 보여준다. 이미 강희 8년의 금교령을 완전히 돌파한 것이다.

페르비스트는 강희조시기에 가장 컸던 세 사건, 곧 '삼번三藩의 난' 진압, 타이완 통일, 제정 러시아 침략의 반격에서 특별한 역할을 수행했다.

서양의 대포를 제조했다. 강희 20년 정월, 페르비스트는 황제의 명을 받아 화포를 연구 제작해 동포銅炮 320문을 완성하고 황명에 따라 '신위장군神威將軍'이라 명명했다. 페르비스트는 직접 병사들에게 그 조준법을 지도했다. 그가 새로운 조준법을 전수하자 병사들의 발포 정확도가 크게 향상되었다. 강희제는 매우 기뻐했다. 또한 강희 28년에 페르비스트는

---

29   "西洋人自南懷仁, 安文思, 徐日昇, 利類思等, 在內廷效力, 俱勉公事, 未嘗有錯, 中國人多有不信, 朕向深知眞誠可信, 卽歷年以來, 朕細訪伊之行實, 一切非禮之事斷不去做, 豈有過錯可指." 위의 책, 29쪽.
30   "奉旨傳教, 准往各省宣教." 黃伯祿, 앞의 책, 11~18쪽.

'무성영고대장군武成永固大將軍'을 주조했다. 강희 14년에서 60년까지 청 정부가 만들어낸 크고 작은 동포, 철포鐵炮만 해도 905문에 달한다. 특기할 사항으로 "그 가운데 절반 이상이 페르비스트가 설계하고 감독해서 제작한 것이다. 질적으로 보아 그 정밀하고 뛰어난 수공예, 아름다운 조형, 견고한 포체炮體는 후대에도 그 수준에 미치지 못했다. (…중략…) 페르비스트는 중국 고대의 화포를 발전시키고 동서양의 과학기술교류사 방면에서 탁월한 공헌을 한 저명한 인물이라고 칭해도 손색이 없을 것이다."[31]

강희 26년[1687] 6월 26일, 강희제는 천주교 신부들이 전국에 왕래하는 것을 저지하지 말라고 조서를 내렸다. 신부들은 페르비스트의 인감을 소지하기만 하면 자유롭게 통행할 수 있었다.[32] 비록 황제가 명확하게 강희 8년의 금교령을 철회하지는 않았지만 사실상 이미 천주교정책에 대한 근본적인 조정을 단행한 것이다. 강희 31년 정월 30일[1693.3.17], 즉 페르비스트가 서거한 지 4년 뒤에 강희제는 금교를 해제하는 훈령을 다음과 같이 하달했다.

서양인들은 역법에 종사하고 출병할 때 무기를 제조했다. 그들은 최선을 다해 공을 세웠다. 또한 천주교는 결코 악행이나 무도한 점이 없으니 신봉자들이 마땅히 평소대로 그들의 종교의식을 행할 수 있어야 한다. 예전에 한때 논의되었던 서양인에 대한 탄핵 상소를 철회해 폐기하고 그대들은 예부의 만주족 당관堂官, 만주족 학자學士와 재논의해 상소하라.[33]

31 魏若望 編, 『傳教士·科學家·工程師·外交家—南懷仁』, 社會科學文獻出版社, 2001, 255~256쪽.

32 위의 책, 425쪽.

33 "西洋人治理曆法, 用兵之際修造兵器, 效力勤勞, 且天主教並無爲惡亂行之處, 其進香之人, 應仍照常行走, 前部議奏疏着掣回銷毀, 爾等與禮部滿堂官滿學士會議具奏." 韓

더해서 강희제는 이틀 뒤에 또 훈령을 내리고 한 걸음 더 나아가서 천주교가 사교가 아님을 설명했다. 이르기를, "이전에 있던 각지의 천주당을 예전대로 유지해 서양인에게 제공할 것을 논의해 이미 인가했다. 현재 서양인은 역법에 종사하고 전에 출병할 때는 무기를 제조했다. 그들은 최선을 다해 공을 세웠다. 최근에 러시아를 정벌할 때도 공적이 있다. 천주교는 악행이나 무도한 점이 없으니 사교로 치부해 금지하는 것은 참으로 부적절한 처사이다. 그대들 내각은 예부와 회동해 논의해서 상주하라. 이상의 내용을 준수하리欽此"[34]라고 했다.

2월 초사흗날, 예부는 다음과 같이 결정했다.

예부상서 구바다이顧八代, ?~1708는 삼가 황제의 어지를 받들어 그 일을 아룁니다. 신 등은 회의에서 논의한 끝에 다음과 같은 사실들을 살폈습니다. 서양인들은 성화聖化를 경모한 까닭에 만리를 항해해 중국에 왔습니다. 그들은 현재 역법에 종사하지만 전에 출병 시 힘써 무기나 화포를 만들었고 또 러시아에 사신으로 파견되어 자신의 임무에 진력해 그 일을 성사시켰습니다. 서양인들의 공적은 대단히 많습니다. 각 성에 거주하는 서양인들은 결코 악행이나 무도한 짓을 한 적이 없으며, 또한 사설邪說을 퍼뜨려 대중을 현혹하거나 이단적인 일로 말썽을 일으킨 적도 없습니다. 라마승들이 불당에서 종교의식을 거행하는 것은 허용하면서도 서양인들은 법을 어긴 일도 없는데 오히려 그들의 종교를 금지하니 온당치 않습니다. 마땅히 각지의 천주당을 종전대로 보존해 신봉자들이 평소와

琦·吳旻 校注, 앞의 책.

34 "前部議得將各處天主堂照舊存留, 止令西洋人供奉, 已經準行, 現在西洋人治理曆法, 前用兵之際製造軍械, 效力勤勞, 亦隨征阿羅素, 亦有勞績, 並無爲惡亂行之處. 將伊等之數目爲邪敎禁止, 殊屬無辜, 爾內閣會同禮部議奏. 欽此." 위의 책.

같이 종교의식을 행할 수 있도록 허용하고 금지할 필요가 없습니다. 명을 내리시는 날을 기다려 즈리 각 성에 전반적으로 시행하는 것이 옳은 줄로 압니다.[35]

초닷샛날, 강희제는 이 상주문에 대해 "논의대로 하라依議"고 회답했다. 정리하자면 페르비스트의 노력과 역할로 인해서 강희제는 결국 강희 8년의 금교령을 철회하고 용교령容敎令을 반포하게 이르렀다. 이로써 천주교가 중국에서 크게 발전할 수 있는 토대가 마련되었다. 천주교가 역법투쟁에서 승리를 거둔 뒤로부터 '중국전례논쟁'이 발생하기 이전까지의 40년은 강희조에서 동서문화교류의 황금기였다. 그 기초는 페르비스트가 닦았음은 물론이다.[36]

---

35 "禮部等衙門尙書降一級臣顧八代謹題, 爲欽奉上諭事. 該臣等會議議得, 查得西洋人仰慕聖化, 由萬里航海而來, 現今治理曆法, 用兵之際, 力造軍器火炮, 差往阿羅素, 誠心效力, 克成其事, 勞績甚多. 各省居住西洋人並無爲惡亂行之處, 又並非左道惑衆, 異端生事. 喇嘛僧道等廟宇尙容忍燒香行走, 西洋人並無違法之事, 反行禁止, 不以屬不宜, 相應將各處天主堂俱照舊存留, 凡進香供奉之人仍許照常行走, 不必禁止. 俟命下之日, 通行直隷各省可也." 위의 책.
36 魏若望 編, 앞의 책, 430쪽.

06

대청국의
외교관

선교사 한학자

청인淸人이 자신의 정권을 건립할 당시 포르투갈, 스페인, 네덜란드의 서양인들은 이미 중국에 들어온 상태였다. 청 왕조는 건국하자마자 곧바로 외부세계, 특히 서양인과의 관계를 어떻게 설정할 것인가의 문제에 직면했다. 아담 샬Johann Adam Schall von Bell, 湯若望, 1591~1666로부터 시작해서 조정의 예수회 선교사들은 줄곧 대청大淸 외교관의 역할을 담당했다. 서양과의 관계 설정은 순치제順治帝, 강희제康熙帝, 옹정제雍正帝, 건륭제乾隆帝를 막론하고 모두 선교사들을 자신의 조정에 참여시켜 외교상 통역원이나 조수로 충당했다. 외교관으로서의 선교사들의 역할은 대체로 세 가지의 유형, 곧 조정 통역원, 파견 통역원, 유럽 파견 외교사절로 관찰된다.

1. 조정의 통역원을 맡다

17세기 초 네덜란드인들이 자와섬Jawa I.을 점거했다. 이들은 그곳의 포르투갈인들을 내쫓고 바타비아Batavia, 자카르타(Jakarta)의 구칭의 구칭에 수부首府를 설치했다. 그리고 이를 발판으로 삼아 그 세력을 주변으로 확장해나갔다. 중국인이 '붉은 잔털紅毛子, 서양놈·양코배기라는 뜻으로 서양 사람을 얕잡아 부르는 호칭'이라고 일컫는 네덜란드인은 광저우廣州와 가까운 마카오에 눈독을 들이다가 마침내 1622년에 세 척의 배를 보내 수백 명으로 마카오를 공격했다. 탐욕스러운 유럽인은 오로지 이익만을 알았고 염치를 몰랐다. 그들은 각자의 이익을 위해서 중국의 대문 앞에서 싸우기 시작했던 것이다. 결국 네덜란드인은 마카오의 방어가 견고했기 때문에 소기의 목적을 달성하지 못했다. 그들은 1653년에 사신을 광저우에 파견해 당시 평남왕平南王 상커시尚可喜, 1604~1676와 정남왕靖南王 경지마오耿繼茂, ?~1671를 만났다. 이 두 번왕藩王은 사신이 빈손으로 왔고 중국의 예속을 전혀 모른다는 사실을 알고 외교문서表文와 헌상품을 준비해야만 베이징北京에 갈 수 있다고 꾸짖었다.

네덜란드 사람들은 그래도 영민해서 이듬해에 대량의 공물을 들여왔는데 예물이 풍성해서 뜻밖에도 900명이 운반해야 했다. 1656년 7월에 네덜란드의 사절단은 마침내 베이징에 들어왔다. 그리고 아담 샬이 이번 사절단과의 회견에서 통역을 맡았다. 네덜란드인들 역시도 청 조정에 예수회 선교사가 있다는 사실을 이미 알고 있었다. 사절단의 일원이었던 요하네스 니우호프Johannes Nieuhof, 1618~1672는 당시 샬을 목격한 광경을 다음과 같이 기록하고 있다.

샬은 나이가 많고 긴 수염이 가슴까지 내려와 흩날리는 인물이었다. 또 그는 만주족의 습속대로 치발수변薙髮垂辮하고 만주족의 복장을 하고 있었다. (…중략…) 예부상서禮部尚書와 서양인 통역관 한 사람이 예물을 하나하나 점검하면서 이 예물들이 정말 네덜란드에서 온 것인지, 이 나라의 상황은 어떠한지 등을 물었다. 이때의 통역관이 바로 그 유명한 예수회원 샬이었다. 샬은 당시 순치제의 두터운 신임을 받아 흠천감欽天監 감정監正을 담당하고 있었다. 또한 샬은 서양말에 능숙해서 청초 서양의 각 나라들이 왕래할 때는 항상 그가 통역관을 맡았다.[1]

또한 이렇게 샬이 통역관을 자임한 데는 특별한 뜻이 있어서였다. 그때 유럽은 구교천주교국가와 신교국가가 첨예하게 대립하던 상황이었다. 잘 알다시피 네덜란드는 신교국가였다. 때문에 샬의 입장에서는 어떻게든 청조가 네덜란드와 수교하는 것을 막아야 했다. 그밖에도 1622년에 네덜란드가 마카오를 기습할 때 샬은 때마침 그곳에서 직접 네덜란드인과의 전투에 참여한 바가 있었다. 이 점은 네덜란드 사람들도 잘 알고 있었다. 그들은 1665년에 출판된『네덜란드 동인도회사의 대사가 '중국 황제, 타타르 대칸'을 알현하다 An Embassy from the East-India Company of the United Provinces to the Grand Tartar Cham, Emperor of China 』라는 책에서 다음과 같이 기술하고 있다.

샬은 네덜란드인은 작은 섬에서 사는 해적들이고 가져온 예물들은 모두 약탈한 것이니 부디 예부는 무역을 거절해야 한다고 크게 참소했다. 이 때문에 예부의 관리들은 여러 차례 사절단에게 네덜란드인은 육지도 없이 해적들처럼 바다에서 생활하는지, 진상품은 네덜란드에서 가져온 것이 맞는지를 따져 물었다. 심지어 똑같은 질문을 아홉 번이나 했다. 네덜란드의 사절단은 공사에 보고하기를, '이들 신부나 예수회 선교사들이 함부로 비방하고 헛소문을 퍼뜨려 우리는 사람도 귀신도 아닌 존재로 그려졌다'고 할 정도였다.[2]

그렇다고 하더라도 순치제와 예부의 관료들은 전적으로 샬의 생각대로 처리하지는 않았다. 대청국은 이런 구만리 밖의 작은 나라가 와서 공물을 바칠 때는 그러한 감각이 필요했다. 순치제는 비단, 견사 등 예물을 네덜란드의 사절단에게 가득 안겨주었다. 그러면서도 샬의 영향이었는지 네덜란드의 조공과 관련해서 5년마다 한 차례씩 시행하기五年一貢로 한

---

1   包樂士,『『荷使初訪中國記』研究』, 厦門大學出版社, 1989, 37쪽.
2   위의 책, 42쪽.

것을 8년八年-貢으로 변경했다.

강희 8년 5월 14일, 포르투갈 특사 마누엘 드 살단하Manuel de Saldanha 일행이 베이징에 도착했다. 그때에 페르디난드 페르비스트Ferdinand Verbiest, 南懷仁, 1623~1688와 루도비코 불리오Ludovico Luigi Buglio, 利類思, 1606~1682가 포르투갈어 통역을 맡았다. 그러나 마누엘 드 살단하가 되돌아가는 도중에 난징南京에서 사망했던 까닭에 이번 방문은 아무런 성과도 없게 되었다. 그러다가 마누엘 드 살단하 사절단이 베이징을 방문할 당시 그 비서로 활동했던 한 인물이 1678년에 마카오 포르투갈인의 부탁을 받고 포르투갈 국왕의 명의로 재차 내방했다. 이때 그는 아프리카에서 포획한 사자 한 마리를 베이징으로 운반했다. 이번에는 페르비스트와 불리오의 도움으로 마카오의 포르투갈인들이 샹산香山에서 마카오에 이르는 육로무역의 권리를 얻게 되었다.

강희 15년 4월 초사흗날1676.5.15, 제정 러시아의 특사 스빠후아리N. G. Spathary, 1636~1708 일행이 베이징에 도착했다. 이 러시아 사절단이 베이징에 있는 동안에 페르비스트가 통역관을 맡아 쌍방이 담판하는 전 과정에 참여하면서 대량의 공문서를 번역했다. 스빠후아리는 제정 러시아의 황제가 강희제에게 보낸 서신을 전달하자 강희제는 즉시 페르비스트에게 만주어로 번역하게 해 그 내용을 파악했다. 그 뒤로도 강희제는 페르비스트에게 두 통의 편지를 번역해서 특사에게 제공하라고 지시했다. 하나는 1655년에 순치제가 러시아 사절단의 조공을 칭찬한 편지였고, 또 하나는 1670년에 강희제가 러시아 군대에게 중국의 헤이룽장黑龍江 유역에서 자행한 약탈행위와 불법점거를 중지하라는 요구의 편지였다.

그러나 궁중에서 봉직했던 모든 선교사 한학자들이 통역관으로서 통·번역 업무를 잘 수행했던 것은 아니다. 예를 들어 '중국전례典禮논쟁Chinese

Rites Controversy'1645~1742 중에 교황특사 샤를 토마스 마이야르 드 투르농 Charles Thomas Maillard de Tournon, 多羅, 1668~1710과 카를로 암브로스 메짜바르바Carlo Ambrosius Mezzabarba, 嘉樂, 1685~1741를 접대하고 통역을 맡았던 선교사들로서는 베르나르-킬리안 스텀프Bernard-kilian Stumpf, 紀理安, 1655~1720, 조아셍 부베 Joachim Bouvet, 白晉, 1656~1730, 조세프 페레이라Joseph Pereira, 李若瑟, 1674~1731, 장 모랑Jean Mourão, 穆敬遠, 1681~1726, 드 마이야Joseph-François-Marie-Anne de Moyriac de Mailla, 馮秉正, 1669~1748, 장 프랜시스커스 제르비용Jean Franciscus Gerbillon, 張誠, 1654~1707, 토마스 페레이라Thomas Pereira, 徐日昇, 1645~1708 등이 있었다. 이들 선교사 한 학자들은 전례논쟁에서 서로 다른 입장을 견지하고 통역하는 과정에서 이를 관철시키고자 했으므로 많은 문제를 야기했다.

테오도리코 페드리니Teodorico Pedrini, 德理格, 1670~1746와 마테오 리파Matteo Ripa, 馬國賢, 1682~1745는 가장 먼저 청 궁중에서 봉직했던 비예수회 선교사들이다. 이들도 전례논쟁에서 입장이 달랐기 때문에 통·번역하는 중에 문제를 일으켰다. 1714년 11월, 강희제는 로마 교황이 중국 교도의 제조祭祖와 제공祭孔을 금지시켰다는 사실을 간파하고 페드리니와 리파에게 로마 교황청에 편지를 써서 청 조정의 관점과 입장을 알리라고 명했다. 그러나 이들이 로마 교황에게 보낸 서신에는 강희제의 관점이 잘 드러나지 않아 로마 측에 재회在華 선교사들이 만약 '리치규범利瑪寶規矩, 적응책략'을 준수하지 않는다면 전부 본국으로 추방될 것이라는 내용이 명확하게 전달되지 못했다. 더해서 교황특사 투르농과 샤를 매그로Charles Maigrot, 閻當, 1652~1730에 대한 강희제의 비판도 로마에 알리지 않았다.

더 심각한 것은 이 편지의 한어漢語와 이탈리아어의 양 원고가 서로 일치하지 않는다는 사실이다. 독일의 예수회원 킬리안 스텀프가 이 문제를 적발했다. 강희제는 중간에서 농간을 부리는 페드리니와 리파를 의심했다. 그는 베이징에 있는 선교사들을 소집해 페드리니와 리파를 호되게 질책했다.[3] 물론 전례논쟁의 전체적인 책임은 전적으로 로마 교황청에 있었으며 페드리니와 리파는 그 중에서 한낱 작은 간주곡에 불과했다. 그러나 이 사건은 선교사 한학자가 자신의 이중언어 능력을 이용해 조정에서 통·번역의 직무를 담당했을 때도 다른 배역 속에서 다른 작용을 해 청의 외교정책에 얼마간 영향을 미쳤음을 보여준다.

2. 파견 통역원을 맡다

이 파견 통역원 방면에서 가장 전형적인 실례가 장 프란시스커스 제르비용과 토마스 페레이라가 중국과 러시아의 국경國境 협상에 참여한 경우일 것이다. 일찍이 순치 13년 2월1656.3에 러시아의 바이코프 사절단Baikov Mission이 베이징을 방문했을 때 아담 샬이 협상과정에 참여해서 일정한 역할을 한 바가 있다. 강희 28년1689, 제르비용과 페레이라는 청조 사절단의 구성원으로 러시아와의 회담에 참석했다. 협상하는 과정에서 두 사람은 매우 훌륭하게 통·번역 업무를 수행했을 뿐만 아니라, 또한 적극적으로 전략을 세우는 등 고문의 역할에서도 큰 활약을 발휘했다. 이번 러시아인들과의 국경협상은 필경 청의 역사상, 더 나아가서 중국의 역사상 최

---

3 "上召德理格同在京西洋人等,面諭德理格云:先艾若瑟帶去論天主之上諭, 卽是眞的. 爾寫去的書信與旨不同, 矛草參差, 斷然使不得. 朕的旨意從沒有改. 又說論中國的規矩, 若不隨利瑪竇規矩, 幷利瑪竇以後二百年來的敎侍不得中國, 連西洋人也留不得. 朕數次與爾說多羅, 闇裏的壞處, 爾爲何不將朕的旨意帶信與敎化王去, 倒將相反的信寫與敎化王? 爾這等寫, 就是爾的大罪. 若朕依中國的律例, 其可輕饒? 爾害爾敎, 害了衆西洋人. 不但現在, 幷從前的西洋人, 都被爾所害."陳垣 編,『康熙與羅馬使節關係文書』.

초의 현대적 의미의 외교회담이라고 할 수 있다.

송고투songgotu, 索額圖, 1636~1703 등 청조의 관료들은 경험과 인내심이 부족했다. 반면에 유럽에서 온 선교사 한학자들은 국가 간의 전쟁 담판이나 그 협상의 기법, 전술을 비교적 잘 알고 있었다. 이러한 그들의 경험과 책략은 청조의 사절단을 안정시키고 회담을 승리로 이끄는 데 매우 중요한 역할을 했다. 뿐더러 제르비용과 페레이라는 협상 과정에서 적시에 러시아 사절단의 속임수를 폭로하고 그 입장을 분명히 했다. 러시아 측의 언행이 서로 모순되고 신의가 없을 때도 선교사들의 입장은 명확했고 원칙적인 문제에서는 절대로 양보하지 않았다. 조약의 내용이 확정된 뒤에 러시아 측에서는 또 문자상 문장을 만들려고 시도했다. 그들은 예수회 선교사에게 "라틴어로 정서淨書한 조약원문의 내용이 무엇인지는 아무도 모르기 때문에 중국 사신에게 알릴 필요가 없다"라고 회유했다. 제르비용과 페레이라는 그 요구를 단호히 거절하면서 "강희제가 자신들에게 준 믿음을 저버리고 중국을 배반할 수 없다"라고 명확하게 말했다.[4]

바로 이런 이유에서 송고투는 제르비용과 페레이라에 대해서 "제르비용의 지략이 아니었으면 강화講和는 성사되지 못하고 전화戰禍가 끊이지 않았을 것"[5]이라고 칭찬을 아끼지 않았다. 강희제도 선교사를 표창하면서 "강화협상을 체결하기 위해 유효한 공적을 이룩했다"[6]고 평가했다.

그러나 동시에 네덜란드인은 인도양으로 통하는 해로를 점거하고 있었기 때문에 재화 예수회는 줄곧 육로를 뚫으려고 노력했다. 이는 러시아를 통해 로마와 연결하는 통로를 개척하는 것으로 모아졌다. 이러한 생각

4   『十七世紀俄中關係』 2卷 3冊, 商務印書館, 1975, 853쪽.
5   "非張誠之謀, 則和議不成, 必至兵連禍結." 『燕京開敎略』 中篇, 39쪽.
6   『張誠日記』, 商務印書館, 1973, 59쪽.

은 페르디난드 페르비스트가 생존할 때부터 존재해왔다. 그런 까닭에 금번 러시아와의 협상에서 예수회 선교사들이 비록 원칙적인 문제에서는 청 정부의 편에 서기는 했지만 암암리에 러시아의 사절단을 도왔다. 이로써 그들은 러시아의 호감을 사서 향후 육로교통을 뚫는 기초를 다지고자 했다.

이러한 사실은 페레이라가 자신의 일기에서 매우 분명하게 기술하고 있다. 그는 조약을 체결한 다음 날에 러시아 사절단의 표토르 알렉세예비치 골로빈Фёдор Алексеевич Головин, 1650~1706을 만나서, "나는 외국인으로서 중국에 여러 해 동안 거주했고 그 나라의 황제가 파견한 사람인 까닭에 충실한 신민으로 보일 수밖에 없다. 만약 내가 그렇게 행동하지 않았다면 심각한 결과를 불러왔을 것이다"라고 해명했다. 이에 대해 골로빈은 웃으며 다음과 같이 대답했다.

그러한 처신이 그대의 신분에 합당하다. 만일 그대가 그렇게 처신하지 않았다면 그것은 오히려 도리에 맞지 않는다. 그대는 중국의 밥을 먹고 중국의 옷을 입는다. 따라서 반드시 새로운 사람이 되어야 하며 그에 상응한 행동을 해야 한다. 그래야만 그대의 진정성을 보여줄 수 있다. 총괄적으로 말해서 본 러시아의 사절단은 우리가 그대에게 얼마나 고마워해야 하는지, 그대가 공동의 이익을 위해서 우리에게 얼마나 큰 도움을 주었는지를 잘 알고 있다.[7]

이 대화는 예수회 선교사의 모순된 마음과 복잡한 심리상태를 명료하게 드러내고 있다.

---

7   『徐日昇日記』, 商務印書館, 1973, 208~209쪽.

이상의 내용을 정리해보면 청조 초에 특수한 역사적 조건으로 인해서 재화 예수회 선교사들은 공개적으로 중러외교의 영역에 뛰어들어 양 제국과 예수회원 간의 미묘한 관계를 형성했다. 청 조정이 예수회 선교사를 통역원으로 선발해 파견한 것은 기본적으로 그들에 대한 이해와 신임에 기인한다. 러시아 측은 그들을 얻기 위해서 노력했다. 예수회 선교사들이 중러외교에 적극적으로 참여한 진짜 목적은 천주교를 위한 것임은 물론이다. 그러나 예수회 선교사들이 중러외교의 실무에서 적극적인 역할을 함으로써 네르친스크Nerchinsk 조약을 체결하는 데 일정 부분 공헌한 사실은 부정할 수 없다.[8]

3. 유럽으로 파견되어 외교사명을 맡다

예수회 선교사들은 중국 정부의 외교대표로 유럽에 파견되어 외교사명을 담당했다. 그 최초의 인물을 꼽자면 폴란드의 내화來華 선교사 미카엘 보임Michael Boym, 卜彌格, 1612~1659이다. 중국에 온 예수회 선교사들은 명청 교체기에 대단히 융통성을 발휘했다. 아담 샬은 베이징에 머물면서 도르곤Dorgon, 多爾袞, 1612~1651에게 인정을 받았고 프란체스코 삼비아시Francesco Sambiasi, 畢方濟, 1582~1649, 보임 등은 남명南明 왕조를 따라가 융무제隆武帝와 영력제永曆帝에게 충절을 다했다. 그리고 루도비코 불리오, 가브리엘 데 마갈헤스Gabriel de Magalhaes, 安文思, 1609~1677는 '천자의 군대天師'로서 장셴중張獻忠, 1606~1646의 농민 봉기군에서 활동했다. 당시 영력제가 광시廣西로 도주해

---

8   吳伯婭, 『康雍乾三帝與西學東漸』, 宗教文化出版社, 2002, 274쪽.

대세가 이미 기울어진 상태였다.

　이러한 상황에서 예수회 선교사에게 희망을 걸고 명조 대사의 신분으로 보임을 로마에 파견해 로마 교황청의 도움을 요청했다. 이는 정말 기상천외한 공상으로 실패는 불을 보듯 뻔했다. 보임이 로마에서 돌아왔을 때 교활한 포르투갈인은 그가 마카오에 상륙하는 것을 허락하지 않았다. 남명 왕조는 멸망했고 중국은 이미 대청의 천하가 되어 있었다. 이때 보임은 영력제에게 보내는 로마 교황청의 국서를 몸에 지니고 있었다. 그러나 영력제는 찾을 수 없었고 울창하게 우거진 남국의 산수만을 바라볼 수밖에 없었다. 보임은 결국 우울하고 괴로워하다가 베트남과 중국의 국경지대에서 병사하고 말았다.

　청나라가 통일한 후에 유럽으로 파견된 최초의 공식적인 대표는 필립포 그리말디Filippo Maria Grimaldi, 閔明我, 1639~1712이다. 본래 그리말디라는 이름은 청초에 역옥이 평정된 뒤에 이미 광저우에서 유럽으로 도피한 도미니코회Dominican Order 신부 도밍고 페르난데즈 나바레테Domingo Fernandez Navarrete, 閔明我, 1618~1686의 명의를 도용한 것이다. 여하튼 그리말디는 페르디난드 페르비스트가 베이징으로 불러 역법사업을 돕도록 했다. 그리말디는 영민했을 뿐만 아니라 손재주도 매우 뛰어났다. 그는 강희제를 위해 흥미로운 수력 발동기를 만든 적이 있었다. 이 일로 인해 강희제는 그를 몹시 총애해 변경 밖을 순시할 때 두 차례나 대동했다. 당시 강희제는 러시아가 헤이룽장 유역에서 끊임없이 소란을 피우자 굉장히 불안함을 느꼈다. 그래서 제정 러시아의 황제tsar를 만나 양국의 국경문제를 협의하도록 그리말디를 유럽으로 파견했다.

　이때 강희제는 실제로 국가관계상 전통적인 '화이지분華夷之分'의 관념을 뛰어넘어 현대적 외교 수단으로 국가 간의 문제를 해결하기 시작했다.

그는 그리말디가 출발할 때 예물로 보석이 박힌 황금 액세서리 1개, 염낭 3개, 패검佩劍 1개를 보냈다. 동시에 그리말디에게 완전한 만주인의 복장을 착용함은 물론 대청제국 특사로서의 엄숙한 차림새를 유지하도록 지시했다. 금번 그리말디의 유럽행은 내화 예수회의 입장에서도 매우 중요했다. 페르비스트 역시도 그리말디가 러시아에 가서 제정 러시아의 황제와 협상함과 동시에, 또한 내화 예수회 선교사들에게 육로를 통해서 유럽으로 귀환할 수 있는 길을 열어주기를 바랐다.

이렇게 그리말디가 유럽으로 되돌아갈 때 그는 대외적으로 강희제가 로마와 러시아에 파송한 특사이자 대내적으로는 내화 예수회의 대리대사라는 이중적인 신분을 띠었다. 그는 유럽에 간 뒤로 로마에서 고트프리트 빌헬름 라이프니츠Gottfried Wilhelm Leibniz, 1646~1716를 만나게 되었다. 그리고 라이프니츠가 제정 러시아의 황제와 친분이 있다는 사실을 알고 이 관계를 이용해서 러시아에 진입하고자 했다. 그러나 러시아는 그리말디의 방문을 거부했기 때문에 강희제가 부여한 사명을 완수하지는 못했지만 라이프니츠와의 통신을 통해서 강희제를 전 유럽에 소개했다. 이윽고 페르비스트가 병사하자 강희제는 그리말디를 흠천감 감정으로 임명했다. 그리말디는 서둘러 돌아왔고 이번 대청 유럽특사의 일은 결국 종결되었다.

조아생 부베는 강희제가 유럽에 파견한 두 번째의 특사이다. 부베는 베이징에 들어온 뒤로 강희제의 두터운 신임을 받았다. 강희제는 부베와 장 프랜시스커스 제르비용의 재능을 보고 프랑스의 선교사들이 매우 능력이 있다고 판단했다. 그리하여 부베를 자신의 특사로 유럽에 보내어 프랑스의 태양왕 루이 14세Louis XIV를 알현하게 했다. 강희제는 부베가 떠날 때 베이징에서 정교하게 인쇄한 서적 49책을 보냈다. 그러나 프랑스에 도착했을 때 친필 서명으로 발급된 강희제의 외교 서신이 빠져있다는 이유로 프랑스는 부베의 외교적 신분을 인정하지 않았다.

이와는 별개로 부베가 한학자로서 지은 『강희황제전*Portrait historique de l'Empereur de la Chine*』1697은 도리어 전 유럽을 감동시켰다. 당시 유럽인들은 머나먼 동양에 이렇듯 영명한 군주가 존재한다는 사실을 알았다. 그야말로 재능있고 강인하며 근면하고 배우기를 좋아하는 황제의 모습은 수많은 유럽인들을 감동시키기에 충분했다. 또한 서양 과학에 대한 열정과 믿음으로 자신의 종교와는 다른 천주교를 용인하고 우호적으로 대하는 태도는 적지 않은 계몽운동의 사상가들을 자극했다. 그럼으로써 그들이 중국에서 이상적인 국가 모델을 찾도록 만들었다. 문화적 측면에서 말하자면 부베는 강희제의 특사로서의 임무를 훌륭하게 완수했다고 할 수 있다. 그는 유럽에서 일군의 프랑스 선교사들을 데리고 중국으로 귀환했다. 뿐더러 처음으로 한학자의 재능을 발휘해 강희제와 중국을 유럽에 소개함으로써 18세기 유럽에서 중국 열풍의 서막을 열었다.

강희제가 파견한 세 번째의 유럽특사는 '전례논쟁' 중에 이루어졌다. 강희제는 투르농이 중국을 방문한 뒤로 로마 교황청에 우호를 표시하기 위해 투르농 사절단이 유럽으로 귀환할 때 부베를 '보빙사報聘使'로 임명해 함께 딸려 보내려고 했다. 더해서 부베를 자신의 대표와 특사 자격으로 교황에게 예물을 보내고 그를 투르농의 조수로 삼을 것을 지시했다. 그러나 투르농은 전례논쟁에 대한 부베의 입장에 불만을 품고 사절단의 마리아니Mariani, 沙安國를 이미 보빙사로 확정했다고 알리고 완곡하게 거절했다. 강희제는 이 의견에 동의하면서도 다음날 자오창趙昌를 보내 투르농에게 보빙사는 한어를 할 줄 알아야 교황에게 헌정하는 예물을 설명할 수 있다고 전달하고 마침내 부베를 정보빙사, 마리아니를 부사로 삼으라고 명했다. 그리고 교황의 예물은 부베가 인솔하도록 했다.

투르농은 교황청의 관례에 비추어볼 때 이러한 강희제의 인사 조치는 자신을 모욕하는 처사라 생각하고 내심으로 몹시 화가 났다. 강희제는 부베와 마리아니가 최대한 빨리 광저우에서 영국의 기선에 승선해 유럽에 가기를 원했다. 그러나 투르농은 마음속의 분노가 마침내 폭발해 공식적으로 강희제에게 서신을 발송해 자신이 부베를 보빙사로 삼지 않으려는 이유를 설명했다. 강희제는 이 서신을 받아보고 매우 관용을 베풀어 그렇다면 부베를 보내지 않을 것이니 투르농은 마음을 편안히 하고 요양할 것이며 이 때문에 조급해할 필요는 없다고 전했다.

그러나 강희제는 투르농이 난징에서 중국교도의 제조와 제공을 금지하는 교황의 금령禁令을 선포했다는 소식을 듣고 매우 격노했다. 그는 중국전례에 관한 자신의 견해를 로마 교황청이 알지 못할 뿐더러 교황이 1700년에 공포한 금령은 거짓일 것이라고 의심했다. 강희제는 줄곧 로마 교황청에 희망을 품고 있었다. 이런 이유로 그는 강희 45년[1706]에 포르투갈 선교사 안토니오 데 바로스António de Barros, 龍安國, 1664~1708와 프랑스 선교사 앙투안 드 보볼리어Antoine de Beauvollier, 薄賢士, 1656~1708를 외교사절로 임명해 자신의 공식적인 외교문서를 가지고 유럽에 가도록 했다. 그러나 바로스와 보볼리어가 탄 선박이 리스본Lisbon에 거의 도착할 무렵에 갑자기 거센 풍랑이 일어 배가 전복되는 사고가 발생했다. 이들은 이 일로 모두 사망했고 결국 강희제의 사명을 완성하지 못했다. 그래서인지 이때 강희제는 두 신부의 여정에 무슨 변고나 생기지 않을까 몹시 염려하던 차였다.

이듬해 강희제는 재차 이탈리아 선교사 주세페 프로바나Giuseppe Provana, 艾若瑟, 1662~1720와 스페인 선교사 호세 라이문도 데 아르소José Raimundo de Arxo, 陸若瑟, 1659~1711를 자신의 특사로 삼아 교황에게 보내는 조서를 받들고 로마로 가게 했다. 강희 46년1707.10.27에 두 신부는 마카오에서 출발해서 강희 47년1708에 포르투갈에 진입했다. 그리고 강희 48년1709에는 로마에 도착했다. 프로바나는 장시간 동안 바다에서 선체의 흔들림을 겪었던 탓에 로마에 도착하자마자 발병했다. 얼마 지나지 않아서 교황은 그들을 접견했다. 당시 로마 교황청은 근본적으로 강희제와 같이 멀리 떨어져 있는 동방 군주의 의견을 중시하지 않았다.

교황의 회견이 끝나자 아르소는 고향인 스페인으로 갔다. 그는 이곳에서 중국으로 돌아가고자 했으나 뜻밖에도 고향에 소재한 프란치스코회Franciscan Order의 한 수녀원에서 병사하고 말았다. 프로바나는 강희 52년에서 강희 56년1713~1717까지 이탈리아 밀라노Milano에 있었고 그 후로는 이탈리아를 여행했다. 그가 데려간 중국의 젊은 조수 판서우이樊守義, 1682~1753는 로마에서 신학과 라틴어를 공부했다. 강희 58년1719에 두 사람은 중국으로 돌아오기 위해 리스본에서 출발했다. 프로바나가 해상 여정의 어려움과 고통을 견디지 못하고 여행 도중에 죽을 줄이야 누가 짐작이나 했겠는가.

그동안 강희제는 네 명의 특사가 한번 가면 함흥차사가 되어 행방이 묘연하고 다시 돌아오지 않아 몹시 초조했다. 그리고 이때 중국에서는 이미 전례논쟁이 벌어져 소란하기 이를 데 없었다. 그런 까닭에 강희제의 입장에서는 로마 교황청이 발신하는 친필 회신이 무엇보다도 절실했다. 강희제는 연해沿海의 지방 관리들에게 지속적으로 이 일을 탐문하도록 지시했다. 강희 54년1715, 교황 클레멘스 11세Clemens XI는 '이날부터Exilla die 칙서'를 반포하고 이듬해 8월에 베이징에 전달했다. 강희제는 이를 받아보고 크게 노했지만 여전히 로마 교황청에 대한 희망을 놓지 않았다. 이를테면 이 칙서가 과연 진짜인지를 의심하고 주필朱筆로 붉은 표紅票를 작성해 라틴문, 한문, 만주문으로 대조해 각인한 다음에 유럽에 발송했다.

이 붉은 표에는 강희제가 자신이 파송한 네 명의 선교사 외교관을 변함없이 마음속에 기억하고 있음을 보여준다.

강희 45년에 이미 서양인 바로스, 보볼리어가 파견되었고, 47년에는 또 프로바나, 아르소가 황명을 받들고 서양에 갔다. 지금까지 몇 년 동안 편지가 오지 않아 진위를 가리기 어려울 뿐더러 또 믿기 어려운 편지들을 받았다. 그래서 (…중략…) 필경 우리는 사신으로 간 사람들이 돌아와 일이 분명해진 후에야 믿을 수 있다. 만약 우리가 보낸 사람들이 돌아오지 않으면 신빙성을 증명할 수 없어 어떠한 서신이 오더라도 모두 믿을 수 없다.[9]

강희 59년[1720], 교황특사 메짜바르바가 중국을 방문했다. 강희제는 그가 가져온 상주서와 8개 항목의 금지조항禁約을 접하고 크게 실망했다. 이때 강희제는 또한 유럽으로 파송한 네 명의 선교사 외교관을 상기하면서, "짐은 가장 오래도록 이 일을 처리해왔으니 그 시비와 진위를 잘 알고 있다. 이 몇 가지 조항은 모두 매그로가 당시 어전에서 수차례 말한 것으로 받아들일 수 없는 것들이다. 정작 매그로 본인은 중국의 글자 50개도 알지 못하며 일의 경중을 깨닫지 못하고 격분하면서도 이치가 닿지 않아 말문이 막히기 일쑤였다. 또 어쩌면 그것이 중국에서 죽을죄가 될까 봐 두려워 주제 파악도 못하고 서양으로 도망쳐 양쪽을 부추겨 분란을 일으

---

9   "于康熙四十五年, 已曾差西洋人龍安國, 薄賢士; 四十七年, 又差艾若瑟, 陸若瑟奉旨往西洋去了, 至今數年, 不但沒有信來, 所以難辨眞假, 又有亂來之信. 因此, (…중략…) 畢竟我等差去的人回時, 事情明白之後, 方可信得. 若是我等差去的人不回, 無眞憑據, 雖有甚麼書信, 總信不得." 陳垣 編, 앞의 책.

키고 대중의 마음을 어지럽히고 있다. 이러한 행위는 천주교에 대한 대죄이자 중국에 대한 반역이다. 이 몇 구절을 살펴보니 전부 매그로가 당시아뢴 것들과 한 자도 차이가 없다. 매그로가 만약 정직한 사람이라면 무엇 때문에 와서 변론하지 않는가? 하물며 중국에서 보낸 사신들의 서신에 대해서는 한 글자도 회답하지 않고 그들을 모두 음해해 죽였다. 매그로는 중국의 문자에 통하지 못하니 글자를 속이고 잘못 써서 중국을 핍박해 좌절시키려고 한다. 이로써 승려나 도사 등 각종 이단과 서로 다르지 않음을 알 수 있다. 이상의 내용을 준수하라"[10]라고 말했다.

이처럼 강희제는 자신이 유럽에 파견한 네 명의 선교사 특사에 대한 소식을 듣지 못해 정말 초조하고 조급했다. 그는 심지어 네 명의 특사가 로마에서 매그로의 관점에 동조하는 이들에게 암살되었다고까지 생각했다. 그렇지 않고서야 어찌해서 로마가 또 메짜바르바 주교를 보내왔으며, 더군다나 로마가 강희제 자신의 의견을 전혀 모를 수 있단 말인가?

강희 59년[1720] 6월 13일, 판서우이가 프로바나의 시신과 함께 광저우로 귀환했다. 그는 8월 28일 베이징에, 9월 초닷샛날 러허熱河에 연이어 도착했다. 그리고 9월 11일에 마침내 강희제의 접견이 이루어졌다. 강희제는 "아주 오랫동안 하문했다賜問良久". 강희제가 판서우이를 친견할 때 그의 심정이 어떠했을지는 알 수 없지만 진실로 허탈함과 그리움으로 만감이 교차했을 것이다. 당시 중국전례를 두고 벌어진 강희제와 로마 교황

---

10 "朕理事最久, 事之是非眞假, 可以明白. 此數條都是閣當當日在御前數次講過使不得的話. 他本人不識中國五十個字, 輕重不曉, 詞窮理屈, 敢怒而不敢言, 恐其于中國至死罪, 不別而逃回西洋, 搬弄是非, 惑亂衆心, 乃天主敎之大罪, 中國之反叛. 覽此幾句, 全是閣當當日奏的事, 幷無一字有差. 閣當若是正人, 何苦不來辯別? 況中國所使之人, 一字不回, 都暗害殺死. 而且閣當之不通, 訛字錯寫, 被逼中國大小寒心, 方知佛道各種之異端相同乎? 欽此." 위의 책.

청 간의 의견 충돌은 이미 종점으로 치닫고 있었다. 그 결과로 유럽은 중국을 잃었다. 이는 수천 년의 바티칸 역사상 가장 큰 잘못 중의 하나임은 의심할 여지가 없다.

지금에 와서 보면 강희제의 현대적 외교 사상의 형성은 두 가지의 직접적인 외적 요인이 존재한다. 그 하나는 동북의 국경을 둘러싸고 전개한 러시아와의 전쟁과 외교협상을 꼽을 수 있다. 또 하나는 전례논쟁 중에 로마 교황청과의 교류이다. 이 두 사건은 모두 예수회 선교사 한학자들이 참여했다. 따라서 일정한 의미에서 이들은 완전히 새로운 강희제의 외교 사상이 형성되는 데 일정한 역할을 했다고 볼 수 있다. 특히 예수회 선교사 한학자들은 강희제의 외교 사상이 실천되는 과정에서 희생을 겁내지 않고 용감하게 전진하며 최선을 다했다.

07

유럽 천문학과
수학의
중국 전파

천문역법天文曆法은 중국의 고대 사회에서 중요한 의미를 지닌다. 정치적 측면에서 말하자면 '관천觀天'은 왕조와 제왕들의 정통성을 점성술의 자료에서 획득하는 것이다. 황제는 상천上天을 대표하고 세속권력은 천天에 근거한다. 그리고 황제는 천을 대신해 도道를 행하므로 자신을 '천자天子'라 칭한다. 생산적 측면에서 말하자면 '역법의 제작造曆'을 꼽을 수 있다. 고대는 농업 사회로서 농업생산에는 천문과 절기節令의 변천이 매우 중요함은 물론이다. 『좌전左傳』에 "윤달로 계절을 바로잡고 계절에 따라 농사를 지으며 농사를 지어 생을 후하게 하니 생민生民의 도가 여기에농사 있다"[1]라는 표현이 있다. 선교사들이 중국에 들어온 뒤 점차로 이러한 중국의 특성들을 이해함으로써 자신들의 학문을 '천학天學'이라 칭하면서 중국 사대부들의 관심을 끌어내려고 했다.

1. 서양 역법의 중국 전파

마테오 리치Matteo Ricci, 利瑪竇, 1552~1610의 『건곤체의乾坤體義』는 선교사 한 학자가 서양 천문학을 소개한 최초의 저작이다. 이는 리치가 클라우디오스 프톨레마이오스Klaudios Ptolemaeos, 85?~165?의 '구중천설九重天說', 아리스토

---

[1] "閏以正時, 時以作事, 事以厚生, 生民之道于是乎在矣." 『左傳·文公六年』.

텔레스Aristoteles, BC 384~322의 '사원행론四元行論'을 대략적으로 소개한 것이다. 그 뒤로 리치가 구술하고 리즈짜오李之藻, 1565~1630가 이를 『혼개통헌도설渾蓋通憲圖說』1607로 필술筆述했다. 이 책은 리치의 스승 크리스토퍼 클라비우스Christopher Clavius, 1538~1612 신부가 1593년에 출판한 『천문천체관측기론 Astrolabium』의 일부 내용을 번역한 것이다. 그렇기는 하지만 리치의 한학적 재능을 보여주는 데는 부족함이 없다. 더해서 리즈짜오가 필술하는 과정에서 매우 풍부한 중국 고대의 천문학 지식을 융합시켰다.

1610년, 리치 사후死後에 내회來華한 포르투갈 선교사 에마누엘 디아즈 Emmanuel Diaz Junior, 陽瑪諾(少瑪諾), 1574~1659가 『천문략天文略』을 썼다. 디아즈는 문답 방식으로 서양 프톨레마이오스의 천문학을 소개함은 물론, 또한 태양, 달 등 천체의 운동을 도해식으로 설명했다. 이 책은 갈릴레오 갈릴레이Galileo Galilei, 1564~1642의 최신 저작인 『별의 전령Sidereus Nuncius』을 처음으로 중국에 소개했다는 점에서 유의미하다. 디아즈는 중국의 독자들에게 갈릴레이가 발견한 목성의 소위성 네 개를 펼쳐 보였다. 여기서 알아야 할 사항은 당시 이 갈릴레이의 책은 유럽에서 출판된 지 불과 5년밖에 되지 않았다는 사실이다.

예수회 선교사 한학자들이 서양의 천문학 지식을 중국에 소개한 것은 가장 성공적이었다. 무엇보다도 그들이 쉬꽝치徐光啓, 1562~1633 등 중국의 과학자들과 함께 편찬한 『숭정역서崇禎曆書』는 중국에 중대한 영향을 미쳤다. 명대에서는 대통력大統曆과 회회력回回曆을 줄곧 사용해왔다. 그러나 이들 역법은 너무 오래되어 오차가 해마다 커져서 월식과 일식의 계산이 항상 부정확했다. 따라서 역법을 개정하자는 목소리가 가정嘉靖과 만력 萬曆 연간에 줄곧 이어져 왔다. 그러던 중 숭정崇禎 2년 5월 을유삭1629.6.21 일식에서 흠천감欽天監이 대통력과 회회력을 근거로 추산한 것이 또 착오가 발생했다. 이때 쉬광치가 서양의 역법으로 추산해 검증하자 역법을 개정하자는 요구가 다시 일어났다. 7월, 숭정제崇禎帝는 이러한 개력改曆 의견에 찬성해 쉬광치에게 수력修曆 사업을 주관하게 했다. 쉬광치는 리즈짜오, 니콜라 롱고바르디Nicolas Longobardi, 龍華民, 1556~1654, 장 테렌츠Jean Terrenz, 鄧玉函, 1576~1630를 추천해 이 역국曆局에 참여시켰다. 또한 나중에는 외지에 있는 아담 샬Johann Adam Schall von Bell, 湯若望, 1591~1666, 자크 로Jacques Rho, 羅雅谷, 1593~1638도 역국에 합류시켰다.

잘 알다시피 쉬광치는 "뛰어나고자 한다면 반드시 회통해야 하고 회통하기 전에 먼저 번역해야 한다"[2]라는 유명한 말을 남겼다. 그는 수력사업에서 가장 급선무는 유럽의 천문학을 번역해서 소개하는 것이라 생각했다. 이른바『숭정역서』는 숭정 2년 9월에 번역·집필에 들어가 숭정 7년 11월에 모두 완성되었다. 이 사업은 5년 간의 공정이 이루어졌으며 총 137권으로 다섯 차례에 걸쳐서 명 정부에 봉정되었다.『숭정역서』는 크게 다섯 부분, 즉「법원法原」,「법수法數」,「법산法算」,「법기法器」,「회동기본서목會同基本書目」으로 구성되었다.

제1부「법원」은 주로 서양의 천문학 이론을 번역한 것으로 모두 40여 권이며 책 전체의 핵심을 이룬다. 학자들의 현 연구에 따르면 선교사와 역국의 문인은 당시 서양의 중요한 천문학자들의 저작 13권 남짓을 번역한 것으로 보인다. 예컨대 그것은 티코 브라헤Tycho Brahe, 1546~1601의『신편 천문학 입문Astronomiae Instauratae Progymnasmata』,『새로운 천문학 측정기구Astronomiae Instauratae Mechanica』, 니콜라우스 코페르니쿠스Nicolaus Copernicus, 1473~1543의『천체의 회전에 관하여De Revolutionibus Orbium Coelestium』, 요하네스

---

2   "欲求超勝, 必須會通, 會通之前, 先須飜譯." 徐光啟,「曆書總目表」(1631),『徐光啟集』, 王重民 輯校, 中華書局, 1963, 374쪽.

케플러Johannes Kepler, 1571~1630의 『신천문학*Astronomia Nova* 』,『비텔로를 보완한 천문학의 광학적 측면에 대한 해설*Ad Vitellionem Paralipomena, Quibus Astronomiae Pars Optica Traditur* 』,『코페르니쿠스 천문학 개요*Epitome Astronomiae Copernicanae* 』, 갈릴레이의 『별의 전령』 등으로 파악된다. 이는 근거 없이 하는 말이 아니다. 현재 이 책들은 모두 중국국가도서관의 『베이탕장서北堂藏書』 안에 남아 있다.[3] 제2부 「법수」와 제3부 「법산」에서는 서양 천문학의 계산체계와 수학 지식을 소개한 것이다. 제4부 「법기」에서는 천체현상을 관측하는 측정기구를 논한다. 마지막으로 「회동기본서목」은 주로 동서양의 각종 도량단위의 환산표를 수록한 것이다. 서양 한학으로 볼 때 예수회 선교사 한학자들은 중국의 과학자들과 협력해서 큰 성공을 거두었다. 그리고 『숭정역서』는 예수회 한학자들이 일군 그 대표적인 업적이라고 할 수 있다.

이렇게 『숭정역서』가 완성되었지만 안타깝게도 숭정제는 구궁故宮 뒤 메이산煤山에서 스스로 목매어 자진自盡하는 운명을 맞이했다. 이렇듯 대명大明 왕조는 허망하게 퇴장했으며 그 자리에 철갑으로 무장한 만청滿淸의 군마가 베이징北京으로 들어왔다. 도르곤Dorgon, 多爾袞, 1612~1651이 다행히 샬을 받아들인 덕분에 『숭정역서』의 성과는 보존될 수 있었다. 새로운 왕조 역시도 천문의 도움으로 점을 쳐 자신들의 합법성을 증명해야 했기 때문에 천문역법은 절실했다. 그런 까닭에 샬은 매우 신속하게 청 조정에 등용되어 서양인으로서는 맨 처음 흠천감을 주관하는 흠천감 감정監正의 자리에 올랐다. 그는 『숭정역서』를 『서양신법역서西洋新法曆書』로 바꾸어 전국에 발행함으로써 서양 역법이 공식적으로 중국에 등장했다. 그로부터 청왕조의 흠천감은 줄곧 서양인이 장장 200여 년간이나 관장하게 되었다.

---

3   江曉原, 『天文西學東漸集』, 上海書店出版社, 2001, 401~402쪽 참조.

그렇다면『숭정역서』혹은『서양신법역서』는 도대체 중국인들에게는 어떤 새로운 의미를 갖는 것일까? 또한 그것은 과거의『수시력授時曆』과 비교해서 그 특징은 무엇인가?

먼저 전통적 역서와 서로 비교해보면 그 계산 방법이 달라졌음을 알 수 있다. 중국 고대 역서의 천문학 방법은 일종의 순수 대수학代數學적 방법이자 관측과 실측으로 일련의 천체 위치를 수립하는 측산測算 방법이다. 이는 관찰한 상황 변화를 근거로 계산의 공식에 끊임없이 수정을 가해서 보다 정확성을 기하는 방법이다. 이 방법은 어떠한 기하학적인 도상도 필요치 않았다. 그에 반해서『숭정역서』는 서양의 기하학적 모형 방법을 취했다. 이를테면 기하학적 모형과 실제적 관측의 구축을 통해서 모형에서의 매개변수parameter를 확정한다. 그리고 "여기에 근거한 모형은 기하학적인 방법으로 연역한 새로운 결론의 도출, 즉 천체의 운행 위치를 예측해낸다. 만약 예측과 실측이 합치되지 않으면 모형의 구조나 매개변수를 예측과 실측이 맞아떨어질 때까지 수정을 반복한다".[4] 이는 실제로 중국 천문학의 계산 방법이 전통적 대수학 체계에서 유럽 고전적 기하학 체계로 전환했음을 의미한다. 그다음으로『숭정역서』의 천문학은 지원地圓의 개념을 끌어내어 땅은 원구형이지 '천원지방天圓地方'이 아님을 천명한다. 더해서 매 250리는 하늘의 1도에 해당한다는 경위도의 개념이 정식적으로 도입되기 시작했다. 이는 기존의 관념을 타파하는 데 매우 중요했을 뿐만 아니라, 월식과 일식을 예측하는 데도 획기적인 발판을 마련했다고 할 수 있다. 마지막으로 전통적인 천문학과는 다른 일련의 도량度量과 계산의 제도, 방법을 도입했다. 이는 원둘레 360도, 일일一日 96각刻,

---

4 위의 책, 408쪽.

60진위제進位制, 황적도좌표제, 적도에서 계산하기 시작하는 90도 위도제緯度制와 12차 체계의 경도제經度制 등등을 포괄한다.

이러한 변화는 중국의 천문학에 두 가지의 중요한 결과를 불러왔다.

첫째, 중국 천문학을 유럽 천문학의 수준으로 제고시켰다. 학자들의 연구에 따르면 당시 중국 천문학의 수준은 유럽과 비교해볼 때 기본적으로 그 출발선이 10년 정도의 차이가 났다. 예를 들어 갈릴레이가 망원경으로 발견한 새로운 천문 현상은 5년 뒤에 중국에 소개되었다. 또한 최신의 유럽 천문학자의 저작은 7, 8년도 되지 않아 중국에 번역서가 나와 천문 계산에 적용되기 시작했다. 현대 천문학은 유럽 근대 천문학의 기초 위에서 발전했으며 그것도 400년 전에 예수회 선교사 한학자들과 중국 과학자들이 함께 노력한 결과로 여기에 도달할 수 있었다. 이는 매우 지난한 과정이었음은 물론이다.

둘째, 중국에서 민간 천문학의 발전을 촉진시켰다. 천문의 점복占卜은 황제의 권력과 관계된다. 그런 까닭에 "사적으로 천문을 배우는 것私習天文"은 범법행위나 다름없어서 잘못하면 목이 달아났다. 그러나 예수회 선교사가 중국에 들어온 뒤로는 천문학 분야의 서적이 출판되기 시작했다. 더 나아가서 서양 천문학의 측정기구나 설비를 펼쳐 보여도 참형을 당하기는커녕 오히려 환영을 받았다. 특히 샬이 주관한 『서양신법역서』가 전국에 간행된 뒤로 다양한 판본이 출현했다. 이는 의심할 바 없이 민간 천문학의 연구가 활성화되어 청초淸初 시기에 민간에서는 왕시찬王錫闡, 1628~1682, 메이원딩梅文鼎, 1633~1721과 같은 평민 천문학자들이 등장해 큰 업적을 이룩했다. 이러한 천문학의 성행은 『서양신법역서』가 전국적으로 간행된 것과 직접적인 관계가 있다.

그러면 예수회 선교사 한학자들이 소개한 서양의 천문학을 어떻게 취급해야 할까? 이 문제는 학계에서 줄곧 논쟁이 계속되고 있다. 그 하나는 예수회 선교사들의 적극적인 노력이 중국 천문학과 서양 근대 천문학의 접촉을 촉진시켜 중국 천문학에 긍정적인 영향을 미쳤다는 의견이다. 또 하나는 내화 예수회 선교사들은 중국에서 긍정적인 역할을 하지 않았다는 의견이다. 말하자면 그들이 소개한 것들은 모두 중세시대의 과학에 한정되어 "이러한 저해 요인 때문에 19세기 초까지의 중국학자阮元는 여전히 프톨레마이오스의 체계와 코페르니쿠스의 체계 사이에서 배회했다"는 것이다. 이 논쟁과 관련해서 장샤오위안江曉原의 연구가 주목된다. 특히 후자의 의견에 대해서 비교적 전반적으로 답하고 있다. 장샤오위안은 기본적으로 예수회 선교사들의 역법사업이 중국의 천문학을 발전시켰다는 입장을 견지하면서 이를 다음과 같이 세 가지로 분석한다.

첫째, 내화 예수회 선교사들이 소개한 프톨레마이오스의 천문학은 적합했다. 『숭정역서』에서 예수회 선교사들은 브라헤의 체계를 채택하면서도 또한 프톨레마이오스를 매우 높이 평가했다. 『숭정역서』는 프톨레마이오스를 언급할 때 "서양에서 천학천문학은 수천 년, 그리고 수많은 능숙한 사람들의 손을 거쳐서 완성되었다. (…중략…) 세월이 갈수록 점점 더 정밀해지고 뒤에 출현한 것들이 더욱 진기해졌지만 프톨레마이오스의 범위를 넘어서지 못했다"[5]고 논한다. 이들은 프톨레마이오스의 『알마게스트 Almagest』를 "역산의 법도이자 천문연구의 조종曆算之綱維, 推步之宗祖也"이라 여겼다. 이것이 바로 학자들이 예수회 선교사를 비판하는 논거 중의 하나이다. 선교사들이 중세 프톨레마이오스의 낙후된 천문학 체계를 소개한 것은 분명하다. 그러나 다음과 같은 사실을 간과해서는 안 될 것이다.

---

5   "西洋之于天學, 歷數千年, 經歷百手而成. (…중략…) 日久彌精, 後出者益奇, 要不越
      多祿某範圍也." 湯若望,「曆法西傳」,『崇禎曆書』下, 1997쪽.

코페르니쿠스 이론이 출현한 후로 사람들이 태양중심설^{지동설}로 전향하고 점차로 지구중심설^{천동설}을 파기하기 시작했다. 그러나 천문학은 하나의 발전해가는 과정이다. 케플러가 발견한 행성운동의 삼대 법칙^{케플러의 세 법칙}이 출현하기 전에 사람들은 여전히 프톨레마이오스의 계산 방법을 취하고 있었다. 예수회 선교사들은 서양의 천문학을 소개하면서 서양 천문학의 역사에서 프톨레마이오스의 위치와 역할에 관한 설명을 빠뜨리지 않았다. 이렇듯 그들이 프톨레마이오스를 비교적 높게 평가한 것은 매우 자연스러운 일이다. 이와 관련해서 장샤오위안은, "『숭정역서』는 1629~1634년간에 이루어졌지만 기본적으로 케플러가 발견한 행성운동의 삼대 법칙 이전의 서양 천문학 수준에서 벗어나지 못했다. 이러한 제한조건에서 상술한 토론에 근거해보면 『숭정역서』가 프톨레마이오스의 천문학에 부여한 평가와 지위는 기본적으로 적합하고 합리적임을 어렵지 않게 간파할 수 있다"⁶라고 해명한다.

둘째, 내화 예수회 선교사들은 무엇 때문에 코페르니쿠스의 체계가 아닌 브라헤의 체계를 채용했을까? 이 문제는 예수회 선교사들에게 가해지는 중요한 비판이지만 좀 더 자세히 관찰해보면 이 관점은 역사에 대한 무지의 소치이다. 당시 코페르니쿠스가 최초로 태양중심설을 제기했지만 아직 성숙한 계산체계로까지는 발전하지 못한 상태였다. 당대에 가장 성숙된 계산체계는 단연 브라헤의 체계였다. 더군다나 유럽에서도 코페르니쿠스의 이론을 아직 가장 선진적인 것으로 공인하지도 않았다.

그런가 하면 어떤 학자들은 선교사들이 중국의 과학자들에게 코페르니쿠스의 학설을 숨겼다고 말한다. 일설에 의하면 선교사들은 건륭^{乾隆}시

6   江曉原, 앞의 책, 328쪽.

대의 미셸 베누아^{Michel Benoist, 蔣友仁, 1715~1774}가 중국에 들어온 뒤에야 코페르니쿠스의 학설을 소개했다고 한다. 이것은 분명히 기본적인 사실과 부합되지 않는다. 샬은 『숭정역서』에서 이미 코페르니쿠스를 소개했다. 그 내용을 옮겨보면, "서양에서 유명한 역법 학자로서는 프톨레마이오스, 케플러, 코페르니쿠스, 브라헤 네 사람을 꼽을 수 있다. 대체로 서양국의 역학은 이들이 사승^{師承} 관계를 이루어 전수하고 익혀서 각기 독립된 학파가 되었다. 후학들이 이 네 명의 학자를 가장 존중하고 중시하게 된 데는 저술이 많고 측산과 검증이 매우 엄밀하며 역법의 효과가 최고로 훌륭하기 때문이다"[7]라고 했다. 또한 샬은 그 자신이 지은 『역법계전^{曆法繫傳}』에서 전문적으로 프톨레마이오스, 코페르니쿠스, 브라헤의 저작 네 편을 뽑아서 상세하게 설명했다.

셋째, 내화 예수회 선교사들이 이렇게 했던 목적은 어디에 있었을까? 그들이 중국을 방문한 이유는 중국을 근대화하기 위해가 아니라 분명히 중국선교, 곧 '중화귀주^{中華歸主}'에 있었다. 그러나 이러한 목적을 달성하려면 우선적으로 과학을 수단으로 삼아 중국 문인들에게 서양의 과학을 알리고, 더 나아가서 중국인들에게 서양의 종교를 신뢰하도록 만들어야 했다. 예수회 선교사들이 중국의 문인들에게 펼쳐 보인 서학^{西學}은 '경세치용^{經世致用}'의 학문이고, 특히 문인들이 회회력과 대통력을 대체해서 사용하는 서양 역법은 바로 정확하기로 유명했다. 바꿔 말하자면 브라헤 체계의 특징은 측정이 정확하다는 데 있었다. 바로 이 점이 중국 과학자들을 매료시켰다.

---

[7] "悉本之西洋治曆名家曰多祿某, 曰歷而封所, 曰哥白泥, 曰第谷四人者. 蓋西國之曆學, 師傳曹習, 人自爲家, 而四家者首爲後學之所推重, 著述既繁, 測驗益密, 曆法致用, 俱臻至極." 湯若望, 위의 글, 1997쪽.

이른바 '과학선교'를 수단으로 삼았던 예수회 선교사들은 중국에서 영향력을 행사하려면 실용적이고 믿을 만한 과학기술을 내세워 당대의 문인, 사대부들의 마음을 사로잡아야 했다. 그런 점에서 장샤오위안은, "예수회 선교사들은 서양의 천문학을 전파함으로써 선교사업을 지원하기로 한 이상, 당연히 중국인들에게 서양 천문학의 우수성을 과시해야만 했다. 그렇게 해야만 중국인들이 탄복하고 호감을 가질 수 있었다. (…중략…) 이것은 당시에 다른 것이 아니라 오직 브라헤의 천문체계만이 할 수 있었다"[8]라고 말한다.

2. 유럽 천문학 측정기구의 중국 전파

예수회 선교사들은 입화入華 초기에 중국의 고관이나 문인들에게 선물로 보내기 위해 서양의 일부 천문 측정기구를 제작했는데 이것은 점차로 일상적인 일이 되었다. 마테오 리치는 천구의天球儀, 지구의地球儀, 해시계日晷, 상한의象限儀, 천체의 고도를 재는 측량기계, 기한의紀限儀, 혹은 六分儀 등을 제작한 바 있다. 아담 샬은 그 자신과 쉬광치 등 중국학자들이 주관한 『숭정역서』에서 서양의 천문학 이론은 물론이고 서양의 천문 측정기구를 소개했다. 『숭정역서』에 소개된 서양의 천문기구는 17종이다. 이를 나열해보면, ① 고삼직유의古三直游儀, ② 고륙환의古六環儀, ③ 황적전의黃赤全儀, ④ 고상운전의古象運全儀, ⑤ 호시의弧矢儀, ⑥ 기한의, ⑦ 상한의, ⑧ 지평경위의地平經緯儀, ⑨ 평면현의平面懸儀, ⑩ 성반星盤, ⑪ 적도경위전의赤道經緯全儀, ⑫ 적도경

---

8   江曉原, 앞의 책, 316쪽.

위간의赤道經緯簡儀, ⑬ 황도경위전의黃道經緯全儀, ⑭ 천구의, ⑮ 연시혼의演示渾儀, ⑯ 목후의木候儀, ⑰ 망원경望遠鏡이다.

학자들의 연구에 따르면 "선교사들은 『숭정역서』의 편찬을 통해서 1619년 이전의 절대다수의 유럽 천문학 측정기구들을 이미 흠천감에 소개했다".[9] 선교사들은 책을 통해서 소개함과 동시에, 또한 황제들에게 서양의 천문기구들을 전시했다. 명말시기 선교사들은 중국의 천문학자들과 연합해서 일부 천문기구들을 제작하기도 했다. 그러나 서양의 천문기구를 대규모로 제작한 것은 청초시기에 중국에 들어온 벨기에 출신의 선교사 페르디난드 페르비스트Ferdinand Verbiest, 南懷仁, 1623~1688에 의해서였다.

페르비스트는 청초의 '역옥曆獄투쟁'을 거치면서 강희제康熙帝의 전폭적인 신임을 받았다. 강희 8년1669.3.11, 예부禮部는 페르비스트를 흠천감 감정에 임명하자고 건의했다. 강희제는 4월 1일에 정식으로 페르비스트에게 "역법을 관리하라治理曆法"는 교지를 내렸다. 이렇게 해서 페르비스트는 대규모로 서양의 천문기구를 제작하기 시작했다. 페르비스트 자신의 기록에 근거해보면 그는 4년 동안에 여섯 가지의 대형 천문기구를 제작했다. 강희 13년1674.3.6, 이부吏部는 정식으로 강희제에게 "황명으로 제조하는 의상儀象, 천문기구이 완성되었습니다欽造之儀象告成"이라고 상주했다. 동시에 페르비스트는 또한 『신제영대의상지新制靈臺儀象志』를 지어 그 자신이 제조하는 각종 천문기구의 제작과정과 관상대를 설치하는 전 과정을 자세하게 설명했다.

이처럼 여섯 가지의 참신한 서양 천문기구가 베이징 동남각東南角의 고관상대古觀象臺에 우뚝 솟아 고풍스러운 베이징에 새로운 분위기를 더해주

---

9   張柏春, 『明淸測天儀器之歐化』, 遼寧敎育出版社, 2000, 154쪽.

었다. 그러면 페르비스트가 제조한 이들 새로운 서양 천문기구들은 중국의 천문학에 어떤 의미를 갖는 것일까?

먼저 동서문화교류의 견지에서 보면 선교사들이 제작한 이 천문기구들은 필경 서양의 천문기구가 중국에 등장한 첫 번째의 사례가 될 것이다. 그것은 당대 동양과 서양의 문화교류를 촉진함으로써 중국의 천문학자들에게 전통식 천문기구를 제조하는 것 말고도 또 다른 문명의 새로운 천문기구와 그 제작 방법을 알도록 했다. 그 다음으로 순수한 기술공예로 말하자면 이 천문기구들의 제작 역시 자신만의 특징을 지닌다. 중국의 전통식 천문관측기구와 비교해볼 때 그 짜임새가 보다 간결하고 좀 더 유연하게 사용할 수 있으며 기계적인 방법에서도 보다 합리적이었다. 마지막으로 특별히 망원경의 소개와 사용은 중요한 의미를 갖는다. 망원경의 사용이 유럽 근대 천문학의 발전을 이끄는 가장 중요한 요인이었음은 주지의 사실이다.

그러나 서양의 천문기구들을 제작할 때 페르비스트는 유럽을 떠난 지 근 20년의 세월이 흘러 유럽 천문학의 새로운 진전을 그다지 잘 이해하지 못했다. 이 때문에 당시 유럽 천문기구와 비교해서 다소 낙후된 것이 사실이다. 그렇다고 하더라도 이러한 설비는 티코 브라헤의 천문학 이론과 서로 괴리되지 않았던 까닭에 그런대로 괜찮았다. 이후로 이그나티우스 쾨글러Ignatius Kögler, 戴進賢, 1680~1746, 어거스틴 페르디난드 폰 할러슈타인 Augustin Ferdinand von Hallerstein, 劉松齡, 1703~1774 등 선교사들이 이 업무를 승계해나갔다. 그런데 이들은 페르비스트가 정한 생각을 받아들이고 대체로 그 방향을 유지했기 때문에 여전히 유럽의 천문학을 능가하는 기구는 만들어내지 못했다. 유럽의 천문학은 갈수록 큰 발전을 거듭했다. 그에 따라 본래 유럽 천문학과 엇비슷했던 중국 천문학의 수준이 서양과 점점 그 차이가 벌어졌다. 이런 이유에서 심지어 어떤 학자는 베이징 고관상대의 이들 거대한 천문기구를 만약 뒷날 유럽에서 발전한 현대 천문기구와 서로 비교해보면 마치 "과학의 공룡"과 같다고 인식했다.

이러한 역사의 흐름 속에서 고관상대에서 봉직했던 선교사들은 대를 이어 천조天朝의 황제를 대신해서 이 하늘로 통하는 계단을 지켰다. 그러나 대단히 안타깝게도 그들은 이 높은 관측대에서 어떠한 새로운 과학의 발전도 성취해내지 못했다. 뿐더러 근대 과학의 발견을 촉진하는 아무런 성과도 거두지 못했다. 왜 그랬을까? 여기에는 대략 두 가지의 원인을 꼽을 수 있다.

첫째, 선교사들의 관심사는 과학에 있지 않았다. 과학은 단지 그들의 입신양명을 위한 수단에 그쳤다. 다시 말해 선교사의 입장에서 포교는 그 첫 번째의 목표였고 과학은 이 선교목적을 달성하기 위해 취한 하나의 수단에 지나지 않았다. 이러한 사실은 페르비스트가 논변한 다음 말들에서 분명하게 확인할 수 있다. 그에 따르면 "우리의 천문학은 전 중국에서 종교를 전파하고 육성하는 가장 중요한 토대이다"라고 했다. 그런가 하면 선교사들이 "천문학을 구실 삼아서 실제로는 우리 종교의 진실을 더욱 명확하게 증명해야 한다"[10]고 주장했다.

이러한 인식을 견지했기 때문에 계산만 정확하고 천문을 측정하는 데 착오만 없으면 크게 신경을 쓰지 않았다. 선교사들은 천체운동의 새로운 법칙에 별로 관심이 없었고 천문학을 새롭게 발전시키려고도 하지 않았다. 그들의 관심은 온통 천주교에 대한 청조淸朝 제왕의 태도, 그리고 어떻게 하면 중국에서 천주교를 발전시킬 수 있을 것인가에만 쏠려있었다. 따

---

10 Noel Golvers, *The Astronomia Europaea of Ferdinand Verbiest, S. J. (Dillingen, 1687),* *Steyler Verlag,* 1993, pp.55·93.

라서 역사를 떠나서 마냥 선교사들을 비난할 수만은 없을 것이다. 그들이 일군 업적은 이미 충분해서 일반적인 선교 범위를 크게 넘어섰다.

둘째, 대청조大淸朝의 제왕들도 마찬가지로 '관천觀天'을 단지 자신들의 정치적 통치를 옹호하는 수단으로만 여겨 과학을 발전시키려는 생각을 전혀 해본 적이 없었다. 중국 천문학이 유럽 천문학에 뒤처진 책임을 몇몇 선교사에게 떠넘기려고 한다면 그것은 지나치게 단순한 생각이다. 그 낙후된 원인을 찾자면 근본적으로는 중국 자신의 문제이다. 중국 천문학의 전통은 본원적으로 정치성을 띤다. 이를테면 제왕들의 관심은 천체운동, 특히 일식과 월식을 정확하게 측정함으로써 왕조의 합법성을 입증하는 데 있었다. 물론 계절의 변화도 정확히 계산해 농사철을 놓치지 않도록 해야 했다. 그러므로 결국 흠천감에 대한 그들의 요구도 정확히 계산하고 측정하기만 하면 그만이었다.

주인이 이렇게 요구하니 선교사 한학자들 스스로가 천문학의 최신 발전을 위해서 능동적으로 간청하고 연구할 수 없는 것은 당연했다. 예를 들어 선교사들이 건륭제乾隆帝에게 유럽의 최신 과학기구를 상징하는 망원경을 진상했을 때도 그 역시 단지 달을 살피는 데만 사용할 뿐이었다. 실제로 당시 선교사들은 상당히 많은 유럽 최신의 발명품들을 이미 궁중으로 들여왔지만 이 물건들은 제왕이나 왕비들이 식후에 한가로이 차를 마실 때 완상하는 관상품에 지나지 않았다. 그 밖에도 우뚝 솟은 고관상대는 다만 황실 과학의 상징에 불과해서 평민들이 그곳에서 베이징의 일출과 일몰을 볼 수 없었음은 물론이고, 더욱이 거기서 천문을 연속적으로 관찰한다는 것은 상상도 할 수 없었다. 그런 까닭에 서양의 천문 측정기구들이 민간에 전해지거나 민간의 천문학자들이 이를 이용할 수 없었음은 더 말할 필요도 없다.

명말 살이 흠천감을 관장한 데서부터 시작해서 청초 페르비스트가 양광션楊光先, 1597~1669에 맞서 극력 변론해 역옥을 철저히 뒤집고 흠천감을 재탈환한 데 이어 1826년에 포르투갈 출신의 선교사 라자리스트 세라Serra, 高守謙가 병으로 인해 본국으로 귀환할 때까지 서양 선교사들은 흠천감을 장장 200여 년을 장악했다. 천문학 이론이든 천문관측기구든 막론하고 서양의 천문학은 중국에서 주도적인 위치를 차지했다. 그럼으로써 중국의 천문학을 환골탈태시켜 매우 큰 변화와 발전을 불러왔다. 더욱이 적지 않은 우수한 민간 천문학자들의 연구 방향을 바꾸어 그들의 천문학 연구를 촉진하는 데 큰 역할을 했다.

이렇듯 서양의 천문학이 중국에 미친 영향에 대해서는 청대 중국의 저명한 천문학자 메이원딩이 지은 시에 잘 나타나 있다.

가만히 유럽인의 말을 살펴보니 도량이나 계산을 전문 분야로 삼아,

침식을 전폐해 사고하고 그 깊은 뜻을 온 마음으로 터득한다.

지반地盤이든 천반天盤이든 모두 설계하거나 시공할 수 있고,

한스럽게도 깊은 산속에 살아 그 진기한 책들을 접하기 쉽지 않구나.

나는 여기에 종사하려 했지만 원래 배웠던 바와는 극히 달랐다.

그렇다고 어찌 유학을 버리고 번연히 서학을 연구했겠는가.

혹자가 잠시 역법을 배우려 한 것을 염려해 불충하다고 논하더라도

세상 속에 처신하면서 누가 처음에 품은 뜻을 바꿀 수 있겠는가?

竊觀歐羅言, 度數爲專攻.

思之廢寢食, 奧義心神通.

簡平及渾蓋, 臆製亦能工.

惟恨棲深山, 奇書亦罕逢.

我欲往從之, 所學殊難同.
詎忍棄儒先, 翻然西學攻.
或欲暫學曆, 論交患不忠.
立身天地內, 誰能異初衷?

바로 이러한 "번연히 서학을 연구하는" 정신이 청대 천문학자들이 "일찍이 예수를 섬기지 않았음^{曾不事耶穌}"에도 불구하고 확실히 서학을 흡수해 "능히 저들의 학술을 궁구할 수 있었다^{能彼術窮}". 그리하여 서양의 천문학에 정통한 쉐펑쭤^{薛鳳祚, 1599~1680}, 메이원딩 등 일군의 천문학자들이 출현했다. 이로부터 선교사 한학자들이 소개한 이후에 서양 천문학이 중국에 끼친 영향과 그 전파의 정도를 이해할 수 있다.

3. 서양 수학의 중국 전파

수학은 천문역법과 불가분의 관계에 있기 때문에 선교사들이 중국에 서양의 천문학을 소개할 때 서양 수학의 연구성과도 그와 함께 전래되었다. 가령 마테오 리치가 『건곤체의』의 상권에서 천문천체현상을, 하권에서는 산수^{算數}를 설명한 것이 그 실례이다. 서양 수학의 중국 전파를 살피고자 한다면 무엇보다도 리치와 쉬광치가 협력해서 번역한 『기하원본^{幾何原本}』을 언급하지 않을 수 없다. 롼위안^{阮元, 1764~1849}이 서학의 중국 전파를 논하면서 "『천학초함^{天學初函}』의 여러 책들 중에서 마땅히 『기하원본』을 으뜸으로 삼아야 한다"[11]라고 했던가 하면, 메이원딩은 "서학이란 기하학을 궁극의 진리로 한다"[12]고 인식했다. 그리고 일본학자 오가와 다쿠지^{小川琢}

治, 1870~1941는 리치가 동양에 소개한 최고의 기념물은 단연『기하원본』이라고 주장했다. 당시 리치가 사망하자 장지葬地를 어디로 정할 것인가가 큰 관심사로 떠올랐다. 내각 대학사 예샹가오葉向高, 1599~1627는 리치가 기여한 다른 공헌은 거론할 필요도 없이『기하원본』이라는 이 책 한 권만으로도 황제가 그에게 장지를 내리기에 충분하다고 했다.

이로 보건대 당대『기하원본』이 중국 사회에 미친 영향을 짐작하고도 남음이 있다. 실제로『기하원본』은 원대元代에 이미 중국에 전래된 적이 있었다. 그러나 당시에는 아랍어본만 존재했고 한문漢文으로는 아직 번역되지 않은 상태였다. 그러다가 명말에 와서 리치와 쉬광치가 협력해 한어본漢語本이 출간됨으로써 중국인들은 서양 수학의 진면목을 알 수 있게 되었다. 그 중요성에 대해서 쉬광치는 "산술算術은 공인工人들이 사용하는 도끼나 자와 같으며 그것은 역법, 율려律呂나 궁실을 짓는 등 모든 것에 활용되는 유용한 도구이다. 이 일산술을 모르면 만사를 쉽게 논할 수 없다"[13]라고 통찰한 바 있다. 수학은 일할 때 필요한 도끼나 자와 같다. 만약 도끼와 자가 없다면 어떻게 집을 지을 것이며 수학이 없으면 모든 일은 이루어질 수 없다. 쉬광치는 리치에게 수학을 배우면서 1608년 전후로 세 권의 수학 저작을 단번에 완성했다. 이것이 바로『측량법의測量法義』,『측량이동測量異同』,『구고의勾股義』이다.

상술한 쉬광치의 저작을 잠깐 살펴보면『측량법의』는 절반이 번역이고 또 절반은 창작이다. 쉬광치는 리치의 구술을 중국의 전통 수학에 대

---

11 "『天學初函』本諸書, 當以『幾何原本』爲最." 阮元, 「畸人傳」,『幾何原本』.

12 "言西學者以幾何爲第一義." 梅文鼎,『幾何通解』.

13 "算術者工人之斧斤尋尺, 曆律兩家旁及萬事者, 其所造宮室器用也. 此事不能瞭徹, 諸事未可易論." 徐光啓, 「同文算指序」, 徐宗澤 編,『明淸間耶穌會士譯著提要』, 中華書局, 1989, 265쪽.

한 자신의 이해와 결합시켜 서양의 측량학을 실제적 측량에 어떻게 적용할 것인가를 해석했다. 『측량이동』은 서양의 측량 방법과 중국의 측량 방법을 비교한 것이다. 마지막으로 『구고의』에서는 『기하원본』의 원리에 근거해서 중국 고대의 직각 삼각형, 곧 그 밑변句, 높이股, 빗변弦의 정리定理를 증명했다. 쉬광치는 『기하원본』을 철저히 이해해 그 속에서 영감을 받았던 까닭에 사람들에게 이 책을 꼭 숙독하라고 권했다. 그는 『기하원본』과 관련해서 "이학을 배운 자는 경박한 습성을 제거하고 그 집중력을 연마할 수 있다. 그리고 이 학문을 배운 자는 감춰진 법칙과 방법을 파악하고, 또 그 재능과 지혜를 북돋을 수 있다. 그런 까닭에 세상의 모든 사람이 마땅히 배워야 한다"[14]라고 여겼다.

또한 쉬광치는 자크 로와 협력해서 『측량전의測量全義』를 번역해 서양 수학의 삼각형 지식을 소개했다. 쉬광치의 영향을 받아 취스구瞿式穀는 줄리오 알레니Giulio Aleni, 艾儒略, 1582~1649와 함께 『기하요법幾何要法』을 공역했고 쑨위안화孫元化, 1581~1632도 『기하용법幾何用法』을 지었다. 이렇듯 서양의 기하학에 관한 학습은 당시 사대부들의 서학 연구에서 상당히 중요한 내용을 차지했다. 그런데 수학에 관한 소개는 리치와 리즈짜오의 합작품인 『동문산지同文算指』가 단연 으뜸이다. 이 『동문산지』는 중국인들에게 서양의 필산筆算을 이해시키는 데 가장 크게 공헌했다. 중국의 산술은 예수회 선교사들이 중국에 들어오기 전에는 여전히 '산목算木에 의한 산법籌算'이나 '주판을 이용한 계산법珠算'이 주를 이루었다. 때문에 이 책을 통해서 서양의 필산 방법이 소개된 것이다. 비록 내용상으로 볼 때 그 수준이 중국 고대의 수학 전통을 뛰어넘지는 못했지만 필경 하나의 새로운 방법을

---

14 "能令學理者祛其浮氣, 練其精心, 學事者資其定法, 發其巧思, 故擧世無一人不當學."
    『徐光啓集』上卷, 上海古籍出版社, 1986, 76쪽.

소개한 것임에는 틀림없었다.

　서양 수학에 대한 열정은 사대부뿐만 아니라 황제도 지대한 관심을 가졌다. 강희제는 즉위한 지 얼마 되지 않아서 페르디난드 페르비스트에게 천문수학을 교수하게 했다. 나중에는 또한 장 프랜시스커스 제르비용Jean Franciscus Gerbillon, 張誠, 1654~1707, 조아셍 부베Joachim Bouvet, 白晉, 1656~1730 등을 곁에 두고 자신에게 기하학을 가르치고 『기하원본』을 만주어로 번역하게 했다. 이와 같은 수학에 대한 강희제의 열정은 줄곧 계속되어 강희 52년에 몽양재蒙養齋를 개설하라는 명을 내려 세 번째 황자 인즈胤祉에게 직접 관리하도록 했다. 성지를 내리기를, "화석 성친왕和碩誠親王 인즈 등에게 율려律呂, 산법算法 여러 책들을 편찬함은 물론 몽양재를 세우고 단묘壇廟, 궁정 악기를 고찰해 정하라고 분부했다. 거인擧人 자오하이趙海 등 45명이 산법을 배웠다. 그대들은 재차 시험을 통해 그 성적이 우수한 자를 수서처修書處에 겸직하게 하라".[15]

　특기할 사항으로 서양의 대수학代數學, Algebra이 처음 중국에 전래될 때 '서양차근법西洋借根法'이라 일컬어졌다. 또한 '아얼러바라阿爾熱巴拉' 혹은 '아얼주바얼阿爾朱巴爾'이라고도 불렀다. 이것은 모두 앨지브러Algebra의 음역이다. 한때 강희제는 이 분야에 매우 큰 관심을 보였다. 그가 청더承德 피서避暑산장에서 선교사들에게 대수학을 배웠다는 기록이 바티칸 기록보관소와 중국의 만주어 문헌에 남아 있다.

　각설하고, 강희 52년 6월 17일에 허쑤和素, 1652~1718가 강희제에게 다음과 같이 아뢰었다.

---

15 "諭和碩誠親王胤祉等, 修輯律呂算法諸書, 著于養蒙齋立館, 幷考定壇廟宮廷樂器. 擧人趙海等四十五人, 系學算法之人. 爾等再加考試, 其學習優者, 令其修書處行走." 『淸聖祖實錄』 卷256, 康熙五十二年五月甲子.

서양인들吉利安, 富生哲, 楊秉義, 杜德海이 대수표對數表를 번역한 뒤, '수표문답數表問答'이라 이름하고 그 앞부분을 필사해 한 권을 보내왔습니다. 그들에 따르면 '우리는 이 책을 힘껏 지은계산한 뒤에 번역을 끝내도 옳고 그름을 알지 못합니다. 성상께서 훈도해 확정하신 후에 우리가 계속해서 작업계산하고 번역하면 대략 67권이 될 것입니다'라 했습니다.[16]

이것은 강희제가 당시 수학 연구 문제에 지대한 관심이 있었음을 보여준다. 사실 강희 51년, 강희제는 천허우야오陳厚耀, 메이줴청梅珏成 등을 대동해 피서산장 청더에 가서 그들과 『율력연원律曆淵源』의 편찬에 관해 토론했다.[17] 그리고 이듬해에 성친왕 인즈 등에게 "율려, 산법 여러 책들을 편찬하라"[18]고 명했다.

서양의 수학은 위에서 소개한 것 외에도 또한 장 테렌츠의 『대측大測』2권, 『할원팔선표割圓八線表』6권, 『측천약설測天約說』2권, 아담 샬의 『혼천의설渾天儀說』5권; 『공역각도팔선표共譯各圖八線表』6권, 자크 로의 『비례규해比例規解』1권, 『주산籌算』1권이 있다. 이 책들은 모두 『숭정역서』에 수학 저작으로 수록되어 있다. 기타 니콜라스 모텔Nicolas Motel, 穆尼閣, 1617~1675이 난징南京에서 선교할 때 쉐펑쭤와 공저한 『비례사선신표比例四線新表』, 『비례대수표比例對數表』가 있다. 이들 서양의 수학책은 나중에 『수리정온數理精蘊』과 『역상고성曆象考成』에 수록되었다.

---

16 "西洋人吉利安, 富生哲, 楊秉義, 杜德海將對數表飜譯後, 起名數表問答, 繕于前面, 送來一本. 據吉里安等曰, 我等將此書盡力計算後, 飜譯完竣, 亦不知對錯. 聖上指敎奪定后, 我等再陸續計算, 飜譯具奏, 大約能編六七本." 中國第一歷史檔案館 編, 『康熙朝滿文朱批奏折全譯』, 中國社會科學出版社, 1996, 878쪽.
17 李迪, 『中國數學史簡編』, 遼寧人民出版社, 1984, 266쪽.
18 "修律呂, 算法諸書." 『淸史稿』第七冊 卷45, 時憲志, 中華書局, 1997, 169쪽.

강희제가 수학을 좋아했던 것도 결코 소일거리에만 그치지 않았고 이러한 서양의 기예들이 유용하다는 사실을 깨달았기 때문이다. 그가 수학인재의 양성을 중시했던 것도 이 점을 말해준다. 강희제는 강희 9년[1670]에, "천문과 관련된 일은 매우 중대하므로 반드시 적합한 사람을 선택해 전심전력으로 익히고 배우게 해야만 깊고 정밀하게 알 수 있다"[19]라 지시해 청조의 산학算學제도를 건립하기 시작했다. 그는 각 기旗마다 10명씩 선발해 보내라고 명했다. 그리고 흠천감에 이들을 맡겨 서로 다른 과에 안배해 공부시키게 했다. 이를 통해서 이후 흠천감에 결원이 생기면 즉시 보충할 수 있도록 한 것이다. 강희 52년[1713]에 설립된 '몽양재'는 실제로 팔기八旗의 자제들에게 수학, 천문을 공부하는 장소를 마련했다. 옹정雍正 원년[1723], 『수리정미數理精微』와 『역상고성』이 정식으로 출판·발행되면서 팔기관학八旗官學에 산학을 개설하기 시작해 16인의 교사를 두고 매 '기'마다 총명한 아이 30여 인을 뽑아 산학을 가르쳤다. 이러한 산학제도는 건륭시기까지 이어졌다. 건륭 3년[1738] 팔기관학의 산법이 공식적으로 중단된 중에도 특별히 산학은 설치되어 이 기구는 줄곧 유지되었다. 이로써 청 조정이 강희조로부터 서양의 산학을 중시하기 시작했음을 알 수 있다.

중국의 수학은 서양 수학이 중국에 전래되면서 적지 않은 영향을 받았다. 명말 이후로 중국 문인들 가운데 서양 수학을 연구하는 이들이 눈에 띄게 증가했다. 예를 들어 왕시찬의 『효암신법曉庵新法』, 쉐펑쭤의 『천학회통天學會通』, 팡중퉁方中通, 1634~1698의 『수도연數度衍』, 리쯔진李子金, 1621~1701의 『산법통의算法通義』, 『기하역간집幾何易簡集』, 『천호상한표天弧象限表』, 두즈겅杜知耕의 『기하론약幾何論約』, 『수학약數學鑰』, 황바이자黃百家, 1643~1709의 『구고구

19 "天文關係重大, 必選擇得人, 令其專心習學, 方能通曉精微."『文獻通考』.

측해원구股矩測解原』, 천스런陳世仁, 1676~1722의『소광보유少廣補遺』, 메이원딩의
『역산전서曆算全書』, 『물암역산서목勿庵曆算書目』, 황중시黃宗羲, 1610~1695의『할
원팔선해割圓八線解』, 『서양산법西洋算法』 등등이 그 대표적인 실례들이다. 이
렇게 길게 열거되는 인물과 저작은 팡하오方豪, 1910~1980의 통계에 따르면
42명의 문인과 이들이 지은 근 73권의 수학 저작으로 파악된다. 이러한
통계는 당시 서양 수학이 중국의 수학자들에게 미친 영향을 충분히 반영
한다.

사실 서양 수학의 전래가 중국 수학에 미친 영향은 대체로 세 단계로
나눌 수 있다. 첫 번째 단계는 명말 리치 등이 착수한 것을 기점으로 강희
말년에『수리정미』가 출판되기까지 대략 1세기 반 정도를 거쳤다. 이 단
계는 주로 서양의 수학을 번역해 소개하는 것이 중심이 되었다. 두 번째
단계는 옹정조로부터 시작해서 신교개신교가 중국에 들어오기 전까지이
다. 이때는 더 많은 중국 학자들이 서양 수학의 영향 아래서 중국의 전
통 수학과 관련된 문헌을 정리하는 데 매진했다. 이것은 물론 그 당시
문화 전반의 분위기와 연결된 현상임에는 분명하다. 그러나 첫 번째 시
기의 선교사들이 소개한 서양 수학이 존재하지 않았더라면 중국의 학
자들이 이렇게 자각적으로 자신의 전통을 중시하기도 쉽지 않았을 것
이다.

그리고 세 번째 단계는 신교가 중국에 들어온 이후로 서양 수학의 두
번째 전래시기를 가리킨다. 두 번째 단계에서 정부 당국이나 적지 않은
학자들이 '서학중원설西學中源說'의 관점을 받아들였기 때문에 서양 수학
에 대한 평가도 서로 엇갈렸다. 어떤 이들은 "서양의 산법이 중국의 산법
보다 못하다"고 했던가 하면, 또 어떤 이들은 "중국의 산법과 서양의 산법
이 별로 큰 차이가 없다"라고 했다. 또 한편에서는 "동서양의 산법은 각자

의 문제를 가지고 있다"고 말하는가 하면, 또한 "서양의 산법이 중국 고대에 벌써부터 존재했었다"라는 관점도 그 수가 적지 않았다. 오늘날 보기에 사실 이러한 논쟁의 출현 자체가 서양 수학이 중국에 미친 영향을 보여준다. 그것은 직접적으로 중국 본토에서 수학의 발전을 촉진시켰다. 말 그대로 서학의 바람은 새 봄비를 머금었고 고목의 새싹은 서양의 사조를 빌린 것이다.

08

중국에 선사한
선교사 한학자들의
새로운 선물

세계지도

대항해시대 이후, 서양 지리학 지식의 소개는 입화入華 선교사 한학자들이 수행한 중요한 일 중의 하나였다. 그들은 먼저 지도 제작 공정에 착수했고 그 다음에 서양의 지리학 지식을 상세히 소개했다. 이는 선교사들이 소개한 서양의 천문학이나 수학과 마찬가지로 중국인들의 사고에 큰 충격을 가함과 동시에 중요한 영향을 미쳤다. 이와 함께 선교사들은 서양에 중국 지도를 제작해 출판함으로써 유럽에 중국 신비의 베일을 벗겨냈다.

1. 마테오 리치의 『산해여지전도』

마테오 리치Matteo Ricci, 利瑪竇, 1552~1610가 자오칭肇慶에 있을 때 그의 집에 찾아온 중국 문인들이 가장 좋아했던 물건 중의 하나가 바로 벽에 걸려 있는 한 폭의 『산해여지전도山海輿地全圖』였다. 리치가 기록한 일기에 따르면 많은 중국인들이 처음 이 지도를 보았을 때 아연실색해 아무런 말도 하지 못했다고 한다. 수천 년 동안 '중화와 이적의 구분華夷之分'에 갇혀 있었던 중국인들은 자신의 나라가 세계에서 가장 문명한 곳이고 다른 지역은 모두 미개하고 황량한 곳이며 중국은 역대로 세계의 중심이자 문명의 중심에 위치해 있다고 인식해왔기 때문이다. 그런데 뜻밖에도 이 『산해여지전도』를 보니 중국의 외부에도 수많은 문명 국가들이 존재해 있었다. 더욱이 세계 전체와 비교해 볼 때 지금껏 대국으로만 여겨왔던 중국이 세계의 중심이 아닐뿐더러 작은 존재였다는 사실을 발견하고 경악했다.

리치는 이 지도가 중국의 문인들에게 가한 충격을 간파하고 중국인들이 좀 더 쉽게 받아들일 수 있도록 지도를 새로이 제작했다. 이번에는 중국을 지도의 중심에 위치시켰다. 이렇게 하니 중국인들은 '화하華夏 중심'의 생각에 부합되어 심리적으로 다소 편안함을 느꼈다. 어쨌든 지구는 둥글다고 하더라도 영민한 리치가 이렇게 재수정하면서 도리어 아무런 원칙도 어기지 않게 되었다. 현재 리치가 제작한 지도의 저본이 어떤 것인지는 아직 확실치 않다. 다만 대다수의 학자들은 1570년에 출간된 아브라함 오르텔리우스Abraham Ortelius, 1527~1598의 『세계의 무대Theatrum Orbis Terrarum』일 가능성이 높다고 보고 있다.

한때 리치의 책이 중국의 문인들에게 큰 화제가 되었다. 홍웨이롄洪煨蓮, 1893~1980의 연구에 따르면 짧은 시간에 무려 12차례나 전국적으로 판각되었다고 한다. 구체적으로 열거해보면, 1584년에 자오칭에서 왕판王泮이 펴낸 『산해여지지도山海輿地地圖』, 1595년에 난창南昌에서 간행된 『세계도지世界圖志』, 1598년에 자오커화이趙可懷가 쑤저우蘇州에서 돌에 글자를 새겨 두 차례 펴낸 『산해여지도山海輿地圖』, 1596년에 난창에서 간행된 『세계지도世界地圖』와 『세계도지』, 1600년에 우중밍吳中明이 난징南京에서 펴낸 『산해여지도』, 1601년에 펑잉징馮應京이 베이징北京에서 펴낸 『여지전도輿地全圖』, 1602년에 리즈짜오李之藻, 1565~1630가 베이징에서 펴낸 『곤여만국전도坤輿萬國全圖』, 1603년에 베이징에서 간행된 『양의현람도兩儀玄覽圖』, 1604년에 궈쯔장郭子章이 구이저우貴州에서 간행한 『산해여지전도』, 1606년에 리잉스李應試가 베이징에서 펴낸 『세계지도』, 1608년에 궁중의 태감들이 본떠 그린 『곤여만국전도』이다.[1]

현대 학자 황스젠黃時鑒과 궁잉옌龔纓晏은 홍웨이롄의 연구에 기초해서 리치가 제작한 지도와 그 전파에 관한 총체적인 연구를 수행한 바 있다. 그럼으로써 사람들에게 대량의 새로운 자료와 정보를 제공해 그 관심을 집중시켰다. 이들의 연구를 통해서 당시 리치의 지도가 중국의 지식인들에게 상당히 광범위하게 전파되었다는 사실을 알 수 있다. 가령 1595년 난창에서 판각된 『세계도지』의 경우 이 지도는 현재 찾아볼 수 없다. 그러나 리치가 난창에 있을 때 알았던 이학대가理學大家 장헝章橫이 리치의 『세계도지』를 본떠 그려서 자신의 『도서편圖書編』에 수록했다. 그 덕분에 오늘날 당대 난징 판각본의 모습을 다시 볼 수 있는 것이다.

1601년에 펑잉징이 베이징에서 펴낸 『여지전도』 역시도 현재 전해지지 않는다. 그러나 펑잉징의 『월령광의月令廣義』에 자신의 모사본을 수록했다. 황스젠과 궁잉옌은 왕치王圻의 『삼재도회三才圖繪』에서 『산해여지전도』의 모사본을 발견했다. 리치가 그린 것이나 펑잉징이 판각한 『세계여지량소도世界輿地兩小圖』는 현재까지 아직 발견되지 않고 있다. 그러나 황스젠 등은 명말 청바이얼程百二의 『방여승람方輿勝覽』에서 그 번각본飜刻本을 발견했다. 왕짜이진王在晉의 『주천각국도사분지일周天各國圖四分之一』은 실제로 동아시아가 투영된 세계지도로서 작자는 리치가 그린 것이라고 주석해 밝히고 있다. 그러나 정작 리치 자신은 그러한 사실에 대해서 한 번도 언급한 적이 없었다. 황스젠 등은 지도의 지식이나 내용으로 보아 중국 학자보다는 리치의 작품일 가능성이 매우 높다고 판단했다. 이는 적어도 당시 리치의 지도가 얼마나 광범하게 전파되었는지를 설명해주기에 충분하다.

리치의 지도는 중국에서 널리 퍼졌을 뿐만 아니라 동시에 일본과 조선에도 전해졌다. 조선의 홍문관 부제학 이수광李睟光, 1563~1628은 1614년에

---

1   洪業, 『洪業論學集』, 中華書局, 1981, 178쪽.

자신이 지은 『지봉유설芝峯類說』에서 조선의 사신 이광정李光庭, 1552~1629이 리치의 지도를 조선에 전했다고 기록하고 있다. 주지하다시피 『곤여만국전도』는 1602년 가을에 베이징에서 출판되었다. 그런데 이듬해 이미 조선에 전래된 것을 보면 그 전파 속도가 매우 빨랐음을 알 수 있다. 일본으로 전래된 리치의 지도는 선교사들이 직접 가지고 간 것 말고도 여러 경로를 통해서 일본으로 전해졌다. 현재 일본에는 리치의 지도가 세 폭이 있다. 그것은 교토京都 대학, 미야기현현립도서관宮城縣縣立圖書館, 그리고 국립공문관내각문고國立公文館內閣文庫에 각각 소장되어 있다. 그 밖에도 상술한 중국 문인들이 모사한 것도 일본의 여러 서적에 수록되어 있다. 리치의 지도는 정말 상상을 초월할 정도로 일본에 널리 퍼져 있다.

좀 더 구체적으로 살펴보면 에도시대江戶時代, 1603~1867의 저술 30여 종에 리치의 세계지도를 이용하거나 언급하고 있다. 또한 별도로 25부의 문헌에 묘사된 세계지도는 리치의 지도를 참고한 것이다. 이러한 50여 종의 문헌들은 다음과 같은 뚜렷한 특징을 갖는다.

① 시간적으로 장장 1661년부터 1863년까지 이어진다.
② 저자들의 신분은 관리, 학자, 군사가, 번역가 등 다양하게 분포되어 있다.
③ 서적의 종류도 많아서 천문, 지리의 저작뿐만 아니라, 소설, 수필 류도 적지 않다. 그리고 『절용집節用集』, 『당토훈몽회도唐土訓蒙繪圖』 등 일반 독자들을 대상으로 하는 간단한 백과사전도 포함된다.

이러한 상이한 유형의 도서들을 통해서 꼬박 두 세기 동안에 리치의 세계지도는 에도시대 각계각층 사람들의 세계지리관에 폭넓게 영향을 미쳤다.[2]

뒷날, 리치가 베이징에 왔을 때 만력제萬曆帝를 감동시킨 것은 정해진 시간에 저절로 울리는 자명종自鳴鐘 외에도 또한 이 만국전도萬國全圖가 있었다. 만력제는 리치에게 만국전도를 분도分圖로 만들게 한 다음에 이를 병풍에 도안으로 붙여놓고 곁에서 기거하면서 매일 이 병풍 지도를 몇 번이고 훑어보았다. 황제가 지도상의 이국적인 문양에 매료되었는지, 아니면 지도에 펼쳐진 세계에 충격을 받았는지는 알 수 없다. 그러나 날마다 몇 차례씩 자신도 모르게 그 앞에 멍하니 서 있었다는 사실만으로도 리치의 지도에 깊이 심취했음을 보여준다.

그렇다면 리치의 만국전도가 당시 중국인들에게 던져준 새로운 의미는 무엇일까. 어떤 이유에서 위로는 황제로부터 아래로는 서생들에게까지 사랑을 받았을까. 그와는 반대로 일부 사람들이 거세게 반대한 이유는 무엇인가. 또한 이 리치의 지도는 무엇 때문에 이렇게까지 조선인과 일본인의 사랑을 받았으며 끊임없이 번각飜刻되고 소장되었을까. 그 원인들을 대략 두 가지로 정리해볼 수 있을 것이다.

첫 번째로는 '중화와 이적의 구분'이라는 전통적인 관념을 타파했다는데서 그 원인을 찾아볼 수 있다. 이른바 '화이지분華夷之分'은 유가儒家의 중요한 인식 중의 하나이다. 춘추시대에 공자孔子는 『춘추春秋』에서 정치적 통일의 관점으로 존왕양이尊王攘夷를, 그리고 『논어論語』에서 문화적 견지로 용하변이用夏變夷를 각각 주장했다. 이렇게 해서 화이지분의 사상은 유가의 전통 사상으로 자리 잡은 것이다. 이를테면 선진先秦 유가에서는 "나는 중화로 오랑캐를 변화시켰다는 말은 들었어도 오랑캐에게 변화를 당했다는 말은 아직 들어본 적이 없다"[3]라는 이하지변夷夏之辨을 통해서 화

2　黃時鑒・龔纓晏, 『利瑪竇世界地圖硏究』, 上海古籍出版社, 2004, 128쪽.
3　"吾聞用夏變夷者, 未聞變于夷者也."『孟子・滕文公上』.

하문화의 "먼 지방의 사람이 복종하지 않으면 문덕文德을 닦아서 그들을 오게 한다"[4]라는 자신감과 "이적夷狄, 오랑캐에게 임금이 있는 것이 제하諸夏, 중국의 여러 제후국에 없는 것만 못하다"[5]라는 우월감을 확립했다. 또한 송대宋代 이학자 스제石介, 1003~1043는 『중국론中國論』에서, "하늘은 위에 있고 땅은 아래에 있다. 천지의 중간에 있는 것을 중국이라 하고 천지의 한쪽에 치우쳐 있는 것을 사이四夷라 한다. 사이를 밖이라 하고 중국을 안이라 한다"[6]고 가장 분명하게 말했다.

이 일련의 문화적 자신감과 우월감은 줄곧 중국 사대부의 천하관을 지탱하는 지렛목이 되었다. 그런데 지금 리치의 지도 앞에서 문인들은 갑자기 화하가 천하와 일치하는 것이 아니며, 이 세계에서 중국의 밖이 오랑캐의 땅이 아님을 발견하게 되었다. 즉, 머나먼 유럽이 그 문명의 수준에서 거의 중화문명과 동일하게 찬란하고 유구하며, 그곳의 공업은 모두 정교하고 또 천문과 인성의 원리에 통달함은 물론 풍속이 튼실하고 오륜을 중시한다. 경제가 매우 활성화되어 군주와 신하가 모두 풍족하고 부유하며 사계절은 외국과 다를 바 없고 행상들은 온 세계를 두루 돌아다닌다. 중국인들은 이러한 사실들을 알게 된 이상 수천 년 동안 자신들의 머릿속을 지배해온 '화이의 구분'이 한순간에 붕괴되었을 것이다. 그 충격은 가히 짐작하고도 남음이 있다.

이러한 이유에서 일부 중국인들은 리치의 지도가 상징하는 문화 관념을 시종 비판했다. 가령 명말시기 문인 리웨이전李維楨, 1547~1626은 리치의

---

4 "遠人不服, 則修文德以來之." 『論語·季氏』.
5 "夷狄之有君, 不如諸夏之亡也." 위의 책.
6 "天處乎上, 地處乎下, 居天地之中者曰中國, 居天地之偏者曰四夷, 四夷之外也, 中國內也." 『徂徠石先生文集』, 中華書局, 1984, 116쪽.

지도에서 중국이 작게 그려진 것실제로 리치는 중국 문인들이 견지한 화하 중심의 관념을 충족시키기 위해서 중국을 이미 지도의 중앙에 위치시켰다을 보고 크게 분노했다. 이렇게 "중국이 협소하다狹小中國"라는 인식에 대해서 당시 서학의 지식을 받아들인 문인 천쭈환陳祖緩은 "무릇 서학은 중국이 작다고 한 것이 아니라 땅지구이 크다고 한 것이다. 땅이 크면 중국은 작은 법이다"[7]라고 변론했다. 그러자 선교사들을 결사적으로 반대했던 사람들은 더욱 분개해서 "리치란 대체 어떤 자인가? 실로 국외의 교활한 오랑캐일 뿐이다"[8]라고 했다. 이들은 『이아爾雅』, 『설문해자說文解字』를 꺼내들고 '아亞' 자가 소小, 차次, 추醜, 미微 등 부정적인 의미라고 고증했다. 그렇다면 리치가 중국의 위치를 '아세아 주아세아洲亞細亞'라고 규정한 속마음은 무엇이었을까? 아무튼 그의 지도는 수천 년간 이어져 온 '화하 중심'의 관념과 정면으로 충돌했다. 때문에 상술한 반대의 목소리는 어쩌면 매우 정상적이라고 할 수 있다.

　물론 당시에 리치의 지도에 찬동하고 그것을 옹호하는 사람들도 적지 않았다. 리치의 지도를 판각한 궈쯔장은 아주 전형적인 말을 남겼다. 그는 자신이 간행한 『산해여지전도』의 「서언序言」에서 "리치 선생의 도설利生之圖說"은 "중국의 천고 이래 전대미문의 이론이다"[9]라고 했다. 한번은 다른 사람들이 양코배기 리치가 어떻게 중국 고대의 천지 관념과 동일한 생각을 가질 수 있었는지를 질문한 적이 있었다. 그때 궈쯔장은 공자의 "천자는 관직의 제도를 잃으면 그것을 사방의 오랑캐四夷에게 배운다"[10]라는 말로 자신을 변호하면서 그 이유를 찾았다. 중국의 문인들은 리치의

---

7 "夫西學非小中國也, 大地也. 地大, 則中國小."
8 "乃利瑪竇何物? 直外國一狡夷耳!" 林啓陸, 「誅夷論略」, 『聖朝破邪集』 卷6.
9 "中國千古以來末聞之說者." 郭子章, 「序言」, 『山海輿地全圖』.
10 "天子失官, 學在四夷." 『春秋左氏傳·昭公十七年』.

세계 관념을 받아들임과 동시에 실제로 화하 중심의 낡은 관념에서 점차 벗어나기 시작했다.

아닌 게 아니라 선교사들과 접촉이 많았던 취스구瞿式穀는 "더욱이 오랑캐와 중국이 어찌 항상 정해져 있겠는가? 그곳에 사는 사람들이 충실하고 믿음직스러우며 사리에 밝고 앞뒤 순서가 바르다면 비록 멀리 낯선 곳에 있다고 하더라도 중화일 것이다!"[11]라고 했다. 여기서 취스구는 오랑캐와 중화의 구분을 완전히 청산하고 있다. 그가 보기에 리치 등 서양인들은 충직하고 성실하며 생각이 깊고 본분에 충실했다. 그리고 비록 그들이 팔만 리 밖에 떨어져 있지만 그곳도 중국과 마찬가지로 예의의 나라였다. 리즈짜오는 『곤여만국전도』의 「서序」에서 전통적 이하夷夏관념을 타파하고 개방된 태도로 동양과 서양을 대등하게 바라보았다. 그는 "옛 선비들은 천天에 대한 언변이 뛰어났는데 지금 이 지도를 보면 암암리에 그 뜻이 서로 부합된다. 동양과 서양이 마음이 통하고 이치가 같으니 믿을 만하지 않은가?"[12]라고 하면서 힘써 동양과 서양을 화해·소통시키려고 노력했다.

한 폭의 지도는 새로운 세계관이자 새로운 문화관을 상징한다. 리치의 지도는 문화상에서 최초로 수천 년 동안 중국인들을 지배해온 '화하중심론'을 타파했다. 그런 점에서 리치의 지도를 아무리 높게 평가해도 지나치지 않을 것이다.

두 번째로는 '천원지방天圓地方'의 관념을 무너뜨렸다. 중국에서 맨 처음

---

11 "且夷夏亦何常之有? 其人而忠信焉, 明哲焉, 元元本本焉, 雖遠在殊方, 諸夏也!" 瞿式穀, 「職方外紀小言」, 謝方 校釋, 『職方外紀校釋』(艾儒略), 中華書局, 1996.
12 "昔儒以爲最善言天, 今觀此圖, 意與暗契. 東海西海, 心通理同, 于玆不信然乎?" 朱維錚 外編, 『利瑪竇中文著譯集』, 復旦大學出版社, 2001, 179~180쪽.

지원설地圓說을 알린 인물은 리치가 아니라 도미니코회Dominican Order의 선교사 후안 코보Juan Cobo, 高母羨, 1546~1592였다. 코보는 자신이 지은『무극천주정교진전실록無極天主正教眞傳實錄』이라는 저서에서 명확하게 지원설을 제시했다. 다만 이 책은 중국에서 널리 알려지지는 않았고 1952년에 광하오方豪, 1910~1980에 의해서 스페인의 국가도서관에서 발견되었을 뿐이다. 그에 반해서 리치의 지도는 광범위하게 유통되었다. 실제로 중국의 문인들이 지원학설을 알게 된 것도 이 리치의 지도를 통해서였다. 리치는 자신의 지도에서 "땅과 바다는 본래 둥글고 합하여 하나의 구형을 이루니 마치 달걀의 노른자가 흰자 안에 있는 것처럼 천구天球의 중앙에 위치한다. 땅이 모나다고 함은 그것이 고정되어 바뀌지 않는 성질을 말한 것이지 그 형체를 일컫는 것이 아니다"[13]라고 밝힌 바 있다.

중국의 문인들은 이 글을 보고 깊이 감명을 받았다. 줄곧 선교사들이 소개한 서학에 열정을 품었던 양팅쥔楊廷筠, 1557~1627은 "서양 사람들은 천고에 유달리 뛰어나서 하나의 학설을 만들었다. 그들은 하늘과 땅은 모두 끝이 있다고 하지만 실제로는 끝이 없다. 그 모양은 여러 겹으로 된 커다란 둥근 물체이므로 시작도 없고 끝도 없으며 가운데도 없고 가장자리도 없다"[14]고 했다. 그야말로 리치는 "새로운 학설을 독창적으로 세운 천고의 위인"으로 인식되었다. 사실 절대다수의 문인들에게 지원설은 지금껏 들어보지 못한 새로운 것이었다. 그런 이유에서 류셴팅劉獻廷, 1648~1695은 『광양잡기廣陽雜記』에서 "지원설은 리치가 서쪽에서 내회來華한 뒤에야

---

13 "地與海本是圓, 而合爲一球, 居天球之中, 誠如鷄子黃在淸內. 有謂地爲方者, 乃語其定而不移之性, 非語其形體也."『坤輿萬國全圖』禹貢學會, 1933年本.

14 "西方之人, 獨出千古, 開創一家, 謂天地俱有窮也, 而實無窮, 以其形皆大圓, 故無起止, 無中邊." 楊廷筠,「職方外紀序」,『職方外紀校釋』(艾儒略), 謝方 校釋, 中華書局, 1996.

비로소 알게 되었다"[15]라고 말했다. 리치도 "수백 년 이래 처음으로 그 자신에게 지구가 둥글다는 말을 들었기 때문에 중국 사상계 전체가 충격에 휩싸였다『리치일기』 영문판, 325쪽"고 언급한 바 있다.

물론 반대했던 사람들도 많았는데 가장 전형적인 경우가 장융징張雍敬이 『정력옥형定曆玉衡』에서 피력한 관점일 것이다. 그의 생각을 정리해보면 다음과 같다.

지구가 둥글다는 관점으로 볼 때 지구의 사방에는 모두 사람이 존재하게 된다. 그렇다면 지구의 밑쪽에 있는 사람들은 머리를 아래로 향하고 서 있는 꼴이 된다. 또 지구 양쪽의 사람들은 지구의 표면에서 가로눕는 꼴이 된다. 평소에 작은 벌레가 들보에 기어오르는 것을 보아도 이것이 미물일지라도 등을 아래로 향하면 반드시 떨어진다. 그렇다면 지구의 밑면에 있는 사람들도 추락하는 것이 당연하지 않겠는가?[16] 이러한 우스꽝스러운 발상은 장융징이 만유인력의 법칙을 이해하지 못한 데 기인한다.

그러나 당대에 이 관점은 매우 많은 사람들에게 칭찬을 받았다. 그 실례로 주이쭌朱彝尊, 1629~1709은 "이 글은 유학자의 기운을 펴고 서양인의 입을 꺾기에 충분하다"[17]라 했다. 그런가 하면 양셰楊燮는 "한 사람의 신념으로 천고千古의 큰 의구심을 해소하니 어찌 유쾌한 일이 아니겠는가!"[18]라고 칭송했다. 이렇듯 장융징에 찬동한 이들은 결코 적은 수가 아니었다. 만약 장융징이 자연스러운 상식의 차원에서 지구가 둥글다는 견해에 반대했다면 더욱 많은 사람들이 동조했을 것이다. 이러한 기본적인 상식의

---

15   "如地圓之說, 直到利氏西來, 而始知之." 劉獻廷, 『廣陽雜記』.
16   『定曆玉衡』, 續修四庫全書本, 上海古籍出版社.
17   "是書傳足以伸儒者之氣, 折泰西之口." 朱彝尊, 『曝書亭集』卷三十五, 文淵閣四庫全書本.
18   "以一人之獨信, 釋千古之大疑, 豈不暢然快事哉!" 『定曆玉衡』.

문제를 문화수준의 의제로 간주했던 문인들도 있었다. 가령 선교사들에게 줄곧 큰 반감을 가졌던 양광셴楊光先, 1597~1669은 다음과 같이 인식했다.

만일 지구가 둥글다고 한다면 점심 때쯤이면 서양인 나라의 밑으로 넘어가지 않겠는가? 이렇게 되면 높고 웅대한 중화는 "저 서양의 발아래 있는 나라라고 말하고 있음이 분명하다. 우리 중국을 업신여김이 참으로 심하도다!"[19] 이 때문에 "차라리 중국에 좋은 역법이 없을지언정 중국에 서양인들을 살게 해서는 안 될 것이다."[20]

물론 또 다른 시각도 있다. 즉, 리치의 지원설은 서양인이 발명한 것이 아니라 중국 고대에는 일찍부터 존재했었다는 것이다. 청초淸初의 천문학자 메이원딩梅文鼎, 1633~1721은 "지원설은 본래 유럽의 서역에서 시작된 것이 아니다"[21]라고 주장했다. 이러한 생각은 중국 고대의 혼천설渾天說 이론과도 관련된다. 예를 들어 한대漢代 천문학자 장헝張衡, 78~139은 "혼천은 달걀과 같고 천체는 탄환처럼 둥글며 땅은 달걀 속의 노른자와 같이 홀로 그 안에 위치하니 하늘은 크고 땅은 작다"[22]라 인식했다. 그러나 이 혼천설은 여전히 "천원지평天圓地平"의 관념에 머물러있었다. 이와 관련해서 쉬광치徐光啓, 1562~1633는 "근세에 혼천을 설명할 때 하늘이 원형체라는 사실은 의심의 여지가 없다. 무릇 하늘은 원형체이고 땅은 평형체인 것이다"[23]라고 말한 바 있다.

---

19 "彼西洋脚底所踹之國, 其輕賤我中夏甚已!" 楊光先,「孽鏡」,『不得已』下卷, 黃山書社, 2000.

20 "寧可使中夏無好曆法, 不可使中夏有西洋人." 楊光先,「日食天象驗」,『不得已』下卷, 黃山書社, 2000.

21 "地圓之說, 固不自歐邏西域始也." 梅文鼎,「論地圓可信」,『曆學疑問』卷一, 6쪽.『梅氏叢書輯要』, 承學堂同治十三年(公元1874年)刻本.

22 "渾天如鷄子, 天體圓如彈丸, 地如鷄子中黃, 孤居于內, 天大而地小." 張衡,「渾天儀」,『全漢文』卷55.

그러나 여기서 중요한 것은 중국 고대의 혼천설은 단지 이론적 구상일 뿐이고 서양의 지원설은 대항해시대 이후 실천을 거쳐서 "증명된 정확한 학설"[24]이라는 사실이다. 이러한 관점은 청초시기에 성행했던 '서학중원설西學中源說'을 구현한 것이자, 또한 선교사가 소개한 서학이 중국 학자에게 가한 충격을 설명해준다. 다시 말해서 서학에 자극을 받은 중국의 수많은 문인들은 비로소 자신들의 과학 전통을 중시하고 자신들의 고대 문헌을 정리하기 시작했다. 이른바 '서학중원설'이 어떻게 이해되든 간에 이러한 관점은 또 다른 측면에서 서학의 영향을 반영하는 것이다. 말 그대로 선교사 한학자들의 작품이 중국에 미친 큰 영향은 오늘날의 한학자들도 도저히 따라잡을 수 없을 정도이다.

2. 서양 지리학의 중국 전파

서양 지리학의 전래는 명대에 마테오 리치가 제작한 『곤여만국전도』가 최초의 사례이자 광범위한 영향을 미쳤다. 두 번째로 영향이 비교적 컸던 것은 줄리오 알레니Giulio Aleni, 艾儒略, 1582~1649가 중국의 문인 양팅쥔과 협력해서 출판한 『직방외기職方外紀』이다. 이탈리아 출신의 알레니는 동향인同鄕人 리치의 전통을 계승해 적응주의의 선교노선을 실천하며 대단히 큰 성공을 거두었다. 뒷날 알레니는 푸젠福建에서 선교활동을 펼치며 문인들과 매우 친숙해졌고 "서래공자西來孔子, 서양에서 온 공자"라고 불렸다. 이른

---

23   "近世渾天之說明, 卽天爲圓體無疑也. 夫天爲圓體, 地能爲平體." 『徐光啓集』 上冊, 上海古籍出版社, 1984, 63~64쪽.

24   林金水, 「利瑪竇輸入地圓說的影響與意義」, 『文史知識』, 1985.

바 『직방외기』의 출간은 그가 동서양의 문화교류에 기여한 중요한 업적이라고 할 수 있다. 이 책의 명간본明刊本에는 "서양의 알레니가 증역增譯했고 동양의 양팅쥔이 집성했다西海艾儒略增譯, 東海楊廷筠滙記"라 서명되어 있다. 이 '증역'과 관련해서는 알레니가 책의 서언序言에서 "이제 여러 뜻을 같이한 선배와 후배들이 천하를 돌아다님에 힘입어 그들이 보고 들은 것을 한데 모아 이 책을 완성하게 되었다"[25]라고 설명한다.

그런데 "여기서 뜻을 같이한 선배와 후배들"이란 전후로 중국에 들어온 예수회 선교사 디에고 데 판토하Diego de Pantoja, 龐迪我, 1571~1618, 사바티노 데 우르시스Sabatino de Ursis, 熊三拔, 1575~1620, 장 테렌츠Jean Terrenz, 鄧玉函, 1576~1630, 베네딕트 고에스Benedict Goës, 鄂本篤, 1562~1606 등을 가리킨다. 알레니는 이들 선교사들이 가져온 서양의 지리학 책들과 그들이 세계 각지에서 보고 들은 정보에 근거하고 여기에 번역과 정리를 가해서 완성했다. 무엇보다도 테렌츠와 고에스가 제공한 지식들은 모두 세계지리에 관한 최신의 것들이었다. 이렇듯 알레니의 이 책은 "중국인에게 생소했을 뿐만 아니라 서양으로 말할 때도 17세기에 가장 새로운 자료를 담은 세계지리였다."[26]

이 책의 제목은 양팅쥔의 아이디어일 수도 있겠지만 매우 특징적이다. 주대周代의 관직에는 "천하의 도서圖書를 관장함으로써 천하의 땅을 담당掌天下之圖, 以掌天下之地"하는 직방씨職方氏가 존재한다. 그런데 전통적인 직방기職方記에서 그것은 단지 사이四夷, 팔만八蠻, 칠민七閩, 구맥九貉, 오융五戎, 육적六狄과 같은 지방에 한정될 뿐이다. 이것이 바로 중국인의 마음속에 존재하는 천하라고 할 수 있다. 그러나 알레니는 『직방외기』라고 명명함으로

---

25 "玆賴後先同志, 出游寰宇, 合聞合見, 以成此書." 艾儒略, 「職方外紀自序」, 『職方外紀校釋』, 謝方 校釋, 中華書局, 1996.

26 謝方, 『職方外紀校釋』, 中華書局, 1996, 4쪽.

써 중국인들에게 전통적 천하 밖에 또 '하늘天'이 있다는 사실을 알리고자 했다. 다시 말해서 하늘 밖에 하늘이 있고 건물 밖에 건물이 존재한다는 것이다.

소위 『직방외기』는 총 5권으로 되어 있다. 그중에서 수권首卷은 만국전도와 오대주五大洲의 총도總圖 및 분도分圖로 되어 있다. 알레니의 도화가 비록 리치의 지도보다는 크지 않지만 여기서 소개된 지리 지식, 특별히 인문 지리의 지식은 미증유의 것이다. 책의 내용으로 제1권은 아시아의 총설과 분설 13조항, 제2권은 유럽 지도와 유럽의 총설 및 분설 12조항, 제3권은 아프리카 지도와 아프리카의 총설 및 분설 13조항, 제4권은 아메리카 지도와 아메리카의 총설 및 분설 15조항, 별도로 마지막에 마젤라니카 총설, 제5권은 사해四海 총설과 바다의 이름, 바다의 섬들, 바다의 생물, 해산물, 바다의 모습, 배, 바닷길 등등으로 구성되어 있다.

이 책이 리치의 지도와 다른 점은 세계지도를 보여주면서 리치보다 더 상세히 당시 서양의 최신 지리 지식을 소개하고 있다는 데 있다. 예를 들어 알레니는 제4권에서 남북 아메리카의 마젤라니카를 소개할 때, "처음에 서양인들은 아시아, 유럽, 아프리카 세 대륙이 있다는 사실만을 알았다. 이는 지구 전체 가운데 겨우 10분의 3에 해당하는데 나머지 10분의 7은 바다라고 생각했다"[27]라고 말한다. 선교사들은 성실하고 정직하게 중국의 문인들에게 처음에 자신들도 지구에는 세 개의 대륙밖에 없고 다른 곳은 모두 바다로 이루어져 있다고만 알았다고 일러준다. 이어서 "백 년 전, 서양에 콜럼버스라는 한 신하가 있었는데 평소에 사물의 이치를 연구하는 학문을 탐구했고 또 평생 동안 항해하는 방법을 연구해 익혔다. (…

---

27 "初, 西士僅知有亞細亞, 歐羅巴, 利未亞三大洲, 于大地全體中止得什三, 餘什七悉雲是海." 艾儒略, 『職方外紀校釋』(謝方 校釋), 中華書局, 1996.

중략…) 콜럼버스는 드디어 많은 사람들을 거느리고 바다로 나갔다. 그는 몇 달 동안 끝없는 바다 위에서 아무런 소득도 얻지 못했다".[28] 여기서 알레니는 콜럼버스의 신대륙 발견을 언급하고 있다. 이는 선교사가 최초로 콜럼버스의 사적을 중국에 소개했다는 점에서 의미가 크다. 인문 지리의 측면에서 알레니는 또한 많은 정보를 소개했다. 그 내용은 다음 장과 절에서 다시 살펴볼 것이다.

청초에 서양의 지리학 방면에서 가장 큰 영향을 미친 인물은 다름 아닌 페르디난드 페르비스트Ferdinand Verbiest, 南懷仁, 1623~1688이다. 페르비스트가 이룬 성과는 두 가지로 정리할 수 있다. 하나는 세계지도를 제작한 것이고 또 하나는 서양의 지리학을 소개한 몇 권의 책을 저술한 것이다. 그는 1676년에 『곤여전도坤輿全圖』라는 세계지도를 그렸는데 그 자폭이 매우 컸다179×432cm. 이 지도는 두 개의 반구도半球圖를 포함해서 모두 8개의 병폭屛幅으로 이루어졌다. 페르비스트가 이 지도를 제작할 때 예수회 동료들의 성과를 충분히 받아들였다. 더해서 리치와 마찬가지로 중국 전통의 천하관을 존중해 중국을 세계의 중앙에 위치시켰다.

다만 이 지도를 강희제康熙帝에게 보여주어야 했기 때문에 지도에 서명할 때 리치와는 달리 선교사로서의 신분을 드러내지 않고 자신의 관직명을 기입했다. 바로 이런 점 때문에 리치의 경우와는 다르게 매우 많은 문인들의 칭송을 받았으며 또 서문을 써준 선비들도 많았다. 그러나 『곤여전도』는 리치 지도의 한문 역명을 등한시해 번역된 지명의 많은 부분이 읽기에 매우 이상했다. 물론 이 지도는 리치의 것보다는 보기에 더 근사했다. 그 이유는 페르비스트가 지도에 열네 종류의 장식물, 흩날리는 구

---

28 "至百年前, 西國有一名大臣閣龍者, 素深于格物窮理之學, 又生平講習行海之法 (…중략…) 閣龍遂率衆出海, 轉轉數月, 茫茫無得." 艾儒略, 謝方 校釋, 앞의 책.

름, 둥근 달, 바람에 날리는 세 개의 돛단배를 그려 넣으면서 사람들을 매료시켰기 때문이다. 모르긴 해도 강희제 역시도 매우 좋아했을 것이다. 또한 동아시아 지형의 묘사나 구불구불한 동해안의 제도製圖 등 매우 많은 부분에서 리치의 지도보다 더 정확했다.

페르비스트는 강희제가 더욱 편하게 이 지도를 볼 수 있도록 『곤여도설坤輿圖說』, 『곤여격치약설坤輿格致略說』, 『곤여외기坤輿外記』라는 3권의 관련서를 지었다. 이 책들은 청대淸代에 여러 번 간행되었을 뿐만 아니라 『곤여도설』, 『곤여외기』는 『사고전서四庫全書』와 『고금도서집성古今圖書集成』에 각각 수록되었다. 이로 볼 때 얼마나 중시되었는지를 가늠할 수 있다. 이 책들은 세계의 지리 지식과 인문 지리의 지식을 소개하고 있는데 많은 내용을 알레니의 『직방외기』에서 취했다.

페르비스트가 1674년에 헌정한 지도는 강희제가 서양의 제도방식을 접촉하게 된 기점이 되었다. 이후로 강희제는 나라를 다스리는 데 있어 지도 제작의 중요성을 점차로 깨닫게 된다. 그는 말하기를, "짐은 어려서부터 지리에 관심이 많았다. 무릇 고금의 산천에 관한 명칭은 변경이나 외지고 먼 지방을 막론하고 반드시 지적도를 자세히 고찰하고 방언을 널리 조사해 바로잡아야 한다"[29]라 했다. 선교사 드 마이야Joseph-François-Marie-Anne de Moyriac de Mailla, 馮秉正, 1669~1748는 친구에게 보낸 서신에서 일찍이 이 점을 언급한 적이 있다.

최근 4년 동안 나는 원하는 바대로 선교사의 직책을 거의 수행할 수 없었다. 이 기간 내내 중국 지도를 제작하라는 황제의 명을 받들었기 때문이다. 폐하는 서로 다른 시간에 모두 아홉 명의 선교사를 파견해 이 일을 진행하게 했다.[30]

여기서 말하는 전국 지도는 바로 강희시대에 선교사들이 제작한『황여전람도皇輿全覽圖』를 지칭한다.

『황여전람도』는 강희 47년 4월 16일1708.6.4에 정식으로 측량되기 시작했다. 조아셍 부베Joachim Bouvet, 白晉, 1656~1730, 장 밥티스트 레지스Jean-Baptiste Régis, 雷孝思, 1663~1738, 피에르 자르투Pierre Jartoux, 杜德美, 1668~1720는 강희제의 명을 받아 창청長城의 정확한 위치를 규명하는 이 거대한 측량 공정의 서막을 열었다. 계속해서 레지스 등은 또 동북 지역과 북즈리北直隸 지역을 측량해서 제도하는 공정을 완수했다. 이들은 측량하는 속도를 높이기 위해서 강희 50년1711에 작업 인원을 두 팀으로 나누었다. 한 팀은 레지스와 장-프랑수아 카르도소Jean-François Cardoso, 麥大成, 1676~1723가 산둥山東의 지도 제작을 맡았고, 또 한 팀은 자르투와 자비에-에렌베르크 프리델리Xavier-Ehrenbert Fridelli, 費隱, 1673~1743 등이 만리장성을 나가서 현재의 하미哈密 동쪽의 동몽골 지역을 제도하는 임무를 맡았다.

더해서 카르도소와 피에르 빈센트 드 타르트르Pierre Vincent de Tartre, 湯尙賢, 1669~1721 등은 산시陝西, 간쑤甘肅, 산시山西 등지의 측량 공정을 완성했다. 드 마이야, P.켄더러P.Kenderer, 肯特雷는 레지스와 협동해서 허난河南의 지도를 측정했다. 또한 몇 사람이 뒤이어 장난江南, 저장浙江, 푸젠의 지도를 제도했다. 드 타르트르와 카르도소는 장시江西, 광둥廣東, 광시廣西의 지도를, 그리고 프리델리 등은 쓰촨四川, 윈난雲南, 구이저우의 지도를 각각 제도했다. 강희 53년에서 56년까지 "흠천감欽天監에서 수학을 공부했던 두 명의 라마승楚兒沁藏布, 蘭木占巴과 이번원理藩院, 청대에 몽골, 티베트 등 외번(外藩)의 일을 관장하던 관서

---

29 "朕于地理從幼留心. 凡古今山川名號, 無論邊徼遐荒, 必詳考圖籍, 廣詢方言, 務得其正."『康熙政要』第18卷, 19쪽.

30 『耶蘇會士中國書簡集』第二卷, 大象出版社, 2005, 157~158쪽.

주사主事 성주勝住를 티베트로 보내 측량해 지도를 제작하게 했다. 이때 측량을 수행했던 이들은 갠지스강에까지 이르렀다".[31]

강희 56년[1717] 1월, 각지의 측량·제도 공정이 기본적으로 완료되자 강희제는 전도全圖 제작의 일을 자르투에게 맡겼다. 강희 57년에 마침내 전도의 합성이 완성되었다. 『황여전람도』는 강희조에 동서문화교류의 중요한 사건이자 강희제가 이룩한 대업 중의 하나이다. 대신들의 말을 빌리자면 이 성과는 "강역 지도 역사상 지금까지 유례가 없는 것인데, (…중략…) 황상께서 정밀하게 탐구하고 널리 조사해 30년 동안 심혈을 기울이신 것이다. 억만리의 산하를 측정하고 천하를 축소해 지도로 옮겨 책상 위에서 열람할 수 있게 하셨다"[32]라 평가된다.

건륭乾隆 20년[1755], 건륭제乾隆帝는 이리伊犁를 수복하기 위해 서북에 군대를 출동시키면서 다음과 같이 명령을 내렸다.

서쪽의 군대가 승전의 소식을 전했다. 대군은 이미 이리에 진격했고 중가리아 Dzungaria, 準噶爾의 여러 지방들이 판도에 다 편입되었다. 그곳의 성신星辰 상황, 해와 달의 출몰, 낮과 밤, 절기, 시각 등을 모두 시헌서時憲書에 기록하고 역법을 반포할 것이며, 그곳의 산천이나 지형을 상세히 측량해 황여도皇輿圖에 기록해서 중국 통일의 성대한 일을 대외적으로 분명하게 밝혀야 한다. (…중략…) 서양인 두 명을 대동해서 그곳 각지를 돌아다니며 북극의 고도高度, 동서의 편도偏度를 측량하고 일체의 지세를 세심하게 고증해 교정하라. 지도를 그려서 보고해 살피되 모든 곤여전도와 필요한 측정기구를 헤아려 가져가라.[33]

---

31   趙榮·楊正泰, 『中國地理學史』(淸代), 商務印書館, 1998, 135쪽.
32   "從來輿圖所未有也, (…중략…) 皇上精求博考, 積三十年之心力, 核億萬里之山河, 收寰宇于尺寸之中, 畵形勝于幾席之上." 『淸聖祖實錄』 卷283.

이로부터『건륭내부도乾隆內府圖』의 지도 제작이 개시되었다. 이 지도 제작에 참여한 선교사는 미셸 베노아Michel Benoit, 蔣友人, 1715~1774, 조셉 데스피냐Joseph d'Espinha, 高慎思, 1722~1751, 펠릭스 다 로샤Félix da Rocha, 傅作霖, 1713~1781, 앙투안 고가이슬Antoine Gogeisl, 鮑友管, 1701~1771, 어거스틴 페르디난드 폰 할러슈타인Augustin Ferdinand von Hallerstein, 劉松齡, 1703~1774 등이다. 그리고 청 조정의 대신 류퉁쉰劉統勳, 1700~1773, 허귀쭝何國宗, ?~1767 등도 합류했다. 건륭 26년1761 6월, 선교사 한학자들은『서역도지西域圖志』를 완수했다. 건륭제는 또 일군의 관리들을 파견해 수정하게 했다. 그로부터 20년이 지난 뒤 건륭 47년1782에 마침내『흠정황여서역도지欽定皇輿西域圖志』가 완성되었다.

이와 함께 강희제『황여전람도』의 기초 위에서 건륭 21년, 24년1756, 1759 두 차례에 걸쳐 이루어진 신장新疆, 시짱西藏, 티베트 등지의 제도 성과를 흡수해 건륭 25년1760에 전국의 실측 지도를 편집해 제작했다. 베노아는 동판 104조각, 위도 5도를 1열로 삼아 총 13열로 제작했기 때문에 "건륭 13열乾隆十三排"이라고 불린다. 이른바『건륭내부도』는 오늘날 강역의 판도를 닮았다고 평가받는 중국의 전도全圖임과 동시에, 당시 세계 최초이자 가장 완전한 아시아 대륙의 전도로 그 포함된 면적이 강희제의 지도를 훨씬 능가한다".[34]

재화在華 선교사 한학자들이 중국인들과 협력해서 강희시대에 제도한『황여전람도』와 건륭시대에 제도한『건륭내부여도』는 아시아 당시의 모든 지도 중에서 가장 훌륭한 것일 뿐만 아니라, 또한 당시 어떤 유럽의 지

---

33   "西師秦凱, 大兵直抵伊犁, 準噶爾諸部盡入版圖, 其星辰分野, 日月出入, 晝夜節氣時刻, 宜載入時憲書, 頒賜正朔, 其山川道里, 應詳細相度, 載入皇輿圖, 以昭中外一統之盛.(…중략…) 帶西洋人二名, 前往各該處, 測其北極高度, 東西偏度, 及一切形勝, 悉心考訂, 繪圖呈覽, 所有坤輿全圖, 及應需儀器, 俱著酌量帶往."『淸高宗聖訓』卷217.
34   孫喆,『康雍乾時期輿圖繪制與疆域形成研究』, 中國人民大學出版社, 2003, 62쪽.

도보다도 훌륭했고 더 정확했다. 그것은 중국이 제도학製圖學 방면에서 세계의 여러 나라를 다시 한번 앞서가고 있다는 사실을 분명하게 보여준다.[35] 이 두 지도는 청대 지리학사, 더 나아가 중국의 전체 지리학사에서 다음과 같은 중요한 의미를 갖는다.

첫째, 중국의 역사상 최초로 실측 경위도의 토대 위에서 제작한 지도이다. 당시 선교사 한학자들이 사용한 주요 측량·제도의 방법은 삼각측량법이었다. 레지스가 친구에게 보낸 서신을 보면, "우리는 자尺에서 손을 떼지 않고 정확하게 반원을 나누고, 두 지역 사이에 측정점을 더 만들어 서로 고리를 잇는 삼각망으로 연결시켰다. 삼각법 측량을 지속적으로 진행하면 또한 유리한 점도 있다. 이는 한 곳의 경도, 위도를 측정한 다음에 태양이나 북극성의 측정을 통해 자오권子午圈의 높이에서 교정할 수 있다"[36]라고 했다. 이것은 당시 세계에서 지형을 측량하는 가장 선진적인 방법이자 더욱이 『황여전람도』도 당시 세계에서 가장 큰 지도였다. 그런 의미에서 웡원하오翁文灝, 1889~1971는 다음과 같이 말한다.

17, 18세기에는 유럽 각국의 대지 측량 역시 아직 개시되거나 완성되지 않은 상황이었다. 중국 전도의 완성은 실제로 중국 지리로 볼 때 큰 성과였다. 비록 이국의 전문가들이 공력을 기울인 것이지만 그 계획 규모가 얼마나 큰지 충분히 알 수 있다.[37]

둘째, 선교사 한학자들이 중국인들과 협력해서 제도한 이 지도들은 청

---

35   李約瑟, 『中國科學技術史稿』 5卷 2章, 科學出版社, 1976.

36   J. B. 杜赫德, 「測繪中國地圖紀事」, 『歷史地理』 2.

37   王庸, 『中國地理學史』, 臺灣商務印書館, 1986, 113쪽에서 재인용.

대의 지도 제작에 중대한 영향을 미쳤다. 청말에 청정부가 제작한 중요한 지도들, 가령 도광道光 12년1832에 둥리펑董立方이 제도하고 리자오뤄李兆洛, 1769~1841가 편성한『황조일통여지전도皇朝一統輿地全圖』, 동치同治 2년1863에 후린이胡林翼, 1812~1861과 옌수썬嚴樹森, 1814~1876이 편제한『대청일통여도大淸一統輿圖』는 모두『황여전람도』와『건륭내부여도』의 토대 위에서 개량된 것들이다. 다만『대청일통여도』는 선교사들이 그린 지도로부터 받은 영향이 비록 제한적이기는 했지만 그 뒤로 민간에 보급되기 시작했다. 동시에 선교사 한학자들의 지도는 뒷날 외국인이 중국 지도를 제도할 때 사용하는 저본이 되었다. 예컨대 1735년에 프랑스인 당빌D'Anville이 제도한『중국분성도中國分省圖』,『만몽장도滿蒙藏圖』는 전부『황여전람도』와『건륭내부여도』가 그 저본기초이 되었다.

셋째, 중국 전통 지리학의 분화와 발전을 촉진시켰다. 무엇보다도 먼저 이들 지도의 제작과정이 바로 동서문화교류의 과정이었음을 인지해야 한다. 더해서 청 중기 이전에 지도를 제작하는 데 입화한 선교사 한학자들이 중요하고도 주도적인 역할을 수행했음을 인정해야 한다. 물론 이 과정에서 중국 측에서도 매우 중요한 역할, 곧 중국의 제도사製圖士들 또한 대량의 작업을 수행했다. 그러나 강희제와 건륭제의 전폭적인 지원이 없었다면 이 일은 거의 불가능했을 것이다. 이 두 지도의 제작은 실제로 선교사들의 단순한 과학 활동을 넘어 청 왕조의 중요한 국가 행위였다. 이러한 과정에서 선교사 한학자들은 유럽의 새로운 제도법을 도입했고 중국의 제도사들도 이 방법을 익혔다.

이와 동시에 선교사 한학자들이 이들 지도를 제작하면서 서양의 제도 방법이 자연스럽게 중국의 정부 당국에 소개되어 관청의 인정을 받았다. 그럼으로써 중국 전통의 지도 제작 방법은 분화하기 시작했다. 즉, 하나의 새로운 제도 방법이 중국에서 출현해 공식적인 지위를 얻기 시작한 것이다. 당연히 선교사 한학자들도 지도를 제작하는 과정에서 중국 전통을 대량으로 흡수했음은 물론이다. 리치로부터 알레니, 페르비스트에 이르기까지 제도할 때 모두 중국 전통 지도의 내용, 특히 지명의 번역명을 참고해 사용했다. 예를 들어 『황여전람도』에서 티베트의 지도는 중국인이 독립적으로 제도한 것인데 후에 선교사들이 조사한 결과 제작된 『라싸도拉薩圖』, 『브라마푸트라강도雅魯藏布江圖』, 『강디세Gangdise산맥도岡底斯阿林圖』는 약간 착오가 있었다. 후에 다른 사건이 발생해 제도작업을 계속할 수가 없어서 티베트로부터 철수했지만 이 지도들은 여전히 『황여전람도』에 수록되어 있다.

『황여전람도』와 『건륭내부여도』는 여러 차례 판각되어 목각판, 동각판, 또한 모사본도 존재해[38] 민간에서 일정한 영향이 미쳤다. 그러나 이때에 중국 전통의 제도 방법도 여전히 존재했다. 이것은 그 영향이 제한적이었음을 보여준다. 강희 이후 각지의 지방지地方志에서 대량으로 제도할 때 여전히 전통적인 방법을 채용했다. 가령 『티베트도지西藏圖識』, 『서초도략西招圖略』, 『위장도지衛藏圖識』, 『티베트도고西藏圖考』 등은 모두 경도나 위도, 그리고 비율도 분명하지 않다. 그런 까닭에 학자들은 "청 통치집단 상층부의 제도 관념은 서양의 영향을 깊게 받아 어느 정도 서구식 제도술을 수용한 반면에, 지방에서는 전반적으로 보아 조정에서 도입한 새로운 측량·제도의 기법이나 관념에 크게 영향을 받지 않았다"[39]라고 인식한다. 그런가 하면 "중국의 옛 지도는 페이슈裴秀, 224~271로부터 명말에 이르기까지 계리개방計里開方의 법과 전통적인 통속회법繪法이 서로 중첩되어 있었다. 그러

---

38   李孝聰, 『歐洲收藏部分中文古地圖敍錄』, 國際文化出版社, 1996, 160~182쪽.
39   孫喆, 앞의 책, 62쪽.

다가 청초에 경위도법經緯圖法이 수입되어 지도의 제작법은 삼중의 국면을 맞이했다"[40]고도 말한다. 청의 중전기에는 동서문화교류가 기본적으로 정상적이었기 때문에 문화가 융합되기 시작한 시대이자 문화가 다원적으로 나타나기 시작한 시대였다. 동일한 맥락에서 지도의 제작에서도 삼중주의 시대였는데 이것은 비교적 객관적인 견해라고 할 수 있다.

3. 내화 예수회원과 중국 지도의 서전西傳

중국과 유럽은 실제로 너무 다른 두 문화였지만 내화 선교사들은 지칠 줄 모르는 일군의 문화 탐험가들이었다. 그들은 중국에 서양의 지도를 소개함과 동시에, 또한 중국의 지도에 관심을 가지기 시작했다. 이들 교회에서 밖으로 나온 신부들은 중국이라고 하는 이 광대하고도 낯선 토지에 호기심이 가득했다. 특기할 사항으로 중국의 지도를 가장 먼저 그리기 시작하고 이를 서양으로 가져간 인물은 이탈리아의 예수회 선교사 미켈레 루지에리Michele Pompilio Ruggieri, 羅明堅, 1543~1607였다. 이 루지에리의 지도명은 『중국지도집 Atlante Della Cina 』이다. 이 지도는 1987년에야 발견되었는데 줄곧 로마국가도서관에 수장되어 있었다. 1993년에 로마 기록보관소와 IPZSIstituto Poligrafico e Zecca dello Stato의 정리를 거친 뒤에 정식으로 출판되어 세상의 빛을 보게 되었다.

이 지도집은 모두 37쪽의 해설과 28폭의 지도로 구성되어 있다. 그중 일부는 밑그림草圖이고 일부는 아주 정교하게 그린 것인데 다음과 같은

---

40   王庸, 앞의 책, 125쪽.

몇 가지의 특징을 발견할 수 있다.

첫째, 처음으로 비교적 상세하게 중국의 성省을 구분한 지도를 열거했다. 루지에리는 중국의 15개 성을 소개하면서 매 성마다 매우 자세한 분석을 가하고 있다. 이를테면 각 성의 농업생산, 식량의 생산량, 광산물, 강의 흐름과 그 흐름의 방향, 그리고 각 성 간의 거리와 경계, 방위, 더해서 "황가皇家의 구성원, 거주지나 찻잎 등과 같은 특수작물, 학교, 의과대학, 그리고 종교 등 상황"[41]도 모두 포함되었다.

둘째, 문자로 설명하는 부분에서 가장 먼저 서양에 중국의 행정 구성, 국가의 조직 구조 등을 소개했는데 이것은 당시 유럽의 관심거리 중의 하나였다. 그는 성에서 '부府', 부에서 '주州'와 '현縣', 이러한 등급의 순서대로 매 성의 주요 도시, 명칭, 심지어 각지 주둔군의 장소인 '위衛'와 '소所'까지 일일이 소개했다. 그런 측면에서 이 작품의 가장 두드러진 특징은 작가가 중국 대륙의 행정조직이 가진 형식상에서의 완전성을 정확하게 설명하고자 한 점일 것이다.

셋째, 남방의 중요성을 부각시켰다. 이탈리아 학자들은 루지에리의 중국 지도는 확실히 중국의 지도학자 뤄훙셴羅洪先, 1504~1564의 『광여도廣輿圖』로부터 영향을 받은 것이라고 인식하고 있다. 실제로 루지에리가 사용한 많은 기본적인 숫자는 대부분 『광여도』에 근거한다. 그러나 중국을 소개할 때는 도리어 서양인의 관점을 유지했다. 그는 이 제국의 수도이자 중심인 베이징과 난징에 우선순위를 두지 않고 남방 연해의 성으로부터 단계적으로 소개해나갔다. 이렇게 중국을 소개하는 방식은 근대 포르투갈인의 방식과 완전히 서로 일치한다. 그도 그럴 것이 당시 유럽인들의 입장에

---

41 洛佩斯(Fernando Sales Lopes), 「羅明堅的"中國地圖集"」, 澳門『文化雜志』 34.

서 자신들의 무역과 관련된 중국 남부의 성이 주요 관심사였기 때문이다.

서양에 중국의 지도를 소개한다는 관점에서 보면 루지에리 이후 가장 중요한 인물은 폴란드의 내화 예수회 선교사 미카엘 보임Michael Boym, 卜彌格, 1612~1659을 꼽을 수 있다. 보임은 남명南明 영력永曆 왕조의 중신이다. 우 싼구이吳三桂, 1612~1678의 정예기병이 서남西南에서 영력제永曆帝를 추적할 때 영력조의 재상 팡톈서우龐天壽, 1588~1657는 로마에 사람을 보내 구원병을 요 청하자고 제안했다. 이들은 당시 영력제를 제외하고 궁중의 황후, 비빈들 대다수가 천주교에 입교했기 때문에 로마 교황청의 도움을 기대했던 것 이다. 보임이 로마로 파송되는 특사로 피선되었다. 특사가 된 보임은 6년 간의 고생 끝에 로마 교황청의 휴지화된 문서 조각만을 가지고 동방으로 되돌아왔다. 그러나 이때 남명의 영력 왕조는 이미 멸망했기 때문에 청 군의 칼에 단명한 팡톈서우를 어디서 찾을 것인가? 설상가상으로 보임은 중국과 베트남의 국경 부근에서 굴러 넘어진 뒤 다시는 일어나지 못했다.

그런데 이 중국의 사신 보임은 로마의 바티칸도서관에 한 폭의 귀중한 『중국 지도책中國地圖冊』을 남겼다. 보임이 남긴 이 지도의 정식 명칭은『세 리카와 중화제국인 위대한 카타이, 15개의 왕국, 18장의 지도Magni Catay quod olim Serica et modo Sinarum east Monarchia, Quindecim Regnorum, Octodecim geographica 』 이고 약칭은『중국 지도책』혹은『라틴어 중국 지도책』이다. 이 지도책은 모두 18장의 지도, 곧 15장은 당시 중국의 행성도行省圖이며, 그리고 중국 의 전체 지도 1장, 하이난다오海南島도 1장, 랴오둥遼東지도 1장으로 구성 되어 있다. 이러한 보임의『중국 지도책』은 다음과 같은 두 가지의 중요 한 특징이 발견된다.

첫째, 이『중국 지도책』은 중국의 인문 지리를 비교적 자세하게 소개하 고 있다. 보임은 모든 지도에 설명하는 글을 쓰고 도안을 배치했다. 이 문자들은 중국의 역사, 풍속, 더불어 간단한 사회생활을 소개한 것이다. 독일의 한학자 발터 푹스Walter Fuchs는 보임이 지도에서 설명한 글자들을 근거로 그 내용을 몇 개의 장으로 나누어 보면 그 속에서 이 지도의 풍부하고 다양한 면모를 접할 수 있다고 했다.

제1장 : 중국인의 기원, 그들은 어떠한 형태의 하느님을 조물주라고 여기는가?

제2장 : 중국인들은 자신의 국토를 어떤 모습으로 인식하는가? 그들은 자신의 지리적 위치를 어떤 모습으로 묘사하는가? 그들은 하늘, 별들의 운행에 대해 어떤 개념을 가지고 있는가? 그리고 무엇에 근거해 연월을 계산하는가?

제3장 : 고대의 세리카Serica, 絲國와 위대한 카타이Catay, 契丹가 중국이 맞는지의 여부? 중국이란 이 명칭은 어떻게 만들어진 것인가?

제4장 : 중국인의 기원, 그들 최초의 사람들, 그들의 황제와 황제의 가계家系.

제5장 : 중화 제국의 정치적 · 군사적 태도.

제6장 : 중국의 면적, 인구, 국경의 성벽, 사막, 협곡, 성, 도시, 황허黃河와 창장長江, 거름주기, 수확, 무역, 주민의 복장, 예의와 덕목.

제7장 : 한어漢語, 서적, 문학 발전의 수준, 고상한 예술, 역학力學.

제8장 : 중국의 종파, 중국에서 복음을 전파한 사도 성 토마스Saint Thomas, 마카오.

제9장 : 프란치스코 하비에르Franciscus Xaverius, 沙勿略, 1506~1552, 존경하는 마테오 리치, 그리고 기타 내화 예수회 선교사 신부들.

제10장 : 복음을 교수한 상황과 미래의 전망, 선교사들의 거주 조건과 중국에 건립한 교회당, 세례를 받은 사람 수와 황궁에서 세례를 받은 가장 중요한 인물.[42]

이상의 내용으로 보건대 보임의『중국 지도책』은 실제로 중국을 소개한 책이고, 특히 인문 지리에 대한 소개가 매우 돋보인다는 사실을 알 수 있다.

둘째, 지도에서 마르코 폴로Marco Polo, 1254~1324가『동방견문록Divisament dou Monde』에서 소개한 내용을 대비적으로 연구했다. 당시 유럽은 카타이와 중국의 관계를 분명하게 알지 못했던 까닭에 대다수의 사람들은 두 개의 나라로 인식하고 있었다. 보임은 이를 해명하기 위해 많은 노력을 기울였다. 그런 점에서 근대 이래 유럽 최초의 마르코 폴로 연구자라고 할 수 있다. 그는 혼신의 힘을 다해서 지도집의 표제가 말하는 "위대한 카타이는 바로 세리카와 중화제국임"을 증명하고자 했다.

이렇게 볼 때 보임의 지도가 여태껏 발표된 적은 없었지만 초기 예수회의 제도학에서 중요한 위치를 점한다고 할 것이다. 왜냐하면 그것은 마르티노 마르티니Martino Martini, 衛匡國, 1614~1661의 지도책과 동일하게 최초로 서양 세계에 제공된 아주 상세하게 그려진 중국의 지도책이었기 때문이다.[43]

그러나 서양에 명실상부하게 영향을 미친 진정한 의미의 중국 지도는 이탈리아 내화 예수회 선교사 마르티니의『중국신도中國新圖, Novus Atlas Sinensis』라고 할 수 있다. 사실 루지에리와 보임의 지도가 마르티니의 것보다 앞선다. 그러나 이 두 지도는 오랫동안 출판되지 못하고 단지 도서관에 소장되어 소수의 지리학자들만이 연구하고 열람했을 뿐 일반 대중들에게는 알려지지 않았다. 반면에 마르티니의『중국신도』는 제작이 정교하고 소개가 상세해 서양에서 출판을 거듭했다. 심지어 1840년 아편전쟁

---

42 (波蘭) 愛德華·卡伊丹斯基, 張振輝 譯,『中國的使臣－卜彌格』, 大象出版社, 2001, 181~182쪽.
43 위의 책.

이후에 서양의 선교사들이 재차 중국에 들어올 때나, 아니면 그 식민지 강도들이 중국에 금을 캐러 왔을 때 손에 쥐고 있었던 것이 바로 이 마르티니의 중국 지도책이었다. 이른바 『중국신도』는 모두 17폭의 지도로 이루어졌다. 그중에 전국 지도 1폭, 각 성의 분도分圖 15부, 그리고 일본 지도 1부가 첨부되어 있다.

09

특별한 재능을 가진
선교사 한학자

서양 물리학의 중국 전래

중국에 관한 유럽인의 지식은 1500~1800년이라는 이 300년간의 동양과 서양문화교류 속에서 큰 걸음을 내딛기 시작했다. 유럽의 동양학 계보에 새로운 학문인 '한학漢學, 중국학'이 형성되기 시작한 것이다. 이 명청明淸시기에 유럽 한학의 주역은 다름 아닌 당시 중국에 온 유럽 선교사 한학자들이었다. 특별히 이들 유럽 선교사 한학자들이 주도한 서양 물리학의 중국 전래는 특기할 만하다. 강희康熙 22년1683에 페르디난드 페르비스트Ferdinand Verbiest, 南懷仁, 1623~1688는 강희제에게 매우 중요한 상주서上奏書인 『진정"궁리학"소주進呈"窮理學"疏奏』를 올렸다. 페르비스트는 이 상주문에서 "역曆의 이치를 밝히고 백학百學의 문을 열어 만세에 길이 빛날 수 있도록 『궁리학窮理學』의 책을 올립니다"[1]라고 말한다. 그는 『궁리학』을 "백학의 근원"으로 여기고 강희제가 만약 서양의 천문역산天文曆算을 배우고자 한다면 『궁리학』을 잘 배워 체득하는 것이 가장 중요하다고 일깨운 것이다.

그렇다면 여기서 『궁리학』이란 어떤 책일까? 페르비스트가 말하는 효용성으로 볼 때 그것은 서양의 철학과 논리학일 것이다. 왜냐하면 철학과 논리학만이 모든 학문 분야의 기초가 되기 때문이다. 바로 이런 이유에서 페르비스트는 "만약 궁리학이 없다면 참된 '역曆'의 학문이 있을 수 없고 나무의 뿌리가 없다면 어찌 그 가지가 있을 수 있겠습니까?"[2]라고 아뢴 것이다. 당시 페르비스트가 강희제에게 올린 『궁리학』은 60권이나 되

---

1   "進窮理學之書, 以明曆理, 以開百學之門, 永垂萬世". 張西平, 「附錄－進呈『窮理學』書奏」, 『傳敎士漢學硏究』, 大象出版社, 2005, 88쪽.

었지만 현재는 대부분 유실되어 남아 있는 책은 10여 권에 불과하다. 지금 남아 있는 이 서목 중에 가장 중요한 내용은 리즈짜오李之藻, 1565~1630와 프란시스쿠스 푸르타도Franciscus Furtado, 傅汎濟, 1587~1653가 공동 번역한『아리스토텔레스 논리학亞里士多德邏輯學』의 '추리' 부분인데, 이것은 그 당시에 이들 두 사람이 함께 번역해서 출판한『명리탐名理探』에는 수록되지 않았다.

이런 점에서『궁리학』이란 서양철학을 반영한 저작임에 틀림없다. 그러나 현존하는 잔여 권의 내용 중에서『궁리학』은 서양철학을 소개하는 저서에만 그치지 않는다. 실제로『궁리학』은 당시 수많은 선교사들이 번역한 서양의 각종 과학저작의 역본, 혹은 당시 서양 선교사들이 소개한 서학西學의 총체라고 할 수 있다. 내화來華 선교사 한학자들은 명청시기에 중국에 천문역산의 학, 지리학 외에도 기타 서양 자연과학의 지식을 소개한 것이다.

그런데 유럽 선교사 한학자들이 중국에 소개한 서양의 물리학 지식, 곧 물리 기계는 주로 청 궁중에서 황제들의 완상물로 이용되었지만 일부 기술과 물품은 중국의 역사·경제 발전에 심대한 영향을 미쳤다. 말하자면 서양의 '대포'는 명말청초의 전쟁에서 중요한 역할을 했다. 더해서 그것이 중국의 여러 정치 세력들에게 활용되면서 각자의 투쟁에서 중요한 무기가 되었고 명청시대의 사회변화에도 상당한 영향을 미쳤다. 그런가 하면 '시계'는 당시 동서양의 문화교류를 상징하는 대표적인 기술이자 물품이다. 명청시기 중국에 전래된 서양의 시계는 유럽 제조업을 대표하는 최고 수준의 물품일 뿐만 아니라, 그 제조방식을 모방해서 중국 자체에서 생산한 시계는 중국의 선진기술을 대표하는 최고 수준의 작품이기도 하다.

---

2   "若無窮理學, 則無眞曆之學, 猶木之無根, 何從有其枝也?" 위의 글, 89쪽.

1. 서양 물리학과 기계학의 전래

상아는 영약을 훔친 것을 응당 후회하지만 매일 밤에 푸른 바다와 푸른 하늘만이 외로운 마음을 함께 할 뿐이다嫦娥應悔偸靈藥, 碧海青天夜夜心.

비할 데 없이 뛰어난 리상인李商隱, 813~858의 천년 시문은 중국 문인들이 밤마다 멀리 별하늘을 바라보는 심정을 써냈다. 예수회 선교사들이 중국에 들어온 이후로는 아득히 먼 별하늘은 중국 문인들의 눈앞에 더욱 선명하게 나타날 수 있게 되었다.

이는 아담 샬Johann Adam Schall von Bell, 湯若望, 1591~1666이 중국인들에게 소개한 망원경 덕분이었다. 명 신종神宗 만력萬曆 37년1609, 갈릴레오 갈릴레이Galileo Galilei, 1564~1642는 세계 최초의 망원경을 만들었고 이듬해에 자신의 관측에 근거해서『별 세계의 전령Siderus Nuncius』을 썼다. 그리고 16년 뒤에 샬이『원경설遠鏡說』을 지어 갈릴레이가 설계한 망원경의 원리를 중국에 소개한 것이다. 400년 전의 문화교류라는 점을 감안해볼 때 이러한 지식의 전파 속도는 상당히 빨랐음을 알 수 있다.

아담 샬이 소개한 망원경은 서양의 근대 광학光學, Optics 지식이 맨 처음으로 중국에 전래된 사례이다.『원경설』은 뒷날『서양신법역서西洋新法曆書』에, 건륭乾隆 연간에는『사고전서四庫全書』에 각각 수록되었다. 나중에 또 우성란吳省蘭, 1738~1810이 찬집한『예해주진·목집신집(藝海珠塵·木集(辛集))』에 수록되었는데 이는 문인들에게 광범하게 영향을 미쳤다. 가경嘉慶 25년1820에 롼위안阮元, 1764~1849은 광저우廣州에서 양광兩廣 총독으로 있을 때『망원경중망월가望遠鏡中望月歌』를 지었다. 이 시에서 바람이 맑고 달이 밝을 때 망원경을 들고 멀리 명월을 바라보는 즐거운 마음을 볼 수 있다.[3]

『원서기기도설록최遠西奇器圖說錄最』는 명말시기 서양의 물리학을 중국에 소개한 중요한 저작이다. 이 책은 독일의 내화 선교사 한학자 장 테렌츠 Jean Terrenz, 鄧玉函, 1576~1630가 구술한 것을 왕정王徵, 1571~1644이 기록하고 제도 製圖해 명 천계天啓 7년1627에 베이징北京에서 간행한 것이다.

왕정은 서언에서 그 자신이 베이징에 부임해서 니콜라 롱고바르디Nicolas Longobardi, 龍華民, 1556~1654, 장 테렌츠, 아담 샬 세 사람을 사귀고 그들의 인도와 계발을 받아 극서極西의 '신기한 기계奇器'에 관심을 갖게 되어 그것들을 한문으로 번역해 보려는 마음이 생겼다는 것을 설명한다. 왕정은 테렌츠에게 측량, 계산, 비례 등 수학 지식을 배우고 마침내 그의 구술을 붓가는 대로 일사천리로 받아썼다는 것이다.[4] 이러한 구술유럽 선교사과 필역筆譯, 중국 문인의 협업은 당시 선교사 한학자들이 자신의 저작을 완성하는 주요 방식이었다.

이른바 『원서기기도설록최』는 모두 4권으로 이루어졌다. 1권은 머리말을 포함해서 무게의 본체를 해설했다. 이 권에서는 먼저 무게重의 본체

---

3   "月中人性當淸靈, 也看恒星同五星. 也有嬌人好子弟, 抽鏡窺吾明月形. 相窺彼此不相見, 同是團口光一片. 彼中鏡子若更精, 吳剛竟可窺吾面. 吾與吳剛隔兩洲, 海波盡處誰能舟? 義和斂日照雙月, 分出大小玻璃球. 吾從四十萬里外, 多加明月三分秋." 阮元, 『揅經室四集』卷11, 『揅經室集』下冊, 鄧經元點校本, 中華書局, 1993, 971~972쪽.

4   "丙寅冬, 余補銓如都會. 龍精華(龍華民), 鄧函璞(鄧玉函), 湯道末(湯若望)三先生, 以候旨修曆寓舊邸中. 余得朝夕晤, 請敎益甚也. 暇日因述外記所載質之, 三先生笑而唯唯, 且曰諸器甚多, 悉著圖說, 見在可覽也, 奚敢妄. 余亟索觀, 簡帙不一, 第專屬奇器之圖說者, 不下千百餘種, 其器多用小力轉大重, 或使昇高, 或令行遠, 或資修罩 (…중략…) 然有物有像猶可覽而想像之 (…중략…) 凡器用之微, 須先有度有數, 因度而生測量; 因數而生計算; 因測量, 計算而有比例, 而又可以窮物之理, 理得而後法可定也. 不曉測量, 計算, 則必不得比例, 不得比例則此器圖說必不能通曉. 測量另有專書, 算指具在同文, 比例亦大都見幾何原本中. 先生爲余指陳, 余習之數日, 頗亦曉其梗槪. 于是取諸器圖說全帙分類而口授焉. 余輒信筆疾書不次不文, 總期簡明易曉, 以便人人覽閱." 『遠西奇器圖說錄最·序』.

를 논해 입법立法의 원인을 밝힌다. 그런 다음에 4절로 나누어 역학力學의 기본적인 지식과 원리, 그리고 역학과 관련된 지식, 즉 무게, 기계器, 힘力, 움직임動에 대한 해설을 상세히 논술했다. 또 61조목으로 나누어 지구의 인력과 무게중심, 각종 기하학적인 도형의 무게중심 탐구, 안정과 무게중심의 관계, 각종 물체의 비중, 부력 등을 각각 토론했다. 여기서 처음으로 중국인에게 아르키메데스Archimedes, BC 287~212의 부력 원리를 소개했고 왕정은 이를 "아얼지모더亞而幾墨得"로 번역했다.

그리고 나머지 3권 중에서 제2권에서는 기계 해설器解인데 각종 간단한 기계의 원리와 계산의 문제를 강론했다. 예를 들어 천평칭天平秤, 등자戥子, 지렛대杠杆, 도르래滑輪, 핸들輪盤, 나사螺旋, 빗면斜面 등 모두 92조목이다. 이상의 앞 두 권이 물리학에서 '역학' 부분의 이론을 설명한 것이라면 제3권에서는 기계의 응용을 다룬다. 책은 도설로 이루어져 있는데 모두 54개의 그림을 통해서 각종 기계 원리의 응용을 소개했으며 매 그림 뒤에는 모두 설명이 붙어 있다. 말하자면 기중起重은 11개 도설, 인중引重은 4개 도설, 전중轉重은 2개의 도설, 취수取水에는 9개 도설, 전마轉磨는 13개 도설, 끝부분에는 2폭의 그림이 있지만 설명은 없고 그림만 보면 저절로 알수 있다. 마지막 권은 "새로운 여러 기계를 제작하는 도설"로 이루어져 있다. 이 권은 사실 왕정 스스로 연구한 것인데 중국 최초의 근대 물리학 저작이라고 할 수 있다. 여기에는 사이펀siphon, 虹吸, 자전거, 쇠뇌連弩 등 모두 9개의 기계가 소개되었다.

조지프 니덤Joseph Needham, 1900~1995은 왕정을 중국 근대 최초의 엔지니어engineer로 보았는데 이 평가는 매우 객관적이다. 팡하오方豪, 1910~1980는 연구한 결과 왕정에게는 『그라티아Gratia, 은총 유조제기도설額辣濟亞牖造諸器圖說』이라는 또 다른 저작이 있음을 발견했다. 이 책에서 왕정은 각종 신기한 기계, 가령 용골차龍骨車, 목재로 만든 관개용 水車, 운중기계運重機器, 천보쇠뇌千步弩, 십시연발쇠뇌十矢連發弩, 발화기生火機 등을 발명했다. 왕정은 이미 전통 유가의 진부한 관념을 완전히 탈피했다. 말 그대로 그 자신이 말한바 "본래 배움에 정교함과 조잡함을 가리지 않았기에 총기總期, 고대 虞舜의 宮室는 세상을 이롭게 했으며, 사람이 또한 물건을 따지지 않았기에 총기는 하늘을 어기지 않았다".[5] 그의 개방된 마음이 지면에 역력하다. 왕정은 이 책에 소개한 모든 것을 "실로 국가의 흥성에 유익하고 급선무이다"[6]라고 생각했다. 진실로 그의 애국심에 감동하지 않을 수 없다.

명청 교체기에 청이 중국 관내에 진입해 정치를 장악했다. 이 시기에 서양의 물리학과 기계학을 가장 많이 소개한 인물은 페르디난드 페르비스트였다. 페르비스트는 서양의 천문학을 소개함과 동시에 이미 물리학에 대한 적지 않은 지식을 언급했다. 예컨대 그가 편찬한『영대의상지靈臺儀象志』라는 책에서 서양의 근대 광학 지식, 즉 빛의 굴절과 분광分光현상을 소개했다. 또한『궁리학』의 "형성지리추形性之理推" 권9 중에 "기수등차표氣水等差表"와 "기수차전표氣水差全表"가 나오는데 이것은 모두 광학의 굴절원리를 설명한 것이다.

또한 페르비스트는 손재주가 매우 뛰어난 사람이었다. 책으로 서양의 지식을 소개함은 물론, 손수 물리 기구와 기계 용구를 제작했다. 그는 1679년 즈음에 온도계와 습도계를 만들어 강희제에게 진상했다. 무엇보다도 강희제를 가장 기쁘게 하고 놀라게 한 것은 베이징에서 증기자동차를 만든 일이다. 이것은 세계 최초의 자동차이기도 했다. 페르비스트는『유럽천문학사歐洲天文學史, Astronomia Europaea』에서 자신의 이 증기자동차를

---

5   "學原不分精粗, 總期有濟于世; 人亦不問東西, 總期不違于天." 위의 책.
6   "實有益于國家興作甚急也." 위의 책.

자세히 설명한 바 있다.[7] 이 증기차는 브레이크閘, 키舵, 핸들方向盤이 있을 뿐더러 달리거나 멈출 수 있고 모퉁이를 돌 수도 있어서 기본적으로 현대 자동차의 주요 기능을 갖추고 있었다.

그러나 페르비스트의 증기자동차는 주로 강희제의 완상용玩賞用에 그쳐 현대적 의미의 자동차로 발전하지는 못했다. 다만 페르비스트는 증기차 역사에서 절대적이고 중요한 위치를 점하며 말 그대로 증기기관의 선구자 반열에 오르는 데 손색이 없다고 할 것이다. 그런 점에서 팡하오는 다음과 같이 진술한다.

페르비스트의 실험은 그 안목과 응용의 범위에서 실로 서양의 동시기와 비교해보아 훨씬 탁월했다. 증기를 이용해 차를 운행하는 원동력으로 보자면 조지 스티븐슨George Stephenson의 기관차보다 150년이 빠르다. 증기를 이용해 기선의 원동력으로 삼은 것으로 말하자면 시밍턴Symington의 증기선보다 120년 앞선다. 또한 증기력을 이용해 자동차의 원동력으로 삼은 것으로 보면 볼레Bolle의 증기차보다 200년 빠르다. 만약 증기터빈을 기선에 적용한 것으로 말하면 파슨스Parsons보다 218년 앞선다. 그리고 증기터빈을 기차에 이용한 것으로 보면 룽스트롬Liungström보다 243년 빠르다. 그러므로 세계의 열기관 역사에서 페르비스트의 실험과 폭넓은 생각은 사실 초기형태의 충동식 증기터빈이 발명된 뒤에 대서특필되었다.[8]

현대 학자 요르겐 디틀레프 셸Jorgen Ditlev Scheel은 20년 동안 힘을 들여 사방에서 페르비스트의 증기와 관련된 문헌을 수집했다. 그리고 페르비

---

7   方豪, 『中西交通史』下冊, 岳麓書社出版, 1997, 755쪽.
8   위의 책, 756쪽.

스트의 기록에 근거해서 진지하게 페르비스트식 증기자동차를 새로이 복원해냈다. 이것은 그야말로 미담이 아닐 수 없다.[9] 역사상 이탈리아인 조반니 브랑카Giovanni Branca, 1571~1645는 충격식 증기터빈의 실험을 진행해, 즉 노즐nozzle에서 나오는 증기의 충격작용을 이용해서 임펠러impeller를 돌리는 데 성공했다. 그의 저작 『기계장치Le Machine Diverse, 브랑카의 동력기계』는 1629년에 로마에서 출판되었다. 페르비스트는 이 책을 읽었을 가능성이 크지만 브랑카를 전적으로 모방하지 않고 여러 면에서 개선시켰다. 그런 까닭에 셸은 "브랑카의 구상과 비교해볼 때 이것은 현저하게 개선된 것"이라고 여겼다. 의문의 여지도 없이 페르비스트는 "첫 문헌에 기록된 자동기계를 제조했다"는 것이다.[10]

설사 페르비스트를 현대 자동차를 발명한 최초의 인물로 보는 것은 다소 무리가 따른다고 하더라도, 세계기술사로 볼 때 그의 발명은 마땅히 역사책에 기록되어야 한다. 그래서인지 오늘날 벨기에의 자동차 박물관에는 청나라 복장을 한 페르비스트와 그가 만든 이 인류 최초의 증기터빈 차 모형의 복제품이 여전히 놓여 있다. 1930년대 말, 미국인 한 학자는 매사추세츠공과대학Massachusetts Institute of Technology의 『기술평론』에 "자동차의 시조"라는 글을 발표해 페르비스트가 이룬 자동기계의 성과를 소개하고, 또 그가 베이징에서 증기를 이용해 차와 배를 움직이는 실험을 한 것은 전례가 없는 일이라고 여겼다.

각종 기계식 완구를 제조해 청 왕조의 황제들에게 놀이용으로 제공하는 일은 예수회 선교사들이 황제들과 친밀한 관계를 맺고 교제를 유지하

---

9 魏若望 編, 『傳敎士·科學家·工程師·外交家: 南懷仁(1623~1688)』, 社會科學文獻出版社, 2001, 259~291쪽 참조.
10 위의 책, 285쪽.

는 중요한 수단이었다. 이전에 포르투갈의 선교사 가브리엘 데 마갈헤스 Gabriel de Magalhaes, 安文思, 1609~1677는 궁중에 있을 때 흥미로운 기계식 완구를 만들어 어린 강희제의 환심을 샀다. 한번은 마갈헤스가 로봇 인간을 제작해 강희제에게 바쳤는데, "이 로봇은 오른손에 검을, 그리고 왼손에는 방패를 들고 스스로 걸을 수도 있어서 15분 동안 멈추지 않았다. 또 한번은 자명종自鳴鐘을 헌정했는데 한 시간에 한 번씩 스스로 소리를 냈다. 종소리가 끝나면 음악 소리가 나왔고 이 음악 소리는 매 시간마다 달랐다. 또 음악이 끝나면 총소리가 이어져 멀리서도 들을 수 있었다".[11]

그 뒤로 프랑스 예수회 선교사 미셸 베누아Michel Benoist, 蔣友仁, 1715~1774는 마갈헤스의 뒤를 밟아 기계식 완구와 기구의 제조 측면에서 청출어람을 거듭해 건륭황제의 두터운 신임을 받았다. 베누아는 위안밍위안圓明園의 설계자 중 한 사람이었다. 건륭제가 가장 좋아한 것은 그가 설계한 분수대噴泉였다. 이 분수대는 다수이파大水法 앞에 12시간을 상징하는 십이지신상十二支神像을 설치하고 각 신상은 한 시간에 한 번씩 돌아가면서 물을 내뿜고 한 바퀴를 돌면 다시 시작했다.

건륭제는 기계식 완구를 좋아하는 것으로 유명하다. 프랑스 예수회 선교사 장-마티외 드 방따봉Jean-Mathieu de Ventavon, 汪達洪, 1733~1787이 친구에게 쓴 편에서 이러한 정황을 엿볼 수 있다.

나는 시계공으로 황제에게 불려갔지만 내가 기계공이라고 하는 것이 더 적절할 것이다. 황제가 내게 요구한 것은 시계가 아니라 기괴한 기계를 만들어 달라고 했기 때문이다. 내가 도착하기 얼마 전에 세상을 떠난 질 테볼트Gilles Thé-

---

11 費賴之, 馮承鈞 譯, 『在華耶蘇會士列傳及書目』 上冊, 中華書局, 1995, 258쪽.

bault, 楊自新, 1703~1766 수사는 황제를 위해 혼자서 30~40보를 걸을 수 있는 로봇 사자와 로봇 호랑이를 만들었다. 지금은 화분의 꽃을 들고 걸을 수 있는 로봇 두 개를 만드는 일을 맡고 있다. 나는 이미 8개월을 일했는데 완성하려면 아직도 꼬박 1년이 필요하다.[12]

방따봉은 뒷날 건륭제에게 배기펌프를 만들어 바치고 배기펌프의 원리나 그 조작방식을 강해했다. 더해서 황제에게 공기의 압축과 팽창 및 기타 성능을 보여주기도 했다.[13]

세계의 기계제조사로 보자면 1662년 일본의 다케다 오미竹田近江가 시계기술을 이용한 자동로봇 장난감 인형을 발명하고 오사카大阪의 도톤보리道頓堀에서 시연한 바 있다. 이 시기는 마갈헤스가 로봇 인간을 제조한 때와 대략 비슷하다. 그리고 유럽 최초의 로봇 인간을 제조한 시기와 서로 비교해보면 마갈헤스는 유럽 최초의 로봇 인간 제조인이 되어야 한다. 1738년, 프랑스의 천재 엔지니어 자크 드 보캉송Jacques de Vaucanson은 로봇 오리를 발명했다. 이 로봇 오리는 꽥꽥거리며 수영하고 물을 마실뿐더러 심지어 먹이도 먹고 배설도 할 수 있었다. 이 시기는 테볼트 수사가 건륭 황제를 위해서 로봇 사자와 로봇 호랑이를 만든 때와 대체로 비슷하다.

중국에 온 예수회 선교사들은 모두 비범한 재주의 소유자들이었다. 그들이 청나라 궁중에서 제조한 증기자동차, 로봇 인간, 로봇 사자, 로봇 호랑이 등등은 당시로 볼 때 최신의 기계 발명품들이었다. 그러나 이 모든 것들은 대부분 건륭제의 황궁을 벗어나지 못했고 민간에서 실용적인 기술로 이어지지 못했다. 이는 매우 큰 아쉬움으로 남는다. 청의 건륭제에

---

12 『耶蘇會中國書簡集』下卷, 鄭德弟 外譯, 大象出版社, 2005, 211쪽.
13 위의 책, 58~59쪽.

이르렀을 때 발전이 최고조에 달해 이미 그 패색을 드러내고 있었다. 과거의 연구에서는 선교사가 소개한 이러한 서양의 과학기술들이 완전히 민간에 전해지지도 않았고 중국 사회에 기본적으로 영향을 미치지 못한 것으로 인식되었다. 이러한 결론은 일정부분 합리적인 측면이 있다고 봐야 할 것이다. 위에서 설명한 바와 같이 강희제가 만약 페르비스트가 만들어준 증기자동차를 산업화했거나, 혹은 마갈헤스의 로봇 인간을 널리 보급시켰거나, 아니면 건륭제가 배기펌프를 산업에 응용했다면 중국은 일찍부터 서양을 앞서나갔을 것이다. 황제들은 그러지 않았고 그들에게 이 모든 것들은 단지 일종의 놀잇감에 불과했다.

그러나 선교사들이 소개한 서양의 과학기술들이 설사 전부 민간에 전해지지 않았다고 하더라도, 이 기술들은 결국 청나라 궁중 밖에 있었던 선교사들이 문인이나 학인들과 접촉하면서 중국의 문인들에게 관심을 받았다. 명말 사공자四公子 중의 한 사람인 팡이즈方以智, 1611~1671가 그 사례의 전형이라고 할 수 있다. 팡이즈는 자신이 쓴 『물리소식物理小識』에서 천문역산에 관한 논설, 바람, 비, 천둥, 번개의 연구, 인체와 장기의 그림 등 내용은 대부분 선교사로부터 온 것이었다. 더해서 책의 내용은 대체로 서양의 역산, 지구과학, 생리학, 의약학, 생활과학, 광물학, 식물학, 동물학, 심령과학 등과 상통한다. 그런가 하면 팡하오의 연구에 따르면 청초에 황뤼좡黃履莊, 1656~?이 스스로 제조한 각종 광학경光學鏡 12여 종, 즉 망원경, 화경火鏡, 볼록 렌즈, 물안경, 현미경 등이 있다.

이렇게 볼 때 선교사가 소개한 이 서양의 기물器物들은 민간에 널리 퍼져 연구되었음을 알 수 있다. 실제로 서양의 물리 기계가 중국에 소개된 뒤로 대부분 청나라 궁중에서 청 황제의 완상물로 이용되었다. 그렇다고 하더라도 일부 기술과 물품은 중국의 역사 발전과 경제 발전에 일정부분 영향을 미쳤고, 심지어 어떤 것은 비교적 큰 영향을 끼치기도 했다. 이것이 바로 대포와 시계이다.

2. 홍이대포와 명청 역사의 변혁

마테오 리치Matteo Ricci, 利瑪竇, 1552~1610는 일찍이 『기하원본인幾何原本引』에서 간접적으로나마 서양의 화기火器를 소개하면서 "오직 병법兵法 일가만이 국가의 대사이자 안위의 근본이다"[14]라는 의견을 제기한 바 있다. 아담 샬은 『화공설요火攻挈要』에서 이미 화포의 사용 방법을 소개했다. 당시에 많은 천주교의 문인들은 서양의 화기를 연구하고 소개했다. 예컨대 장타오張燾와 쑨쉐스孫學詩가 공동으로 집필한 『서양화공도西洋火攻圖』, 천주교 교도 쉬광치徐光啓, 1562~1633의 제자인 쑨위안화孫元化, 1581~1632의 『서법신기西法神機』, 그리고 자오스전趙士楨, 1553~1611의 『신기보神器譜』가 있다.

타이완臺灣 학자 황이눙黃一農은 자신의 저작 『홍이대포와 명청전쟁-화포 측정기술의 변천을 중심으로紅夷大炮與明清戰爭-以火炮測準技術之演變爲例』에서 서양대포의 기술이 중국화포보다 더 뛰어난 점은 조준체계에 있다고 여겼다. 그는 이 저작에서, "중국은 일찍이 13세기 중엽에 이미 화포를 발명해 명대明代에 군대 작전을 수행할 수 있는 장기가 되었다. 그러나 명 이전의 거의 모든 군사학 저술에는 화포의 조준기술을 정성적으로나 정량적으로 논술한 적이 없었다. 반면에 서양의 자연철학자들은 포탄의 움직임을 묘사하기 위해서 정확한 서술방식을 찾으려고 노력해왔다"고 말한다.

---

14   "唯兵法一家, 國之大事, 安危之本." 朱維錚 外編, 『利瑪竇中文著譯集』, 復旦大學出版社, 2001, 300쪽.

명말 선교사들이 서양의 대포를 설명한 저작에는 화포와 수학이 긴밀하게 결합됨은 물론, 서양화포의 조준체계와 그 방법이 기술되어 있다.

그러나 정작 서양의 무기인 대포를 중시하기 시작한 것은 랴오둥遼東에서 전쟁이 한창이던 때였다. 만력 48년[1620], 리즈짜오는 그의 문하생 장타오와 쑨쉐스를 마카오에 보내 화포 구입의 일을 타진하게 했다. 이를 시작으로 천계 원년[1621]에 쉬광치는 상소문에서 반드시 서양의 화포를 확보해야만 성城을 지킬 수 있다고 주장했다. 그 기간에 선교사 프란체스코 삼비아시Francesco Sambiasi, 畢方濟, 1582~1649, 조앙 로드리게스João Rodrigues, 陸若漢, 1561~1634 등이 이 일에 참여했다. 팡하오는 또한 민국시기에 베이징 칭룽차오靑龍橋의 천주교 묘역에서 당시 포르투갈 포수砲手가 베이징에서 대포를 시사試射하다가 실수로 사망한 내용의 비문을 발견하기도 했다.

최근 대륙 학자 탕카이젠湯開建은 한린韓霖의 『수어전서守圉全書』에서 마카오의 포르투갈인 "웨이리뒈委黎多"의 『보효시말소報效始末疏』를 발견했다. 그는 이것이 마카오의 포르투갈인이 명나라 조정에 올린 첫 상주문上奏文이자, "명나라 조정에 마카오의 개항을 종합 보고하고 마카오 포르투갈인과 명의 초기 관계를 가장 자세하게 기술한 최초의 한어 문헌"[15]이라고 생각했다. 이 문헌은 명말 서양의 화기인 대포의 전래가 당대 정치정세에 미친 영향을 증명해준다.

탕카이젠의 연구에 따르면 명말시기 후금後金에 대항하기 위해 명나라 왕조는 세 차례에 걸쳐서 마카오로부터 화포를 들여왔다. 맨 처음에는 만력 48년에 랴오둥의 전쟁이 거세지자 "쉬광치는 당시 퉁저우通州에서 군사훈련을 했고 총이 급히 필요했다. 만력제萬曆帝가 살아 있을 때 마카오

---

15   湯開建, 『委黎多「報效始末疏」箋正』, 廣東人民出版社, 2005, 4쪽.

에 사람을 보내 총사銃師를 모집하자고 보고했다. 만력제는 이를 비준했다. 그래서 쉬광치는 만력제가 승하하고 새로운 황제가 막 즉위한 틈을 타 항저우杭州의 천주교 인사인 리즈짜오와 양팅쥔楊廷筠, 1557~1627에게 서신을 보내 리즈짜오가 장타오, 쑨쉐스를 비밀리에 마카오로 파견해 대포를 구입하도록 요청했다".[16]

　이번 대포 구입은 쉬광치 등의 단독행동이었던 까닭에 단지 포 4문을 구입하고 4명의 포수를 고용한 데 그쳤다. 그러나 마카오 상인들이 명 왕조의 환심을 사고 쉬광치를 대표로 하는 천주교 관리 그룹을 더욱 강하게 만들기 위해 이번 포 구입의 비용은 마카오 상인들이 부담했을 가능성이 크다. 다만 쉬광치가 발의한 요청은 희종熹宗 황제의 지지를 얻지 못했다. 더군다나 은밀하게 대포를 구입한 행위가 반대파인 쉬루커徐如珂, 1562~1626 등에게 거센 비판을 받자 쉬광치는 부득이 군사훈련을 잠시 중단했고 리즈짜오도 베이징에서 전출되었다.

　천계 원년, 랴오둥의 전세가 급박하게 돌아가자 쉬광치와 리즈짜오는 희종 황제에게 재차 중용되었다. 이 양자는 또 장타오와 쑨쉐스를 마카오에 파견해 대포를 구입하게 했다. 마침내 이들은 포 24문을 구매함과 동시에 총사 24명을 데리고 베이징으로 왔다. 이 포병부대는 1623년 5월 18일에 희종 황제의 접견을 받고 세 차례의 발포 시범을 보였다. 이때 앞서 언급한 훈련 중에 포수의 사망사건이 발생한 것이다. 이로써 반대파는 이유를 찾았고 희종 황제도 포르투갈인이 베이징의 기후와 풍토에 적응하지 못한다는 이유로 그들을 돌려보냈다. 1623년 9~10월 사이에 이 포대는 베이징을 떠나 마카오로 귀환했다.

16　위의 책, 114~115쪽.

닝위안寧遠전투에서 명군明軍은 서양의 대포를 사용해 승리를 거뒀다. 명 정부는 서양 화기의 위력을 더욱더 실감하게 되었다. 이렇게 되자 숭정崇禎 원년에 쉬광치는 재기용되었고 명조明朝는 재차 마카오에 가서 포를 구입하고 병사를 모집했다. 이번에 마카오에서는 선교사 조앙 로드리게스가 수행하고 포르투갈 장교 곤살베스 테세이라Gonçalves Teixeira가 인솔하는, 즉 대포 40문을 보유한 32인 남짓의 원정군을 베이징에 파송했다. 베이징 부근의 줘저우涿州시에 도착했을 때 이미 후금의 군대가 바싹 접근해 있어서 성안은 몹시 혼란스러웠다. 이 포병부대는 대오를 빠르게 안정시켜 진지를 구축하고 적군과 맞섰다. 얼마 지나지 않아 후금군은 자진 철군했다. 1630년 2월 14일, 이 포르투갈의 포병부대는 베이징에 진입했고 동시에 입궁해서 황제를 배알했다.

이상으로 만력 48년부터 숭정 3년까지 서양의 총과 서양의 병사를 들여온 전 과정을 알 수 있다. 이 과정에서는 다음과 같은 역사적 사실이 포함된다.

만력 48년 천주교 그룹이 은밀하게 마카오에 들어가 대포 4문을 사들였고 천계 원년에는 포르투갈인들이 주동적으로 홍이포 26문을 진상했으며 천계 2년에는 마카오에 들어가 총사 24인을 모집했다. 그리고 숭정 원년에 포르투갈 병사 32인을 모집했고 서양의 총 40문을 수집했다.[17] 이 기간 동안 서양의 총이나 병사를 도입할지의 여부 문제를 두고 명 왕조의 내부에서는 시종 투쟁이 존재했다. 쉬광치를 대표로 하는 천주교의 정치 그룹과 광저우의 상인, 보수를 대표로 하는 세력이 끊임없이 힘겨루기를 했다.

---

17   위의 책, 15쪽.

마카오의 의사회와 예수회는 서양의 총과 서양의 군대를 헌정하는 방식으로 서양의 군사적 과학기술을 제공해 명조가 후금의 요동 침입을 막아내는 데 도움을 주려고 했다. 물론 이것은 쉬광치를 대표로 하는 천주교 그룹의 정치역량을 강화시켰다. 닝위안 전투의 승리는 또한 서양 대포가 명청전쟁에서 수행한 역할을 설명해준다. 이것은 명말시기 서양기술의 도입이 시종 명조 내외부의 각종 정치 세력의 투쟁과 연결되어 있음을 말해주는 것이다.

이러한 기술과 정치의 관계는 산둥山東의 덩저우登州사건 이후로 더욱 분명하게 나타난다. 숭정 4년, 후금이 한반도에 진입하자 산둥의 덩저우는 단번에 후금에 대항하는 전선이 되었다. 이때 덩저우에서 군대의 사무를 주관하는 이는 쉬광치의 제자 쑨위안화였다. 천주교 신자 왕정, 장타오, 그리고 서양영통領統 곤살로 테세이라Gonsales Texeira와 그가 이끄는 포르투갈 총사, 선교사 로드리게스 등은 모두 덩저우에서 쑨위안화를 도왔다. 그러나 쑨위안화의 부하 쿵유더孔有德, ?~1652가 덩저우 부근에서 병난을 일으켰다. 이로 인해 쑨위안화는 대패했고 서양영통 곤살로 테세이라와 그가 통솔했던 포르투갈 총사는 대부분 전사했다. 쑨위안화, 왕정, 장타오는 베이징으로 압송되었다. 쑨위안화와 장타오는 참수당했고 왕정은 관직이 박탈되어 귀향했다.

나중에 쿵유더와 경중밍耿仲明, ?~1649은 군대를 이끌고 덩저우에서 승선해 후금에 투항했다. 이때 이들은 대량의 홍이대포 등 서양의 정교하고 우수한 무기를 소지했다. 이렇게 서양 화기의 선진기술을 터득한 군대는 뒷날 후금의 주력부대가 되었다. 이로부터 명조와 후금의 군사적 역량은 확연한 차이를 보이게 되었다. 실제로 쿵유더와 경중밍 외에도 청초에 봉해진 다른 두 왕 상커시尚可喜, 1604~1676와 우싼구이吳三桂, 1612~1678도 모두 일찍이 쑨위안화의 부하였다. 황이눙의 말을 빌리자면 "쑨위안화와 쉬광치는 서양 화기의 도움을 받고 또 포르투갈계 군사고문이 설치하고 훈련시킨 정예부대가 뜻밖에도 대부분 적에게 전용될 줄은 전혀 예상치 못했을 것이다".[18] 서양의 화포는 명말청초의 전쟁에서 중요한 역할을 했다. 그에 대한 본토 중국인들의 습득과 사용은 각종 정치세력들이 각자의 투쟁에서 중요한 무기가 되었고 명청시대의 사회변화에도 무시할 수 없는 역할을 했다.

3. 서양의 자명종과 중국 근대 시계 제조업

서양인이 중국에 올 때부터 시계도 함께 중국에 전해졌다. 마테오 리치가 만력황제에게 보낸 선물 중에는 자명종이 포함되었는데 그는 자명종을 수리한다는 명분으로 황궁에 진입할 수 있었다. 당시 만력황제가 예부禮部의 반대에도 불구하고 리치를 베이징에 머물게 한 것은 자명종의 수리가 필요했던 이유가 컸다. 청이 중국의 관내로 들어온 뒤로 강희시기에 청나라 궁중에 처음으로 '자명종처自鳴鐘處'가 설립되었다. 이는 주로 궁중의 자명종을 보관하는 기능을 했다.

가브리엘 데 마갈헤스를 포함해서 전후로 6명의 선교사들, 즉 자크 브로카드Jacques Brocard, 陸伯嘉, 1661~1718, 피에르 자르투Pierre Jartoux, 杜德美, 1668~1720, 프랑수아 루이 스태들린François-Louis Stadlin, 林濟格, 1658~1707, 찰스 슬라비젝Charles Slaviczek, 嚴嘉樂, 1678~1735, 안젤로 파베세Angelo Pavese, 安吉樂 등이 시계 제

---

18   黃一農, 『天主教徒孫元化與明末傳華的西洋火炮』, 中研院史語所集刊, 67本 4冊, 1986.12.

조에 종사했다. 이들 선교사 시계 장인들의 노력으로 청나라 궁중의 시계 제조 기술은 부단히 제고되었다. 강희 47년, 장시순무江西巡撫가 강희제에게 서양 시계 하나를 진상했다. 이에 대해 강희제는 "근래에 중국에서 만든 것이 서양의 시계보다 훨씬 낫다. 이후로는 진상할 필요가 없다"[19]고 말했다. 이는 당시 청 궁중의 시계 제조가 이미 상당한 규모와 수준에 도달했음을 설명해준다.

건륭시기에 이르러 청 궁중의 시계 제조 기술은 비교적 큰 발전을 이루었다. 건륭제는 그 자신이 직접 「영자명종咏自鳴鐘」이라는 시를 지을 정도로 서양 시계에 대단한 흥미를 가졌다. 이 시에서 서양 시계에 대한 호감을 드러내고 있다.[20] 건륭제는 새로운 서양의 시계를 얻기 위해서 항상 양광 총독에게 주의 깊게 수집하라고 주문했다. 그러나 이후에 그는 시계를 진상 받는 것만으로는 만족할 수 없어서 기존의 궁중에서 행해지던 선교사들의 시계 제작 작업을 더욱 강화했다. 이리하여 강희조에 설립된 '주종처做鐘處'는 건륭시기에 최고조에 달해서 인원이 가장 많을 때는 백여 명에 이르렀다. 이 시기에 건륭제는 시계 제작에 공헌한 선교사들에게는 항상 표창했다. 예를 들어 프랑스의 선교사 발렌틴 찰리에Valentin Chalier, 沙如玉, 1697~1747는 주종처에서 시계를 제작하면서 일찍이 두 차례나 건륭제의 포상을 받았다.

현재 구궁박물원故宮博物院에는 대량의 18세기 서양 시계가 소장되어 있다. 이러한 서양의 시계들은 건륭시기에 영국에서 광저우로 운송된 뒤에

---

19 "近來大內做的比西洋鐘表强遠了. 以後不必進."『康熙朝漢文硃批奏折滙編』第8冊.
20 "奇珍來海舶, 精制勝宮蓮. 水火明非籟, 秒分暗自遷. 天工誠巧奪, 時燮以音傳. 針指弗差舛, 轉推互轉旋. 晨昏象能示, 盈縮度寧愆. 抱箭金徒愧, 執壺銅史捐. 鐘鳴別體備, 樂律異方宣. 欲得寂無事, 須教莫尚弦."『淸高宗御詩三集』第89.

광둥廣東, 粵 세관의 감독 아래 구입해 공물로 황궁에 진상되었거나, 또는 청궁淸宮 주종처에서 유럽 선교사와 중국 장인이 궁내에서 제조한 것들이다. 그런가 하면 일부 시계들은 영국, 프랑스, 스위스 등 국가의 사절들이 진귀한 예물로 중국 황제에게 선사한 것들이다. 천조를 자처하는 중국의 황제들은 이 예물을 받고 그 선물보다 가치가 몇 배나 넘는 귀한 보석을 그들에게 상으로 하사했다. 그래서 각국의 사절들은 귀국한 다음에 많은 새로운 시계들을 수집해 적극적으로 조달했다.

당시 유럽 여러 나라들은 중국 시계와 관련된 무역량이 비교적 많아서 프랑스 사상가 프랑수와 마리 아루에 볼테르François Marie Arouet Voltaire, 1694~1778도 중국과의 시계 제조 무역에 관한 방대한 계획을 설계하기도 했다. 비록 이 계획은 끝내 이루어지지는 못했지만 당시 중국과 유럽의 시계 무역량이 이미 적지 않았음을 보여준다. 이와 함께 청나라 궁내 시계의 생산도 대폭 향상되었다. 건륭 11년에서 건륭 20년까지 주종처에서는 시계 44건을 생산해냈다. 현존하는 청궁의 『주종처종표세수청做鐘處鐘表細數淸冊』에 근거해보면 주종처에서 건륭 22년부터 59년까지 생산한 시계 가운데 궁중에 보존된 것이 116건에 달한다.

현재 구궁에 현존하는 서양의 시계는 대부분 구리에 금으로 도금해서 외관이 휘황찬란하고 눈부시게 아름답다. 또한 그 조형이 정교하고 인물 형상은 생동감이 넘치며 날짐승과 길짐승은 생생하게 살아 있는 듯하다. 많은 시계 장식에는 에나멜enamel 그림이 있고 색채가 화사하며 회화가 정치하고 인물이 생생하다. 장인들은 유리거울의 반사광선의 굴절작용을 이용해서 이 시계들을 더욱 눈부시게 해 정밀하고 아름다운 예술품으로 만들었다.

현재 구궁에 소장된 서양의 시계는 당시 유럽 제조업을 대표하는 최고 수준의 작품일 뿐만 아니라, 또한 중국 본토의 시계 생산을 대표하는 최고 수준의 작품이기도 하다. 이 시계들은 내부의 기계구조가 복잡하며 시계는 적절한 부위가 박혀 있고 기계와 교묘하게 한 덩어리로 결합되어 있다. 그리고 각양각색의 꽃무늬 변화, 달리는 사람, 분수噴水, 회전바퀴 등과 함께 시침時針의 움직임에 따라서 시계 속의 인물이나 새와 동물의 연출, 때때로 듣기 좋은 악곡의 연주가 수반되어 매 시계마다 사람들에게 이루 말할 수 없는 즐거움을 제공한다.

현재 구궁에 소장된 가장 큰 시계 완구는 높이가 231cm나 되는 '동도 금사자인종銅鍍金寫字人鐘, 동에 도금한 글자를 쓰는 인간 로봇 시계'이다. 태엽을 다 감으면 시계 중간에 있는 인간 로봇이 "八方向化, 九土來王모든 주변국이 문명선진의 천조에 귀화하고 세계 각국이 신하의 예절로 섬긴다"이라는 한자를 쓸 수 있다. 이 시계는 건륭황제가 직접 디자인한 것으로 알려져 있다. 그가 태상황太上皇으로 물러난 뒤에도 이 시계를 자신이 거주하는 닝서우궁寧壽宮으로 옮겨 매일 앉아서 구경했다고 한다.

이와 동시에 서양 시계의 전래는 또한 점차 중국 민간 시계업의 발전을 불러왔다. 탕카이젠의 연구에 근거해보면 명말에 장난江南 지역에서는 민간의 시계 제조가 시작되었다. 만력 연간의 『운간잡식雲間雜識』에는 "서승西僧 리치는 구리로 자명종을 만들었다. 하루 12시간 동안 자시子時에 한 번, 축시丑時에 한 번, 해시亥時까지 모두 열두 번 울렸다. 리치의 동료였던 라차로 카타네오Lazzaro Cattaneo, 郭居靜, 1560~1640가 상하이上海에 있을 때 상하이 사람들은 그 방식을 모방해서 그것을 능히 만들 수 있었다. 다만 저들이 만든 것은 그 높이와 넓이가 한 치 정도에 불과하고 이것은 말[斗]보다는 더 컸다"[21]라고 기록되어 있다. 이 글은 선교사의 시계가 이미 민간에서 모방되고 있음을 보여준다.

건륭시기에 민간의 시계업은 어느 정도 발전했는데 상하이 지역의 쉬차오쥔徐朝俊이 바로 그 대표적인 인물이다. 쉬차오쥔은 쉬광치의 5대손으로 가학家學에 자극을 받아 서학에 줄곧 관심을 쏟았다. 쉬차오쥔에게는 『고후몽구高厚蒙求』라는 저서가 있다. 이 책은 모두 4집으로 구성되어 있다. 초집初集은 "천학 입문天學入門", 2집은 해역 대관海域大觀이고 3집은 "해시계 시간 재기의 돌발 사항, 별과 달의 측정 도표, 자명 시계 도법日晷測時突發, 星月測圖表, 自鳴鐘表圖法"이다. 그리고 4집은 "천지도의, 규일정방도표天地圖儀, 揆日正方圖表"이다.

쉬차오쥔은 『시계도설·자서鐘表圖說·自序』에서, "나는 어릴 때부터 자명종 만드는 것을 좋아했다. 때문에 학업에 여유가 있을 때마다 언제나 이 일을 즐겨 했다. 근래에 정력이 점점 쇠퇴해 평소에 알고 있는 능력을 제자들에게 전부 알려주었다"[22]라고 말한다. 여기서 쉬차오쥔은 시계의 명칭, 제작, 그림, 조립, 분해 등에 대해서 자세하게 분석했다. 팡하오는 이 책에 대해서 시계를 연구한 중국 최초의 저작으로 "중국 기계학상 중요한 위치를 차지한다"고 평가했다.

사실 누군가가 책을 썼을 때는 필시 읽는 사람이 있다는 의미이다. 이것은 당시 중국 남방에서 시계의 수요가 어느 정도 있었음을 말해준다. 학자들의 조사에 따르면 강희 중기에 난징南京에는 적어도 4개의 시계 공방이 있었고 매년 각 작업장에서는 10대의 시계를 제작할 수 있었다고 한다. 그러나 1851년에는 난징에 이미 40개의 시계 공방이 존재했다. 청

---

21 "西僧利瑪竇, 作自鳴鐘, 以銅爲之. 一日十二時, 凡十二次鳴, 子時一聲, 丑時一聲, 至亥則聲十二. 利師同事之人郭仰風[郭居靜], 住上海時, 上海人仿其式亦能爲之, 第彼所制高廣不過寸許, 此則大于斗矣." 李紹文, 『雲間雜識』 卷二.

22 "余自幼喜作自鳴鐘, 肄業暇餘, 輒借以自娛. 近日者精力漸頹, 爰擧平日所知所能, 受徒而悉告之." 『高厚蒙求』.

건기乾嘉 시대 사람인 첸융錢泳, 1759~1844은 "자명시계는 모두 서양에서 나왔지만 (…중략…) 근자에는 광저우, 장닝江寧, 南京의 옛 이름, 쑤저우蘇州의 공인工人들도 만들 수 있다"[23]라고 말한다.

이는 당시 시계 제조업이 장난에서 비교적 보편화되었음을 설명한다. 탕카이젠의 연구에 의하면 쑤저우의 시계업은 가경시기에는 하나의 직업이 되어 시계공들은 자신의 동종업계의 묘지를 가졌다. 뿐더러 시계 생산도 분업화가 이루어져 시골에서 부품을 생산하고 쑤저우 공방에서 조립했다. 이 점에서 탕카이젠은 "가정시기에 창설된 시계업 '의총義冢'은 쑤저우 시계 제조업이 가정 때에 이미 상당한 규모로 발전했을 뿐더러 하나의 성숙한 업종이 되었음을 증명한다"[24]고 생각했다.

강희 때는 궁내의 시계 생산량이 더욱 많았다. 강희제는 시계를 각 황자마다 황손에게 나누어 주었다. 옹정雍正 8년, 『정훈격언庭訓格言』에는 "소년들은 모두 자명종 십수 개를 얻어 장난감으로 삼았다少年皆得自鳴鐘十數以爲玩器"라 했다. 또한 『홍루몽紅樓夢』의 여러 곳에도 서양 시계가 언급되어 있다. 가령 류노파劉姥姥가 대관원大觀園에 들어갔을 때 처음으로 자명종을 보고 이러한 흥미로운 서양의 완구들에 "놀라서 눈을 뗄 수가 없었다唬得不住的展眼儿"고 한다. 자바오위賈寶玉의 손에는 호두만한 금시계가 있었고 그가 사는 이홍원怡紅院에도 자명종이 있었다. 제58회에서 칭원晴雯이 시계가 고장난 것을 보고 "이런 꼴사나운 것은 어찌 된 일인지 모르겠고 또 치워야겠다这劳什子又不知怎样了, 又得去收拾"고 말한다.

그런가 하면 당대 청조의 종실이었던 자오롄昭槤, 1776~1830은, "최근 서양

---

23   "自鳴鐘表皆出于西洋 (…중략…) 近廣州, 江寧, 蘇州工匠亦能造." 『履園叢話』上冊
     卷12, 中華書局, 1980, 321쪽.
24   湯開建, 『淸朝前期西鐘表的仿製與生産』 별쇄본.

인들이 만든 자명종 시계는 그릇됨을 조장하며 광둥 동부에서 나왔는데 사대부들은 앞다투어 이를 구매해 집집마다 하나씩 두고 장난감으로 삼았다近日泰西氏所造自鳴鐘表, 製造奇邪, 來自粵東, 士大夫爭購, 家置一座, 以爲玩具 "라고 탄식했다. 더욱에 당시에 시계의 대량 생산과 수입으로 인해 도시에 있는 교회당, 상관商館, 관공서, 공공건물에 모두 자명종을 설치했으며 사람들 중에는 관리, 성직자, 상인, 하인, 기녀 등도 서양식 시계를 갖추고 있었다. 당대 고위 관료들은 대부분 서양식 시계를 소장했다. 이들은 적게는 10개, 많게는 수백여 개의 시계를 가지고 있었다. 심지어 청나라 대탐관大貪官으로 유명한 허선和珅, 1750~1799이 전 재산을 몰수당할 때 집에서 무려 590여 개의 시계가 발견되기도 했다. 이러한 사실들을 통해서 서양의 시계가 청 전기에 얼마나 널리 전해졌고 제조·사용되었는지를 짐작하고도 남음이 있다.

10

명청시기 서양 예술의 중국 전래와 발전

예수회 선교사 한학자와
서양 회화·음악·건축의 토착화

유럽 라틴계 성서문명天主教은 명청明淸시기16~18세기 남방 해상 실크로드를 통한 동서양의 문화교류 속에서 본격적인 동진東進이 이루어졌다. 동아시아東國의 문화적·학술적 토양에 천주교를 포함한 새로운 '서양의 학문西學'이 이식되기 시작한 것이다. 잘 알려진 대로 그 주역은 당시 중국에 들어온 예수회 선교사들이었다. 이른바 예수회 선교사들이 중국에 온 목적은 중화귀주中華歸主를 이루어 중국에 기독교 왕국을 건설하는 데 있었다. 그런 면에서 중국선교회의 개척자 마테오 리치Matteo Ricci, 利瑪竇, 1552~1610는 세 가지의 적응전략을 통해서 중국 전교의 활로를 타개하고자 했다. 첫째, 합유역불合儒易佛의 선교노선을 취해 서유西儒로 행세하며 기본적으로 포교대상을 상층의 지식인, 즉 유학을 공부하는 선비들을 위주로 했다. 둘째, 베이징北京에 진주進駐해 명 왕조에 접근했다. 결국 리치는 베이징에 입성했고 만력제萬曆帝에게 진상한 자명종 덕분에 황제의 문객이 되어 베이징에 거주할 수 있었다. 셋째, 선교의 수단으로 중국에 서양의 과학기술, 예술문화 등을 소개해 중국의 황제와 선비들을 매료시켜 천주교의 발전을 꾀하고자 했다.

이후로 명과 청의 왕조가 교체되면서 실제로 예수회 선교사들은 리치의 전략대로 청조 황제의 과학고문, 예술가가 되거나 제국의 외교가로서 천하를 주유했다. 선교사들은 서양의 기계들을 제조하고 천문역법天文曆法을 편찬했다. 이리하여 그들은 일시에 만청滿淸 황궁에서 일군의 중요한 인물들로 부상했다. 궁중의 선교사들은 청나라 전반기 무시할 수 없는 세력을 형성하게 되었다. 이렇듯 명청시대에는 재주와 능력이 탁월하고 비범한 내화來華 유럽 선교사들에 의해서 서양문화의 중국 전파가 전방위적으로 이루어졌다. 이 선교사들 중에는 과학자, 수학자, 물리학자뿐만 아니라, 여기에는 예술가로서의 화가, 음악가, 건축가 등 다양한 인재가 포함되어 있었다. 본 연구에서는 명청시기 예수회 선교사 한학자漢學者들을 매개로 진행되었던 서양 예술의 중국 전래와 발전, 즉 서양 회화·음악·건축의 토착화 과정을 중심으로 살펴보고자 한다. 이를 통해서 '예수회 적응주의Jesuit accommodation'가 독특한 '문화선교지식선교'로 평가되는 이유를 구체적인 역사실증으로 확인해볼 수 있을 것이다.

1. 서양 회화 예술의 전래와 발전

1) 명말시기 서양 회화의 전래

서양의 회화繪畵 예술은 유럽선교사 한학의 정초자인 마테오 리치에 의해서 최초로 중국에 소개·전래되었다. 리치가 신종神宗 만력제萬曆帝에게 바친 예물 중에는 "천주의 성상聖像 한 폭, 천주의 성모상 두 폭天主圖像一幅, 天主母圖像二幅"이 있었다. 리치는 이 그림들을 황제에게 올렸을 뿐만 아니라, 집에 항상 걸어 두어 내방한 문인들이나 학인들이 관람할 수 있게 했다. 더해서 리치는 다시 각인刻印해서 선교의 수단으로 배포했기 때문에 민간에서 그가 가져온 서양화를 본 사람들이 적지 않았다. 쉬광치徐光啓, 1562~1633는 처음 성모상을 보고 크게 감화되어 한참 동안 말을 하지 못했다. 그의 말대로 "전당에 들어가 성모상을 보고 마음에 깊은 감명을 받아 믿음감이 움텄다".[1] 실제로도 뒷날 쉬광치가 천주교에 입교한 데는 이때 이

유화를 본 것과 무관하지 않다.

그런가 하면 리치가 전시한 서양화의 특이한 화법畵法, 회화기법도 문인들의 관심을 끌었다. 구치위안顧起元, 1565~1628은 리치의 성모상을 다음과 같이 논한다.

천주를 그린 것은 한 어린아이이고 천모天母라고 불리는 한 부인이 그를 안고 있다. 그림은 동판銅板을 화판畵板으로 삼아 위에 오색을 칠했는데 그 모습이 마치 화판 위에서 살아 있는 듯하며 울퉁불퉁하게 기복을 이룬 얼굴을 정면에서 보면 산 사람과 다를 바가 없다. 사람들이 그림의 원리를 물으니, "중국화는 단지 양면陽面만을 그릴 뿐 음면陰面은 그리지 않는 까닭에 사람의 얼굴과 신체가 평면적이고 울퉁불퉁한 모습이 없게 보인다. 그러나 우리나라의 그림은 음면과 양면을 동시에 그리기 때문에 얼굴에는 높낮이의 구별이 있고 팔뚝은 모두 둥글게 보이는 것일 뿐이다"라고 대답했다.[2]

리치 본인의 회화기법 역시도 그런대로 훌륭한 편이었다. 리치가 『만국전도萬國全圖』에서 그린 작은 동물들도 중국인들이 전에 보지 못한 것으로 그들의 적지 않은 주목을 받았다. 1980년대에 랴오닝遼寧박물관에서 리치가 그린 것으로 알려진 〈야서평림도野墅平林圖〉가 발견되자 한때 적잖은 파문을 일으켰다. 그러나 현재 그것이 리치의 작품임을 설명해주는 명

1　"入堂宇, 觀聖母像一, 心神若接, 黙感潛孚." 『徐文定公行實』; 方豪, 『中西交通史』第五冊, 中華文化出版事業社, 1953, 23쪽에서 재인용.

2　"所畵天主, 乃一小兒, 一婦人抱之, 曰天母. 畵以銅板爲楨, 而塗五彩于上, 其貌如生, 儼然隱起楨上, 臉之凹凸處, 正視與生人不殊. 人問畵何以致此? 答曰'中國畵但畵陽不畵陰, 故看之人面軀正平, 無凹凸相. 吾國畵兼陰與陽寫之, 故面有高下, 而手臂皆輪圓耳.'" 顧起元 撰, 『客座贅語』卷6, "利瑪竇", 謝稚柳 外編, 『中國書畵鑒定』, 東方出版中心, 2010, 73쪽.

확한 증거는 없다. 다만 리치가 간행한 서양 판화 네 폭은 의심할 바 없이 그의 작품임이 확실하다. 이 네 폭의 서양 판화는 〈믿음을 가진 자는 바다를 걷고 의심하는 자는 가라앉는다信而步海, 疑而卽沉〉, 〈두 제자가 진실을 알고 공허함을 떨쳐버렸다二徒聞實, 卽捨空虛〉, 〈음란하고 추악한 사람은 스스로 천벌을 불러온다淫色穢氣, 自速天火〉, 〈고대성모천주像古代聖母天主像〉을 가리킨다.

폴 펠리오Paul Pelliot, 1878~1945의 고증에 의하면 상술한 네 번째 그림은 니콜라스 트리고Nicolas Trigault, 金尼閣, 1577~1628가 일본에 있을 때 그린 것이고 그 나머지 세 폭은 모두 당시 유럽의 명가들이 원래의 작가라고 한다. 리치는 이 네 폭의 그림과 함께 그 자신이 배합한 한어漢語와 라틴어의 설명을 명대의 판화가 청다웨程大約에게 주었다. 청다웨가 『정씨묵원程氏墨苑』에 수록해 발표했는데 이 책은 한때 뤄양洛陽의 종이가 비싼 덕에 좋은 가격에 팔렸다. 리치의 판화 네 폭과 그 문자 설명은 두 가지의 중요한 사항을 알려준다. 하나는 "서양화와 서양의 회화 이론이 모두 리치로부터 발원해 중국에서 싹텄다는 점이다."[3] 또 하나는 한자의 라틴병음자모의 효시를 이룬다는 사실이다. 따라서 리치의 판화 네 폭과 그 설명은 중국의 예술사와 문화사에서 모두 중요한 의미를 지닌다고 할 것이다.

명말시기 서양의 판화를 간행한 책으로는 또한 조앙 드 로차João de Rocha, 羅如望, 1566~1623의 『송염주규정誦念珠規程』이 있다. 이 책에는 모두 열네 폭의 판화가 있다. 서양 학자들은 이 판화 열네 폭의 작자는 동치창董其昌, 1555~1636과 관련이 있을 것이라고 판단했다. 그런가 하면 중국 학자들은 동치창인지의 여부는 아직 확실치는 않지만 "적어도 이 판화의 작가는 난징南京 지역에 살면서 상당히 실천적 경험을 갖춘 전문 화가이거나 조

---

3   向達,「明淸之際中國畵所受西洋之影響」,『唐代長安與西域文明』(向達), 三聯書店, 1987, 499쪽.

판기雕版家라는 사실은 확실하다"[4]고 보았다. 아담 샬Johann Adam Schall von Bell, 湯若望, 1591~1666의 『진정도상進呈圖像』에는 그림 육십사 장과 도상 사십팔 장이 있다. 줄리오 알레니Giulio Aleni, 艾儒略, 1582~1649의 『천주강생출상경해天主降生出像經解』또는 『出像經解』라고도 칭함도 대량의 서양 목판화를 발간했다.

특별히 언급할 만한 것은 중국 수사 유원후이游文輝, 1575~1633가 그린 '리치의 초상화'이다. 유원후이는 천주교를 신봉한 뒤 일본에 가서 서양 유화를 배웠다. 이 리치 초상화의 유화는 그리 뛰어나지는 않지만 가장 먼저 이름을 남긴, 즉 서양의 회화방식으로 그린 중국 화가의 작품을 살펴볼 수 있다는 점에서 매우 중요하다.[5] 여기에는 또한 오해의 소지가 있다. 마이클 설리반Michael Sullivan은 선교사 프란체스코 삼비아시Francesco Sambiasi, 畢方濟, 1582~1649의 『화답畫答』은 서양의 회화를 논술한 저작이라고 생각했는데 실상은 전혀 그렇지 않다. 이것은 천주교의 윤리에 관한 저작물이며 회화와는 무관하다.[6]

이 시기에 서양의 회화는 중국에서 널리 전파되었고 중국 화가들에게도 회화 기교 상 일정한 영향을 미쳤다. 그 영향에 대해서는 중국의 학자 모샤오예莫小也는 네 측면, 즉 투시透視 지식, 명암관계, 구도형식, 인물 비례와 동태로 개괄한다.[7] 일본 학자들은 그러한 영향을 이미 "널리 알려진 사실"로 간주했다.

4   莫小也,『十七~十八世紀傳敎士與西畵東漸』, 中國美術學院出版社, 2002, 116쪽.

5   蘇立文,『東西方美術交流』, 陳瑞林譯, 江蘇美術出版社, 1998, 48쪽.

6   鍾鳴旦・杜鼎克 編,『耶蘇會羅馬檔案館明淸天主敎文獻』第六冊, 臺北利氏學社出版, 2002, 379~402쪽.

7   莫小也,『十七~十八世紀傳敎士與西畵東漸』, 122~123쪽.

2) 강희시기 서양 회화의 전개

강희康熙시기에 중국에 온 서양인 중에서 서양의 회화를 전파한 중요한 인물로서는 조반니 게라디니Giovanni Gheradini, 1655~1723와 마테오 리파MatteoRipa, 馬國賢, 1682~1745 이 두 사람을 꼽을 수 있다. 이들은 모두 이탈리아 사람들로서 문예부흥의 전통을 계승했던 까닭에 그림에 능했다. 게라디니는 조아셍 부베Joachim Bouvet, 白晉, 1656~1730가 유럽에서 선교사를 모집할 때 한때 감동을 받아 부베를 따라서 중국에 왔다. 그는 예수회 선교사들과는 달리 세속적인 화가 신분으로 중국에서 4년간 머물다가 유럽으로 돌아갔다. 그러나 중국 역사에서 그의 흔적은 아직도 남아 있으며 주로 베이징 교회당의 회화장식 일을 적지 않게 했다.

당시 베이징 선교사 피에르 자르투Pierre Jartoux, 杜德美, 1668~1720는 다른 사람에게 보낸 서신에서 게라디니의 교회당 회화에 대한 소감을 다음과 같이 전한다.

이 교회당을 건축하고 치장하는 데 꼬박 4년이 걸렸다. (…중략…) 응접실에는 루이 14세Louis XIV, 프랑스의 대주교와 역대 군왕, 스페인 섭정왕, 영국 국왕, 그리고 수많은 군왕의 초상들을 진열했다. (…중략…) 천장판은 모두 그림으로 구성했는데 세 부분으로 나뉜다. 중간에는 광활한 푸른 하늘을 그렸고 배치가 눈부시게 아름답고 다채롭다. (…중략…) 창공 양쪽에 두 폭의 타원형으로 된 유화가 있다. 그것은 기쁨으로 충만해 사람들을 유쾌하고 기쁘게 한다. 제단 뒤쪽에 배치된 장식에는 천장판과 똑같이 그림이 있으며 그 양쪽의 원경화遠景畵는 교회당을 더욱 기풍 있고 웅장하게 보이도록 만든다.[8]

게라디니의 공정 아래 이루어진 베이탕北堂은 "동양에서 가장 아름답고 가장 정통적인 교회당 중의 하나"로 일컬어진다. 청대의 문인 탄첸談遷, 1594~1658은 난탕南堂의 종교 회화를 언급하면서 그것이 주세페 카스틸리오네Giuseppe Castiglione, 郞世寧, 1688~1766가 그린 것으로 잘못 알고 있지만 실제로는 게라디니의 작품이라고 했다. 탄첸에 따르면, "난탕 안에는 카스틸리오네의 선법綫法 두 장이 있다. 그것은 대청 동쪽과 서쪽의 두 벽에 펼쳐져 있는데 높이와 크기가 그 벽과 같다. 서쪽 벽 아래에 서서 한쪽 눈을 감고 동쪽 벽을 바라보면 밀실曲房이 탁 트이고 진주 커튼珠簾이 온통 휘감겨져 있다"[9]고 했다. 이것은 게라디니의 교회당 회화가 당시 중국의 문인에게 미친 영향을 보여준다.

리파는 중국전례논쟁Chinese Rites Controversy, 1645~1742 중에 로마 바티칸의 전신부傳信部가 중국에서 예수회의 세력을 억제하가 위해 직접 중국에 파견한 신부이다. 리파는 중국에 도착한 뒤 광저우廣州에 머물렀다. 강희제康熙帝는 양광兩廣 총독 자오훙찬趙弘燦, ?~1717에게 리파의 회화 능력을 살피게 했고 그 결과 크게 만족했다. 리파는 강희 49년1710 11월 27일, 광저우를 떠나 이듬해 2월 5일에 베이징에 도착했다. 리파는 화공의 자격으로 궁중에 불려가 강희제를 알현했고 곧바로 자신의 화실 업무에 착수했다. 리파의 회고록에 의하면, "폐하의 뜻을 받들어 2월 7일에 나는 입궐해 유화가의 화실로 안내되었다. 그들은 모두 유화 예술을 중국에 최초로 도입한 예수회 신부의 제자들이었다. 이들 선생들은 예의를 갖추어 대접한 다음에 그림 붓과 물감, 캔버스를 내게 주며 그림을 그릴 수 있게 했다"[10] 동서양의 회화교류사의 견지에서 보면 리파의 역사적 공헌은 다음 두 가지

---

8   鄭德弟 外譯, 『耶蘇會士中國書簡集』第二卷, 大象出版社, 2006, 2쪽.

9   "南堂內有郞世寧綫法二張, 張于廳室東, 西兩壁, 高大一如其壁. 立西壁下, 閉一眼以觀東壁, 則曲房洞敞, 珠簾盡卷." 談遷, 『北遊錄』, 中華書局, 1981, 45쪽.

의 측면에서 살펴볼 수 있다.

첫째, 중국과 서양의 회화를 결합하는 길을 열었다. 리파 이전에 게라디니가 그린 것은 단지 교회당의 종교화에 국한된다. 현재 그의 그림이 중국 회화와 어떠한 관계를 맺었는지 설명해주는 문헌 기록은 없다. 그러나 리파는 상황이 달랐다. 그는 실제로 궁중에서 생활하는 황제가 고용한 화가였다. 때문에 작품 활동이 완전히 자유로울 수는 없었고 반드시 강희제의 의향을 고려해야만 했다. 이는 서양 회화와 중국 회화의 두 전통을 어떻게 처리할지의 문제와 관련된다. 리파는 또한 자신의 회고록에서 이렇게 말했다.

나는 내 자신의 기예가 단지 예술을 설계하는 것에 불과하다는 사실을 알았기 때문에 지금껏 스스로 발명한 제재를 그리려 하지 않았고 나의 웅대한 뜻을 모사하는 일에 국한시켰다. 그러나 중국인들이 모사를 조금도 중시하지 않아 나는 그것이 단순히 고민의 문제만이 아님을 깨닫게 되었다. 어쨌든 나는 다른 화가들대략 7~8명의 작품을 모두 관찰한 다음에 용기를 내어 간신히 몇몇 풍경과 중국의 말을 그렸다. 황상은 인물화에 대해 아무런 흥미가 없었다. (…중략…) 어떤 중등급의 인물화 지식만을 가진 사람이라면 풍경화를 잘 그릴 수 없다. 나는 오직 하느님의 인도에 맡기고 최선을 다해서 내가 여태껏 해본 적이 없는 일을 하기 시작했다. 내가 이렇게 성공을 거두고 황제를 매우 만족시키게 되어 대단히 기쁘다.[11]

---

10 馬國賢, 李天綱 譯, 『淸廷十三年』, 上海古籍出版社, 2004, 48쪽. 여기서 말하는 예수회 신부는 사실 조반니 게라디니를 가리킨다. 번역자가 게라디니를 예수회 신부로 잘못 번역한 것이다.

리파는 초기에 〈동음사녀도병桐蔭仕女圖屛〉, 〈각국인물병各國人物屛〉, 〈통경산수병通景山水屛〉 등과 같은 일부 인물화를 그렸다. 이러한 작품들을 그릴 때 그는 반드시 중국 화가의 작품에 주의를 기울였다. 동시에 동판화를 제작할 때도 중국 화가의 작품을 서양화의 특징에 맞게 고쳤다. 당시 중국의 화가는 피서산장의 삼십육경三十六景을 그린 뒤 중국의 조각공에게 제조를 맡겼다. 리파는 기술하기를, "조각공은 충실하게 화가의 설계에 따라 대략 판목에 선을 새겼다. 그러나 빛과 그림자의 조화를 이해하지 못해 그림을 판목에서 떼어 냈을 때는 외관이 몹시 엉망이 되었다".[12] 이를 지켜보던 리파는 새로 동판화를 제작할 때 서양 회화의 투시화법을 중국 화가의 작품에 적용해 대단히 큰 성공을 거두었다. 예술적 시각으로 보아 〈피서산장삼십육경避暑山莊三十六景〉 동판화는 동서양의 회화를 결합한 것인데 이를 완성시킨 인물이 바로 리파였다. 그런 면에서 설리반은 "리파는 서양 예술을 중국에 소개하는가 하면 중국의 심미적 관념을 유럽에 더 많이 전달한 매우 중요한 인물이다"[13]라고 진술한 바 있다.

둘째, 서양의 동판화를 중국에 소개했다. 리파는 중국에 오기 전에는 동판화를 제작해본 적이 없었고 관련 수업을 약간 들어서 기본적인 이해가 있었을 뿐이었다. 그러나 중국에서 직접 동판화를 만드는 설비 제작에 착수해 스스로 실험하면서 성공을 거두었다. 그리고 동판 조각 기술이 숙련되자 강희 52년1713에 강희제는 리파에게 동판 〈어제피서산장삼십육경시도御製避暑山莊三十六景詩圖〉의 인쇄 제작 공정을 주관하라고 하명했다. 이는 목판본 『피서산장삼십육경시도』가 완수된 뒤인 이듬해에 완성되었

11 위의 책, 48쪽.
12 위의 책, 63쪽.
13 黃時鑒 外編, 『東西文化交流論譚』第一期, 上海文藝出版社, 1998, 326쪽.

다. 목판본과 조각본 이 두 판본을 서로 비교해보면 동판 인쇄본의 풍물이 더욱 세밀하게 묘사되었으며 투시의 표현에 중점을 두어 명암대비가 선명하고 입체감이 훨씬 뛰어났다. 이러한 효과는 리파가 동판화를 새길 때 서양화의 특성을 혼합했기 때문이다. 이런 의미에서 '동판시도詩圖'는 목판본의 재창조이자 동서양의 회화 예술, 판화 조각 예술이 함께 어우러진 최초의 완벽한 결합이라고 할 수 있다. 따라서 리파는 중국 예술사에서 중국 조각 동판화의 창시자로 기록된다.

강희시기 자오빙전焦秉貞의 〈경직도耕織圖〉는 중국의 화가 가운데 서양의 화법을 수용해 가장 영향을 미친 작품이다. 자오빙전은 흠천감欽天監의 관리였다. 그로 인해 선교사들과의 빈번하게 접촉하면서 서양 화법의 특징을 터득했다. 모샤오예는 "자오빙전이 그린 일련의 그림에는 투시화법이 분명하게 드러난다. 설령 청나라 중후기에 재차 그린 『경직도』 역시도 자신의 기존 그림과 같은 그런 뚜렷한 서양적 특색이 없기는 하지만 말이다"[14]고 인식했다. 또한 청대 화가 장경張庚, 1685~1760이 『화징록畵徵錄』에서 자오빙전의 그림을 언급할 때도 "자오빙전은 산둥 지닝山東濟寧 사람으로 흠천감 오관정五官正을 지냈다. 그는 인물화에 능숙해 그 위치가 먼 곳에서 가까운 곳까지, 또는 큰 것에서 작은 것까지 털끝만큼도 차이가 없었으니 이것은 대체로 서양의 법이다"[15]고 했다.

3) 건륭시기 서양 회화의 완숙

강희 이후 청 왕조에 복무했던 서양의 선교사 화가에는 주세페 카스틸

---

14 莫小也, 앞의 책, 188쪽.

15 "焦秉貞, 濟寧人, 欽天監五官正, 工人物, 其位置之自遠而近, 由大及小, 不爽毫毛, 蓋西洋法也." 蔣義海, 『中國畵知識大辭典』, 東南大學出版社, 2015, 220쪽.

리오네, 장-드니 아티레Jean-Denis Attiret, 王致誠, 1702~1768, 이그나스 시헬바르트
Ignace Sichelbarth, 艾啓蒙, 1708~1780, 조셉 판지Joseph Panzi, 潘廷璋, 1733~1812, 조안네스
다마세누스 살루스티Joannes Damascenus Salusti, 安德義, 1727~1781, 루이 드 포와로
Louis de Poirot, 賀淸泰, 1735~1813 등이 있다. 그런데 이 선교사 화가들은 각기 자신만의 특기를 가졌다.

아티레는 프랑스 예수회의 선교사로서 포르투갈 선교구의 세력을 대변하는 카스틸리오네와 균형을 맞추기 위해서 중국에 파견되었다. 아티레는 중국에 오기 전에 프로 화가였으며 지금도 유럽의 많은 박물관에서 그의 작품을 볼 수 있다. 아티레는 『삼왕래조三王來朝』라는 그림을 통해서 건륭제乾隆帝에게 인정을 받아 황제의 전문 화가가 되었다. 제왕의 화공이 된다는 것은 제삼자가 볼 때는 대단히 영예스러운 일이었다.

그러나 그로 인해 겪는 고생은 아티레 자신만이 알았다. 친구에게 보낸 편지에서 말한 바와 같이, 그는 이른 아침에 일어나 경호원들이 겹겹이 지키고 있는 큰 문을 통과해서 황제가 특별히 제공한 화실에 와야 했다. 이 화실은 여름에 무더위가 기승을 부렸고 겨울에는 붓을 잡지 못할 정도로 추웠다. 건륭제는 아티레를 매우 총애해 항상 황제의 음식을 내렸다. 그런데 음식이 도착했을 때는 이미 식어서 입에 넣을 수도 없을 정도로 차가웠지만 억지로 웃는 얼굴로 먹지 않을 수 없었다. 더욱이 아티레에게 가장 고통스러운 일은 그림을 그릴 때 자유롭지 못해 본래 그 자신이 좋아하고 정통한 서양의 유화를 버리고 주로 건륭제가 좋아하는 수채화를 그려야만 했던 상황이었다. 이렇게 한동안 마음고생이 심했지만 카스틸리오네의 도움으로 제왕의 화공으로서의 역할에 점차 적응해나갔다. 그리하여 청대 인물 초상화 이백여 점을 연이어 창작함으로써 건륭제가 깊이 총애하는 서양의 화공이 되었다.

시헬바르트는 건륭제가 가장 총애한 서양의 3대 화가 중의 한 사람이었다. 비록 위치나 영향 면에서 카스틸리오네와 아티레에는 미치지 못했지만 그 역시도 건륭제의 깊은 총애를 받았다. 한번은 궁중에서 축제를 거행했는데 건륭제는 시헬바르트에게 끊임없이 손을 떠는 이유를 물었다. 그제서야 황제는 그가 이미 70세가 되었음을 알고 마땅히 생일을 축하해야 한다고 말했다. 며칠 후에 건륭제는 친히 시헬바르트를 접견하고 비단 여섯 필, 조복朝服, 조하(朝賀) 때 입는 예복 한 벌, 마노瑪瑙 한 꿰미, 황제의 친필御筆인 "해국기로海國耆老"편액 한 개를 하사했다. 건륭제는 접견한 뒤에 또 팔인교八人轎, 八擡大轎 : 옛날 고관대작들이 타던 여덟 사람이 메는 가마를 탈 수 있게 배려했다. 시헬바르트가 탄 팔인교는 앞에서 십자가로 길을 열고 악대樂隊가 그 뒤를 따르면서 베이징 시내를 한 바퀴 돌았는데 말 그대로 한때 장관을 이루었다.

내화 선교사 화가 가운데 영향력이 가장 크고 건륭제에게 가장 총애를 받은 이는 단연 카스틸리오네였다. 카스틸리오네는 강희 54년1715 11월 22일 베이징에 와서 건륭乾隆 31년1766 6월 10일에 베이징에서 병사했다. 중국에서 장장 51년 동안 생활했고 강·옹·건 삼조를 거치면서 청나라 중전기의 사회, 문화, 생활을 반영하는 작품 근 일백 점의 작품을 창작했다. 옹정雍正시기에 창작한 〈취서도聚瑞圖〉, 〈백준도百駿圖〉, 〈평안춘신도平安春信圖〉, 〈세조도歲朝圖〉, 〈영양도羚羊圖〉, 그리고 건륭시기에 창작한 〈십준도十駿圖〉, 〈팔준도八駿圖〉, 〈십준견十駿犬〉, 〈카자흐공마도哈薩克貢馬圖〉, 〈중가리아공마도準噶爾貢馬圖〉, 〈목란도木蘭圖〉, 〈춘교열준도春郊閱駿圖〉는 모두 중국 회화사에서 중요한 작품들이다.

카스틸리오네는 이렇게 비교적 무거운 회화 활동에 종사했을 뿐만 아니라, 또한 청 조정을 위해서 동서양의 화예畵藝에 능통하면서도 각양각

색의 독특한 특기를 지닌 수많은 궁정 화가들을 길러내기도 했다. 초기에 그가 가르친 제자들 중에서 반다리사班達里沙, 왕제王玠 등이 서양 유화의 학습에 뛰어난 재능을 보였다. 이들의 그림은 또한 옹정제雍正帝의 높은 평가를 받았다. 그 뒤로 가르친 제자들 중에는 왕제의 아들들인 왕유쉐王幼學, 왕루쉐王儒學를 비롯해서 장웨이방張爲邦, 딩관펑丁觀鵬, 1736~1795, 다이정戴正 등이 있다. 이들 중에서 딩관펑, 왕유쉐, 장웨이방의 화예 수준이 높으며 딩관펑의 『십팔라한도十八羅漢圖』, 천메이陳枚, 1694~1745의 〈경직도耕織圖〉 등이 세상에 명작으로 전해진다. 이 그림들은 모두 서양의 화풍을 분명하게 드러내는 작품들임은 두 말할 필요도 없다.

일반적으로 중국 회화사에서 카스틸리오네가 이룩한 공헌은 다음과 같이 두 가지로 정리할 수 있다.

첫째, 카스틸리오네는 궁정 선법회線法畵의 창시자이다. 통상 청나라 궁중에서는 초점 투시를 '선법'이라 하고 초점 투시화를 '선법화'라고 부른다. 실제로 이것은 서양 회화 중에서 '투시학'이라고 할 수 있다. 녠시야오年希堯, 1671~1738가 편찬한 『시학視學』에서는 서양 회화의 투시학에 관한 카스틸리오네의 기본 이론을 소개하고 있다. 녠시야오는 이 책에서 "근래에 카스틸리오네 선생과 여러 차례 왕래하며 그 화법의 기본 원리를 연구했다. 정면과 측면의 밝고 어두움, 휘어지거나 거꾸로 놓기, 내려다보기나 올려다보기 등 선법線法은 모두 한 지점에서 출발한다"[16]라 했다. 녠시야오는 이를 "고정된 지점에서 선을 끄는 방법定點引線之法"이라 칭하면서 카스틸리오네가 소개한 이 점선법을 "정교하고 아름다운 서양의 화법泰西畵法之精妙"이라고 극찬했다.

---

16   "近數得郞先生諱世寧者往復再四, 硏究其源流. 凡仰陽合復, 歪斜倒置, 下觀高視等線法, 莫不由一點." 年希堯, 『視學精蘊·序言』, 雍正十三年(1735) 刻本, 現藏北京圖書館.

둘째, 카스틸리오네는 동서양의 화법을 융합해서 새로운 회화 장르를 창시하고 추진한 인물이다. 그는 서양의 회화 이론을 중국의 화필, 안료물감, 종이, 견직물 등 동양의 재료로 정물靜物, 꽃, 새, 인물 초상을 표현해 매우 뛰어난 성과를 냈다. 이렇게 서법西法을 위주로 해서 중법中法을 알맞게 참작한 화법은 명청시기에 서양 회화의 영향을 받은 청징曾鯨, 1564~1647, 자오빙전, 렁메이冷枚, 1669~1742 등 중국 화가들이 중법을 위주로 해서 서법을 용用으로 삼았던 화법과는 완전히 다르다. 이것이 바로 독특한 카스틸리오네의 새로운 회화 장르의 특징이다.[17]

특히 카스틸리오네를 논하고자 한다면 건륭시기 건륭제의 전공戰功을 반영한 동판화 시리즈를 빼놓을 수 없다. 동판화의 중국 전래는 강희조에 시작되어 건륭시기에 고조되었다. 건륭조에 청 고종高宗은 두 차례의 중가리아Dzungaria, 천산 북로 지역 평정, 한 차례의 위구르回部, 천산 남로 지역 평정, 두 차례의 진촨金川, 四川省 서북부 대도하 상류 지역 평정, 한 차례의 타이완 평정, 한 차례 미얀마 공격, 한 차례의 베트남 정벌, 두 차례의 구르카Gurkha 공격 등 자신의 '십전무공十全武功'을 기리려고 화기사畵記史의 방법을 취해 궁중의 선교사들에게 동판화 여덟 세트, 총 구십팔 점을 제작하게 했다. 이리하여 서양 동판화의 중국 전파는 절정에 달했다. 덧붙여 동판화 여덟 세트를 각각 소개해보면 〈건륭제의 서역 평정 전승도乾隆平定西域得勝圖〉 열여섯 점, 〈두 차례의 진촨 평정 전투도平定兩金川戰圖〉 열여섯 점, 〈타이완 평정 전투도平定臺灣戰圖〉 열두 점, 〈베트남 평정 전투도平定安南戰圖〉 여섯 점, 〈먀오苗 강역 평정 전투도平定苗疆戰圖〉 열여섯 점, 〈윈난雲南·구이저우貴州 전투도雲貴戰圖〉 네 점, 〈구르카 전투도廓爾喀戰圖〉 여덟 점, 〈위안밍위안 동쪽 창

---

17   楊伯達,「郎世寧在淸內廷的創作活動及其藝術成就」,『淸代院畵』(楊伯達), 紫禁城出
        版社, 1993, 170~171쪽.

춘위안 시양러우도^{圓明園東長春園西洋樓圖}〉 이십 점이다.

이러한 동판화는 궁정 선교사 화가와 중국 화가가 협업해서 이룩한 작품들이다. 그 창작에 참여한 이들은 카스틸리오네, 아티레, 시헬바르트, 판지, 이탈리아 사람인 살루스티 등이다. 당시 맨 먼저 창작된 작품은 모두 열여섯 점으로 이루어진 〈건륭제의 서역 평정 전승도〉혹은 <乾隆平定準部回部戰圖>라 칭함이다. 낱 폭은 세로 55.4cm, 가로 90.8cm로 인쇄본이 인쇄되었고 당시의 역사를 고스란히 담고 있다. 가령 『이리의 평정과 항복 수락^{平定伊犁受降}』이라는 동판화에는 1755년에 중가리아 부족장 다와츠^{Dawaachi, ?~1759, 達瓦齊}의 반란을 평정한 뒤 청나라 대군이 이리^{伊犁}에 도착하자 중가리아의 수많은 부족민들이 환영하는 장면 등 역사적 사실이 묘사되어 있다.

또한 〈전공을 세운 장군들의 개선 연회^{凱宴成功諸將}〉에는 건륭제가 궁중의 서원^{西苑}에 있는 쯔광거^{紫光閣}에서 연회를 베풀어 공로를 경축하는 장면을 묘사하고 있다. 서쪽 정벌에서 전공을 세운 푸헝^{傅恒, 1722~1770}, 자오후이^{兆惠, 1708~1764}, 반디^{班第, ?~1755}, 푸더^{富德, ?~1776}, 마창^{瑪常, ?~1769} 등 100여 명의 초상화를 쯔광거에 배치해 표창했다. 이 일련의 동판화의 작가는 청나라 궁중에서 선교사 화가로 활동했던 이탈리아인 카스틸리오네, 프랑스인 아티레, 보헤미안인 시헬바르트, 이탈리아인 살루스티 등이었다.

1762년, 건륭제는 카스틸리오네에게 〈건륭제의 서역 평정 전승도〉 열여섯 점에 대한 초안을 잡으라고 명했다. 더해서 3년 뒤에는 상기한 선교사 화가 네 명에게 각기 정식 밑그림^{圖稿} 일 점씩 제도하라고 지시했다. 같은 해 5월에 건륭제는 이미 완성된 밑그림 네 점을 친히 검열했다. 이 밑그림은 카스틸리오네의 〈거덩산 적진의 공격^{格登鄂拉斫營}〉, 아티레의 〈알리추르^{Alichur} 전투^{阿爾楚爾之戰}〉, 시헬바르트의 〈이리의 평정과 항복 수락〉, 살루스티의 〈쿠르만^{Qurman} 대첩^{呼爾滿大捷}〉이다. 건륭제는 검열한 뒤에 상당히 만족스러워했다. 그리고 화가의 나머지 밑그림 열두 점을 정하고 세 차례에 걸쳐서 제도해 바치도록 했다.

건륭제는 카스틸리오네 등 네 명이 제도한 밑그림이 완성되자 모든 그림 앞에 친필로 시를 썼다. 또 건륭제는 그것을 유럽으로 보내 동판화를 제작하기로 결정하고 여러 차례 협의한 끝에 이 밑그림들을 프랑스의 파리에서 동판화로 제작했다. 그 제작에는 당시 프랑스의 저명한 조각가 르바Le Bas, 드 로네이N. de Launay 등이 참여해 전후로 11년이란 공정 기간이 걸렸다. 결국 이 동판화들은 건륭 39년에 전부 완성되어 중국으로 운반되었다. 〈건륭제의 서역 평정 전승도〉의 제작에 관해서는 프랑스 한학자 폴 펠리오의 『건륭서역전공도고증乾隆西域戰功圖考證』과 녜충정聶崇正의 『청궁동판화淸宮銅版畵』에 자세한 연구 내용이 있다. 덧붙이자면 〈두 차례의 진찬 평정 전투도〉, 〈타이완 평정 전투도〉, 〈베트남 평정 전투도〉, 〈먀오 강역 평정 전투도〉, 〈윈난·구이저우 전투도〉, 〈구르카 전투도〉 등은 전적으로 중국 내에서 제작되었다. 이러한 사실은 당시 중국 예술 분야의 장인들이 뛰어난 기술을 요구하는 동판화 제작기법을 이미 그만큼 소화했음을 설명해준다.

청대의 서양 회화는 주로 교회당의 종교적 소재의 그림을 통해서 민간에 영향을 미쳤다. 예를 들어 문인 장스취안蔣士銓, 1725~1784은 「태서회泰西畫」라는 글에서 서양화의 특징을 각별히 찬양하면서, "정연하게 배열된 층계를 오르려니 벽에 걸린 화사한 그림을 보며 미소를 머금는다. 서양의 화법이 굵으면서도 조밀하게 상감하는 등 정교하다는 사실을 알게 되었다. 오색영롱한 빛깔로 화공의 기량을 구현했는데 붓으로 그린 화폭마다 일정치 않아 생동감이 넘친다. 해그림자가 드리운 곳은 미세한 어두운 느낌이 나고 먼 창문에서 비치는 빛과 가까운 휘장이 종횡으로 교차한다.

(…중략…) 마치 맑은 거울에 비친 나는 듯한 대마루를 보는 것과 같이 경치의 원근과 색의 명암이 서로 가리고 서로 비추면서 모두 자연스럽게 어우러진 모습이다"[18]라고 했다.

사실 이러한 화법은 중국에서뿐만 아니라 동아시아 다른 국가의 문인이나 사절에게도 영향을 미쳤다. 예컨대 당시 조선의 사절단으로 왔던 박지원朴趾源, 1737~1805은 자신의 『열하일기熱河日記』에서 서양 회화를 보고 받았던 충격을 다음과 같이 기술한다.

지금 천주당 안의 벽과 천장에 그려놓은 운무와 인물들은 보통 사람의 지혜와 생각으로는 헤아릴 바가 아니고 언어와 문자로도 형용할 수 있는 것이 아니다. 내 눈으로 그림 속의 인물을 보려고 하자 번개처럼 번쩍번쩍하면서 광채가 내 눈을 아득하게 만들었다. 그림 속의 그들이 내 속을 훤히 꿰뚫어 보는 것 같아 싫었다. 내가 귀로 들어보려고 하자 굽어보고 올려보며 돌아보고 흘겨보며 내 귀에 먼저 속삭이는 것 같다. 나는 그들이 내가 숨기고 있는 것을 꿰뚫어 보는 것 같아 부끄러웠다. 내가 입으로 말하려고 하자 그들이 깊은 침묵을 지키고 있다가 갑자기 뇌성벽력을 지르는 것 같다.[19]

말 그대로 서양화는 그의 전신과 오관을 뒤흔들어 전방위적으로 충격

---

18 "有階雁齒我欲登, 蹋壁一笑看文綾. 乃知泰西畵法粗能精, 量以釖尺累黍爭. 紛紅駭綠意匠能, 以筆着紙紙不平. 日影過處微陰生, 遠窓近幔交縱橫. (…중략…) 若對明鏡看飛甍, 一望淺深分闇明, 就中掩映皆天成." 錢中聯 外編, 『淸詩紀事』乾隆朝卷, 江蘇古籍出版社, 1989, 5714쪽.

19 "今天主堂中, 墻壁藻井之間, 所畵雲氣人物, 有非心智思廬所可測度, 亦非言語文字所可形容. 吾目將視之, 而有赫赫如電, 先奪吾目者, 吾惡其將洞吾之胸臆也. 吾耳將聽之, 而有俯仰轉眄, 先屬吾耳者, 吾慚其將貫吾之隱蔽也. 吾口將言致, 則彼亦將淵黙而雷聲." 朴趾源, 『熱河日記』, 上海書店出版社, 1997, 326쪽.

을 가했던 것이다.

이처럼 카스틸리오네를 대표로 하는 서양화파는 동서문화교류의 시각으로 볼 때 선배들을 훨씬 능가하는 업적을 이루었지만 그에 대한 비판의 목소리도 동시에 존재한다. 바로 모샤오예가 지적한 대로 "카스틸리오네의 화풍으로 볼 때 동양과 서양의 결합은 결국 절충이다. 그것은 애써 각자의 장점을 살리지 않고 무작정 알맞게 배합한 것이다. 붓놀림이 서양의 화법에 가까운 까닭에 동서 회화의 융합을 완성한 듯 보이지만 이것은 단순히 표면적으로 참조해서 사용한 것임을 어찌 알겠는가. 카스틸리오네가 서양 회화의 과학적 측면을 강조했을 때 예술적 측면은 다소 상실되고 말았다."[20] 이와 함께 선교사 한 사람에게 중국의 문인화를 이해하고 인간과 자연의 융합이 주는 그러한 정신적 경지에 대한 이해를 요구하는 것은 거의 불가능함을 알아야 한다. 역사는 설계할 수 없다. 건륭제를 위해서 카스틸리오네 등이 창작한 그림들은 그 자신과 선교사가 세상을 떠난 뒤에는 시들고 말았다. 그러나 카스틸리오네 등의 작품과 그 서양의 회화 이론은 면면히 흘러 결국 변화 중인 중국의 회화 예술에 합류했다.

---

20   莫小也, 앞의 책, 260쪽.

2. 서양 음악·건축 예술의 전래와 발전

1) 서양 음악 전래와 발전양상

건륭시기의 저명한 시인 자오이趙翼, 1727~1814는 『구북시초甌北詩鈔』를 지었다. 그 가운데 「동북서수전관서양악기同北墅漱田觀西洋樂器」라는 시에서 "자수정 봉황이 퉁소처럼 울고 꿈틀대는 죽룡竹龍은 피리를 분다紫玉鳳唳簫, 煙竹龍吟笛"라고 읊은 바 있다. 사실 건륭시기에 서양의 음악은 베이징의 일상적인 풍경이 되었다. 서양 음악의 중국 전래는 포르투갈 사람이 마카오Macao에 온 것과 동시에 시작되었다.

명말의 왕린형王臨亨, 1557~1603은 자신의 책 『월검편粵劍編』에서 마카오 교회당의 파이프 오르간과 칠현금七弦琴에 관해서, "마카오에 사는 서양인의 음식과 생활 도구는 모두 정교하다. 자동 악기, 자동 시계가 있다. 나무함 속에 수백 개의 생황 리드, 수백 개의 악기 줄을 제작해 그것이 한 세트의 기계장치를 이루어 작동한다"[21]라 기록하고 있다. 청초문학가 취다쥔屈大均, 1630~1696은 『광동신어廣東新語』에서 "교회당寺에는 오르간 악기가 있고 나무함에는 가죽이 있어 볼 수 없다. 안에는 백여 개의 파이프가 있고 바깥에 장치된 가죽 주머니를 따라 미세한 공기를 불어넣으면 피리 소리가 나무함에서 흘러나온다. 그 음색이 풍부하고 리듬이 빨라 여덟 개의 음이 동시에 연주되는 듯하다"[22]라고 말한다. 파이프 오르간은 서양의 교회당에서는 필수품으로 이 악기는 본래 중국에 없던 것이라 자연스럽게 사람

---

21 "澳中夷人食器無不精鑿. 有自然樂, 自然漏. 制一木柜中, 中笙簧數百管, 或琴弦數百條, 設一機以運之." 王臨亨, 『粵劍編·志外夷』, 明萬曆刻本.

22 "寺有風樂, 藏革柜中, 不可見, 內排牙管百餘, 外按以囊, 噓吸微風入之, 有鳴鳴自柜出, 音繁節促, 若八音幷宣." 方豪, 『中西交通史』第五冊, 6쪽.

들의 눈길을 끌었다.

마테오 리치가 베이징에 진입할 당시 명 만력제에게 바친 예물 중에는 서금西琴 한 대가 있었다. 당시 유럽에서 유행했던 클라비코드Clavichord에 대한 타오야빙陶亞兵의 고증에 따르면, 만력제는 서양 음악을 듣고 싶어 했던 까닭에 디에고 데 판토하Diego de Pantoja, 龐迪我, 1571~1618를 궁중으로 불러서 태감들에게 서양 고금古琴의 연주법을 가르치도록 했다. 태감들은 대단히 영특해서 뜻밖에도 훌륭하게 잘 배웠다. 그리고 판토하가 가르친 곡의 가사는 당시 이탈리아에서 유행한 서정시였다. 리치는 이를 새롭게 옮겨서 『서금팔곡西琴八曲』이라 명명했다. 그 가사가 화려하고 아름다우며 곡조도 우아하고 고풍스러웠다. 그 내용을 잠깐 살펴보자.

아아! 망망한 세상, 시간의 흐름은 빨리 지나가서 살아 있는 사람들을 핍박한다네. 이 달을 대하면 금방 달이 바뀌고 달이 바뀌었는가 했는데 벌써 백발의 늙은이라네. 봄꽃의 붉은 빛과 윤기는 저녁이면 아침과는 같지 않다네. 비록 재주가 있어도 재주로는 피부에 주름살을 면할 수 없고 귀밑머리가 희어지는 것을 막을 수 없네. 늙고 쇠약한 것이 일단 오면 급히 흉한 밤을 불러내어 눈을 감게 한다네. 정해진 운명은 어디든지 간다네. 왕궁이라고 두려워하지도 않고 가난한 집도 가련히 여기지 않는다네. 가난뱅이, 부자, 바보, 현자 모두 어두운 길로 달려간다네.[23]

---

23 "嗚呼! 世之茫茫, 流年速逝逼人生也. 月面日易, 月易銀容, 春花紅潤, 暮不若旦矣. 若雖才, 而才不免膚皺, 弗禁鬢白. 衰老旣詣, 迅招乎凶, 夜來瞑目也. 定命四達, 不畏王宮, 不恤窮舍, 貧富愚賢, 槪馳幽道." 朱維錚 外編, 『利瑪竇中文著譯集』, 復旦大學出版社, 2001.

이러한 예스럽고 소박한 말속에는 생명과 죽음의 생각을 불러일으켜 종교적 감정을 유유히 생겨나게 한다. 리치는 언제나 천주교의 전파를 잊지 않았지만 그 전파의 기발함과 중국문화에 대한 깊은 이해는 타의 추종을 불허했다. 만력제는 이 서양의 고금 반주에 맞춰 옛 곡을 들으며 슬퍼하고 마음속 깊이 간직한 옛일의 감정을 회상했을 것이다. 숭정제崇禎帝에 이르렀을 때 이상은 높았지만 명이 짧았던 이 젊은 황제는 정무政務로 심란할 때마다 베이징에 있었던 아담 샬을 늘 찾아왔다. 숭정제는 샬에게 그동안 창고에 버려졌던 리치의 고금을 가져와 수리해서 다시 노래하고 연주하도록 해 마음속의 답답함을 풀었다.

그러나 명조明朝의 만력제와 숭정제는 단지 가끔 서양인들의 '이곡夷曲'을 들으며 갑갑증을 풀었을 뿐 감상이라고까지는 말할 수 없었다. 서양 음악을 정말 좋아했던 이들은 다름 아닌 청조淸朝의 강희제와 건륭제였다. 그리고 강희시기에야 서양의 음악은 진정으로 중국에 전래되었다고 할 수 있다. 먼저 포르투갈 선교사 토마스 페레이라Thomas Pereira, 1645~1708, 徐日昇를 언급해야 할 것이다. 이 사람은 음악에 조예가 깊어 강희제를 처음 만났을 때 페르디난트 페르비스트Ferdinand Verbiest, 南懷仁, 1623~1688는 그를 추천했다. 강희제는 이 말을 듣고 페르비스트가 먼저 중국의 곡을 연주하고, 그런 다음에 페레이라에게 이를 다시 똑같이 되풀이하도록 명했다. 그 결과 페레이라의 음조는 조금도 틀리지 않았다. 강희제는 크게 놀라 "이 사람은 실로 천재이다"라 칭찬하며 곧바로 비단緞 스물넷 필을 하사했다.

본래 페레이라는 어려서부터 시창試唱·청음聽音 능력을 연마했기 때문에 음을 대단히 정확하게 기억했다. 그는 현악기를 잘 연주했을 뿐만 아니라 음악 이론에도 밝아 서양의 음악 이론을 최초로 소개한『율려찬요

律呂纂要』라는 책을 썼다. 이 책은 역사학자 우상상吳相湘이 처음 발견했다. 그러나 『율려정의律呂正義·속편續編』과의 관계성을 규명하는 데는 여러 설이 존재해 대단히 통일적이지 않다. 현대의 학자 타오야빙은 이 두 원고를 분석한 뒤에 『율려찬요』는 페레이라 자신이 지은 것이라고 생각했다. 이 저작은 두 부분으로 구성되어 있다. 제1부는 "서양의 이론 지식을, 그리고 제2부는 『율려관규律呂管窺』라 이름하고 중국 전통의 율학律學 이론을 각각 설명했다".[24] 『율려정의律呂正義』의 총서總序에서 페레이라를 다음과 같이 평가했다.

> 페레이라라는 서양의 포르투갈 사람이 있는데 음악에 정통했다. 그 음악의 원리는 주로 현악기에서 청음과 탁음이 서로 번갈아 바뀌면서 화음을 이루는 것이다. 아울러 책의 대요는 두 가지이다. 하나는 관악기와 현악기의 소리 원리, 즉 음악 소리를 어떻게 조화롭게 할 것인가를 논했다. 또 하나는 음정이나 음계의 규칙을 논한 것인데 강함과 부드러움이라는 두 기호로 음조陰調와 양조陽調 간의 차이를 구별하고 장단과 속도 등 부호로 음표를 확정했다. 이러한 방법으로 공부에 입문하면 정말 쉽고 빠르다.[25]

그렇다면 페레이라가 이 책을 쓴 목적은 무엇이었을까? 이것은 사실 강희제에게 음악을 가르치는 교재 다름 아니었다. 조아셍 부베는 훗날 『강희황제전 _Portrait historique de l'Empereur de la Chine_』1697에서, "강희제는 서양의

---

24 陶亞兵, 『明淸間中西音樂交流』, 東方出版社, 2001, 48쪽.

25 "有西洋博爾都哈兒國人徐日昇者, 精于音樂. 其法專以弦音淸濁二均遞轉和聲爲本. 其書之大要有二, 一則論管律弦度聲之由, 聲學相合不合之故, 一則定審音合度之規, 用剛柔二記以辨陰陽二調之異, 用長短遲速等號, 以節聲字之分. 從此法入門, 實爲簡徑." 徐宗澤, 『明淸間耶穌會士譯著提要』, 中華書局, 1989, 326쪽.

음악 이론을 배우려고 페레이라 신부를 기용했다. 페레이라는 한어로 교재를 만들고 공예가들을 지도해 다양한 악기를 제작하게 했다. 그리고 강희제가 이 악기로 두세 곡을 연주할 수 있도록 교수했다"라고 진술한다. 이런 점에서 페레이라는 실제로 강희제의 첫 번째 음악 교사였음을 알 수 있다.

테오도리코 페드리니Teodorico Pedrini, 德理格, 1670~1746는 서양 음악의 중국 전래에서 또 다른 중요한 인물이다. 페드리니는 페레이라가 세상을 떠난 뒤에 중국에 왔다. 그는 음악 이론에 정통했던 까닭에 매우 빠르게 강희제에게 신임을 받았다. 페드리니와 마테오 리파가 교황에게 보낸 현존하는 편지에는 선교사들이 중국에서 서양 음악을 교수한 내용이 담겨있다. 옮겨보면, "율려의 학술에 관해서 황제는 그 근원을 철저하게 파악하기 위해 신하 페드리니에게 황제의 셋째 아들, 열다섯째 아들, 열여섯째 아들 앞에서 매일 깊이 연구해 새로운 책을 쓰라고 명했다. 이 책은 『율려신서律呂新書』라는 이름으로 불일간에 완성되었다. 여기에는 중국이나 외국의 타악기鐘磬, 현악기絲, 관악기竹 등 여러 악기가 포함되어 있다. 이를 분류하고 그 근원을 조사해 잘못된 부분을 바로잡았는데 어느 하나 흠잡을 데가 없다".[26] 강희제가 직접 수정한 이 편지를 통해서 황제 자신이 서양 음악의 학습을 중시한 사실과 페드리니가 궁궐에서 맡은 서양 음악의 교사로서의 중요한 역할을 알 수 있다.

페드리니는 음악 이론가였을 뿐만 아니라 작곡가이기도 했다. 현재 중국국가도서관의 '베이탕장서北堂藏書'에는 페드리니가 창작한 소나티네

---

26 "至于律呂一學, 大皇帝猶徹其根源, 命臣德理格在皇三子, 皇十五子, 皇十六子殿下前, 每日講究其精微, 修造新書. 此書不日告成, 此『律呂新書』內, 凡中國, 外國鐘磬絲竹之樂器, 分別其比例, 查算其根源, 改正其錯訛, 無一不備羨."陳垣 整理, 앞의 책.

Sonatine 수고가 온전하게 남아 있다. 곡명은 이탈리아어로 쓴 것인데 타오야빙이 정리하고 정취안鄭荃이 한어로 번역했다. 이는 "소나타, 바이올린 독주와 고정 베이스 악보, 작자 : 테오도리코 페드리니, 작품 : 3번, 1악장 : 전주곡, 알르망드Allemande, 코레티Correti, 사라반드Sarabande, 가보트Gavotte, 미뉴에티Minuetti, 그리고 목가牧歌, 2악장"[27]으로 구성되어 있다. 이 페드리니의 소나티네는 창작 면에서 농후한 다성음악Polyphony 풍이 이 시기 유럽의 음악과 완전히 일치하고, 또한 동시대의 이탈리아 작곡가 D. 스칼라티D. Scarlati, 독일 작곡가 J. S. 바흐J. S. Bach의 일부 작품의 풍격과 비슷한 점이 있다. 아무튼 이 페드리니의 곡은 중국에서 가장 먼저 창작된 유럽 음악의 곡으로 중요한 학술적 가치와 의미를 지닌다.

건륭제는 서학西學에 대한 강희제의 호기심과 열정의 특징을 계승해 서양 음악 또한 동일하게 중시했다. 건륭제는 『율려정의 · 후편後編』을 편찬하라고 명할 때도 선교사들의 역할을 똑같이 주목했다. 책에는 건륭 6년1741 10월 30일에 그는 장자오張照, 1691~1745에게 궁중에 서양 음악을 이해하는 선교사의 상황을 조사하라고 기록되어 있다. 장자오는 상주문에서 다음과 같이 보고했다.

신은 경성에 음악樂律에 정통한 서양인이 세 명 있다고 들었습니다. 이들은 강희 49년에 베이징에 온 페드리니, 건륭 4년에 베이징에 온 플로리안 바르Florian Bahr, 魏繼晋, 1706~1771, 그리고 올해 10월에 베이징에 온 요아네스 월터Joannes Walter, 魯仲賢, 1708~1759입니다. 페드리니는 이미 71세로 일찍이 강희 연간에 중화소악中和韶樂을 고증해 수정했으며 『율려정의』를 편찬했습니다. 이때 그는 이러한 일

---

27   陶亞兵, 앞의 책, 41~42쪽.

들을 취급해 잘 설명할 수 있을 뿐더러 두 사람보다 훨씬 잘 압니다. 그 악기를 살펴보면 대부분이 현악기絲, 관악기竹이고 그 연주를 들어보면 음이 중화中和를 이루는 궁중 음악大樂만 못하고 민간 음악俗樂에 비해 빠르고 빈번하게 반복됩니다. 그러나 페드리니는 자신들의 악기로 중국의 악곡을 연주할 수 있고 바르와 월터 두 사람도 음악 소리에 맞춰 함께 연주할 수 있습니다. 그들의 음악 이론은 우리와 상치되지 않습니다. 그 연주법은 우烏, 러勒, 밍鳴, 파乏, 쉬朔, 라拉, 시西라는 일곱 가지의 음명을 사용합니다. 여기서 우, 러, 밍, 쉬, 라는 전음全音이고 파와 시는 반음半音입니다. 순환해서 칠조七調를 이루니 고대 음악의 다섯 소리五聲에 두 개의 변화二變를 가한 것으로 악관樂官의 음계 부호工尺인 칠조와 같습니다. (…중략…) 이로써 성음聲音의 이치는 동양과 서양이 차이가 없고 악기나 음조만 다르다는 사실을 알 수 있습니다.[28]

건륭제는 이 상주문을 본 뒤에 "알겠다. 그대는 장친왕莊親王과 상의하라. 흠차欽差"[29]라 했다.

건륭제는 서양의 음악을 연구했음은 물론, 또한 청나라 궁중에서 최초의 서양 악단을 조직했다. 서양문화를 감상하는 측면에서 그는 분명히 청출어람青出於藍했다고 할 수 있다. 양나이지楊乃濟는 「건륭조의 궁정 서양 악

---

28 "臣問得西洋人在京師明于樂律者三人: 一名德理格, 康熙四十九年來京; 一名魏繼晋, 乾隆四年來京; 一名魯仲賢, 今年十月內到. 德理格年已七十一歲, 康熙年間考定中和韶樂, 纂修『律呂正義』時, 伊亦曾豫奔走, 能言其事, 較二人爲明白. 考其樂器, 大都絲竹之音居多, 令其吹彈, 其音不特不若大樂之中和, 較之俗樂更爲噍殺促數. 但德理格能以彼處樂器作中國之曲, 魏魯二人倚聲和之立成, 可知其理之同也. 其法以烏勒鳴乏朔拉西七字統總音, 烏勒鳴乏朔拉爲全音, 乏西爲半音, 可旋轉爲七調, 則古樂之五聲二變, 伶人之工尺七調同也. (…중략…) 可知聲音之道, 無間中西, 特製器審音不相侔耳."『律呂正義·後編卷』, 위의 책, 60쪽에서 재인용.
29 "知道了, 爾與莊親王商量, 欽差."『律呂正義·後編卷』, 위의 책에서 재인용.

단乾隆朝的宮廷西洋樂隊」이란 글에서 이 궁중 악단을 자세히 연구했다. 이 악단의 규모는 바이올린 열 대, 첼로 두 대, 더블베이스 한 대, 목관악기 여덟 대, 클라리넷 네 대, 기타 등 네 대, 실로폰 한 대, 풍금 한 대, 칠현금 한 대로 이루어졌다.[30] 그야말로 적지 않은 악단이라고 해야 할 것이다. 무대의 실감을 높이기 위해서 연주할 때는 모든 연주자가 가발을 쓰고 서양의 옛 의상을 입었다. 학자들의 고증에 따르면 이 중국 최초의 서양 악단은 대략 10년 동안 궁중에서 활동한 것으로 보인다.

건륭시기에 궁중에는 이러한 악단뿐만 아니라 서양의 극단도 있었다. 궁중에서는 약간 개작한 이탈리아 오페라『좋은 아가씨好姑娘』와 서양의 인형극Puppet show이 공연되었다. 그런데 이 공연에서 서양의 악단이 중요한 역할을 했음은 물론이다. 사실 이렇게 청나라 궁중에서 전개된 음악 활동은 서양 음악을 사회 전반적으로 이해시키는 데는 분명 한계가 있었다. 그러나 특별히 건륭시기에 이르러 서양 음악은 황제 자신의 완전한 감상과 소일의 대상이 되었다. 또한 서양 음악의 이론적 측면에서 보면『율려찬요』,『율려정의』의 편찬은 서양 음악을 중국에 전파하는 데 긍정적인 역할을 했다. 서양 음악이 중국의 민간에 전파된 것은 주로 교회당 종교활동에서의 종교 음악을 통해서 문인이나 민중에게 일정부분 소개되었다.

2) 서양 건축 전래와 발전양상

서양 건축 예술의 중국 전래를 논하고자 한다면 무엇보다도 먼저 마카오로부터 이야기를 시작해야 할 것이다. 당시 포르투갈 사람들이 마카오

---

30   楊乃濟,「乾隆朝的宮廷西洋樂隊」,『紫禁城』4, 1984. .

에 입주한 뒤로 보통 높은 곳에 주택을 지었던 데 반해서 마카오의 원주민들은 주로 평지에서 살았다. 『상산현지香山縣志』에서는 "산세의 고하에 따라 벌집과 같이 집을 짓는 것이 마카오 서양인의 주거이다"[31]라 했다. 이렇게 포르투갈 사람들이 건축한 "높은 건물이 하늘을 나는 듯이 즐비하고 서로 마주보는高棟飛甍, 櫛比相望" 모양의 층집은 주로 선교사들이 거주하는 교회당과 포르투갈 상인들이 사는 양옥이었다.

강희 23년, 흠차대신欽差大臣이자 공부상서工部尙書였던 두전杜臻, 1633~1703이 자신의 시 『향산 마카오香山澳』에서 마카오의 서양 교회당을 "황금빛, 푸른빛 등 여러 색깔로 장식되어 휘황찬란하며 진주 구슬로 만든 주렴, 기둥에는 용의 문양이 화려하게 수놓아져 있다"[32]라고 묘사한 바 있다. 마카오의 최초 교회당은 1567년에 건립된 왕더쓰望德寺이다. 이는 마카오 주교좌 성당이기도 했다. 교회당 앞에는 십자가 하나가 현존하며 그 위에는 라틴어로 "왕더 십자가는 1637년에 건립되었다望德十字架, 1637年立"라는 문구가 새겨져 있다. 당시 교회당이 정신병원 근처에 세워졌기 때문에 현지인들은 또한 '발광당發瘋堂'이라고도 불렀다. 『마카오기략澳門紀略』에는 "성 밖의 동남쪽에 '미치광이 사원發瘋寺'이 있는데 안에는 미친 서양인들이 살고 밖에는 병사들이 지킨다"[33]라고 기록되어 있다.

좀 더 살펴보면 성 로렌스 성당聖老楞佐堂은 1575년 정도에 건축되었다. 성 안토니우스 성당聖安多尼堂은 1565년에 건립되었다. 현지인들은 이 성당을 '화왕묘花王廟'라고 불렀고 교우들이 결혼식을 올리던 곳이다. 성 바

---

31 "因山勢高下, 築屋如蜂房者, 澳夷之居也." 田明曜 編纂, 『香山縣志』(鄧遷 等) 刻本, 全國圖書館縮微文獻複製中心, 淸光緖 5年(1879).

32 "金碧熒煌五彩合, 珠簾綉柱圍蛟螭." 章文欽 箋注, 「香山澳」, 『澳門詩詞箋注·杜臻』明淸卷, 珠海出版社, 2002, 47쪽.

33 "東南城外有發瘋寺, 內居瘋番, 外衛以兵." 方豪, 『中西交通史』 第五冊, 49쪽.

10 | 명청시기 서양 예술의 중국 전래와 발전　　327

오로 성당聖保祿堂은 1572년에 창건되었다가 재차 중건해 1640년에 완성되었다. 이 성당이 그 유명한 '세인트 폴 성당大三巴'인데 탕셴쭈湯顯祖, 1550~1616는 『모란정牧丹亭』에서 이를 '뒤바오쓰多寶寺'라 칭했다. 1762년에 포르투갈 당국이 포르투갈 국왕의 이름으로 예수회를 몰아내기 전까지 이곳은 줄곧 예수회 동양 선교의 중심지였다. 또한 세인트 폴 성당은 1835년에 대화재로 소실되기 전까지 마카오에서 줄곧 가장 웅장한 건물이었다.

마카오의 교회당 외에도 서양식 민간 건축도 매우 독특한 것 중의 하나이다. 『마카오기략』에 이르기를, "대부분 층집에 거주하며 그것은 3층 건물로 산의 높낮이에 따라 사각형, 원형, 삼각형, 육각형, 팔각형 등 각종 꽃과 열매 모양을 본떴다. 즉, 지붕은 나선형으로 정교하고 화려하게 꾸몄으며 담장은 벽돌이나 흙으로 쌓은 것으로 네댓 자 두께이다. 사방의 벽에는 창문이 있고 백토白土로 장식했다. 창문이 집문만큼 커서 두 개의 창문은 안쪽에서 여닫고 밖에서 창문의 자물쇠를 채우며 운모雲母를 사용해 단열한다. 건물의 문은 모두 옆에 설치하는데 수십 개의 계단을 지나야 들어갈 수 있다. (…중략…) 자신들은 위층에 거주하고 흑인 하인들은 아래층에 살게 한다. 문밖에 있는 뜰은 외부의 담으로 둘러싸여 있고 문은 언제나 개방되어 있다. 또 아래층에 재물 창고土庫, 서양 식민지 무역소를 만들어 수많은 재화를 증식한다".[34] 그야말로 새로운 건축의 스타일과 예술이 마카오에서 출현하기 시작한 것이다.

선교사들이 중국의 내륙에서 선교를 시작하고 선교 사업이 발전하면

---

34 "多樓居, 樓三層, 依山高下, 方者, 圓者, 三角者, 六角者, 八角者, 肖諸花果狀者; 以覆俱爲螺旋形, 以巧麗相尙; 垣以磚或築土爲之, 其厚四五尺, 多鑿牖于周垣, 飾以堊. 牖大如戶, 內闔雙扉, 外結瑣窓, 障以雲母. 樓門皆旁啓, 歷階數十級而後入. (…중략…) 己居其上, 而居黑奴其下. 門外爲院, 院盡爲外垣, 門正啓. 又爲土庫樓下, 以殖百貨." 方豪, 앞의 책, 52쪽.

서 서양식 교회당도 본토에서 생겨났다. 베이징에서 가장 유명한 교회당은 아담 샬이 세운 난탕南堂을 꼽을 수 있다. 이것은 바로크Baroque 양식을 구현한 전형적인 유럽식 성당의 건축물이다. 교회당의 전체 부지는 십자형이고 길이 80척, 너비 45척으로 되어 있다. 페터 바이트하스Peter Weidhaas는 『아담 샬Johann Adam Schall von Bell』에서 교회당의 건축을 자세하게 설명하기를, "교회의 내부는 기둥을 세우는 행렬에 따라 교회당의 꼭대기를 네모 칸의 세 부분으로 개설했다. 각 부분은 모두 하나의 고리로 구멍모양을 만들어 마치 아래로 뒤집힌 세 척의 선체船體와 같다. 이 가운데 꼭대기 칸의 말단은 원각圓閣 모양으로 지어서 전체 성당보다 높고 원각에는 갖가지의 성상이 그려져 있다. 중앙의 꼭대기 칸 양쪽의 꼭대기 칸은 한 조각 한 조각 네모난 판자로 덮는다. 성당의 정문 상인방 윗부분에는 라틴어 알파벳 약자로 구세주의 이름인 HSJ실제로 예수회의 로고를 써넣고 여러 빛깔로 장식해 사방을 더욱 빛나게 했다"[35]라고 했다.

그리고 난탕은 토마스 페레이라와 필립포 그리말디Filippo Maria Grimaldi, 閔明我, 1639~1712가 개축한 뒤에는 성당 양쪽에 높은 탑 두 개를 세웠다. 한 탑에는 큰 오르간을, 또 한 탑에는 시계를 각각 설치하고 크기가 다른 종을 매달아 중국 가락의 종악鐘樂을 울릴 수 있게 했다. 당시 프란치스코회 신부 앙투안느 드 생트 마리Antoine de Sainte Marie, 利安當, 1603~1669가 베이징에 와서 이 교회당을 보고 "이 건축물은 그곳 주민들의 끝없는 경탄을 자아냈고 참배객들이 물밀듯이 밀려왔다"[36]라고 했다.

강희시기에 천주교에 대한 정책은 비교적 관대했다. 그에 따라 천주교가 각지에서 크게 발전해 교회당도 곳곳에 세워졌다. 강희제 때에 항저

---

35   (德) 魏特, 楊丙辰 譯, 『湯若望傳』 第一冊, 知識产权出版社, 2015, 250쪽.
36   "此一建築物使背景居民無不驚奇不止, 前來瞻仰者, 勢如潮涌." 方豪, 앞의 책, 55쪽.

우杭州의 천주교 교회당이 가장 웅장했으며 건축 스타일은 서양과 같았다. 당시 프랑스의 예수회 선교사 루이 다니엘 르 콩트Louis Daniel Le Comte, 李明, 1655~1728는 항저우를 지날 때 천주교 교회당의 건축물을 보고 그 아름다움을 필묵으로 표현할 수 없다고 극찬을 아끼지 않았다. 르 콩트에 따르면 교회당 내부의 모든 것은 금으로 도금되었고 벽화가 걸려 있었는데 장식이 정교하고 질서정연했다고 했다. 또한 장식물 중에는 황금꽃과 다른 귀중품이 진열되어 세계의 장관을 이루었다고 전한다.

서양의 건축은 교회당이 건립되면서 그 스타일과 건축 방법이 점차로 민간주택에서도 채용되었다. 『부생육기浮生六記』에는 광저우의 외국 상가 건축을 "스싼항十三行은 유란먼幽蘭門 서쪽에 있는데 그 구조가 서양화와 동일하다"[37]라고 묘사되어 있다. 스싼항이 서양인의 건축이라는 것은 이해되는 바지만 중국인의 민간주택에서도 서양식 건축법이 채택되기 시작했다. 또한 『부생육기』에서는 안후이安徽에서 본 민가의 건축 스타일을 다음과 같이 기록하고 있다.

난청南城 밖에 왕스위안王氏園이 있다. 이 정원은 동서로 길고 남북으로 짧은데 원래 북쪽은 성벽에 가깝고 남쪽은 호수가 인접하기 때문이다. 지리 조건에 한정해서 위치를 정하기 어렵고 이 정원의 구조를 보고 겹겹이 쌓는 방법을 사용했다. 중대重臺란 지붕 위에 월대月臺를 설치하고 정원을 만든 다음에 그 위에 돌을 쌓아 꽃을 심어서 발밑에 집이 있다는 것을 알지 못하게 한 것이다. 위에 돌을 쌓으면 아래가 튼실해지고 위의 정원은 밑이 비기 때문에 꽃과 나무는 여전히 땅의 생기를 받아 생장할 수 있다. 첩관疊館이란 위층에 집을 짓고 그 집 위

---

37 "十三行在幽蘭門之西, 結構與西洋畫同." 潘復, 「浪游記快」, 『浮生六記』卷四, 清嘉慶 十三年(1808).

에 재차 평대平臺를 만드는 것이다. 상하가 겹겹이 빙빙 감돌며 4층으로 되어 있고 위층에 작은 연못이 있어도 물이 새지 않는다. 뜻밖에도 그 허실이 어디인지도 헤아릴 수가 없다. 그 발판은 전부 벽돌로 건설했고 하중을 견디는 곳은 서양의 입주법立柱法을 본떠서 만든 것이다. 다행히 정원은 남호南湖를 마주하고 있어서 시야를 가리지 않아 마음껏 유람할 수 있다. 이는 평지에 있는 정원보다도 뛰어난 점이며 정말 인공미의 극치라고 할 수 있다.[38]

당시 장난江南 일대에서는 서양 건축법의 채택은 이미 보편화된 현상이었다. 리더우李斗, ?~1817는 그의 『양저우화방록揚州畵舫錄』에서 양저우揚州 '청비탕澄碧堂'의 건축 스타일을, "대개 서양인들은 청록빛을 좋아해서 광저우 스싼항廣州十三行에는 '비탕碧堂'이 있는데 그 건축양식은 대부분 가옥이 넓고 큰 건물과 한데 이어져 있고 해를 가리고 달빛이 비추는 곳 같은 데서 일을 한다. 비탕은 바로 이 양식을 모방한 것이기 때문에 '청비澄碧'라고도 불린다"[39]라고 기록했다.

청대에 가장 대표적인 서양식 건축은 건륭시기의 위안밍위안圓明園에 있는 서양식 건축물인 시양러우西洋樓이다. 시양러우는 위안밍위안의 창춘위안長春園 북쪽에 위치한다. 이는 건륭 12년1747에 착공되어 건륭 48년1783에 최종적으로 언덕에 웅대하게 펼쳐진 위안잉관遠瀛觀이 추가되면

---

38 "南城外又有王氏園, 其地長于東西, 短于南北, 蓋北緊存城, 南則臨湖故也. 旣限于地, 頗難位置, 而觀其結構, 作重臺疊館之法. 重臺者, 屋上作月臺爲庭院, 疊石栽花于上, 使遊人不知脚下有屋. 蓋上疊石者則下實, 上庭院者則下虛, 故花木仍得地氣而生也. 疊館者, 樓上作軒, 軒上再作平臺. 上下盤折, 重疊四層, 且有小池, 水不漏泄, 竟莫測其何虛何實. 其立脚全用磚石爲之, 承重處仿照西洋立柱法. 幸面對南湖, 目無所阻, 騁懷遊覽, 勝于平園. 眞人工之奇絶者也."潘復, 앞의 글.

39 "蓋西洋人好碧, 廣州十三行有碧堂, 其製皆以連房廣廈, 蔽日透月爲工. 是堂效其製, 故名澄碧."方豪, 앞의 책, 60~61쪽.

서 완공되었다. 전체 설계는 카스틸리오네가 맡았고 분수는 미셸 베누아 Michel Benoist, 蔣友仁, 1715~1774가 설계했다. 그리고 모든 공사는 중국의 장인들에 의해서 이루어졌다. 이것은 중국 최초로 모방해서 만든 유럽식 원림園林으로 셰치취諧奇趣, 황화전黃花陣, 양췌룽養雀籠, 팡와이관方外觀, 하이옌탕海晏堂, 위안잉관, 다수이파大水法, 셴파산線法山, 셴파화線法畵 등 10여 동의 유럽식 건물과 정원으로 구성되었다. 건륭제는 건축 과정의 전반에 걸쳐서 관심이 매우 뜨거워서 거의 매일 건설 현장에 행차할 정도였다. 황제는 베누아가 더욱 편리하게 건설 공사에 전념할 수 있도록 심지어 "궁정은 언제나 그에게 열려 있어서 마음껏 혼자서 드나들 수 있게 했다."[40]

이른바 시양러우는 형태와 입면立面에 있어 그 주범 양식柱式, 처마의 기단부, 문과 창문의 세부는 모두 유럽식 건축 공법이다. 그러나 세부적인 조각 장식에는 또한 중국식 문양이 뒤섞여 있다. 일반적으로 시양러우 건축은 유럽의 건축문화가 중국에 처음 도입된 완전한 작품이자 유럽과 중국의 양대 원림체계가 최초로 결합된 창조적 시도로 평가된다. 『어제위안밍위안도영御製圓明園圖咏』에는 시양러우를 노래한 구절이 등장한다. 그 「서序」에서 "서양의 방법으로 물을 집안으로 끌어들여 선풍기를 돌리니 몸이 와들와들 떨릴 정도로 춥다. 현악기나 관악기의 음악도 아닌 자연의 소리가 멀리서도 들리고 숲과 물의 반사광이 깨끗한 초록색을 이루었다. 리다오위안酈道元, ?~527이 '죽백竹柏을 가슴에 품으면 천지의 마음과 더불어 통달하고, 지혜롭고 어진 본성을 간직하면 산수만큼 높고 심오해진다'라고 한 말은 바로 이러한 풍경을 시로 읊은 것이다"[41]라고 했다.

---

40   鄭德弟 外譯, 『耶蘇會士中國書簡集』 下卷, 大象出版社, 2005, 67쪽.

41   "用泰西水法引入室中, 以轉風扇, 冷冷瑟瑟, 非絲非竹, 天籟遙聞, 林光逾生淨綠. 酈道元雲: '竹栢之懷, 與神心妙達; 智仁之性, 共山水效深.' 玆景有焉." 李文君 編著, 『西苑

3. 글을 마치며

명청시기에 전래된 서양의 지식·문화 체계는 다른 선교지에서는 유례를 찾아보기 힘든 독특한 '예수회 적응주의'의 산물로 이해된다. 이 복음의 본토화 노선은 예수회 선교사들이 주도한 '서양학문서학'의 생성 배경을 이해하는 가장 중요한 핵심어라고 할 수 있다. 그도 그럴 것이 문화적 응주의는 수학과 천문지리, 지도 제작 등 선진 지식은 말할 것도 없고 후대에는 대포제작기술까지 매개하는 문화교류형 선교로 지역민의 의식을 고양시키고 지역문화의 성장을 도모하는 계기를 열어주었던 까닭이다.[42] 예수회의 동아시아 적응전략이 학술선교, 지식선교, 문화선교 등으로 일컬어지는 이유가 여기에 있다. 명청시기 서양 예술의 중국 전래와 발전, 즉 서양 회화·음악·건축의 토착화는 적응주의적 문화지식선교가 구체적으로 발현된 역사적 실체라고 할 수 있다.

이처럼 명청시기 예수회 선교사들이 서양 예술을 중국에 소개하게 된 배경에는 적응주의적 선교전략 차원에서 채택된 것이었다. 물론 이러한 종교적 전략은 황궁에서는 매우 제한적이었다. 가령 강희 후기 중국전례 논쟁이 발생한 뒤로 강희제는 종교적 천주교와는 거리를 두었다. 그러나 서양의 과학기술과 예술문화에 대한 관심은 식지 않았고 이 분야의 우수한 인재로 파악되면 전부 받아들였다. 이러한 전통은 옹정제와 건륭제에게도 계승되어 그야말로 강康·옹雍·건乾 삼조三朝는 서양 예술이 중국에 전해진 최초의 절정기를 누렸다. 동서문화교류의 시각으로 볼 때 당시 창

三海楹联匾额通解』, 岳麓書社, 2013, 145쪽.

42 황종렬, 「마테오 리치의 적응주의 선교의 신학적 의의와 한계」, 『교회사연구』 제20집, 한국교회사연구소, 2003, 191~194쪽 참조.

작된 서양풍 예술품들은 동서양의 문화가 평등하게 교류한 증거물이다. 그러나 근대로 접어들면서 이러한 균형은 철저하게 무너지고 말았다. 비근한 예로 서양식 건축물인 시양러우의 경우, 1860년 영불연합군이 소각해버린 용서할 수 없는 죄악을 저질렀다. 시양러우는 서양인의 손에 건설되었다가 또한 서양인의 손에 훼손되었던 것이다. 근대 이후 일백 년 동안에 중국과 서양의 관계는 천지가 뒤집힐 정도의 큰 변화가 일어났다. 시양러우는 동서양의 문화교류사에서 온갖 애환을 다 담고 있다. 현재 황량한 풀 속에 기댈 곳 없이 서 있는 무너진 담벼락은 사람들에게 깊은 사념을 남긴다.

11

명청시기 유럽
'사회 · 인문' 문화의
중국 전래

유럽 라틴계 성서문명天主教은 명청明淸시기16~18세기 남방 해상실크로드를 통한 동서양의 문화교류 속에서 본격적인 동진東進이 이루어졌다. 동아시아의 학술토양에 새로운 '서양의 학문西學'이 이식되기 시작한 것이다. 잘 알려진 대로 그 주역은 당시 중국에 들어온 예수회 선교사 한학자漢學者들이었다. 이른바 예수회 선교사들은 모두 뛰어난 학식과 경륜을 갖춘 수재들로서 중국에 오기 전에 서양에서 이미 아리스토텔레스Aristoteles, BC 384~ 322, 토미즘Thomism, 르네상스의 인문주의 등에 관한 광범하고도 엄격한 학술적 훈련을 받았다. 그러나 이들 선교사 한학자들이 중국의 황궁이나 민간에서 보여준 천문역법天文曆法의 익숙함, 또한 회화繪畵, 제도製圖, 기계에 대한 재능은 전부 하나의 목적, 곧 종교적 신념의 정확성과 위대함을 증명하기 위해서였다. 과학은 수단일 뿐이었고 선교가 목적이었다. 따라서 선교사들이 소개한 서양의 문화를 연구할 때 과학문화의 평가에만 머물러서는 안 될 것이다.

16~18세기 동서문화교류사로 볼 때 내화來華 예수회 선교사의 위치와 역할에 관한 연구 영역에서 그들이 소개한 서양의 '사회·인문'문화가 중국에 전래된 상황과 그 문화사적 영향이나 의미에 대한 평가가 가장 낮다. 현재의 연구는 선교사들의 문화지식선교 차원에서 주로 그들이 소개한 서양의 과학 방면에 집중되어 있다. 거듭 말해서 예수회 선교사들이 중국에 온 목적은 선교에 있었다. 서양의 과학문화는 선교를 실현하는 방편에 한정된다. 따라서 그들이 가장 많은 관심과 실혈을 기울인 것은 서양

의 철학과 종교에 관한 저술이었다. 만일 이러한 학술 영역을 등한시하면 선교사들이 중국에서 활동한 전모는 물론 그 본의 자체도 파악할 수 없게 될 것이다. 그런 점에서 선교사들이 소개한 서양의 사회, 철학, 문학 등 '사회·인문'문화와 그 관념^{思想}을 분석하는 연구가 요청된다. 이러한 연구가 선행되어야만 서학^{西學}의 핵심이 무엇인지를 정확하게 파악함과 동시에 그 특유의 한학^{漢學}적 성과와 연구의 특징을 이해할 수 있기 때문이다.

1. 서양 사회문화의 중국 전파

마테오 리치^{Matteo Ricci, 利瑪竇, 1552~1610}가 건안왕^{建安王}을 처음 만났을 때 자신의 새로운 저작 『교유론^{交友論}』을 첫 만남의 선물로 증정했다. 이때 리치는 13년 동안 중국에서 생활했던 터라 친구와 사귀는 도^{友道}가 중국의 오륜^{五倫} 중의 하나임을 알았다. 그는 종교에 대해서는 일체 함구하고 서양의 '벗을 사귀는 도^{交友之道}'만을 집중적으로 강론해 중국 문인들의 호감을 얻었다. 펑잉징^{馮應京, 1555~1606}은 이 책을 음미하고 "동양에서 서양까지 이 마음과 이 이치는 모두 같다는 것을 더욱 믿게 되었다"[1]라고 감탄해 마지 않는다.

실제로 리치는 『교유론』에서 이미 서양의 사상문화를 소개했다. 팡하오^{方豪, 1910~1980}의 고증에 근거해보면 『교유론』에서는 서양의 위인 26인의 격언이 인용되어 있다. 구체적으로 말하자면 아리스토텔레스 7건, 아

---

1 "益信東海西海, 此心此理同也." 馮應京, 「교유론 출간에 붙인 서문(刻交友論序, 1601)」, 마테오 리치, 송영배 역주, 『교우론(交友論) 스물다섯 마디 잠언(二十五言) 기인십편(畸人十篇)-연구와 번역』, 서울대 출판문화원, 2013, 409쪽.

우구스티누스Aurelius Augustinus Hipponensis, 354~430 7건, 소크라테스Socrates, BC 470~399 2건, 키케로Marcus Tullius Cicero, BC 106~43 13건, 플루투아르코Plutuarco 8건, 세네카Lucius Annaeus Seneca, BC 4 ?~AD 65 6건이다. 잘 알다시피 이들은 모두 서양의 사상문화 방면에서 위인들이다. 중국인들의 입장으로 볼 때 상술한 그리스와 르네상스시대의 유명한 철학자의 격언을 들은 것은 처음일 것이다.

줄리오 알레니Giulio Aleni, 艾儒略, 1582~1649는 푸젠성福建省의 선비들에게 "서래공자西來孔子"의 선교사로 일컬어졌다. 알레니가 중국 문인들에게 서양의 문화를 소개할 때 그 유명한 자신의 저서 『서학범西學凡』이 있었다. 이 저작은 서양문화를 전반적으로 소개한 것이다. 그것은 쉬쉬천許胥臣이 서언에서 "알레니가 서술한 서양의 학문은 그 대강凡을 읽어보면 잘 분류되어 있고 학문이 진척되어 높은 수준으로 한데 집결되어 있다"[2]라고 말한 바와 같다. 알레니는 서양의 학문을 모두 여섯 영역科, 즉 ① 수사학文科 = 勒鐸理加, Rhetorica, ② 철학理科=斐錄所費亞, Philosophia, ③ 의학醫科=默第濟納, Medicina, ④ 법학法科 = 勒義斯, Leges, ⑤ 교회법학教科=加諾搦斯, Canones, ⑥ 신학道科=陡祿日亞, Theologia으로 나누었다. 그런 다음에 이 여섯 영역에 대해서 각각 설명을 가했다.

그렇다면 무엇 때문에 수사학을 그중에서 가장 으뜸으로 삼았을까? 알레니는 "대개 언어는 얼굴을 서로 마주 대해야 하지만 문자는 고금古今을 포괄하고 성현을 만나 그 뜻을 이해한 것들이 먼 곳까지 전해져 후세에 남겨진 것이다. 그러므로 반드시 먼저 글文로 모든 학문의 큰길을 열어야

---

2   "艾氏所述西方之學者, 讀其凡, 其分有門, 其修有漸, 其詣有歸." 許胥臣, 「西學凡 · 西學凡引」, 黃興濤 · 王國榮 編, 『明淸之際西學文本－50種重要文獻彙編』 第一冊, 中華書局, 2013, 232쪽.

한다"[3]라고 인식했다. 그가 말한 수사학은 중국의 학문과 매우 유사했다. 그것은 옛 성현의 명훈名訓을 읽고 각국의 역사를 배우며 각종 시문을 낭독하고 글쓰기를 연습하며 문장의 구성을 익히는 등등을 포괄한다. 이것은 실제로 르네상스의 인문과학 개념이다.

『서학범』은 중국의 지식인들을 위해 쓴 작품이기 때문에 알레니의 한학 수준을 보여준다. 훗날 페르디난드 페르비스트Ferdinand Verbiest, 南懷仁, 1623 ~1688는 젊은 강희제康熙帝를 가르치면서 서양의 문화를 소개했다. 이때 페르비스트가 편성한 『어람서방기요御覽西方紀要』에는 서양을 소개한 알레니 등 선교사들의 서적이 요약되어 있다. 여기서 페르비스트는 여러 유럽 국가들의 국토, 지방특산품, 국가제도, 국왕의 이름, 각 국가의 역사, 풍속, 습관, 복식, 법률제도, 도덕윤리, 경제무역, 음식습관, 의약위생, 도시건축, 국방과 군비, 백성들의 관혼상제, 이혼, 재취나 여인의 수절, 천문역법, 수술점복數術占卜과 택일擇日 등을 일일이 다 설명하고 있다.

강희제는 항상 선교사들과 함께 중국과 유럽 간의 문화적 비교를 논제로 토론하기를 좋아했다. 한번은 유럽인의 건축 상황에 관한 조아셍 부베 Joachim Bouvet, 白晉, 1656~1730의 설명을 들은 뒤에 서양인은 대부분 다층 건물에서 생활하는지를 물었다. 부베는 그렇다고 대답했다. 그러자 강희제는 크게 웃으며 보아하니 서양인들은 토지가 너무 협소해 단층집에서는 살지 못하고 층집에서 사는 것이라고 말했다. 강희제, 건륭제乾隆帝는 선교사와의 오랜 접촉 속에서 서양 사회를 더 많이 알게 되었고 이로 인해 그들의 시야는 점점 더 넓어졌다. 다시 말해서 중국의 역대 제왕들에게는 없었던 전 세계에 대한 지식과 인식이 초보적으로나마 형성되었던 것이다.

---

3   "蓋語言止可觀面相接, 而文字則包古今, 接聖賢, 通意胎於遠方, 遺心産於後世, 故必先 以文闢諸學之大路." 艾儒略, 「西學凡」, 위의 책, 233쪽.

한편 미셸 베누아Michel Benoist, 蔣友仁, 1715~1774는 한 편지에서 건륭제와의 담화를 상세하게 기록했다. 이는 예수회 선교사 조셉 판지Joseph Panzi, 潘廷璋, 1733~1812가 건륭제에게 초상화를 그려줄 때의 일이었다. 여하튼 이 담화 속에서 건륭제가 관심을 가졌던 문제와 선교사들이 황제에게 소개한 서양의 지식, 더욱이 그에 따른 청나라 궁중에서의 서양문화의 전파 상황을 알 수 있다.

문황제 : 국왕이 그대들을 보낸 것인가, 아니면 그대들 스스로 중국에 온 것인가?

답베누아 : 강희조시기에 이 군왕께서는 프랑스인이 관청 내에 교회를 세우는 것을 허락해주셨습니다. 우리 국왕은 이러한 선행을 알고서 우리 예수회 의 장상에게 본회에서 수학자와 여러 분야의 예술가를 선발하라고 명했 습니다. 더해서 사명을 완수하는 데 도움이 되는 측정기구儀器와 기타 물 품을 제공한 다음에 그들을 이곳에 파견했습니다. 위대한 강희황제께서 문명적 혜안으로 교회를 세우게 한 뜻도 같은 목적이기 때문입니다.

(…중략…)

문 : 장상이 그대들을 선발해서 이곳에 파견할 때 국왕에게 알리는가?

답 : 우리는 모두 국왕의 명령에 따른 것입니다. 국왕의 후원에 힘입어 광저 우廣州로 가는 프랑스의 선박을 타고 중국에 왔습니다.

(…중략…)

문 : 유럽의 많은 군주들 중에서 그 권위로 다른 군왕들 간의 분쟁을 끝낼 수 있는 그야말로 다른 군주 위에 군림하는 군주는 없는가? 예를 들어 이 중화제국은 이전에 각자 독립된 여러 군주의 통치를 받았는데 그 중에 서 한 군주가 나중에 그들의 수령이 되어 '황제'의 칭호를 갖게 되었다.

답 : 독일은 많은 제후국으로 구성되어 있는데 이들 제후국의 군주 중 한 명

이 그들 위에 군림해 황제의 칭호를 가집니다. 그러나 이렇게 황제의 칭호가 주어진다고 하더라도 그는 본래 제후국의 군주일 뿐이며 때로는 다른 제후국이 그에게 도발하는 전쟁을 막아야 합니다.

문 : 유럽의 많은 국왕들은 각자 실력이 다른데 어떤 비교적 강한 국가가 몇 개의 비교적 약한 국가를 병탄한 후에 더욱 실력을 강화해서 재차 다른 비교적 강한 국가를 병합해 점차 전 유럽을 지배하는 그러한 상황이 올 수 있겠는가?

답 : 유럽의 모든 국가들이 기독교를 받아들인 뒤로는 그런 동란을 획책할 수 없습니다. 기독교는 신민臣民이 군주에게 복종하고 동시에 군주들 간에도 서로 존중할 것을 권유합니다.

(…중략…)

문 : 귀 국가의 군주가 죽은 뒤에 후사가 없다면 왕위는 누가 계승하는가?

답 : 하느님은 수 세기 동안 우리의 군주를 깊이 사랑해 그 자손이 왕위를 계승했을 뿐더러 유럽의 다른 왕실이 왕위의 계승자를 제공하게 했습니다.[4]

이 담화를 통해서 당시 선교사들이 청나라 궁중에 소개한 서양의 사회 지식에 관한 일반적 상황을 파악할 수 있다.

선교사들의 문장에서 유럽은 천당이자 낙원으로 그려졌다. 디에고 데 판토하Diego de Pantoja, 龐迪我, 1571~1618는 자신의 책 『칠극七克』에서 서양의 사법제도의 공정성을 다음과 같이 소개한다.

서양에서는 죄를 지은 사람이 아직까지 승복하지 않으면 다른 관리에게 올려

---

4   鄭德弟 外譯, 『耶蘇會士中國書簡集』 下卷, 大象出版社, 2005, 35~36쪽.

서 다시 판결을 받을 수 있게 해준다. 예를 들면 국왕 필립은 어느 날 조회를 받다가 한 대신에게 화가 나서 그에게 바로 사형을 내리려고 했다. 그러나 그 대신은 승복하지 않으며 '마땅히 다른 관리에게 올려서 다시 판결하셔야 합니다'라고 했다. 이에 왕은 더욱 성을 내면서 '내 위에 그 어떤 이가 있어서 너에게 다시 판결을 내릴 수 있겠는가?'라고 했다. 그러자 대신이 대답하기를, '지금 왕께서는 성을 내고 계십니다. 왕께서 성이 나지 않으셨을 때 다시 판결하시는 것이 옳겠습니다'라고 했다. 뒤에 왕은 분노가 풀리자 과연 그에게 죄가 없음을 명확히 깨닫고 그를 용서했다.[5]

법률의 권한法權이 왕권보다 높은 것은 중국을 겨냥해서 말한 것이 분명하다. 이러한 법률의 건전성은 제왕의 권력뿐만 아니라 민중의 나쁜 습관에 대한 규제에서도 나타난다. 판토하가 "서양의 여러 나라들도 술을 좋아하는 이들은 국정에 참여할 수 없게 하는데 이는 비밀이 지켜지지 않는 것을 막기 위해서이다"[6]라고 소개한 바와 같이 당시 서양에는 전문적인 금주법禁酒法이 있었다. 사람은 술을 마시면 취하기 쉽고 취하면 허튼소리를 하기 때문에 술을 좋아하는 사람은 국사에 참여시키지 않았다. 판토하는 "서양의 나라에서는 관습적으로 평생 동안 단 한 번이라도 술에 취한 적이 있는 자는 재판관이 결코 그를 증인으로 삼지 않는다. 왜냐하면 그의 말을 믿을 수가 없다고 여기기 때문이다. 또한 어떤 사람에게 술에 취했다고 욕을 하면 당사자는 이를 마치 저자에서 매를 맞는 것과

---

5 "大西之俗, 罪人有未服者, 得上于他司更讞. 國王費理薄視朝, 怒一大臣, 輒欲論死. 其臣不服曰: '當上他司更讞耳.' 王愈怒曰: '更誰居我上者, 得讞爾.' 答曰: '今王怒, 更上于王不怒, 更讞則是矣.' 後王怒解. 果明其無罪貰之." 龐迪我, 「七克」, 『明淸之際西學文本: 50種重要文獻彙編』(黃興濤·王國榮 編) 第一冊, 中華書局, 2013, 100쪽.
6 "大西諸國之俗, 好酒者不得與聞國事, 防不密也." 위의 글, 123쪽.

같이 지극한 모욕으로 생각한다"[7]라고 말한다. 사람이 술을 마시면 증인이 될 수 없고 다른 사람을 기소할 수도 없다. 이는 술꾼의 입에서 진실한 말이 나올 수 없기 때문이다.

이러한 법률은 굉장히 혹독했다. 때문에 판토하는 다음과 같이 전한다. 대서양의 나라에서는 누구나 주색의 변화를 논하는데 여자가 술을 마시면 실신해 다른 남자와 간통의 감정이 생기는 것과 같다. 소년 남자는 서른 살이 되기 전에는 술을 한 방울도 입에 대지 않는다. 서양인들은 술과 음행淫行을 두 가지의 큰 죄악으로 간주한다. 중국의 문인들은 판토하의 이러한 설명을 듣고 필시 저절로 고개가 수그러졌을 것이다. 중국인이 생각하기에 음주는 유한한 인생에서 정말 유쾌한 일이기 때문이었다. 더욱이 중국 문인들은 과음하면 문제가 되지만 음주 그 자체를 결코 죄악으로 보지는 않았다.

선교사들은 글에서 서양인의 도덕 규범이 중국인과 비교해서 절대로 뒤떨어지지 않다고 설명했다. 비록 그들이 중국인에게 천주교의 윤리관을 소개하기는 했지만 최대한 그 종교적 색채를 희석시키고 주로 사회문화적 각도에 중점을 두어 서양의 윤리를 소개했다. 이것은 대단히 훌륭한 방법이었다. 알폰소 바뇨니Alfonso Vagnoni, 高一志 또는 王豐肅, 1566~1640는 『수신서학修身西學』, 『제가수학齊家修學』, 『유아교육童幼教育』에서, 판토하는 『칠극』에서, 그리고 리치는 『기인십편畸人十篇』에서 서양의 도덕과 윤리를 사회문화적 각도로 설명했다. 또한 이러한 관점에서 서양 사회문화의 문명 정도와 사회 발전의 수준을 펼쳐 보였다.

그런데 선교사들이 전개한 서양문화 중에서 특히 서양 사회의 혼인제

---

7   "大西國之俗, 生平嘗一醉者, 訟獄之人終不引爲證佐, 以爲不足信故也. 或詈人以醉,
     則爲至辱, 若撻諸市焉." 위의 글, 123쪽.

도는 중국 문인들에게 큰 충격을 안겨주었다. 리치는『천주실의天主實義』에서 "도리나 덕성의 실정은 지극히 깊고 지극히 오묘한데 사람의 마음은 혼미와 몽매를 벗어나지 못한다. 색욕의 일은 또한 사람의 총명을 항상 둔하게 한다. 만일 색욕에 따라서 행동하게 되면 마치 작은 등불을 두꺼운 가죽 초롱 안에 넣어 두는 것과 같으니 더욱더 몽매해지지 않겠는가? 어떻게 도리의 오묘함을 통달할 수 있겠는가? 색욕을 끊어 버린 사람은 마치 마음의 눈에 낀 먼지와 티끌을 제거해 광명을 더욱더 보태준 것과 같아서 도리와 덕성의 정밀하고 미세한 것까지를 궁구할 수 있다"[8]라고 했다. 여기서 리치는 실제로 서양 중세의 '색정色'과 '지혜智'를 대립시키는 관점, 가령 정욕이 생기면 머리가 어리석어진다는 식으로 설명한다. 초기 유가儒家의 사상에도 이러한 사상이 존재한다. 바로 공자孔子가 제시한 '군자가 경계해야 할 세 가지君子三戒' 중에는 젊을 때는 "혈기가 안정되지 않아 경계할 것은 여색에 있다"[9]라는 훈계가 그것이다. 그래서 리치의 생각은 수용되었고 선교사들이 소개한 서구 사회윤리의 고상함을 보여줄 수 있었다.

그런가 하면 리치가 일반적인 의미에서 서양의 혼인윤리를 소개했다면 판토하는 직접적으로 중국 혼인제도의 축첩문제를 비판했다. 판토하는『칠극』에서 먼저 혼인제도상 서양의 각 나라가 시행하는 일부일처제의 합리성을 설명한다. 그는 말하기를, "내가 태어났던 지역의 모든 나라의 풍속은 그 어느 곳이나 한 사람과 한 사람이 짝을 짓는 것을 바른 법도

---

8   "道德之情至幽至奧, 人心未免昏昧, 色欲之事, 又恒鈍人聰明焉. 若爲色所役, 如以小燈藏之厚皮籠內, 不益朦呼? 豈能達于道妙矣! 絶色者如去心目之塵垢, 益增光明, 可以窮道德之精微也." 利瑪竇,『天主實義』下卷 第八篇 (마테오 리치,『천주실의』, 송영배 외역, 서울대 출판부, 2000, 399쪽).
9   "血氣未定, 戒之在色."『論語·季氏』.

로 삼고 있다. 위로는 국왕으로부터 아래로는 일반 백성에 이르기까지 한 사람의 지아비는 다만 한 사람의 지어미만을 짝으로 맞이하는데 감히 이를 어기는 사람이 없다. 그리고 만약 지어미가 죽으면 다시 아내를 맞아들일 수 있을 뿐 첩은 취할 수 없다"[10]라고 했다. 이렇게 논증한 다음에 직접적으로 중국의 일부다처제, 즉 축첩제도를 비판했다. 판토하에 따르면 축첩제는 다음과 같은 문제를 안고 있다.

첫째, 축첩은 사회의 불안을 조성할 수 있다. 만약 한 남성이 첩을 여럿 두면 세상에 여성이 부족해 다른 남성들은 처를 가질 수 없게 된다. 축첩으로 인해서 "한 남자가 한 여자만을 짝으로 맞아들이지 않게 되면 장차 세상에는 짝으로 맺을 여자가 없어 혼자 살아야 할 남자가 생겨날 것이다. 따라서 한 사람의 바른 배필을 잃는 것은 바로 여러 자녀를 잃는 것이니 이는 인류를 해치는 일이다."[11]

둘째, 축첩제는 필연적으로 가정의 불화를 초래한다. 남자는 한 가정에 처도 있고 또 첩도 있으니 처첩이 무리를 이루면 반드시 처첩 간의 불화가 발생하기 마련이다. 왜냐하면 남자는 여자란 욕심과 의심이 많고 분노하고 질투하기 쉽다고 생각하므로 다수의 여자들 앞에서 어떻게 균형을 잡을 수 있겠는가? 이는 대단히 어려운 일이 아닐 수 없다. 판토하에 따르면 "아내는 자신의 신분이 존귀함을 믿고 첩은 남편의 총애를 믿는다. 그래서 둘 다 아래에 서려고 하지 않으니 그 어지러움은 그치지 않는다. 두 여인은 원수가 될 것이다. 그러면 두 여인의 아들들도 어찌 서로 잘 지낼

---

10   "敝鄉千國之俗, 皆以伉儷爲正, 上自國主, 下至小民, 一夫特配一婦, 莫或敢違, 婦沒, 得更娶正妻, 不得娶妾也." 龐迪我, 위의 글, 146쪽.

11   "苟爲不然, 不將使世有曠夫而無女可配乎? 失一正配卽失多子女, 是害人類也." 위의 글, 147쪽.

수 있겠는가? 이는 온 집안 사람에게 죄를 저지르게 하는 것이다. 그런데 이 죄는 전부 그대들에게서 비롯된 것이므로 그대들이 짊어진 죄는 참으로 무겁지 않은가?"[12] 이러한 판토하의 관점은 장이머우張藝謀 감독이 연출한『홍등大紅燈籠高高挂』에서 예술적으로 재현된 적이 있다. 이 이야기를 다룬 그의 동기가 무엇이었든 간에 분명히 중국 사회의 심각한 문제를 드러냈으며 이 모든 것은 400년 전에도 존재했다.

셋째, 축첩제는 남녀 양쪽 모두가 피해자라고 할 수 있다. 남자는 처도 있고 첩도 있기 때문에 자식을 보살필 마음이 없고 처첩도 사랑을 다투느라 자식을 돌볼 마음이 없다. 그야말로 "아버지가 오직 색만을 좋아하고 어머니는 오직 색 때문에 다툰다면 그들이 깨끗한 마음을 가지도록 바라기는 또한 어렵지 않겠는가!"[13] 이렇게 아버지는 아버지의 도리를 다하지 못하고 어머니는 어머니의 책무를 다하지 못하게 되니 결국 쌍방 모두가 피해를 입는 것이다.

물론 판토하는 실제로 천주교의 금욕 사상으로 축첩의 문제를 비판한 것이지만 전체 논술방식은 "명말 사회에 유행한 권선서勸善書의 기존 이해를 적용해 그 용어와 편찬 형식에서 권선서와 유사했다".[14] 그런 까닭에 이 책은 많은 문인들로부터 찬동을 받았다. 산둥山東 안찰사按察司 부사副使 천량차이陳亮采는『칠극』의 서에서, "그 책은 정성스럽고 참되며 절실했고 우리 유학자들이 법도에 맞다고 말할 만한 것이 많았다. 그 하나하나의 구절과 하나하나의 글자는 모두 다 뼈를 찌르고 마음에 사무치게 해 우

---

12 "妻恃尊, 妾恃寵, 兩相不下, 其亂不已; 兩婦爲讐, 兩婦之子, 豈得相合? 是一家犯罪, 罪悉由爾, 爾之負罪不已重乎?" 위의 글, 147쪽.
13 "父好惟色, 母爭惟色, 欲其貞心, 不亦難乎!" 위의 글, 148쪽.
14 何俊,『西學與晚明思想的裂變』, 上海人民出版社, 1998, 274쪽.

리 유가를 고취시킨다"[15]라고 했다. 이는 또한 한문에 대한 판토하의 작
문 수준이 상당히 높았음을 말해준다.

예수회 선교사들이 중국의 유생들에게 소개한 서양 세계는 확실히 오
독을 불러왔다. 쉬꽝치徐光啓, 1562~1633는 기독교문명인 서양의 각 나라들을
뜻밖에도 다음과 같이 인식했다.

수백 수천 년 동안 장유長幼가 서로 구제하며 상하가 평화롭게 함께 지내니 길
에 떨어진 남의 물건을 줍는 자가 없고 밤이 되어도 문을 닫을 필요가 없다. 오
래도록 세상이 잘 다스려져 화평하고 안정됨이 이와 같았다. 그러나 오히려 온
나라 사람들은 조심하고 삼가며 혹시나 타락해 하느님께 죄를 받지나 않을까
전전긍긍한다. 이렇게 볼 때 그들의 법은 실제로 사람을 선하게 할 수 있고 또
옳고 그름의 이치가 매우 뚜렷하다. 이러한 사회 풍속의 교화는 비록 여러 신
하들이 자언自言하지만 본 신하가 그들의 의론을 살피고 그들의 도서를 조사해
서 서로를 대조하고 확인해본 결과 모두 진실하고 잘못이 없었다.[16]

사실 당시 유럽에서 발생된 문제는 중국보다 훨씬 적었다. 가령 성 윤
리로 볼 때 15세기 영국은 "노픽Norfolk 법정에서 심리한 음란사건 73건
중에서 15건이 성직자와 관련된다. 리폰Ripon에서 발생한 동종 사건 126
건 중에서 24건이 성직자와 관계가 있다. 그리고 램버스Lambeth에서는 58

---

15 "其書精實切近, 多吾儒所雅稱. 至其語語字字, 刺骨透心, 則儒門鼓吹也." 陳亮采, 「七
克·七克篇序」, 黃興濤·王國榮 編, 『明清之際西學文本－50種重要文獻彙編』 第一冊,
中華書局, 2013, 43쪽.
16 "千數百年以至于今, 大小相恤, 上下相安, 路不拾遺, 夜不閉關, 其長治久安如此. 然猶
擧國之人, 兢兢業業, 惟恐失墜, 獲罪于上主. 則其法實能使人爲善, 亦旣彰明較著矣.
此等敎化風俗, 雖諸陪臣自言, 然臣審其議論, 察其圖書, 參互考稽, 悉皆不妄." 『徐光
啓集』下冊, 上海古籍出版社, 1984, 432~433쪽.

건의 동종 사건 중에서 9건이 성직자와 관계가 있다. 이로 보건대 범법 성직자는 전체 범법자의 약 23%이지만 성직자의 수는 총인원의 2%도 안 된다는 사실을 알 수 있다".[17] 상호 이질적인 문화가 만났을 때 쌍방의 인식에는 모두 각자의 상상이 존재하며 이러한 상상은 그 자신의 문화 배경에 의해서 결정된다. 16~18세기 동서문화교류사에서 가장 매력적인 점은 양쪽 모두가 서로를 상상하며 자신의 이상향으로 생각했다는 사실이다. 이로부터 문화의 상호작용과 쌍방의 문화적 변이와 발전이 이루어진 것이다.

2. 서양 인문문화의 중국 전파

1) 서양 철학의 소개

내화 예수회 선교사들은 그들의 한문 저작에서 그리스 철학을 소개한 부분이 많다. 알폰소 바뇨니는 『유아교육』에서 플라톤Platon, BC 427~347을 소개하면서, "고학古學의 시조 플라톤이 말한 치국의 묘수는 바른 진리를 저술한 책은 후하게 상을 내리고, 그릇된 진리를 저술한 책은 반드시 엄벌에 처하는 것이다"[18]라고 했다. 디에고 데 판토하는 『칠극』에서 아리스토 텔레스를 소개하면서 "아리스토텔레스는 옛 이름난 스승인데 서양에서 격물궁리格物窮理의 학문을 닦는 학자들은 모두 그를 으뜸으로 여긴다"[19]라고 했다. 예수회 선교사들이 그리스의 사상을 소개할 때 뚜렷한 지향성

---

17   林中澤, 『晩明中西性倫理的相遇』, 廣東敎育出版社, 2003, 162쪽.
18   "古學名宗罷辣多治國妙術, 凡著述正道之書, 必重酬之. 著述非道之書, 必嚴罰之." 高一志, 「童幼敎育」, 黃興濤·王國榮 編, 앞의 책, 216쪽.

이 있었다. 그들은 논리성이 비교적 약한 중국 사상의 특징을 이미 간파했다. 마테오 리치가 말한 바와 같이 "학문상의 원리에서 그들은 윤리학을 가장 깊이 이해했다. 그러나 변증 법칙이 존재하지 않아 말하거나 쓸 때에 과학 방법이 아닌 직관 능력에 치중하는 까닭에 전혀 조리가 없었다."[20] 이렇게 선교사들은 그리스 사상을 소개할 때 아리스토텔레스의 논리학을 알리는 데 각별히 주의를 기울였다.

줄리오 알레니는 『서학범』에서 서양의 철학은 "서양의 옛 현인들이 천지 간 변화의 수많은 진기한 현상을 관찰한 것"[21]에서 발원하며 "아리스토텔레스는 지식이 탁월하고 학문이 깊었으며 재주는 넓고 뛰어났다"[22]고 말한다. 아리스토텔레스의 공로 중의 하나가 바로 논리학을 개창한 것이다. 이 논리학은 "모든 학문을 세우는 기초이고 그 옳고 그름, 허虛와 실實, 겉과 속을 논변한다."[23] 아리스토텔레스의 논리학에 대한 선교사 한학자들의 소개는 프란시스쿠스 푸르타도Franciscus Furtado, 傅泛濟, 1587~1653가 리즈짜오李之藻, 1565~1630와 협력해서 번역한 아리스토텔레스의 논리학, 즉 한문 서명으로 『명리탐名理探』이 단연 최고라고 할 수 있다. 당시 리즈짜오는 이미 65세의 고령인데다가 눈병까지 앓고 있었다. 따라서 책이 완역되었지만 완결판이 없이 전반부만 나왔고 후반부는 페르비스트의 『궁리학窮理學』으로 편성되었다.

중국에서 『명리탐』이 출판된 것은 매우 의미 있는 일이다. 다시 말해서 아리스토텔레스의 논리학을 중국에 소개한 것은 당시 중국의 사상문화

---

19 "亞利斯多者, 古名師也, 西國之爲格物窮理之學者宗焉." 龐迪我, 앞의 글, 86쪽.
20 利瑪竇, 『中國傳教史』, 臺灣光啟出版社, 1986, 23쪽.
21 "西士古賢, 觀天地間變化多奇." 艾儒略, 위의 글, 236쪽.
22 "亞理斯多, 其識超卓, 其學淵深, 其才曠逸." 위의 글.
23 "立諸學之根基, 辯其是與非, 虛與實, 表與裏." 위의 글, 234쪽.

로 볼 때 중요한 의미를 지닌다. 이것은 서양의 논리학이 중국에 처음 등장한 것이다. 비록 중국 고대에 '묵변墨辯'이 존재하기는 했지만 그 뒤로 중국 자체의 논리학으로 발전하지는 못했다. 이것도 중국문화의 특징을 형성하는 데 중대한 영향을 미쳤다. 그런 의미에서 아리스토텔레스의 논리학이 중국 사상에 유입된 것은 혁명적인 변혁임에 틀림없다. 당대 리즈짜오가 번역한 시기로 볼 때 이 책의 난이도는 매우 높았다. 그런 까닭에 이 책의 번역은 중국 근대 논리학의 발전에 하나의 발판을 마련한 것이었다. 또한 뒷날 옌푸嚴復, 1851~1921가 『밀Mill의 논리학穆勒名學』을 번역할 때도 적지 않은 논리학 개념들을 직접적으로는 리즈짜오로부터 차용한 것임은 특기할만하다.

기독교 철학에 대한 소개는 내화 예수회 선교사들이 전력을 기울인 일이었다. 미켈레 루지에리Michele Pompilio Ruggieri, 羅明堅, 1543~1607로부터 시작해서 예수회 선교사들은 기독교 교리의 번역을 매우 중시했다. 루지에리의 『성교천주실록聖敎天主實錄』은 선교사가 중국에서 출판한 최초의 기독교 교의서이다. 그리고 에마누엘 디아즈Emmanuel Diaz Junior, 陽瑪諾(少瑪諾), 1574~1659의 『성경직해聖經直解』는 『성경』을 처음 소개한 저작이다. 디아즈는 이 책의 「자서自序」에서 "옛 가르침을 조술祖述해 『성경직해』로 펴내어 음미하고 탐구할 수 있도록 했다"[24]라 했다. 그런 점에서 이 책은 성경의 직해가 아니라 성경의 뜻을 해석한 것이라고 할 수 있다. 루이 드 푸와로P.Louis de Poirot, S. J., 賀淸泰, 1735~1814의 『고신성경古新聖經』 34권은 『성경』을 직역한 것이지만 세상에 널리 알려지지 않았다.

특히 루도비코 불리오Ludovico Luigi Buglio, 利類思, 1606~1682와 가브리엘 데 마

---

24 "祖述舊聞, 著爲直解, 以便玩繹." 『聖經直解·自序』(1790年版), 경인문화사, 1984, 6쪽.

갈혜스Gabriel de Magalhaes, 安文思, 1609~1677 두 신부가 번역한 중세 신학철학자
토마스 아퀴나스Thomas Aquinas, 1224?~1274의『신학대전Summa Theologiae』은 언
급할 가치가 있다. 주지하다시피『신학대전』은 아퀴나스의 대표작이자
중세 신학의 전무후무한 거작으로 일컬어진다. 불리오는『초성학요超性學
要』의「자서」에서 이 책은 "여러 이치의 올바른 목표이고 다양한 학문의
영수이고 모든 성인의 스승이다"[25]라 했다. 이 책의 번역은 내화 선교사
가 서양 중세 기독교 신학의 기본 이론과 기본 개념을 모두 중국에 소개
했음을 상징한다. 불리오와 마갈헤스가 번역한『초성학요』는 동서문화
교류사에 지대한 공헌을 했다. 그것은 오늘날까지도 타이완臺灣과 홍콩을
포함해서 중문 출판계가 이 아퀴나스의 대작을 중문으로 번역하지 않고
있다는 사실을 감안해볼 때 더욱 그렇다. 선교사들이 400년 전에 이미
그것을 기본적으로 한문으로 옮겨놓은 것만 보아도 그들의 안목이 얼마
나 원대했는지를 알 수 있다.

  중국의 교구가 매우 넓었던 까닭에 유럽에서 온 신부들이 이 중국이라
는 거대한 교구를 관리하기에는 역부족이었다. 그래서 리치의 시대로부
터 신학 철학의 저작을 출판함으로써 이를 그 일손의 부족함을 보충하는
중요한 방법으로 결정했다. 내화 선교사 한학자들은 책을 쓰고 번역하는
데 온 힘을 쏟아 출판된 한문 서적은 상상하지 못할 정도로 많다. 현재 선
교사가 쓰거나 번역해 출판한 한문 서적은 총서목總書目조차도 없다. 그중
서양 철학과 기독교 신학을 소개하는 번역·출판된 저작물의 수량에 대
해서도 지금까지 비교적 명확한 통계와 설명이 없는 실정이다. 여기서는
내화 선교사의 한문 문헌을 간단히 정리함으로써 당시 선교사들이 출판

---

25 "諸理之正鵠, 百學之領袖, 萬聖之師資." 利類思,「超性學要·自序」, 徐宗澤 編著,『明
    清間耶穌會士譯著提要』, 中華書局, 1989, 145쪽.

한 서양의 종교, 철학과 관련된 저작의 상황을 고찰해보고자 한다.

프랑스 학자 앙리 베르나르Henri Bernard, S. J.는 일곱 종의 목록에 기록된 선교사 한문 저작의 상황을 다음과 같이 열거한다.

① 1627년 스페인 텍스트의 목록에는 스페인어로 35종의 한문 서목이 실려 있다.
② 1643년 라틴어 텍스트의 목록에는 라틴어로 59종의 한문 서목이 실려 있다.
③ 1642년 포르투갈어 텍스트의 목록에는 포르투갈어 119종의 한문 서목이 실려 있는데 그 중에서 천주교 교리와 도덕의 책이 68권, 철학 수리數理의 책이 51권이다.
④ 1654년 마르티노 마르티니Martino Martini, 衛匡國, 1614~1661가 로마에서 작성한 목록에는 라틴어로 55종의 한문 서목이 실려 있다.
⑤ 1667년 Kicher가 작성한 목록에는 라틴어로 38종의 한문 서목이 실려 있다.
⑥ 1676년 Southwell이 작성한 목록에는 라틴어로 136종의 한문 서목이 실려 있다.
⑦ 1686년 『성교신증聖教信證』과 『도학가전道學家傳』 두 권의 한문 서목의 기초 위에서 라틴어로 번역된 목록에는 251종의 한문 서목이 실려 있다.[26]

이상은 모두 외국어 문헌에 기록된 선교사나 신도들이 한문으로 쓴 기독교와 동서문화교류에 관한 서목이다. 또한 한문 문헌에도 상술한 중요한 서적과 문헌에 대한 기록이 있다. 이것은 다음 기회에 자세히 살펴보도록 하자.

26　馮承鈞, 『西域南海史地考證譯叢』, 商務印書館, 1995, 195~242쪽.

선교사 한학자들의 한문 저작 중에서 기독교 교리와 서양 기독교의 신학 철학을 다룬 저작은 대략 70%를 차지한다.[27] 이로써 내화 선교사들의 주요 관심사는 기본적으로 기독교 신학을 선전하는 것이 그 목적임을 알 수 있다. 문화교류의 시각에서 볼 때 내화 선교사들의 이러한 모습은 크게 비난할 수는 없을 것이다. 왜냐하면 역사적으로 종교는 문화 간 교류의 중요한 가교였을 뿐만 아니라, 각 문화의 본질적 특징을 구현하고 종교 사상의 교류 속에서 문화의 다른 측면도 전개되기 때문이다.

서양으로 말하자면 중세시대 전체는 기독교 신학의 세기였다. 그런 면에서 선교사들이 기독교 교의와 중세의 신학 철학, 또한 그리스 사상이나 서양 사상의 기본적인 특징을 소개한 것은 중국인들에게 세계문화의 다원성을 이해시키고 그들의 사유방식을 개선시키는 데 도움을 주었다. 동시에 선교사들이 소개한 일련의 기독교 교의와 기독교 신학 철학은 중국의 사상계로 볼 때 완전히 새로운 것이어서 중국 문인들 사이에서는 필연적으로 전혀 다른 반응을 불러왔고 이후 사상과 문화의 충돌은 이로부터 전개된 것이다.

2) 서양문학의 소개

선교사들이 서양문학을 전파한 것은 먼저 고대 그리스 『이솝 우화』의 번역과 소개에서 나타난다. 중국학자들의 최근 연구에 따르면 명청시기에 재화在華 선교사들의 번역이나 논술에서 『이솝 우화』가 모두 50편 가까이 소개되었다孫紅梅의 『중국에서의 이솝 우화(伊索寓言在中國)』 견본. 처음으로 『이솝 우화』를 소개한 이는 마테오 리치이다. 천주교사 전문가 앙리 베르나르

---

27   張西平, 『傳敎士漢學硏究』, 大象出版社, 2005, 189쪽.

는 자신이 지은 『마테오 리치』에서 리치가 중국 문인들에게 전파한 『이솝 우화』에 대해서 기록하고 있다. 여기서 리치의 말을 옮겨보면, "어떤 관리가 구세주의 사적事迹을 담은 소책자를 넋을 잃고 보았다. 나는 이것은 우리의 종교 서적이니 줄 수 없다고 말하고 (…중략…) 별도로 『이솝 우화』를 선사했더니 그는 흔쾌히 받았다"[28]라고 했다.

리치는 자신의 『기인십편』에서도 『이솝 우화』를 소개한 바 있다. 잘 알려진 대로 『기인십편』은 리치가 10명의 중국 문인들과 함께 도덕과 윤리를 중심으로 이야기한 책이다. 리즈짜오는 「서序」에서 "그 책의 말씀은 사람의 도리와 절실하게 관련되어 있다. 그 대략적인 내용은 담담하게 천주에 대한 지향을 밝힌 것이고 법도를 행함으로써 천명을 기다리는 것이다. 말을 삼가서 하고 뜻을 수고롭게 함으로써 자신의 입지를 편안하게 하고 사욕을 끊어버리고 남을 널리 사랑함으로써 하늘과 감통하고자 하는 것이다"[29]라고 말한다. 리치는 『기인십편』에서 이솝을 '어쒀보阿瑣伯, Aisopos'이라고 번역했다. 그는 이르기를, "이솝은 옛날의 이름난 선비였는데 불행히 본국이 정벌당해 자신은 포로가 되어 싼토스Xanthos, 藏德에게 팔려 갔다. 싼토스는 당시에 유명한 선각자였다. 그의 문하에 제자들의 수는 천을 헤아렸다"[30]라 했다.

여기서 리치는 이솝 우화를 간단명료하게 소개했는데 「항상 죽은 뒤를 생각하고 사후의 심판을 준비하라常念死後, 備死後審」편에서 이솝의 「배부른

28   裵化行, 『利瑪竇司鐸和當代中國社會』第一冊, 王昌祉 譯, 東方學藝社, 1943, 209쪽.
29   "其言關切人道, 大約澹泊以明志, 行法以俟命, 謹言苦志以祗身, 絶欲廣愛以通乎天哉." 李之藻, 「기인십편의 서문(刻畸人十篇, 1608)」, 마테오 리치 저작·송영배 역주, 앞의 책, 427쪽.
30   "阿瑣伯氏上古明士. 不幸本國被伐, 身爲俘虜, 鬻于藏德氏, 時之聞人先達也. 其門下弟子以千計." 利瑪竇, 「기인십편(畸人十篇, 1608)」, 위의 책, 202쪽.

여우」라는 우화를 인용한다.

들여우가 여러 날 동안 굶주려 몸이 파리하게 여위었다. 이 여우는 닭장으로
가서 몰래 닭을 잡아먹으려 했지만 문이 잠겨 있어 들어갈 수가 없었다. 잠시
머뭇거리는 사이에 문득 자기 몸이 겨우 들어가는 틈 하나를 발견하고는 재빨
리 닭장 안으로 기어들어 갔다. 며칠 동안 포식을 하고 닭장을 빠져나오려고
했으나 몸이 이미 불어 있었다. 몸통이 매우 불어나서 틈으로 몸이 들어갈 수
없었다. 이 여우는 주인이 자신을 발견할까 두려웠다. 할 수 없이 다시 며칠을
굶자 몸이 처음에 들어올 때만큼 야위었을 때 비로소 빠져나올 수 있었다.[31]

또한 리치는 이 편의 이야기 중에서 『이솝 우화』의 「공작새의 추한 다
리」 우화를 인용했다. 이를 옮겨보면, "공작새는 깃털의 다섯 가지 빛으로
매우 아름답지만 오직 발만은 추하다. 한 번 해를 향해 꼬리를 펼치면 햇
빛이 밝게 비쳐 오색 빛의 바퀴를 이룬다. 돌아보고 스스로 기뻐하며 끝
없이 오만해 한다. 문득 아래로 자신의 발을 굽어보면 펼쳐졌던 꼬리를
접고 풀이 꺾인다. 오만한 자들은 어째서 이 새를 본받지 않는가? 어째서
발과 같은 추한 것을 돌아보지 않는가? 발은 사람의 말단 부분으로 곧 죽
을 때에 해당한다. 죽을 때를 당하면 몸의 아름다움이나 옷의 화려함, 마
음의 총명함, 세력의 높음, 부모의 존귀함, 재화의 풍성함, 명예의 높음 등
여러 가지 것들이 모두 어디에 있는가?"[32]라고 했다.

---

31 "野狐曠日飢餓, 身瘦癯. 就鷄棲竊食, 門閉無由入. 逡巡間, 忽賭一隙, 僅容其身, 饑亟
則伏而入. 數日飽飫, 欲歸而身已肥. 腹幹張甚, 隙不足容. 恐主人見也. 不得已又數日
不食,則身瘦癯如初入時, 方出矣."위의 책, 158~159쪽.

32 "孔雀鳥, 其羽五彩至美也, 而惟足醜. 嘗對日張尾, 日光晃耀, 成五彩輪. 顧而自喜, 倨
傲不已. 忽俯下視足, 則斂其輪, 而折意退矣. 傲者, 何不效鳥乎? 何不顧若足乎? 足

계속해서 리치는 리즈짜오와 담화한「재계하고 소식素食하는 바른 뜻은 살생의 계율 때문이 아니다齋素正旨, 非由戒殺」라는 편에서는『이솝 우화』의 「사냥개 두 마리」를, 「선과 악에 대한 응보는 죽은 다음에 있다善惡之報, 在身之後」의 이야기 속에는『이솝 우화』의 「사자와 여우」와 「나무 두 그루」를, 「부유하나 탐욕스럽고 인색하면 가난한 것보다 고통스럽다富而貪吝, 苦于貧窶」 편에서는『이솝 우화』의 「말과 당나귀」를 각각 인용했다. 이렇게 리치는『기인십편』에서『이솝 우화』 가운데 여섯 편의 우화를 소개했다.

거바오취안戈寶權, 1913~2000은 디에고 데 판토하의『칠극』을 연구한 뒤, 여기서『이솝 우화』가 인용된 곳은 모두 일곱 조항이라고 판단했다. 아울러 이『칠극』의 명 판각본과 청말 판각본에 등장하는 일곱 개의 우화를 비교 연구했는데 열거해보면 다음과 같다.

① 『까마귀와 여우』 권1,「예찬을 듣는 것을 경계함戒德譽」 1장 내
② 『나무와 올리브나무』 권1,「귀해지기 좋아하는 것을 경계함戒好貴」 1장 내
③ 『공작새의 추한 다리』 권1,「귀해지기 좋아하는 것을 경계함戒好貴」 1장 내
④ 『가난한 사람이 술을 팔다』 권2,「탐욕을 풀다解貪」편 내
⑤ 『토끼와 청개구리』 권4,「참음의 덕으로 어려움을 맞서다以忍德敵難」 1장 내
⑥ 『당나귀와 말』 권5,「탐을 내어 먹고 마시는 것을 막다塞饕」편 내
⑦ 『사자, 늑대와 여우』 권6,「남을 헐뜯는 말을 하는 것을 경계함戒讒言」 1장 내[33]

판토하가『칠극』에서『이솝 우화』를 끌어들이고 소개한 것이 이 책이

也人之末, 乃死之候矣. 當死時, 身之美貌, 衣之鮮華, 心之聰明, 勢之高峻, 親之尊貴, 財之豊盈, 名之盛隆, 種種皆安在乎?" 利瑪竇,「기인십편(畸人十篇, 1608)」, 위의 책, 161~162쪽.

성공을 거두게 된 중요한 요인이었다. 이 때문에 학자들은 "중국의 문인들이 『칠극』을 읽었을 때 비록 스타일은 다르지만 동일하게 교육적 의미가 풍부한 동서양의 우화를 서로 비교할 수 있었다. 이때 그들은 당연히 팔만 리 밖의 서양 국가에도 세상을 경계해 깨우치는 우화가 존재한다는 사실을 발견하고 경탄해 마지않았다! 이것은 어느새 서양 선교사에 대한 중국 지식인들의 존경심을 증가시켰다"[34]라고 진술한다.

명나라 천계天啓 5년1625 니콜라스 트리고Nicolas Trigault, 金尼閣, 1577~1628가 구술하고 장경張庚이 필역한 『이솝 우화』의 완역본인 『황의況義』가 출간되면서 『이솝 우화』는 중국에 전면적으로 소개되었다. 트리고는 동서문화교류사에서 중요한 인물로서 리치의 이탈리어 저작 『예수회와 그리스도교의 중국 진출Della entrata della Compagnia di Giesù e Christianità nella Cina』을 유럽으로 가지고 가서 라틴어로 번역·개작해 『중국에서의 그리스도교 선교De Christiana Expeditione apud Sinas』라는 서명으로 출판함으로써 한때 유럽을 뒤흔들었다. 뿐더러 중국의 대학자 왕정王徵, 1571~1644과 협력해 『서유이목자西儒耳目資』를 쓰면서 한자 병음화拼音化의 연구를 시작했다. 소위 『황의』는 트리고가 서양의 문학을 소개한 중요한 성과물이다. 거바오취안은 이 책의 출판, 번역 등 상황을 진지하게 연구하고 파리의 『황의』 소장본 뒤에 첨부된 「비설罷說」과 「부판蛺蝶」 이 두 우화는 『이솝 우화』의 내용이 아니라 중국 문인 류쭝위안柳宗元, 773~819의 작품이라고 지적했다.[35] 『황의』는 서양문학이 중국에 널리 전해진 하나의 상징적 사건이다. 말 그대로 "그것의 출현은 문학사에서 서양의 서적이 한역漢譯되는 과정에 뚜렷한 이정표를 세

33   戈寶權, 『中外文學因緣』, 北京出版社, 1992, 391~400쪽.
34   張凱, 『龐迪我與中國』, 北京圖書館出版社, 1997, 426쪽.
35   戈寶權, 앞의 책, 419쪽.

웠다".[36]

예수회 선교사들은 중국에 『이솝 우화』뿐만 아니라, 또한 그리스와 로마의 우화를 소개했다. 이 우화들은 문학의 유형상 모두 유럽의 "진리를 검증하는 이야기證道故事"이다. 서양에서 선교사들은 『성경』이나 문학 작품의 이야기를 통해서 종교 은유의 사상을 강술했다. 이는 서양문학에서 중요한 문학 유형 중의 하나이다. 이른바 서양에서 "진리 검증 이야기"의 문체는 비록 예수회가 발명한 것은 아니지만 예수회 선교사들은 이러한 형식을 취해 유럽의 문학과 중국의 문학을 최초로 서로 조우하게 했다. 무엇 때문에 선교사들은 이러한 방식으로 종교 사상을 전파하는 경우가 많았을까? 또한 무엇 때문에 그들은 문학적 형식으로 그 종교적 관심을 표현하는 것을 더 선호했을까? 타이완 학자 리스쉐李奭學는 이러한 질문에 다음과 같이 훌륭하게 답한 바 있다.

중국에서 우화는 본래 선진先秦 제자諸子가 간직한 비장의 무기로 장자莊子에서 한비자韓非子까지 모두 말솜씨가 청산유수였다. 칠국七國이 이미 망하자 우화는 중국에서 날로 쇠퇴했다. 그러다가 명대에 이르러 다시 흥기했던 까닭에 정전둬鄭振鐸, 1898~1958는 명대를 '우화의 부흥기'라고 칭했다. (…중략…) 이때 바야흐로 예수회 선교사들이 중국에 왔으니 당대의 문풍을 피할 수 없었음은 당연했다.[37]

그동안 문학에서 예수회 선교사들이 기여한 논제를 다루는 연구가 비교적 적었고 그들이 포교 과정에서 취한 문학적 형식도 거의 연구되지 않았다. 거바오취안 선생의 뒤를 이어서 리스쉐는 이 문제를 철저하게 연

---

36 張錯, 『東西文化比較硏究 – 利瑪竇入華及其他』, 香港城市大學出版社, 2002, 77쪽.
37 李奭學, 『中國晚明與歐洲文學』, 臺灣聯經出版公司, 2005, 118쪽.

구했다. 그는 다음과 같이 말한다.

우리가 만약 동서문학교류 — 더 나아가 선서善書문화의 융합 — 의 관점에서
볼 때 당시 예수회 선교사들을 간과할 수 없다. 그들도 중세 성단聖壇에서 '이야
기꾼'으로 변신해 명실明室의 제위가 겨우 연명할 때 그리스·로마에서 유래한
'진리 검증 이야기'를 대체로 붓과 종이로 상세하게 설명했다. 더구나 그 수가
대단해서 중국문화에 공헌하고 문학에 새로운 피를 제공했다.[38]

이러한 글쓰기 방법과 테크닉은 또한 이들 선교사 한학자들의 한문 글
쓰기 실력과 그 노련함을 보여준다고 할 것이다.

---

38   위의 책, 352쪽.

12

명대 천주교의 발전과
선교 상황

명청明淸시기 최초 천주교의 중국전교傳敎는 그 선구자 예수회원 프란치스코 하비에르Franciscus Xaverius, 沙勿略, 1506~1552의 유지를 받든 알레산드로 발리냐노Alessandro Valignano, 範禮安, 1539~1606에 의해서 마련되었다. 발리냐노는 인도의 고아Goa에 있던 미켈레 루지에리Michele Pompilio Ruggieri, 羅明堅, 1543~1607, 마테오 리치Matteo Ricci, 利瑪竇, 1552~1610를 각기 마카오Macao, 澳門로 불러왔다. 그 뒤로 루지에리와 리치가 1583년에 중국의 광동성廣東省 자오칭肇慶에 진입함으로써 하비에르가 그토록 소망했던 중국 전교가 시작된 것이다. 선교사들이 중국에 온 목적은 중화귀주中華歸主를 이루어 중국에 기독교 왕국을 건설하는 데 있었다. 그들은 이 목표를 달성하기 위해서 우회적 방식을 취했다.

잘 알다시피 예수회 선교사들은 천주교의 선교 수단으로 중국에 서양의 과학기술, 예술문화 등을 소개해 중국의 황제와 선비들을 매료시켜 천주교의 영향을 확대하고자 했다. 종교사회학의 차원에서 보면 이를 크게 비난할 수 없다. 그도 그럴 것이 어떠한 종교의 전파도 그렇지 않은 경우가 없기 때문이다. 이것은 또한 종교가 문화교류의 수단이 되었을 때 나타나는 기본적인 특징이다. 이런 이유에서 동서문화교류사나 이들 선교사 한학자들의 중국활동을 연구하게 되면 선교사들이 추진했던 중국 천주교사는 자연스럽게 그 연구의 내용에 포함되는 것이다. 어떤 의미에서 중국에서 천주교의 발전은 선교사 한학자들의 가장 중대한 성과라고 할 수 있다.

1. 명대 천주교의 발전

1) 리치시기의 천주교

마테오 리치는 잘 알려진 대로 '합유역불合儒易佛'의 선교노선을 취했다. 그런데 이 노선은 두 가지의 특징이 있다. 하나는 기본적으로 포교대상을 상층의 지식인, 즉 유학을 공부하는 선비들을 위주로 했다. 이는 포교 규모가 그리 크지 않다는 리치 선교노선의 두 번째 특징을 결정했다. 서양학자 조지 듄George H. Dunne의 다음 말은 리치의 선교노선과 그 특징을 전반적으로 개괄하고 있다.

베이징北京에서, 그리고 베이징을 기점으로 하는 지적 선교의 강화를 전략으로 삼아야 한다. 중국 전역에 걸쳐 식자층과의 친교망을 구축하고 나서 대중에게 널리 기독교를 전파하는 것이다. 이 운동과 병행해서, 그리고 간접적으로 그에 힘입어 복음화, 즉 신자 만들기 작업이 베이징과 여타의 성省에서 실시되어야 한다. 이 일은 평화적 침투와 문화 적응을 마치고 나서 정해진 노선대로 행해야 한다. 유럽주의는 배제해야 한다. 유럽인과의 접촉, 특히 마카오에 있는 포르투갈인과의 접촉은 최소한으로 줄여야 한다. 선교사업에 필요한 자금을 중국에서 마련할 대책을 세워야 한다. 마카오에 의존하는 동안 후원금은 '되도록 신중하게, 되도록 최소한으로' 받아야 한다. 교리의 양보란 절대 있을 수 없으나 중국인의 편견과 의혹으로 발생하는 불필요한 마찰은 피한다. 사도직은 '좋은 책들과 합리적인 변론을 통해서 신중하고 요란하지 않게 수행해야 한다. 학자들에게 우리 교리의 진리가 제국에 해가 되지 않으며 오히려 좋은 정부 운동과 제국의 평화에 기여한다는 점을 보여주어야 한다.'[1]

리치가 임종할 당시 중국 각지의 천주교 발전 상황을 살펴보면 다음과 같다.

자오칭에서는 미켈레 루지에리, 리치, 안토니오 달메이다Antonio d'Almeida, 麥安東, 1556~1591, 두아르트 드 산드Duarte de Sande, 孟三德, 1541~1600 등이 이곳에서 선교했다. 사오저우韶州에서는 리치가 1589년에 이곳에 도착해 개교開敎했다. 리치가 떠난 뒤에는 라차로 카타네오Lazzaro Cattaneo, 郭居靜, 1560~1640가 선교했고 1606년에는 신도의 수가 800여 명에 이르렀다. 난창南昌에서는 리치가 1595년 3월 11일에 이곳에 와서 60금을 주고 집 한 칸을 마련하고 선교를 시작했다. 그 뒤로 에마누엘 디아즈Emanuel Diaz Senior, 李瑪諾(老瑪諾), 1559~1639가 운영했으며 1609년에는 교인이 300~400명 정도가 되었다. 난징南京에서는 1599년에 리치가 개교하면서 장난江南 최대의 교구가 되어 '난징교안南京敎案, 1616~1621'이 야기되기도 했다. 베이징에서는 리치가 1601년 정월 24일에 진입한 뒤로 1605년에 500금으로 집 한 채를 구입해 예배당을 세우기 시작했다. 이것이 바로 베이징 최초의 교회당인 난탕南堂이다. 리치는 정착한 지 얼마 되지 않아 베이징에서 신도 200여 명을 받아들였다.[2] 동시에 그는 베이징의 첫 번째 천주교 교우敎友 단체인 '성모회聖母會'를 창립했다. 상하이上海에서는 카타네오가 1608년에 쉬광치徐光啓, 1562~1633의 집을 방문하고 그해에 개교했다. 항저우杭州에서는 리즈짜오李之藻, 1565~1630가 1611년 항저우로 돌아온 기간에 카타네오가 이곳에서 개교했다. 이때는 리치가 세상을 떠난 지 꼭 1년이 되는 해였다.

---

1   鄧恩, 余三樂·石蓉 譯, 『從利瑪竇到湯若望－晩明的耶穌會傳敎士』, 上海古籍出版社, 2003, 71쪽.
2   『燕京開敎略』 中.

2) 난징교안

리치가 서거한 뒤 그의 동향인同鄕人 니콜라 롱고바르디Nicolas Longobardi, 龍華民, 1556~1654가 그 뒤를 이어 중국 교회의 수장이 되었다. 롱고바르디는 장기간 사오저우韶州의 농촌에서 선교했기 때문에 중국 문인들과의 접촉이 그리 많지 않았다. 따라서 리치의 선교노선에 대한 이해도 그리 깊지 못했다. 롱고바르디는 리치의 합유合儒노선에 동의하지 않았으며 교인들의 제공祭孔, 제조祭祖에도 반대했다. 이런 태도는 당시 중국선교에 부정적인 영향을 미쳤음은 물론이다. 직접적으로 난징교안을 일으킨 인물은 선췌沈㴶이다. 그는 리즈짜오, 양팅쥔楊廷筠, 1557~1627과 고향이 같은 저장浙江 우청烏程 사람이었다. 그는 만력萬曆 44년 5월에 예부시랑서禮部侍郞署 난징 예부상서禮部尙書의 명의로 급사중給事中 옌원후이晏文輝 등과 함께 연합해 상소했다. 그 제목은 "멀리서 온 오랑캐들이 함부로 도성에 들어와 암암리에 임금의 교화를 방해하고 있으니 율령을 엄히 펼쳐 민심을 바로잡고 풍속을 지켜줄 것을 참주하는 건奏爲遠夷闌入都門, 暗傷王化, 懇乞聖明申嚴律令, 以正人心, 以維風俗事"이었다.

선췌는 상주문上奏文에서 선교사들이 천주교를 위해 중국에 온 뒤로 유학의 근본을 뒤흔들고 있다고 보았다. 선췌는 중국 정치체제의 견지에서 천주교가 제기한 칠정칠중천설七政七重天說은 완전히 전통에 위배된다고 판단했다. 그의 말을 옮겨보면 다음과 같다.

지금 저 오랑캐들은 학설을 세워 말하기를, '칠정의 운행 도수가 다르기에 제각각 한 층의 하늘天을 이룬다'고 하며, 또 '칠정은 여러 하늘의 중심으로서 각기 지심地心으로부터 다른 위치에 있다'고 합니다. 저들의 황당무계함과 혹세무민함이 이토록 심합니다. 『전傳』에 이르기를, '태양이라는 것은 뭇 양기의 종주이며, 임금의 표징이다'라고 했습니다. 그러므로 하늘에 두 태양이 있을 수 없는 것은 천하가 하나의 임금만을 받드는 것을 상징합니다. 오직 달만이 태양과 짝을 이루어 임금后을 상징합니다. 원수垣宿의 경위經緯로 백관을 상징하며, 구천의 뭇별로 팔방의 백성을 상징합니다. 그런데 지금 해와 달과 오성五星이 각각 하나의 하늘에 있다고 하니, 이것은 요순堯舜 때부터 중국에 전해오는 법도와 기강 가운데 가장 중대한 것을 바꾸고 어지럽히려는 심사입니다. 이것이 천도를 받드는 것입니까? 아니면 함부로 천도를 어지럽히는 것입니까? 이런데도 인의를 경모해왔다는 명분을 내세운다면 이것이 임금의 교화에 귀순하는 것입니까? 아니면 몰래 임금의 교화를 방해하는 것입니까?[3]

선췌는 중국 교인들의 제조, 제공을 금지하는 롱고바르디의 조치에 대단히 큰 반감을 품었다. 그는 다음과 같이 일렀다.

신이 듣건대 저들은 백성들을 거짓말로 현혹하며 '조상에게 제사를 지낼 필요가 없다. 오직 천주天主를 섬기면 천당에 오를 수 있고 지옥을 면할 수 있다'고 합니다. (…중략…) 지금 저들이 조상에게 제사를 지내지 말라고 대놓고 권하는 것은 사람들에게 불효라고 가르치는 것입니다. 앞으로 말하자면 온 천하를 임금도 신하도 없는 지경으로 끌고 가는 것이요, 뒤로 말하자면 온 천하를 아비와 자식도 없는 지경으로 끌고 가는 것입니다. 얼마나 추악한 족속이기에 이

---

3   "今彼夷立說, 乃曰'七政行度不同, 各自爲一重天.' 又曰 '七政諸天之中心, 各與地心不同處所.' 其爲誕妄不經, 惑世誣民甚矣. 『傳』曰'日者衆陽之宗, 人君之表.' 是故天無二日, 亦象天下之奉一君也. 惟用配日, 則象于后, 垣宿經緯以象百官, 九野衆星以象八方民庶. 今特爲之說曰, 日月五星各居一天, 是擧堯舜以來, 中國相傳, 綱維統紀之最大者, 而欲變亂之. 此爲奉若天道乎? 抑亦妄于天道乎? 以此名曰慕義而來, 此爲歸順王化乎? 抑亦暗傷王化乎?" 沈榷, 「破邪集·南宮署牘·參遠夷疏」 卷1, 周駬方 點校, 『明末淸初天主敎史獻叢編』 第二冊, 北京圖書館出版社, 2001.

같이 그릇된 거짓말을 만들어낸단 말입니까! 유학의 큰 반역자는 성세^{盛世}에
반드시 주살했습니다.[4]

선췌는 황제가 즉시 선교사들을 중국에서 몰아내고 그 수괴를 사형에
처하기를 바랐으니 천주교를 얼마나 혐오했는지를 짐작할 수 있다. 물론
그의 상주문이 우연한 것이 아니었다. 선췌가 글을 올린 뒤인 1617년에
난창에서도 300명의 학인 수재^{秀才}들이 선교사를 몰아내고 천주교를 금
지하라는 청원서를 썼다.[5]

만력제^{萬曆帝}는 선췌의 상주서를 받아본 뒤 전혀 대수롭지 않게 여기고
단지 "알았다"고만 비답^{批答}했다. 이 일은 매우 빠르게 쉬광치에게 알려졌
다. 쉬광치는 곧바로 만력제에게 『변학장소^{辨學章疏}』라는 상주문을 올려
직접 자신의 관점을 설명하며 매우 분명하게 선교사들을 변호했다. 그는
이렇게 말했다.

신은 여러 해 동안 함께 강구하고 연구해온 결과 이 신하들이 가장 진실하고
정확하다는 사실을 알았습니다. 심중을 헤아릴 수 있을 뿐만 아니라, 조금도
의심할 바가 없으며 실제로 모두 성현의 문도입니다. 또한 도가 올바르고 수칙
이 엄격하며, 배움이 해박하고 지식이 정밀하며, 마음이 진실하고 견해가 확실
합니다. 저들의 나라에서는 모두들 출중한 영웅호걸들이었습니다. 이렇게 수

---

4 "臣又聞其誑惑小民, 輒曰'祖宗不必祭祀, 但尊奉天主, 可以昇天堂, 免地獄.' (…중
   략…) 今彼直勸人不祭祀祖先, 是敎之不孝也. 繇前言之, 是率天下而無君臣, 繇後言
   之, 是率天下而無父子. 何物醜類, 造此矯誣! 蓋儒術之大賊, 而聖世所必誅." 沈㴶, 「破
   邪集·南宮署牘·參遠夷疏」卷1.
5 鄧恩, 余三樂·石蓉 譯, 앞의 책, 114~115쪽. 이와 관련된 일은 현재 한문 문헌을 아직
   찾지는 못했지만 조지 듄은 리치의 선교노선이 과거제도를 흔들고 해쳤기 때문에 중국
   학인들의 청원서가 등장했다고 분석한다. 이 견해는 논의해볼 만하다.

만 리를 동래東來한 저들은 모두 자신들의 나라에서 최선을 다해 사람을 가르치고 모두 힘써 자신을 수양해 하느님上主를 섬긴 이들입니다. 저들은 중국 성현의 가르침을 듣고 또 몸을 닦아서 '천天'을 섬기는 것이 그 이치가 서로 부합된다고 생각했습니다. 때문에 고생과 어려움, 그리고 위험을 무릅쓰고 중국에 와서 서로 실증하고 사람들에게 선행을 계도하는 것이 상천애인上天愛人의 뜻이라고 전했습니다. (…중략…) 저들 신하들이 가르쳐 전하는 천학天學은 참으로 왕화王化를 이롭게 하고 유술儒術을 도우며 불법佛法을 바로잡는 것입니다.[6]

이 쉬광치의 상주문에는 선교사들에 대한 깊은 애정과 함께 대명大明 왕조를 향한 지극히 충직한 마음이 표현되어 있다.

만력제는 또 "알았다"고만 비답한 걸 보면 분명히 이 일을 무마하려고 한 것임을 알 수 있다. 이때 선췌는 마음이 초조해 3개월 뒤에 재차 두 번째 상주서를 작성해 선교사 알폰소 바뇨니Alfonso Vagnoni, 高一志 또는 王豐肅, 1566~1640의 네 가지 죄상을 다음과 같이 열거했다.

첫째, 교회당을 명 태조의 능산陵山 서쪽에 짓고 그 안에 '오랑캐의 화상'을 걸어놓았다. 둘째, 각 신도들에게 은 석 냥씩 주고 모든 식구의 생년월일을 적어간다. 셋째, 매월 4일간 매번 예배를 보는데 적게는 50명, 많게는 200명씩이나 모인다. 넷째, 성 밖의 교회당은 명 효릉위孝陵衛 앞에 자리 잡고 있는데 "교활한 오랑캐들이 이곳에 기어들어 숨어 있는 것

---

6 "臣累年以來, 因與講究考求, 知此臣最眞最確, 不止踪迹心事, 一無可疑, 實皆聖賢之徒也. 且其道甚正, 其守甚嚴, 其學甚博, 其識甚精, 其心甚眞, 其見甚定, 在彼國中皆千人之英, 萬人之杰. 所以數萬里東來者, 盡彼國敎人, 皆務修其身以事上主, 聞中國聖賢之敎, 亦修身事天, 理相符合, 是以辛苦艱難, 履危蹈險, 來相印證, 欲使人人爲善, 以稱上天愛人之意. (…중략…) 諸陪臣所傳天之學, 眞可補益王化, 左右儒術, 救正佛法者也."
『徐光啓集』, 上海古籍出版社, 1984, 431~434쪽.

이 대체 무슨 짓을 하려는 심사이겠는가?狄夷伏藏於此, 意欲何爲乎?" 다섯째, 나의 상주문은 7월 초에 상부에 보고했는데 선교사들은 중순에 이 일을 벌써 알았다. 저들의 염탐질이 이처럼 신속하니 참으로 위험하다.

선췌는 조정에 보고하는가 하면, 한편으로 난징에서 선교사 바뇨니와 알바로 데 세메도Alvaro de Semedo, 曾德昭 또는 謝務祿, 1585~1658를 소환해 신문했을 뿐더러 교인 24명을 체포했다. 그해 12월에는 세 번째 상주문을 올려 이전의 두 차례에 걸쳐 상소한 이유를 거듭 천명했다. 아울러 푸젠성福建省 해안에서 전해온 새로운 정보에 근거해 선교사들이 천주교를 전파한다고 사칭하면서 "여송국呂宋國, 지금의 필리핀 루손섬 왕을 속여 그 땅을 빼앗은 다음에 그 이름을 대서양이라 고쳤다"[7]고 진술한다. 선췌는 근심하며 푸젠성과 광둥성의 교활한 오랑캐의 일당일 뿐이라고 말한다. 즉, 중국에 있는 선교사들이 말한바 자신들이 팔만 리나 먼 곳에서 왔다고 했는데, 사실 그들은 교활하게 오래도록 집 앞인 바로 여송에 있었다. 그 "요점인즉 근본이 되는 중요한 지역은 단 하루도 방비를 소홀히 할 수 없다"[8]는 것이다. 이러한 선췌의 우려는 현재 파악된 사료로 볼 때 전혀 근거가 없는 것은 아니었다. 스페인이 필리핀을 점령한 뒤 확실히 중국으로 진격할 계획이 있었기 때문이다.[9]

선췌는 조정에서 결코 혼자가 아니었다. 선췌가 세 차례 상소하는 중에 난징의 옌원후이, 위마우쯔余懋孳, 쉬루커徐如珂 등도 상주문을 올려 그와 호응했다. 만력제는 마침내 "그 말을 받아들여 12월이 되자 바뇨니와

---

7 "欺呂宋國主, 而奪其地, 改號大西洋" 沈㴶, 「南宮署牘·參遠夷三疏」, 夏瑰琦 編, 『聖朝破邪集』, 香港建道神學院, 1996, 66쪽.

8 "總之根本重地, 必不可容一日不防者也" 沈㴶, 夏瑰琦 編, 위의 책, 67쪽.

9 張凱, 『中國西班牙關係史』, 大象出版社, 2003 참조.

디에고 데 판토하Diego de Pantoja, 龐迪我, 1571~1618 등을 모두 광저우廣州로 추방해 본국으로 귀환 조치하라"[10]고 지시했다. 이렇게 되자 형세가 크게 변해 선교사들은 뿔뿔이 흩어져 항저우의 양팅쥔 등 집에 숨었다.

1617년 3월 16일에 선췌는 관아에서 바뇨니와 세메도를 친히 심문했다. 그는 바뇨니를 호되게 때린 뒤에 두 사람을 나무우리에 가두어 광저우로 압송했다. 이때 판토하, 사바티노 데 우르시스Sabatino de Ursis, 熊三拔, 1575~1620도 광저우로 호송되었고 바뇨니와 세메도 두 사람은 재차 마카오로 보내졌다. 난징의 교회당은 헐렸고 그 안의 물건들도 훼손되었다. 또한 두 신부와 함께 투옥된 23명의 교도들도 제각기 치죄治罪를 당했다. 가령 중밍런鐘明仁, 중밍리鐘明禮 두 수사는 평생 족쇄를 차고 강제 노역해야 하는 중형에 처해졌다.

난징교안이 발생하고 머지않아 만력황가 타계하자 웨이중셴魏忠賢, 1568~1627이 조정의 권력을 장악했다. 선췌는 웨이중셴과 결탁해 예부상서 겸 동각대학사東閣大學士가 되었다. 선췌는 또 천주교가 산둥성山東省의 백련교와 관계가 있다고 고하자 난징의 쉬루커, 위마우쯔 등이 여기에 호응했다. 이러한 형세는 선교사들에게 매우 불리했다. 양팅쥔 집에는 줄리오 알레니Giulio Aleni, 艾儒略, 1582~1649, 카타네오 등이, 그리고 디아즈, 피에르 반 스피에르Pierre Van Spiere, 史惟貞, 1584~1627 등은 쉬광치 집에 각각 숨었다. 천계天啓 초년에 선췌는 기고만장해 조정에서 쌓인 원한이 많았다. 재상 예상가오葉向高, 1599~1627는 황제에게 상소해 탄핵을 요청했다. 그렇지 않으면 대중의 신망을 얻기가 어렵다는 이유에서였다. 선췌는 결국 파면되었고 곧 병사하고 말았다. 이리하여 난징교안의 풍파를 이겨낼 수 있었다.

---

10 "納其言, 至十二月, 令(王)豊肅及(龐)迪我等, 俱遣赴廣州, 聽還本國."『明史』第326卷, 列傳 214, 意大利亞傳.

3) 기타 천주교 수도회의 중국 진입

예수회Society of Jesus가 중국 진입을 시도함과 동시에 그 밖의 세 수도회, 즉 아우구스티노회Order of Saint Augustine, 1565, 프란치스코회Franciscan Order, 1579, 도미니코회Dominican Order, 1584도 마닐라Manila, 예수회원은 1581년에 필리핀 수도에 도달했다에서 중국에 진입할 목적으로 정주하고 있었다. 예수회원 "프란치스코 하비에르가 죽고 루지에리와 리치가 중국에 도착한 지 30년 동안 여러 선교단체들이 중국에 들어가려고 시도했다. 최소한 예수회원 25명, 프란치스코회원 22명, 아우구스티노회원 2명, 도미니코회원 1명이 중국에 정착하려고 시도했지만 성공하지 못했다".[11] 1579년 6월에 스페인의 프란치스코회 선교사 뻬드로 데 알파로Pedro de Alfaro 등 7인이 광저우의 주장 커우珠江口를 통해서 중국에 진입했다. 비록 이들은 광둥 당국에 적발되어 국외로 추방당하기는 했지만 프란치스코회 입화入華의 서막을 열었다. 1634년 11월에 프란치스코회원 앙투안느 드 생트 마리Antoine de Sainte Marie, 利安當, 1603~1669 등이 푸젠성에 진입했다. 또 1649년 8월순치 6년에 재차 중국에 들어가 당시 베징에 있던 예수회원 아담 샬Johann Adam Schall von Bell, 湯若望, 1591~1666의 도움으로 산둥성 지난濟南에서 개교했다. 더욱이 "프란치스코회가 순조롭게 중국에서 첫 번째 교구를 개척함으로써 향후 더욱더 발전하고 성장할 수 있는 하나의 견고한 기초를 닦았다".[12]

도미니코회도 천주교의 저명한 탁발 수도회 중의 하나이다. 첫 번째로 중국에 온 도미니코회원은 가스파르 다 크루즈Fr. Gaspar da Cruz, 1520~1570이다. 크루즈는 비록 중국선교에 성공하지는 못했지만 그 자신이 지은 『중국지Tractado em que se côtam muito por estêso as cousas da China』는 서양에서 비교

---

11   柯毅霖, 王志成 譯, 『晩明基督論』, 四川人民出版社, 1999, 57쪽.
12   崔維孝, 『明清之際西班牙方濟各會在華傳教研究(1579~1732)』, 中華書局, 2005, 40쪽.

적 큰 영향을 미쳤다.[13] 도미니코회가 중국에 들어오기 전에는 필리핀에서 선교활동을 펼쳤다. 그 가운데 도미니코회원 후안 코보Juan Cobo, 高母羨, 1546~1592는 필리핀에서 『화어 기독교 교의華語基督敎義』, 『스페인어와 타갈로 그어의 기독교 교의西班牙語與他祿語的基督敎義, Doctrina Cristiana en Lengua Espanola y Tagala』,[14] 그리고 『변정교진전실록辨正敎眞傳實錄』이라는 세 권의 한문 선교 서적을 썼다. 이 코보의 한문 선교 문헌은 중국 인쇄사나 천주교의 극동 선교사에서 중대한 의미를 가진다.[15]

1631년, 도미니코회 타이완臺灣 책임자 안젤로 코치Angelo Cocchi와 그의 동료 토마스 데 라 시에라Thomas de la Sierra는 대륙에 파송되어 필리핀에 있는 스페인인을 대표해 푸젠성에 가서 무역 문제를 협의했다. 나중에 푸젠성 당국에서 그들을 돌려보낼 때 코치를 남게 했다. 이리하여 푸안춘福安村에서 선교가 시작되었다. 1633년 7월에, 도미니코회원 후안 모랄레스 Juan Morales, 黎玉範, 1597~1664는 코치의 도움으로 프란치스코회의 생트 마리와 함께 중국 푸젠성의 푸안 지역에 진입했다. 이렇게 도미니코회가 중국 대륙에서 최초로 선교지를 개척한 때로부터 "1647년순치 4년 전후까지 중국에 들어온 선교사는 모두 36명이었다. 그들은 마닐라에서 모두 중국인의 거주 지역에서 선교활동을 했기 때문에 대부분 한어를 구사했고 중국인의 문화와 풍습에도 비교적 밝았다. 1700년에 이르러서는 도미니코회의 선교구는 대략 4만 5천 명이 세례를 받고 교회에 들어왔다".[16]

최초로 중국에 온 아우구스티노회의 선교사는 마르틴 데 라다Martin de

---

13 C. R. 博克舍 編注, 何高濟 譯, 앞의 책, 中華書局, 1990 참조.
14 何塞 外, 「西班牙神父在遠東－高母羨」, 周振鶴·徐文堪 譯, 黃時鑒 外編, 『東西文化交流論譚』, 上海文藝出版社, 2001, 385쪽.
15 「明萬曆間馬尼拉刊印之漢文書籍」, 『方豪六十自述錄』 참조.
16 崔維孝, 앞의 책, 45쪽.

Rada, 拉達, 1533~1578이다. 당시 라다는 필리핀에 있는 스페인 당국으로서 푸젠성에 도착해 해적들을 포위해 토벌하는 일에 협력할 것을 상의했다. 그는 중국을 방문한 뒤에 『대명大明의 상황을 기록하다』와 『외교사절로 푸젠성에 간 기록』이라는 두 권의 책을 썼다. 이 책들은 중국을 맨 처음으로 서양에 알린 문헌이 되었다.[17] 1586년, 도미니코회의 신부 알바로 데 베나벤테Alvaro de Venavente와 후안 데 리베라Juan de Rivera가 광저우에 진입해 프란치스코회의 도움으로 매우 신속하게 자오칭과 난슝南雄 두 지역에서 개교했다. 1701년에는 도미니코회는 재화在華 선교사 6명, 회원會院, 전도소 7개, 교회당 4개를 보유하게 되었다.[18]

2. 남명 왕조의 천주교

명말시기 예수회의 재화 선교사업은 또한 새로운 발전을 맞이하게 되었다. 특히 알폰소 바뇨니의 노력으로 산시陝西 장저우絳州는 한때 중국에서 가장 번창한 교구가 되었다. 이때 예수회는 중국에 9개의 영구적인 회원會院이 있었다. 그들은 중국의 15개 성省 중 7개 성에서 선교사 18명, 중국 수사 6명을 보유했다. 안토니오 드 구베아Antonio de Gouvea, 何大化, 1592~1677는 후광湖廣에서, 그리고 루도비코 불리오Ludovico Luigi Buglio, 利類思, 1606~1682와 가브리엘 데 마갈헤스Gabriel de Magalhaes, 安文思, 1609~1677는 쓰촨四川에서 각각 개교했다. 프란체스코 삼비아시Francesco Sambiasi, 畢方濟, 1582~1649는 난징에서, 또 프란치스코 브란카토Francesco Brancato, 潘國光, 1607~1671는 상하이에서 각기

---

17   C. R. 博克舍 編注, 何高濟 譯, 앞의 책 참조.
18   徐宗澤, 『中國天主敎傳敎史槪論』, 上海書店, 1990, 244쪽.

선교활동을 전개하면서 이 두 교구를 크게 발전시켰다. 당시 상하이는 1만 8천 명에서 2만 명의 천주교 신도를 거느리며 전국에서 가장 훌륭한 천주교의 중심지가 되었다.

특별히 롱고바르디가 황궁에서 두 명의 태감太監을 천주교의 신도로 만든 것은 주목할 만하다. 한 명은 뒷날 남명南明 왕조에서 중요한 역할을 한 팡톈서우龐天壽, 1588~1657이다. 또 한 명은 왕王씨 성을 가진 태감이다. 이 왕태감은 나중에 숭정조崇禎朝의 궁녀 가운데 21명을 신자로 만들었고 "1639년에는 40명, 1642년에는 50명에 이르렀다. 이들은 일반적인 공동체와는 다른 천주교 공동체를 이루었다".[19] 마르티노 마르티니Martino Martini, 衛匡國, 1614~1661가 제공한 통계에 근거해보면 중국의 천주교 입교자는 "1627년 1만 3천 명, 1636년 4만 명, 1640년 6~7만 명이었고 11년 뒤에는 15만 명에 이르렀다".[20]

예수회 선교사 삼비아시는 남명 왕조의 홍광弘光, 융무隆武, 영력永曆 세 황제와 모두 친교를 맺었다. 홍광제는 자신의 「유럽 신하 사비아시에게 내리는 칙교聖諭歐邏巴陪臣畢方濟」라는 글에서 삼비아시를 "성실하게 천天을 섬기고 바르게 자신을 닦으며 본디 신의가 미덥다誠事于天, 端于修身, 信義素孚"라고 평가했다. 융무조에 삼비아시는 『수제치평송修齊治平頌』을 올렸다. 당 왕唐王 융무제는 '시'에서 삼비아시를 "서역의 뛰어난 인물이자 중국의 고명한 선비西域之逸民, 中國之高士"라고 칭송했다. 안드레아 쾨플러Andreas Koffler, 瞿安德 또는 瞿紗微, 1613~1651와 미카엘 보임Michael Boym, 卜彌格, 1612~1659은 영력조에서 활동했던 선교사들이다. 쾨플러가 왕태후, 마馬태후, 왕후, 황태자, 그리고 많은 궁녀와 태감에게 세례를 베푼 것은 중국 천주교사에서 중요한

19   鄧恩, 余三樂・石蓉 譯, 앞의 책, 296쪽.
20   위의 책, 299쪽.

사건이다. 보임은 남명 왕조의 국서를 가지고 로마로 돌아가 로마와 중국의 한 왕조를 직접으로 연결시켰다.

당시 영력조의 정세가 매우 요동치고 있었다. 태후는 폴란드 신부였던 보임을 유럽에 파견해 로마 교황청에 영력조의 상황을 알리게 했다. 보임은 남명 왕조의 사신이 되어 팡톈서우가 교황이나 예수회 총장 등 일련의 로마의 주요 인사들에게 쓴 서신을 가지고 로마에 갔다. 1910년, 장위안지張元濟, 1867~1959가 유럽에서 현지를 조사할 때 이 한문 문헌들의 원본을 발견했다. 후에 두야취안杜亞泉, 1873~1933이「영력 태비가 로마 교황에게 사신을 보낸 데 대한 고증永曆太妃遣使于羅馬教宗考」을 써서 자신이 주편으로 있었던『동방잡지東方雜志』에 발표했다. 그런가 하면 최근 타이완 학자 황이눙黃一農이『양두사－명말청초의 초대 천주교 신자兩頭蛇－明末淸初的第一代天主教徒』라는 저서에서 보임이 소지한 세 부의 한문 문헌『왕태후가 로마 교황 인노첸시오 10세Innocentius X에게 보내는 서신王太后致諭羅馬教宗因諾曾爵書』,『왕태후가 예수회 총회장에게 보내는 칙서王太后敕耶穌會總會長書』,『사례 태감 팡톈서우가 로마 교황 인노첸시오 10세에게 올리는 서신司禮太監龐天壽上羅馬教宗因諾曾爵書』을 구바오후顧保鵠 신부가 로마에서 가져온 원시 문헌의 필름에 근거해서 새롭게 교정했다. 이것은 명청시기 중국 기독교사로 볼 때 극히 중요한 문헌이다.

왕태후가 로마 교황 인노첸시오 10세에게 보내는 서신

대명大明의 영성자숙寧聖慈肅 황태후 헬레나Helena, 烈納는 인노첸시오 10세 — 천주 예수님의 대리 재세在世 총사總師, 천주교의 종주宗主이자 성부聖父 — 께 전합니다. 삼가 생각해보니 헬레나는 본디 중국의 아녀자로 태어나 분에 넘치게도 황궁에 거처하며 오직 내실의 예법만 알뿐 국외의 가르침에는 익숙하지 못했습니다. 다행히 예수회 선교사 쾨플러가 우리 조정에서 천주교를 선양하는 덕분에 밖으로부터 전해 듣고 나는 비로소 알게 되었습니다. 그리하여 마침내 마음에 믿음이 생겨 삼가 세례를 받았습니다. 황태후 마리아Maria, 瑪利亞, 중궁 황후 아나Ana, 亞納, 그리고 황태자 콘스탄티누스Constantinus, 當定에게 입교하기를 청해 세례를 받게 한 지도 벌써 3년이 되었습니다! 생각건대 비록 정성과 성의를 다했지만 조금도 보답하지 못했습니다. 항상 직접 성부님을 찾아뵙고 공손히 가르침을 청하고 싶지만 이 먼 나라에 도달하기 어려우니 헛된 그리움일 뿐입니다! 머리 숙여 성부님께 간청합니다. 천주님 전에 우리 죄인들을 불쌍히 여겨 죽는 날에 죄와 벌을 전부 용서받을 수 있도록 간구懇求해주십시오. 더욱 바라건대 성부님과 공교회公敎會, Catholic Church · Universal Church는 천주님께서 우리 중국의 중흥과 태평을 보우해주시기를 대원代願, suffrage해주시기를 청합니다. 그리고 우리 대명의 18대 황제, 태조 12대손, 군신들이 모두 참 주인이신 예수님을 공경할 수 있도록 일깨워주십시오. 성부님께서 예수회 선교사들을 중국에 더 많이 파견해서 천주교를 널리 전파하시기를 바랍니다. 이러한 제반 사정들을 모두 가엾게 여기시고 앙모仰慕하는 마음은 이루 말로 다 표현할 수 없습니다. 지금 예수회 선교사 보임이 우리 중국의 상황을 잘 알고 있습니다. 그를 사자로 삼아 유럽에 귀국시켜 전하게 했으니 성부님께 거듭 저의 소견을 자세하게 진술할 것입니다! 태평할 때를 기다려 사신을 성 베드로와 성 바오로의 대전臺前에 보내 예를 올리겠습니다. 삼가 저의 진심을 살피시어 은혜를 베풀어 주시기를 바랍니다. 특유特諭!

영력 4년 10월 11일.

王太后致諭羅馬敎宗因諾曾爵書

大明寧聖慈肅皇太后烈納致諭于因諾曾爵一代天主耶穌在世總師, 公敎宗主聖父一座前：竊念烈納本中國女子, 忝處皇宮, 惟知閨中之禮, 未諳城外之教; 賴有耶穌會士瞿紗微在我皇朝敷揚聖教, 傳聞自外, 予始知之; 遂爾信心, 敬領聖洗. 使皇太后瑪利亞, 中宮皇后亞納及皇太子當定, 幷請入教領聖洗, 叁年于茲矣! 雖知瀝血披誠, 未獲涓浹[21] 荅[22] 報, 每思躬詣聖父座前, 親聆聖誨; 慮茲遠國難臻, 仰風徒切! 伏乞聖父向天主前憐我等罪人, 去世之時, 賜罪罰全赦; 更望聖父與聖而公一教之會, 代[23] 求天主保佑我國中興太平. 俾我大明第拾捌[24] 代帝, 太祖第拾貳[25] 世孫主臣等, 悉知敬眞主耶穌; 更冀聖父多遣耶穌會士來, 廣傳聖教. 如斯諸事, 俱惟憐念; 種種眷慕, 非口所宣. 今有耶穌會士卜彌格, 知我中國事情, 卽令回國, 致言我之衷. 聖父前復[26] 能詳述鄙意也! 俟太平之時, 卽遣使官來到聖伯多祿, 聖保祿臺前, 致儀行禮. 伏望聖慈鑒茲愚悃. 特諭![27]

永曆四年十月十一日.

왕태후가 예수회 총회장에게 보내는 칙서

대명의 영성자숙 황태후 헬레나는 예수회 대존大尊 총사 신부님께 전합니다 : 저는 궁중에 살면서 멀리 큰 주님의 가르침을 듣고 오랫동안 존경하고 사

---

21 황이눙은 원문에는 '浹'로 되어 있지만 실제로는 '埃'라고 해야 한다고 했다. 팡하오(方豪)는 '埃'를 사용했다. 黃一農,『兩頭蛇-明末淸初的第一代天主敎徒』,臺灣淸華大學出版社, 2005, 358쪽. 이하 黃本이라 약칭; 方豪,『中國天主敎史人物傳』卷一, 中華書局, 1988, 295쪽. 이하 方本이라 약칭.
22 황이눙의 연구에 따르면 원문에는 "荅"으로 되어 있지만 "答"과 통한다고 했다. 方本은 "答"으로 썼다. 이하는 모두 黃本을 기준으로 한다.
23 方本에는 "代"자가 빠져 있다.
24 펑청쥔(馮承鈞)은 "十八"로 썼다. 馮承鈞 譯,『西域南海史地考證譯叢』第3卷, 商務印書館, 1999, 77쪽. 이하 馮本이라 약칭.
25 馮本에는 "十二"라 썼다.
26 馮本에는 "彼"라 썼다.
27 黃本의 구두점과 方本의 구두점은 또한 차이가 있다. 여기서는 일일이 표시하지 않았다.

모해왔습니다. 다행히 귀 수도회 선교사 쾨플러를 만나 마침내 세례를 받았습니다. 또한 황태후 마리아, 중궁 황후 아나, 황태자 콘스탄티누스를 천주교에 입교시켜 세례를 받게 한 지도 벌써 3년이 지났습니다. 오늘 존사^{尊師}이신 신부님과 귀 수도회의 교우들이 천주님 전에 우리 중국의 중흥과 천하태평을 이룰 수 있도록 기도해주시기를 간청합니다. 그리고 우리 대명의 18대 황제, 태조 12대손, 군신들이 모두 참 주인이신 예수님을 공경할 수 있도록 일깨워주십시오. 더욱이 귀 수도회가 서로 통하는 구원의 공로라는 정리^{情理} 상에서 더 많이 선교사들을 우리 중국에 보내 가르침을 행하기를 희망합니다. 세상이 태평해지면 곧바로 사신을 파견해 성조^{聖祖} 총사 로욜라 이냐시오^{Ignatius de Loyola}께 예를 올릴 것입니다. 지금 귀 수도회의 선교사 보임이 우리나라의 사정을 다 잘 알고 있습니다. 그를 급히 유럽으로 귀국시켜 그 뜻을 전하게 했으니 짐작건대 상세히 알 수 있을 것입니다. 저의 소견을 전합니다. 신중하게 살펴주시기를 바랍니다.

특칙^{特敕}! 영력 4년 10월 11일.

王太后敕耶穌會總會長書

大明寧聖慈肅皇太后烈納勅諭耶穌會大尊總師神父: 予處宮中, 遠聞大主之敎,[28] 傾心旣久; 幸遇尊會之士瞿紗微, 遂領聖洗, 使皇太后瑪利亞, 中官皇后亞納及皇太子當定, 并入聖敎, 領聖水, 閱三年矣. 今祈尊師神父并尊會之友, 在天主前, 祈保我國中興, 天下太平,[29] 俾我大明第拾捌[30]代帝, 太祖第拾貳[31]世孫主臣等, 悉

---

28 이 부분에서 팡하오는 馮本 78쪽에는 "天主之敎"로 바꿨다고 지적한다. 方本, 297쪽.
29 馮本에는 "天下太平"이란 문구는 없다. 馮本 78쪽.
30 馮本에는 "十八"로 썼다.
31 馮本에는 "十二"라 썼다.

知敬眞主耶穌; 更求尊會相通功勞之分, 再多送老師來我國中行敎. 待太平之後, 卽著欽差官來到聖祖總師意納爵座前致儀行禮. 今有尊會士卜彌格, 盡知我國事情, 卽使回國, 代傳其意, 諒能備悉. 可諭予懷. 欽哉!

特敕. 永曆四年十月十一日.[32]

사례 태감 팡텐서우가 로마 교황 인노첸시오 10세에게 올린 서신

대명의 칙명으로 광둥^粤·푸젠^閩 수륙 연합군전쟁의 군무를 주관하고 중국의 관병을 지휘하며 재정과 징세의 재량권을 부여받음과 동시에, 용위영^{勇衛營} 총독이자 어마감^{御馬監}, 사례감^{司禮監}의 직무를 관장하는 태감 '팡애킬레우스^{Aekille-us, 龐亞基樓} — 크리스티아누스^{Christianus, 契利斯當}'는 인노첸시오 10세 — 천주 예수님의 대리 재세 총사, 천주교의 진주^{眞主}이자 성부 — 께 무릎 꿇고 엎드려 서신을 올립니다. 삼가 생각해보니 애킬레우스는 황제의 곁에서 일하며 군대의 직책을 맡았지만 아둔해 아무런 배움도 없으며 많은 죄악을 저질렀습니다. 예전에 북도^{北都}에서 다행히 예수회 선교사를 만나게 되어 저의 어리석음을 일깨우고 입교하기를 권하기에 삼가 세례를 받았습니다. 이리하여 비로소 천주교의 학문이 심오하고 웅대하다는 사실을 알았습니다. 밤낮으로 깊이 수양하고 신봉해 20여 년 동안 감히 잠시라도 태만하지 않았습니다. 천주님의 가호를 입고 보답하고자 하되 역사할 길이 없어 매번 직접 바티칸^{聖座}에 가서 성상^{聖像}을 우러러 예배하기를 소망해 왔습니다. 그러나 어찌 나라의 많은 변란과 불안정한 국사를 마음에 두지 않을 수 있겠습니까. 뜻대로 할 수 없으니 심히 황공하고 불안하기 그지없습니다. 다만 죄인은 한결같은 성심으로, 아직 국난이 평정되지 않아 특별히 예수회 선교사 보임을 유럽으로 귀환시켜 교황 성부님께

---

32 方豪, 『中國天主敎史人物傳』 卷一, 297쪽. 그밖에 愛德華·卡伊丹斯基, 張振輝 譯, 『中國的使臣─卜彌格』, 大象出版社, 2001, 340쪽 참조.

대신 청하도록 했습니다. 부디 성 베드로와 성 바오로, 아울러 보편 교회公敎會의 이름으로 천주님께 우리 대명을 사랑하시어 국가를 보우하고 하루빨리 태평성대를 누리도록 간청해주십시오. 또한 우리 성스러운 천자, 바로 18대 황제, 태조 12대손, 그리고 군신들이 모두 천주 예수님을 공경하고 숭배하게 한다면 우리 중화 전체의 복일 것입니다. 현재 영성자숙 황태후 세례명 헬레나, 소성昭聖 황태후 세례명 마리아, 중궁 황후 세례명 아나, 황태자 콘스탄티누스는 독실하게 천주교를 신봉하며 서신을 바티칸에 보냈으나 그것만으로는 다 전할 수 없을 것입니다. 죄인인 저에 미쳐서 성부님께서 제가 죽는 날에 죄와 벌을 전부 용서받을 수 있도록 축원해주시기를 간절히 바랍니다. 아울러 더 많은 예수회 선교사들을 우리 중국에 보내 모든 세상 사람들이 회개해 천주교를 공경히 믿고 허송세월하지 않도록 교화해주시기를 간구합니다. 그 은덕과 공덕은 실로 무궁할 것입니다! 부족하나마 이렇게 저의 진심을 전하니 인자하신 마음으로 자세히 살피시기를 머리 숙여 청합니다. 아직 드릴 말은 많으나 다 쓰지 못합니다. 영력 4년, 세차경인歲次庚寅, 음월현일陰月弦日에 삼가 올립니다.

신여愼餘.

司禮太監龐天壽上羅馬敎宗因諾曾爵書

大明欽命總督粤閩, 恢剿聯絡水陸軍務, 提調漢土官兵, 兼理財催餉便宜行事, 仍總督勇衛營, 兼掌御馬監印, 司禮監掌印太監龐亞基樓一契利斯當, 膝伏因諾曾爵一代天主耶穌在世總師, 公敎眞主, 聖父一座前: 竊念亞基樓, 職列禁近, 謬司兵戎, 寡昧失學, 罪過多端; 昔在北都, 幸遇耶穌會士, 開尊愚懵, 勸勉入敎, 恭領聖水, 始知聖敎之學, 蘊妙宏深, 夙夜潛修, 信心崇奉, 二十餘年, 罔敢少怠; 獲蒙天主庇佑, 報答無繇, 每思躬詣聖座, 瞻禮聖容, 詎意邦家多故, 王事靡鹽, 弗克遂所愿懷, 深用悚仄. 但罪人一念之誠, 爲國難未靖, 特煩耶穌會士卜彌格歸航泰西,

代請教宗聖父, 在于聖伯多祿, 聖保祿座前, 兼于普天下聖教公會, 仰求天主慈詔
我大明, 保佑國家, 立際升平, 俾我聖天子, 乃大明拾捌代帝, 太祖第拾貳世孫, 主
臣, 欽崇天主耶穌, 則我中華全福也. 當今寧聖慈肅皇太后, 聖名烈納; 昭聖皇大
后, 聖名瑪利亞; 中國皇后, 聖名亞納; 皇太子, 聖名當定, 虔心信奉聖教, 并有諭
言致聖座前, 不以宣之矣. 及愚罪人, 懇祈聖父, 念我去世之時, 賜罪罰全赦; 多令
耶穌會士來我中國, 教化一切世人悔悟, 敬奉聖教, 不致虛度塵劫. 仰徼大造, 實
無窮矣! 肅此, 少布愚悃, 伏維慈鑒, 不宣. 永曆肆年, 歲次庚寅陰月弦日書. 愼餘.[33]

보임은 로마에서 꼬박 3년여를 기다린 끝에 마침내 로마 교황청이 그
의 신분에 대한 의심을 풀었다. 그리고 1655년 12월 18일에 알렉산데르
7세Alexander VII를 알현했다. 보임은 교황이 왕태후와 팡톈서우에게 회답하
는 서신, 또한 예수회 회장이 왕태후에게 보내는 서신을 함께 가지고 돌
아왔다. 보임이 로마를 떠날 때에 로마 측이 남명 왕조에게 회신하는 이
서신들을 로마에 있는 그의 후견인 아타나시우스 키르허Athanasius Kircher, 16
02~1680에게 보여주었을 것이다. 키르허는 이 세 통의 편지를 베껴 쓴 다음
에 『중국도설China Illustrata』1667에 공개적으로 발표했다.[34] 또한 이 편지들은
3년 뒤인 1670년에 출판된 『중국도설』의 프랑스어판에 프랑스어로 번역

---

33 方豪, 『中國天主教史人物傳』 卷一, 292쪽. 그밖에 愛德華·卡伊丹斯基, 앞의 책,
    341~432쪽.
34 자칭 명나라의 조정을 대표해서 사신으로 왔던 보임은 1656년 3월에 배를 타고 리스
    본(Lisbon)을 떠나 중국으로 향했다. 보임은 이때 두 통의 교황의 회답 서신, 예수회 총
    회장이 명 조정에 보내는 여섯 통의 편지, 포르투갈 국왕 주앙 4세(João IV de Portugal)
    가 영력제와 팡톈서우에게 보내는 두 통의 편지를 몸에 지니고 있었다. 또한 프랑스 왕
    루이 14세(Louis XIV)도 당시 황태후에게 서한을 보냈다고 한다. 이 가운데 포르투갈
    국왕만이 유일하게 구체적인 응답이 있을 경우, 명 조정에 군사 지원을 하겠다는 승낙
    이 있었다고 한다. 黃一農, 『兩頭蛇─明末淸初的第一代天主教徒』, 383쪽. 愛德華·卡
    伊丹斯基, 앞의 책, 128쪽 참조.

되어 실렸다. 이러한 서양의 답신들을 통해 보임이 남명 왕조를 대표해서 유럽 전역을 다녀온 최후의 결과, 더해서 로마 교황청이 중국을 시기별로 다르게 대하는 태도 등을 살펴볼 수 있다.

먼저 교황 알렉산데르 7세가 남명의 영력 왕황태후에게 회답한 내용은 다음과 같다.

명 황태후께

교황 알렉산데르는 친애하는 여신도님께 문안을 드립니다. 그간 여전히 하느님의 은택으로 평안하시겠지요? 제가 가장 존숭하는 은총을 받으시기를 축원합니다. 보내주신 서신은 문장이 우아하고 아름다우며 정서가 충만합니다. 황태후께서는 자비롭고 전지전능하신 하느님을 체득해 암흑세계에서 벗어나 진리의 밝은 길로 나아가셨습니다. 이 진리의 근원은 조물주 하느님에게 있습니다. 안타깝게도 사람들이 죄를 지어 하느님이 크게 노하셨습니다. 그러나 하느님은 언제나 사람들에게 사랑과 은혜를 베풀어 진리의 아름다운 열매를 맺게 하십니다. 하느님 앞에서는 모두들 비천한 죄인이지만 하느님은 항상 은혜를 베풀어 황태후를 보호하고 계십니다. 하느님은 모든 사람이 하느님을 자비로운 주님으로 생각하고 경배하기를 원하십니다. 그러나 두려워하는 사람이 경배하는 것을 원하지 않습니다. 과거에 그렇게 큰 동방의 나라가 존재한 줄 아무도 몰랐기 때문에 마귀가 점령하고 말았습니다. 그러나 오늘날 이 나라는 예수 그리스도를 신앙합니다. 어느 누가 하느님의 이 웅대한 뜻을 알았겠습니까? 사람들은 먼 곳에 아주 큰 나라가 있는데 그 나라의 관리와 백성들이 잘못된 종교를 믿는다고 수군댑니다. 이 대국을 잘 아는 사람은 필경 소수이고 모르는 사람이 너무 많은 것이 사실입니다. 어느 누가 감히 이 먼 나라에 가서 하느님의 참 진리를 전파할 수 있겠습니까? 이 나라는 아득히 멀고 험난한 곳입니다.

즉, 파도가 하늘을 찌를 듯한 겹겹의 바다를 사이에 두고, 산이 첩첩이 겹치고 사막이 가로막혀서 별들도 다를 것 같은 곳입니다. 심지어 이 나라는 금문禁門이 우뚝 서 있어서 외국인이 들어갈 수 없는 곳이며 영혼의 구원이 필요하지만 선교할 수가 없는 곳입니다. 그러나 하느님은 자원해 헌신하는 사역자들을 간택해 이곳에 선교하도록 하셨습니다. 이들은 그리운 고향, 가족과 작별하고 명예와 이익을 돌아보지 않으며 위험을 무릅쓰고 그곳에 가서 진리를 전파했습니다. 사람들은 진리를 전파하는 소리에 귀를 기울이고 진리를 깨닫고 믿었습니다. 이 하느님의 은혜를 영원히 기억하고 감사해야 합니다. 또 그 은혜를 후손들에게 간곡히 전해 하느님의 계명을 충실히 지키고 하느님을 확고하게 믿게 해야 합니다. 아는 바로는 황태자 콘스탄티누스와 궁궐의 많은 이들이 황태후를 본받고 하느님을 믿는 것은 기쁨과 위안이 되는 일입니다. 장차 신자가 많아지면 명 제국 내부의 잘못된 종교가 사라질 것을 예상하니 충심으로 기쁘기 그지없습니다. 저는 하느님께서 축복받은 황태후, 황태자, 황후의 소망에 응답해주실 것을 간절히 기도합니다. 아울러 황태후의 국토가 다시 통일되고 평화를 누리며 신앙에 귀의하기를 진심으로 기도합니다.

1655년 1월 18일[35]

다음으로 교황 알렉산데르 7세가 팡텐서우에게 회답한 내용은 다음과 같다.

친애하는 팡텐서우

사랑하는 신자여, 먼저 귀하는 하느님을 신앙하는 사람으로서 마땅히 받아야

35　위의 책, 340쪽; 沙丕烈, 「明末奉使羅馬教廷耶穌會士－卜彌格傳」, 馮承鈞 譯, 『西域南海史地考證譯叢』第3卷, 136~137쪽.

할 행복을 누리게 될 것입니다. 저는 귀하의 서신을 볼 수 있게 되어 크게 기쁘게 생각합니다. 하느님은 어느 곳에서든 귀하를 동정하고 사랑하십니다. 자비로우신 하느님은 성수의 세례로 귀하의 몸을 순결하게 하고 오늘 귀하를 나의 아들이라고 일컫습니다. 귀하는 예수님의 성스러운 가르침으로 천국의 기쁨을 얻게 될 것입니다. 귀하는 편지에서 이 신성한 종교는 중국인이 마땅히 존중해서 봉행해야 할 모범이라고 말합니다. 만약 하느님을 받아들이면 어떻게 행동해야 할지를 모두 깨닫게 됩니다. 귀하의 대제국에서 큰 사업선교사업을 전개해야 합니다. 그렇게 하면 귀하의 명예가 높아지고 귀하의 믿음은 동요되지 않을 것입니다. 또한 사랑하는 마음이 구름처럼 일어나 만물을 다스릴 수 있습니다. 그런 신앙과 사랑을 가지면 설사 세계 대부분의 제국을 보유하더라도 조금도 두려울 게 없습니다. 오늘 내가 두 손을 들어 환영의 뜻을 표하는 이유는 설령 양자 간에 큰 바다가 가로놓여 있고 어떠한 장애나 위험이 발생하더라도 귀하와 귀하 국가의 백성에 대한 나의 열정은 식지 않을 것이며 성심을 다해 복음을 베풀 것임을 확신하기 때문입니다.

로마 성 베드로 대성당에서

1655년 12월 16일

끝으로 예수회 총회장이 남명의 왕황태후에게 답신한 내용을 소개해 보면 다음과 같다.

예수회 총회장 고슈윈 니켈Goschwin Nickel이 대명 중국의 예지로운 대황제께 서신을 올립니다:

지난날을 회상하건대 예수회 선교사 리치가 대명 중화에 가서 천주상과 성모상을 지혜로운 만력황제에게 진상하니 경건한 마음으로 받으시고 삼가 경배하셨습니다. 후대에 중국에서 하느님의 계명을 받들어 시행하는 천자가 적지 않았습니다. 또 어떤 제왕은 친히 우리의 많은 예수회원들을 영접하고 성도聖道를 표창했습니다. 최근에는 황태후께서 우리의 예수회 선교사 보임을 이곳에 파견하셨습니다. 이리하여 전 세계에 폐하가 성상聖像을 존경하고 숭배한다는 사실이 알려져 모두들 경의를 표하고 있습니다. 폐하가 머지않아 황태후를 본받아 천주교에 마음을 기울이고 성수를 받들 것이라 확신합니다. 가장 존귀하신 하느님께서 온 세상에 태평성세를 내려 난세를 멈추고 인간 세상을 안정시키시어 옛날 당 태종太宗 문황제文皇帝, 현종玄宗 지도황제至道皇帝, 고종대제高宗大帝, 건중建中 성신聖神 문무文武황제시대처럼 대명 황제의 법도가 찬란하고 덕이 천지에 합치되기를 간절히 바랍니다. 전 예수회는 이를 위해서 기도하며 끊임없이 하느님께 경건히 간구하겠습니다. 삼가 폐하께서 우리의 두 예수회 선교사 쾨플러와 보임, 그리고 기타 중국에 가서 천주교를 선양하는 이들을 보호하고 도와주실 것을 간청합니다. 아울러 원하옵건대 대황제 폐하를 위해 성심과 충절을 다할 것입니다. 1655년 12월 25일, 우리 주 예수 그리스도 성탄절에 삼가 올립니다. 로마.[36]

---

36 方豪, 『中國天主教史人物傳』 卷一, 311쪽. 그밖에 愛德華·卡伊丹斯基, 앞의 책, 343쪽.

13

청대 천주교의
발전과 쇠퇴

예수회 선교사들은 마테오 리치^{Matteo Ricci, 利瑪竇, 1552~1610}가 입안한 적응 전략에 따라 베이징^{北京}으로 올라와 황궁에 진입해 중국의 황제에게 접근했다. 이는 내화^{來華} 예수회원^{예수회 선교사}들이 처음부터 견지한 한결같은 꿈이었다. 미켈레 루지에리^{Michele Pompilio Ruggieri, 羅明堅, 1543~1607}는 이를 실현하기 위해 유럽으로 돌아가 교황특사의 이름으로 상경하고자 했다. 리치는 자명종의 진상을 통해서 명조^{明朝}의 만력제^{萬曆帝}를 알현할 계획을 세웠다. 이 꿈은 아담 샬^{Johann Adam Schall von Bell, 湯若望, 1591~1666}과 청조^{淸朝} 순치제^{順治帝}의 관계 속에서 실현되었으며 강희^{康熙}시기에는 페르디난드 페르비스트^{Ferdinand Verbiest, 南懷仁, 1623~1688} 등 예수회 선교사들이 궁중에서 완전히 입지를 굳혔다. 이로써 청^淸제국 황제의 신변에 비로소 일군의 서양 선교사들이 출현하게 되었다.

여기에 힘입어 청초^{淸初}시기 중국 교회의 발전은 1669년에 로마 교황청이 중국을 12개의 교구^{敎區}로 편성할 정도로 성장했다. 특히 순치·강희 시기는 총신^{寵臣}으로서의 샬과 페르비스트의 정치적 위상, 역법^{曆法} 투쟁에서 천주교의 승리 등에 힘입어 동서문화교류와 천주교 발전의 최절정기를 이루었다. 이 시기는 말 그대로 리치의 적응책략, 즉 황제와의 유대 강화나 과학선교, 문화선교 등이 구체적으로 실행된 것이다. 샬과 페르비스트가 내화 선교사 중 리치와 함께 '삼웅^{三雄}'으로 일컬어지는 이유이다. 본 장에서는 중국 천주교 발전의 황금기라고 할 수 있는 청대 순치·강희 시기와 함께 그 쇠퇴기인 옹정^{雍正}·건륭^{乾隆}시기의 선교 역정^{歷程}과 그 대내외적인 상황들을 살펴보고자 한다. 그 역사지형이 동서문화교류사 중 동아시아 천주교 전파의 원형적 역사모델이 된다는 점에서 동아시아 천주교사 연구나 그 선교신학의 미래 전망에 유의미한 지식자원과 영감을 제공해줄 것이다.

1. 순치·강희시기의 천주교

1) 청초 역옥

청초시기에 발생한 역옥曆獄, 혹은 欽天監敎難, 1664~1669은 평민 문인 양광셴楊光先, 1597~1669이 아담 샬을 공격한 데서 기인한다. 순치順治 16년1659에 양광셴은 『선택의選擇議』란 글에서 샬이 영친왕榮親王의 장례 기간을 선택하는 데 심각한 착오가 있다고 비판했다. 이듬해에 또 『벽사론闢邪論』을 써서 천주교의 여러 정책과 이론을 전면적으로 논박했다. 계속해서 1661년에는 예부禮部에 『국체를 바로잡기 위한 정문呈文 초고正國體呈稿』를 올려 샬이 기존의 숭정역서崇禎曆書를 서양의 신법역서新法曆書로 바꾸려고 하는 행위를 "역법의 권한을 몰래 훔쳐 서양에 주는 것"[1]이라고 규탄했다.

때마침 1661년에 샬의 정치적 버팀목이었던 순치제順治帝가 사망하자 정세는 급변했다. 1664년강희 3년에는 양광셴은 예부에 상소한 『사교의 주멸을 청하는 상소請誅邪敎狀』에서 "샬은 역법을 구실로 삼아 궁궐金門 안에 몸을 숨기고 조정의 기밀을 엿보고 있다. 만약 안팎으로 연계해 반역을 꾀하려는 것이 아니라면 무엇이겠는가[2]"라고 했다. 얼마 되지 않아서 이

---

1 "暗竊正朔之權以予西洋." 양광선, 「국체를 바로잡기 위한 정문 초고(正國體呈稿)」, 양광선 외, 안경덕 외역, 『부득이—17세기 중국의 반기독교 논쟁』 일조각, 2013, 115쪽.

부리部는 샬, 페르디난드 페르비스트, 루도비코 불리오Ludovico Luigi Buglio, 利類思, 1606~1682, 가브리엘 데 마갈헤스Gabriel de Magalhaes, 安文思, 1609~1677 등 선교사들을 잡아들여 옥에 가두었다. 이때 흠천감欽天監에서 일했던 리쭈바이李祖白, ?~1665 등도 함께 수감되었다. 특히 리쭈바이의 『천학전개天學傳概』는 양광셴이 샬을 공격할 때 빌미를 제공하는 중요한 자료가 되었다.

최근에 청초시기 역옥에 관한 『만주어 비밀문서滿文密檔』가 연이어 발표되었다. 이 진귀한 문헌들을 통해서 이 논쟁이 종교적 신앙상의 충돌과 함께 동서양의 서로 다른 과학 간의 차이가 불러온 갈등도 존재한다는 사실을 발견할 수 있다. 이 문제는 『천학전개』의 '누가 천지의 주재자인가誰是天地之主宰'라는 주제로 리쭈바이와 선교사들을 심문한 다음의 기록에서 선명하게 드러난다.

리쭈바이에 대한 신문 : 당신이 지은 『천학전개』의 내용을 보면 상제는 천지의 주인이므로 천주라고 부르며 이것은 진실로 우리가 중시해야 할 참된 학문이고 그 연원은 유구하다고 운운하는데 이것은 어떤 역사를 두고 말한 것인가?

공술 : 이것은 중국의 역사책에는 없으며 부분적으로 단지 천주교의 서양 선교사들이 전파하고 편저한 내용에 근거한 것이다. 등어等語.

샬, 페르비스트, 불리오, 마갈헤스에 대한 신문 : 리쭈바이의 공술에 따르면 단지 서양의 선교사들이 전파하고 편저한 내용에 근거했다고 운운한다. 당신들은 상제가 천주이고 진실로 가장 중요한 참된 학문이며 그 연원이 유구하다고 말하니 무엇 때문에 그렇게 생각하는가?

공술 : 천주란 마테오 리치가 중국에 온 뒤에 명명한 것이다. 우리 서양인들

2　"若望借曆法, 以藏身金門, 窺伺朝廷機密, 若非內勾外連, 謀爲不軌." 양광선, 「사교의 주멸을 청하는 상소(請誅邪敎狀)」, 위의 책, 46~47쪽.

은 그것을 데우스Deus, 陡斯라고 일컫는다. 데우스는 만물의 근본이라는 뜻이다. 상제는 만물의 근본이기 때문에 천주라고 한 것이다. 천주와 상제는 같은 말이다. 중요한 참된 학문이라 함은 경천敬天을 가리킨다. 천지가 개벽된 이래 하늘을 공경해왔으니 연원이 유구하다고 한 것이다. 등어.

리쭈바이에 대한 신문 : 당신들의 종교에서는 상제를 결코 천주라고 부르지 않지만 당신은 『천학전개』에서 천주인 예수가 서한西漢 원수元壽시기에 이스라엘 베들레헴에서 태어났다고 운운한다. 또 당신들이 그린 초상화를 보면 천주인 예수와 그 밖의 두 사람은 전부 반역자로 일컬어지고 모두 못 박혀 죽임을 당했다. 이렇게 당신들은 서한시기에 태어나 나무 십자가에 못 박혀 죽은 사람을 상제, 천주라 부르며 진실로 우리가 가장 중시해야 할 참된 학문이자 그 연원이 유구하다고 운운한다. 이를 어떻게 설명할 것인가?

공술 : 중국인은 상제라 하고 서양인은 천주라고 부른다. 이렇듯 칭호는 제각기 다르지만 그 의미는 동일하며 모두 천지의 주인을 지칭한다. 예수님은 서한 원수시기에 강생한 천주의 화신이다. 또 나무 십자가에 못 박혀 죽임을 당한 것은 예수님이 인간을 대신해 수난을 겪으며 인간의 죄를 대속代贖, redemption 한 것이므로 가장 중시해야 한다. 악당들은 반역을 꾀했다고 무함해 나무 십자가에 못 박아 죽였으며 양쪽에 두 악인도 똑같은 방식으로 처형함으로써 능욕을 보였다. 이 일은 서양 선교사들에게 물어보면 자세히 알 수 있을 것이다. 등어.

샬, 페르비스트, 불리오, 마갈헤스에 대한 신문 : 당신들이 짓게 한 이 책에 의하면 천주인 예수가 서한 원수시기에 이스라엘 베들레헴에서 태어났다고 운운한다. 또 당신들이 그린 초상화를 보면 천주인 예수와 그 밖의 두 사람은 전부 반역자로 일컬어지고 모두 못 박혀 죽임을 당했다. 리쭈바이의 공술에 따르면 악당들은 모반했다고 무함해 나무 십자가에 못 박아 죽였다고 운운한다. 당신들은 무엇 때문에 서한시기에 태어나 반역을 꾀하다가 나무 십자가에 못 박혀 죽은 예수를 상제, 천주라고 하는가?

공술 : 천주는 특별히 세상 사람들을 위해서 천지만물을 창조하고 사람들이 선善을 행하여 천국에 오르기를 권면한다. 사람이 죄가 있으면 각자 구원받기 어렵고 천국에 갈 수 없으므로 천주이신 상제께서 사람의 몸을 입고 세상에 강생한 것이다. 이렇게 보면 예수님의 본질은 신성과 인성을 동시에 지니며, 또 인간의 특성으로 고난을 받아 죽음으로써 천주의 특성으로 사람을 구원하고 이롭게 한 것임을 알 수 있다. 더구나 서한시기에 태어나 나무 십자가에 못 박혀 죽은 것은 확실히 상제 그 자체로서가 아니라 상제이신 그리스도가 육신을 입고 세상에 강생해 특별히 고난을 당하며 인간의 죄를 대속한 것이다. 이것은 결코 사람들이 강제한 것이 아니라, 예수님 자신이 스스로 원해서 한 것이다. 마치 성탕成湯이 가뭄에 비를 기원하며 자신을 희생으로 바친 것과 다를 바가 없다. 찬양받아 마땅하다. 천주께서 강생한 것도 그와 같아서 만백성의 죄를 대신해 받은 것은 성탕이 자신을 희생으로 바친 것처럼 나무 십자가에 못 박혀 죽음으로써 백성을 구제한 것이다. 이로써 예수님에 대한 숭상은 꺾이지 않았고 그 어진 덕은 더욱 드러났다. 악당들이 모해誣害해 모반의 죄명을 씌워 나무 십자가에 못 박아 죽인 것이 사실이지 원래 반역을 꾀한 것이 아니다. 등어.[3]

이상의 일문일답에서 동양과 서양의 종교적 관념이 어떠한 차이가 있는지를 간파할 수 있다. 기존의 연구에서는 대부분 양광셴이 아담 샬을 전적으로 모함했다고 기술한다. 그러나 『만주어 비밀문서』의 자료에 의하면 영친왕 장례의 택일擇日과 관련해서 중국의 오행五行학설에 비추어 역국曆局이 선택한 날짜에 문제가 발생했던 것으로 보인다. 사실 그 장례

---

3 이상의 내용은 張承友 外, 『明末淸初中外科技交流硏究』, 學苑出版社, 1999, 110~111 쪽에서 인용한 것이다. 이 문헌은 안솽청(安雙成)이 만주어 원본 문서에서 번역했다.

날짜는 샬이 직접 정한 것이 아니라 하급 관리에게 위탁한 것이었다. 그렇다고 하더라도 그는 당시 흠천감欽天監 소속으로 여전히 책임이 있었다. 이 점은 양광센에게 공격의 빌미를 제공했다. 샬은 회답할 때 서양의 점성술로 택일의 문제를 설명했다. 결과적으로 양측 모두 서로 물러서지 않았다. 서양의 선교사 신분으로 중국의 오행이 생소한 것은 당연했다. 과거에 일반 학자들은 샬이 근거한 서양의 천문학이 계산한 날짜가 중국의 오행보다 당연히 더 정확할 것이라고 생각했다. 그러나 당시 샬 등이 택일할 때도 중세의 점성술에 근거한 것이다. 사실 점성술과 오행설은 동서양의 두 문화 속에서 배양된 전혀 다른 학설로서 서로 우열을 가릴 수는 없다. 이 문제는 황이눙黃一農이 깊이 연구한 바 있다.

청초에 발생한 역옥은 중사中士와 서사西士가 흠천감의 자리를 두고 벌인 권력 투쟁이자 동서양 두 문화 간의 충돌이라고 할 수 있다. 양광센에게 편협한 점이 발견된다면 샬 등은 중국의 본토문화를 이해하지 못한 점이 있다. 이는 또한 샬이 선교사 한학자로 중국에서 수십 년을 살았지만, 중국문화의 핵심을 파고드는 데는 어느 정도 어려움이 있었음을 보여준다.

청초 역옥의 결과는 판결을 선고하는 당일 밤에 베이징에서 지진이 발생하자 효장孝莊 황태후가 개입해 샬 등은 풀려났다. 리쭈바이, 쑹커청宋可成, 쑹파宋發, 주광셴朱光顯, 류잉타이劉應泰 등 다섯 사람은 참수되었다. 기타 중국 고관高官으로서는 어사御史 쉬즈젠許之漸, 안찰사臬臺 쉬쩐許繬, 지방행정 장관撫臺 퉁궈치佟國器 등은 "천주교의 신자라는 이유로 모두 파면당했다".[4]

강희제康熙帝가 집권한 뒤에 페르비스트의 노력으로 선교사에 대한 황제의 부정적 시각은 점차로 개선되었다. 강희 5년 5월 초닷새에 페르비스트, 불리오, 마갈헤스는 샬의 누명을 벗겨주기 위해서 강희제에게 상소문을 올렸다.

구정具足. 불리오, 마갈헤스, 페르비스트는 삼가 아룁니다. 거짓으로 꾸며 황상을 속이고 충신을 모함해 신神과 인간이 공분하니 작당해 악을 일삼는 무리를 일소하고 충혼忠魂의 일을 밝혀 주시기를 청원합니다. 같은 고향의 원신遠臣 아담 샬을 마음 깊이 추모합니다. 그는 서양에서 건너와 베이징에서 48년간을 살았습니다. 이전 명조 때에 황제의 명을 받들어 수력修曆사업을 주관했고, 또 우리 조정의 혁명을 공손히 영접해 황제의 은혜를 입어 28년 동안 수력사업에 종사했지만 오래도록 우주의 운행에 부합되어 시행하는 데 잘못이 없었습니다. 뜻밖에도 악당 양광센을 만난 것은 불행한 일이었습니다. 양광센은 명조 때에 무뢰한으로 자신의 주장을 내세우다가 조정에서 정장廷杖, 황제의 명으로 조정에서 관리에게 곤장을 치는 처벌을 당한 적이 있습니다. 현재는 간악한 간신의 권세를 등에 업고 신법이 잘못되었다고 비난하며 수십 년간 선제先帝가 시행한 역법을 터무니없이 헐뜯었습니다. 다행히 여러 패륵貝勒, 청나라 때 만주인 종실과 몽골의 外藩에게 봉해진 親王·郡王·貝勒·貝子·鎭國公·輔國公이라는 여섯 가지 작위 중의 하나 대신들이 신법을 시험해 모두 오류가 없음을 밝혀냈고 또 황제의 은혜를 입어 페르비스트가 신역新曆을 계속 추진하니, 이것은 더 이상 논란의 여지가 없습니다. 우리 교에서 말하는 '천주'란 『시경詩經·대아大雅』에서 말한 "위대한 상제가 아래를 굽어봄이 밝다"라는 뜻으로 만물의 종주宗主일 뿐입니다. 천주교는 서양에서 30여 개국을 한 집처럼 거느리고, 또 1천 3백 년을 하루같이 신앙해온 실로 크고 오래된 종교입니다. 중국에서는 만력 연간에 서양의 선교사 마테오 리치가 중국에 와서 포교를 시작한 지 80여 년이 지났습니다. 그가 책을 쓰고 입론한 대요는 경천애인敬天愛人을 종지로 삼고 극기진성克己盡性, 충효절렴忠孝節廉 등이 전부여서 항상 유명 고관들의 존경을 받았습니다. 그런가 하면 세조世祖 순치제는 여러 차례 성당

4 　徐宗澤, 『中國天主敎傳敎史槪論』, 上海書店, 1990, 221쪽.

에 행차해 은화를 내려 수조修造하도록 도왔습니다. 아울러 어제御製 비문과 문액門額 '통미가경通微佳境'을 하사함과 동시에, 샬에게 '통미교사通微教師'라는 칭호를 부여했습니다. 만약 천주교가 사교라면 선제께서 어찌 엄금하지 않았겠습니까? 지금 양광센에게 모함을 받아 책이 소각되고 거처가 파괴되었습니다. 더구나 양관센은 샬이 반역을 꾀한다고 모함했습니다. 신들은 머나먼 서양인으로 3년간 9만여 리의 험난한 여정을 거쳐 중국에 왔고 그 수도 20여 명에 불과합니다. 모두들 서양에서 태어나 동양에 왔으니 무슨 힘으로 모반하겠습니까? 지금 중상모략으로 무고한 서양인 20여 명이 광둥廣東으로 압송·구금되어 있습니다. 게다가 샬 등은 초몰抄沒, 모반죄 등에 관련된 죄수의 재산을 몰수하거나 노비로 만드는 것의 죄가 없음에도 현재 가옥이나 무덤은 다른 사람이 점거하고 있습니다. 이것이 신들이 그 부당함을 호소하는 이유입니다. 이제 간악한 권력자들의 음모가 드러난 이상 그 억울한 누명을 씻어줄 때입니다. 간곡히 천은天恩을 청합니다. 부디 호소할 곳 없는 억울한 사정을 살펴셔서 그 누명을 풀어 충혼을 달래주시면 산 자나 죽은 자 모두 황상의 은혜를 영원히 기억할 것입니다.

상정上呈

강희 8년 5월 5일[5]

---

5 具呈. 利類思, 安文思, 南懷仁呈爲詭隨狐假, 罔上陷良, 神人共憤, 懇殲黨惡, 以表忠魂事. 痛思等同鄕遠臣湯若望, 自西來往住京四十八載, 在故明時卽奉旨修曆, 恭逢我朝廷鼎革, 荷蒙皇恩, 欽敕修曆二十八載, 久合天行, 頒行無異. 哭遭惡棍楊光先, 其載明時以無籍建言, 曾經廷杖, 今倚恃權奸, 指新法舛錯, 將先帝數十年成法妄譖. 幸諸貝勒大臣, 考正新法, 無不有合, 蒙恩命南懷仁仍推新曆, 此已無容置辨. 惟是天主一教, 卽『經』云"皇矣上帝, 臨下有赫", 萬物之宗主者. 載西洋三十多國如一家, 千三百年如一日, 是可大可久之教也. 卽在中國萬曆年間, 西士利瑪竇東來創宇行教, 已八十餘載, 其著書立言, 大要以敬天愛人爲宗旨, 總不外克己盡性, 忠孝節廉諸大端, 往往爲名公卿所敬慕. 世祖皇帝, 數幸堂宇, 賜銀修造, 御制碑文, 門額"通微佳境", 錫望"通微教師". 若係邪教, 先帝聖明, 豈不嚴禁? 今爲光先所誣, 火其書, 毁其居. 又光先誣望謀叛, 思等遠籍, 跋涉三年, 程途九萬餘里, 在中國不過二十餘人, 俱生于西而來于東, 有何羽

강희제는 예부와 여러 패륵의 노력으로 강희 8년 10월에 샬에게 제문
祭文 한 편을 내려 청초 역옥의 억울한 누명을 벗겨주었다. 강희제의 제문
을 옮겨보면 다음과 같다.

황제는 제문을 내려 예부의 관리 한 명을 보내 조의를 표한다. 황제는 전관
통정사사通政使司의 관리 통정사通政使에 2급을 올리고 또 1급을 더 올려서 유제諭
祭하며 흠천감의 업무를 관장한 고故 아담 샬의 위패 앞에 고한다:
"정성을 다해 나랏일에 이바지함은 신하로서의 훌륭한 품행이고 죽은 자를
동정하고 그 근면함에 보답하는 것은 국가의 중대한 전례典禮이다. 그대 샬은
서양의 출신으로 천문에 정통해 특별히 상력象曆의 중요한 직책을 맡았고, 또
총애를 받아 통미교사라는 칭호가 하사되었다. 갑자기 이렇게 세상을 떠나니
짐은 심심한 애도를 표하며 특별히 은혜로 부조하고 관리를 보내 제를 올리는
바이다. 아아! 이에 불멸의 영예가 후세에 전해져 그 충절의 보훈을 영원히 누
리기를 바란다. 삼가 그대는 제의 예를 받으라.[6]

이렇게 됨으로써 양광셴이 일으킨 청초 역옥은 철저히 평정되었고 중

翼, 足以謀國? 今遭橫口蔑誣, 將無辜遠人二十餘人押送廣東羈縶, 不容進退; 且若望等
無抄沒之罪, 今房屋令人居住, 墳墓被人侵占, 此恩等負不平之鳴者. 今權奸敗露之日,
正奇冤暴白之時. 冒懇天恩, 俯鑒覆盆, 恩賜昭雪, 以表忠魂, 生死銜恩. 上呈. 康熙八
年五月初五日. 韓琦・吳旻 校注, 『熙朝崇正集・熙朝定案(外三種)』, 中華書局, 2006,
393~394쪽;「利類思安文思南懷仁奏疏」, 鍾鳴旦 外編, 『徐家匯藏書樓明淸天主敎文
獻』 第二冊, 臺灣輔仁大學神學院, 1996, 995~996쪽.
6 御祭文一道, 遣禮部一員致祭. 皇帝諭祭原任通政使司通政使加二級又加一級, 管欽天
監印務事故湯若望之靈曰:"鞠躬盡瘁, 臣子之芳蹤; 恤死報勤, 國家之盛典. 爾湯若望
來自西域, 曉習天文, 特畀象曆之司, 愛錫通微敎師之號. 遽爾長逝, 朕用悼焉. 特加恩
恤, 遣官致祭. 嗚呼! 聿垂不朽之榮, 庶享匪躬之報. 爾如有知, 尙克歆享." 鍾鳴旦 外編,
위의 책, 1021~1023쪽.

국 가톨릭 선교역사에서 가장 전성기인 강희조의 천주교 전파라는 새로운 단계를 열었다.

2) 청초 중국 교회의 발전

1669년에 로마 교황청은 중국을 12개의 주교구主敎區로 나누었다. 소개해보면, ① 마카오 교구 : 광둥廣東, 광시廣西 예속, ② 난징南京 교구 : 장난江南, 허난河南 예속, ③ 베이징 교구 : 즈리直隷, 산둥山東, 랴오둥遼東 예속, ④ 푸젠福建 교구, ⑤ 윈난雲南 교구, ⑥ 쓰촨四川 교구, ⑦ 저장浙江 교구, ⑧ 장시江西 교구, ⑨ 후광湖廣 교구, ⑩ 산시山西 교구, ⑪ 산시陝西 교구, ⑫ 구이저우貴州 교구이다.

쉬쭝쩌徐宗澤, 1886~1947는 1664년을 기준으로 전국 각지의 교회당과 신도의 수를 다음과 같이 표로 정리했다.

성별(省別)	지명	교회당	신도 수
直隷	北京	3(南堂, 東堂, 리치 墓堂)	15,000
	正定	7	불상
	保定	2	불상
	何間	1	2,000
山東	濟南	10 (全省)	3,000
山西	絳州		3,300
	蒲州		300
陝西	西安	10 (城內 1, 城外 9)	20,000
	漢中	21 (城內 1, 城外 5, 會口 15)	40,000
河南	開封	1	불상
四川	成都, 保寧, 重慶	3	
湖廣	武昌	8	2,200
江西	南昌	3 (城內1, 城外2)	1,000
	建昌	1	500
	吉安		200
	贛州	1	2,200
	汀州		800

성별(省別)	지명	교회당	신도 수
福建	福州	13 (興化, 連江, 長樂 포함)	2,000
	延平		3,600
	建寧		200
	邵武		400
	彝山 崇安	여러 곳	
浙江	杭州	2	1,000
江南	南京	1	600
	揚州	1	1,000
	鎭江		200
	淮安	1	800
	上海	城內의 오래된 천주당, 南門, 九間樓, 지방에 도합 66곳이 있었다	42000
	松江		2000
	常熟	2	10900
	蘇州		500
	嘉定		400
	泰合, 昆山, 崇明에 모두 교회와 교인이 있었다.		

　이 표[7]에 근거해보면 당시 전국 11개 성省의 37개 도시에 도합 120여 개의 교회당과 신도 11만 4200명의 교인이 있었다. 팡하오方豪, 1910~ 1980 는 청초시기에 신도 수가 16만 4천400명에 달했다고 통계를 냈다. 프랑스 현대 예수회 신부인 조세프 데헤르뉴Joseph Dehergne, S. J.의 통계에 따르면 청초시기 예수회의 교회당은 159개였으며 신도의 수는 20만 명에 달

7　"이 쉬쭝쩌의 통계는 결함이 상당히 많다. (…중략…) 광둥, 광시 등 성의 광저우(廣州), 구이린(桂林), 타이위안(太原), 지닝(濟寧), 푸청(浦城), 란시(蘭溪) 등 6개 도시는 모두 통계의 수치가 없다. 도시 교회당의 통계에도 오차가 있다. 가령 시안(西安)의 경우 쉬쭝쩌는 10개로 보았다. 그러나 루이스 피스터(Louis Pfister)는 자신의 저작 『재화 在華 예수회원 열전 및 서목(在華耶蘇會士列傳及書目, Notices biographiques et bibliographiques sur les Jésuites de l'ancienne mission de Chine, 1552~1773)』의 장 프랑소아 로누시 페라리(Jean-Francois Ronusi de Ferrariis, 1608~1671, 李方西)에 관한 전기 부분에서 1663년 산시(陝西) 시안부(府)에 교회당 2개, 여러 현(縣)에 교회당 8개, 그리고 여러 촌진(村鎭)에 교회당 50개가 각각 있었다고 기록한다." 湯開前 外,「淸朝前期天主教在中國社會的發展及興衰」,『國際漢學』第9期, 大象出版社, 2003, 84쪽.

한다. 이상은 예수회의 중국선교에 관한 상황만을 언급한 것이다. 도미니 코회Dominican Order는 1578년에 마카오에 진입한 뒤로 강희 3년에 교회당 21개, 주원住院 11곳을 건립했고 세례교인 3천500명을 두었다. 프란치스 코회Franciscan Order는 1660년에 중국에서 교회당 13개, 주원 11곳, 세례교 인 3천500명을 보유했다.

강희 40년1701에 중국에서 천주교의 발전은 최고조에 다다랐다. 아래 의 표를 보면 각 수도회의 주원, 교회당, 선교사의 수가 크게 성장했음을 확인할 수 있다.

예수회(耶穌會)

성별(省別)	주원	교회당	선교사 수
直隸 6	21	11	
江南	16	130	15
山東	4	12	1
山西	3	10	2
陝西	4	4	1
河南	2	2	1
湖廣	8	8	3
江西	8	8	6
浙江	4	4	2
福建	7	7	6
廣東	1	1	1
廣西	7	7	10
共計	85	204	48

프란치스코회(方游各會)

성별(省別)	주원	교회당	선교사 수
江南	2	2	2
山東	6	6	10
江西	4	4	5
福建	3	2	3
廣東	3	3	5
廣西	5	7	
共計	23	24	25

도미니코회(道明我會)

성별(省別)	주원	교회당	선교사 수
江南	1	1	
浙江	2	2	3
福建	5	3	5
共計	8	6	8

아우구스티노회(奧斯丁會)

성별(省別)	주원	교회당	선교사 수
湖廣	1		
江西	1		
廣東	4	4	6
廣西	1		
共計	7	4	6

파리외방전교회(巴黎外方傳教會)

성별(省別)	주원	교회당	선교사 수
浙江	2		
福建	3		
湖南	1		
江南	1		
廣東	5	2	2
雲南	1		
四川	1		2
	14	2	4

견사회(遣使會)

성별(省別)	교회당	선교사 수
四川	2	2

이상 표의 합계에 따르면 1701년에는 재화在華 선교사가 이미 115명실제 수는 이보다 더 많았을 것이다이나 되었고, 교회당이 257개, 선교지구는 14개 성, 그리고 신도의 수는 30만 명에 이르렀다. 이는 강희 말기에 천주교의 발전이 재화 역사상 최절정에 달했음을 말해준다.[8]

---

8   이상의 표는 湯開建 外, 위의 글, 87~90쪽에서 재인용한 것이다.

2. 옹정·건륭시기의 천주교

청 조정의 천주교 기본정책은 옹정·건륭시기에 접어들면서 강희제의 용교容敎정책에서 금교禁敎정책으로 바뀌어 쇠퇴기를 맞이한다. 여기서는 중국 천주교 발전의 황금기인 청조淸朝 순치·강희시기에 대한 관심에 비해서 상대적으로 등한시되어온 옹정·건륭시기의 천주교 전개 양상을 살펴보고자 한다. 특히 옹정·건륭시기에 단행된 금교정책과 그 대내외적인 역사 상황, 원인들을 중심으로 분석·고찰할 것이다. 그럼으로써 그동안 누락된 이 시기의 선교 역정과 여기에 숨겨진 구체적인 역사진실을 밝히고, 더 나아가서 이 분야 연구의 공백이 불러온 전교사傳敎史적 이해의 부족과 선판단을 바로잡는 데 일조하고자 한다.

1) 옹정시기 금교정책과 역사 상황

청대淸代 전기 옹정제雍正帝는 즉위한 뒤 이듬해부터 강희시기의 천주교 정책을 바꾸어 엄한 금교정책을 취했다. 푸젠성福建省 푸안현福安縣에 교회당을 건설한 일이 그 도화선이 되었다. 1718년, 도미니코회가 푸안에 도착한 후에 '영표領票, 선교사 거류증'도 받지 않은 상태에서 사방으로 선교하고 교회를 건립할 계획을 세웠다. 이 일로 교인이었던 한 시골 문인이 불만을 품게 되었고 옹정 원년1723에 일부 사람들에게 연락을 취해 선교사의 활동을 관아에 고발하기 시작했다. 이 사건은 선교사의 서양어 서신에도 기록되어 있다. 드 마이야Joseph-François-Marie-Anne de Moyriac de Mailla, 馮秉正, 1669~1748는 1724년 10월 16일 자 서신에서, "전면적인 박해의 최초 점화는 지난해 7월 푸젠성 푸닝저우福寧州 푸안현에서 일어났다. (…중략…) 기독교를 믿는 한 수재秀才가 어떤 선교사에게 불만을 품고 신앙을 포기함과 동시에, 다른 수재들과 결탁해 자신의 불만을 털어놓았다. 이들은 연명으로 지방관에게 여러 항목의 죄상을 열거한 고소장을 제출했다. 관리의 명령에서 알 수 있는바 그 죄상은 주로 유럽인들이 배후에 숨어서 신도들의 돈으로 대성당을 짓는다거나, 또 그 안에는 남녀가 뒤섞여 있고 어린 여자를 수녀로 지정하기도 한다는 등등이었다"[9]라고 썼다.

푸안 지현知縣 푸즈傳植는 고소장을 접수하고 얼마 되지 않아 민저閩浙 총독 뤄만바오羅滿保의 명령을 받았다. 그리하여 "포고를 붙이고 엄하게 금지하라"[10]고 조치했다. 6월 1일, 푸즈는 명령에 따라 금지하는 과정에서 교회당을 건설하던 궈위쉬안郭玉宣 등 신도들의 저항을 받고 충돌했다. 뤄만바오는 즉시 궈위쉬안 등을 체포하라고 명령했다. 동시에, 전체 현 내에서 선교사들을 색출해 영표가 있든 없든 일체 선교활동을 불허하고 모두 마카오로 추방했다. 푸안현에 있는 교회당 18곳 역시도 전부 공용화했다. 또 8월 초에 뤄만바오는 푸젠 순무巡撫 황궈차이黃國材와 협력해서 푸젠성 전체에 포고해 금교를 단행했다.

뤄만바오는 7월 29일에 푸안의 상황을 조정에 은밀하게 보고하면서 "서양인이 베이징에 상주하는 것 말고는 다른 성省에서 제멋대로 거주하는 것을 막아야 하며 모두 베이징으로 보내거나 광둥廣東이나 마카오로 돌려보내야 한다. 그리고 각 성에 있는 천주당은 다른 용도로 바꾸어 다시는 짓지 못하게 해야 한다"[11]라고 건의했다. 옹정제는 "경의 이 상주문

---

9   杜赫德 編, 鄭德弟 外譯, 『耶蘇會士中國書簡集』第二卷, 大象出版社, 2005, 314~315쪽.
10   "張貼告示, 嚴加禁止." 中國第一歷史檔案館 編, 『明清時期澳門問題檔案文獻匯編』, 人民出版社, 1999, 135쪽.
11   "西洋人除常住京城外, 外省不准西洋人私自居住, 或俱送京城, 或遣送廣東澳門. 各省所設天主堂皆予改用, 不得再建." 中國第一歷史檔案館 編, 「雍正朝滿文朱批奏折全譯」, 『閩浙總督滿保等奏報西洋人于福安縣傳教惑衆等情折』第470件, 黃山書社, 1998, 257~258쪽.

은 심히 합당하며 칭찬할 만하니 그대로 처리하라"[12]라고 주비朱批했다. 뤄만바오는 이렇게 황제의 지지를 받게 되자 기세가 더욱 당당했다. 10월 24일에 또 상주문을 정서해 조정에 올려 자신이 견지한 금교의 주장을 더욱 명확하게 제기했다. 뤄만바오는 이 상주문에서 "오늘날 그들이 각 성, 주州, 현縣에 천주당을 짓고 각 지방에 거주한다는 사실이 알려지게 되면 백성들은 점차 그들의 종교에 귀의하게 될 것입니다. 또한 인심이 그들의 선동에 현혹되어 조금도 이롭지 않을 것입니다. 서양인들이 예전대로 베이징에만 거주하게 하고 다른 각 성에는 사적으로 거주하는 것을 금해서, 그들을 베이징으로 보내거나 마카오로 돌려보내고 천주당을 다른 용도로 개조해 다시는 교회를 짓지 못하도록 할 것을 청합니다"[13]라고 피력했다. 뤄만바오의 상주서는 옹정제의 마음을 움직였다. 옹정제는 해당 부서는 이 상주문을 의론하라고 명했다.

예부禮部는 황제의 주비가 있자 즉시 재심의를 거쳐 다음과 같이 재차 보고했다.

조사해 보니 베이징에 머무르는 서양인은 달력을 만들고 잡일을 하는 데 제공되지만 외부의 각 성에서는 아무런 쓸모가 없습니다. 일반 백성들에게 그들의 종교를 따르게 하며 천주당을 짓고 성경을 읽는다는 명분으로 남녀를 회집하니 지방에서는 아무런 이로운 점이 없습니다. 마땅히 총독이 청한 바와 같이 황제의 명을 받들어 베이징에 머물며 사무를 보는 인원을 제외하고는 즈리

---

12 "卿此奏甚是, 多爲可嘉, 著遵照辦理." 中國第一歷史檔案館 編, 위의 글.
13 "今若聽其在各省大府州縣起蓋天主大房, 居住地方, 百姓漸歸伊敎, 人心被其煽惑, 毫無裨益. 懇將西洋人許其照舊在京居住外, 其餘各省不許私留居住, 或送京師, 或遣回澳門, 將天主堂盡行改換別用, 嗣後不許再行起蓋." 中國第一歷史檔案館 編, 『淸中前期西洋天主敎在華活動檔案史料』第41件 第一冊, 中華書局, 2003, 56쪽.

直隷나 각 성에 흩어져서 거주하는 자들은 각 해당 총독과 순무巡撫가 지방관에게 명령을 전달해 그중에서 역수曆數에 정통하거나 그 기능을 보유한 자들을 조사해 베이징으로 보내서 쓰고 나머지는 모두 마카오로 돌려보내 거주하게 해야 합니다. 이전에 내무부에서 발급한 인표印票는 모두 회수해 소각하는 것이 좋습니다. 기존의 천주당은 모두 공공소로 바꾸고 그 교단에 잘못 들어간 자들에게는 엄하게 금지 명령을 내려서 교정토록 해야 합니다. 만약 이전대로 대중을 모아 성경을 읽는 등의 행위를 한다면 엄하게 그 죄를 다스려야 할 것입니다. 지방관이 금령을 불성실하게 집행하거나 비호해 숨기고 보고하지 않는 자가 있다면 해당 총독과 순무가 조사·적발하고 관련 부서에 회부해서 엄중하게 심의해 처벌하는 것이 옳은 줄로 압니다.[14]

이로써 강희조의 천주교 기본정책은 순식간에 바뀌었다. 조정의 태도는 강희제의 용교정책을 금교정책으로, 그리고 선교사에 대해서는 순수 기술만을 이용하는 것으로 완전히 바뀌었다. 옹정제는 예부의 상주서에 회답할 때 그 태도가 단호했으며 단지 일국의 군주로서 방법상 약간 관대하고 예절에 다소 주의를 기울였을 뿐이었다. 그는 다음과 같이 일렀다.

논의한 바대로 처리하라. 서양인은 외국인으로서 각 성에 거주한 지 오래되었

---

14 "查西洋人留京者, 有供修造曆日及閑雜使用, 至于在外各省幷無用處, 愚夫愚婦聽從其教, 起蓋天主堂, 以誦經爲名, 會集男女, 于地方毫無裨益. 應如該督所請, 除奉旨留京辦事人員外, 其散處直隷各省者, 應通行各該督撫轉飭地方官, 查明果係精通曆數及其有技能者, 起送至京效用, 餘俱送至澳門安揷, 其從前曾經內務府給有印票者, 盡行查處送部, 轉送內務府銷毀. 所起蓋之天主堂, 皆令改爲公所, 凡誤入其教者, 嚴行禁諭, 令其改易. 如有仍前聚衆誦經等項, 從重治罪. 地方官不實心禁飭, 容隱不報者, 該督撫查參, 交與該部嚴加議處可也." 中國第一歷史檔案館 編, 『清中前期西洋天主教在華活動檔案史料』第41件 第一冊, 57쪽.

다. 지금 해당 총독이 그들을 이주시킬 것을 주청奏請하니 그렇게 되면 지방민들이 함부로 소란을 피울까 염려된다. 각성의 총독과 순무에게 공문을 써서 통지하기를, 서양인들이 이주할 때 반년 혹은 수개월 간의 기한을 주어 마카오에 안전하게 정착하도록 조치하라. 관리를 파견해 호송하고 그들이 수고롭지 않게 하라.[15]

이때 베이징에 있던 선교사들은 저마다 갈팡질팡 허둥대며 긴장되게 움직였다. 도미니크 파레닌Dominique Parrenin, 巴多明, 1665~1741, 조아생 부베Joachim Bouvet, 白晉, 1656~1730, 이그나티우스 쾨글러Ignatius Kögler, 戴進賢, 1680~1746 등은 사방으로 분주히 움직이면서 연이어 이친왕怡親王 윈샹允祥, 장친왕莊親王 윈루允祿 등을 찾아가 쾨글러가 쓴 진정서를 황제에게 전해달라고 부탁했다. 진정서는 매우 애절하게 다음과 같이 기술되어 있다.

신 쾨글러는 다른 유럽인들과 함께 진실하고 깊은 경의로 이 진정서를 폐하께 올립니다, 폐하께서 우리에게 은혜를 베풀어 주시기를 간청합니다.

마테오 리치의 때로부터 황제의 충실한 신민이었던 우리는 머나먼 바다를 건너 동방에 온 지 이미 200여 년이 되었습니다. 찬란한 천조는 은덕으로 사람을 대하며 우리를 조금도 외부 사람으로 치부하지 않았습니다. 이리하여 우리는 스스로 중국을 진정한 조국으로 여기게 되었습니다. 우리는 그 풍습을 받들어 여기에서 선한 일과 자기완성에 전념했습니다. 우리가 전파하는 것은 거짓된 종교가 아닙니다. (…중략…)

---

15 "依議, 西洋人乃外國之人, 各省居住年久, 今該督奏請搬移, 恐地方之人, 妄行擾累, 著行文各省督撫, 伊等搬移時, 或給予半年數月之限, 令其搬移, 其來與安揷澳門者, 委官沿徒照看送到, 毋使勞苦." 위의 책.

폐하께서는 인자하고 도량이 넓은 마음으로 국내외의 모든 것을 포용하고 감싸주십니다. 우리는 이렇게 늙고 쇠약하며 의지할 데도 없을 뿐더러 논밭도 없고 원조도 없는 사람들입니다. 우리는 비록 두렵기는 하지만 폐하께 폐를 끼치지 않을 수 없습니다. 외람되지만 폐하께서 고귀한 마음으로 특별히 은혜를 베푸시어 우리가 광저우廣州로 쫓겨나지 않기를 바랍니다. 그렇게만 된다면 우리는 그 은혜와 덕에 깊이 감사하며 이를 영원히 잊지 않을 것입니다. 폐하께서는 연민의 마음으로 다른 성에 있는 이 불행한 선교사들을 보십시오. 그들은 이미 나이가 많고 몸이 약해서 거의 움직일 수가 없습니다. 폐하의 은혜가 이렇게 크니 폐하의 충실한 신민인 우리는 진실로 감히 간청할 수 없게 만듭니다.[16]

선교사의 진정서가 너무 애절했는지 옹정제는 파레닌, 부베, 쾨글러 세 사람을 접견하기로 하고 선교사들에게 자신이 확정한 천주교정책을 다음과 같이 허심탄회하게 진술했다.

짐의 선부황先父皇은 40년 동안 짐을 지도해 형제들 가운데 짐을 간택해 황위를 계승하게 했다. 짐이 가장 중요하게 생각하는 것은 선부황을 본받고 그의 치국방책에서 조금도 일탈하지 않는 것이다. 푸젠성의 일부 서양인들은 짐의 법률과 제도를 파괴하고 백성들을 교란하려고 했다. 이 성을 주관하는 관료들은 짐에게 그들의 상황을 알렸다. 짐은 반드시 혼란을 막아야 한다. 이것은 국가의 대사이므로 짐이 책임을 지지 않을 수 없다. 지금 짐은 그저 평범한 친왕일 때처럼 그렇게 행동할 수 없고 또 그래서도 안 된다.
그대들은 천주교가 거짓된 종교가 아니라고 말한다. 짐은 이 점을 믿는다.

---

16   杜赫德 編, 鄭德弟 外譯, 앞의 책, 336쪽.

짐이 만약 그대들의 종교를 사교邪敎라고 생각했다면 누가 짐이 교회를 파괴하고 그대들을 내쫓는 것을 막을 수 있겠는가?

리치는 만력 초에 중국에 왔다. 짐은 당시 중국인의 방식을 평론하고 싶지 않다. 짐에게는 그에 대한 책임이 없기 때문이다. 당시 그대들의 수는 극히 적어 그야말로 보잘것없었다. 또한 교인과 교회도 각 성마다 있었던 것도 아니었다. 그러다가 선부황의 치세시기에 각지에 교회가 세워지더니 급속하게 퍼져나갔다. 우리는 당초에 이 모든 것을 보고도 감히 아무 말도 하지 못했다. 그러나 그대들이 설령 짐의 선부황을 속였을지라도 짐을 속일 수 있을 것이라고는 기대하지 말라.

그대들은 모든 중국인을 기독교인으로 만들고 싶어 한다. 짐은 이것이 그대들의 종교적 요구라는 사실을 잘 알고 있다. 그러나 이 경우 우리는 무엇이 될까? 그대들 국왕의 신민으로 바뀔 것이다. 그대들이 배양한 기독교인들은 오직 그대들만을 인정하니 만약 작은 변고라도 생기게 되면 저들은 그대들의 명령만 따를 것이다. 지금이야 아무런 걱정이 없지만 수천수만 척의 배가 오면 필경 큰 소동이 일어날 것이다.

중국의 북쪽에 얕볼 수 없는 러시아인의 왕국이 있고 남쪽에 더 중시할 만한 유럽인과 그들의 왕국이 있다. 그리고 서쪽에는 체왕 랍탄Tsewang Rabtan, 혹은 Tsewang Araptan, 策妄阿拉布坦, 1665~1727, 타타르 두목으로 그는 이미 중국인과 8년 동안이나 전쟁을 치렀다―원주이 있다. 짐은 이들이 중국에 들어와서 풍파를 일으킬까 두려워 그 근거지에 묶어두고 중국에 진입하는 것을 불허했다. 차르tsar, 제정 러시아시대 황제의 칭호의 사신 이스말리오프Ismalioff와 함께 중국에 온 랑게Lange는 러시아인들에게 각 성에 대리상사를 설립해달라고 요청해왔지만 거절했다. 우리는 그들에게 베이징과 츄코파이싱Tchu-kou-pai-sing, 上庫班沁에서만 통상하도록 허락했고 많아야 칼카스Kalkas, 喀爾喀 지역에까지로 확대하는 데 그쳤다. 이와 마찬가지로 짐은 그대들이 이곳이나 광저우에 머무르는 것을 허락한다. 그대들이 불평하는 어떤 구실도 전하지 않는다면 계속 거주할 수 있다. 그러나 장래에 그대들이 만약 원망을 도발한다면 이곳이든 광저우든 거주할 수 없게 될 것이다. 짐은 그대들이 지방 각성에서 거주하는 것을 결코 용납하지 않을 것이다. 짐의 선부황은 자신을 낮추어 그대들을 다른 성에 머물게 하면서 문인들의 마음속에 신망을 크게 잃었다. 선현先賢의 법은 어떤 경우에도 변경할 수 없다. 짐이 조정에 있는 동안에는 이 방면에서 사람들에게 어떠한 약점을 남기는 것도 절대로 허락하지 않을 것이다. 짐의 자손이 즉위한 뒤에는 그들은 자신들이 적합하다고 생각하는 방식에 따라 일을 처리할 것이다. 짐은 이 일에 대해 걱정할 필요가 없다. 이는 짐이 만력제의 처사를 걱정할 수 없는 것과 같은 이치이다.

또한 짐이 그대들에게 어떤 적의를 가지고 있다거나 억압하려고 한다고 생각하지 말라. 짐이 황자皇子였을 때 그대들을 어떻게 대했는지를 잘 알 것이다. 랴오둥遼東의 한 관리는 기독교인이었는데 조상에 제사를 지내지 않는다는 이유로 온 집안의 반발을 샀다. 그대들은 당시 어려움을 겪었고 짐에게 도움을 청했다. 짐은 이 사건을 중재해 해결해주었다. 짐은 이제 황제의 신분으로 일을 처리하는 까닭에 유일한 관심사는 이 나라를 잘 다스리는 데 있다. 짐은 아침저녁으로 이 일로 애쓰느라 심지어 짐의 아이와 황후도 보지 못하고 오직 국무를 담당하는 대신들만 만나고 있다. 이런 상황은 3년의 수호守孝 기간에는 계속될 것이다. 이 기간이 끝나면 짐은 평소대로 그대들을 소견할 것이다.[17]

이 담화의 전문은 당시 옹정제가 문화상의 이해도 있었지만 국가 안전의 관점에서 기독교 문제를 처리했다는 사실을 분명히 설명해 준다. 또한

---

17 위의 책, 338~339쪽.

기독교가 보편적 종교로서 그것이 갖는 서양 국가와의 관계를 분명히 지적하고 있다. 이러한 옹정제의 우려는 당시 정교政敎분리가 미완성된 유럽의 상황으로 볼 때 상당히 합리성을 띤다. 그러나 강희제에서 옹정제로 바뀌면서 천주교정책이 정반대로 급변한 데는 고려해볼 만한 또 다른 내적 원인이 있다. 옹정제의 천주교정책이 강희제와 구별되는 내재적 원인을 다음과 같이 대략 세 가지 정도로 정리할 수 있을 것이다.

첫 번째, 선교사들이 궁정의 실무에 참여하면서 옹정제의 정치적 이익을 해쳤다. 강희제가 죽기 전에 황자들 간에 미래의 황위 문제를 둘러싸고 저위儲位, 황태자의 자리 다툼이 벌어졌다. 강희제의 여러 아들들 가운데 여덟째 황자인 인쓰胤禩, 1681~1726가 가장 총명하고 재능이 있었다. 그는 조정에 많은 우군이 있었으며 후에 또 아홉째 황자인 인탕胤禟, 1683~1726과 연합해 당시 저위 다툼에서 가장 유력했다. 강희제는 인쓰가 지나치게 영특해 당을 결성하고 파벌을 조장하는 것을 보고 황태자로 세우기에는 적당하지 않다고 판단했다.

선교사들은 순치조에 이미 궁중의 일에 깊이 개입하게 되었는데 가장 유명하기로는 아담 샬과 순치황제의 관계를 꼽을 수 있다. 그에 대해서는 천위안陳垣, 1880~1971의 연구를 참고할 만하다.[18] 강희조시기에도 베이징에 있었던 예수회원들도 동일하게 저위 다툼에 깊이 개입하게 되었다. 포르투갈 선교사 장 모랑Jean Mourão, 穆敬遠, 1681~1726은 강희 39년에 중국에 온 뒤로 베이징 난탕南堂의 회장을 맡았다. 모랑은 일찍이 궁중에서 통역의 일을 하면서 조정의 관리들과 왕래가 많았다. 뒷날 인쓰, 인탕과도 관계를 맺게 되었다. 인탕과 교제한 지 칠팔 년이 되었을 때 세 가지의 일로 옹정

---

18 陳垣,「湯若望與木陳忞」, 羅光 外編,『民元以來的天主敎史論集』, 輔仁大學出版社, 1985.

제, 곧 넷째 황자 인전胤禛, 1678~1735에게 원한을 샀다.

모랑이 인전에게 원한을 사게 된 첫째 이유로는 인탕의 충복이 된 일을 꼽을 수 있다. 모랑은 서북으로 가서 당시 군권을 쥐고 있던 녠겅야오年羹堯, 1679~1726를 포섭해 그의 면전에서, "인탕의 용모는 큰 복이 있어 장차 반드시 황태자가 될 것이다. 황상께서도 그를 매우 중시한다"[19]라고 말했다. 더해서 인탕을 대신해서 녠겅야오에게 작은 염낭을 선사했다. 그러나 모랑은 이때 녠겅야오가 이미 인전의 도당이 되었다는 사실을 전혀 몰랐다. 둘째로는 모랑이 인탕에게 서양의 글자를 가르쳤는데 나중에 옹정제는 그가 인탕과 은밀하게 교신하기 위해서 그랬다고 생각했다. 그러나 모랑은 이러한 혐의를 결코 인정하지 않았다. 그는 취조를 당할 때 "만약 내가 그러기 위해서 인탕에게 글자를 가르쳤다면 나를 죽여도 좋다"[20]고 단호하게 말했다. 셋째로는 인전이 옹정제로 등극한 뒤에 인탕과 모랑을 함께 시닝西寧으로 내쳤는데 이때도 둘은 여전히 비밀리에 연락을 주고받았다는 점이다.[21]

이렇듯 저위 다툼시기에 모랑은 인전의 반대편에서 활동했다. 그리고 옹정제가 등극한 뒤에도 모랑은 계속해서 그 정적이었던 인탕과 연락하면서 몰래 작당했다. 옹정제는 이 사실을 알게 되자 즉시 촨산川陝, 쓰촨과 산시 총독 웨중치岳鍾琪, 1686~1754에게 명을 내려 옹정 4년1726에 모랑을 서북에서 베이징으로 압송하도록 했다. 당시 모랑은 "쇠사슬에 묶여 가혹한 고문을 당하며 자백을 강요받았다. 그러나 그는 굽히지 않고 자신의 죄를 인정하지 않았다. 황제는 그를 재차 유배지로 호송하게 하고 풀어주는 자

---

19   方豪,『中國天主敎人物傳』中冊, 中華書局, 1988, 57쪽.

20   위의 책.

21   위의 책, 58~59쪽.

는 죽이라고 명했다. 모랑은 8월 5일에 유배지에 도착해 그 다음날이 되어서야 음식에 독이 있다는 사실을 알았다. 그는 12일에 결국 시닝에서 사망했다."[22]

사실 당시에 궁중의 일에 말려든 선교사는 모랑만이 아니었다. 그 외에도 파레닌, 조세프 수아레즈Joseph Suarez, 蘇霖, 1656~1736 등도 청나라 초대 황제 누르하치努爾哈赤, 1559~1626의 4대손 쑤누친왕蘇努親王, 1648~1724과 밀접한 관계를 유지했다. 쑤누친왕은 인전과는 정치적으로 적대적 관계에 있었다. 그는 인전의 라이벌이었던 인쓰, 인탕과는 친밀했다. 따라서 인쓰, 인탕이 저위를 차지하도록 적극적으로 추대했는데 이로 인해 인전에게 미움을 샀다. 옹정제는 즉위한 뒤 쑤누에 대해 "패거리를 만들어 반역을 꾀하고 악행을 저지르지 않은 것이 없다"[23]라고 죄를 물어 산시山西로 귀양 보냈다.

쑤누친왕이 귀양살이하는 동안에 선교사들은 그의 가족과 매우 가깝게 지냈으며 일가 중에 많은 사람이 세례를 받아 쑤누의 가족은 기독교 집안이 되었다. 심지어 선교사들은 베이징의 이탈을 엄금하는 옹정제의 금지령에도 불구하고 두 번이나 산시에 있는 쑤누의 가족을 방문했다. 더해서 쑤누가 재산을 몰수당하자 교회에서는 제때에 금전을 보내어 도왔다. 이렇듯 쑤누의 가족에게 관심을 기울이며 돌본 내용은 선교사의 서간집에 분명하게 기록되어 있다. 이러한 선교사들의 활동을 옹정제가 결코 모를 리가 없었다. 옹정제가 무엇 때문에 앙투안느 고빌Antoine Gaubil, 宋君榮, 1689~1759의 눈앞에서 대놓고 천주교를 "크게 욕하면서 그것은 사악한 종파와 다를 바 없다"[24]고 했었는지를 이해할 수가 있을 것이다.

---

22 費賴之, 馮承鈞 譯, 『在華耶穌會士列傳及書目』上冊, 中華書局, 1995, 569쪽.
23 "結黨構逆, 靡惡不爲." 齐木德道爾吉 外, 『清朝世宗朝實錄蒙古史史料抄』, 內蒙古大學出版社, 2009, 95쪽.

두 번째, 황권皇權과 신권神權의 투쟁이다. 앞서 살펴본 바와 같이 선교사들의 활동은 옹정제 인전의 정치적 이익에 저촉되었다. 이것은 쌍방의 충돌을 유발하는 직접적인 원인이 되었다. 그러나 옹정제의 천주교정책은 개인적인 요소가 작용한 데 그치지 않고 더 깊은 원인이 존재한다. 그것은 바로 중국과 당시 서양의 정치제도 간 차이가 불러온 결과이기도 했다. 예수회 선교사들이 중국에 왔을 때 유럽에는 군주국가가 하나둘씩 출현하기는 했지만 전체 유럽의 정치체제는 신권이 세속정권보다 우위에 있었다. 그리고 진정한 의미의 민족국가는 아직 탄생하지 않았고 그 출현은 18세기 말의 일이었다. 반면에 중국에서 황권은 예로부터 지고무상한 권리를 지녔고 황권 그 자체가 "천자天子는 천天에서 명을 받았다天子受命于天"라는 신권이었다.

황실皇室 정권은 둥중수董仲舒, BC 179~104의 한대漢代 경학經學을 기점으로 유가儒家의 외투를 걸치면서 천과 소통하고 천을 대신해서 도를 행하는 사명을 짊어졌다. 이와 관련해서 둥중수는 말하기를, "옛날에 문자를 만든 자는 획을 세 번 긋고 그 중간을 연결해 왕王 자를 만들었다. 세 개의 획은 천天 · 지地 · 인人을 상징한다. 그 중간을 연결한 것은 그 도에 통달해 천 · 지 · 인의 중앙을 관통한 것이니 왕이 아니면 누가 이 같은 경지에 이를 수 있으리오"[25]라고 했다. 황권은 신성한 사명을 띠었기 때문에 그 세속정권의 성격상 서양의 세속적인 군주국과는 비교적 큰 차이를 보인다. 천주교가 중국에 유입된 뒤에 예수회 선교사들이 '합유合儒'라는 선교노

---

24 杜文凱, 編譯, 『清代西人見聞錄』, 中國人民大學出版社, 1985, 166쪽.
25 "古之造文者, 三畫而連其中, 謂之王. 三畫者天地與人也; 而連其中者, 通其道也, 取天地與人之中, 以爲貫而參通之, 非王者, 孰能當是." 董仲舒, 曾振宇 注说, 『春秋繁露 · 王道通三』, 河南大學出版社, 2009, 285쪽.

선을 채택하기는 했지만 신권과 국가 정권 간의 관계, 혹은 종교 신앙과 국가 정권 간의 관계를 어떻게 처리해야 할 것인지에 대해서는 대책이나 아무런 새로운 관점이 없었다. 더욱이 '중국전례典禮논쟁Chinese Rites Controversy'1645~1742 중에 로마 교황청은 유럽 중세의 정교합일政敎合一에 입각해 신권이 황권보다 우위에 있다는 입장을 표출했다.

이러한 태도는 중국 황제의 반감을 불러왔다. 강희제는 로마 교황청의 사신들과 접촉하면서 이 점을 민감하게 받아들였다. 옹정제도 정권을 잡은 뒤로 이를 분명히 인식했다. 앞서 논급한 바와 같이 그는 선교사들과 담화하는 중에 자신의 입장에 대해서, "그대들은 모든 중국인을 기독교인으로 만들고 싶어 한다. 짐은 이것이 그대들의 종교적 요구라는 사실을 잘 알고 있다. 그러나 이 경우 우리는 무엇이 될까? 그대들 국왕의 신민으로 바뀔 것이다. 그대들이 배양한 기독교인들은 오직 그대들만을 인정하니 만약 작은 변고라도 생기게 되면 저들은 그대들의 명령만 따를 것이다. 지금이야 아무런 걱정이 없지만 수천수만 척의 배가 오면 필경 큰 소동이 일어날 것이다"라고 명확하게 밝히고 있다.

이와 같은 옹정제의 인식은 쑤누 일가를 심문하는 사건을 겪으면서 더욱 깊어졌다. 본래 옹정제는 쑤누 일가를 엄벌할 생각은 없었다. 그런데 쑤누의 아들 우얼천烏爾陳을 취조할 때 그가 기꺼이 천주교를 버리고 죄를 인정하면 모든 일이 다 잠잠해질 수 있었다. 그러나 우얼천은 차라리 죽을지언정 자신의 신앙을 굽히지 않았다. 심지어 그는 "만약 황상께서 천주의 계율을 좇아 저에게 죽음을 내리신다면 저는 죽을 것이고 황상께서도 저를 죽인 악명을 짊어질 것입니다. 이로써 저는 진정한 천주교의 신자가 될 수 있습니다"[26]라고 말했다. 이러한 강경한 태도는 황권에 대한 명백한 도전이었다. 특히 우얼천은 만주인이자 황족임에도 불구하고 외국의 신앙에 집착한 나머지 조상의 법도를 완전히 버리고 유럽인의 계율을 따르는 행위는 정말 의외의 일이 아닐 수 없었다. 이는 옹정제의 경계심을 자극해 국가의 안전과 황권의 신성성을 수호해야 한다는 측면에서 천주교의 문제를 재고하고 처리하지 않을 수 없게 만들었다.

이 때문에 포르투갈 사신 알렉상드르 메텔로Alexandre Metelo de Sousa e Menez-es, 麥德樂가 모든 선교사들에게 허가증을 발급해달라고 요청하자 옹정제는 매우 단호하게 다음과 같이 말했다.

> 짐은 그렇게 하고 싶지 않다. 짐은 악인을 벌할 것이고 누가 좋은 사람인지 알게 될 것이다. 그러나 짐은 선교사가 필요하지 않다. 만약 짐이 스님들을 유럽 각국에 보내면 그대들의 국왕도 허락하지 않을 것이다.[27]

세 번째, 옹정제 자신이 믿었던 신앙의 역할이다. 옹정제는 불교를 믿었다. 이것은 세상이 다 아는 일이었다. 소년 시절부터 불가佛家의 경전을 즐겨 읽었고 성인이 된 이후에도 불법佛法에 흥미를 잃지 않았다. 집권한 뒤에 승려와 친하게 지냈으며 바쁜 정무에도 불구하고 불사佛事를 잊지 않았다. 또한 궁중에서 항상 법회를 거행했고 자신이 직접 불학어록을 편집하기도 했다. 바로 이 때문에 불교를 비판하는 선교사들의 비불批佛노선에 극도로 반감을 품게 된 것도 사실이었다. 옹정제는 일찍이 다음과 같이 일렀다.

서양의 천주 화신化身설은 정말 황당무계하다. 천주가 이미 눈에 보이지 않는

영혼의 세계를 지배하고 있는데 구태여 육체에 의탁해 인간 세상에 온단 말인가? 그들의 표현대로 천주를 섬기는 자가 천주의 후신後身이라면 요堯의 통치에 복종하고 요의 말을 찬미하는 자는 모두 요의 후신인가? 이것은 심히 이치에 어긋나고 황당무계하기 짝이 없다!²⁸

옹정제는 그 자신이 종교적 신앙인이었기 때문에 언제나 종교 비교의 관점에서 천주교를 비판했다. 그는 선교사들과 이야기하는 중에, "그대들 역시도 중국의 각종 교파와 마찬가지로 황당하고 가소로운 점이 있다. 그대들이 하늘天을 천주라고 부르지만 실제로 이것은 별반 다를 바가 없다. 회족回族이 사는 가장 작은 마을에는 모두 하늘을 공경하는敬天 아버지, 즉 이맘imam이 있는데 그들도 자신들의 교의가 가장 좋다고 말한다. 그러나 그대들은 도리어 인간이 된 신예수이 있고, 또 무슨 영원한 고통과 영원한 즐거움이 있다고 말한다. 이것은 신화이며 이보다 더 황당한 일은 없을 것이다. (…중략…) 대다수의 유럽인들은 항상 천주를 거론하며 천주는 존재하지 않은 때가 없고 존재하지 않은 곳이 없다고 크게 떠들어댄다. 또 천당, 지옥 등등을 크게 늘어놓는다. 그러나 사실은 그들도 도대체 자신들이 말한 것이 무엇인지도 모른다. 대체 누가 이런 것을 본 적이 있단 말인가? 또 이런 수법이 단지 소민小民을 속이기 위한 것임을 누구도 알아채지 못한단 말인가?"²⁹라고 했다.

천주교의 불교 비판을 언급할 때 옹정제는 천주교가 관용적이지 않고

---

28 "西洋天主化身之說, 尤爲誕幻. 天主旣司令于冥冥之中, 又何必托體于人世? 若雲奉天主者卽爲天主後身, 則服堯服, 誦堯言者皆堯之後身乎? 此則悖理謬妄之甚者也!" 王之春, 『淸朝柔遠記』, 中華書局, 1989, 65쪽.

29 杜文凱 編譯, 앞의 책, 145~146쪽.

사람 수가 많지 않으며, "다른 모든 교의를 공격하고자 한다"[30]고 생각했다. 옹정제는 천주교의 이러한 행태와 관련해서 신하에게 내린 지유諭諭에서 다음과 같이 지적한 바 있다.

지금껏 승가僧家와 도가道家는 서양의 종교를 헐뜯고 서양인 역시도 불가와 도가를 비방하면서 서로 이단이라고 지목한다. 이것은 모두 자신과 같으면 정도正道이고 자신과 다르면 이단으로 간주하는 것이니 성인이 의도하는 이단이 아니다. 공자는 '이단을 전공하면 해가 될 뿐이다'라고 했다. 공자께서 어찌 자신과 다르다고 해서 모두 이단이라 배척했겠는가? 중국과 외국에서 창시된 어떤 종교를 막론하고 부정한 설로 세도世道,세상을 다스리는 옳은 도리나 인심을 해친다면 그것이야말로 모두 이단이다. 가령 서양인이 천주를 숭상한다고 함이 그 예일 것이다. 천은 음양오행陰陽五行으로 만물을 화생化生시키므로 만물은 천에 근원한다고 말하는 것이며 이것이 곧 주재이다. 예로부터 경천敬天을 모르는 사람이나 천을 공경하지 않는 가르침종교이 있었던가? 도대체 서양의 경천과 무엇이 다른가? 천이 사람의 몸으로 바뀌어 세상을 구제한다는 말 자체가 황당한 것이다. 이렇듯 천의 이름을 빌려 어리석은 자들을 속여 자신의 종교로 유인하니 이것이 바로 서양의 종교가 이단인 이유이다. (…중략…) 요컨대 사람의 마음이 공정하지 않으면 견해가 밝지 못하며 자신과 같으면 옳고 자신과 다르면 그르다고 서로 헐뜯고 비방하면서 거의 원수처럼 대한다. 제각기 인품과 풍습이 다르니 일치를 강요할 수 없으며 또한 제각기 장단점이 있으니 그 장점을 살리고 단점을 버려야 한다는 사실을 알지 못한다. 그 단점을 이해하고 그 장점을 부정하지 않아야 서로 잘 지낼 수 있다.[31]

---

30   위의 책, 145쪽.
31   "向來僧家, 道家極口詆毀西洋敎, 西洋人又極詆毀佛, 道之非, 相互訓謗, 指爲異端, 此

이것은 실제로 제왕의 관점이자 종교 다원론의 견지에서 천주교를 비판한 것이다.

이처럼 옹정제시기에 엄격한 금교정책을 취했음에도 불구하고 선교사들은 여러 경로를 통해 중국에 들어와 각지에서 포교 활동을 펼쳤다. 이로 인해서 천주교는 이 시기에 여전히 일정한 발전을 이루었다. 옹정 12년[1734]에 베이징의 경우 세례자는 1,157명이었고 성체聖體를 받은 자는 7,200명이었다. 옹정 13년[1735]에 장난에서는 1,072명이 입교했고 1,400여 명의 배교자가 뉘우치며 다시 입교했다. 옹정 12년[1734] 한 해 동안 중국인 신부 판서우이樊守義, 1682~1753는 즈리, 그리고 랴오둥 지역에서 성인 290명, 아동 315명에게 세례를 베풀었고 고해성사를 듣는 자 1,260명, 성체를 받은 자 1,246명을 확보했다.[32] 더불어 이 시기에 중국 본토에서 포교했던 각 선교 수도회의 인원수도 어느 정도 증가했다. 옹정 6년[1728]부터 건륭 10년[1745]까지 중국에서 선교활동을 전개했던 선교사들의 명단은 다음과 같다.[33]

皆以同乎己者爲正道, 異乎己者爲異端, 非聖人所謂異端也. 孔子曰: '攻乎異端, 斯害也已.' 孔子豈以異乎己者槪斥之爲異端乎? 凡中外所設之敎, 用之不以其正, 而爲世道人心之害者, 皆異端也. 如西洋人崇尙天主. 天以陰陽五行化生萬物, 故曰萬物本乎天, 此卽主宰也. 自古有不知敬天之人, 不敬天之敎乎? 如西洋之敬天, 有何異乎? 若曰天轉化爲人身, 以救度世, 此荒誕之詞, 乃借天之名蠱惑狂愚率從其敎, 此西洋之異端也.……總之, 人心不公, 見理不明, 以同己爲是, 異己爲非, 相互誹譏, 幾同讐敵, 不知人品類不齊, 習尙不一, 不能强異, 亦不能强同, 且各有長短, 惟存其長而棄其短, 知其短而不昧其所長, 則彼此可以相安." 王之春, 앞의 책, 64~66쪽.

32 張澤, 『淸代禁敎時期的天主敎』, 臺灣光啓出版社(內部資料), 1992, 28~32쪽.
33 湯開建 外, 앞의 글, 92~94쪽.

청조 전기 중국 천주교의 발전과 성쇠(清朝前期天主教在中國社會的發展及兴衰)

회적(會籍)	국적	이름	선교시기 및 지역
예수회 (耶穌會)	포르투갈	高嘉樂(Charles de Rezende)	1696~1746년 北京, 正定에서 활동
	프랑스	聶若望(Jean Duarte)	1700~1751년 湖南에서 활동
	프랑스	張貌理(爾仁 : Maurice de Baudory)	1712~1732년 廣州에서 활동
	이탈리아	談方濟(Trista d'Attimis)	1744~1748년 江南에서 활동
	오스트리아	米來邇(Balthaxar Miller)	1724년 廣東新會에서 활동
	프랑스	卜日生(Jean Baborier)	1723~1736년 湖廣, 江浙에서 활동
	포르투갈	麥安東(Antoine de Melle)	1725년 海南에서 활동
	프랑스	顧鐸澤(Etienne-Joseph le Cou)	1727~1729년 湖廣에서 활동
	프랑스	巴若翰(Jean-Bapeis te Bataille)	1731년 湖廣谷城에서 활동
	프랑스	胥孟德(Joseph Labbe)	1731년 開敎湖廣에서 활동
	포르투갈	何雲漢(Etienne Peixoto)	1734~1744년 海南, 淮安, 鎭江에서 활동
	프랑스	赫蒼碧(Julien-Placide Herie)	1724~1732년 廣州에서 활동
	이탈리아	徐茂盛(Jacques-Philippe Simonelli)	1731~1735년 江南에서 활동
	포르투갈	安瑪爾(Martin Correa)	1735년 江南에서 활동, 전후 50년
	프랑스	德瑪睹(Romin Hinderer)	1735~1741년 雲南, 山西, 江蘇에서 활동
	이탈리아	羅懷忠(Jean-Joseph da Costa)	1724~1747년 北京에서 활동
	포르투갈	黃安多(Antoine-Joseph Henriques)	1734~1748년 江南에서 활동
	포르투갈	纽若翰(Jean-Sylain de Neuvialle)	1740~1746년 湖廣磨盘山에서 활동
	포르투갈	迦爾範(Zerissme de Carvalho)	1739년 松江에서 활동
	프랑스	費若瑟(Joseph-Louis le Febvre)	1740년 江西에서 활동

1) 건륭시기 금교정책과 역사 상황

건륭제乾隆帝는 제위에 오른 뒤에 지나치게 관대했던 강희제의 실정失政과 지나치게 엄격했던 옹정제의 실정을 교훈으로 삼아 '관맹호제寬猛互濟'의 정책을 취했다. 천주교를 다루는 정책은 기본적으로 이 같은 국가정책의 연속이자 종교 영역에서의 표현이라고 할 수 있다. 건륭제는 서양의 천주교를 대할 때 옹정제처럼 그러한 개인적 정책이나 이익의 충돌과 관련된 원한을 개입시키지 않았다. 그에 따르면 "서양인들이 믿는 천주교는 바로 그곳에서의 구습을 답습한 것이니 또한 승려, 도사, 회교도와 마찬가지로 어딘들 이러한 이단이 없겠는가? 그러나 내륙에서 당을 열고 대중을 모아 사회를 어지럽히는 사교邪敎의 토구와는 비교할 수 없다"[34]라고 말한다. 특히 건륭제는 베이징에 있는 선교사들의 과학과 예술 방면의 재능을 좋아했기 때문에 천주교를 완전히 금지할 수는 없었다. 그러나 일국의 군주로서 나날이 거세지는 서세동점西勢東漸의 국면에 직면함과 동시에, 선교사들이 서양 국가의 이익을 대변한다는 사실을 깨닫고 그들의 활동에 점차로 경계심을 갖게 되었다. 이와 같이 건륭제의 천주교정책은 양면성을 가지고 있었다. 이것이 바로 재화 선교사들에 대해서 "그 사람을 취하면 반드시 그 쓰임새에 맞게 활용하고 그 풍속을 수용해도 그 종교는 남기지 않는다"[35]는 것이다.

그러나 전반적으로 보아 건륭제는 옹정제의 금교정책을 계승했고 갈수록 엄격해지는 경향을 보였다. 이는 건륭시기에 발생한 비교적 큰 세 차례의 금교사건에서 관찰할 수 있다. 건륭 원년1736에 고종高宗, 건륭제은 옹정조 때 투옥된 황친皇親, 귀족들을 대사면했다. 이때 한 관리가 사면을 받고 집으로 돌아와 축하연을 열었다. 그런데 천주교를 신봉했던 그의 누이동생이 이것이 미신 활동이라 여기고 참여하기를 거부했다. 이 관리는 이에 격분한 나머지 즉각적으로 조정에 천주교의 금지를 요구하는 상주문을 올렸다. 예부는 곧바로 이를 비준하고 건륭제에게 보고했다. 그러자 건륭제는 "국가는 서양인을 등용해 역법의 업무에 종사하게 했고 그 근면함을 높이 평가해 그들이 중국에 머무는 것을 너그럽게 허락했다. 만주족과 한족의 백성들이 그 종교를 신봉하는 것을 일률적으로 금한다"[36]라

---

34 "西洋所奉天主敎乃伊士舊習相沿, 亦如僧尼道士回回, 何處無此異端? 然非內地邪敎開堂聚衆, 散札爲匪可比."『宮中檔乾隆朝奏折』第8輯, 臺北故宮博物院, 1982, 415쪽.

35 "收其人必盡其用, 安其俗不存其敎."『淸朝文獻通考』卷298,「四裔」六, 商務印書館, 1936, 7471쪽.

36 "國家用西洋人治曆, 以其勤勞可嘉, 故從寬容留. 滿漢人民槪不準信奉其敎."樊國梁,

고 회답했다. 이로 인해 한때 각지에서 천주교 신자들이 체포되었으며 특히 만주인 교도들이 엄중한 처벌을 받았다.

선교사들은 이를 만회하기 위해 건륭제가 가장 좋아하는 주세페 카스틸리오네Giuseppe Castiglione, 郞世寧, 1688~1766를 보내 황제에게 간청했다. 그러나 건륭제는 대답하기를, "일반 만주인이 천주교를 믿는 것은 옳지 않다. 정부는 천주교를 금지하지 않을 뿐더러 거짓된 사교로도 여기지도 않는다. 선교사들은 천주교를 자유롭게 전파할 수 있다"[37]라고 했다. 이때 건륭제는 금교를 명확하게 전면적으로 주장한 적은 없었고 단지 만주인의 범위로만 제한했다.

건륭 11년[1746] 4월에 푸젠성의 푸닝 지부知府 둥치쭤董啓祚, 푸닝 진신鎭臣 리유융李有用은 건륭제에게 자신들이 푸안현에서 적발한 천주교의 활동 정황을 보고했다. 상소문에서 이들은 푸안의 몇몇 마을에서 일부 교인들을 붙잡았음은 물론, 집에서 "천주상, 외국 경전, 서양 물품, 외국 의복 등 물건"[38]을 색출했다고 했다. 그리고 이 현에는 기초적으로 대략 300~400명 정도의 천주교 신도가 있다고 파악했지만 "이 현의 경내에는 오랜 세월 동안 이어져 왔기 때문에 천주교를 따르는 자들은 이루 다 헤아릴 수 없을 만큼 많을 것"[39]이라고 인식했다. 건륭제는 이 상주문을 받은 뒤에 주필로 쓴 비평어朱批에서 "일을 판별해서 처리함이 심히 타당

「燕京開教略」中篇, 『中國天主教史籍匯編』, 臺灣輔仁大學出版社, 2003, 388쪽.

37 一般的滿族人信奉天主教是不應該的. 政府不禁止天主教, 也不認爲天主教是虛僞的邪教. 傳教士可自由傳布天主教." 馮作民, 『淸康乾兩帝與天主教傳教史』, 臺灣光啓出版社, 1966, 115쪽.

38 "天主像, 番經, 洋貨, 番依等物." 中國第一歷史檔案館 編, 『淸中前期西洋天主教在華活動檔案史料』第56件 第一冊, 80쪽.

39 "該縣境內歷久相沿, 從教者不可勝數." 中國第一歷史檔案館 編, 『淸中前期西洋天主教在華活動檔案史料』第56件 第一冊, 80쪽.

하다. 알았다. 둥치줴가 이렇게 마음을 기울이니 역시 칭찬할 만하다"[40]
라고 했다.

이로부터 건륭제의 두 번째 금교가 시작되었다. 푸닝의 지방관리는 성
지聖旨를 받은 뒤로 천주교의 현지 활동을 진지하게 조사한 결과 다섯 명
의 서양 선교사 알리오베르Aliober, 費若用, 세라노이Serranoi, 德黃正國, 디아즈Diaz,
施黃正國, 알코베르Alcober, 白多祿, 로요Royo, 華敬를 비롯해서 상당수의 중국인
교인들을 잡았다.[41] 둥치줴는 "각 성에 숨어서 교를 행하는 서양의 오랑캐
가 푸안 한 읍의 경우에만도 그 수가 적지 않을 것이다"[42]라고 말했다. 또
심문하는 중에 선교사들이 각지에서 활동한다는 구체적인 정보를 획득
했다고 설명하면서 선교사들이 다른 지역 여러 곳에서 여전히 포교를 하
고 있다는 사실도 밝혔다. 이런 이유에서 둥치줴는 건륭제가 "비밀리에
독무督撫, 총독(總督)과 순무(巡撫). 명청시대의 최고 지방관에게 명을 내려 각각 철저히 수
색해 한 명도 내지로 숨어들지 못하도록 조치해줄 것"[43]을 희망했다. 이
상의 내용은 건륭제를 몹시 놀라게 했다. 옹정조로부터 이미 천주교를 엄
금해왔는데도 불구하고 지금도 여러 지역에서 포교가 버젓이 이루어지

---

40 "辦理甚妥, 知道了. 董啓祚尙能如此留心, 亦屬可嘉也." 中國第一歷史檔案館 編, 『淸
    中前期西洋天主敎在華活動檔案史料』第56件 第一冊, 80쪽.

41 "西洋夷人費若用, 德黃正國, 施黃正國, 白多祿, 華敬等五名, 各村堂主敎長生員陳紬,
    監生陳廷拄, 民人郭惠人, 陳從輝, 劉榮水, 王鶚等五名, 女敎長郭全使, 繆喜使二口, 幷
    從敎男犯陳梔等十一名, 從敎女犯及守童貞女一十五口." 中國第一歷史檔案館 編, 『淸
    中前期西洋天主敎在華活動檔案史料』第58件 第一冊, 85쪽. 이들 가운데 다섯 명의
    서양 선교사들은 모두 스페인의 도미니코회원들이다. 펑쥐민(馮作民)의 책에는 이 다
    섯 명의 선교사들에 대한 외국어의 원명이 열거되어 있다. 馮作民, 앞의 책, 125쪽.

42 "各省潛藏行敎之夷人, 以福安一邑例之, 恐尙不少." 中國第一歷史檔案館 編, 『淸中前
    期西洋天主敎在華活動檔案史料』第58件 第一冊, 84쪽.

43 "密飭督撫, 務各徹底搜査, 不使一名潛藏內地" 中國第一歷史檔案館 編, 『淸中前期西
    洋天主敎在華活動檔案史料』第58件 第一冊, 90쪽.

고 있었기 때문이다.

건륭제는 마침내 금교의 결심을 굳히고 6월 26일에 다음과 같이 선포했다.

성지를 전하기를, 각 성의 총독과 순무 등은 해당 지방 관리에게 밀령을 내려 법에 따라 처벌할 것이며 그 서양인들을 모두 광저우로 압송하되 기한을 정해 배를 태워 귀국시키도록 조치하라고 했다. 또한 소란을 피우는 행위를 결코 용납하지 말라고 했다. 만일 지방관이 성심성의껏 조사해 처리하지 않고 남아 있도록 용납하거나 잔류자를 보고하지 않는다면 해당 총독과 순무는 즉시 이 지방관을 탄핵해 처벌하라고 했다.[44]

이렇게 푸안현에서 시작된 금교 조치는 전국적으로 번졌고 푸안에서 체포된 도미니코회 선교사 네 명은 모두 사형에 처해졌다.[45] 이듬해 쑤저우蘇州에 있던 도미니코회의 포르투갈 선교사 엔리케스 Henriquez, 黃安多와 이탈리아 선교사 아테네Athenis, 漢方濟도 "사설邪說을 퍼뜨려 양민을 선동한다"[46]라는 죄명으로 처형되었다. 같은 해에 장시江西에서 한 선교사가 붙잡혔는데 "영원히 확고하게 구금하라"[47]고 판결했다. 아울러 마카오 등지에서 선교사들이 내륙으로 잠입하는 것을 막기 위해 건륭 13년1748에 해관海關을 엄중히 조사하라는 지시를 내렸다. 또 건륭 22년1757

---

44 "傳諭各省督撫等密飭該地方官, 按法懲治, 其西洋人俱遞解廣州, 勒限搭船回國, 毋得容留滋事. 倘地方官有不實心查拿, 容留不報者, 該督撫卽行參處."『淸實錄·高宗實錄』卷二六九, 乾隆十一年庚寅.

45 馮作民, 앞의 책, 133~134쪽.

46 "散布邪說, 煽惑良民."『淸實錄·高宗實錄』卷二八八.

47 "永遠牢固拘禁."『淸實錄·高宗實錄』卷二八八.

에는 장저우漳州, 닝보寧波, 원타이산雲臺山 등 해관을 폐쇄하라고 선포함과 동시에, 만일 서양인들이 어떤 곳이든 천주당을 세우려는 등의 일이 적발되면 모두 엄격히 금지하고 추방할 것이라고 강조했다.[48]

세 번째인 1784~1785년에 일어난 교안이 가장 심각했다. 1784년에 마카오 주교는 세 차례에 걸쳐 세 갈래로 선교사들을 내륙으로 잠입시켰다. 앞 두 차례에 내륙에 잠입한 선교사와 그들의 선교활동은 관청에서 알지 못했다. 그러나 건륭 49년1784 5月에 세 번째로 잠입한 선교사들은 사정이 달랐다. 당시 네 명의 선교사들은 현지 교인들의 수행을 받으며 산시陝西 선교지를 향해 광저우를 출발했다. 그들이 취한 방법은 선교지에 갈 때마다 새로운 교인이 동행해 호송하고 재차 다음 선교지로 가는 것이다. 이렇게 해서 그들은 후난湖南 샹탄湘潭을 거쳐 후베이湖北 판청樊城으로 갔다. 그러다가 샹양청襄陽城으로 향하던 중 교인의 집에 머물다가 결국 관청에 발각되고 말았다.

이 일이 건륭제에게 보고되자 그는 크게 놀라며, "서양인의 모습은 구별하기 어렵지 않은데 저들이 광둥성에서 후베이성에 이르도록 연도沿途의 지방 관원 중 누구도 적발하지 못하고 샹양襄陽에 와서야 검거를 시작했단 말인가?"[49]라고 말했다. 건륭제는 선교사들이 광저우에서 출발해 천 리 길이나 되는 샹판襄樊까지 이미 도달했음에도 아무도 발견하지 못했다는 데 경악했다. 그는 각 지역에 엄중한 조사를 명하며, "서양인이 내륙에 잠입해 선교하며 대중을 미혹시키는 행위는 인심과 풍속을 해치는 가장 큰 일이니 이름에 따라 철저히 조사해 색출하라"[50]고 했다. 이리

---

48 王之春, 앞의 책, 103쪽.
49 "西洋人面貌異樣, 無難認識, 伊等由粵赴楚, 沿途地方員弁何無一稽查, 至襄陽始行盤獲?"『清實錄·高宗實錄』卷一二一三, 乾隆四十九年十一月丙寅.

하여 일시에 각지에서 천주교를 조사해 체포한 상황이 잇달아 보고되었다.[51] 이것은 사실상 건륭제가 직접 지휘한 선교사에 대한 전국적 규모의 수사와 검거였다. 건륭 49년1784에서 건륭 50년1785까지 2년 동안에 전국 각지에서 보고된 상주문만도 무려 207건 남짓 되었다. 그야말로 전례가 없는 일이었다.

전국적인 대검거를 벌인 끝에 수십 명의 선교사, 수백 명의 교인들을 붙잡았다. 그러나 선교사, 중국의 성직자, 그리고 일반 교인은 다르게 처벌했다. 외국 선교사는 마카오로 압송했다. 건륭제는 이렇게 말했다.

이 사람들이 지은 죄는 포교에 뜻을 둔 데 지나지 않으며 별다른 불법적인 정황은 없다. 게다가 외이外夷들을 조사한 결과 아직 국법을 잘 알지 못한다. 만약 영구히 감옥에 감금한다면 정리상 가련하니 은혜를 베풀어 전부 석방하고 베이징의 천주당을 돌려주어 본분을 지키며 거주하게 하라. 만약 진심으로 서양으로 돌아가고 싶은 자가 있다면 해당 부서는 담당자를 보내 광둥성으로 압송해 먼 곳의 백성을 회유하는柔遠 지극한 뜻을 표하라.[52]

그러나 중국 국적의 성직자에 대해서는 매우 엄격했다. 어명에 따르면, "내륙의 사람들 중에 자칭 신부라고 부르는 자들이 있는데 이것은 서양의 관직을 받은 것과 다름이 없으니 마땅히 무거운 죄로 다스려야 한

---

50 "西洋人潛赴內地傳敎惑衆, 最爲人心風俗之害, 自不可不按名查拿." 『淸實錄·高宗實錄』 卷一二一八.
51 中國第一歷史檔案館 編, 『淸中前期西洋天主敎在華活動檔案史料』 第一冊, 344~776쪽 참조.
52 "此等人犯不過意在傳敎, 尙無別項不法情節, 且究係外夷, 未諳國法, 若永禁囹圄, 情殊可憐, 俱著加恩釋放, 交京城天主堂, 安分居住. 如情愿回洋者, 著該部派司員, 押送回粵, 以示柔遠至意." 王之春, 앞의 책, 40~41쪽.

다. 어리석게도 현혹되고 서양인의 재물과 보조금을 탐한 것을 고려해볼 때 심문한 뒤에 이리伊犁, 新疆 위구르 자치구 서북부에 있는 지명로 보내 오이랏Oirat 부족의 노예로 삼아야 한다"[53]라 했다. 그런가 하면 일반 교인에 대해서는 "내륙의 백성들이 조부로부터 전수받아 천주교의 계율을 지키고 신봉한 것이므로 잘못을 뉘우쳐 시정하도록 엄명하고 성경 등 관련 물품은 즉시 파기해 관례대로 처리하면 될 것이니 더는 깊이 따질 필요가 없다"[54]라고 했다. 더해서 사찰의 임무를 다하지 않은 관리는 엄벌에 처했다.[55]

건륭조의 세 차례에 걸친 큰 금교는 횟수가 거듭하면서 갈수록 엄격했으며 규모가 크고 미치는 영향이 광범했다. 건륭제의 천주교정책이 무엇 때문에 옹정제시대보다 더 가혹했는지 의문을 갖지 않을 수 없다. 역사적 시각으로 볼 때 다음과 같은 두 가지 점에서 깊이 숙고할만하다.

첫째, 정치적 통치의 원인이다. 건륭제는 아버지인 옹정제와는 달리 선교사와의 쌓인 깊은 원한이 없었다. 그래서 처음에는 천주교에 대해서 불교와 다를 바 없다는 극단적인 시각은 없었다. 건륭 2년에 황제는 명하기를, "불교와 도교는 본래 이단인데 시서詩書를 외면서도 실천과 품행을 돌아보지 않아 성현에게 죄를 지어 특히 이단시되었다. 또한 점성가나 관상가와 같은 잡파, 그리고 회교도, 천주교 등 종교는 국가의 법령으로 아직 철저하게 금지하지 않았다. 불교나 도교 역시도 단속하지 않았는데 저들은 일종의 생계를 꾸리는 술법에 불과할 따름이다"[56]라고 했다. 여기서

---

53 "內地民人稱有神父者, 卽與受其官職無異, 本應重治其罪, 故念愚民被惑, 且利其財物資助, 審明后應擬發往伊犁, 給厄魯特爲奴." 『淸實錄·高宗實錄』卷一二一九.

54 "內地民人因祖父相傳, 持戒供奉, 自當勒令悛改, 卽將呈出經卷等項銷毁, 照例辦理, 毋庸深究." 위의 책.

55 위의 책.

56 "夫釋道原爲異端, 然誦詩書而罔顧行檢者其得罪聖賢, 視異端尤甚, 且如星相雜流及回回, 天主等敎, 國家功令未嘗槪得禁絶, 彼僧道亦未嘗槪行禁絶, 彼僧道亦不過營生

건륭제는 천주교를 그다지 중대한 문제로 보지 않았음을 알 수 있다. 민간에서 천주교를 신봉하는 사람도 대수롭지 않게 여겨 민간 종교와 점성이나 관상 류의 종교로 간주했다.

그러나 옹정시기에 이미 천주교를 금하는 정책을 선포했기 때문에 선교사들은 중국의 민간에서 비밀리에 선교했고 기독교단이 비밀결사로 취급될수록 가령 후베이성 모판산磨盤山 지역의 선교와 같이 그렇게 비밀결사로 활동할 수밖에 없었다.[57] 동시에 민간의 비밀결사는 거꾸로 천주교의 비밀 지하 선교의 특징을 이용해서 자신들의 가르침을 발전시켜 나갔다. 건륭 17년 후베이에서 마차오주馬朝柱, 1715~1775 반청反淸 사건이 일어났을 때 '서양'이라는 기호를 사용했다. 이들은 "서양에 어린 군주가 출현했으니", "서양은 머지않아 군사를 일으켜 명조明朝를 부흥시킬 것"이라고 주장했다. 이렇게 해서 "건륭제는 의심과 근심이 거듭 쌓여 중국에 있는 서양인을 마차오주의 한패로 상상하기에 이르렀다."[58] 결국 마차오주의 반청 사건은 천주교와 무관한 것으로 밝혀졌지만 건륭제에게 이러한 의혹과 근심을 남겼다.

건륭제가 1784~1785년에 일어난 대교안을 중시한 것도 선교사들이 산시陝西로 간 것이 그곳 회족의 소사십삼기의蘇四十三起義와 관련이 있지는 않은가 하는 의심에서 시작되었다. 이 때문에 그가 이 소식을 접한 뒤로, "서양인은 회교도와 본래부터 동일한 종교에 속한다. 그들이 회족들과 역모해 말썽을 일으킬까 우려된다. 때문에 사람을 비밀리에 산시로 보내 정

之一術耳." 本源, 『淸王朝的宗敎政策』, 中國社會科學出版社, 1999, 214쪽에서 재인용.

57 費正淸 外編, 『劍橋中國晩淸史』 上卷, 中國社會科學出版社, 1992, 602쪽; 康志杰, 『上主的葡萄園－鄂西北磨盤山天主敎區硏究』, 臺灣輔仁大學出版社, 2006 참조.

58 吳伯婭, 『康雍乾三帝與西學東漸』, 宗敎文化出版社, 2002, 199쪽.

보를 탐지하게 했으나 아직 확정된 바가 없으니 푸캉안福康安, 1754~1796과
비위안畢沅, 1730~1797은 신중하게 조사해 방비해야 할 것이다. 그리고 이 성
지를 6백 리의 긴급한 방식으로 그들에게 전하라"59고 말했다. 6백 리의
빠른 말이 전국에 소식을 전한 것만 보아도 건륭제가 이 일을 얼마나 중
시했는지를 충분히 짐작할 수 있다. 만주족이 백만 명의 소수민족으로 명
조를 무너뜨리고 천하를 얻었으니 어떻게 하면 그 정치적 통치를 안정시
킬 것인가 하는 문제는 순치·강희·옹정·건륭 사조四朝가 시종 관심을 기
울였던 대사였다. 바로 이러한 배경 하에서 옹정제는 금교정책을 실행했
고 건륭제도 기본적으로 이 정책을 계승해 서양 천주교와 국내 반청세력
간의 결합을 더욱 분명하게 두려워했다.

건륭 22년1757, 청나라 조정의 대외 무역정책은 중대한 변화를 맞이하
게 된다. 건륭제는 사구四口통상을 일구一口통상으로 바꾸라고 명령함은
물론, 외국의 선박洋船은 단지 광저우에서만 정박해 거래할 수 있고 닝보
등지로는 갈 수 없다고 명시했다.60 동시에 건륭제는 "만약 장사치들이 외
국인 상점이나 또는 천주당을 세우려고 꾀하는 자가 있다면 예외 없이
모두 엄격히 금지하고 추방할 것이다"61라고 강조했다. 이러한 건륭제의
대외 무역정책의 변화는 건륭 19년1754에 양강兩江 총독 어룽안鄂容安, 1714~
1755, 쑤저우 순무 좡유궁莊有恭, 1713~1767이 그해 5월에 올린 상주서와 관련
이 있을 것이다. 이 상소문에서 그들은 선교사들이 중국 내륙으로 다시
들어오지 못하도록 각 해구海口를 엄중히 조사해야 한다고 제안했다.

---

59 "西洋人與回回向屬一教, 恐其得有逆回滋事之信, 故遣人赴陝, 潛通消息亦未可定, 福
    康安, 畢沅當密爲留心稽察防範也. 將此六百里各傳諭知之."『淸實錄·高宗實錄』卷
    一二一三.
60 吳伯婭, 앞의 책, 201쪽.
61 "如市儈設有洋行及圖謀設立天主堂等事, 皆當嚴行禁逐." 王之春, 앞의 책, 103쪽.

이와 같은 건륭제의 대외정책과 그 변천은 생각해 볼 만한 가치가 있다. 당시 중국과 외부세계를 연결하는 주요 교량은 선교사들이었다. 비록 당시 서양과는 경제상 이미 왕래가 있었지만 외국 상인들은 주로 광저우에 있었고 또 광저우에 진입하는 시기도 명확한 규정이 있었다. 종교는 문화교류의 가교로서 예로부터 존재해왔으며 불교의 중국 전래가 가장 전형적인 예일 것이다. 다만 종교는 문화교류의 매개체로서 한계가 있다. 종교가 문화교류의 모든 사명을 다 감당할 수는 없고 왕왕 국가와 정치의 힘을 빌려 전파되기도 한다. 물론 중국에 불교가 전래되었을 때는 국가의 힘이 개입되지는 않았지만, 기독교의 동래東來는 대항해 이후 서양 국가의 동진東進과 긴밀하게 연결되어 있었다.

예수회의 중국 진입은 포르투갈 왕실의 지원으로 이루어진 것이고 마카오는 동방에서 포르투갈이 세력을 행사하는 거점이었다. 포르투갈은 유럽 최초의 민족국가였다. 스페인은 당시 중국을 침공할 구체적인 계획을 가지고 있었다. 뿐더러 포르투갈인이 처음 왔을 때도 명군과 해상에서 충돌했는데 중국이 강대했기 때문에 전략을 바꾸었을 뿐이다. 아울러 이들 서방 국가들 간에도 극동에서 자신들의 이익을 쟁취하기 위해 중국의 근해에서 때때로 충돌했다. 가장 대표적인 경우가 네덜란드인과 포르투갈인이 마카오를 쟁탈하기 위해 벌인 싸움이었다.

청조 당국도 서양인의 중국 주변 활동을 파악하고 있었다. 이 일과 관련해서 건륭제는 다음과 같이 언급한 바 있다.

루손呂末, 지금의 필리핀 루손섬은 천주교의 집결지로 그곳에는 내륙의 사람들이 많아서 상선이 왕래하면 소식을 전하는 일이 있기 마련이다. 올해 2월, 서양의 배가 루손에서 샤먼廈門으로 와서 장저우부漳州府 룽시현龍溪縣 옌덩嚴登의 집안에 편지를 전하는 자가 있었는데 옌덩의 아들 옌린嚴廩, 옌랑嚴諒이 현재 루손에 거주하면서 아직 돌아오지 않았다는 등의 말을 했다고 한다. 본토 사람이 몰래 외국으로 가는 것은 줄곧 엄격히 금지되어 왔다. (…중략…) 이 사람들이 몰래 그곳으로 가서 천주교를 믿고 또 서신까지 주고받았는데 만약 엄격히 조사해서 금지하지 않으면 세관 국방의 요충지가 매우 심각한 문제에 봉착할 것이다. 카얼지구산喀爾吉古善, ?~1757 등에게 금후로 연해沿海 각 항구를 통해서 사적으로 루손에 간 사람이나 본토에서 루손과 왕래한 모든 흔적들을 철저히 조사해 통행을 금지하라고 성지를 전하라. 아울러 외부에서 온 선박이나 그 선원들에게 엄중히 경고하고 샅샅이 검열할 것이며, 또 빈틈없이 경비하고 예전처럼 소홀히 하지 않도록 하라.[62]

이는 당시 기독교의 동래와 일부 서방 국가의 이익이 서로 연결되어 있었기 때문에 청 왕조가 자신의 국익을 지키기 위해 이들 서방 국가의 이익을 대변하는 종교, 곧 천주교에 대한 대비책을 강구한 것이 합리적이었음을 말해준다. 그러나 여기에는 동시에 양면성이 존재하는데 천주교라는 종교적 형식이 중국과 서방 국가가 교류할 수 있는 가장 중요한 교량적 역할을 수행했기 때문이다. 한편으로 천주교라는 종교적 형식을 통해 중국과 서양이 서로 만나면서 근 200년간 지속된 문화교류의 서막을 열었다. 또 한편으로 천주교는 서방 국가의 이익과도 연결된 탓에 중국은

---

62 "呂宋爲天主敎聚集之所, 內地民人在彼甚多, 商船往來難免無傳遞信息之事. 又本年二月間, 呂宋夷船到厦, 有携帶書信至漳州府龍溪縣嚴登家內者, 其嚴登之子嚴廩, 嚴諒, 現住呂宋未回等語. 內地民人潛往外洋, 例有嚴禁. (…중략…) 此等民人, 潛在彼地行敎, 且書信往來, 若非確查嚴禁, 于海疆重地, 所關非細. 可傳諭喀爾吉古善等, 嗣後務將沿海各口私往呂宋之人, 及內地所有呂宋吧黎往來踪迹, 嚴密訪查, 通行禁止. 幷往來番舶, 亦嚴飭屬員, 實力稽查, 留心防範, 毋致仍前疏忽."『淸實錄·高宗實錄』卷三一五.

그에 대해 민감하게 반응하고 대비했다. 이 때문에 문화교류의 가교역할을 제대로 수행할 수 없었을 뿐더러 오히려 부정적 작용을 해 종교적 행위가 지나치게 두드러졌다. 이는 당시 건륭 정권이 자신들의 천주교 방비책을 점차로 서방 국가, 나아가 외부의 세계로 확장하게끔 만드는 원인이 되기도 했다. 결국 이로 인해서 쌍방 모두가 손실을 입고 말았다. 이를테면 천주교가 중국에 제대로 진출하지 못했고, 무엇보다 중국이 폐관쇄국閉關鎖國의 길을 걷기 시작하는 결과를 초래했다.

둘째, 신앙의 원인이다. 전례논쟁 이후에 천주교는 종교 현지화의 노선을 중단했을 뿐만 아니라, 중국문화와의 교류와 융합을 멈추고 엄격한 가톨릭 원리주의의 입장으로 돌아섰다. 기독교는 유일신의 종교로 본질적으로 배타성을 띤다. 따라서 이러한 입장과 선교 전략은 중국의 문화와 충돌할 수밖에 없다. 건륭 원년의 교안은 바로 한 관리의 여동생이 중국의 예절을 행하지 않아서 발생된 것이다. 건륭 11년의 교안 때에 푸젠성의 지방관리들이 그렇게 전심전력으로 선교사와 교인을 검거하고 심지어 네 명의 신부까지 죽였다. 이렇게 행한 중요한 이유 중의 하나는 바로 선교사들이 선전하고 실행한 천주교의 신앙과 그 종교적 생활방식이나 형식이 마음에 들지 않았기 때문이다.

푸젠성 순무 저우쉐젠周學健, 1693~1748은 군기처의 서신에 답변하면서, "서양의 풍토는 중국과 비슷하다. 다만 중국에 선교하러 온 이인夷人이라는 점에서 다르다. 그들은 부모와 자식 간의 정도 끊고 욕망을 단절하며 평생 국왕을 위해서 선교한다. 심지어 목숨을 걸고 법을 어기면서도 조금도 후회하는 마음이 없다. 중국인들이 이 종교에 일단 들어가게 되면 평생토록 변함없이 신봉하며 더욱이 독서 문인들조차도 유도儒道를 단호히 배반한다. 또한 남녀의 정욕도 통제할 수 없다. 이 종교에 귀의한 처녀는 평생 시집을 가지 않는다. 자세히 조사하고 연구해보면 환술과 궤행詭行도 있다"[63]라 했다. 여기에서 천주교에 대한 중국 관리들의 진솔한 인식과 함께 천주교의 방법이 당시의 사회 습속과 전혀 맞지 않았다는 사실을 간파할 수 있다. 1784~1785년에 발생한 대금교 때에 건륭제 역시도 천주교에 대해서 "서양인이 선교하며 대중을 미혹시키는 행위는 풍속과 인심을 해치는 가장 큰 일이다"[64]라 취급했다. 이를 통해서 전례논쟁이 당시 동서양의 문화교류에 가한 중대한 부정적인 영향과 더불어 그것이 천주교의 중국 전파에 미쳤던 치명적인 위해를 통찰할 수 있을 것이다.

3. 글을 마치며

내화來華 선교사들이 중국에서 펼친 선교활동은 명청시기에 중국 천주교의 대요를 이룬다. 이 시기에 중국에서의 천주교 발전은 모두 재화 선교사들이 주도했다. 무엇보다 청대 순치·강희시기는 동서문화교류와 천주교 발전의 절정기이자 황금기라고 할 수 있다. 그런데 당시 유럽의 한학자漢學者는 바로 중국에 있는 선교사 한학자들이었다. 이 선교사들은 중국문화를 연구하면서 저술로 이론을 세우며 한학자의 자격으로 선교했다. 따라서 중국의 천주교사는 중국 역사의 일부이자 유럽 선교사 한학사漢學史의 일부이기도 하다. 이것이 바로 선교사 한학자의 중요한 특징이라

---

63 "西洋風土, 原與中國相似, 獨行敎中國之夷人, 去其父子, 絶其嗜欲, 終身爲國王行敎, 甚至忘身觸法, 略無悔心. 至中國民人, 一入其敎, 信奉終身不改. 且有身爲生監, 而堅心背道者. 又如男女情欲, 人不能禁. 而歸敎之處女, 終身不嫁. 細加查究, 亦有幻術詭行." 위의 책.

64 "西洋人傳敎惑衆, 最爲風俗人心之害." 위의 책.

고 할 수 있다. 그러나 청나라 옹정·건륭시기를 거치면서 중국 천주교는 쇠퇴했다. 특히 건륭제는 금교로 인해 폐관쇄국의 길을 걸으며 중국의 미래 발전에 지대한 부정적인 영향을 끼쳤다. 그리고 천주교는 전례논쟁으로 리치의 노선, 자신과 상이한 중국문화와의 대화, 타문화의 장점 수용, 천주교의 현지화 등을 거부함으로써 청대 전체에 걸쳐 천주교가 중국에서 발전하는 데 중대한 부정적인 영향을 미쳤다.

   1705년에 중국에는 대체로 약 30만 명의 천주교 교인이 있었고, 100년 후인 1800년에는 그 총수가 20만에서 25만 사이의 교인이 있었던 것으로 추정된다. 중국 인구가 19세기에 두 배로 증가했다는 배경을 고려하면 청나라 전기, 특히 옹정시대에는 중국 천주교의 수가 실제로 줄었으며 중국 전체 인구에서 차지하는 비율도 대폭 감소했다. 청나라 중전기의 천주교정책과 중국에서의 전파정책은 이후 청 조정 전체가 외부세계와 관계하는 기조를 다졌고, 또한 기독교의 미래와 중국의 문화나 사회와의 더 큰 충돌을 예고했다. 천주교는 동서문화교류의 교량으로서는 협소했기 때문에 중국에서 천주교의 정책은 폐쇄적이고 보수적이었다. 또한 이와 상호작용하는 청 조정의 종교정책과 대외정책도 갈수록 보수적으로 변모했다. 그러므로 청 조정이 외부세계에 대해 날로 폐쇄적 방향으로 흘렀던 것과 함께 중국 천주교가 쇠퇴일로를 걸었던 것은 역사의 필연이라고 할 수 있다.

14

명청시기
서학의 전래와
중국 사상의
주체적 발전

명청시기 유럽의 선교사들이 중국에 들어오면서 시작된 '서학동점西學東漸'은 중국 수천 년 역사상 처음으로 서양문화가 중국에 대규모로 들어온 것이다. 당시 예수회 선교사들이 소개한 서양문화의 범위가 넓고 선교사들의 수많은 저서들은 중국의 과거에는 없었던 일이다. 중국문화는 역사적으로 두 차례에 걸쳐서 외래문화와 대규모로 접촉했다. 한 번은 동한東漢 초부터 불교가 전래되기 시작했고, 또 한 번은 명청시기에 기독교로 대표되는 서양문화가 전래되었다. 서양문화의 유입은 중국의 근대 지향적 사상문화 자체의 변천과 맞물려 중국 근대 사상의 발전에 중대한 영향을 미쳤다. 다른 한편으로 서학西學의 중국 유입에 따른 중국 자체의 사상 변화는 근본적으로 이들 선교사 한학자漢學者들의 학술이론과 실천으로 촉진·야기되었다.

　그런 의미에서 명청시기 중국 사상의 변화를 고찰하는 것은 내재적으로 선교사의 한학漢學 연구와 연결되어 있다. 여기서는 명청시기 사상사와 정신사의 관점에서 주로 현 중국의 학술적 동향에 근거해 재화在華 선교사 한학자들의 영향에 관해 고찰해보고자 한다. 구체적으로는 예수회 선교사들이 소개한 서학과 중국의 문예부흥, 즉 실학實學사조, 과학사조, 고증학 등의 사상적 영향 관계를 중심으로 논지를 전개할 것이다. 중국문화의 발전에는 그 자체의 원인과 내재적 논리가 존재한다. 서학의 전래가 중국 사상의 변혁과 발전에 기폭제가 된 것은 사실이지만 그 수용은 결국 중국문화 자체의 발전에 따른 것이다. 명청시기 중국의 사조들이 상호 충돌하더라도 서학을 흡수할 때는 각자 자신들만의 해석적 차원을 거쳤다. 외래문화란 단지 본토문화를 변화시키는 외적 요인에 한정될 뿐이다.

본 장에서는 기존 중국학의 '충격-반응'이라는 다소 식상한 분석틀에서 탈피해 중국 본토의 의식 변화와 외래적 서학의 상호작용이라는 새로운 관점에서 중국 사상에 대한 서학의 영향과 그 작용을 살펴볼 것이다. 이러한 연구는 이 분야의 지식과 이해의 지평을 넓히고 조선의 서학, 실학이나 관련 한국의 근세 혹은 근대 지식 사회 형성 등 한국학 분야의 연구 진척을 위한 유용한 지식토대로 활용될 수 있다. 서양문화의 중국 지성화라는 역사지형은 조선 후기 예수회 선교사의 서학 한적漢籍과 그 반향으로 생산된 중국 지식인 서적의 수입 및 사신으로 중국에 가서 직접 목도한 서양문물을 자기화하면서 한국의 지성사를 변화시켜 간 역사와 무관하지 않기 때문이다. 더욱이 그것은 조선 후기 사상사와 문화사, 한국의 근대 사상, 교회사를 탐구하는 데도 기초자료나 보다 심도 있는 이해의 단초를 제공해줄 것이다.

1. 예수회 선교사의 서학과 명말 사상의 발전

명말시기는 중국으로 볼 때 매우 중요하고도 특별한 시대이다. 이 시기의 특징은 중국 사회가 전통적 농업 사회에서 근대 사회로 전환하는 때로 완밍萬明 등 학자의 견해를 빌리자면, "명말 전체 사회의 변화는 사회 형태가 전환하는 시작을 의미한다. 이것은 경제, 정치, 사상, 문화 여러 방면에서 나타났는데 은의 화폐화를 중심으로 여섯 가지 서로 다른 측면의 깊은 변화를 상징한다. 이를테면 첫째는 화폐 측면에서 보면 값싼 금속 동전에서 귀금속 은으로의 전환이다. 둘째는 부역 측면에서 보면 현물세와 노역勞役에서 화폐세로의 전환이다. 셋째는 경제구조의 측면으로 보면 소농小農경제에서 시장경제로의 전환이다. 넷째는 사회관계의 측면에서 보면 인신의 예속관계에서 경제관계로의 전환이다. 다섯째는 가치관의 측면에서 보면 농업을 중시하고 상업을 억제하는 관념으로부터 공업과 상업을 모두 중시하는 사고방식으로의 전환이다. 여섯째는 사회구조의 측면에서 보면 전통 사회에서 근대 사회로의 전환이다".[1] 청나라가 중국 관내로 진입한 뒤로 비록 사회정치적 삶이 바뀌기는 했지만 전체 사회의 발전은 여전히 명말의 방향을 이어갔다. 그리고 중국 사회에서 발생된 변화는 계속 진행되었다.

이러한 인식은 매우 중요하다. 서학의 전래는 명말에 시작되었다. 만일 서학과 명말 사회의 관계를 탐구하고자 한다면 먼저 명말 사회의 기본적인 특징부터 명확히 이해해야 한다. 이전의 연구에서는 명말 사회를 완전히 폐쇄된 사회로 보거나, 혹은 단지 한 왕조에 국한시켜 그것을 제도가 이미 문란해지고 부분적으로 변질되어 해체되어 가는 사회로 간주했다. 명말과 청초의 사회를 하나의 연동된 전체로 다루지 않았고, 더해서 세계적 시각으로 중국의 사회 발전이라는 장기적인 시간대에서 명말부터 청초 사회까지의 중요한 변화를 관찰하지 않았다. 선교사의 서학과 중국의 사상문화 간의 상호작용을 논할 때 선교사들이 유입시킨 서학의 영향을 지나치게 강조해 명청시대의 사상적 변천은 마치 서학의 전래가 초래한 것처럼 보이게 한다. 이러한 인식은 일정부분 문제를 안고 있다. 물론 서학이 미친 영향을 부인할 수는 없을 것이다. 그러나 서학의 영향은 중국

---

1   萬明 外編, 『晚明社會變遷問題與研究』, 商務印書館, 2005, 27쪽; 樊樹志, 『晚明史－1573~1644』, 復旦大學出版社, 2003 참고.

사회 자체의 변화에 기인한다. 그것이 서학이 중시된 근본적 원인인 것이다. 중국 본토의 의식 변화와 외래적 서학의 상호작용 속에서만이 당시 중국 사상에 대한 서학의 영향과 그 작용을 드러내 보일 수 있다. 여기서는 선교사의 서학과 명청시기의 사상적 관계에 역점을 두어 주요논지를 전개해보고자 한다.

1) 리즈와 마테오 리치

미얼치彌爾岐, 1612~1678는 『숭암한화蒿庵閑話』에서 말하기를, "학자들은 정주程朱를 숭상해 (…중략…) 양지설良知說로부터 말을 꺼내면서 정주를 자신의 이론으로 내세우거나, 혹은 이교異敎의 말로 '육경六經'을 설명했다. 그리하여 의론이 날로 새로워지고 문장이 날로 화려해졌다"[2]라고 했다. 양명학陽明學이 흥기해 문장이 화려해졌고 특히 태주학파泰州學派에 이르러서 심학心學의 발전이 최고조에 달했다. 리즈李贄, 1527~1602는 명말 양명학상 가장 극단적인 인물이다. 태주학파가 양명학의 좌파라고 한다면 리즈는 그 가운데서도 가장 급진적인 '이단아'였다.[3]

그런데 리즈는 뜻밖에도 마테오 리치Matteo Ricci, 利瑪竇, 1552~1610와 세 차례에 걸쳐서 왕래한 적이 있다. 맨 처음에는 난징南京 자오훙焦竑, 1540~1620의 집에서 만났다. 그리고 두 번째는 난징 문인들의 모임에서 교제했다. 이때 리즈는 리치에게 더욱 흥미를 느껴 특별히 그에게 시詩 한 수를 증정했다. 이 일은 니콜라스 트리고Nicolas Trigault, 金尼閣, 1577~1628의 『중국에서의 그리스도교 선교De Christiana Expeditione apud Sinas』에 "리즈는 리치 신부에게 그

---

2   "學者崇尚程朱 (…중략…) 自良知之說起, 人于程朱敢爲己論, 或以異敎之言詮解'六經'. 于是議論日新, 文章日麗." 彌爾岐, 『蒿庵閑話』卷一, 淸康熙九年(1670).

3   容肇祖, 『明代思想史』, 齊魯書社, 1992 참조.

자신이 지은 단시短詩 한 수가 적힌 종이 쥘부채를 선물했다"[4]라고 기록되어 있다. 그 시를 옮겨보면 다음과 같다.

북해에서 소요하며 구불구불 남쪽으로 옮겨왔네. 짐짓 '이利' 자를 성으로 내걸고 선산仙山의 물길들을 기록에 남겼네. 되돌아보니 십만 리 여정, 눈을 들어 살펴보니 구중궁궐이구나. 이 나라 풍광은 두루 구경하셨는가? 하늘에는 햇빛도 마침 밝아라.[5]

여기서 리즈는 리치를 『장자莊子』에 등장하는 북해의 거대한 곤鯤에 비유해 십만 리를 날아서 중국으로 건너왔다고 읊고 있다. 이 시구에서 리치를 흠모하는 감정을 드러내고 있다. 만력萬曆 28년1601에 리치가 베이징北京에 재진입할 때 산둥 지닝山東濟寧을 경유하면서 이곳에서 리즈를 우연히 만나게 되었다. 리즈는 리치가 황제에게 올리는 상주문을 보고 그 잘못된 부분을 직접 수정해주었다.[6] 이 상주문이 그 유명한 『상대명황제공헌토물주소上大明皇帝貢獻土物奏疏』이다.[7] 이는 "리치가 명나라 조정과 정식으로 교제한 현존하는 유일한 정치적 문헌이다".[8]

이렇게 중요한 문헌을 리즈가 도왔다는 사실은 두 사람의 관계가 얼마나 깊었는지를 보여준다. 또한 그해에 리즈는 『속분서續焚書』의 「여우인서與友人書」에서 리치를 다음과 같이 기록한다.

---

4 利瑪竇·金尼閣, 何高濟 外譯, 『利瑪竇中國札記』, 中華書局, 1983, 252~253쪽.
5 逍遙下北溟, 迤邐向南征. 刹利標名姓, 仙山紀水程. 回頭十萬里, 舉目九重城. 觀國之光未? 中天日正明. 李贄, 『焚書』卷6.
6 利瑪竇, 羅魚 外譯, 『中國傳教史』, 臺灣輔仁大學出版社, 1986, 332쪽; 트리고의 개작본에는 이 일이 언급되지 않았다. 利瑪竇·金尼閣, 何高濟 外譯, 위의 책, 385쪽.
7 朱維錚 外編, 『利瑪竇中文著譯集』, 復旦大學出版社, 2001, 229쪽.
8 朱維錚, 「利瑪竇與李卓吾」, 『文彙讀書周報』, 2001年 8月 4日.

서태西泰는 대서역大西域 사람이다. 중국 10만여 리에 이르러 처음 항해해 인도南天竺에 도착하고서야 부처가 있음을 알게 되었다. 이미 4만여 리를 온 것이다. 그리고 광저우廣州 남해에 이르러 우리 대명국大明國에 먼저 요堯, 순舜이 있고 후에 주공周公, 공자孔子가 있음을 알았다. 남해 자오칭肇慶에서 거의 20년간을 살면서 중국의 서적을 읽지 않은 것이 없었다. 선배들에게 청해 음석音釋을 정하고 『사서四書』의 성리性理에 밝은 분들께 청해 그 대의를 해석했다. 그리고 『육경六經』의 소의疏義에 밝은 분들께 청해 그 해설에 정통했다. 지금 최선을 다해 그간 나눈 말, 그간 쓴 글, 그간 행한 예의로 볼 때 극히 아름다운 사람이다. 안으로는 영리하고 민첩하며 밖으로는 소박하고 검소하다. (…중략…) 내가 만나본 사람 중에 그와 비교될 만한 사람은 없다. 지나치게 거만하거나 지나치게 아첨하며 영민함을 드러내거나 무지하고 우매한 자들과는 근본적으로 다르다. 그러나 무엇 때문에 이곳에 왔는지 알지 못한다. 나는 벌써 세 차례나 만났지만 결국 여기서 무슨 일을 하는 것인지 모르겠다. 만일 그가 배운 것으로 우리의 주공, 공자의 학문을 바꾸려고 한다면 이는 어리석기 그지없고 아마도 옳지 않는 일이리라.[9]

여기서 리치에 대한 리즈의 평가가 매우 높다는 사실을 알 수 있다. 그런데 리즈는 무엇 때문에 팔만 리 밖에서 온 이 서양인에게 흥미를 가졌

---

9   "西泰大西域人也. 到中國十萬餘里, 初航海至南天竺, 始知有佛, 已走四萬餘里矣. 及抵廣州南海, 然後知有我大明國先有堯舜, 後有周孔. 住南海肇慶幾二十載, 凡我國書籍無不讀, 請前輩與定音釋, 請明于'四書'性理者解其大義, 又請明于'六經'疏義者通其解說. 今盡能言我此間之言, 作此間之文字, 行此間之禮儀, 是一極標致人也. 中級玲瓏, 外極朴實……我所見人未有其比, 非過亢則過諂, 非露聰明則太悶瞶瞶者, 皆讓之矣. 但不知到此何爲, 我已經三度相會, 畢竟不知到此地何干也. 意其欲以所學易吾周孔之學, 則太愚, 恐非是爾." 張建業 外編, 『李贄文集·續焚書』第一卷, 社會科學文獻出版社, 2000, 33쪽.

을까? 이를 세 가지로 정리해볼 수 있다.

첫째, 정주 이학理學에 대한 리즈와 리치의 견해가 일치한다는 데서 그 원인을 찾을 수 있다. 리치가 비록 '합유合儒'노선을 제기했다고 하지만 유교를 구분해서 특히 후유後儒인 정주 이학을 혹독하게 비판했다. 그는 『천주실의天主實義』에서 "태극太極이 만물의 본원이 될 수 없다"[10]라고 명확하게 말한다. 이 점이 리즈와 공감대가 형성되었다. 그도 그럴 것이 리즈는 "유학의 반역자"로 등장함으로써 "가정嘉靖 이후 왕씨王氏로부터 주자朱子를 주살하는 자가 연이어 인간 세상에 나타나기 시작했다".[11] 리즈는 양명학의 이러한 특징을 계승해 공자孔子로 옳고 그름을 판단하거나 그를 만세의 사표師表로 여기는 것에 반대했다.[12] 리즈는 리치가 유학을 공부하러 중국에 온 것이 아님을 간파하고 만약 그렇게 먼 구만리로부터 와서 겨우 유학을 공부한다면 "너무나도 어리석은太愚" 일이라고 생각했다. 이는 리치를 좋아하게 된 중요한 원인 중의 하나라고 할 수 있다.

둘째, 신이新異함을 추구하는 것求異은 당시 지배적인 풍조였다. 구옌우顧炎武, 1613~1682의 견해에 의거해보면, "홍치弘治에서 정덕正德 시기에 천하의 선비들은 식상한 것을 싫어하고 새로운 것을 좋아했다. 이러한 기풍의 변화는 그 근본이 있다. 문성文成이 절세의 자질로 새로운 설을 제창하자 온 천하가 들썩였다".[13] 리치는 구만리 밖에서 내화來華했지만 중국의 경서經書를 숙독하고 품위 있는 말투와 점잖고 예절 밝은 태도로 사람을 대하는

---

10 "太極之說不能爲萬物本原也." 利瑪竇, 『天主實義』第二篇.

11 "嘉靖以後, 從王氏而誅朱子者始接踵於人間." 顧炎武, 『日知錄』卷18.

12 "夫天生一人, 自有一人之用, 不待取給孔子而後足也. 若必待取足于孔子, 則千古以前無孔子, 終不得人乎?" 李贄, 「聖敎小引」, 『焚書』卷2.

13 "自弘治, 正德之際, 天下之士, 厭常喜新, 風氣之變, 已有其所從來. 而文成以絶世之資, 唱其新說, 鼓動海內." 顧炎武, 『日知錄』卷18.

것 자체가 기이한 일이었다. 리치의 출현은 마침 명말의 새롭고 이질적인 것을 추구하는 풍조와 맞물려서 문인묵객들이 서로 앞다투어 만나려고 하는 광경이 연출되었다. 그리고 리즈가 리치의 『교우론交友論』을 여러 부 필사해서 제자와 친구에게 보낸 이야기도 이때의 일이다.

셋째, 명말시기는 사상이 고도로 자유로운 시대였다. 유일한 독존적 사상은 존재하지 않았고 포용이 그 시대의 특징 중 하나였다. 리즈는 리치를 일반 유생儒生과는 달리 "안으로는 아주 영리하고 민첩하며 밖으로는 지극히 소박하다"고 여겼다. 또한 사람을 대하는 것이 비굴하지도 거만하지도 않으며 기지가 넘치고 영민하며 침착하고 중후하다고 평가했다. 리즈가 지금껏 보아온 사람 중에서 리치와 비교할 만한 사람은 없었다. 당대 리즈는 세간에서 가장 오만한 사람으로 인식되었는데 리치를 이렇게 높이 평가한 것은 정말 뜻밖의 일이 아닐 수 없었다. 리즈는 끝내 리치가 도대체 무엇 때문에 중국에 왔는지를 알지 못했다. 그러나 리치를 좋아한 것만은 분명했다. 이것이 바로 당시 관대한 사상적 분위기가 조성한 것임은 물론이다.

리즈와 리치의 교제는 명말시기 양명학 발흥과 서학 전래 간의 관계성을 해명해준다. 주웨이정朱維錚이 말한 바와 같이 "명말에서 청초에 이르기까지 사람들이 양명학에 반대하는 이유는 공리공담空理空談으로 나라를 망친다는 점에서 양명학 신봉자가 정주학 신봉자와 조금도 다르지 않았기 때문이다. 그러나 양명학 신봉자들이 외래문화를 받아들여 서양 종교로 개종한 것은 누구도 부인할 수 없다. 이는 양명학이 송나라 이래의 예교禮敎 전통을 멸시하고 객관적 측면에서 문화적 분위기를 조성해 근대적 의미의 서학이 중국에서 자리 잡을 수 있게 한 사실을 반영한다."[14] 이 문제를 어떻게 이해해야 하는지에 대해서는 학계의 견해가 일치하지 않는다. 많은 사람들은 선교사가 소개한 서학 덕분에 중국의 사상계에 근대 사상이 형성되기 시작했다고 생각한다. 이것이 청나라 말기를 통해서 명나라 말기를 추정하는 전형적인 사고이다.

그러나 그와는 반대로 중국 자체의 사상적 변화가 실제로는 선교사들이 소개한 외부 사상을 중국에서 발효시킨 것이다. 그런 점에서 주웨이정이 "가령 서학의 유입이 양명학의 성행과 때마침 맞닥뜨린 것이 우연이라고 한다면 그러한 우연성이 바로 명말에 출현한 것은 그때의 중국도 당시 유럽과 동일하게 이미 중세를 벗어난 필연성이 작용했음을 입증하는 것이 아닐까?"[15]라고 말한 것은 적확하다고 할 것이다. 말하자면 중국에는 본래 자신만의 발전 논리가 존재한다. 결국 중국학의 '충격-반응'이라는 미국식 모델에 따라 명말시기 서학의 전래와 중국 사상의 관계를 해석하는 관점은 분명히 문제가 있다. 중국 내부에서 역사가 발견된다면 명말시기는 중국 근대의 시작이라고 할 수 있다. 다만 선교사가 중국에 전해준 신구新舊의 혼합된 지식이 중국 사상의 변혁을 일으켰다기보다는 리치 등의 선교사들이 소개한 서학이 오히려 중국 사상 자체의 변화에 영합했다고 할 수 있다. 이 때문에 서학이 독특하게 작용한 것이다.[16]

14　朱維錚, 『走出中世紀』, 上海人民出版社, 1987, 162쪽. 이와 동일선상에서 "왕명학의 성행은 유학 사상의 권위를 흔들면서 신이한 것을 추구하는 문화 분위기를 조성했다. 서학에 대한 관심은 바로 이러한 문화적 분위기의 산물이다"라는 견해도 존재한다. 陳衛平, 『第一頁與胚胎－明清之際的中西文化比較』, 上海人民出版社, 1992, 62쪽. 그런가 하면 "서학의 전래는 양명학이 성행한 때와 겹친다. 양명학과 같은 그러한 특유의 자유와 해방 정신은 객관적 측면에서 서학 전파를 위한 문화적 분위기를 조성했다. 이와 동시에 일부 사대부들이 서학에 경도되는 데 일정한 사상적 준비를 제공했다"라는 주장도 참고할 만하다. 沈定平, 『明清之際中西文化交流史』, 商務印書館, 2001, 526쪽.

15　朱維錚, 위의 책, 160쪽.

16　溝口雄三, 陳耀文 譯, 『中國前近代思想之曲折與展開』, 上海人民出版社, 1997 참조.

2) 예수회 선교사와 실학사조

명말시기 양명학이 태주학파에 이르러 반등하자 일부 유생들이 말기 양명학의 공소성空疏性을 비판하기 시작했다. 그들은 강력하게 그 공담에 반대하고 실학實學을 주장했다. 평유란馮友蘭, 1895~1990이 말한 바와 같이 "실학이란 도학道學이 선종禪宗이나 불학佛學의 공허성을 비판하면서 나온 말이다".[17] 이러한 태주학파에 대한 비판은 명말 때 주로 구셴청顧憲成, 1550~1612과 가오판룽高攀龍, 1562~1626을 대표로 하는 동림당東林黨의 인물들이 주도했다. 동림서원은 만력 32년1604에 창건되었다가 천계天啓 5년1625에 단속·소각되었다. 이는 명말에 구셴청, 가오판룽 등 학자들이 서원의 형식을 빌려 유가의 도덕적 이상을 회복하고자 결성된 지식인 단체이다. 이 단체는 "전통적인 유가 가치 관념과 현실의 열악한 정치 세력을 대표해서 투쟁한 하나의 전범을 이룬다. 그런가 하면 이들 동림당은 도덕을 재정비하는 십자군이기는 했지만 정치를 개혁하는 사대부 단체는 아니었다".[18]

구셴청은 동림서원과 관련해서 "비바람 소리와 책 읽는 소리가 모두 귀에 들어오고 집안일, 나랏일, 천하의 일에 모두 관심이 있다風聲雨聲讀書聲, 聲聲入耳; 家事國事天下事, 事事關心"라고 했다. 그들은 학술적 추구와 국가의 정치적 운명에 대한 관심을 결합시켜 경세치용經世致用의 기치를 내걸고 실사實事, 실공實功을 강조하면서 당시 환관의 도당에 대항해서 특수한 투쟁을 전개했다. 이 때문에 황쭝시黃宗羲, 1610~1695는 그들을 "한 무리의 스승과 벗이 차가운 바람과 열정으로 천지乾坤를 말끔히 씻어 냈다"[19]라고 칭찬한 바 있다.

---

17 馮友蘭, 「通論道學」, 『中國社會科學』, 1986年 第3期.
18 樊樹志, 『晩明史』 上卷, 復旦大學出版社, 2003, 591~592쪽. 이런 이유에서 판수즈(樊樹志)는 그들을 '동림당인(東林黨人)'이라고 칭하는 것은 맞지 않다고 판단했다.

예수회 선교사들과 동림학파 인사들이 매우 밀접하게 접촉한 사실은 분명한 근거가 있으며 연구자들에 의해 공인된 바이다. 동림당원 쩌우위안뱌오鄒元標, 1551~1624는 마테오 리치, 라차로 카타네오Lazzaro Cattaneo, 郭居靜, 1560~1640와 왕래하면서 「서양의 마테오 리치에게 답하다答西國利瑪竇」라는 글을 쓰기도 했다.[20] 명말 중신 예샹가오葉向高, 1599~1627는 리치, 줄리오 알레니Giulio Aleni, 艾儒略, 1582~1649와 더욱 깊은 교분을 맺었다. 동림당원 차오위볜曹于汴, 1558~1634은 리치가 만력萬曆 황제에게 올린 상주문을 바로잡아주었을 뿐만 아니라, 디에고 데 판토하Diego de Pantoja, 龐迪我, 1571~1618의 『칠극七克』에 서문을 써주기도 했다. 또한 동림당원 장원다張問達, ?~1623는 선교사 트리고, 교도 왕정王徵, 1571~1644과 아주 친밀했다. 그리고 슝밍위熊明遇, 1579~1649는 에마누엘 디아즈Emmanuel Diaz Junior, 陽瑪諾(少瑪諾), 1574~1659, 판토하, 프란체스코 삼비아시Francesco Sambiasi, 畢方濟, 1582~1649 등 선교사들과 폭넓은 교제가 있었다.[21]

이들 중국 지식인들은 선교사들과 교제하는 과정에서 서양의 과학을 받아들이는 등 서학을 자신들이 신봉하는 실학의 준거틀로 삼았다. 이와 관련해서 프랑스의 한학자 자크 제르네Jacques Gernet, 1921~2018는 다음과 같이 기술한다.

리치와 몇몇 교우들의 일부 포교 활동은 당시 경세치용이라 불리던 '실학'의 범주에 속한다. 유럽 최초의 수학算學, 천문학, 지리학, 그리고 뒷날 기계학, 수리학水利學, 대포주조기술 등 개념의 유입은 이 분야가 제국의 국방과 번영에 이

---

19 "一堂師友, 冷風熱血, 洗滌乾坤." 『東林學案序』.
20 鄒元標, 「答西國利瑪竇」, 『愿學集』 卷3.
21 方豪, 「明末清初西人與士大夫之晉接」, 『方豪六十自定稿』, 臺灣學生書局, 1969.

롭다고 인식되어 그 지지자들의 조류를 강화시켜 주었다.[22]

명나라가 망한 뒤 청초시기에 실학 사상이 한층 더 발전함에 따라서 실
학을 숭상하고 양명학 말류의 공소한 풍조에 대한 비판이 가속화되었다.
특히 명과 청이 교체되면서 당시 문인들은 격심한 자극을 받았다. 그리
고 명나라가 멸망한 원인을 총괄할 때 심心과 성性이라는 공담에 치우친
양명학의 말류는 정권교체를 초래한 주요 원인 중의 하나로 인식되었다.
황쭝시에 따르면, 사실을 묻지도 않고 실학을 추구하지도 않으며 유학이
라는 이 천지를 통치하는 학문을 이 사람들의 수중에서 좌선과 담성談性의
광대놀음이 되게 했다. 그러다가 하루아침에 국난이 눈앞에 닥치자 이 사
람들은 아무 데도 쓸모가 없는 전부 썩어빠진 선비들일 뿐이었다.[23] 구옌
우는 양명학의 말류를 더욱 격렬하게 비판했다. 그는 다음과 같이 말했다.

육예六藝의 글을 익히지 않고 백왕百王의 법전을 살피지 않으며 당대의 시무를
으뜸으로 삼지도 않는다. 공자의 논학論學과 논정論政의 대단大端을 들먹이며 일
체 캐묻지도 않고 일관一貫, 무언無言이라고 한다. 마음을 밝혀 본성을 본다明心見
性라는 헛된 말로 자신을 수양하고 세상을 다스리는修己治人 실학을 대신한다. 중
신들은 나태하고 만사가 황량하며 호위해줄 인재가 없고 온 천하가 난세이다.[24]

---

22 謝和耐, 耿昇 譯, 「入華耶穌會士與中國明末的政治和文化形勢」, 『明清之間入華耶穌
會士和中西文化交流』, 巴蜀書社, 1993, 101쪽.
23 "儒者之學, 經緯天地. 而後世以語錄爲究竟, 僅附問答一二條於伊洛門下, 便廁儒者之
列, 假其名以欺世. 治財賦則目爲斂聚, 開闔扞邊者則目爲粗才, 讀書作文則目爲玩物
喪志, 留心政事則目爲俗吏. 徒以生民立極, 天地立心, 萬世開太平之闊論, 鈐束天下.
一旦有大夫之憂, 當報國之日, 則蒙然張口, 如坐雲霧, 世道以是潦倒泥腐." 『南雷定公
後集』卷3.
24 "不習六藝之文, 不考百王之典, 不宗當代之務, 擧夫子論學論政之大端一切不問, 而曰

이렇게 선교사가 소개한 서학과 당시 중국 사상문화의 실학 사상이 부합되게 된 데는 역사적 원인이 내재한다. 이것은 재차 두 가지의 측면에서 살펴볼 수 있다.

첫째, 정치적 측면에서 말하자면 명과 청의 교체라는 중대한 역사적 사건은 중국의 문인들이 명말에 성행한 양명학 사조가 가진 문제점들을 새롭게 성찰하고 반성하도록 만들었다. 서학은 주로 과학기술 분야의 지식으로 그 구체적인 내용은 바로 실학사조가 제창했던 경세치용의 정신과 내재적으로 상통했다. 따라서 서학이 명청시기에 실학을 견지했던 지식인들에 의해 소개되고 수용된 것은 매우 자연스러운 일이었다.

둘째, 사상적 측면에서 말하자면 실학이 주장한 경세치용의 방향은 장기간 심성의 수양을 지향했던 유학 사상의 기저를 흔들기 시작했다. 이는 또한 중국의 문인들에게 선교사들이 소개한 서양의 과학기술을 받아들일 수 있는 공간을 제공했다. 실학 사상은 유학의 중요 내용인 수신양성修身養性을 부인하지는 않았다. 다만 수신양성만이 그 유일한 내용이 아니며 "유교의 학문을 개인의 심성 함양에 전념하는 것에서 국가 경제와 민생을 다루는 모든 '실용적 학문'으로 확대할 것을 요구했다."[25] 가령 가오판룽은 정주의 '격물궁리格物窮理'에 반대하지 않으면서도 이를 단지 심성의 범위에만 국한시킬 수 없다고 강조했다. 그는 "천지 간에 눈에 띄는 것이 모두 궁구할 대상物이고 일용 간에 마음이 움직이는 것이 모두 궁구함格이다"[26]라 주장했다. 더욱이 "풀 한 포기 나무 한 그루의 이치를 궁구한다

一貫, 曰無言. 以明心見性之空言, 代修己治人之實學. 股肱惰而萬事荒, 爪牙亡而四國亂." 顧炎武, 『日知錄』卷7.

25   陳衛平, 앞의 책, 70쪽.
26   "天地間觸目皆物, 日用間動念皆格." 『高子遺書』卷9.

格一草一木之理"고 함은 실제로 정주의 심성지학心性之學을 새로운 영역인 자연으로까지 확장하기 시작했음을 의미한다. 이러한 이해는 서학과 일맥상통한 면이 있다.

이상의 분석한 내용을 통해서 선교사들이 소개한 서학이 명청시기에 중국의 지식인들에게 중시되고 환영을 받았다는 사실을 알 수 있다. 학자들에 따르면, "실학과 양명학은 동시에 발전했지만 양자의 학술노선과 사고의 경향은 현저한 차이가 있다. 그럼에도 불구하고 서학이 전파되는 데 사상적 토대의 좌우 양 날개가 되었다. 상반상성相反相成의 변증법이 여기서 발양된 것이다"[27]라고 이해된다. 이는 하나의 문화가 다른 문화에 수용되고 이해될 때는 주로 수용자 자체에 달려 있다는 사실을 설명해준다. 수용자는 언제나 자신의 필요에 맞게 외래문화를 해석하고 이해한다는 것이다.

그런 까닭에 선교사 한학자로 보면 예수회가 확립한 적응노선은 중국의 특징에 부합된 선교노선이기는 하지만 그 수용은 결국 중국문화 자체의 발전에 따른 것이다. 중국의 사조들이 비록 서로 충돌을 하더라도 모든 사조들이 서학을 흡수할 때는 나름대로 자신들만의 해석적 차원을 거친다. 따라서 외래문화란 단지 본토문화를 변화시키는 외적 요인일 뿐이어서 중국의 전근대문화 사상의 발전을 논할 때 예수회 서학의 역할을 지나치게 강조하는 것은 옳지 못하다. 이와 동일한 맥락에서 예수회 선교사들이 전파한 서학의 영향을 전적으로 부인한 것도 옳지 못하다. 결론적으로 말해서 본토 사상의 변천에 입각해야만 명말청초에 이루어진 서학의 수용과 추진을 합리적으로 설명할 수 있는 것이다.

27　陳衛平, 앞의 책, 75쪽.

2. 예수회 선교사의 서학과 청초 사상의 발전

청초시기 선교사에 대한 정책은 순치順治·강희康熙 두 황제의 재위기에 비교적 관대했다. 특히 강희제는 서학에 몰두해 중국에서의 서학 전파에 중요한 역할을 했다. 그는 말하기를, "오늘날 이 학문이 창성하니 해가 중천에 떠 있는 것과 같다. 그 빗장을 누가 열었으며 험한 길은 누구를 위해 개척했겠는가? 극서極西의 여러 대가와 그 창시의 노고는 특히 잊지 말아야 한다"[28]라 했다. 이 말에 비추어보건대 당시 서학의 영향을 미루어 짐작할 수 있다.

그렇다면 청초에 선교사 한학자들이 소개한 서학은 당시 중국 사상의 전환기에 어떤 역할을 했을까? 이 문제는 전근대 중국 사상의 변화와 발전 차원에서 고찰하는 것이 바람직하다. 중국 사상사의 연구로 볼 때 송명宋明 이학에서 청대 경학經學으로의 이행은 유학의 중요한 전환이라고 할 수 있다. 그런데 송명 이학이 청대 경학으로 바뀐 이유는 무엇일까? 더해서 이 두 방향의 학문이 중대한 차이를 보이게 되는 그 사조의 내적 연관성은 무엇인가? 이 문제들에 대해서는 앞에서 명말시기의 사상과 서학을 분석하면서 이미 초보적인 접근을 시도했다. 말하자면 실학과 서학의 관계로부터 착수해야만 비로소 청초 사상의 변천을 드러내 보일 수 있다. 이러한 사고의 연장선상에서 선교사 한학자들이 소개한 서학이 청초 사상에 미친 영향은 두 가지의 측면에서 살펴볼 수 있다. 하나는 실학노선 상에서 발전한 '과학사조'와 서학의 관계이고, 또 하나는 실학노선 상에서 발전한 '고증학'과 서학의 관계가 그것이다.

---

28 "至今日而此學昌明, 如日中天, 重關誰爲辟? 鳥道爲誰開? 則遠西諸家, 其創始之勞, 尤有不可忘者." 江永, 『數學』, "又序", 叢書集成初編本.

1) 청초 과학사조와의 관계

명말 쉬광치徐光啓, 1562~1633, 리즈짜오李之藻, 1565~1630 등이 서양의 과학을 받아들이면서 그에 대한 중국 문인들의 연구와 관심이 본격화되었다. 특별히 『숭정역서崇禎曆書』는 중국 역사에서 최초로 서양의 역법曆法을 전면적으로 도입한 것이다. 또한 그것은 청초의 지식인들이 서양의 역산曆算을 공부하도록 자극했다. 량치차오梁啓超, 1873~1929가 말한 바와 같이 "『숭정역서』가 간행된 뒤로부터 역학曆學을 연구하는 학자가 부쩍 늘어났다."[29] 청초의 과학사조는 실제로 명말에 시작된 실학사조의 새로운 발전이었다.

명말에서 청초까지 실학사조가 발전하는 과정에서 팡이즈方以智, 1611~1671는 결정적인 역할을 했다. 팡이즈는 명말기 동림당에 참가한 선조의 전통을 이어받아 동림일복사東林一復社의 이론적 지도자로 활약했던 유명한 사공자四公子 중의 한 사람이다. 팡이즈는 명청시기에 중요한 영향을 미친 사상가로서 일찍이 선교사 아담 샬Johann Adam Schall von Bell, 湯若望, 1591~1666, 삼비아시 등과 접촉한 적이 있다. 팡이즈는 세상의 학문을 세 종류로 분류할 수 있다고 인식했다. 그에게 "재리宰理를 묻자 인의仁義라 했으며 물리物理를 묻자 음양강유陰陽剛柔라고 했다. 또한 지리至理를 묻자 주재지宰가 되는 원인이자 사물物이 되는 원인이라고 했다."[30] 여기서 '재리'란 사회생활에 관한 학문을 지칭한다. 그리고 '물리'란 자연에 관한 학문을 가리킨다. 팡이즈는 이를 뒷날 '질측지학質測之學'이라고도 일컬었다.[31] 또한 '통기지학通幾之學'이라고 불렀던 '지리'는 실제로 철학을 지칭한다.

---

29 梁啓超, 『中國近三百年學術史·科學之曙光』, 人民出版社, 2008.
30 "問宰理, 曰：仁義, 問物理, 曰：陰陽剛柔, 問至理, 曰：所以爲宰, 所以爲物者."「仁樹樓別錄」, 『靑原志略』卷3.
31 "物有其故, 實考究之, 大而元會, 小而草木荔蠕, 類其性情, 征其好惡, 推其常變, 是曰質測."『物理小識·自序』, 明崇禎十六年(1643).

팡이즈가 서학에 정통해 쓴 연구의 저작물은 『물리소지物理小識』와 『통아通雅』를 꼽을 수 있다. 이는 주로 선교사 한학자들이 소개한 서양 과학의 성과를 받아들인 저작들이다. 팡이즈는 이 두 책에서 당시 그 자신이 만났던 선교사들이 소개한 서양의 과학 지식을 소개했다. 여기에는 서양의 천문학, 지원地圓설, 구중천九重天설, 오대주五大洲설 뿐만 아니라, 서양의 의학, 수학, 물리, 화학 등이 망라되었다.[32] 다만 팡이즈는 자신의 견해를 견지했다. 왜냐하면 선교사 한학자들이 서양 과학을 설명할 때 항상 과학 지식을 천주교의 신앙과 뒤섞어놓았기 때문이다. 팡이즈는 이 점을 간파하고 서양의 과학 지식을 기술할 때 "종교 관념과 관련된 모든 저작을 체계적으로 삭제했다."[33] 이렇게 서학을 수용해 형성된 학술 사상은 중국 사상에서 특별한 의미를 갖는다. 팡이즈를 매개로 송명 이학과 청대 경학에 하나의 연결점이 생겼고 양자 간에는 더 이상 사상적 단절이 없게 되었다. 즉, 그를 추적하다 보면 중국 자체의 변화와 발전 과정이라는 입장에서 서학의 역할을 관찰할 수 있다.

이와 관련해서 타이완臺灣 학자 장융탕張永堂은 다음과 같이 말한다.

명말 팡씨方氏학파는 팡쉐젠方學漸, 1540~1615으로부터 시작되었다. 그는 일찍이 『심학종心學宗』을 저술해 심학을 밝히고 선전했다. 그러나 양명학 말류의 폐단을 깨달아 '만주구륙挽朱救陸'을 주장함으로써 주자학朱子學으로 양명학의 결함을 바로잡고자 했다. 이 흐름은 3대 전승자 팡이즈가 내세운 '이학이 경학에 간직되어 있다藏理學于經學'라는 구호로 이어졌다. 이는 구옌우의 '경학이 곧 이학이다

---

32 羅熾, 『方以智評傳』, 南京大學出版社, 1998 참고.

33 謝和耐, 耿昇 譯, 『中國和基督教』, 上海古籍出版社, 1991, 88쪽; 徐海松, 『淸初士人與西學』, 東方出版社, 2000.

經學卽理學'라는 주장과 마치 약속이나 한 듯이 완전히 일치한다. 따라서 상기한 팡이즈의 '이학은 경학에 간직되어 있다'라는 슬로건은 송명 이학이 청대 경학으로 전해지는 이정표를 상징한다고 할 것이다. 팡이즈가 지은 『통아』는 사고전서관四庫全書館에서 청대 경학의 고증을 개척한 효시로 칭송되고 있다. 또한 그의 『물리소지』는 현 학계에서 과학연구의 저작으로 공인받고 있다. 팡씨 가학家學의 4대 전승자들인 팡중더方中德, 1632~?의 『고사비古事比』, 팡중퉁方中通, 1634~1698 의 『수도연數度衍』, 팡중뤼方中履, 1638~?의 『고금석의古今釋疑』 등은 더욱 뚜렷하게 청대 학술의 특색을 담고 있다. 팡씨 가학의 발전에 근거해보면 최소한 다음과 같은 결론을 도출할 수 있다. 첫째, 팡씨 가학에서 5대로의 변화는 명말청초에 송명 이학으로부터 청대 경서經史 고증으로 변천된 축소판이라고 할 수 있다. 둘째, 팡이즈가 같은 시기에 지은 『통아』와 『물리소지』[이 두 책은 원래 합장본으로 발행할 예정이었다]으로 볼 때 경학 고증과 과학 연구는 동시에 발전했음은 물론, 내용적으로도 동질성이 있음을 알 수 있다. 셋째, '만주구륙'을 주장한 것은 분명히 주자학으로 양명학의 폐단을 교정하려는 의도가 있었다. 바꾸어 말해서 팡씨 일가는 주자의 격물설로 양명학 격물설의 부족한 점을 보충하고자 한 것이다. 넷째, 명말청초 과학과 경학의 흥기는 사상적 측면에서 보면 주자 격물설의 발전이라고 할 수 있다.[34]

이상 장융탕의 말은 팡이즈를 중심으로 하는 팡씨 가학을 단서로 명말 사상과 청초 사상 간의 관계성을 선명하고 명확하게 논술한 것이다. 이러한 결론은 중국의 전근대에 과학이 흥기하게 된 상황을 어떻게 해석할 것인가 하는 문제와 관련된다. 이 문제를 풀기 위해서는 예수회 선교사들

---

34   張永堂, 『明末淸初理學與科學關係再論』, 臺灣學生書局, 1994, 2쪽.

이 전파한 서학의 역할과 영향에 주목하면서 중국 사상 자체의 발전 논리에서 그러한 단서를 분명히 파악해야 한다. 팡이즈를 통해서 중국 전근대의 과학자들이 서학을 수용함과 동시에, 더욱이 중국 자체의 사상에 그것을 뒷받침하고 그 원인이 내재했음을 간파해야 한다. 이를테면 "정주이학은 이로 인해 팡씨 학파에서 부단히 발전을 거듭했으며, 심지어는 기幾와 질측을 통한 방법을 제시해 정주와 육왕陸王 두 파에 결여된 격물의 방법을 보완했다".[35]

이렇게 팡이즈는 이학과 과학의 내재적 관계를 잇는 다리를 놓았다. 그런 까닭에 중국 근대의 과학 발전에 대한 예수회 선교사들이 가져온 서양 과학의 역할을 부인할 수 없다. 반면에 예수회의 이러한 외재적 작용을 지나치게 과장한 나머지 그 외래의 이질문화가 작동하게 된 근본 원인이 결국 중국 자체의 원인에 있었다는 사실도 경시해서는 안 된다. 중국의 역사를 조명할 때 예수회가 소개한 서학을 중국의 사상문화라는 배경에서 이해해야만 더욱 합리적인 결론에 도달할 수 있다.[36]

팡이즈는 청초의 사상과 학술에 중요한 영향을 미쳤다. 그는 세 아들

---

35 張永堂, 『明末方氏學派硏究初編－明末理學與科學關係試論』, 文境文化事業有限公司, 1987, 3쪽.

36 조지프 니덤(Joseph Needham, 1900~1995)은 말하기를, "중국과 서방의 이웃 국가 및 남방의 이웃 국가 간의 교류와 반응은 지금까지 생각했던 것보다 훨씬 많았다. 그럼에도 불구하고 중국이 가진 사상과 문화 모델의 기본적인 풍격이 여태껏 중단 없이 자발성을 유지했음은 분명하다. 이것이 중국이 '세상과 단절한' 진정한 의미이다. 과거에 중국은 외부세계와 접촉했지만 그 접촉이 특유의 문화와 과학에 영향을 미칠 만큼 그렇게 크지는 않았다. 그러나 예수회 선교사들이 중국에 들어온 뒤로 중국의 과학은 전 세계의 과학과 혼연일체가 되었다." 李約瑟, 『中國科學技術史』 第1卷, 科學出版社, 1976, 337쪽. 이와 관련된 내용은 侯外廬 外編, 『中國思想通史』 第4卷, 人民出版社, 1960; 樊洪業, 『耶穌會士與中國科學』, 中國人民大學出版社, 1992; 曹增友, 『傳敎士與中國科學』, 宗敎文化出版社, 1999; 劉大春·吳向紅, 『新學苦旅－科學, 社會, 文化的大撞擊』, 江西高校出版社, 1995; 李志軍, 『西學東漸與明淸實學』, 巴蜀書社, 2004 참고.

중퉁, 중뤄, 중더가 자신의 학술적 방향과 발전에 따라서 청초 경학과 과학이 상호작용할 수 있게 한 중요한 실마리를 제공했다. 더해서 청초시기 구옌우, 왕푸즈王夫之, 1619~1692, 황쭝시 세 대가에게도 영향을 미쳤다. 구옌우는 학문 방법, 명말의 공소한 학풍에 대한 비판, 경세치용 학풍의 제창, 이학과 경학의 관계 설정 등에서 팡이즈와 매우 일치할 뿐더러 상호간 영향이 있었다. 왕푸즈도 팡이즈의 학술방향을 긍정하면서 "대개 격물이라고 함은 사물에 나아가 이치를 궁구함인데 오직 질측質測해야만 얻을 수 있다"[37]라고 했다. 왕푸즈는 오직 외부세계를 연구하는 것만이 격물궁리의 정확한 방향이라 인식하고 팡이즈와 동일하게 도덕 학문과 사공事功 학문을 동시에 겸유했다. 그리고 황쭝시는 팡이즈와 함께 복사復社의 거두로 두 사람의 교제는 상당히 깊었다. 경학과 과학의 관계에서 황쭝시는 더욱 힘을 쏟아 "그 자신이 지은 것으로 자연과학 관련 저작은 22종에 달하는데 이 가운데 천문, 역학과 산학算學 류가 16종, 지리 류는 5종, 악률樂律 류는 1종이다."[38] 청초에 중요한 천문역산가인 메이원딩梅文鼎, 1633~1721 은 팡이즈를 더욱 경모해 "학해지종學海之宗"이라고 일컬었다.[39]

만일 중국 근대 이해의 사상 변화를 총괄해보면 팡이즈는 의심할 여지 없이 중요한 전환점이었다. 그는 선교사 한학자들이 소개한 서학을 수용·개조해 전통적 유학에 새로운 활력을 불어넣었고 이학에 새로운 가치를 부여했다. 또한 '고증'을 제시해 경학과 유학이라는 고유한 전통을 연결시켰다. 이러한 방향으로 발전하게 되면 중국 전통의 유학은 현대 사

---

37 "蓋格物者, 卽物以窮理, 惟質測爲得之." 『搔首問』.

38 羅熾, 앞의 책, 326쪽.

39 "太空無留去, 逝水無停淵. 無地有始終, 況乃天地間. 誰雲盛名累, 委順皆自然. 生死旣同條, 洞觀無始先. 吁嗟我浮公, 往來胡撼焉! 所嘆哲人萎, 疇與傳無方. 敎體見眞一, 豈必逃苦禪! 遺書在天壤, 誦之增涕漣." 「浮山大師哀詩二首」, 『積學堂詩抄』 卷1.

상과 서로 통할 수 있었다. 그러나 안타깝게도 팡이즈의 학문노선은 팡바오方苞, 1668~1749에 와서 변화를 겪게 된다. 이것은 역시 전통 유학이 청대의 전환에 실패했음을 예시豫示해주는 것이다.

위잉스余英時, 1930~2021는 『팡이즈의 만년기 고찰方以智晚節考』 「자서自序」에서 다음과 같이 진술한다.

명청시기 퉁청桐城의 팡미즈方密之, 密之는 팡이즈의 字는 지혜, 재능, 사상으로 일생을 빛냈지만 사후死後에 그에 대한 품평은 자주 바뀌었다. 건륭乾隆시대에 한학이 한창 흥성할 때 사고관四庫館의 관리들은 『통아』를 극도로 칭찬했는데 여기서 중시된 것은 분명한 고증에 있었다. 이것이 제1기에 해당한다. 미즈는 젊은 시절에 학문이 넓고 고상했으며 물리에도 두루 통해 동시대의 예수회 선교사들과도 그 의론을 나란히 했다. 5·4 이래로 미즈는 대체로 근세 과학과 음운학의 개척자로 추앙받았다. 이것이 제2기이다. 최근에는 학풍이 다시 바뀌어 사상과 사회의 관계는 역사학자들에게 가장 주목을 받는다. 미즈는 세상의 맑고 깨끗한 뜻을 저버리지 않고 동림을 이어받아 복사의 회맹會盟을 주관했다. 또한 말과 생각이 당시 사회문제의 각 방면에 두루 미쳤다. 그러므로 오늘날 각별히 미즈를 사랑하는 이들이 그를 한 시대의 선각자로 전하는 것은 마땅하다. 이것은 제3기에 해당한다.[40]

이러한 위잉스의 논술은 팡이즈 사상의 현대적 의미를 명시해준다. 이로써 명말청초에 중국의 전체 근대 사상문화에서 서학과 경학의 관계가 갖는 의의를 간파할 수 있다.

---

40   余英時, 「自序」(增訂版), 『方以智晚節考』, 三聯書店, 2004.

2) 청대 고증학과의 관계

쉬쭝쩌徐宗澤, 1886~1947는 이 문제와 관련해서 다음과 같이 말한다.

명대明代에는 송대宋代의 폐단이 이어져 오로지 명심견성明心見性의 공담만을 추구해 경세치용의 실학을 등한시했다. 그러다가 명말에 이르러 수명이 다해서 다시는 활력을 되찾지 못했다. 이때 마테오 리치는 중국에 와서 서국西國의 학문 정신과 그 방법으로 중국의 경서를 연구했다. 그리고 중국의 경전이 송대 이학과의 거듭된 주관적인 주소注疏와 해석으로 인해 그 객관적인 진면목이 바뀌었다는 사실을 발견했다. 리치는 정주, 육왕 등의 주소나 해석에 구애받지 않고 직접적으로 원문을 읽고 여러 고인들의 참뜻을 후세에 밝힐 수 있었다. 리치는 이러한 종지에 의거해서 고서를 연구해 그다지 큰 영향은 없었지만 실제로는 당시 계몽적 성향의 한학파에게 큰 힘이 되었다. 그 영향은 청대의 고증학, 음운학에서 특히 두드러진다. 리치 이후에 잇달아 중국에 들어온 서양의 선교사들도 대부분 리치의 학문 방법에 근거해 중국의 서적을 연구했다. 당시 중국의 학자들은 전국에 흩어져 거주하는 서양 선교사들과 접촉하고 깊은 인상을 받았다. 또한 그들의 저작에서 단서를 찾았다. 가령 후스胡適, 1891~1962는 푸런輔仁 대학에서 강연한 「고증학 방법의 유래考據學方法的來歷」라는 글에서 "중국 고증학의 대가인 조사祖師 구옌우가 고대의 어음語音을 고증한 저작, 곧 음운 오서五書가 있다. 그리고 옌뤄취閻若璩, 1636~1704는 고문 『상서尙書』를 고증하고 『고문상서소증古文尙書疏證』을 지었다. 그런데 그 학문 방법은 전부 리치의 영향을 받은 것이다"라고 했다.[41]

이러한 판단은 당시 서학의 유입과 청초 고증학파의 관계를 설명해준다. 17세기 고증학의 대가인 옌뤄취는 젊은 시절에 선교사들과 밀접한 관계를 맺었던 슝밍위와 교류한 적이 있었다. 그의 독서 범위로 볼 때『천주실의』등 선교사들의 서적을 읽었을 것이다. 룽자오쭈容肇祖, 1897~1994의 통계를 귀납해보면 옌뤄취의 고증학의 실증적 방법은 15가지 남짓 된다. 실물 예증, 현지 예증, 지리 연혁을 실례로 고증, 관명을 실례로 고증, 시력時曆을 실례로 고증, 전례 제도를 실례로 고증, 문학의 문체를 실례로 고증, 구두문의句讀文義를 실례로 고증, 실전된 글의 전후가 다른 맥락을 인용의 실례로 고증, 훈고를 실례로 고증 등등이다. 옌뤄취는 이 많은 방법을 고증학에 적용했는데 그것은 결국 연역적 논리 추리라고 할 수 있다. 만약 서학에 담긴 엄밀한 논리학의 영향과 계발이 없었다면 이것은 전통에 의지하는 경학의 방법만으로는 이룰 수 없는 일이었다.[42] 이렇게 옌뤄취의 예에서 보다시피 청대의 고증학자들이 사용한 방법은 선교사 한학자들이 소개한 서양의 논리학으로부터 영향을 받은 것임을 알 수 있다.

후스는 『청대 학자의 학문 방법淸代學者的治學方法』에서 청대 고증학의 방법은 연역과 귀납을 종합적으로 사용한 것이라고 인식했다.[43] 왕리王力, 1900~1986는 이 문제를 다루면서 다음과 같이 말한다.

일반적으로 청대에 소학小學이 발달한 원인을 당시 유학자들이 현실을 도피해 고증학으로 나아간 사실에서 찾는다. 이러한 논거로는 이 문제를 풀 수 없다. 똑같은 현실의 도피라도 진晉나라 사람은 청담淸談을 숭상했고 청나라 유학자는 경학에 몰두했다. 이로 볼 때 '현실 도피'라는 말로는 결코 학술 발전의 원인

---

41 徐宗澤, 『明淸間耶穌會士譯著提要』, 中華書局, 1989, 8쪽.
42 李志軍, 『西學東漸與明淸實學』, 巴蜀書社, 2004, 198쪽.
43 후스에 따르면, "청대 고증학은 두 가지 함의를 지닌다. 하나는 문자의 소리와 훈고가 왕왕 시대상 차이가 있음을 분간하는 것이고, 또 하나는 비교귀납의 방법은 고음(古音)과 고의(古義)에서 찾을 수 있음을 확신하는 것이다. 전자가 역사적 분별력에 해당한다면 후자는 과학적 방법이다". 胡適, 『戴東原的哲學』, 安徽敎育出版社, 1999, 102쪽.

을 설명할 수 없다. 반대로 자본주의 맹아라는 관점은 청대 유학 발전의 원인이 될 수 있다. 그 다음으로 서양과학의 발달은 청대 한학에 직접적이지는 않더라도 간접적으로 영향을 미쳤다. 예를 들면 명말에 서구의 천문학이 중국에 유입되어 장융江永, 1681~1762, 다이전戴震, 1724~1777 등은 이를 배웠다. 한 사람이 과학적 두뇌를 기를 때 일리一理를 통달하면 백리百理가 융합될뿐더러 소학을 연구하게 되면 이전 사람보다 한 수 위가 된다. 이 때문에 청대 언어학 발달의 원인을 자본주의 상승시기의 영향으로 귀결시키는 것은 결코 어불성설이 아니다.[44]

여기서 왕리가 말하는 '자본주의 맹아'는 명말청초기 사회 발전의 정도가 이미 새로운 단계로 진입했음을 의미한다. 이것이 중국 자체의 원인으로 말한 것이라면 서학의 전래로 인해 서양 천문학에 함유된 논리 등 방법의 유입은 중요한 외적 요인이라고 할 수 있다. 왕리는 이 두 가지의 내용을 언급한 것이다.

청대 유학자들은 서학을 수용해서 서양 논리학의 방법, 실증적 연구 방법을 음운학, 훈고학의 연구에 활용했다. 더욱이 여기에 그치지 않고 선교사들에게 배운 관점을 사상의 분석상에서도 운용했다. 이러한 점은 다이전의 사상에서 두드러진다.

잘 알다시피 다이전은 청나라 고증학의 대가로 "18세기 중국에서 과학적 지성 정신을 갖춘 학자 가운데 가장 뛰어난 인물이다. 그는 '학자는 타인으로 자신을 기만해서는 안 되고 자신으로 스스로를 기만해서도 안 된다學者當不以人蔽己, 不以己自蔽'라는 근대 명제를 선명하게 제시해 과학의 정신으로 중세 몽매주의가 조성한 각종 허상을 타파했다. (…중략…) 또한 서

---

44   王力, 『中國語言學史』, 復旦大學出版社, 2006, 140쪽.

양의 자연과학의 공리公理 연역법을 추장推奬해 사물을 탐구하는 '소이연지리所以然之理'를 강조했다. 그럼으로써 쉬광치가 시작한 협애한 경험론을 변혁하는 전통적 방법을 과학의 '새로운 도구'를 건립하는 사업으로 밀고 나갔다".[45] 다이전은 당시 사고전서의 편찬 사업에 참여하면서 쉬광치와 리치가 집필한『기하원본幾何原本』의 개요를 다음과 같이 썼다.

그 책은 매 권마다 정의, 공론, 주제설정이 있고 먼저 사용한 명목을 취해 해설한다. 공론자는 의심의 여지가 없는 이치를 거론하고 주제는 이치에 근거해서 순서대로 설정한다. 쉬운 것을 우선시해 얕은 것에서 깊은 것으로, 간단한 것에서 번잡한 것으로 더 추가할 수 없는 데까지 확장한 뒤에 그친다.[46]

여기서 다이전은 리치와 쉬광치가 소개한 논리 방법을 극도로 추앙했다. 그리고 이것은 뒷날 그의 학술적 연구 활동에 중요한 역할을 했다.

샤오사푸蕭萐父와 쉬쑤민許蘇民이 평가하기를, 다이전의 "최대 공헌은 역시 공리에 근거해 엄밀한 논리로 유도하는 방법을 중국철학의 연구에 도입한 것이다. 이리하여 그의 철학적 논설은 이전 사람보다 훨씬 엄밀하고 저절로 체계를 갖추게 되었다. 그러나 그것은 다른 철학자들처럼 현대인들이 논리학을 동원해서 그들의 산만한 언론을 한데 모아 배열하는 그런식의 체계가 아니었다. 다이전이 지은『맹자자의소증孟子字義疏證』은 비교적 자각적으로 형식 논리의 공리 연역 방법을 활용한 철학 저작이다"[47]라

---

45   蕭萐父·許蘇民,『明清啓蒙學術流變』, 遼寧敎育出版社, 1995, 654쪽.
46   "其書每卷有界說, 有公論, 有設題, 先取所用名目, 解說之; 公論者, 擧其不可疑之理; 設題則據所欲言之理, 次第設之. 先其易者, 由淺而深, 由簡而繁, 推之至于無以復加而後已." 『四庫全書總目』卷107.
47   蕭萐父·許蘇民, 앞의 책, 663~664쪽.

고 했다. 이러한 논법은 비교적 적확하다고 할 것이다. 현재 다이전의『맹자자의소증』과 서학의 관계에 관한 학자들의 견해는 다양하다. 일부에서는 다이전이 리치의『천주실의』가 표방하는 종교와 철학 사상을 수용했다고 인식하면서 심지어 이를 "유학의 아퀴나스^{Aquinas}"[48]라고 일컫기까지 한다. 그런가 하면 또 일부 학자들은 이에 대해 재고할 것을 제의한다. 이들은 "다이전이 송대 유학에 대한『천주실의』의 비판에 계발되거나 고무되어 그러한 비판 정신을 받아들여 이학의 우주론을 새롭게 조명했을 것"[49]이라고 판단했다.

다이전의 전체적 철학 경향은 계몽적 성격을 띤다.『맹자자의소증』에서는 "욕欲, 정情, 지知의 삼자가 통일된 자연 인성론, 즉 욕, 정, 지가 '자연의 최고 법칙'으로 전면 발전한다는 사실을 제기했다. 이를테면 다이전은 송대 이학이 불도佛道를 흡수함으로써 종교의 이질화에 의한 윤리의 이질화를 강화해 '리理로써 사람을 죽이는以理殺人' 본질을 깊이 파헤쳐 '리'와 '욕'의 관계로 근대 인문주의를 해설했다."[50] 다이전은 "사람이 태어난 뒤로 욕, 정, 지라는 삼자가 생기는데 이는 혈기, 심心, 지知의 자연스러운 일이다"[51]라고 분명하게 말한다. 따라서 유가가 말하는 인의예지仁義禮智는 삶을 추구하고 죽음을 두려워하며懷生畏死 식욕과 성욕飮食男女이라는 인간의 가장 본능적인 욕구에 지나지 않는다. 이렇게 볼 때 다이전의 철학은 선교사들이 소개한 중세 종교철학과 내용적으로 공감대를 형성할 수가

---

48 李天綱,「孟子字義疏證與天主實義」,『學術集林』卷2, 上海遠東出版社, 1994, 209~213쪽.
49 張曉林,「『天主實義』與中國學統－文化互動與詮釋」, 學林出版社, 2005, 313~314쪽.
50 蕭萐父·許蘇民, 앞의 책, 697쪽.
51 "人生而後有欲, 有情, 有知, 三者, 氣血心知自然也."『孟子字義疏證』卷下, 中華書局, 1982.

없다. 물론 서양에서는 아퀴나스로부터 시작해 신플라톤주의Neoplatonism를 아리스토텔레스Aristotle 철학 위주의 방향으로 전환함으로써 새로운 철학과 시대를 열어 뒷날 범신론이 생겨날 수 있는 기초를 닦았다. 그렇다고 하더라도 아퀴나스를 대표로 하는 중세철학과 근대의 서양 사상 간에는 여전히 비교적 큰 간격이 존재한다.

다이전의 『맹자자의소증』이 서학에서 수용한 것은 주로 격물치지格物致知의 견해에서 구체적으로 드러난다. '지'를 중요시하게 된 데는 바로 이러한 방법으로부터 생겨난 것이다. "혈기의 자연스러움으로 자세히 관찰해 그 필연성을 아는 것을 예의라고 한다. 자연스러움과 필연은 별개의 것이 아니다. 그 자연스러움을 추구해 최대한 밝히고 사소한 실수도 없는 것이 그 필연이다. 이렇게 한 뒤에 안정된 것이 '자연의 최고 법칙'이다. 만일 그 자연스러움을 방임해 놓치게 되면 그 자연스러움을 잃고 부자연스럽게 된다. 그런 까닭에 필연으로 되돌아가 그 자연스러움에 순종해서 그것을 완성해야 한다."[52] 실제로 다이전에게 '지'란 국부적 개념이 아니라 근본적 개념이었다. 그가 정주를 비판한 기본방향은 "궁리치지窮理致知의 결과로 궁리치지의 정주에 반격한다用窮理致知的結果來反攻窮理致知的程朱"라는 것이었다. 이것은 후스의 다음 말과 일맥상통한다.

다이전이 논한 성性, 도道, 정, 욕은 모두 격물궁리의 방법을 운용한 것이다. 그는 옛사람의 가르침에 의거해 수호부守護符를 만들고 경험에 따라 기초를 닦았

---

52 "由血氣之自然, 而審察之以知其必然, 是之謂禮義; 自然之與必然, 非二事也. 就其自然, 明之盡而無幾微之失焉, 是其必然也, 如是而後安, 是乃自然之極則. 若任其自然而流于失, 轉喪其自然, 而非自然也. 故歸于必然, 適完其自然."『孟子字義疏證』卷上, 中華書局, 1982.

기 때문에 5~6백 년 동안 추앙했던 구설舊說을 깨뜨리고 자신의 새로운 이학을 세울 수 있었다. 다이전의 철학은 역사적으로 볼 때 송명 이학의 근본적인 혁명이자 새로운 이학의 건설, 즉 철학의 중흥이라고 할 수 있다.[53]

이러한 다이전의 새로운 '궁리치지' 방법은 어디서 나온 것일까? 여기에는 선교사 한학자들이 소개한 서학을 흡수한 것이라는 관점과 함께, 또 하나는 주로 중국 사상 자체의 전통적 변화에서 발생한 것이라는 관점이 존재한다.[54]

3. 예수회 선교사의 서학과 중국의 문예부흥

후스에 따르면 중국문화는 역사적으로 네 차례의 문예부흥을 거쳤다. 첫 번째는 불교의 전래로서 중국의 본토 불교인 선종의 탄생이다. 두 번째는 11세기 송대 유학의 출현인데 이는 송대의 사상문화에 중대한 영향을 미쳤다. 세 번째는 13세기 희극戱劇이 흥기하고 장편소설이 출현해 세속적인 삶을 찬미한 시기이다. 네 번째는 17세기 송명 이학에 대한 반란과 함께 전통적 경학 연구에서 엄격한 고증 방법이 탄생한 시기를 가리킨다.[55]

그렇다면 금번 문예부흥의 역사적 배경은 무엇일까? 후스는 이를 17세기 예수회 선교사들이 중국에 들어온 시기로 보고, "17세기 예수회가

---

53 胡適, 앞의 책, 61쪽.
54 李開, 『戴震評傳』, 南京大學出版社, 1992; 許蘇民, 『戴震與中國文化』, 貴州人民出版社, 2000; 周兆茂, 『戴震哲學新探』, 安徽人民出版社, 1997 각각 참고.
55 胡適, 『中國的文藝復興』, 外語教學與研究出版社, 2001, 181~182쪽.

중국에서 거둔 대성공은 문화 간에 '상호 호응한一見鐘情' 좋은 예이다. 그것은 19세기에 중국이 직면한 서양 강대국과의 실패한 접촉과는 강한 계몽적 의미의 대비를 이룬다"[56]라고 말한다. 후스는 내화 예수회 선교사들이 중국의 언어와 문화를 공부하고 중국의 지식인들과 좋은 관계를 맺어 일부 문인들이 기독교에 귀의했다고 말한다. 더해서 이 시기에 예수회 선교사의 한학자들이 큰 성과를 거두게 된 가장 중요한 원인은 명말부터 중국의 천문학적 계산법이 서양의 천문학에 기초하기 시작하면서 서양의 천문역산이 중국에 널리 퍼지게 되었다는 것이다.

후스는 다이전의 철학을 연구하면서 그 혁명성은 과학적 방법을 취해 고증함으로써 송명 이래의 이학을 "하나의 과학적 치지궁리致知窮理의 중국철학"[57]으로 개혁했다는 데 있다고 했다. 현대 학자의 연구물은 다이전이 『맹자자의소증』에서 예수회 선교사의 한문 저작들을 충분히 숙지한 사실을 증명한다. 이것은 다이전이 고증할 때 사용한 연역과 귀납의 방법에서 드러난다는 것이다. 후스는 1925년에 『다이둥위안의 철학戴東原的哲學』을, 그리고 1933년에 『중국의 문예부흥中國的文藝復興』을 각각 썼다. 여기서 하나의 중대한 변화는 17세기 고증학의 내원에 대해서 새로운 설명을 가하고 있다는 데 있다.

후스는 고증학의 전통은 주시朱熹, 1130~1200에서 기원한다고 보았다. 그것은 다름 아닌 주시가 제시한 "사물에 나아가 그 이치를 궁구해卽物而窮其理", "그 사물에 대한 앎의 극치에 이름을 추구함以求至乎其極"이다. 이러한 사고의 방향에 따라서 신유학자들은 『대학大學』의 "지극한 앎을 이루는 것은 사물의 이치를 궁구하는 데 있다致知在格物"라는 문구에서 찾았다. 이

---

56 위의 책, 170~171쪽.
57 위의 책, 138쪽.

와 같은 주시의 무실務實과 회의적 시각을 추구하는 정신은 『상서』 내용의 진실성에 대한 의심으로 나타났다. 다만 주시는 충분한 성과를 이루지 못했다. 왜냐하면 '전통'이라는 무게가 그 자신이나 후인들에게 너무나도 과중했기 때문이다. 그러다가 17세기 고증학파들이 주시의 이러한 학술적 방향을 계승했다. 가령 마테오 리치와 교제했던 자오훙과 그의 친구 천디陳第, 1541~1617는 당대 주시가 미완으로 남겨 놓은 『시경詩經』의 음운에 대한 연구를 완성했다. 그리고 고증학의 대가 옌뤄취는 주시가 제기한 『상서』의 고증을 몇 년에 걸쳐 노력한 끝에 마침내 완수했다.

이렇듯 후스는 11세기 송학宋學과 17세기 고증학을 연결시켰다. 그는 다음과 같이 말했다.

이 역사는 11세기에 발단되었다. 여기에는 본래 인간의 지식을 광범하게 넓히고 우주 만물의 이치나 법칙을 연구해야 하는 매우 높고 큰 이상을 지닌다. 그 큰 이상은 서적의 연구로 축소하지 않을 수 없다. 다시 말해서 중국 경학의 전통을 구성하는 전적典籍 몇 권의 대작을 인내심 있고 대담하게 연구해야 한다. 하나의 의심과 그 의심 해결의 기초가 되는 새로운 정신과 새로운 방법이 점점 발전하고 있다. 이러한 정신은 경전에 관련된 문제에도 도덕적인 용기를 가지고 의심함과 동시에, 겸허하고 편견 없는 냉철한 진리 추구를 견지하고자 하는 것이다. 이것이 바로 고증 혹은 고정考訂의 방법이다.[58]

후스는 미국에서 학술강연을 할 때 먼저 『중국의 문예부흥』이라는 이 강연 원고를 발표했다. 여기에서 17세기 유럽과 중국을 대비시키면서 당

58   위의 책, 444쪽.

시양 대륙의 우수한 학자들은 모두 과학정신에 근거해서 서양의 학자들은 자연과학을, 그리고 중국의 학자들은 인문역사를 각각 연구했다고 설명한다. 후스는 결론적으로 "중국인들이 300년 동안 과학의 서적 학문을 만들어냈다면 유럽인들은 새로운 과학과 신세계를 만들어냈다"고 말한다. 그러나 나중에 그가 『중국철학 속의 과학정신과 방법中國哲學里的科學精神與方法』을 쓸 때 앞서 자신이 한 말은 중국의 학자들에게 불공평하다고 판단했다. 즉, 17~18세기 건가乾嘉시대의 고증학파에 의해 "퇴고된 서적들은 전 민족의 도덕, 종교, 철학 생활에서 절대적인 중요성을 지닌 책들이었다. 그 위대한 인물들은 이 고서들에서 각각의 진정한 의미를 찾아내는 것이 자신들의 책무라고 생각했다"[59]는 것이다. 후스가 보기에 중국에서 17~18세기를 대표하는 고증학파는 그 학술적 성과 면에서 동시대 서양에서 근대 과학의 흥기와 똑같은 의미를 지녔다.

근래에 위잉스는 『다이전과 장쉐청에 관한 논고論戴震與章學誠』에서 송명이학과 청나라 건가학파 간의 관계를 깊이 연구했다. 그는 이 문제를 논할 때 두 가지의 관점이 존재한다고 생각했다. 하나의 관점은 주로 정치에 착안해서 고증학파의 발생이 당시 청대의 정치 환경과 관련이 있다고 보는 것이다. 또 하나는 허우와이루侯外廬, 1903~1987의 관점이다. 이 관점은 주로 경제에 착안해서 상술한 청대의 학문이 당시의 시민계급, 즉 일종의 계몽 사상을 대변한다고 보는 것이다.[60] 그러나 위잉스는 기본적으로 이러한 관점에 동의하지 않았다. 그는 송명 이학과 청대 고증학 간에는 내재적 연관성이 존재하며 이것은 유학 자체 발전의 필연적인 결과라고 인식했다. 이러한 내재적 연관성은 주시로 볼 때 '존덕성尊德性'과 '도문

---

59   위의 책, 446쪽.
60   余英時, 『論戴震與章學誠』, 三聯書店, 2006, 323~324쪽.

학도문학學道問學'이 동시에 존재한다. 그러나 후대의 육왕은 더 이상 '도문학'을 중시하지 않고 '존덕성'을 극도로 발전시켜 나갔다. 설령 그렇다고 하더라도 양측의 논전에서는 모두 원전으로 되돌아가야 했다. 그것은 왕양밍王陽明, 1472~1528이 자신이 주장한 양지설의 근거를 찾기 위해서『대학고본大學古本』을 재평가해야 했던 것과 같다.

이와 같이 지식론의 전통은 결코 단절된 적이 없었고 청대의 학문은 바로 이러한 배경 하에서 전개된 것이다. 그들은 유교의 전적을 전면적으로 정리하는가 하면, 또 한편으로 사상적 환원을 통해 유가 관념의 원초적 의미를 찾아냈다. 이 때문에 겉으로는 송명 이학과 청 건가학파는 관련이 없어 보이지만 "사실 사상사라는 종합적인 관점에서 보면 청학淸學은 바로 존덕성과 도문학 두 파의 논쟁이 끊이지 않는 상황에서 유학 발전의 필연적인 귀결, 즉 내용과 이치의 시비가 경전에 달려 있었다. 그러나 이러한 발전의 결과로 인해 유가의 지식智識주의가 실천의 기회를 얻어 복류伏流하던 것이 주류로 바뀌었고, 또한 전통적인 주륙朱陸의 다툼도 그에 따라 근본적인 변화가 일어났다."[61]

상술한 후스와 위잉스의 관점은 다음과 같은 몇 가지 점에서 주목할 만하다.

첫째, 후스는 17~18세기 고증학파의 사고 방향을 이해하는 데 주시의 궁리격물窮理格物에까지 거슬러 올라가는 탁견을 제시했다. 기존의 주시 사상을 연구한 많은 저작들 가운데 이러한 방향에서 접근한 것은 드물다. 후스는 실제로 송학에서 과학의 전통을 열었다고 생각했다. 위잉스의 논술은 더욱 전면적이어서 중국 근세 사상의 발전 자체에서 그 내재적 연

---

61   위의 책, 310쪽.

관성을 찾았다. 이러한 참신한 인식은 중국 사상사에서 송한宋漢 순환의 견해 차원에서 연구할 만하며 그것은 청학의 발생을 새롭게 바라보게 만든다. 결국 이는 주시로 대표되는 송명 이학과 청학의 관계를 어떻게 다룰 것인가 하는 문제이기 때문이다. 이 논제와 관련해서는 앞서 팡이즈를 논할 때 이미 장융탕의 관점을 논급한 바 있다.[62]

둘째, 만약 후스와 위잉스의 이해에 근거한다면 쉬쭝쩌가 고증학파의 발생 원인을 논하면서 "이러한 학문 방법은 전적으로 리치의 영향이다"라고 내린 결론은 분명히 문제가 있다. 쉬쭝쩌는 예수회의 활동이 중국 사상에 미친 영향을 지나치게 과장한 면이 있다. 지금도 학자들은 이러한 생각에 기초해서 여전히 예수회의 공헌을 논증하고 있는 것을 보면 분명히 반성이 필요한 부분이다. 중국문화의 발전에는 그 자체의 원인과 내재적 논리가 있다. 예수회는 중국에 들어와 정확한 책략과 선교의 방법을 채택했다. 이들 선교사 한학자들이 소개한 서학은 명말청초시기문화 변혁과 발전에 중요한 역할을 했다. 그러나 "중세를 벗어나 근대화현대화와 그 문화로의 탈바꿈은 중국 역사 발전의 산물이다. 서학의 전래는 분명 기폭제가 되었지만 단지 외적인 요인에 불과했다."[63] 이것은 가장 본원적인 이해이다. 사상의 변천, 특히 중국 근대에 이학에서 고증학으로의 이행이라는 중대한 변화는 중국 사상에 내재된 논리의 추동이 근본이고 서학은 단지 중요한 외적 원인일 뿐이다.

셋째, 후스는 17세기 동서문화교류가 문화 간에 '상호 호응한' 전범을

---

62 그 밖에도 張立文, 『宋明理學研究』, 中國人民大學出版社, 1985; 侯外廬 外, 『宋明理學史』, 人民出版社, 1984; 陳來, 『中國近世思想史研究』, 商務印書館, 2003; 余英時, 『朱熹的歷史世界』, 三聯書店, 2004 참고.
63 蕭萐父·許蘇民, 앞의 책, 24쪽.

이룬다고 인식하면서 서학이 당시 사회 사상에 미친 영향을 긍정했다. 내화 예수회원과 청초 중국 지식인 간의 관계는 가령 팡이즈와 서학의 관계, 청초 음운학과 선교사 한어 주음注音의 관계 등 지속적으로 깊은 연구가 이루어져야 한다. 현재 청대 학문 발생의 외재적인 원인을 논할 때 그것과 서학 간의 관계를 규명하는 연구가 가장 취약한 상황이다.[64]

넷째, 내화 예수회원 한학자들이 소개한 서학은 '중국의 문예부흥'에 긍정적인 역할을 했다. 이것은 문화 간 전파와 수용의 역사에서 매우 흥미로운 현상이다. 유럽의 개신교 개혁에 반대한 보수적 수도회, 유럽에서 구질서를 옹호했던 수도회, 유럽에서의 '우파'가 동아시아에서는 새로운 사상의 추진자, 즉 중국이 중세에서 벗어나도록 추동하는 사상의 외부 구원병, 중국 사상운동의 '좌파'가 되었다. 이것이 바로 역사의 역설이자 역사의 변증법이라고 할 수 있다.

---

64   徐海松, 앞의 책 참고.

15

명말청초
서양 종교 사상의 전래와
중국 지식인의 반응

유·불교계의 천학에 대한 비판적 조류

유럽 라틴계 성서문명, 즉 '서양의 학문'은 명청明淸시기[16~18세기] 동아시아에 본격적으로 이식되기 시작했다. 이러한 동서양의 지적 연결망을 구축한 주역은 당시 입화入華한 가톨릭 예수회 선교사들이었다. 마테오 리치[Matteo Ricci, 利瑪竇, 1552~1610]에 의해 생성된 예수회의 적응주의[Accommodation]는 전통적 '천天' 개념과의 접합과 길항 속에서 전개되었다. 즉, "적응주의 천학天學, heavenly studies은 기독교의 유일신·인격신에 대한 유교적 '천' 개념의 변용과 확대로 구성된 것이다. 리치 등은 기독교『성경』을 번역할 때 창조주 데우스[Deus, 陡斯]의 번역어로 '천주天主, Lord of Heaven'를 사용했고 유가儒家 경전의 천, 상제上帝의 개념을 끌어다가 기독교의 천지만물을 창조하는 주재자와 일치한다고 증명했다. 이렇게 되면서 천, 상제가 천주와 병용되었다. 결국 천학은 '입일상제立一上帝 = 천주以窮物 이궁물以窮物 형식'으로 진행되면서 서양신학과 서양과학 등을 포괄하는 방대한 학술체계가 완성된 것이다".[1] 이를테면 천학의 의미는 첫째, 상제즉천주설上帝卽天主說에 기초한 천주에 관한 이치나 학문으로 천주지학天主之學, 사천지학事天之學의 약칭이다. 둘째, 이 종교성事天에서 파생된 측천지학測天之學, 즉 기하학 중심의 천문학과 수학을 포괄한다. 셋째, 광의적 천학으로 선교사가 전파한 모든 서양학문을 지칭한다.

이들 내화來華 선교사 한학자漢學者들은 명말청초明末淸初에 황제의 과학

---

1   전홍석,『초기 근대 서구 지식인의 동아시아상과 지식체계 – 예수회 선교사의 유교오리엔트 : 호혜적 교류 형상』, 동과서, 2018, 76쪽.

고문, 예술가, 또는 외교가로 활동했을 뿐만 아니라, 서양의 기계를 만들고 천문역법天文曆法을 편찬하면서 당시 무시할 수 없는 세력으로 부상했다. 이리하여 그들은 청조 순치順治·강희康熙시기에 이르러 천주교 발전의 황금기를 이루었다. 이러한 천주교의 발전은 선교사의 인격적인 매력, 서양의 과학과 철학, 이상주의적인 종교관, 유교와 기독교가 융합된 천학 이론 등이 주효했음은 물론이다. 더해서 선교사들이 성립시킨 '천학'은 송명宋明 이학理學에 비판적인 중국의 문인들에게 새로운 사상적 지평을 제시하면서 신선한 자극제가 되었다. 서양의 사회·인문문화나 신학, 과학, 그리고 윤리적 관념들은 당시 전통 사회를 지배하던 정주학程朱學적 세계관, 중화 중심적 지리관이나 천문관을 혁신하는 데 중요한 이론적 모델이 되었다. 그러나 중국 내 선교사들의 문화활동과 선교활동은 결코 순조롭게 진행된 것만은 아니었다. 뿐더러 모든 중국의 지식인들이 중국에서 펼쳐진 선교사들의 사업을 이롭게만 여기는 것도 아니었다. 선교사들은 칭송을 받은 만큼이나 비판도 감내해야만 했다. 이러한 비판 역시도 동일하게 명청시기 중국의 문화와 사상을 구성하는 중요한 줄거리이다. 이는 중국에서 천학, 즉 종교 사상의 전파와 발전을 연구할 때 반드시 고찰하고 주목해야 하는 측면인 것이다. 그런 점에서 본 장에서는 명말청초 서양의 종교 사상천학에 대한 중국 유·불교계 지식인의 반응을 주로 비판적 조류를 중심으로 분석하고 검토해보고자 한다.

1. 천학에 대한 유교계의 반응

1) 유학자의 양가적 태도

마테오 리치가 중국에 들어온 뒤로 천주교는 중국에서 이미 유교 지신인들에게 수용되었다. 량치차오梁啓超, 1873~1929는『중국근대삼백년학술사中國近三百年學術史』에서, "당시 리치·쉬광치徐光啓, 1562~1633 일파에 참여했던 학자들, 그리고 저우쯔위周子愚, 취스구瞿式穀, 위춘시虞淳熙, 판량수樊良樞, 왕잉슝汪應熊, 리톈징李天經, 양팅쥔楊廷筠, 정훙유鄭洪猷, 펑잉징馮應京, 왕루춘王汝淳, 저우빙모周炳謨, 취루쿠이瞿汝夔, 차오위볜曹于汴, 정이웨이鄭以偉, 슝밍위熊明遇, 천량차이陳亮采, 쉬쉬천許胥臣, 슝스치熊士旗 등은 모두 일찍이 여러 각 저역서에 서문과 발문을 썼던 이들이다. 또한 롄츠법사蓮池法師(袾宏), 1535~1615도 리치와 왕래했는데 그들의 서신은『변학유독辨學遺牘』에 보인다. 이로써 당시 이 학파의 기세가 대단했음을 짐작할 수 있다"[2]라고 기술한다.

팡하오方豪, 1910~1980는 명청시기에 천주교의 중국 전파를 논하면서 리치 등 예수회 선교사들이 중국에서 거점을 확보할 수 있었던 원인을 여덟 가지로 정리한다. 첫째는 당시 중국에서 과학이 요청되었다. 둘째는 예수회 선교사의 상층선교책략이 성공을 거두었다. 셋째는 입교자들의 신앙이 견고했다. 넷째는 선교사와 교인이 성실하게 자신들의 본분을 지켰다. 다섯째는 선교사들이 확정한 합유合儒책략이 정확했다. 여섯째는 선교사들이 채택한 문서선교방법이 정확했다. 일곱째는 중국의 교인들이 용감

---

2 "當時治利(瑪竇)徐(光啟)一派之學者, 尙有周子愚, 瞿式穀, 虞淳熙, 樊良樞, 汪應熊, 李天經, 楊廷鈞, 鄭洪猷, 馮應京, 王汝淳, 周炳謨, 瞿汝夔, 曹于汴, 鄭以偉, 熊明遇, 陳亮采, 許胥臣, 熊士旗等人, 皆嘗爲著譯各書作序跋者. 又蓮池法師, 亦與利瑪竇往來, 有書札見『辨學遺牘』中. 可想見當時此派聲氣之廣." 梁啓超,『中國近三百年學術史』, 俞國林 校訂, 中華書局, 2020, 10쪽.

하게 천주교를 수호했다. 여덟째는 교인들도 마찬가지로 유교와 기독교의 회통儒耶會通에 힘썼다. 이러한 광하오의 관점은 분명히 종교를 선양하는 심리상태를 반영하지만 기본적인 사실을 명시하고 있다.

현재로 볼 때 당시 유생들이 선교사들이 소개한 천학을 수용한 데는 대체로 다음과 같은 몇 가지의 원인이 있다.

먼저 리치가 확립한 '합유노선'이 비교적 큰 역할을 했다. 많은 문인들은 천학과 유학이 서로 통한다고 인식했다. 셰자오즈謝肇淛, 1567~1624는 『오잡조五雜組』에서 "천주교의 국가는 불교의 국가 서쪽에 있다. 그곳 사람들이 학문에 능통하고 품위 있는 모습은 중국과 다르지 않다"[3]라고 했다. 그는 리치가 지은 『천주실의天主實義』에 대해서 "여러 면에서 유교와 서로 실증해준다. 나는 그 설이 세상에 처신하는 것이 유학에 가깝고 (…중략…) 세인을 권유할 때 비교적 쉽게 받아들일 수 있다는 것이 좋다"[4]라고 생각했다.

더욱이 이미 입교한 선비들의 신앙적 기반도 이러한 바탕 위에서 성립되었다. 이는 장싱야오張星曜, 1633~1715?의 다음 말에서 가장 분명하게 확인할 수 있다.

천학은 서양에서 발생한 것이 아니다. 중국의 제왕이나 성현이면 모두 존천尊天, 외천畏天, 사천事天, 경천敬天을 행하지 않은 이가 없었다. 이러한 사실들은 경서를 보면 다 알 수 있다. (…중략…) 중국 경서에 기록된 경천의 학문에 의거해보면 우리 서양의 종교와 부합되는 점이 많아 그것을 하나하나 찾아내어 '합유'라고 말한다.[5]

---

3   "天主國在佛國之西, 其人通文理, 儒雅與中國無別." 謝肇淛, 『五雜組』(明萬曆四十四年〈1616〉, 如韋館刻本), 中華書局, 1959.

그 다음으로는 천학은 명말 유학의 발전 추세에 영합했다. 양명陽明의 심학心學은 명말에 이르러 날로 공소해져 경세치용經世致用의 실학實學 풍조가 점차 고조되어 "실문實文, 실행實行, 실체實體, 실용實用"을 탐구하는 것이 이미 대세가 되었다. 이때 과학을 그 수단으로 했던 천학이 필연적으로 유생들의 환영을 받은 것은 당연했다. 말 그대로 쉬광치가 말한바 "오래도록 함께 지내보면 의심이 사라지고 심복하지 않은 자가 없으니 그 실심實心, 실행實行, 실학實學은 사대부에게 믿음을 주었다".[6]

마지막으로 유생들의 심리상태 역시도 비교적 건강했다. 루주위안陸九淵, 1139~1193은 일찍이 "동양에 성인聖人이 나오니 이 마음도 같고 이 이치도 같으며 서양에 성인이 나오니 이 마음도 같고 이 이치도 같다"[7]라고 말한 바 있다. 이 명언은 당시 유생들이 천학을 바라보는 중요한 사상적 기초가 된다. 선교사들이 소개한 종교 사상으로 말하자면 절대다수의 유생들은 모두 유가 본체의 각도에서 천주교를 이해하여 단지 '같은 것同'만을 말하고 '다른 것異'은 등한시했다. 가령 민왕비閩王弼는 『천유인정天儒印正』의 「서序」에서, "네 분 선생의 여러 말들을 생략한 이유는 천학으로 해석하면서 그것으로 우리 유가가 '천'에 통달하는 공인公印으로 삼기 때문이다"[8]

4　"往往與儒敎相互發明, (…중략…) 余甚喜其說爲近世于儒, 而勸世較爲親也." 위의 책.

5　"天學非泰西創也, 中國帝王聖賢無不尊天, 畏天, 事天, 敬天者, 經書具在, 可考而知也. (…중략…) 爰據中國經書所載敬天之學, 與吾泰西之敎有同符者, 一一拈出, 顔曰合儒." 張星曜, 「天儒同異考·弁言」, 徐宗澤 編著, 『明淸間耶穌會士譯著提要』, 上海古籍出版社, 2006, 98쪽.

6　"久與之處, 無不意消而中悅服者, 其實心, 實行, 實學, 誠信于士大夫也." 徐光啓, 『徐光啓文集』上, 中華書局, 2014, 66쪽.

7　"東海有聖人出焉, 此心同此理同也; 西海有聖人出焉, 此心同此理同也." 陸九淵, 『象山全集』卷36.

8　"略四子數語, 而故以天學解之, 以是爲吾儒達天之符印也" 閩王弼, 「天儒印正·序」, 徐宗澤 編著, 앞의 책, 100쪽.

라고 했다. 어떠한 문화교류의 회통도 반드시 자신의 문화를 기초로 해서 변이가 발생하는 자아로부터의 '타자'에 대한 해석인 것이다. 쉬광치를 대표로 하는 유생들의 저작은 중국 사상에서 중요한 역사 문헌이다. 이러한 작품들은 현재까지도 매우 높은 수준의 사상과 학술적 가치를 지닌다. 이는 그야말로 진정한 의미의 "한어漢語신학"의 효시라고 할 수 있다.

그러나 명청시기에 서양의 종교학설을 받아들인 사람은 극소수였고 반대하는 세력이 여전히 강했다. 천주교를 비판하는 대표적인 저작은 크게 보아 두 권이 있다. 하나는 『성조파사집聖朝破邪集』이고, 또 하는 『부득이 不得已』이다. 『성조파사집』은 주로 푸젠성福建省 장저우漳州의 황전黃貞이 승려나 속인 문인들의 각종 문장을 수집해서 편찬한 것이다. 『부득이』는 청 초시기 역옥曆獄, 혹은 欽天監教難, 1664~1669을 일으킨 주요 인물인 양광셴楊光先, 1597~1669이 지은 것이다. 양광셴은 청말시기 기독교에 반대했던 인사들에게 맹자孟子 이후의 일인자로 일컬어졌다. 다만 "서학西學에 반대한 이학자 理學者들의 논저가 대부분 초야 산림의 유생들로부터 나온 것이라 식견이 깊고 예리한 의론은 찾아보기 힘들다".[9] 그렇다고 하더라도 천주교에 대한 이들의 비판은 동서양문화의 큰 차이를 드러낸다.

이들 유생들이 천주교를 반대했던 중요한 논거는 여전히 '화이지변華夷 之辨'과 유가적 전통 사상에 바탕을 두었다. 그들은 '화하중심론華夏中心論'에서 출발해 천주교문화를 일종의 사교邪敎로 치부했다. 더해서 선교사들은 "우리나라에 잠입해 들어와 공공연히 저들 나라의 사교로 우리 중국의 풍속을 바꾸려고 하다니, 이는 감히 오랑캐로 중국을 바꾸려는 짓이다"[10]

---

9   陳衛平, 『第一頁與胚胎 ─ 明淸之際的中西文化比較』, 上海人民出版社, 1992, 224쪽.
10 "潛入我國中, 公然欲以彼國之邪敎, 移我華夏之民風, 是敢以夷變夏者也." 張廣湉, 「闢邪摘要略議」, 서창치·우가이 테츠죠우 편, 안경덕·이주해 역, 『파사집 ─ 17세기 중국

라고 인식했다. 천주교는 전통적 유가 사상으로 볼 때 그 천주론이 가장 이해하기 힘든 부분이었다. 천주교를 반대한 유생들은 "천주교의 내용을 자세히 살펴보니, 천주가 천天, 지地, 인人, 짐승, 초목의 혼령을 만들었다고 한다. 짐승과 초목은 죽음과 동시에 사라지지만 사람만은 죽어도 혼령이 없어지지 않고 생전의 선악에 따라 모두 천주의 심판을 받는다고 한다"[11]라고 생각했다. 이러한 서양의 영혼론은 유가의 입장에서는 완전히 생소한 것이었다. 송명 이학으로 말하자면 천을 리理, 도道, 심心, 성性으로 풀이하면서 유학은 간직한 마음을 보존하고 타고난 본성을 기르는 것存心養性이 '천을 섬기는事天' 길로 인식되었다.

이 때문에 인격신으로서의 천이나 그리스도의 성육신incarnation은 일반 유생들이 보기에는 매우 기괴했다. 이것은 그들이 말한 바와 같이 "조상을 배반하고 신주를 내팽개치고 예법을 폐지하고 전적을 훼멸하면서 성수를 뿌리고 성유를 바르고 십자가 형틀을 떠받들며 파란 눈에 우뚝한 콧대를 가진 자를 천주라 한단 말인가?"[12]라는 논변에서 극명하게 확인할 수 있다. 이러한 유생들의 비판은 전혀 타당성이 없다고 말할 수는 없다. 천주교에 입교한 양팅쥔楊廷筠, 1557~1627이 기독교의 천주 개념을 이해할 때도 여전히 유가의 관념에 바탕을 두었다. 그는 다음과 같이 말했다.

명분을 논하자면 천주님이 보시기에 사람은 모두 그의 자식이 아닌 이가 없으며 귀하거나 천한 자도 없고 현명하거나 어리석은 자도 없이 모두 하나같이 크

인의 기독교 비판』, 일조각, 2018, 405쪽.

11   "細査天主之義, 謂天主生天地人禽獸草木之魂. 禽獸草木死則隨滅, 獨人雖死, 其魂不滅. 所作善惡, 俱聽天主審判." 林啓陸, 「誅夷論略」, 위의 책, 414쪽.

12   "削越祖宗, 去抛神主, 排禮法, 毀典籍, 滴聖水, 擦聖油, 崇祀十字刑枷, 而以碧眼高鼻者爲天主乎?" 위의 책, 415~416쪽.

신 아버지가 낳은 것이다. 그러므로 큰 부모라 부르면서 높이고 효친하며 아무도 멀리할 수 없다. 자식은 부모를 섬기되 오직 힘써 스스로 살피고 부모를 잘 섬기는 데 최선을 다해야 하니 어찌 부모 앞에서 하루라도 그 소임을 다하지 않을 수 있겠는가.[13]

신인神人관계를 혈연관계에 비유하고 부모에 대한 친효親孝의 정을 천주에 대한 숭경崇敬의 정에 비유한 것은 전형적인 기독교 중국화의 표현이라고 할 수 있다. 양팅쥔조차도 천주를 이렇게 이해할 정도라면 천주교를 반대한 유생들은 더 말할 필요도 없을 것이다.

2) 유학자의 천학 비판과 논거

내화 예수회 선교사들이 '합유역불合儒易佛' 노선을 확립할 때 이미 유가 사상을 양분했다. 그들이 여기서 합하고자 한 유교는 원시유학原儒이다. 마테오 리치는 『천주실의』에서 "우리나라의 하느님天主은 곧 중국말로 상제이다"[14]라고 말하면서 『시경詩經』, 『상서尙書』 등 중국 전통의 경전 문헌으로 자신의 이러한 관점을 증명했다. 그 결론은 "옛날 경서들을 살펴보면 상제와 천주는 단지 이름만 다를 뿐임을 알 수 있다"[15]는 것이다. 리치 등 선교사들은 후유後儒, 즉 송유宋儒에 대해서는 비판적인 태도를 취했다. 그들은 원시유학에는 '태극太極'과 '리理'의 개념이 존재한 적이 없다고 생

---

13 "論名分, 天主視人無非其子, 無貴賤, 無賢愚, 皆一大父所生. 故謂之大父母, 尊而且親, 無人可得遠之. 子事父母惟力自視, 善事父母者, 則謂之能竭其力, 豈有父母之前, 可一日不盡其分."楊廷筠, 「代疑篇」, 『天主教東傳文獻』 第1冊, 臺灣學生書局, 1966, 567쪽.
14 "吾國天主卽華言上帝." 利瑪竇, 「天主實義」 上卷, 第2篇, 『明末淸初耶蘇會思想文獻彙編』 第一卷(第二冊), 北京大學宗教研究所, 2003, 92쪽.
15 "歷觀古書, 而知上帝與天主, 特異以名也." 위의 글, 93쪽.

각했다. 이 두 단어는 송명 이학에서는 모두 근본적인 개념에 해당한다. 이렇듯 선교사 한학자들은 정주程朱 이학의 '리'를 비판했다. 그와 관련해서 리치는 "만약 그대中土가 '리가 만물의 이성 능력을 함유하고 만물을 조화·생성한다'고 말한다면 그것은 바로 천주이다. 어찌 유독 '리'라고만 말하고 '태극'이라고만 말하는가?"[16]라고 말한다.

이러한 내화 예수회원의 관점은 많은 중국 문인들로부터 질의를 받았다. 리치는 난징南京에 있을 때 이학자들과 토론했으며 베이징北京에 온 뒤에도 태학생太學生 한후이韓恢와 논전을 벌였다. 유학 진영에서 리치와 토론한 가장 유명한 것은 첸탕錢塘의 유학자 위춘시虞淳熙, 1553~1621가 쓴 『리치라는 오랑캐가 '천'을 빙자해서 세상을 속이는 것을 격파하다破利夷偕天罔世』라는 책을 꼽을 수 있다. 위춘시는 여기서 정통적 유학의 입장에서 리치를 비판했다. 리치가 『변학유독辨學遺牘』을 쓰자[17] 위춘시도 계속해서 『리치의 책에 대한 회답答利西泰書』, 『「천주실의」 살생변「天主實義」殺生辨』 등의 글을 집필했다. 위춘시는 이 저작들을 불교의 입장에서 쓴 것이지만 여기에는 이학의 관점이 투영되어 있다. 그런가 하면 '난징교안南京教案, 1616~1621'의 주인공 선췌沈㴶가 황제에게 『참원이소參遠夷疏』를 세 번 올렸다. 당시 사상계가 결코 평온하지는 않았지만 유학계가 천주교의 전래에 반응한 것이다.

이 과정에서 유학 사상을 대변해서 천주교에 반대했던 가장 중요한 인물은 단연 양광셴이다. 교회와 선교사에 대한 양광셴의 불만은 구체적인

---

16 "如爾曰: '理含萬物之靈, 化生萬物', 此乃天主也. 何獨謂之理, 謂之太極哉?" 위의 글, 91쪽.
17 이 문헌의 본래 저작자에 관한 사항은 쑨상양(孫尚揚)이 자신의 『기독교와 명말 유학(基督教與明末儒學)』이라는 책에서 이미 고증한 바 있다. 孫尚揚, 『基督教與明末儒學』, 東方出版社, 1994 참조.

역사적 원인 외에도 깊은 사상적 이유가 있다. 그의 생각은 다음과 같은 천주, 상제라는 개념을 언급한 데서 어느 정도 드러난다.

주자朱子는 '건원乾元은 천의 성정이며 사람의 정신과 같다'고 했다. 그러니 어찌 사람이 자기 스스로 사람이 될 것이며 정신이 자기 스스로 정신이 될 것인가? 이를 보면 천은 스스로 천이라고 할 수 없고 상제는 스스로 상제라고 할 수 없음을 알 수 있다. 만물이 존귀하게 받드는 것은 오직 천이고 사람이 존귀하게 받드는 것은 오직 상제이다. 사람은 머리를 들면 천을 보게 되므로 상제를 천이라 부르는 것이지 천 위에 또 다른 상제가 있다는 것이 아니다.[18]

여기서 이학적 견지에서 '천의 인격화'에 반대하는 양광셴의 생각이 분명히 드러난다.

이와 함께 양광셴은 전적으로 이학의 입장에서 출발해 선교사들이 소개한 천지창조설creationism을 비판했다. 그는 다음과 같이 말했다.

아, 황당무계하기가 이 지경에까지 이르렀도다! 무릇 '천天'은 음陰과 양陽의 두 기氣가 엉켜서 이루어진 것이지 만들어낸 자가 있는 것이 아니다. 공자孔子께서는 '천이 무엇을 말하겠는가? 사계절은 운행되고 온갖 사물은 자라난다'고 하셨다. 계절이 운행하고 온갖 사물이 생장하는 것은 음과 양 두 기가 수행하는 양능良能이다. 천이 천주에 의해 만들어졌다면 천 또한 전혀 지각이 없는 사물일 것

---

18 "朱子雲 : '乾元是天之性, 如人之精神.' 豈可謂人自是人, 精神自是精神耶? 觀此, 則天
不可言自是天, 帝不可言自是帝也. 萬物所尊者, 惟天; 人所尊者, 惟帝. 人擧頭見天, 故
以上帝稱天焉. 非天之上, 又有一帝也." 楊光先, 「闢邪論 中」, 양광선 외, 안경덕 외역,
『부득이—17세기 중국의 반기독교 논쟁』, 일조각, 2013, 91~92쪽.

인데 어찌 만물을 생성시킬 수 있단 말인가? 천주가 비록 신神이라고는 하지만 실은 음과 양 두 기 중의 하나일 뿐이다. 두 기 중의 한 기를 보고 만물의 두 기를 만들고 낳을 수 있다고 하다니 이치가 통하는 말인가? 무시無始라는 명칭은 우리 유가에서 말하는 무극無極이 태극太極을 낳는다는 학설을 훔쳐간 것이다.[19]

여기서 선교사들이 이학을 호되게 비판하려고 했지만 그리 쉬운 일이 아니었고 유학이 송명 이학으로 발전하면서 이론적으로 매우 성숙했다는 사실을 알 수 있다. 또한 이학과 천학 간의 이론적 충돌이 두드러지게 눈에 띈다. 린치루林啓陸는 '천주'의 개념을 다음과 같이 언급한다.

아! 상고시기의 제왕들은 공경스러운 마음으로 천명을 따르지 않은 적이 없다. '그 가림은 상제의 마음에 달려 있다簡在帝心'는 말은 세상을 다스리고 대대로 드리울 만한 종지였다. 그래서 옛 스승들은 모두 '천명天命을 두려워한다'는 말로 간곡하게 타일렀던 것이다. 또 '천이란 리理이고 상제는 주재로 말한 것이다'라고 했다. 천이 사람을 낳았으니 만물이 있은즉 반드시 법칙이 있게 마련이다. 사람은 천리에 따를 수 있고 상제의 법칙과 화합할 수 있으니 자연히 만물을 주재하고 세상을 다스리고 우주의 결함을 보완하고 대를 이어 전해온 학술을 바로잡을 수 있다. 이것이 우리 유교에서 말하는 천주이다.[20]

이러한 충돌은 양광셴 등을 보수적이라고 가볍게 봐서는 해결되지 않

---

19   "噫, 荒唐怪誕亦至此哉! 夫天二氣之所結撰而成, 非有所造而成者也. 子曰: '天何言哉? 四時行焉, 百物生焉.' 時行而物生, 二氣之良能也. 天設爲天主之所造, 則天亦塊然無知之物矣, 焉能生萬有哉? 天主雖神, 實二氣中之一氣, 以二氣中一氣, 而謂能造生萬有之二氣, 於理通乎? 無始之名, 竊吾儒無極而生太極之說." 楊光先,「闢邪論 上」, 위의 책, 74~75쪽.

는다. 근본적 이론상으로 볼 때 선교사 한학자들이 전파한 이러한 기독교 이론과 중국 본원 사상 간의 충돌은 본질성을 띠었다. 달리 말하자면 이 것은 완전히 상이한 두 우주론과 세계관의 충돌이라고 할 수 있다. 송명 이학에는 초자연적이고 무소불능의 인격신이 존재하지 않는다. 신유학 자들이 추구한 것은 일상생활에서 정신적 제고, 성인의 경지에 도달하기 위한 노력, 즉 내성외왕內聖外王을 인생의 정신적 목표로 삼았다.

이와 동일한 맥락에서 프랑스의 한학자 자크 제르네Jacques Gernet, 1921~ 2018는, "기독교의 교리는 하나의 인격화된, 모든 것을 초월한 하느님이라 는 순전히 신과 영靈에 관한 것이다. 그것은 인류를 영원한 운명이 있을 것으로 오인하는 현세와는 아무런 공통점이 없는 피안과 대립시켰다. 중 국인의 '천'은 완전히 상반된 것이다. 천은 세속과 종교의 표현 형식을 하 나로 묶는 관념이다. 기독교인들의 입장에서 보면 '천'이란 글자는 하느 님과 그 천사, 천국, 그리고 '하느님이 거룩한 백성으로 택한 민족'을 가리 키는 은유일 뿐인데 중국인들은 이 단어가 실제적인 의미를 갖는다고 생 각한다. 더불어 천은 신과 자연, 사회와 우주 질서의 표현이기도 했다"[21] 라고 진술한다.

이른바 '천주'에 대한 인식은 단지 철학적 문제에 그치지 않는다. 동시 에 그것은 선교사들과 중국의 유생들에게는 하나의 정치적 문제이기도 했다. 선교사들의 관점에서 신권神權은 황권皇權의 위에 있고 신권은 모든 정치적 이념보다 우선했다. 이것은 황권이 모든 것에 우선한다고 믿었던

---

20 "嗟乎! 上古帝王, 未嘗不以欽若天命, '簡在帝心'者, 爲致治垂世之宗. 卽歷代師儒亦各 以'畏天命'之語, 諄諄然相告誡也. 且曰 : '天者理也, 帝者以主宰而言也.' 夫天之生民, 有物必有則. 人能順天理, 協帝則, 自可以主宰萬物, 統制乾坤, 補宇宙之缺陷, 正世代 之學術, 此吾儒之所謂天主也." 위의 글, 415쪽.

21 謝和耐, 『中國和基督敎－中國和歐洲文化之比較』, 上海古籍出版社, 1991, 284쪽.

중국의 문인들에게는 이해할 수 없는 일이었다. 이와 같은 종교와 정치 관계의 상이한 이해는 점차 심각한 정치문제로 번져나갔다. 장광톈張廣湉 은 다음과 같이 말했다.

저들의 말에 따르면, 저들 나라에는 임금이 둘 있는데 하나는 세상을 다스리는 황제이고 다른 하나는 교황이다. 세상을 다스리는 황제는 한 나라의 정사를 관할하고 교황은 만국을 통어하는 권한을 갖는다. 세상을 다스리는 황제는 그 자손에게 황위를 승계하지만 그가 다스리는 나라는 교황의 통치에 속하며 공물을 실어와 바치는 법이 있다. 교황이 자리를 물려줄 때에는 온 나라에서 천주교를 익힌 현인 중에서 천거해 양위한다. 이것은 한 하늘에 두 개의 해가 있고 한 나라에 두 임금이 있는 격이다. 요堯임금, 순舜임금, 우왕禹王, 탕왕湯王, 문왕文王, 무왕武王, 주공周公, 공자의 정교政敎와 기강은 말할 것도 없고 일단 그들의 법으로 바뀐다면 우리 황제 역시 그의 통어 밑에 들어가 공물을 실어다 바쳐야 할 것 아닌가? 아! 요망한 오랑캐가 어떤 물건이기에 감히 두 임금을 두는 저들 나라의 오랑캐 풍습으로 한 임금을 받드는 우리의 치통을 어지럽히려 하는가!²²

산인山陰, 지금의 紹興 사람인 왕차오스王朝式 역시도 천주교가 중국에 전파되는 것에 대해 크게 걱정했다. 그는 만일 민중이 천주교에 귀화된다면 "중국의 임금과 스승의 두 권위를 모조리 끌어내려 모두 예수회천주교 안

---

22 "据彼雲, 國中君主有二. 一稱治世皇帝, 一稱敎化皇帝. 治世者攝一國之政, 敎化者統萬國之權. 治世則相繼傳位於子孫, 而所治之國, 屬敎化君統, 有輸納貢獻之款. 敎化者傳位, 則擧國中之習天敎之賢者而遜焉. 是一天而二日, 一國而二主也. 無論堯舜禹湯文武周公孔子之政敎紀綱, 一旦變易其經營, 卽如我皇上可亦爲其所統御, 而輸貢獻耶? 嗟夫! 何物妖夷, 敢以彼國二主之夷風, 亂我國一君之治統!" 張廣湉, 「闢邪摘要略議」, 양광선 외, 안경덕 외역, 앞의 책, 405~406쪽.

으로 들어가게 하고 대명大明 통일천하를 전부 요망한 여우 굴로 만들지 않고서는 그만두지 않을 작정인 것 같다. 위태롭도다!"[23]라고 우려했다.

이처럼 정통 사상을 견지한 사대부들은 내화 예수회원의 사상과 이론을 이해한 뒤로는 깊은 경계심을 품었다. 심지어 쉬다서우許大受는 이들 예수회 선교사들이 서방 국가의 스파이라고 생각할 정도였다. 그는 마카오Macao에서 선교사들을 보며 다음과 같이 말했다.

성벽을 높이 쌓아 놓고 (교활한 토끼의) 세 개 굴로 삼고 있다. 또한 높은 관 넓은 의대를 한 정탐꾼을 나누어 파견해 각 성과 각 지방에 파고들게 함으로써 벼슬아치들과 왕래하며 교제토록 했다. (…중략…) 해마다 빈번히 필리핀 루손섬呂宋 및 일본과 연계해 후원을 받는다. 우리의 산과 강, 변방과 요새 등 들고나는 모든 곳을 저들은 집 안에서 그리고 있다. 저들은 언제든지 어느 지방의 군사와 인민들이 강한지 약한지, 재물이 많은지 적은지를 훤히 파악하고서 엿보고 욕심내는 마음을 암암리에 품고 있다. 시시때때로 병기를 갈고 화약을 비축하고, 또 하루도 쉬지 않고 총포를 주조하고 있으니 무엇을 하고자 함이겠는가? 이 어찌 중국을 염탐하고 황제의 자리를 엿보는 명백한 정황이 아니겠는가?[24]

특히나 중국의 유생들은 천주론에 기초한 천당·지옥설을 더욱 받아

---

23 "不舉我中國君師兩大權, 盡歸之耶穌會裏, 大明一統之天下, 盡化爲妖狐一窟穴不止也, 炭乎殆哉!" 王朝式, 「罪言」, 양광선 외, 안경덕 외역, 앞의 책, 220~221쪽.

24 "高築城垣, 以爲三窟. 且分遣間諜, 峨冠博帶, 闖入各省直地方, 互相交結. (…중략…) 頻年結連呂宋, 日本, 以爲應援. 凡我山川阨塞去處, 靡不圖之於室. 居恒指畫某地兵民强弱, 帑藏多寡, 洞如觀火, 實陰有覬覦之心. 時時鍊兵器, 積火藥, 適且鼓鑄大銃無虛日, 意欲何爲? 此豈非窺伺中國, 睥睨神器之顯狀耶?" 許大受, 「聖朝佐闢」, 위의 책, 337~338쪽.

들이지 못했다. 황전은 삶의 의미는 "생기 가득한 즐거움"[25]에 있으며 "중국의 유문儒門에는 다른 학설은 없으며 오직 인의仁義만이 있을 따름이다. 이 때문에 살고 죽는 데 올바름을 잃지 않는다"[26]라고 말한다. 선교사들의 해석에 근거해보면 중국의 선현이나 성인은 처가 많아서 모두 지옥에 갔을 것이라고 했다. 황전은 여기에 분노해 "간악한 오랑캐들이 천주교를 앞세워 우리 중국에 들어와서 요임금, 순임금, 주공, 공자를 지옥에 떨어뜨리고 있다. 이는 천고에 없던 담력이다"[27]라고 일갈했다.

이상의 유생 문인들의 논술에서 그들이 기독교를 반대·비판하고 심지어 적대시한 데 대해서 다음과 같이 말했다.

간단히 배타적 심리로 해석해서는 안 될 것이다. 인생에 대한 서로 다른 체험과 철학적 사유, 우주와 세계 그리고 인간사에 대한 철학적 사유를 진행할 때 취한 서로 다른 사유방식은 모두 사대부들이 천주교를 반대했던 중요한 원인이었다. 물론 전적으로 이성주의를 통해서 명말 서학에 반대했던 사대부들 태도의 본질을 개괄하는 것도 역사 사실에 부합되지 않는다. 왜냐하면 그들이 전면적으로 서학에 반대한 중요한 원인은 유학의 도통이 유학을 보완하고補儒 유학을 초월하고자超儒 하는 뜻을 품은 선교사들에 의해서 유학이 천학으로 대체될 수 있다는 우려감에 기인하기 때문이다.[28]

그러나 한편으로 이들 유생들이 외래문화를 멸시하는 자부심이 대단

---

25 "活潑潑之趣." 黃貞,「尊儒亟鏡」, 위의 책, 2018, 199쪽.
26 "中國之儒門無異學, 惟有仁義而已, 故生死皆不失其正", 위의 책, 197쪽.
27 "奸夷設天主教入我中邦, 以堯舜周孔入地獄, 此千古所未有之膽也." 위의 책, 211쪽.
28 孫尙揚, 앞의 책, 252쪽.

했다는 사실 또한 간과해서는 안 될 것이다. 화하문화중심론은 그들의 근본적인 관점이었다. 진秦나라 이래로 중국문화는 '화하'와 '이적夷狄'이라는 구분의식으로 외래문화에 대응했다. 불교문화가 유가 사상에 비록 중요한 영향을 미치기는 했지만 근본적으로 유교문화에 대한 자신감은 흔들지는 않았다. 천주교에 반대했던 문인 리찬李璨이 말한바, "불제자 달마가 서쪽에서 와서 마음을 바로 보아 본성이 드러나면 성불할 수 있다고 말한 것이다. 이 이치는 공자가 말한 '하루라도 나를 이기고 예로 돌아가면 천하가 인仁으로 돌아온다'는 말씀의 본뜻과 같다. 이 때문에 한나라부터 우리 명나라까지 유교는 불교와 상호 뜻을 드러내주면서 사승師承이 끊이지 않고 이어졌다."[29]

명청시기 선교사들이 소개한 서학은 문명의 정도가 화하문화보다 결코 저급하지 않았으며 그 문화적 특징은 화하문화와 판이하게 달랐다. 이렇게 문화심리상 균열이 발생해 급기야 기존의 화하중심론은 동요하기 시작했다. 이와 관련해서 펑유란馮友蘭, 1895~1990은 다음과 같이 말한다.

불교의 유입은 많은 중국인에게 중국인 외에도 또 다른 문명인이 존재한다는 것을 깨닫게 한 것 같다. (…중략…) 다만 불교의 유입은 중국인의 삶에 큰 영향을 미치기는 했지만 스스로 인류 유일의 문명이라고 믿었던 중국인들의 신념을 바꾸지는 못했다. 이러한 관념 때문에 중국인들이 16, 17세기 유럽인들과 접촉하기 시작했을 때 유럽인들을 이전의 이적과 동일시해 오랑캐夷라고 불렀다. 이 때문에 중국인들은 전쟁에서 패해도 크게 불안해하지 않았다. 그러나

---

29 "佛弟子達磨西來, 直指人心, 見性成佛, 此理正與孔子'一日克己復禮, 天下歸仁'之旨, 脗一無二. 故自漢以及我明, 道互發明, 薪傳不絶." 李璨, 「闢邪說」, 양광선 외, 안경덕 외역, 앞의 책, 399~400쪽.

유럽문명이 중국과는 다르지만 그 수준이 서로 대등하다는 사실을 알게 되면서 불안해하기 시작했다.[30]

그래서 양광셴 등의 발언으로 볼 때 그들은 문화적 심리상태가 너무 협소하고 관용적이며 도량이 큰 문화적인 마인드가 결여되어 있다. 이러한 양광셴 등의 이해는 쉬광치 등이 취한 "전부 받아들여"[31] "자신과 다른 것을 통해 본래의 진성眞性을 진작시키고"[32] "능가해 물리치려면 반드시 회통會通해야 한다"[33]라는 태도와 서로 비교해볼 때 분명히 매우 큰 차이가 있다. 그러나 문화의 교류와 회통은 두 측면에서 동시에 이루어져야 원활하다. 선교사들로 대표되는 서양문화 역시도 이러한 역사 속에서 성찰되어야 한다. 그들은 중국의 문명이 "단지 어떤 면에 그치지 않고 오랜 전통 속에서 익숙해진 모든 면에서 현격한 차이가 있음"[34]을 인식할 필요가 있다. 주지하다시피 리치는 이렇게 큰 차이가 있는 두 문명을 소통시키기 위해 중요한 발걸음을 내딛었다. 그러나 아쉽게도 '중국전례典禮논쟁Chinese Rites Controversy'1645~1742이 발생한 뒤에 서양은 퇴보하고 말았다. 그 이후의 역사는 서양의 기독교 세계가 리치의 발자취를 따라가지 않았다는 사실에 비추어볼 때 양광셴, 쉬다서우와 같은 유생들이 제기한 문제는 중국의 사상계에 영원한 경각심의 의미를 갖게 될 것임을 말해준다. 물론 그들이 제기한 문제의 해결방법을 완전히 받아들일 수는 없지만 말이다.[35]

---

30 馮友蘭, 『中國哲學簡史』, 北京大學出版社, 1996, 163~164쪽.
31 "幷蓄兼收." 徐光啓, 「同文算指序」, 徐宗澤 編著, 『明淸間耶穌會士譯著提要』, 上海古籍出版社, 2006, 265쪽.
32 "藉異己之物, 以激發本來之眞性" 위의 책, 121쪽.
33 "欲求超勝, 必須會通." 徐光啓, 「曆書總目錄」, 『徐光啓集』卷8.
34 謝和耐, 앞의 책, 356쪽.
35 근래에 국외의 학계에서는 자크 제르네의 『중국과 기독교—중국과 유럽문화의 비교』

2. 천학에 대한 불교계의 반응

1) 불학자의 천학 비판과 원인

예수회가 중국에 진입할 초기에는 전적으로 불교식으로 활동하면서 불교도와 평화롭게 교제했다. 더해서 선교사들이 처음에 한어를 배운 교과서도 불학佛學의 경문이었다.[36] 그러나 나중에 예수회가 '합유역불'의 노선을 취하기로 결정한 뒤부터는 선교사와 불교 간의 관계가 균열되기 시작했다. 마테오 리치의 기록에 근거해보면 불교를 믿었던 관리 리루전李汝楨의 중재로 리치 자신이 당대 저명한 불교 선사禪師 쉐랑훙언雪浪洪恩, 1548~1608과 회견해서 이야기를 나눈 적이 있었다.[37] 그러나 이 회담과 변론은 불교의 문헌에는 기록이 없다. 선교사들은 이번 초보적 토론이 리치의 웅변으로 "많은 사람들이 훌륭하다고 칭송했고 싼화이三槐, 즉 三淮; 호는 雪浪洪恩는 이치에 맞지 않아 대답할 수 없었다"[38]라고 인식했다.

그 뒤로 또 리치는 당시 저명한 선사 윈치주훙雲棲袾宏, 1535~1615과도 토론을 벌였다. 이 일은 주훙이 위춘시虞淳熙에게 회답한 서신에서 알 수 있다. 그는 리치의 『천주실의』, 『기인십편畸人十篇』을 읽고 이들 천주교의 서적들에 대한 자신의 견해를, "그럴듯하게 이치를 따지지만 실은 천박하

<hr />

에 대해 완곡한 비판이 많다. 특히 일부 신부 한학자들은 제르네가 내린 결론에 불만을 나타냈는데 일부 중국의 학자들도 여기에 호응했다. 그러나 냉정하게 말해서 제르네가 이론적으로 기독교 세계관과 유교 세계관의 대립을 드러낸 것은 훌륭하다고 해야 할 것이다. 이는 기본적으로 사실이다. 바로 『파사집(破邪集)』에서 반기독교적인 문인들의 비판이 합리성을 띠는 바와 같이 그러한 문화의 충돌을 어떻게 해결할 것인가 하는 것은 또 다른 문제인 것이다.

36　張西平, 『中國和歐洲哲學與宗教交流史』, 東方出版社, 2000 참고.
37　利瑪竇, 何高濟 外譯, 『利瑪竇中國札記』, 中華書局, 1983, 365~367쪽.
38　"衆人稱善, 三槐(卽三淮, 號雪浪洪恩)理屈不能對." 葉楚倫 外, 『首都志』, 正中書局, 1947, 1207쪽.

고 비루하며 가소롭다. 글 또한 너무 길어서 싫증이 난다"[39]라고 피력했다. 뒷날 주홍은 자신의 많은 신도가 천주교로 개종하고 또 적잖은 유생들이 천주교를 신봉하는 것을 보고 천주교의 전파에 주목했다. 그는 분명히 천주교가 불교를 위협한다고 여겨, "지금껏 천주교를 신봉하는 선비와 벗 들은 모두 품행이 단정한 군자들로서 한 시대의 특출한 인재요 대중이 우러르며 나아갈 방향으로 삼는 사람들이다. 그러니 내 어찌 귀에 거슬리는 말을 한다는 혐의를 피하고자 충고의 말을 다하지 않을 수 있겠는가?"[40]라고 토로했다.

이리하여 윈치주홍은 연속해서 『천설天說』을 지어 천주교를 논박했다. 그는 『천설 1天說一』 첫머리에 요지를 다음과 같이 밝히고 있다.

한 노승이 이르기를, "이역에서 온 자가 천주교도라 자처하는데 그대는 어찌해 논변하지 않는가?"라고 했다. "천을 공경하라고 가르치는 것은 좋은 일이라 생각합니다. 그러나 무엇을 논변한단 말입니까?"라고 대답했다. 그러자 노승이 또 "저들은 천주교를 가지고 중국의 풍속을 바꾸고 아울러 불교를 헐뜯고 불법佛法을 비방하고자 한다. 이는 어진 선비와 훌륭한 벗들 중에 믿고 따르는 자가 많기 때문이다"라고 말했다. 그리고 저들의 책을 꺼내어 내게 보여주기에 대략 그 한두 가지 시비를 가려보려고 한다.[41]

---

39 "然格之以理, 實淺陋可笑, 而文亦太長可厭." 雲棲袾宏, 「答虞德园銓部(二首)」, 『蓮池大師文集』, 九州出版社, 2013, 587쪽.

40 "現前信奉士友, 皆正人君子, 表表一時, 衆所仰瞻, 以爲向背者, 予安得避逆耳之嫌, 而不一罄其忠告乎?" 雲棲袾宏, 「天說一」, 양광선 외, 안경덕 외역, 앞의 책, 468~469쪽.

41 "一老宿言 : '有異域人, 爲天主教者, 子何不辨?' 予以爲教人敬天善事也, 奚辨言. 老宿曰 : '彼欲以此移風易俗, 兼之毁佛謗法, 賢士良友多信奉故也.' 因出其書示予, 乃略辨一二." 위의 책, 467쪽.

원치주홍의『천설』이 운용한 논변 방식은 불교 자체의 '천설'을 개설하면서 천주교가 천주를 숭배하고 섬긴다고 하지만 실제로는 '천'이 무엇인지를 모른다고 질책하는 것이다. 더욱이 살생殺生의 문제에 관해서 심혈을 기울여 판별해 분석했다. 그 이유는 불교가 채식菜食을 견지했던 소치이기도 했지만 특별히 주홍이 정토법문淨土法門을 제창하고 계살방생戒殺放生을 표방했기 때문이었다. 그러므로 주홍은 거듭 불교의 경전을 인용해 논증하고 "생명을 가진 모든 것은 죽여서는 안 된다"[42]는 불교의 이치를 서술했다. 그가 논하고자 하는 바는 대체로 "살생한 것은 그 자신의 육신이지만 살생을 행한 자가 품었던 한순간의 잔인하고 악독한 마음이 그 자신의 혜명慧命을 이미 멸절시킨다"[43]라는 말로 정리할 수 있다. 그러나『천설』제편諸篇은 천주교의 내용과 이치를 분석하지 않고 불교의 교리에 입각해서 상대방의 일부 질문들에 답할 뿐이었다. 말투와 언사가 온화하고 요괴라는 칭호도 쓰지 않았다. 다만 천주교로 전향한 이들이 자신의 잘못을 깨닫고 올바른 길로 되돌아올 것을 호소할 따름이었다.[44]

시간적으로 볼 때 리치의 이름으로 된「렌츠원치주홍 대사의「죽창천설」사단에 회답하다復蓮池大和尙『竹窓天說』四端」란 글은 틀림없이 리치 이후의 천주교 교도들이 쓴 것이다. 이 글은 실제로는『천주실의』에서 리치가 불교의 계살생戒殺生, 윤회육도輪廻六道를 전문적으로 비판한 '제5편'보다 더 일찍 집필된 것이다. 그 뒤로 줄리오 알레니Giulio Aleni, 艾儒略, 1582~1649는『삼산론학기三山論學記』에서, 안드레 로벨리Andre-Jean Lobelli, 陸安德, 1610~1683는『진복직지眞福直指』에서, 그리고 양팅쥔은『천학명변天學明辨』에서 각각 불교를 심

---

42   "一切有命者不得殺." 위의 책, 471쪽.
43   "所殺者彼之色身, 而行殺者一念慘毒之心, 自己之慧命斷矣." 위의 책, 477쪽.
44   周齊,『由明末淸初佛敎與天主敎之論辯看宗敎寬容之尺度』축약본 참조.

도 있게 비판했다.

이와 같은 선교사와 천주교 신도의 저작들은 당연히 불교계가 주목했을 뿐더러 그에 대한 반발을 야기했다. 또한 불교도들은 천주교 측이 상술한 변론 중에 "윈치주홍은 반박을 당해 이치 면에서 굴복했고 쉐랑훙언은 어려움에 처해 말이 궁해졌다"[45]라고 편찬한 논법에 분개했다. 그들은 만약 반박하지 않는다면 "우리 윈치 스님과 우리 쉐랑 대사님이 황천에서 억울함을 당하고 대의가 펼쳐지지 못할 것"[46]이라고 생각했다. 당시 불교의 반격은 두 측면에서 전개되었다. 하나는 불교 자체의 반박이고, 또 하나는 불교와 유교가 연합한 반박이다.

숭정崇禎 8년1635에 닝보寧波 톈퉁산天童山의 위안우圓悟, 1566~1642 선사가 『변천초설辨天初說』을 쓰고 선개禪客을 항저우杭州 천주당에 보내어 선교사 프란시스쿠스 푸르타도Franciscus Furtado, 傅汎濟, 1587~1653와 토론하기를 희망했다. 연이어서 위안우는 또 『변천이설辨天二說』, 『변천삼설辨天三說』을 썼고 재차 선교사와 변론할 것을 요구했다. 아울러 "이치는 둘이 아니라 반드시 하나로 귀착되며理無二是, 必須歸一" "토론을 통해 시비를 가리자欲與辯論, 以決是非"고 주장했다. 위안우는 자신감이 넘치고 기세등등했지만 선교사 푸르타도는 여전히 완곡히 사절하며 논전에 나서지 않았다. 위안우는 "언약한 대로 실행하지 않는다食言"고 선교사를 꾸짖었다.[47]

명말 4대 선사로 꼽히는 마지막 인물인 어우이蕅益, 1599~1655 대사 역시도 천주교를 반대한 중요한 인물이다. 그의 속명俗名은 중스성鐘始聲이고 자는

---

45 "雲棲被駁而理屈, 三槐(雪浪)受難而詞窮." 黃貞, 「不忍不言」, 양광선 외, 안경덕 외역, 앞의 책, 490쪽.

46 "我雲棲師翁, 雪浪大師, 至于重泉抱屈, 大義未伸." 위의 책, 490~491쪽.

47 夏瑰琦, 「論明末中西文化的衝突」, 『明代思想與中國文化』, 安徽人民出版社, 1994 참조.

전즈振之이다. 중스성은 『각벽사집서刻闢邪集序』에서 다음과 같이 말했다.

리치와 알레니 등이 대서大西에서 왔다고 하면서 유술儒術의 이름을 빌려 불교를 망령된 것이라 공격했다. (저들의 종교는) 스스로 이르기를 천주교라 하며 천학이라 부르기도 한다. (…중략…) 중전즈鐘振之, 유가의 입장을 대변하는 중스성 자신 거사는 이에 두려움을 품고 『천학초징天學初徵』과 『천학재징天學再徵』을 지어 지밍際明, 불가의 입장을 대변하는 중스성 자신 선사에게 보냈다.[48]

중전즈가 이 두 편의 글을 지어 천주교를 논박한 것은 당시 천주교가 불교를 끊임없이 비판하면서 도발했기 때문이다. 그는 선교사들이 쓴 『삼산론학기』, 『성교약언聖教約言』 등의 책을 보았다. 이는 당시 불교와 기독교 간의 논전이 상당히 치열했음을 말해준다.

이른바 『성조파사집』은 불교와 유가가 연합해서 천주교에 반박한 대표적인 저작이다. 이 책은 유학자이면서 불교 신도였던 황전이 엮은 것이다. 당시 알레니가 푸젠福建에서 펼쳤던 선교의 영향력은 대단했다. 이러한 상황에서 황전은 알레니와 직접적으로 토론을 벌인 적이 있었다. 숭정 8년1635에 황전은 『불인불언不忍不言』을 지어 유·불 각계가 천주교 비판에 소극적이라고 불만을 토로했다. 숭정 10년1637에 황전은 기독교를 비판한 푸젠 문인의 글들을 모아 『파사집』으로 엮었다. 그리고 자신이 쓴 교회에 반대하는 글들을 가지고 저장浙江을 방문하자 텐퉁쓰天童寺 승려인

---

48 "有利瑪竇, 艾儒略等, 托言從大西來, 借儒術爲名, 攻釋敎爲妄, 自稱爲天主敎, 亦稱天學. (…중략…) 邇來利艾實繁有徒, 邪風益熾, 鐘振之居士于是乎懼, 著『初徵』, 『再徵』, 以致際明禪師." 周駬方 編校, 『明末淸初天主敎史文獻叢編』 第四冊, 北京圖書館出版社, 2001, 250쪽.

위안우 등이 그의 입장을 지지했다.

숭정 12년[1639]에 황전은 『파사집』을 저장 불문佛門 동지인 퉁룽通容, 1593~1661에게 전달했다. 이어서 불문 제자였던 저장의 염관鹽官 쉬창즈徐昌治, 1582~1672와 퉁룽은 푸젠과 저장 양 지역의 '사도邪道를 깨뜨리는破邪' 작품들을 모아 『성조파사집』으로 집성했다. 이 작품은 실제로 유가와 불가佛家가 공동으로 협력해서 완성한 것이다. 『성조파사집』에는 위안우, 푸룬普潤, 퉁룽, 원치의 제자 다셴大賢, 청융成勇 등 승려들의 글이 수록되어 있다. 그러나 『성조파사집』에는 우얼청吳爾成, 쉬충즈徐從治, 스방야오施邦曜, 우치룽吳起龍, 황팅스黃廷師 등 사인士人들의 글이 대다수를 차지한다.[49]

실제로 명말에는 불교를 믿는 이학자들이 매우 많았는데 당시 "거사居士는 양대 부류가 존재한다. 하나는 출가한 고승과 친밀하게 교제하면서 실제적 수행을 중시하는 부류이다. 또 하는 불법을 믿는 명나라 양명학陽明學파와 관련된다. 소위 좌파 양명학자는 이학자 중의 불교도들이었다. 이들 거사들은 명말에 불교를 새롭게 진흥시키는 데 지울 수 없는 공로가 있다".[50]

그건 그렇고 천주교는 불교가 상식적으로나 학리學理적으로 모두 문제가 있다고 인식했다. 리치는 서양 근대의 과학 지식을 운용해 불교를 비판하면서 불교의 많은 이론들에 대해서 "우리 서양 학자들은 이를 비웃고 그것을 따지고 싶지도 않다"[51]라고 했다. 천주교에 대한 불교도와 유생들의 비판은 주관적인 감정을 표출하는 말이 많기는 했지만 그렇다고 전부 악의적인 공격만 했던 것이 아니라 학리적이고 논리적인 분석도 있

---

49 위의 책, 107~108쪽.
50 釋聖嚴, 『明末佛敎硏究』, 臺灣東初出版社, 1992, 267쪽.
51 "吾西儒笑之而不屑辨焉." 利瑪竇, 『天主實義』 第七篇.

었다. 중스성이 천주교를 비판할 때 22항의 이유를 들어 질문했다. 이를 테면 다음과 같다.

저 위대한 주재자는 형질이 있는가, 없는가? 만약 형질이 있다면 어디서 생겨 난 것인가? 또 천지가 생겨나기 전에는 어디에 살았는가? 만약 형질이 없다면 우리 유가에서 말하는 태극일 것이다. 태극은 본디 무극인데 어찌 사랑과 증오 가 있다고 할 것인가?[52]

또한 중스성은 『천학재징』에서도 독서한 것 중에 서른 곳의 통하지 않 는 설을 조목조목 판별해 분석했다. 예를 들어 천주교는 중국 경전을 인 용해서 그 천주, 즉 중국이 예로부터 말하는 상제를 증명했다. 또한 『천학 재징』은 경전 중의 어구나 고사를 인용해 중국의 천, 상제는 푸르고 넓은 蒼蒼 하늘이며 선을 장려하고 악을 벌하는 치세治世의 하늘이며 본유적인 영명靈明한 성품性이지, 천주교가 말하는 것과 같은 세상을 창조하는生世 그러한 하늘은 아니라고 지적했다. 이로 비추어볼 때 『천학재징』은 어우 이 대사의 깊고 진지한 유학에 대한 기초와 그 이론적 변별력의 수준을 분명하게 보여준다.[53]

이상으로 명말청초에 불교와 천주교의 논쟁을 통해서 다음과 같은 사 실을 알 수 있다.

첫째, 천주교와 불교의 논쟁은 사실 서양의 종교문화와 중국 본토의 종 교문화 간에 벌어진 다툼이라고 할 수 있다. 선종禪宗은 완전히 중국화된

---

52 "彼大主宰, 有形質耶, 無形質耶? 若有形質, 復從何生? 且未有天地時住止何處? 若無 形質, 則吾儒所謂太極也. 太極本無極, 雲何有愛惡?" 周駬方 編校, 앞의 책, 251쪽.
53 周齊, 『由明末淸初佛敎與天主敎之論辯看宗敎寬容之尺度』 축약본.

불교로서 본질적으로는 중국 본토의 종교이다. 다시 말해서 그것이 비록 불교로부터 온 것이지만 불교 토착화의 산물인 것이다. 특히 명말시기에 자오훙焦竑, 1540~1620 등은 선학禪學과 양명학의 합일이라는 배경 아래 '삼교 합일三教合一'을 제기했다. 선교사들이 제시한 '합유역불'의 책략은 거사 유생들이 보기에, 즉 중스성이 말한 바와 같이 "겉으로는 불교를 배격하는 체하지만 뒤로는 몰래 그 쭉정이를 훔치고, 거짓으로 유가를 숭상하면서 실은 그 도맥을 어지럽히고 있음"[54]이 아주 명확했다. 그러므로 천주교와 불교의 논쟁은 결코 두 외래종교의 다툼이 아니라, 천주교의 중국 유입에 따른 중국 본토종교의 사상적 반영이라고 해야 할 것이다.

둘째, 천주교의 합유역불 책략을 되돌아보게 한다. 리치가 이러한 선교 책략을 확정한 것은 표면적으로는 합리적이다. 왜냐하면 종교적 차원에서 볼 때 불교는 천주교와 분명한 차이가 있기 때문이다.[55] 그러나 실제로 그 책략은 선교사 한학자들이 불교에 대한 이해가 결코 깊지 못했음을 설명해준다. 더군다나 중국 자체의 선종과 유가의 관계, 즉 양자 간의 내재적 관계를 완전히 알지 못했다. 별도로 책략의 견지에서 보면 종교로서의 불교가 천주교와 갖는 공통점이 천주교와 유교의 공통점보다 훨씬 더 많았다. 따라서 천주교는 불교에서 하나의 접점을 찾았다면 아마도 천주교는 중국문화에 더 잘 적응할 수 있었을 것이다.[56] 이 때문에 역사적 견지에서 볼 때 당시 리치가 확정한 선교책략은 최선책이었다고는 할 수 없다. 그러한 방식으로 리치가 책략을 확립한 것은 중국의 본토종교에 대

---

54 "陽排佛而陰竊其秕糠, 僞尊儒而實亂其道脈." 周駬方 編校, 앞의 책, 251쪽.

55 Iso Kerm, *Buddhistische kritik am Christentum im China des 17. Jahrhunderts*, Sankt Augustin, 1992.

56 彌維禮,「利瑪竇在認識中國諸神宗敎方面的作爲」,『中國文化』, 1990年 12月 참조.

한 그의 인식이 여전히 철저하지 못했음을 의미한다.

셋째, 천주교에 대한 불교의 반론으로 볼 때 이성적인 색채를 띠면서 많은 반박도 확실히 천주교의 문제를 드러냄과 동시에, 거기에는 유교문화의 기본적인 특징을 보여준다. 오랫동안 존재해온 화하중심론이나 화이지분華夷之分의 관념은 이들 유생들과 승려들의 시야를 제한했다. 이는 쉬광치 등의 '동서양의 회통'이란 시각과 서로 비교해볼 때 분명히 협애해 보인다.[57] 더해서 연구자들이 말한 바와 같이 천주교에 대한 이들 불교의 비판이 "물론 아주 강한 비판적 정신을 견지했지만 명나라 말기의 사상과 사회가 진정으로 필요로 하는 긍정적인 건설성이 부족했음은 조금도 의심할 여지가 없다."[58] 그러나 이러한 반박은 그 자체가 중국의 전통문화가 근대문화로 나아갈 때 필연적으로 발생하는 초조감을 반영한다고 할 것이다. 그것은 어떻게 하면 토착문화를 굳건히 지키면서 다른 외래문화를 열린 마음으로 받아들일 수 있을지가 그 논쟁의 관건이다. 이와 관련해서 우리에게 전수된 중요한 문화유산이 없는지 진지하게 되돌아볼 필요가 있다.

넷째, 쌍방 모두에게 종교적 관용정신이 결여되어 있었다. 이 논쟁은 양측 모두 전근대적 사유의 특징을 드러냄과 동시에, 현대문화의 관용정신이 결핍되어 있음을 보여준다. 종교가 표방하는 기본정신으로 보자면 특별히 종교의 관용을 논하는 것 자체가 기괴한 문제인 것 같다. 왜냐하

---

57 예를 들어 웨이쥔(魏浚)이 리치의 '만국전도(萬國全圖)'를 논하면서 "천문에 대해 이야기했던 쩌우옌(鄒衍, BC 305?~240?)은 중국이 천하의 8분의 1을 차지한다고 하면서 온 세상을 구주(九州)로 나누고 중국을 적현신주(赤縣神州)라고 했다. 이들의 황당무계함은 쩌우옌보다도 심하다"라고 말한 데서 알 수 있다. "談天衍謂中國居天下八分之一, 分爲九州, 而中國爲赤縣神州, 此其誕妄又甚于衍矣." 魏浚,「利說荒唐惑世」, 양광선 외, 안경덕 외역, 앞의 책, 242쪽.

58 何俊,『西學與晚明思想的裂變』, 上海人民出版社, 1998, 267쪽.

면 종교는 자애, 포용 등 정신을 표방할 뿐만 아니라, 관용은 모든 종교가 마땅히 실천해야 할 기본적인 표현이기 때문이다. 그러나 명말청초 불교와 천주교 논변의 역사를 대략 검토해 보면, 이렇듯 종교 분쟁이 두드러진 역사에서 상호 충돌할 때나 상호 원만할 때도 종교적 관용은 확실히 찾아보기 어렵다.[59]

2) 천학과 불학의 정치적 세력 다툼

명청시기 불교와 천주교의 다툼은 단순히 순수한 이론과 문화의 논쟁에 그치지 않고 양측의 생존을 위한 정치적 공간과도 연관된 문제였다. 이러한 점은 청초시기 순치제順治帝가 아담 샬Johann Adam Schall von Bell, 湯若望, 1591~1666과 무천민木陳忞, 1596~1674을 대하는 태도에서 더욱 깊이 인식할 수 있다.

순치조에서 샬이 받은 황제의 은영恩榮과 그 지위는 중국에 온 선교사들 중 유일했으며 그것은 중국역사에서도 흔한 일이 아니었다. 그러나 순치황제가 샬을 총애한 것은 계속되지 않았고 황제에게 미친 그의 영향력도 제한적이었다. 이는 모두 무천민을 대표로 하는 불교의 세력과 맞섰기 때문이다. 궁중의 환관들 중에는 불교를 믿는 이들이 비교적 많아서 무천민 선사와 환관들은 밀접하게 왕래했다. 무천민은 위린玉林, 1614~1675 선사가 산림으로 되돌아가면서 순치제에게 추천한 인물이다. 순치제는 불교를 믿은 뒤로 이들 선사들을 매우 존경하며 당조唐朝 시인 천선岑參, 715~770의 시를 필사해 톈퉁쓰에 증정했다.

---

59   周齊,『由明末淸初佛敎與天主敎之論辯看宗敎寬容之尺度』축약본.

어젯밤 침실에 봄바람이 불어오고,

아득히 샹쟝湘江의 미인을 그리워하네.

잠깐 잠든 베개 위의 춘몽 속에서

쟝난江南의 수천 리를 다 걸었도다.

洞房昨夜春風起, 遙憶美人湘江水.

枕上片時春夢中, 行盡江南數千里.

　이 시는 이미 세상을 떠난 둥비董妃에 대한 그리움, 다정다감한 천자, 미
인과 함께 했던 잊지 못할 시간을 표현한 것이다. 이렇게 순치제가 사적
인 감정을 승려들에게 스스럼없이 말할 수 있었다는 사실로 볼 때 그 자
신과 무천민의 관계가 얼마나 깊었는지 충분히 가늠할 수 있다. 더해서
이들 선사들의 영향 속에서 순치제가 한때 출가해 승려가 되려고 했던
것도 불교의 영향이 컸음을 알 수 있다. 순치 14년 10월 초 4일에 순치제
는 한푸憨璞 선사를 만선전萬善殿으로 불러서, 그에게 "예로부터 천하를 다
스리는 것은 모두 조상 대대로 전해 내려오는 것으로 매일 온갖 정무를
처리하느라 여유가 없다. 오늘날 불법 배우기를 좋아하는 것은 누구로부
터 전해 오는 것인가"[60]라고 물었다. 한푸는 대답하기를, "황상께서 바로
금륜왕金輪王으로 환생하고 전생에 대선근大善根, 善의 본성을 심어 큰 지혜를
갖게 된 것은 모두 천성적인 본성입니다. 그러므로 불법을 받아들이지 않
아도 저절로 선량한 것이고 배우지 않아도 스스로 영명해서 자연스럽게

---

60 "從古治天下, 皆以祖祖相傳, 日對萬機, 不得閑暇. 如今好學佛法, 從誰而傳." 陳垣,「湯
　　若望與木陳忞」, 羅光 外編,『民元以來的天主敎史論集』, 輔仁大學出版社, 1985, 114

천하의 지존이 되신 것입니다"[61]라고 했다. 순치제는 이러한 한푸의 말에 감복해 마음속으로 기뻐했다.

『북유록北游錄』의 기록에 따르면 순치제는 불교를 믿은 뒤로 밤에 능히 혼자 잘 수 있었고 이 일을 선사에게 알렸다. 선사는 "황제께서는 전생에 승려이셨기 때문에 아직도 그 많은 습성을 잊지 않으신 것입니다"[62]라고 말했다. 그러자 순치제는 "짐이 생각하기에도 짐은 전생에 승려였음이 분명하다"[63]라 했다. 또 이르기를, "재물과 처자식은 인생에서 가장 미련이 남고 버리기 쉽지 않다. 물론 짐은 재물에 연연하지 않거니와 처자식도 불현듯 풍운처럼 흩어지나니 크게 개의치 않는다. 모친이신 황태후 한 분만 마음에 걸리지 않는다면 짐은 노승을 따라 출가할 수 있다"[64]라고 했다. 순치제는 본디 진실되고 감정이 풍부한 사람이었기 때문에 만약 샬과 황태후의 만류가 없었다면 정말로 출가해 승려가 되었을 것이다. 당시 순치제는 이미 궁중에서 삭발하고 출가의 결의를 보였기 때문이다.

이로 보건대 샬이 순치제에게 미친 영향이 매우 제한적이었음을 알 수 있다. 그 영향력으로 말하자면 도리어 불교가 샬보다 훨씬 크고 중요했다. 천위안陳垣, 1880~1971의 분석에 따르면, "순치 8년에서 14년 가을까지 7년 동안은 샬의 세력이 지배했다. 반면에 순치 14년 겨울로부터 17년까지 이 4년 동안은 무천민 등의 세력이 지배했다"[65] 이로써 천주교와 불교

쪽에서 재인용.

61 "皇上卽是金輪王轉世, 夙植大善根, 大智慧, 天然種性, 故佛法不化而自善, 不學而自明, 所以天下自尊也." 위의 책.

62 "皇上夙世爲僧, 盡習氣不忘耳." 위의 책.

63 "朕想前身的確是僧" 위의 책.

64 "財寶妻孥, 人生最貪戀擺撲不下底. 朕于財寶固然不在意中, 卽妻孥覺亦風雲聚散, 沒甚關情. 若非皇太后一人罣念, 便可隨老和尙出家去." 위의 책.

65 위의 책, 128쪽.

가 청초 궁중에서 겪은 흥망성쇠의 역정을 알 수 있다. 그렇다면 천주교가 무엇 때문에 순치제의 최후시기에 열세를 면치 못했을까? 천위안은 그 원인을 다음과 같은 몇 가지로 분석한다.

첫째, 궁중 환관들의 세력 때문이었다. 순치제는 본래 불교를 믿지 않았다. 순치 10년에 순치제는 대학사 천밍샤陳名夏, 1601~1654와 천하의 대도를 논하면서 그러한 "말로 선동해 귀신을 쫓는" 사람들은 "인심人心을 현혹시키려는 것에 불과하다"라고 명확하게 말한 바 있다. 그런가 하면 순치제는 사람이 세상에서 "효자와 효순孝順한 손자를 생각하고 조부모와 부모를 추모하며 자신의 정성을 들이려고 승려들을 초청해 마음을 기울이면 어찌 진실로 복을 받을 수 있으랴"라고 했다.[66] 그러나 궁중의 환관들 중에는 불교를 믿는 자들이 상당히 많았다. 이들 선사들은 환관들과 좋은 관계를 유지했기 때문에 이것은 외적으로 일정하게 영향을 미쳤다.

둘째, 불교 선사들의 권고가 갈수록 영향력이 커졌다. 페터 바이트하스 Peter Weidhaas는 『아담 샬Johann Adam Schall von Bell』이란 저작에서 "순치제가 항저우에서 초빙한 가장 유명한 승려들이 그에게 우상을 완전히 믿으라고 권계勸誡했다. 샬은 이 현혹된 사람의 이성을 회복하려고 온 힘을 다했다. 그는 황제에게 엄중하게 상소했지만 황제는 조금도 언짢아하지 않았다. 도리어 황제는 '마파瑪法, 만주어로 尊師의 칭호로 아담 샬을 가리킴의 이 간언은 옳다'라고 했다. 그러나 얼마 지나지 않아 결국 승려들의 손안에 놀아나는 꼭두각시가 되었다. 그리고 샬은 마침내 불편함을 싫어하는 간언자로 몰려 한쪽으로 밀려나고 말았다"[67]라고 진술한다. 당시 순치제의 신변에 있었던

---

66 "動言逐鬼"; "不過是欲惑人心耳"; "思孝子順孫, 追思祖父母父母, 欲展己誠, 延請僧道, 盡心焉耳, 豈眞能作福耶." 위의 책, 114쪽에서 재인용.

67 위의 책, 129쪽에서 재인용.

승려들은 보통의 선사가 아니었다. 그들은 대부분 천주교와 직접적으로 논전을 벌였던 불교인들과 이러저러한 관계를 맺고 있었다. 한푸는 바이닝위안百凝元의 후계자이고 바이닝위안은 『파사집』을 편찬했던 퉁룽의 손자이다. 또한 퉁룽과 무천민은 모두 위안우의 계승자인데 위안우에게는 『변천설辨天說』이라는 저술이 있다. 퉁룽은 『파사집』을 편찬한 것 외에도 또한 『벽사설闢邪說』을 썼다. 천위안이 "무천민과 한푸는 본디 천주교와 이전부터 화합할 수 없는 사람들이었"라고 말한 이유가 여기에 있다.

셋째, 샬의 외학外學이 무천민만 못했다. 샬의 외학은 천문역법天文曆法이었지만 불교도들은 모두 세속적인 학문을 외학으로 삼았다. 이와 관련해서 천위안은 다음과 같이 진술한다.

> 두 사람은 외학이 전혀 달랐다. 샬의 외학이 천문역법이었다면 무천민은 당시 유학자의 학문을 외학으로 삼았다. 천문역산은 나라에 필요한 것이었지 제왕이 좋아하는 것은 아니었으므로 말이 무미건조했다. 반면에 유학자의 학문은 제왕이 평소에 익숙한 터라 쉽게 의기투합할 수 있었다. 뿐더러 샬이 외학으로 처세하며 천주의 이치를 논하면 그 기세가 역행되었다. 무천민은 선禪으로 처세하며 외학을 전개하면 그 기세가 순조로웠다. 이런 이유에서 결국 무천민이 승리하게 된 것이다.[68]

무천민은 중국인이었으므로 중국의 고전이나 문장에 익숙했다. 따라서 순치제와 서예의 도를 논하고 소설의 우열을 품평할 수도 있어서 두 사람이 함께 있을 때는 항상 가사를 읽고 시를 논하면서 감흥이 충만했

---

68 위의 책, 122쪽.

다. 이것은 샬이 할 수 없는 일이었다. 이렇게 순치제는 무천민과 어울릴 때는 단조롭고 무미건조했던 샬과는 달리 즐겁고 재미가 있었다. 이러한 현상은 다음과 같은 사실을 설명해준다.

외래문화였던 불교는 이미 중국문화 속에 융화되어 있었다. 그에 반해서 천주교는 이제 막 중국에 들어왔기 때문에 중국문화의 핵심 문제, 중국인의 정서 이해, 선교사의 문화 지식 함양 등에서 불교와는 근본적으로 비교가 되지 않았던 것이다.

순치제는 심지어 붕어하던 해에 천주교에 반대하는 무천민 등의 주장에 동의했다. 그러면서 순치제는 무천민에게 승려 위안우가 쓴 천주교 비판서를 읽어보았냐고 하문했다. 무천민은 읽었다고 말하자 순치제는 이어서 "샬이 일찍이 (천주의 책을) 진상한 적이 있어서 짐 역시도 잘 알고 있다. 천하 고금古今에 황당무계한 설은 이보다 더한 책은 없을 것이다. 무슨 연유로 이다지도 세상을 어지럽힌단 말인가. 진실로 이해할 수가 없다"[69] 라고 했다. 순치제는 기독교에 반대하는 어지御旨를 반포하려고 했지만 일찍 세상을 떠나는 바람에 일이 그 단계로까지는 확대되지 않았다.

사실 순치제는 샬이라는 이 연로한 고문이자 친구에게 호감을 잃은 적은 없었다. 그러나 생애 마지막 시기에는 그와의 관계가 갈수록 소원해졌다. 황제의 새로운 생활 취향은 샬이 신봉하는 모든 규범과 맞지 않았다. 이러한 상황에서 샬이 계속해서 올리는 구두나 서면상의 충고는 황제의 입장에서는 여간 번거롭고 귀찮은 일이 아닐 수 없었다. 그 권고들은 순치제 자신이 싫어하는 것들이어서 더 이상 하지 않기를 바랐다. 그러나 젊은 황제는 갑자기 죄책감을 느껴 1660년 7월 28일에 샬에게 은연중에

---

69 "湯若望曾將進御, 朕亦備知其詳, 意天下古今荒唐悠謬之說, 無逾此書, 何緣惑世, 眞不可解." 위의 책, 129~130쪽에서 재인용.

미안함을 표하는 간단한 약식 편지를 보냈다. 그 내용은 다음과 같다.

그대의 규칙천주교은 광범위하게 전파되었다. 또한 그대의 노력으로 천문과학도 이미 널리 알려졌다. 이렇게 제국을 위해서 그대의 일을 계속하라. 부디 황제의 기쁨과 노여움을 마음에 두지 말라! 그대는 국가를 어떻게 관리해야 하는지를 잘 안다. 이를 감안할 때 그대는 짐을 찾아와 우리 함께 이 문제를 토론하자. 샬, 이러한 짐의 뜻을 마음속에 간직하기를 바란다.[70]

그럼에도 불구하고 순치제를 쟁취하려는 투쟁에서 결국 샬은 철저하게 패배했고 불교가 완전한 승리를 거두었다. 그러나 천주교는 민간에서든 황궁에서든 간에 명말청초에 이미 정치생활과 정신생활에서 비교적 중요한 영역이 되었다. 우리는 근대로 발전해가는 중국문화의 역사과정과 대면할 때 이 문제를 직시해야 한다. 또한 샬이 한학자로서 당시 선교사들 중에서 가장 출중한 인물이기는 했지만 중국문화의 핵심이나 정서를 이해하고 파악하는 데는 여전히 상당한 한계를 보였다. 이것은 선교사 한학이 서양 한학의 한 형태로서의 문제점을 심각하게 노정한 것이다.

3. 글을 마치며

이상으로 명말청초 서양 종교 사상의 전래에 따른 중국 유·불교계 지식인의 반응을 주로 비판적 조류인 반기독교 문헌과 그 논쟁에 초점을

---

70 鄧恩, 余三樂·石蓉 譯, 『從利瑪竇到湯若望－晚明的耶穌會傳敎士』, 上海古籍出版社, 2003, 337쪽.

맞추어 분석·고찰해보았다. 이러한 담론지형은 동서양 두 문명 간의 충돌, 미시적으로는 양자문화의 길항과 접합이나 그 이면에 내재된 기독교의 동아시아화, 즉 수용자^{중국}의 관용과 전파자^{선교사}의 적응 등을 이해하는 데 유익한 문명사적 단초와 이론 모델을 제공한다. 당시 예수회 선교사 한학자들이 수행한 서양문화의 중국 전파는 근대 이후 서구제국주의나 오리엔탈리즘Orientalism과는 달리 국가 간의 이익이나 충돌과는 무관했으며 비교적 순수한 문화 충돌이자 융합의 과정이었다. 실제로 유가 사상과 기독교 사상은 동서양의 서로 다른 문화적 표현 형식이므로 우열이 있을 수 없다. 자크 제르네의 분석에 따르면 16~18세기 동서양의 대화에서 "선교사들은 중국의 문인들처럼 무의식중에 전체 문명의 대표자 격이 되었다. 그들이 이처럼 자주 전통의 어려움을 겪게 된 데는 서로 다른 세계관과 인생관, 그리고 상이한 논리와 언어로 표현하는 까닭일 것이다".[71] 제르네는 이러한 문화의 대화를 통해서 중국문화와 서양문화의 본질적 차이를 밝히고자 했다. 더해서 중국의 기독교화가 불가능하다는 지적은 일정 부분 틀리지 않는다.

사실 마테오 리치는 유교와 기독교의 융합체인 천학 이론을 창안했지만 이론적으로는 동서문화의 회통문제를 해결하지 못했으며 오늘날까지도 이 문제는 여전히 과제로 남아 있다. 그러나 명말청초 중국의 반기독교 논쟁에서 선교사들이나 천주교를 반대하는 중국 지식인들이 주목한 것은 두 문화가 서로 만난 뒤에 발생한 문제를 드러내는 데 있었다. 그런 점에서 제르네의 문제는 본질적으로 구별되는 두 문화도 여전히 회통될 수 있다는 사실을 인지하지 못했다는 데 있다. 더욱이 이러한 회통은

---

71 謝和耐, 앞의 책, 3쪽.

더 이상 기존의 두 문화일 수는 없고 새로운 문화의 변이체인 것이다. 최근 몇 년간 많은 기독교 이론의 연구자들은 여전히 있는 그대로의 본래적 기독교를 중국에 소개해야 한다고 주장한다. 그들은 문화교류의 역사에 대한 식견이 빈약하기 짝이 없다. 뿐더러, 동서문화가 조우해서 생긴 문제에 대한 이해 수준이 리치만도 못하다는 사실은 매우 아쉽다. 이것이 명청시기 동서문화교류라는 일단의 역사가 주목되는 이유이다. 이론은 반드시 역사의 검증을 받아야 하며 역사는 이미 이론에 그 발전의 방향을 제시했다. 따라서 역사 속에서 지혜를 얻어야 할 것이다.

16

프랑스 예수회 한학시대 (1)

색은주의 한학자 조아셍 부베

1. 프랑스 예수회 한학과 색은주의

1) 프랑스 예수회원의 중국 진출

중국 교구는 양광셴楊光先, 1597~1669의 교안을 겪은 뒤로 세력이 크게 경감되었다. 당시 중국 교회의 책임자 페르디난드 페르비스트Ferdinand Verbiest, 南懷仁, 1623~1688는 유럽이 되도록 빨리 선교사를 중국으로 파견해줄 것을 희망했다. 펠리페 쿠플레Philippe Couplet, 柏應理, 1624~1692가 유럽으로 귀환한 것은 페르비스트의 위탁을 받아 유럽에 가서 새로운 선교사를 모집해 중국으로 데려오기 위해서였다. 1684년 9월, 쿠플레는 초청에 응하여 프랑스에 가서 베르사유 궁전Chateau de Versailles에서 프랑스 왕을 만났다. 이것은 매우 중요한 회견으로서 프랑스가 시선을 중국으로 돌리기 시작했음을 상징했다. 일찍이 1660년에 프랑스의 선교사 팔뤼François Pallu의 추진으로 선교회의 조항에 "중화 제국, 자오저우膠州 왕국, 코친 차이나Cochin China, 交趾支那에서 포교와 무역 관계를 구축한다"고 규정했다.

1664년에 설립한 프랑스의 동인도회사는 이미 무역을 중국으로 확대시키기 시작했다. 공문서의 기록에 따르면 "약 1660년에 유럽의 극동 항해 선박은 2만 척 정도로 추정된다. 그 중 네덜란드가 대략 1600척을 차지했고 프랑스는 600척이 채 안 되었다"[1]고 했다. 그러나 17세기 말 독일

---

1   利奇溫, 『十八世紀中國與歐洲文化的接觸』, 商務印書館, 1962, 15쪽.

은 한창 대동맹전쟁War of the Grand Alliance의 어려움 속에 있었고 스페인 왕실은 내홍을 겪고 있었다. 그러나 프랑스의 경우는 그 세력이 뚜렷이 상승해 신속하게 극동의 해외 세력을 넓히고자 했다. 동시에 프랑스의 문화와 과학 또한 이 시기에 빠른 속도로 발전하고 있었다. 프랑스는 1663년에 인문학 & 문학 아카데미l'Académie des inscriptions et belles-lettres를 설립했고 1666년에는 과학 아카데미l'Academie des Sciences를 세웠다. 프랑스는 날로 유럽문화와 과학의 중심지가 되어갔고 당시 프랑스의 과학 아카데미는 이미 태평양, 대서양, 지중해, 미주 등지로 과학시찰단을 보낸 상태였다. 그러나 유독 중국만이 포르투갈의 세력 범위에 있었기 때문에 이 일을 줄곧 추진하지 못하고 있었다.

루이 14세Louis XIV는 극동의 상업, 과학, 문화, 정치 방면에 대한 프랑스의 힘을 발전시킨다는 견지에서 직접적으로 중국에 선교사를 파견하자는 그의 대신 콜베르Colbert, 1619~1683의 건의에 동의했다. 1685년 1월 28일, 루이 14세는 친히 임명서에 서명하면서 "우리의 해운 사업이 더더욱 안전하고 우리의 과학기술이 나날이 발전하고 또한 안정적으로 결실을 맺기 위해서 우리는 이미 충분한 준비를 해왔다. 아울러 유럽에서 일부 현지 조사 능력이 풍부한 학자들을 인도와 중국에 파견할 필요가 있다고 생각한다. 이 목표에 맞춰 심사한 끝에 예수회의 몇몇 신부들이 가장 적격한 인물로 선택되었다. 우리는 그들의 뛰어난 재능을 살핀 결과 대단히 신임할 만하다고 판단해서 내 왕국의 권력으로 이들을 '왕가 수학자'로 선발함과 동시에 국왕의 특별 허가에 따라 임명한다"[2]고 천명했다.

일차로 뽑힌 여섯 명의 '왕가 수학자'는 장 드 퐁타네Jean de Fontaney, 洪若翰,

---

2   朱靜 譯, 『洋敎士看朝廷』, 上海人民出版社, 1995, 13쪽.

1643~1710, 장 프랜시스커스 제르비용Jean Franciscus Gerbillon, 張誠, 1654~1707, 루이 다니엘 르 콩트Louis Daniel Le Comte, 李明, 1655~1728, 클라우드 드 비스델루Claude de Visdelou, 劉應, 1656~1737, 조아셍 부베Joachim Bouvet, 白晉, 1656~1730, 기 따샤르Guy Tachard, 1651~1712였다. 캄보디아Cambodia를 지날 때 따샤르는 시암Siam, 태국에 남았다.

1687년에 이 다섯 명의 프랑스 예수회 선교사들은 닝보寧波를 경유해서 상륙했다. 그런 다음에 양저우揚州를 거쳐 베이징北京에 도착했다. 이 특수한 상경 노선은 중국에 온 프랑스 예수회원이 재중 포르투갈 예수회원의 통제에서 벗어나 이제 포르투갈과 프랑스가 공동으로 주관하는 중국 선교시대로 진입하기 시작했음을 상징한다. 이 다섯 명의 프랑스 예수회원은 몸에 탁월한 기예들을 갖추고 있었기 때문에 강희제康熙帝의 후원과 신임을 매우 빠르게 얻어낼 수 있었다. 이 신임은 비스델루가 자신이 가지고 온 약품 키니네quinine, 金鷄納霜를 강희제에게 바쳐 그의 학질을 낫게 한 것에서부터 제르비용이 중국과 러시아의 네르친스크Nerchinsk조약 협상에서 훌륭히 임무를 완수해 계약이 순조롭게 체결되었을 때 최고조에 달했다.

1692년, 바야흐로 프랑스 선교사의 노력으로 강희제는 그 유명한 선교 공식 허가 명령을 내리게 된다. 1693년에 부베는 강희제의 명령을 받고 프랑스에 가서 프랑스의 선교사를 모집해 돌아왔다. 같은 해 7월, 강희제는 프랑스 예수회원이 단독으로 사용할 수 있는 교회당, 즉 베이탕北堂을 독자적으로 재건하겠다는 요구를 승인했다. 이렇게 프랑스의 내화來華 예수회원은 중국에서 자신들의 독특한 지위를 확립했다. 이런 점에서 폴 펠리오Paul Pelliot, 1878~1945는 "루이 14세가 파견한 예수회원들은 1688년에 중국에 도착해 포르투갈 수사와는 별개의 독립된 특별한 그룹을 형성했다. 그들은 갈수록 점점 더 자신의 능력을 과시했고 그 세력을 강화해 나갔다"[3]고 말한 바 있다.

2) 프랑스 예수회원의 한학 연구 성과

중국에 온 프랑스 예수회원이 이전의 내화 선교사와 구별되는 특별한 점은 선교 사명 외에도 프랑스 국가 과학원이 부여한 과학 연구의 사명을 맡았다는 사실이다. 이 때문에 그들은 중국에 온 뒤 중국의 역사, 문화, 자연에 대한 연구를 더욱 자각하고 있었다. 예컨대 퐁타네는 중국에 오자마자 프랑스 과학원에 편지를 써서 자신이 중국에서 수행해야 할 연구 계획과 임무를 다음과 같이 서술하고 있다.

첫째는 중국의 천문학과 지리학이다. 중국 관상대에 부합되게 관찰하기 위해서 매일 중국에서 하늘을 살폈다. 둘째는 중국 고금古今 통사, 한자漢字의 기원이다. 셋째는 중국의 동식물과 의학 등의 자연과학사이다. 넷째는 자유로운 칠예七藝, 공예를 포함한 여러 분야의 예술사이다. 다섯째는 중국의 현재 상황, 국가 치안, 정국, 습속, 지하자원, 산물 등이다.[4]

이처럼 이 연구 계획은 광범위하고 주도면밀하다. 동시에 목표가 명확하고 분류 또한 알기 쉽다. 이것은 현대 한학漢學, 중국학의 연구와도 별 차이가 없음을 알 수 있다.

이러한 자각성에 근거해 내화 프랑스 예수회원은 중국문화의 연구에서 역사상 유례가 없는 성과를 이룩했다. 그들은 프랑스의 『과학 아카데

---

3   葉理夫, 「法國是如何發現中國的」, 『中國史硏究動態』 3, 1981, 27쪽.
4   위의 책, 29쪽.

미 논총』 제7권에 중국의 자연, 수학, 천문학, 지리학과 관련된 여러 분야의 자료들을 발표했다. 그리고 제8권에는 중국 연대학과 관련된 논저를 발표했다. 프랑스의 과학자들은 그들의 연구를 높이 평가하면서 "이러한 현지 조사 작업은 인도 아니면 중국에서 진행된 것들이다. 그들은 과학 아카데미의 자랑이라고 일컬을 만하다. 왜냐하면 저술가들은 과학원의 협력과 과학원의 지시에 따라 업무를 수행했기 때문이다"[5]라고 했다.

내화 프랑스 예수회원들은 줄곧 이러한 전통을 지켜나갔다. 그 이후로 중국에 온 선교사 중에 프랑스의 예수회원 인재가 배출되었다. 예를 들면 도미니크 파레닌Dominique Parrenin, 巴多明, 1665~1741, 조세프 프레마르Joseph Henry Marie de Prémare, 馬若瑟, 1666~1736, 드 마이야Joseph-François-Marie-Anne de Moyriac de Mailla, 馮秉正, 1669~1748, 장 밥티스트 레지스Jean-Baptiste Régis, 雷孝思, 1663~1738, 앙투안느 고빌Antoine Gaubil, 宋君榮, 1689~1759, 마리 아미오Jean-Joseph Marie Amiot, 錢德明, 1718~1793 등은 저서가 많다. 그리고 한학漢學 연구에서도 매우 높은 성과를 이룩했다. 내화 프랑스 예수회원은 선교사 한학을 정상으로 끌어올림으로써 그야말로 선교사 한학의 수준과 성과를 과시했다고 할 수 있다.

만일 1552년에 프란치스코 하비에르Franciscus Xaverius, 沙勿略, 1506~1552가 상촨다오上川島에 상륙한 때를 서양 선교사 한학의 기점으로 삼는다면 프랑스 예수회원이 중국에 들어오기 전, 즉 1552년에서 1687년까지의 이 135년 동안 선교사 한학은 엄청난 성과를 이룩했다. 이들 선교사 한학자들은 이미 중국의 문화나 경전을 깊이 연구하기 시작했다. 또한 그들은 중국에서 장기간 생활하면서 중국어와 서구어로 중요한 저작을 집필하기 시작했다. 이 135년간은 선교사 한학의 초창기라고 할 수 있다. 그와

---

5   위의 책, 27쪽.

더불어 타이완臺灣 학자 왕이王漪는 1687년 프랑스 예수회원이 중국에 온 것은 선교사 한학의 새로운 시기가 열렸음을 의미한다고 했다. 그는 프랑스 예수회원의 도래는 내화 선교사 한학 발전사의 하나의 분수령이 되었다고 인식한 것이다.

<표 1> 1552~1687년 재화 예수회원 국적 통계(1552~1687年在華耶穌會士國籍之統計)

국적	인원 수	백분율	비주
포르투갈	65	43.9	
이탈리아	35	23.6	
프랑스	14	9.5	
스페인	8	5.4	
기타	26	17.6	스위스, 게르만, 폴란드, 벨기에 등
총계	148	100%	

<표 2> 1687~1773년 재화 선교사 국적 통계(1687~1773年在華敎士國籍之統計)

국적	인원 수	백분율	비주
포르투갈	81	37.7	
이탈리아	26	12.1	
프랑스	85	39.5	
기타	23	10.7	
총계	215	100%	

<표 3> 1552~1687년 선교사 한학 저작의 수량화 분석(1552~1687年敎士漢學著作之量化分析)

분류	수량	백분율	비주
1. 종합 보도	21	30.4	
2. 전례 문제	17	24.3	
3. 역사	11	16	
4. 천문지리	2	2.9	
5. 종교철학	3	4.3	
6. 자연철학	2	2.9	
7. 번역서	4	5.8	
8. 사전과 문법	9	13	
총계	69	100%	

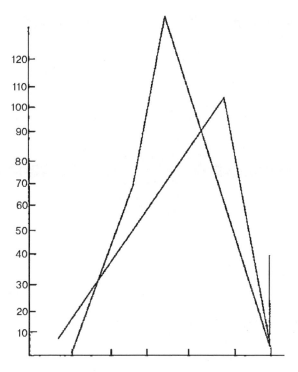

1552~1687년 선교사 중서문 저술 연도별 통계도
(1552~1687年傳敎士中西文著作逐年統計圖)

<표4>

내용	백분율	1552~1687년 비교	
		수량	백분율
1. 종합 보도	21.4	+48	-9
2. 전례 문제	8	+9	-16.3
3. 역사	7.8	+14	-8.2
4. 천문지리	17.4	+54	+14.5
5. 종교철학	9.7	+28	+5.4
6. 자연철학	13	+40	+10.1
7. 번역서	13.4	+39	+7.6
8. 사전과 문법	9	+20	-4.04

루이스 피스터의 목록에 따르면	
1552~1687	1687~1773
작품 총수 : 644	작품 총수 : 745
작자 : 74명(48.3%)	작자 : 99명(47.1%)
한학과 관련된 저작 : 69(11%)	한학과 관련된 저작 : 353(47.3%)

루이스 피스터의 목록에 따르면	
작자 : 28명(37.8%)	작자 : 55명(55.6%)
그중 포르투갈 선교사 : 35.7%	그중 프랑스 선교사 : 64.2%
이탈리아 선교사 : 35.7%	포르투갈 선교사 : 14.2%
포르투갈 선교사 작품 : 36.5%	프랑스 선교사 작품 : 83%
이탈리아 선교사 작품 : 30.7%	
1632~1773년 도미니코회원의 작품 통계	
작품 총수 : 715	
작자 : 53명	
한학과 관련된 작품 : 62(9%)	
이 62 작품 중에서	
전례논쟁 : 40(64.5%)	
언어문자 : 12(19.3%)	
기타 : 10(16.1%)	

우리는 이 네 도표를 통해서 프랑스 내화 예수회원이 중국어 연구 성과에서 장족의 발전을 거두었음을 알 수 있다. 그들이 처음 중국에 들어온 것을 계기로 프랑스 예수회원을 주체로 하는 선교사 한학시대가 시작된 것이다. 프랑스 내화 예수회원의 한학 저작은 대단히 방대한 까닭에 여기서 일일이 다 열거하거나 소개할 수는 없다. 그 가운데서도 이 시대를 통틀어 부베, 프레마르 등의 '색은素隱 사상'은 특기할 만하다. 말하자면 색은주의Figurism를 표방한 프랑스 예수회원의 탁월한 연구 성과는 '유럽 선교사 한학' 발전의 절정을 보여주기 때문이다.

3) 색은주의의 사상적 연원

부베 등 예수회원의 색은주의 사상을 이해하기에 앞서 우리는 "Figurism"이라는 이 단어의 기본 개념부터 숙지해야 할 것이다. 『라루스백과사전Grande Larousse Encyclopédie』의 "Figurism" 항목을 보면 "색은주의 사상은 기독교의 『구약』에 대한 숨은 진리를 찾아내는 식의 주석 방법을 말한다. 이 방법은 『구약』에 기록된 구체적인 사건에 내포된 상징적 의미를 연구해 성경인 『구약』에 감추어진, 즉 미래의 신앙 비밀의 발전 정황 및 교회의 역사 발전을 드러내는 것이다"[6]라고 풀이한다. 이 방법은 고린도전서 Korintherbrief의 10장 6절과 11절이 출발점이 되는데 그 속에 "Haec autem in figura facta sunt이러한 일은 우리의 본보기가 되리라" 및 "Haec autem omnia in figura contingebant illis그들에게 일어난 이런 일은 본보기가 되리라"라는 구절이 등장한다. 여기서 "Figura"라는 말은 그리스어 "Typos"의 번역이다.[7]

이와 같이 색은주의는 서양 신학 사상 해석의 한 전통이라고 할 수 있다. 그렇다면 무엇 때문에 이러한 색은방식으로 성경인 『구약』을 연구하려고 했을까? 그것은 기독교 탄생 초기에 유대교도와 기타 이교도의 기독교에 대한 비난에 대응해야 했기 때문이었다. 다른 종교에서는 기독교를 역사가 없는 완전히 새로운 종교로 치부했다. 이를 논박하기 위해서 알렉산드리아 학파Exegetenschule von Alexandrien는 자체적으로 다음과 같은 목표를 확정했다.

첫째, 유대교도로 말하자면 기독교가 매우 새로운 것이기는 하지만 그 사상은 『구약』에 기원한다. 그리고 여기서 『구약』이란 『신약』과는 별도로 하느님의 예언을 명시해주는 중요한 근원이기도 하다. 이처럼 유대인의 『구약』에 대한 존경을 인정한다.

둘째, 그리스인에 대해서는 성경인 『신약』, 『구약』과 그리스 플라톤Platon, 신플라톤 철학 사상의 관계를 조화시킨다. 이를 통해 이른바 기독교는 "이성이 결여되어 있다"라는 견해를 반박한다.

---

6   "Figurism"의 설명은 『라루스백과사전(*Grande Larousse Encyclopédie*)』 4권, 1961, 1009쪽 참조.

7   Claudia von Coliani, *P.Joachim Bouvet S. j. Sein Leben und sein Werk* 1, Steyler Verlag 1985. 이하 JB로 약칭.

색은파 방법의 배후에는 하나의 신념이 존재한다. 즉『신약』에 상세히 설명된 구은사求恩史, 수난사, 그리고 깊고 신비한 신앙과 교회의 발전은『구약』속에 발견된다. 그러나 오직 그 내막을 아는 소수의 사람만이 이를 해독할 수 있다. 이 때문에 다음의 사항이 전제된다.『구약』의 내재적인 의미는『신약』을 위해 준비하고『신약』의 내용을 지시하는 데 있다. 그러나 이러한 준비 작업과 지시 내용은 결코 문자의 표면적 뜻으로는 전달되지 않고 자모字母 문자의 뒤에 감추어져 있다.[8]

『신약』과『구약』에는 공통의 하느님이 존재하는데 이 하느님이 바로 선지자들이 예언한 절대자이다. 그러나 모든 사람이 다 이 사실을 이해할 수 있는 것은 아니다.『구약』의 난해하고 심지어 모순적인 단락 이면에 숨겨진 참뜻은 오로지 성령의 도움으로만 이해될 수 있다. 최종적으로『구약』에 대한 정확한 설명은 필연적으로 사람들을 예수 그리스도의 품으로 인도할 것이다.

이러한 성경 해석 방법은 다음과 같은 사실을 설명하는 데 있다. 이를테면 "절대로『성경』은 단순히 문자로만 역사 사실을 진술하는 책이 아니다. 그것은 역사 사건에 대한 이야기를 통해서 그 항구적인 계시의 본질을 펼쳐 보임은 물론, 그 계시를 통해 유대교도와 이교도 역시 똑같이 진리를 획득하게 한다. 그리고 이 진리들은 형체·부호·우언·상징적 형식으로 전개된다즉 이른바 상징주의".[9] 이로 보건대 부베가 채용한 색은파의 성경 해석 방법은 서양에서 상당히 깊은 역사적 전통이 있음을 알 수 있다.

8   JB 2; Pesch, Otto Hermann, *Kommentar zu Thomas von Aquin : Summa theologica*, XIII : Das Gesetz, Heidelberg 1977.

9   Michael Lacker, "Jesuit Figurism", Thomas H. C. Lee edited, *China and Europe*, The Chinese university of Hongkong, 1991, p.129.

중국으로 말하자면 이 '색은'이라는 개념은 중국 고서인 『주역周易』에 맨 처음 등장한다. 즉 "깊숙한 것을 탐구하고 은밀한 것을 찾아내며 깊은 것을 낚아내고 먼 것을 이루어 천하의 길흉을 정함으로써 천하의 힘써야 할 일을 이룸은 시귀蓍龜보다 더 큰 것이 없다"[10]라 했다. 차이위안페이蔡元培 선생은 『석두기색은石頭記索隱』에서 '색은'에 대해 '품행상류品行相流', '질사유증軼事有證', '성명상관姓名相關'이라는 세 가지 의미를 부여했다. 그리고 『홍루몽紅樓夢』을 연구하는 기본방법은 "비슷한 것끼리 엮어 옆에까지 통하고觸類旁通 자신의 생각으로 글쓴이의 뜻을 받아들인다以意逆志"라고 생각했다.[11] 그가 색은을 채용해서 'Figurism'를 번역한 것은 대체로 한문의 원의를 유지한 것이다. 주의해야 할 것은 부베가 서양의 성경 해석 방법을 취해 중국의 고전문헌을 연구할 때 변천된 중국학술사상의 영향도 동시에 받았다는 사실이다. 청초淸初시기에는 학풍이 크게 변해서 고증학파가 한창 흥기할 때였다. 부베와 리광디李光地 간, 프레마르와 류닝劉凝 간의 상호적인 영향 관계도 깊이 연구해야 할 부분이다.

2. 색은주의 한학자 부베

1) 부베의 생애

조아셍 부베는 1656년 7월 18일 프랑스 르망Le Mans에서 출생했다. 그의 부친 르네 부베René Bouvet는 그 지방 고등 법원의 법관이었다. 부베에게는 두 형제와 두 자매가 있었다. 그는 어렸을 때 "공부를 위해 라 플레슈La

10 『周易』,「繫辭上傳」, "探賾索隱, 鉤深致遠, 以定天下之吉凶, 成天下之亹亹者, 莫大乎蓍龜."
11 『石頭記索隱』, 浙江敎育出版社, 1993, 1011·1055쪽 참조.

Flèche에 있는 예수회 학교 앙리 4세$^{Henri IV}$로 보내졌다. 여기서 미래의 진로에 가장 중요한 기초를 다지게 된다. 당시 라 플레슈의 예수회 학교는 다른 학교와 똑같이 일부 통상적 의미의 교과목만을 가르치지 않았다. 그것은 실제로 하나의 종합 학교로서 문법에서 신학까지 거의 모든 과정이 개설되어 있었다".[12]

부베는 책을 통해서 감동적인 중국 선교사의 이야기를 전해 들었다. 젊었을 때부터 그는 줄곧 프란치스코 하비에르, 마테오 리치$^{Matteo Ricci, 利瑪}$ $^{竇, 1552~1610}$를 자신의 우상으로 삼았다. 또한 자신의 꿈인 중국 선교의 실현을 위해서 1673년 10월 9일에 예수회에 가입했다. 부베는 이 일에 관해서 "나는 중국 사절단에 헌신하기로 결정했는데 내가 예수회에 가입할 때부터 이미 그럴 작정이었다"[13]라 쓰고 있다. 이후로 부베는 클레르몽^{Clermont}에 위치한 유명한 루이 르 그랑$^{Louis-Le-Grand}$학원에서 천문학을 배웠다. 뒷날의 역사가 증명해주듯이 여기서 학습한 수학은 그의 중국 생활에 매우 중요한 영향을 미쳤다.

당시 재화在華 예수회원 펠리페 쿠플레가 유럽으로 돌아왔는데 유럽에서 그의 활동은 매우 큰 반향을 일으켰다. 그가 유럽에 온 목적 중의 하나는 다름 아닌 새로운 선교사를 모집해서 중국으로 데리고 가는 것이었다. 부베는 자신의 이상을 실현하기 위해 직접 쿠플레를 찾아가 자신의 중국 선교의 포부를 피력했다. 그곳에서 그는 우연히 예수회원 장 드 퐁타네를 알게 되어 국왕 루이 14세의 중국 선교단 파견 계획을 전해 듣게 된다. 부베는 즉시 퐁타네에게 신청서를 제출했다. 최종적으로 부베, 클라우드 드

---

12 Claudia von Coliani, *P.Joachim Bouvet S. j. Sein Leben und sein Werk*, Steyler Verlag 1985. 이하 JB로 약칭.

13 JB. 10

비스델루, 기 따샤르, 장 프랜시스커스 제르비용, 루이 다니엘 르 콩트가 선발되어 당시 천문학에 다소 조예가 깊었던 퐁타네가 이 그룹의 책임자가 되었다.

긴박한 준비 과정을 끝마치고 "브레스트Brest에서 그들은 프랑스가 파견한 시암 특사 마르키 드 쇼몽Marquis de Chaumont에게서 국왕의 여행 명령 Reisebefehl과 '국왕의 수학자' 위임장을 받았다. 그리고 3월 3일에 각각 으와조Oyseau호와 말린Maligne호로 명명된 두 척의 배는 마침내 브레스트에서 돛을 올리고 출항했다".[14] 부베 일행은 이 배를 타고 천신만고 끝에 1686년 3월 23일에 중국의 닝보寧波항에 도착했다. 부베는 이번 여행에 관해서 자신의 『여행일기Journal des voyages』에 자세히 기술하고 있다.[15]

이후 베이징에 도착한 뒤, 부베는 제르비용과 함께 토마스 페레이라 Thomas Pereira, 徐日昇의 알선으로 강희제를 알현했다. 황제는 이들 두 사람을 베이징에 머물도록 했다. 이 두 신부는 한동안 만주어와 한어 학습에 정진하면서 강희제를 가르치기 시작했다. 그들은 다른 학문 말고도 강희제에게 기하학을 가르쳤는데 이 일은 매우 고된 임무였다. 1691년, 부베는 중국 황궁에서 지내면서 지금까지 이 시기보다 더 어려운 때는 없었다고 기록하고 있다. 이들 두 사람은 포르투갈 선교사 관할인 하이뎬海澱의 시탕西堂에 거주하면서 매일 창춘위안暢春園에 가서 두 시간 동안 진강했다. 늦지 않기 위해 그들은 새벽 4시에 일어나야 했고 어떤 때는 저녁 시간까지 그 다음날의 강의를 준비해야 했다.

강희제는 기하학 외에 철학에도 큰 관심을 보였다. 그들은 철학을 강해

---

14 JB. 15
15 Claudia von Collani edited, *Joachim Bouvet, S. j. Journal des voyages*, Taipei Ricci Institute, 2005.

할 때 황제에게 종교의 진리를 효과적으로 주입할 수 있었기 때문에 더욱 많은 정성을 쏟았다. 부베와 제르비용은 만주어로 뒤아멜Duhamel의 고금古今 철학 사상을 설명하는 책을 지었다. 뒤아멜은 황가 과학원의 걸출한 철학자로서 그의 이론은 세밀할 뿐더러 명석하고 순결하기로 유명했다. 그러나 얼마 지나지 않아 철학 교수과정은 강희제의 발병으로 중단되고 말았다.

또한 강희제는 병이 채 완쾌되기도 전에 관심이 의학과 해부학으로 옮겨 갔다. 부베와 제르비용은 만주어로 또 그와 관련된 8권의 강의 원고를 쓰지 않을 수 없었다. 강희제는 이 강의 원고를 받았지만 판각하지는 않았다. 그 뒤로 황제는 또 질병의 물리적 원인에 관해 알고 싶어 했기 때문에 그들은 2~3개월간의 공을 들여 이와 관련된 18편의 글을 지었다. 강희제는 이들의 근면성에 크게 기뻐한 나머지 때때로 상을 내렸다. 물론 가장 중요한 것은 "강희제가 기독교에 흥미를 갖게 되었다는 사실이다. 황제는 기독교에 관한 글들을 상당히 많이 읽었고 특히 '리치의 책'[16]을 높이 평가했다. 사람들은 강희제가 조금도 의심하지 않고 기독교의 신성한 교의와 그것이 중국 전파에서 거둔 성공에 비추어볼 때 언젠가는 이 종교가 본 제국의 중요한 종교가 될 것이라고 말한 것을 자주 듣곤 했다."[17]

강희제는 부베, 제르비용과의 교제를 통해 프랑스의 상황을 이해했고 그 역시 중국에서 프랑스와 같은 과학원 설립을 희망했다. 그리하여 부베에게 유럽에 가서 선교사들을 모집해서 중국으로 데려오도록 지시했다. 아울러 루이 14세에게 보내는 예물과 서적을 함께 가져가도록 했다. 부베가 파리에서 행한 가장 중요한 공적은 다름 아닌 『중국황제전Histoire de

---

16   여기서 말하는 책은 아마도 리치가 지은 『천주실의(天主實義)』일 것으로 판단된다.
17   JB. 20

l'Empereur de la Chine 』을 집필해 프랑스에서 출판한 일이다.

1698년, 부베는 새로운 선교사의 모집 임무를 순조롭게 완수했다. 프랑스 국왕 루이 14세는 '앙피트리테L'Amphitrite호' 상선의 중국 최초 항해를 비준했다. 부베는 프랑스 왕이 강희제에게 증정하는 예물을 가지고 이 배를 타고 중국으로 되돌아왔다. 그리고 그가 모집한 예수회원 도미니크 파레닌, 조세프 프레마르, 장 밥티스트 레지스 등도 함께 동행했다.[18]

1693년 6월, 황태자 인렁胤礽은 비스델루와 부베를 소견召見했다. 당시 인렁은 황자皇子들 중에서 중국의 고대문화를 가장 잘 이해했고 고서에 대해서도 깊이 연구했다. 그가 비스델루에게 어떤 고서를 읽었는가를 물었을 때 막힘없이 대답했다. 이것은 인렁을 깜짝 놀라게 만들었다. 또한 인렁이 오경五經 가운데 몇 단락을 뽑아서 비스델루에게 해석하게 하자 그는 매우 명쾌하게 대답했다. 인렁은 비스델루가 유럽인 중에서 중국을 가장 잘 이해한 인물로 인식하고 높이 상찬賞讚했다.

인렁은 비스델루와 함께 유가儒家와 기독교의 문제를 토론하면서 그에게 양자가 일치하는지의 여부, 또 유가의 사상이 기독교의 교리와 다른지의 여부를 물었다. 비스델루는 유가의 학설이 기독교의 교리와 모순되지 않을 뿐만 아니라 매우 일치한다고 생각했다. 그러나 그는 『역경易經』은 예외라고 덧붙였고 그것은 단지 점치는 데 쓰이는 책이기 때문에 거부해야 마땅하다고 판단했다. 인렁은 비스델루의 여러 다른 관점들에는 찬동했지만 그의 『역경』에 대한 견해에는 동의하지 않았다. 인렁은 지금까지

18　吳伯婭,『康雍乾三帝與西學東漸』, 宗敎出版社, 2002, 277쪽.

능히 『역경』의 진정한 의미를 이해하는 사람은 없다고 말했다.

당시 황태자와의 소견은 부베에게 깊은 영향을 미쳤고 다음과 같은 몇 가지의 결론에 도달했다.

① 중국인과 대화하기 위해서는 유럽의 선교사들은 반드시 중국의 고서를 이해해야 한다.

② 기독교와 유가의 학설이 서로 일치된다는 사실을 증명해야만 이교, 즉 기독교에 대한 저항 정서를 해소할 수 있다.

③ 중국에서 『역경』은 특별히 존중되며 중국인에게는 신비의 책으로 받아들여지고 있다. 만일 기독교의 교리로 그것을 해석할 수만 있다면 어쩌면 좀 더 쉽게 중국인을 감화시킬 수 있을 것이다![19]

사실 부베, 프레마르, 장 알렉시스 골레Jean-Alexis de Gollet, 郭中傳, 1664~1741, 장 프랑수아 푸케Jean François Foucquet, 傅聖澤, 1665~1741를 하나의 유파로 보고 "이 4명의 대학자를 예수회 색은파로 확정하는 견해는 프랑스의 인문주의자 니콜라 프레레Nicolas Freret와 베이징에 체류했던 앙투안느 고빌Antoine Gaubil, 宋君榮, 1689~1759 신부 간의 서신 왕래로부터 유래한다. 그 편지에는 부베, 프레마르, 골레, 푸케를 경멸하는 어조로 색은론자로 분류했다. 이 전문 용어는 여기에 극히 흥미를 느낀 고빌 신부에게 받아들여졌다."[20] 부베 본인이 이 입장을 명확하게 표명한 것은 1697년 8월 30일에 그가 프랑스 퐁텐블로Fontainebleau에서 보낸 서신에서였다. 부베는 이 편지에서 처음으로

---

19 JB. 30

20 Michael Lacker, "Jesuit Figurism", Thomas H. C. Lee edited, *China and Europe*, The Chinese university of Hongkong, 1991, pp.132~133.

'색은파'의 관점을 언급하고 있다.[21]

이 편지에는 3개의 중요한 단락이 있다.

① 중국인의 천天, 상제上帝 등 개념은 바로 하느님을 가리킨다. 이 용어들의 사용 금지가 선교에 미치는 좋지 않은 결과에 대해 명백하게 논술했다.

② 중국의 예수회 교회당에 걸려 있는 '경천敬天' 편액의 구체적인 상황을 보고했다.

③ 샤를 매그로Mitarbeit von Charles Maigrot, 閻當, 1652~1730의 공격을 받은 리치, 마르티노 마르티니Martino Martini, 衛匡國, 1614~1661, 강희제를 변호했다. 더욱이 부베는 매그로의 주장이 잘못되었으며 고려가 부족하고 사람을 깜짝 놀라게 한다고 비판했다. 매그로가 반대한 내용들은 중국 선교 활동에서 보면 하나라도 없어서는 안 되는 중요한 의미를 갖는다고 지적했다.

부베는 또한 그 자신이 중국철학의 원리를 정확히 해석할 수 있는 방법을 이미 찾았으며 중국철학은 적어도 플라톤과 아리스토텔레스Aristotle의 철학과 동등하다고 공언했다. 부베는 『역경』의 위대한 점은 명시되기도 하지만 그보다는 기독교의 방법을 통해서 복희伏羲 — 중국 최초의 철학자이자 자신의 왕국을 창립한 최초의 인물 — 가 『역경』의 '신비한 부호' 뒤에 감추어놓은 내용을 해석해내야 한다고 주장했다. 만약 중국인들에게 기독교와 그들의 유구한 철학이 일치된다는 사실을 증명해 보인다면 중국인들은 심리적으로나 사상적으로 기독교를 좀 더 쉽게 받아들일 수 있다고 믿은 것이다. 그러나 당시 성행했던 신유가 사상은 이 목적에

---

21 Witek "Un controversiste…" 119; Bernard-Maitre, *Henri : Sagesse chinoise et philosophie chrétienne*(『華人的智慧和基督宗敎的哲學』), 1935, p.145f.

결코 적합하지 않았다. 부베는 또한 이와 관련된 내용들을 써서 이미 오 랫동안 별도로 몇 개의 보고서를 준비해 로마에서 승리하기를 바랐다.

강희 47년[1708], 부베는 강희제가 조직한 전국 지리 데이터를 측량해 중 국지도를 제작하는 일에 참여했다. 최초의 제작 참여에서부터 마지막 완 성에 이르기까지 부베는 무려 9년 간의 시간을 소진했다. 그리고 옹정雍正 8년 5월[1730.6], 부베는 베이징에서 병으로 세상을 떠났다. 향년 74세였다.

2) 부베의 『역경』 관련 저작

루이스 피스터Louis Pfister의 기록에 따르면 부베의 대표 저작은『중국황 제전』,『고금경천감古今敬天鑒』,『기하원본幾何原本』만주어,『한법소자전漢法小字 典』,『역경석의易經釋義』,『여행일기』,『라이프니츠Leibniz와의 서신 왕래』등 이다. 부베의 색은주의 사상은 예수회에 받아들여지지 않았기 때문에 그 의 주요 저작은 모두 출판되지 못했다. 현재 바티칸도서관과 예수회 문서 국에는 대량의 부베 수고手稿가 보관되어 있다.[22] 푸케, 프레마르도 부베와 동일한 관점을 취했기 때문에 그들의 저작 역시 출판되지 못했다. 수많은 수고들이 바티칸도서관과 예수회 문서국에 묻혀 있어서 이들 수고 간의 관계성이 지금도 잘 규명되지 않고 있다.[23]

편역자는 바티칸에서 읽은 경험에 근거해서 일찍이 바티칸도서관에 소장된 부베의 『역경』 연구와 관련된 한문 문헌들을 대체적으로 정리 한 바 있다. 편역자가 바티칸도서관에서 연구할 때 사용한 것은 두 종류 의 목록이다. 하나는 폴 펠리오의 『바티칸도서관에 소장된 한문 수사본

---

22   JB 참조.
23   魏若望, 吳莉葦 譯,『耶蘇會士傳聖澤神甫傳－索隱派思想在中國及歐洲』, 大象出版 社, 2006 참조.

과 인쇄본의 간략한 목록『Inventaire Sommaire des Manuscrits et Imprimés Chinois de la Bib-liothéque Vaticane』을 기초로 삼아 현대 일본 학자 다카다 도키오高田時雄가 새롭게 정리해서 1995년에 출판한 목록이다. 또 하나는 바티칸의 화예華裔 도서관 직원 위등余東이 편찬한『바티칸도서관에 소장된 초기 선교사 한문 문헌 목록, 16~18세기Catalogo delle opere Cinesi Missionarie Della Biblioteca Apostolica Vaticana, XVI-XVIII SEC』인데 이 책은 1996년 바티칸도서관에서 출판된 것이다.

이 두 종류의 목록은 각기 특징이 있다. 다카다 도키오가 정리한 펠리오 목록의 내용은 광범위하다. 바티칸에 소장된 한문 문헌은 모두 주해 기록이 있고 동시에 중국과 관련된 유럽어 서적에도 주해 기록이 있다. 또한 각종 만주, 티베트, 몽골, 베트남 등 문자로 된 문헌도 존재한다. 바티칸의 중국과 관련된 문헌은 쿠플레가 1681년 중국에서 로마로 돌아올 때 가지고 온 한문 문헌을 기초로 하여 수장되기 시작했다. 이후 한문 서적 혹은 중국과 관련된 책은 서로 다른 경로를 통해서 부단히 수집되었다. 그러므로 펠리오의 목록은 전적으로 이들 도서들이 바티칸에 수집된 상이한 시기에 따라 형성된 분류로 목록을 만든 것으로 모두 8개 부분으로 나뉜다. 위등의 목록은 사실 특정한 제목 방식의 목록이다. 이 점은 표제만 보아도 알 수 있다. 그녀는 단지 16~18세기 초기 선교사의 한문 도서만을 목표로 했기 때문에 목록의 분류상 선교사 인명의 자모 순서로 배열했다. 작자가 없는 문헌에 대해서는 특별히 책 뒷부분에 배치했다.

또한 두 목록은 모두 완비된 색인 체계를 갖추고 있다. 다카다 도키오가 정리한 펠리오 목록 뒤의 색인은 저작의 병음拼音에 따라 순서를 배열해 병음과 한문 병렬의 방법을 취했다. 그럼으로써 사용자가 색인으로부터 목록 속에 있는 각 책의 위치를 쉽게 조사할 수 있게 했다. 위등 목록은 이러한 서명에 따른 색인 외에도 인명에 따라 검색하는 색인이 있어 사용하기에 매우 편리하다. 편역자가 바티칸도서관에서 연구할 당시 기본적으로 위둥 목록이 제공하는 16~18세기 초기 선교사의 한문 저작을 한번 조사해 보았다. 이들 문헌의 수량이 워낙 많아서 여기서 다 소개하기란 불가능하다. 때문에 바티칸도서관에 소장된 부베의 『역경』과 관련된 수집 원본을 중심으로 검토해보고자 한다.

① 위둥 목록의 저록 상황

위둥 목록은 인물에 따라 편성된 것이다. 그러므로 부베가 『역경』을 연구한 문헌 저록著錄은 매우 명확하다. 그녀의 목록에는 부베의 『역경』 연구와 관련된 문헌이 다음과 같이 수록되어 있다.

① 25-1 天學本意敬天鑒[24]

② 26-2 易引易考二卷

③ 27-3 擇集經書天學之綱天學本義

④ 28-4 總論布列類洛書等方圖法

⑤ 29-5 天象不均齊考古經籍據古經傳考天象不均齊

⑥ 30-6 太極略說

⑦ 31-7 釋先天未變始終之數由, 天尊地卑圖而生

⑧ 32-8 易學外篇原稿十三節

⑨ 33-9 易學外篇八節

⑩ 34-10 易學總說

⑪ 35-11 易經總說滙算法統宗, 開方求廉原圖

---

24 이 "25-1"은 위둥 목록의 편호이다.

⑫ 36-12 易稿

⑬ 37-13 易輪

⑭ 38-14 易論自序

⑮ 39-15 周易原義內篇

⑯ 40-16 周易原旨探自錄 理數內外三篇

이렇게 위둥 목록에는 부베의『역경』연구에 주석을 단 문헌이 총 16
편 수록되어 있다.

② 다카다 도키오가 정리한 펠리오 목록의 저록 상황

펠리오 목록은 바티칸도서관에 수장된 한문 도서와 관련된 수집 시점
에 따라 편성된 것이다. 따라서 그가 분류한 8개 부분에는 중복 수장된
정황이 뚜렷하다. 그러나 다카다 도키오가 매우 훌륭한 인명 색인을 만들
어 목록 뒷부분에 배치해 두었기 때문에 인명에 따라 검색할 수 있다. 펠
리오 목록에는 부베의『역경』연구와 관련된 문헌이 다음과 같이 수록되
어 있다.

① Borgia Chinese 317-4 易考.[25] 펠리오는 목록에서 "이 책은『역경』과『성경』
전통의 상통론에 관한 것이고 저자는 부베일 것이다"라고 했다.

② Borgia Chinese 317-5 太極略說. 펠리오는 목록에서 "편지 봉투 면封頁 b에
'제곱근과 세제곱근에 관한 중국 저작은 파레닌에게 1711년 보내지 않았
다'. A L 'occasion du Tcun Pi du P.B.'라고 쓰여져 있다"고 말한다. 또 이 주

---

25   이것은 펠리오 목록의 편호이다.

석 뒷부분에서 부베의『천존지비도天尊地卑圖』를 언급하고 있다. 이 그림은 또한『태극약설』의 마지막 부분 몇 쪽에 걸쳐서 언급되어 있다.[26]

③ Borgia Chinese 317-6 易引原稿. 펠리오는 목록에서 "이것은『역경』맨 처음 글의 오리지날 원고이다"라고 했다.『역경』은 그가 이미 부베에 의해 지어진 것으로 확정했고 자연스럽게 이 문헌 역시도 부베가 지은 것이다.

④ Borgia Chinese 317-9 大易原義 內篇. 펠리오는 목록에서 "『역경』의 본원적 의미에 관한 것"이라고 했다. '경문' 단락 뒤에는 '내의內意'의 단락이 있고 '내의' 단락은 또한 '내의강內意綱'과 '내의목內意目'으로 나뉜다. 편지 봉투 면封頁 B, 첫 번째는 "푸케, 프레마르, 샤바냑Emericus de Chavagnac, 沙守信에게 보낸 것"이라고 주석되어 있고, 두 번째는 "프레마르가 아직 읽지 않았다"고 주석되어 있다. 펠리오는 "배제해보면 본 책은 부베가 지었을 것이다"고 했다.

⑤ Borgia Chinese 317-15 天學本意.

이처럼 펠리오 목록에는 부베의『역경』연구 문헌에 주석한 것이 총 5종이다. 그 중『역경』과 관련된, 즉 아직 주석으로 작자를 밝히지 않은 문헌은 다음과 같다.

① Borgia Chinese 317-1 周易原旨探目錄펠리오는 프레마르의 작품으로 추정한다

② Borgia Chinese 317-2 易論

③ Borgia Chinese 317-3 易經總說稿

④ Borgia Chinese 317-7 易稿

⑤ Borgia Chinese 317-8 易學總說易學外編, 天尊地卑圖

---

26 사실 여기서 펠리오는 명확하게 이 문헌이 부베의 것인지에 대해서는 설명하지 않고 있다. 이 문제는 뒤에서 다시 다룰 것이다.

⑥ Borgia Chinese 317-10 易學外篇

⑦ Borgia Chinese 317-11 釋先天未變始終之數由, 天尊地卑圖而生

⑧ Borgia Chinese 317-12 總論布列類洛書等方圖法

⑨ Borgia Chinese 317-13 據古經傳考天象不均齊

⑩ Borgia Chinese 317-14 天象不齊考古經籍解

⑪ Borgia Chinese 317-16 易論

③ 부베의『역경』연구 문헌 저록에 대한
위둥 목록과 펠리오 목록의 차이

위둥 목록이 부베의『역경』연구 문헌임을 명확하게 주석한 것이 총 16편이라면 펠리오 목록은 5편에 그친다. 작자를 주석하지 않은 선교사『역경』연구 문헌은 11편이다. 그런데 이 11편은 위둥이 자신의 목록에서 펠리오 목록과의 중복 상황을 이미 주석해 밝히고 있다. 주석한 중복 목록 명칭은 바로 위의 펠리오가 주록한 작자가 명확하지 않은 11종의 목록 명칭과 서로 같다. 만약 펠리오 목록 속의 저록이 명확한 것과 아직 작자가 명확하지 않은 2종의『역경』연구 문헌을 합쳐보면 16편이 된다. 이것은 위둥 목록의 편목 뒷부분에 설명되어 있다. 위둥은 다카다 도키오가 정리한 것을 기초로 한걸음 발전시킨 것이다. 그녀는 원래 펠리오가 주석하지 않은 11종의『역경』연구 문헌을 부베가 지은 것으로 명확히 밝혔다. 이 11종의 문헌 가운데 일부 문헌은 표제 상에서 약간의 차이를 보인다. 그 리스트는 다음과 같다.

편호	위둥 목록 편호	문헌 표제	펠리오 목록 편호	문헌 표제
1	38-14	易自序	Borgia Chinese 317-2	易論
2	35-11	易經總說滙	Borgia Chinese 317-3	易經總說稿
3	39-15	周易原文內篇	Borgia Chinese 317-9	大易原義內篇
4	33-9	易學外篇八節	Borgia Chinese 317-10	易學外篇

④ 위둥 목록과 펠리오 목록 모두 작자를
밝히지 않은 선교사의 『역경』 연구 문헌

바티칸도서관에는 아직 작자를 밝히지 않은 일부 한문 문헌이 존재한다. 위둥 목록은 이러한 문헌들을 특별히 '무명씨無名氏' 난欄에 배열했고 펠리오 목록은 이 목록에 각각 '무작자無作者'라고 주석을 달고 있다. 편역자는 저작자에 관한 주석이 없는 『역경』 관련 문헌들을 다음 몇 가지로 종합해 보았다.

편호	위둥 목록 번호	위둥 목록의 문헌명	펠리오 목록 번호	펠리오 목록의 문헌명	비고
1	409	麟之趾	Borgia Chinese 318-4(d)	麟之趾	펠리오 목록 Borgia Chinese 318-4호의 표제는 "算法統宗難題"이다. 여기에는 모두 5건의 문헌, 즉 ①十一卷方程第八章 ②叙曰：古今論文字者必原始包犧氏之畵卦矣 ③古之先師, 中國與大秦同 ④面象數學以前旣已明矣 ⑤麟之趾이 있다. 위둥 목록은 문헌을 "字滙序"라 했고 펠리오 목록은 문헌 ②, ③을 "318-4(b)" 순번으로 합쳤다. 위둥 목록은 445호에 이 4종의 문헌과 함께 그 순서, 문헌명을 새로이 기입했다. 이것은 펠리오의 기록과 관계가 있다.
2	409	算法統宗難題	Borgia Chinese 318-4(a) (c)		
3	409	字滙序	Borgia Chinese 318-4(b)		
4	409	古之先師, 中國與大秦同	Borgia Chinese 318-4(b)	Probèmes d'arithmétique Probèmes mathématique Sur la concordance entre les traditions chinoises et les traditions occidentales; la converture porte 『Le cahier sur henoch Fouhi. Sujet des disputes』	

편호	위둥 목록 번호	위둥 목록의 문헌명	펠리오 목록 번호	펠리오 목록의 문헌명	비고
5	410	論中國經書與大秦經同	Borgia Chinese 439(c)		
6	423	Notes Critiques pour entrer dans L'intelligence de I'Y 易 King 經 Ms. DEI1731 1731年 寫本	Borgia Chinese 361-1(b)	Notes Critiques pour entrer dans L'intelligence de I'Y King 124 pages. A La fin, 『ce 12 octobre 1731』	이 문헌은 『주역』의 서양어 역자가 밝혀지지 않은 것으로 서양 한학 초기의 중요한 문헌이다.
7	427	周易理數	Borgia Chinese 361-4(Ⅰ)	周易理數	펠리오 목록의 Borgia Chinese 361-(2-6)은 자세한 주석이 없고 예수회원 역경 연구의 한문 문헌으로 통일적으로 설명했다.
8		361-1(Ⅲ)	Borgia Chinese 316-4(Ⅱ)	天尊地卑之圖	위둥과 펠리오의 목록 모두 자세한 주석이 없다. 다만 펠리오 목록에는 간략한 요약문이 있다.
9			Borgia Chinese 361-4(Ⅲ)	五角五邊 象數總圖	위둥 목록에는 기입되지 않았다.
10	428	周易義例	Borgia Chinese 361-2	周易義例	편호 7의 비고와 동일하다.
11			Borgia Chinese 361-5	易學外篇九節	위둥 목록에는 기입되지 않았다.
12			Borgia Chinese 361-6	易學外篇原稿	위둥 목록에는 기입되지 않았다.
13	430	易經諸家解說	Borgia Chinese 361-3	易經諸家解說	편호 7의 비고와 동일하다.
14			Borgia Chinese 316-3, 4	易解(上, 下)	위둥 목록에는 기입되지 않았다.
15	443	先天後天奇遇諸數方圖 諸象根原之眞圖	Borgia Chinese 518-14	Figures manuscrites se rapportant aux mêmes recherches	

이와 같이 위둥 목록과 펠리오 목록에는 아직 작자가 밝혀지지 않은 『역경』의 문헌들이 15건이나 된다. 내가 조사한 바에 따르면 바티칸도서관의 이 한문 문헌들은 하나의 서적 편호일련번호일 뿐이고 매 편호에는 여

러 건의 문헌들이 포함되어 있다. 특히 부베가『역경』을 연구한 이 부분의 문헌들은 대부분 필사본과 루스 리프loose leaf식으로 되어 있다. 때문에 누락된 부분이 여전히 존재하므로 좀 더 깊이 연구할 필요가 있다. 요컨대 위둥 목록과 펠리오 목록에 근거해보면 첫째, 이미 명확하게 부베가 지은『역경』연구 문헌에 속한 것은 16건이다. 둘째, 부베가 지은『역경』연구 문헌인지 아직 명확하지 않은 것은 15건이다.[27]

3. 강희제와 부베의『역경』연구

강희시기, 강희제의 직접적인 안배 속에 조아셍 부베 등은 중국의 경전『역경』에 대해서 장장 5년여에 걸친 연구를 수행했다. 이것은 청淸 전기 동서양의 문화교류사에서 중요한 사건이다. 최근 이 문제는 국내외 학자들에 의해 부분적으로 연구가 이루어져 어느 정도 진척을 보이고 있다.[28]

27　『역경』을 연구한 이 문헌들은 부베, 푸케, 프레마르가 지은 것일 가능성이 매우 높지만 현재로서는 각 문헌의 저자를 분명히 가릴 수 없다.

28　Claudia von Coliani, *P.Joachim Bouvet S. j. Sein Leben und sein Werk*, Steyler Verlag 1985; John Witek, *Controversial Ideas in China and in Europe : A Biography of Fouc-quet, S. J. (1665~1741)*, Roma, 1982. 이 문제를 연구한 최초의 중국 학자는 고(故) 옌쭝린(閻宗臨)이다. 그는 1941년『소탕보(掃蕩報)』문화면「문사지(文史地)」에 자신이 바티칸도서관에서 가지고 온 일련의 중요한 문헌들을 발표했다. 이후 이 문헌들의 대부분은 팡하오(方豪)에게 채용되었다. 閻守誠 編,『閻宗臨史學文集』, 山西古籍出版社, 1998; 閻宗臨 編著『傳敎士與法國早期漢學』, 大象出版社, 2003; 計翔翔,「博綜史料 兼通中西: 〈閻宗臨史學文集〉讀後」, 黃時鑒 外編,『東西交流論譚』2, 上海文藝出版社, 2001, 347~368쪽; 羅麗達,「白晋硏究〈易經〉史事稽考」,『漢學硏究』(臺灣) 15卷 1期, 1997; 韓琦,「白晋的〈易經〉硏究和康熙時代的"西學中源說"」,『漢學硏究』(臺灣) 16卷 1期, 1998; 吳伯婭,『康雍乾三帝與西學東漸』; 張西平,「梵蒂岡圖書館藏白晋讀〈易經〉文獻初探」; 韓琦,「再論白晋的〈易經〉硏究－從梵蒂岡敎廷圖書館所藏手稿分析

그러나 부베의 『역경』 연구의 일차 문헌들이 여전히 공개되지 않아 대부분의 학자들은 이 한문 문헌들을 연구에 이용하지 못하고 있는 실정이다. 따라서 연구가 분명치 못해 아직도 많은 문제들이 미해결로 남아 있다. 여기서 편역자는 바티칸도서관에 소장된 부베의 『역경』 연구의 일차 문헌들에 의거함은 물론, 한편으로 최근 국내외에서 이루어진 이 문제와 관련된 연구 성과들을 취해 『역경』 연구를 매개로 강희제와 부베 간에 전개된 문화 대화를 체계적으로 분석하고 연구해보고자 한다.

1) 『역경』 연구의 역사 상황과 전개

부베는 자신이 지은 『천학본의天學本義』[29] 「자서自序」에서 『역경』을 언급하면서 "진시황秦始皇의 분서焚書로 인해 대역大易이 실전되어 천학天學이 다 없어지고 말았다"[30]고 말한다. 부베가 이 책을 쓴 목적은 천학을 회복하는 데 있었다. 즉 상권에서는 "작은 경문을 택해서 상천上天의 오묘한 대요를 논한다"라 했고 하권에서는 "사민士民이 논한 상천의 공속어를 선택해 집성했다"[31]라고 했다. 예컨대 한옌韓琰이 『천학본의』에 쓴 '서문'에서

其研究背景, 目的及反向", 榮新江·李孝聰 外編, 『中外關係史-新史料與新問題』, 科學出版社, 305~315·315~323쪽, 2004 참조.

29 부베의 『천학본의』는 각각 Maurice Courant, *Bibliothéque Nationale Département des Manuscrits Catalogue des Livres Chinois Coreens Japonais, etc*, Chinois 7160; 『天學本意』, Chinois 7163; 『古今敬天鑒』上卷, Chinois 7161; 『古今敬天鑒』下卷, Paris, 1912; 余東, 『梵蒂岡圖書館藏早期傳敎士中文文獻目錄-十六至十八世紀』(Yu Dong, *Catalogo delle Opere Cinesi Missionarie Della Biblioteca Apostolica Vaticana XVI-XVII sec*, Città Vaticano, 1996)25-1; 『天學本意』, Paul Pelliot, 『梵蒂岡圖書館所藏漢文寫本和印本簡明目錄』(*Inventaire Sommaire des Manuscrits et Imprimés Chinois de la Bibliothéque Vaticane*)의 Borg. Cinese. 316(14); 『古今敬天鑒天學本義』에 수록되어 있다.

30 "秦始皇焚書, 大易失傳, 天學盡失." 梵蒂岡圖書館, Borg. Cinese. 316(14), 『天學本義』 白晋自序.

31 "擇其小經文論上天奧妙之大要"; "擇集士民論上天公俗之語." 위의 책.

"이 책은 경전을 모아 아래로 방언, 속어까지 다루지만 그 취지는 한결같이 경천에 기초한다"[32]고 말한 바와 같다. 이때까지만 해도 부베가 연구한 내용이 비록 『역경』이 포함되었지만 『역경』 연구에 전적으로 집중한 것은 아니었다. 최근에 발견된 강희제가 안배한 부베의 『역경』에 관한 연구의 최초 문헌에는 다음과 같은 기록이 있다.

4월 초 9일, 리위李玉가 황제의 유시諭示를 장창주張常住에게 하달했다 : 부베의 상주에 따르면 "장시江西에 있는 한 서양인이 중국의 서적을 읽었다고 하니 나를 도울 수 있다"고 했다. 그대들은 여러 서양인들에게 전하고 서신을 가지고 가서 이 사람을 불러오게 하라. 또 부베가 제도製圖하고 한자를 쓰는 곳에 왕다오화王道化를 보내 그의 일을 돕도록 하라. 순조롭게 몇 장을 얻게 되면 연도連圖하고 허쑤和素에게 알려 가져가게 하라. 만일 부베가 흠천감欽天監의 사람이나 그곳의 사람이 필요하다고 하면 왕다오화를 파견해 전하게 하라. 이상의 내용을 준수하리欽此.[33]

학자들의 고증에 따르면 이 문헌의 시기는 강희 50년[1711]일 것으로 추

---

32 "此書薈萃經傳, 下及方言俗語, 其旨一本于敬天." 梵蒂岡圖書館, Borg. Cinese. 316(14), 『天學本義』 韓琰序.

33 "四月初九日, 李玉傳旨與張常住 : '江西有一個西洋人, 曾讀過中國的書, 可以幇得我.' 爾傳于衆西洋人, 着帶信去將此人叫來. 再白晋畫圖用漢字的地方, 着王道化幇着他略理. 遂得幾張, 連圖着和素報上, 帶去. 如白晋或要欽天監的人, 或要那里的人, 着王道化傳給. 欽此." 이 일차 문헌은 2건의 사본이 있는데 일부 글자가 약간의 차이를 보인다. 예를 들면 그 가운데 한 문건은 문구 중에 "料理"를 "畧理"로, "或用那里的人"을 "或要那里的人"이라 쓰고 있다. 엔쭝린은 그 중에 글자를 고치지 않은 문헌을 선택했다. 梵蒂岡圖書館 Borg. Cinese. 439(b); 閻宗臨, 『傳教士與法國早期漢學』, 169쪽; 方豪, 『中國天主教人物傳』(中冊), 中華書局, 1988, 281쪽 참조.

정된다.[34] 이리하여 장시에 있던 장 프랑스와 푸케는 상경上京해서 부베와 함께 『역경』을 연구하게 되었다. 강희제는 푸케의 연구에도 특별히 관심을 보였다.

신 푸케는 장시에서 입경해 신하 부베를 도와 『역경』의 기초를 세우라는 성지聖旨를 삼가 받들었습니다. 신은 식견이 비루해 스스로 부끄럽지만 성은에 감복하지 않을 수 없습니다. 이전에 병으로 심히 쇠약해져 육로로는 출발할 수 없었기 때문에 무원撫院이 흠지欽旨를 받들어 즉시 배를 준비해 모든 것을 제공해 주었습니다. 만일 육로를 이용해 급히 간다면 6월 23일에 베이징에 도착할 수 있습니다. 신의 마음 같아서는 서둘러 행궁에 나아가 황상의 만안萬安을 청하고 싶지만 더위를 먹어 원하는 대로 되지 못했습니다. 황상의 홍복洪福에 의지해 바라옵건대 머지않아 신의 몸이 회복되면 부베와 함께 미력을 다해 『역경』초고 몇 편을 써서 황상의 귀경을 기다려 어람御覽을 바치겠습니다.[35]

특별히 부베의 『역경』 연구 과정에서 강희제는 대단한 관심을 쏟으며 여러 차례 이 일에 대해 하문했다.

---

34 당시의 장시순무(江西巡撫) 랑팅지(郞廷極)는 강희 50년 5월 15일의 상주문에서 장시의 선교사 푸케를 베이징으로 올려보냈다고 언급하고 있다. 뤄리다(羅麗達)는 팡하오가 말한 부베의 『역』 연구와 관련된 10건의 문헌에 대해 매우 훌륭한 연구를 수행한 바 있다. 羅麗達, 「白晉硏究〈易經〉史事稽考」에 보인다.

35 "臣傅聖澤在江西聆聽聖旨, 命臣進京相助臣白晋同草『易經』稿. 臣自愧淺陋, 感激無盡. 因前病甚弱, 不能陸路起程, 撫院欽旨卽備船只, 諸凡供應, 如陸路速行于六月二十三日抵京. 臣心卽欲趨赴行宮, 恭請皇上萬安, 奈受暑氣不能如願, 惟仰賴皇上洪福, 望不日躬復舊, 同臣白晋竭盡微力, 草『易經』稿數篇, 候聖駕回京, 恭呈御覽." 梵蒂岡圖書館 Borg. Cinese. 439(a); 方豪, 앞의 책, 281쪽 참조.

7월 초 5일, 황상이 묻기를, "부베의 『역경』 연구는 얼마나 진척되었는지 알아보라? 이상의 내용을 준수하라." 왕다오화는 "현재 『산법통종算法統宗』을 푸는 찬구도攢九圖, 취육도聚六圖 등이 하나하나 갖추어가고 있습니다"라고 아뢰었다. 황상이 말하기를, "짐은 요 몇 달 동안 틈이 없어 『역경』을 논하지 못했다. 율려律呂의 근원을 조사한 바에 따르면 현재 황종黃鐘 등 음양 12율의 척촌尺寸, 적수積數, 정음整音, 반음半音, 삼분三分 손익의 이치는 모두 이미 명확해졌다. 즉, 피리, 비파, 삼현三弦 등은 비록 놀이하는 작은 악기이지만 손익의 이치나 그 근원을 찾아보면 역시 황종에 근본을 둔다. 부베가 『역경』을 해석할 때 여러 책을 두루 보고 검증해야 한다. 만약 방향이 다르다고 보지 않고 자신의 생각대로 적당히 얼버무리면 정서正書가 될 수 없다. 가령 사오캉제邵康節는 역리易理에 밝은 인물인데 그 점의 효험은 문인이 기록한 것이지 캉제의 근본 취지가 아니다. 만약 그 수의 정미함을 고찰하지 않으면 의지할 곳이 없으니 어찌 근거로 삼을 수 있겠는가? 그대는 부베에게 전하기를, 반드시 고서를 세심하게 비교 열람하고 방향이 다르다고 해서 보지 않는 태도를 버려야 한다. 해석서는 언제 완성될 수 있겠는가? 반드시 끝마쳐야 한다. 이상의 내용을 준수하라.[36]

---

36 "七月初五日, 上問: '白晋所稱『易經』如何了? 欽差.' 王道化回奏'今現在解『算法統宗』之攢九圖, 聚六圖等因具奏.' 上諭: '朕這幾個月不曾講『易經』, 無有閑着; 因查律呂根原, 今將黃鐘等陰陽十二律之尺寸積數, 整音, 半音, 三分損益之理, 俱已了然全明. 即如簫笛, 琵琶, 弦子等類, 雖是玩戲之小樂器, 即損益之理也, 查其根源, 亦無不本于黃鐘所出. 白晋釋『易經』, 必將諸書俱看, 方可以考驗. 若以爲不同道, 則不看, 自出已意敷衍, 恐正書不能完, 即如邵康節, 乃深明易理者, 其所占驗, 乃門人所記, 非康節本旨, 若不卽其數之精微以考查, 則無所倚, 何以爲憑據? 爾可對白晋說: '必將古書細心較閱, 不可因其不同道則不看, 所釋之書, 何時能完? 必當完了才是. 欽此'.'" 梵蒂岡圖書館 Borg. Cinese. 439(a). 원문헌은 2개의 초본이 있는데 문헌에 "亦無不本于黃鐘所出"라고 된 문구를 옌쭝린본과 팡하오본은 모두 "亦無不本于黃鐘而出"로 바꾸었다. 閣宗臨, 앞의 책, 170쪽; 方豪, 앞의 책, 282쪽 참조.

이것은 강희제가 부베의 『역경』 연구와 관련해서 구체적으로 지도하고 독서를 어떻게 해야 하는지를 일깨우는 대목이다. 이 말을 통해 우리는 강희제 자신이 중국 전통의 수학, 율려와 『역경』의 상수학을 진지하게 연구했을 뿐만 아니라, 또한 부베에게 "방향이 다르다고 해서 보지 않으면 안 될 것"이고 견강부회식 해석을 경계하는 입장과 태도를 읽을 수 있다. 강희제는 부베의 생각을 분명히 간파했고 선교사의 관점에서 『역경』을 이해하는 것이 문제가 있음을 충분히 인지했다. 잘 알려진 대로 『역경』은 육경 중 최고의 경전이다. 외국의 선교사로 그것을 읽고 이해하기란 결코 쉬운 일이 아니다. 부베가 강희제에게 올린 상주문에도 그 고충이 엿보인다.

초 6일, 신 부베는 황상께서 "그대의 『역경』을 배운 바가 어떠한가? 이를 준수하라"라고 하신 물음을 받았습니다. 그 하문의 명을 받들었지만 신은 외국의 어리석은 선비로서 중국의 문의文義에 능통하지 못합니다. 무릇 중국의 문장은 이치가 심오해 정통하기가 어렵고 더구나 『역경』은 중국의 책 중에서도 가장 심오한 것입니다. 신 등이 중국에 와서 한어를 알지 못하기 때문에 한자와 문의를 배워 한어의 뜻을 깨우치고자 했습니다. 지금 황상께서 『역경』을 배운 바가 어떠한가를 물으시니, 신 등이 우매하고 무지함에도 성은이 그 비루함을 버리지 않으시고 말미를 더 주신다면 신 부베는 푸케와 함께 자세히 고찰하고 연구해 터득한 바를 어람으로 다시 올려 성은의 가르침을 구하고자 합니다. 삼가 이에 황상께 아룁니다.[37]

---

37 "初六日, 奉旨問白晋'爾所學『易經』如何了? 欽此.' 臣蒙旨問及, 但臣系外國愚儒, 不通中國文義. 凡中國文章, 理微深奧, 難以洞徹, 況『易經』又系中國書內更爲深奧者. 臣等來中國, 因不通中國言語, 學習漢字文義, 欲知中國言語之意, 今蒙皇上問及所學『易

이처럼 강희제는 부베 등의 『역경』 연구 활동을 다그쳤지만 그들은 강희제의 요구와 기대에 못 미친 듯 보인다. 그런가 하면 푸케는 상경한 이후 원래 부베와 함께 『역경』을 연구했지만 나중에 이 두 사람 간에는 인식상의 차이가 발생했다.[38] 바티칸의 문헌은 이 점을 다음과 같이 말해준다.

신 부베는 황상께서 그대의 『역경』이 어떠한가를 물으시니 머리를 조아려 삼가 아룁니다. 신이 먼저 준비한 『역경』이 거칠고 천루해 황상의 어람을 모독했음에도 불구하고 인자하고 관대한 성심의 은혜를 입었으니 감격스럽기 그지없습니다. 신이 오랫동안 『역경』의 수數 연구에 전념해 약간의 짧은 소견을 견지해 그 단서를 터득한 것이 있으면 수도數圖에 다 기록했으며 이것은 단지 신한 사람의 어리석은 견해일 뿐이니 이렇게 감히 경솔하게 믿을 수 없습니다. 푸케가 비록 신과 견해가 같지만 황상께서 타고난 재지才智가 뛰어나 유일하게 대역정학大易正學의 권위를 장악해 친히 고증하신 것에 맞지 않으니 신이 터득한 역수易數의 실마리로는 감당할 수 없습니다. 황상께서 그 비루함을 버리지 않고 일깨워 인도하고 너그럽게 시간을 좀 더 주신다면 신 두 사람은 함께 전심전력으로 준비해 삼가 어람을 올리고자 합니다.[39]

부베는 이로써 강희제에게 두 사람이 연구상의 불협화음이 있음을 우회적으로 알렸다. 강희제가 그 가부를 결정해주기를 바랐던 것이다. 이는

經』如何了, 臣等愚昧無知, 倘聖恩不棄鄙陋, 假年月, 容臣白晋同傅聖澤細加考究, 倘有所得, 再呈御覽, 求聖恩教導, 謹此奏聞." 梵蒂岡圖書館 Borg. Cinese. 439(a). 원문헌의 "假年月" 문구를 옌중린본과 팡하오본은 "假半月"로 바꾸었다. 閻宗臨, 앞의 책, 170쪽; 方豪, 앞의 책, 282쪽 참조.

38 John W. Witek, *Controversial Ideas in China and in Europe: A Biography of Jean-Francois Foucquet, S. J. (1665~1741)*, Roma, 1982, p. 202.

또한 강희제가 부베 등의 『역경』 연구에 세심하게 주의를 기울였음을 설명해주는 것이기도 하다. 푸케는 강희 50년에 상경해 부베의 『역경』 연구를 도왔다. 그러나 부베와의 의견 차이를 보이자 강희제는 수학과 천문학을 연구하도록 조정했다. 이와 관련해서 푸케는 강희 52년 4월에 황제에게 다음과 같은 상주문을 올린다.

신 푸케는 외국의 우매한 선비로 중국의 문의를 이해하지 못함에도 불구하고 황상의 큰 은혜로 역법의 근원을 찬수纂修하라는 명을 받았습니다. 지난해 러허熱河에서 몸소 훈도해 우둔함을 깨우쳐주셨습니다. 『일전日躔』이 이미 완성되었고 올해 다시 황상을 모시게 된다면 크게 이로울 것입니다. 지방으로 간 뒤 병으로 더욱 쇠약해졌고 지병을 다시 앓게 되었습니다. 머리가 어지럽고 아파 정신이 혼미해 기운이 없습니다. 지난해에는 오히려 괜찮다가 올봄에 더욱 심해져 거의 편안한 날이 없으며 바람과 햇볕조차 감당할 수 없습니다. 만약 지방으로 다시 간다면 병든 몸이 견디지 못해 일을 그르치게 될까 두렵습니다. 오직 황상의 큰 은혜에 의지해 베이징에 머물면서 병든 몸을 돌볼 수 있기를 바랄 뿐입니다. 신의 경험에 비추어볼 때 베이징에서는 발병할 때가 적었고 가벼웠으며 베이징의 밖에서는 발병할 때가 많았고 위중했습니다. 베이징에 머물면서 요양하고 거듭 미력을 다해 속히 역법서를 완성할 수 있기를 희망합니다. 『월리月離』의 초고를 마쳤으며 황상의 귀경을 기다려 삼가 어람을 바치고 재차

---

39 "有旨問, 臣白晋你的『易經』如何? 臣叩首謹奏. 臣先所備『易經』粗疏淺陋, 冒瀆皇上御覽, 蒙聖心宏仁寬容, 臣感激無極. 臣固日久專于『易經』之數管見, 若得其頭緖盡列之于數圖, 若止臣一人愚見, 如此未敢輕信. 傳聖澤雖與臣所見同, 然非我皇上天縱聰明, 唯一實握大易正學之權, 親加考證, 臣所得易數之頭緖不敢當, 以爲皇上若不棄鄙陋, 教訓引導, 寬假日期, 則臣二人同專心豫備, 敬呈御覽." 梵蒂岡圖書館 Borg. Cinese. 439(a). 이 문헌은 옌쫑린이 당시 초록하지 않았다.

가르침을 청하고자 합니다. 이상 공손히 아룁니다.

강희 52년 4월.[40]

이 상주문은 푸케가 전력을 다해 부베의 『역경』 연구를 도운 시간이 2
년에 불과하고, 이후 두 사람이 『역경』 연구에서 의견 차이를 보여 푸케
가 주로 수학과 천문학을 연구하게 된 경위를 설명해준다. 그러나 푸케는
『역경』에 대한 자신의 연구를 결코 중단하지 않았다. 그는 이 시기에 여
전히 적지 않은 『역경』과 중국문화에 관한 연구 논문을 집필했다.[41]

부베는 색은파의 주요 구성원으로서 '중국전례典禮논쟁Chinese Rites Contro-
versy, 1645~1742 중에 난처한 입장에 처해 있었다. 왜냐하면 한편으로 샤를
매그로를 대표로 하는 파리외방전교회Société des Missions Étrangères de Paris 등
유파의 중국문화에 대한 견해에 반대했고, 또 한편으로는 마테오 리치의
사상과 노선을 추진하고 심화시키려고 했으므로 예수회 본연의 사상 및

---

40 "臣傅聖澤系外國愚儒, 不通中國文義, 蒙我皇上洪恩, 命臣纂修曆法之根. 去歲帶至熱
河, 躬親敎導, 實開茅塞. 『日躔』已完, 今歲若再隨駕, 必大獲益, 奈自去口外之後, 病休
愈弱, 前病復發. 其頭暈頭痛, 迷若不知, 卽無精力. 去世猶有止時, 今春更甚, 幾無寧
息, 不可以見風日. 若再至口外, 恐病體難堪, 抑且誤事. 惟仰賴我皇上洪恩, 留臣在京,
靜養病軀. 臣嘗試過, 在京病發之時少, 而且輕, 離京則病發之時多, 而且重, 今求在京,
望漸得愈, 再盡微力, 卽速作曆法之書, 可以速完. 草成『月離』, 候駕回京, 恭呈御覽, 再
求皇上敎導. 謹此奏聞. 康熙五十二年四月." 梵蒂岡圖書館 Borg. Cinese. 439(a). 이
문헌의 "恐病體難堪, 抑且誤事" 문구에서 옌쭝린과 팡하오는 "抑"을 베끼면서 빠뜨렸
고 "恐病體難堪" 뒤에 '折' 자를 첨가했다. 이 글자는 원고에 없는 것으로 팡하오는 이
문헌을 사용할 때 의구심을 가지며 "아마도 '折' 자 다음에 '磨' 자가 있을 것"이라고 했
다. 그러나 이 생각은 오판이다. 또한 "臣嘗試過, 在京病發之時少, 而且輕" 문구에서
옌쭝린과 팡하오 본은 '且' 자를 누락했다. 閻宗臨, 앞의 책, 170쪽; 方豪, 앞의 책, 285
쪽 참조.
41 John W. Witek, *Controversial Ideas in China and in Europe: A Biography of Jean-Fran-
cois Foucquet, S. J. (1665~1741)*, Roma, 1982, pp.164~207.

노선과 마찰을 빚었기 때문이다. 부베는 이러한 갈등을 강희제에게 다음과 같이 고한 바 있다.

신 부베는 나아가 어람인 『역학총지易學總旨』를 바칩니다. 『역경의 본의易經之內意』와 천교天敎는 크게 보아 서로 같기 때문에 신은 앞서 황상의 명을 받들어 처음에 『역경고易經稿』를 지었는데 그 안에 천주교와 서로 관련된 말이 있습니다. 후에 푸케가 도착하자마자 신과 함께 이전의 원고를 다듬고 또 몇 단락을 증보해 신 등이 회장에게 알렸습니다. 5월에 베이징에 있는 여러 서양인들이 함께 『역경』에 인용된 경서를 신중하게 상의했습니다. 회장은 신 두 사람에게 서신을 보내어 이르기를, "그대들은 준비한 어람서에서 천교와 관련된 곳이 있으면 진상하기 전에 먼저 뜻을 구하고 청 황상에게 자세히 조사하겠다는 유윤兪允을 청해야 할 것이다"라고 했습니다. 신 두 사람은 오래도록 『역경』 등 서적의 심오한 뜻을 전문적으로 탐구하고 서양의 옛 학문과 서로 고증해보았습니다. 그리하여 우리의 견해로 『역고易稿』를 짓게 되었는데 그것이 천교와 합치되지 않는 바가 없습니다. 그러나 회장의 명을 따르지 않을 수 없어 엎드려 황상의 뜻을 간청합니다.[42]

이 일은 실제로 예수회 내부에서 '전례논쟁'으로 인해 발생된 갈등을 언급한 것이다. 부베는 리치노선의 정확성을 증명하기 위해 색은주의적

---

42 "臣白晋前進呈御覽『易學總旨』, 卽『易經之內意』與天敎大有相同, 故臣前奉旨, 初作 『易經稿』, 內有與天主敎相關之語. 後臣傅聖澤一至卽與臣同修前稿, 又增幾端, 臣等 會長得(通)知, 五月內有旨意, 令在京衆西洋人同敬謹商議『易稿』所引之經書. 因(會 長)寄字與臣二人雲, 爾等所備御覽書內, 凡有關天敎處, 未進呈之前, 先當請求旨淸 皇上兪允其先査詳悉. 臣二人日久專究『易』等書奧意, 與西土古學相考, 故將己所見, 以作『易稿』, 無不合與天敎, 然不得不遵會長命, 俯伏祈請聖旨." 梵蒂岡圖書館 Borg. Cinese. 439(a-h). 方豪, 앞의 책, 282~283쪽 참조.

방법을 취해 중국『역경』등 고서 속에는 신의 흔적이 있다고 생각했다. 기타 예수회원은 부베가 너무 멀리 이탈했고 만일 부베의 이해를 따르게 되면 중국은 거꾸로 천학의 발원지가 된다고 판단했다. 그런 까닭에 베이징에 있는 다른 예수회원은 부베가 강희제에게 올린 모든 문헌들에 대해 심사할 것을 요구했다. 예수회의 이러한 행동은 실제로 황권에 대한 교권의 도전이었고 분명히 강희제의 반감을 배제할 수 없었다. 어떤 학자들은 이것이 강희제가 점점 부베의『역경』연구에 흥미를 잃게 만드는 원인 중의 하나라고 인식했다.[43]

'전례논쟁'이 심화됨에 따라 바티칸과 강희제의 갈등도 갈수록 깊어졌다. 내화 선교사 내부의 마찰 또한 날로 격화되자 강희제는 부베의『역경』연구에 점차로 흥미를 잃고 만다. 55년 윤[閏] 3월 초 2일 (…중략…) 부베의『역경』작업은 해도 되고 안 해도 무방하다. 그가 만약 하고자 한다면 그 자신이 할 것이며 다른 사람을 쓸 필요도 없고 서둘러 할 필요도 없다. 그가 완성할 때 다시 아뢰라.

---

43 부베가 여기서 말하는 회장이란 누구일까? 뤄리다는 이탈리아 예수회원 고자니(Jean-Paul Gozani, 駱保祿, 1647~1732)라고 주장한다. 그러나 한치(韓琦)는 고자니가 아닌 것이 틀림없다고 지적하면서 연구가 더 필요하겠지만 덴트레콜레(François-Xavier d'Entrecolles, 殷弘緒, 1662~1741)일 것이라고 했다. 왜냐하면 이때 덴트레콜레는 프랑스 내화 예수회의 총회장이었고 부베와 푸케로 하여금 강희제에게 올린 모든『역경』연구의 초고를 회장에게 보내라고 명령한 이는 그였다는 것이다. 그러나 구체적으로 이 명령을 실행한 이는 프랑스의 재중 예수회 베이징 교구의 회장 시르 콘툰신(Cyr Contuncin, 龔當信, 1670~1733)이었다. 다시 말해서 당시 부베에게 편지를 쓰고, 또한 구체적으로 그가 강희제에게 올린 서고(書稿)를 심사한 인물은 덴트레콜레가 아닌 시르 콘툰신이었다. 뿐더러 덴트레콜레는 1711년에 베이징이 아닌 장시에 있었고 1722년이 되어서야 베이징에 왔다. John W. Witek, *Controversial Ideas in China and in Europe: A Biography of Jean-Francois Foucquet, S. J. (1665~1741)*, Roma, 1982, pp.176~179; 費賴之, 馮承鈞 譯,『在華耶穌會士列傳及書目』(上卷), 中華書局, 1995, 550쪽; 羅麗達, 앞의 글 참조.

이상의 내용을 준수하라.[44]

그렇다고 하더라도 강희제는 여전히 매우 관용적인 태도로 부베에게
『역경』 연구를 계속하도록 했다. 이상으로 강희 50년[1711]에서부터 강희
55년[1716]에 이르기까지 강희제가 직접 부베 등 『역경』 연구팀을 조직함은
물론, 또한 수시로 연구 과정의 여러 문제들을 해결하는 상황들을 살펴보
았다. 이것은 당대의 위대한 사건이었다. 그렇다면 강희제는 무엇 때문에
부베 등에게 『역경』을 연구하게 했을까? 이 문제는 깊이 연구해볼 만한
가치가 있다고 할 것이다.

2) 『역경』 연구의 목적과 영향

강희제가 외국 선교사에게 『역경』을 연구하게 한 것은 지금 보면 다소
이상하게 느껴지겠지만 그 자신에게는 그럴 만한 내재적인 원인이 있었
다. 무엇보다도 그는 과학에 대한 흥미가 남달랐다. 이것은 부베에게 『역
경』을 연구하게 한 중요한 원인 중의 하나이다. 아담 샬[Johann Adam Schall von
Bell, 湯若望, 1591~1666]과 양광셴의 역법분쟁이 발생했을 때 강희제는 서양과
학에 흥미를 갖기 시작했다. 강희제는 그 일이 있은 후에 다음과 같이 말
한 바 있다.

짐이 어린 시절에 흠천감의 중국인 관리와 서양인 간에 사이가 좋지 않아 서로
탄핵해 거의 대벽大辟, 사형의 형벌에까지 치달았다. 양광셴, 샬이 오문午門, 紫禁城의

---

44 "五十五年閏三月初二日 (…중략…) 白晋他做的『易經』, 作亦可, 不作亦可. 他若要作,
着他自己作, 不用一個別人, 亦不必作, 俟他作全完時, 再奏聞. 欽此" 梵蒂岡圖書館
Borg. Cinese. 439(a). 方豪, 앞의 책, 285쪽 참조.

정문 밖 아홉 명의 고관九卿 앞에서 일영 측정의 승부를 겨루었을 때 어찌 된 일 인지 이 고관들 중에 아무도 역법을 아는 사람이 없었다. 짐이 생각건대 자신들도 모르면서 어떻게 다른 사람의 옳고 그름을 판단할 수 있단 말인가? 이 때 문에 스스로 분발해서 배웠다.[45]

중국 역사상 강희제만큼 서양과학에 애착을 갖고 심혈을 다해 공부한 황제도 없을 것이다.[46] 강희제는 즉위한지 얼마 되지 않아 페르디난드 페르비스트를 초빙해 천문, 수학을 교수하게 했다. 뒤에 또한 장 프랜시스커스 제르비용, 부베 등을 곁에 두고 기하학을 배웠다. 특별히 강희제의 수학에 대한 열정은 줄곧 계속되어 강희 52년에 몽양재蒙養齋를 개설하라는 명을 내려 세 번째 황자 인즈胤祉에게 직접 관리하도록 했다. 성지는 다음과 같다.

화석 성친왕和碩誠親王 인즈 등에게 율려, 산법 여러 책들을 편찬함은 물론 몽양재를 세우고 단묘壇廟, 궁정 악기를 고찰해 정하게 하라. 거인擧人 자오하이趙海등 45명이 산법을 배운 이들이다. 그대들은 재차 시험을 통해 그 성적이 우수한 자를 수서처修書處에 겸직하게 하라.[47]

---

45 "朕幼時, 欽天監漢官與西洋人不睦, 互相參劾, 幾至大辟. 楊光先, 湯若望于午門外, 九卿前, 當面賭測日影, 奈九卿中無一人知其法者. 朕思, 己不知, 焉能斷人之是非? 因自憤而學焉."「聖祖仁皇帝庭訓格言」,『欽定四庫全書薈要』, 吉林出版社, 2005, 86쪽.

46 白晋,『淸康乾兩帝與天主敎傳敎史』, 馮做民 譯, 光啓出版社, 1966; 杜文凱,『淸代西人見聞錄』, 中國人民大學出版社, 1985 참조.

47 "諭和碩誠親王胤祉等, 修輯律呂算法諸書, 著于養蒙齋立舘, 并考定壇廟宮廷樂器. 擧人趙海等四十五人, 系學算法之人. 爾等再加考試, 其學習優者, 令其修書處行走."『淸聖祖實錄』卷256, 康熙五十二年甲子, 五月.

동년 6월 17일, 허쑤가 강희제에게 다음과 같이 아뢨다.

서양인들吉利安, 富生哲, 楊秉義, 杜德海이 대수표對數表를 번역한 뒤, '수표문답數表問答'이라고 명명하고 그 앞부분을 필사해 한 권을 보내왔습니다. 그들에 따르면 '우리는 이 책을 힘껏 지은계산한 뒤에 번역을 끝내도 옳고 그름을 알지 못합니다. 성상께서 훈도해 확정하신 후에 우리가 계속해서 작업계산해 번역하면 대략 67권이 될 것입니다'라 했습니다.[48]

이것은 강희제가 당시 수학 연구 문제에 지대한 관심이 있었음을 보여준다. 강희 51년, 강희제는 천허우야오陳厚耀, 메이줴청梅珏成 등을 대동해 피서산장 청더承德에 가서 그들과『율력연원律曆淵源』의 편찬을 토론했다.[49] 그리고 이듬해에 성친왕 인즈 등에게 "율려, 산법 여러 책들을 편찬하라"[50]고 명했다.

분명한 사실은 강희제가 부베 등에게『역경』을 연구하도록 안배한 시기는 바로 서양수학에 몰두한 때였다. 예로부터『역경』연구에는 중국의 경학經學 해석사에서 '의리파義理派'와 '상수파象數派'라는 두 해석 방향이 존재한다.『역경』자체가 부호체계와 개념체계의 결합체이기 때문에 이 두 해석 방법은 모두 그 내재적 근거가 있고 모두 저작이 대대로 전해진다. 상수파의 저작에는 많은 수학적 내용이 포함되어 있는데 예컨대 정쉬안

---

48 "西洋人吉利安, 富生哲, 楊秉義, 杜德海將對數表翻譯後, 起名數表問答, 繕于前面, 送來一本. 據吉里安等曰, 我等將此書盡力計算後, 翻譯完竣, 亦不知對錯. 聖上指教奪定后, 我等再陸續計算, 翻譯具奏, 大約能編六七本." 中國第一歷史檔案館 編,『康熙朝滿文朱批奏折全譯』, 中國社會科學出版社, 1996, 878쪽.

49 李迪,『中國數學史簡編』, 遼寧人民出版社, 1984, 266쪽.

50 "修律呂, 算法諸書."『清史稿』第七冊 卷45, "時憲志", 中華書局, 1997, 169쪽; 吳文俊 外編,『中國數學史大系』, 北京師範大學出版社, 2000, 7쪽.

鄭玄이 만든 "구궁수九宮數는 세계 최초의 항렬도行列圖이다".[51] 강희제는 사오융邵雍 등 상수파의 『역경』에 대해서도 매우 잘 이해하고 있었다. 강희 50년 2월, 즈리순무直隸巡撫 자오훙셰趙宏燮와 '수數'를 논할 때 강희제는 "산법의 원리는 모두 『역경』에서 나온 것이다. 즉, 서양의 산법 역시 훌륭한데 그것은 원래 중국의 산법으로 대수학代數學, Algebra으로 불린다. 이 대수학은 동방에서 전해진 것으로 일컬어진다"[52]라고 말한 바 있다. 이것은 강희제가 자신의 수학에 대한 흥미와 중국의 전적典籍 『역경』을 결합하고자 한 뜻을 설명해준다. 그리고 2개월 후에 장시순무 랑팅지郎廷極에게 유시를 내려 푸케를 상경시켜 부베의 『역경』 연구를 돕도록 했다. 바티칸도서관에도 강희제가 연구한 대수학의 문헌이 남아 있다. 이는 당시 수학에 대한 강희제의 관심을 말해준다.

왕다오화에게 분부했다. 짐은 기상해서 황자皇子 등과 함께 매일 대수학 신법을 고찰했다. 그들이 구법보다 쉽다고 말하는 것을 가장 이해하기 어렵다. 보아하니 구법보다 더 어렵고 틀리거나 애매한 점도 많다. 일전에 짐은 재경 서양인이 수표의 근원을 작성한 것을 평하면서 매우 분명하게 썼다. 그대는 이 조서를 초록하고 이 책을 베이징에 보낼 것이며 가서 서양인들과 함께 면밀히 살펴 통하지 않는 문장은 모두 삭제하라. 그리고 논자가 말하는 '갑 곱하기 갑', '을 곱하기 을'은 모두 무수이다. 설사 곱하더라도 얼마인지 모른다. 이 사람의 산법을 보니 평범하고 가소롭다. 특별히 명한다特論.[53]

---

51 董光璧, 『易圖的數學結構』, 上海人民出版社, 1987, 14쪽.

52 "算法之理, 皆出于『易經』. 卽西洋算法亦善, 原系中國算法, 被稱爲阿爾朱巴爾. 阿爾朱巴爾者, 傳自東方之謂也." 王先謙, 『東華錄』 卷21, "康熙八九", 齊魯書社, 2020.

53 "諭王道化. 朕自起身以來每日同阿哥等察阿爾熱巴拉新法. 最難明白他說比舊法易. 看來比舊法愈難, 錯處亦甚多, 鶻突處也不少. 前者朕偶爾傳與在京西洋人開數表之

이로 보건대 당시 강희제가 수학에 대해 실로 광적일 정도로 집착했음을 알 수 있다. 이 문헌 역시 강희제가 수학을 공부하는 과정에서 부베 등 선교사들이 중요한 역할을 했음을 설명해준다. 부베가 이 일에 참여할 수 있었던 것은 부베가 입궁한 뒤 제르비용과 함께 만주어로 강희제에게 『기하학』을 강의한 적이 있었기 때문이다. 강희제의 수학 선생으로 활동한 부베의 경력은 그 수학 능력을 충분히 믿게 만들었다. 또한 부베는 당시 선교사들 중에서 중국문화의 이해가 가장 출중했다. 강희제는 "중국에 있는 많은 서양인들 중에 한 사람도 중국의 문리文理에 통한 자가 없다. 오직 부베만이 중국 글의 뜻을 조금 알지만 역시 아직 능통한 수준은 아니다"[54]라고 말한 적이 있다. 강희제는 이 일은 부베가 아니면 그 누구도 완수할 수 없다고 판단했던 것이다.[55]

부베는 강희제의 생각을 분명하게 읽었다. 『역경』 연구는 상수象數 부분이 가장 중요한 내용 중의 하나이다. 부베는 『역수상도총설易數象圖總說』에서 "내역內易의 비밀은 심오하고 지극히 신비해 헤아릴 수 없고 정통하기도 어렵다. 다행히 외역外易에 수상도數象圖의 현묘함이 있어 이로써 내역의 정미精微함을 궁구하면 알 수 없는 것이 없다"[56]라고 말한다. 또한 『역학외편易學外篇』 수절首節에서 "역의 이치는 수상도와 항상 단절될 수 없으

<hr>

根, 寫得極明白. 爾將此上諭抄出幷此書發到京里, 去着西洋人共同細察, 將不通的文章一槪刪去, 還有言者甲乘甲, 乙乘乙總無數目, 卽乘出來亦不知多少, 看起來此人算法平平爾, 太少二字卽可笑也. 特諭."梵蒂岡圖書館 Borg. Cinese. 439. a.

54 "在中國之衆西洋人幷無一人通中國文理, 惟白晋一人稍知中國書義, 亦尙未通."陳垣 編, 『康熙與羅馬使節關係文書影印本』, 故宮博物院, 1932; 馬國賢, 李天綱 譯, 『淸廷十三年』, 上海古籍出版社, 2004, 참조.

55 Claudia von Collani, *P.Joachim Bouvet S. j. Sein Leben und sein Werk*, Steyler Verlag 1985, pp.124~133; 韓琦, 앞의 글, 317쪽 각각 참조.

56 "內易之秘, 奧蘊至神, 難測而難達, 幸有外易數象圖之妙, 究其內易之精微, 則無不可知矣."梵蒂岡圖書館 Borg. Cinese. 317(8), p.3.

니 이 말은 참으로 옳도다! 대개 말의 이치理는 수數만 못하고 수를 밝히는 것明數은 상象만 못하고 상수가 미치지 못하는 것은 그림圖으로 보여주는 것만 못하다"[57]라고 했다.

바티칸도서관의 문헌 중에는 부베가 『역경』을 연구한 일정표와 강희제가 부베의 연구 논문을 읽은 뒤 내린 어비御批가 소장되어 있다. 그 주요 내용은 바로 『역경』 교류에 포함된 수학 문제에 관한 것이다. 말하자면 『천존지비도天尊地卑圖』, 『석선천미변지원의釋先天未變之原義』, 『낙서방도洛書方圖』, 『대연도大衍圖』 등은 모두 부베가 상수의 각도에서 『역경』을 연구한 그림과 저작이다.[58] 강희제는 일종의 수학적 흥미 차원에서 부베가 『역경』을 연구해 그 속에서 수학의 깊은 의미를 발견하기를 희망했다. 그러나 반대로 부베는 연구 과정에서 강희제의 이 방면에 대한 관심을 더 한층 강화시켜 주었다. 즉, 부베의 『역경』 연구에서 수학과 상수의 내용이 강희제에

---

57 "易之理數象圖, 常關不離, 誠哉! 斯言也. 蓋言理莫如數, 明數莫如象, 象數所不及者, 莫如圖以示之." 梵蒂岡圖書館 Borg. Cinese. 317(10), p.1.

58 "二十四日. 進新改了的釋先天未變之原義一節, 又釋河洛合一, 天尊地卑圖, 爲先天未變易數象圖之原一本, 幷『曆法問答』定歲實法一本, 交李三湖呈奏. 奉旨: 朕俱細細看過了, 明日伺候. 欽此. 二十五日呈覽. 上諭: 爾等所譯之書甚好了, 朕覽的書合于一處, 朕所改已上, 所謂地形者之處, 可另抄過送上. 七月初四日. 呈御筆改過的『易經』, 幷新得第四節, 釋天尊地卑圖, 爲諸地形立方諸方象, 類于洛書方圖之原, 及大衍圖一張, 進講未完. 上諭: 將四節合定一處, 明日伺候, 欽此. 初六日, 呈前書幷新作的釋天尊地卑圖, 得先天未變始終之全數法圖二張, 進講. 上諭王道化, 白晋作的數甚是明白, 難爲他, 將新作的天尊地卑圖, 得先天未變始終之全數法幷圖留下, 『易經』明日伺候. 欽此. 初七日, 進大衍圖. 上諭: 將大衍圖留下, 朕覽, 爾等另畵一張, 安于書內, 欽此. 諭爾等俱領去收看, 欽此. 十二日, 進講類洛書耦數方圖之法一節, 圖一張, 呈覽. 上諭: 將耦數方圖之法與前日奇數之法合定一處, 爾等用心收看, 欽此. 本日御前太監葉文忠奉旨取去原有御筆寫類書方圖奇數格一張, 幷耦數方圖一張. 傳旨, 照此樣多畵幾張. 欽此. 本日畵的奇數方圖格二張, 敎太監李三湖呈上, 留下. 王道化謹奏初九日恭接得上發下大學士李光地奏折一件, 幷原圖一幅, 說冊一節與白晋看. 據白晋看, 捧讀之下稱, 深服大學士李光地, 精通易理, 洞曉曆法." 梵蒂岡圖書館 Borgia Cinese 317-4, 22~24쪽.

게 그 속의 수학적 심오한 뜻을 깊이 깨닫게 함으로써 그의 『역경』에 대한 흥미를 상당히 긴 시간 동안 지속하게 만들었다. 강희제가 외국인에게 『역경』을 연구하게 한 원인이 어쩌면 여기에 있었는지도 모른다. 현재 이 문제는 좀 더 깊게 연구해야 할 것이다. 특히 부베가 제작한 각종 『역경』 상수의 도식은 여전히 발견해야 하고 체계적으로 정리할 필요가 있다.

그 다음은 부베의 『역경』 연구를 통해서 '서학중원설西學中源說'을 실증하고자 했다. '서학중원설'은 청초 동서문화교류에서 하나의 중요한 관점이었다. 이것은 청초의 사상과 학술에 비교적 큰 영향을 미쳤다. 그렇다면 이 사상을 최초로 제기한 인물은 누구일까? 이 문제는 아직도 학술계에서 논쟁 중이다.[59] 그러나 일정 부분 명확한 점도 발견된다. 강희 43년, 강희제는 그의 『삼각형추산법론三角形推算法論』에서 이 생각을 이미 명확하게 제기한 바 있다.

논자는 고법古法과 금법今法이 다른 까닭에 역을 깊이 알지 못한다. 역은 원래 중국에서 발생해 극서極西에까지 전해진 것이다. 서양인이 그것을 지켜 잃지 않고 끊임없이 측량해 해마다 수정하고 보충했을 뿐이다. 그런 까닭에 그 차분差分의 밀도를 얻은 것이지 다른 학술이 아니다.[60]

앞서 이미 논급한 바와 같이 강희 50년, 강희제는 즈리순무 자오훙셰

59 쉬하이쑹(徐海松)은 『청초 지식인과 서학(清初士人與西學)』(東方出版社, 2000)에서 이 사상을 최초로 제기한 인물은 메이원딩(梅文鼎)이라고 주장했다. 왕양쭝(王楊宗)은 강희제일 것으로 판단했다. 王楊宗, 「明末淸初"西學中源"說新考」, 『科史薪傳－慶祝杜石然先生從事科學史硏究四十年學術論文集』, 遼寧敎育出版社, 1995 참조.

60 "論者以古法今法之不同, 深不知曆. 曆原出自中國, 傳及于極西, 西人守之不失, 測量不已, 歲歲增修, 所以得其差分之疏密, 非有他術也." 『康熙御製文集』第三集 卷十九, "三角形推算法".

와 수를 논할 때 "산법의 원리는 모두 『역경』에서 나온 것이다. 즉, 서양의 산법 역시 훌륭한데 그것은 원래 중국의 산법으로 대수학이라고 불린다. 이 대수학은 동방에서 전해진 것으로 일컬어진다"[61]라고 했다. 이것은 강희제가 '대수학'에 의거해서 처음으로 '서학중원설'과 『역경』을 결부시켜 말한 것이다. 이 말과 시기에 근거해 두 가지의 판단을 도출해낼 수 있다. 첫째는 강희제가 그 이전에 이미 서양 산법인 대수학을 공부해 이해하고 있었고, 둘째는 강희제에게 이 산법을 강의한 인물은 푸케가 아니라는 사실은 확실하다. 푸케가 명을 받고 상경해 부베의 『역경』 연구를 도운 시기는 강희 50년 4월 이후, 즉 강희제와 자오훙셰가 대화를 나눈 이후의 일이기 때문이다. 존 와이텍John W. Witek, S. J.은 푸케가 강희 51년 8월에 러허에 있을 때 강희제에게 『대수학 신법阿爾熱巴拉新法』을 바쳤다고 했는데 이 견해는 분명히 검토해볼 만하다.[62]

강희 42년, 제르비용, 부베, 앙투안 토마Antoine Thomas, 安多, 파레닝, 피에르 자르투Pierre Jartoux, 杜德美는 강희제에게 서양의 수학을 강의할 때 이미 대수학에 관해 언급한 바 있다. 이 시기 서양 수학의 역서 가운데 『차근방산법절요借根方算法節要』, 『차근방산법借根方算法』은 여러 종류의 번역법이 존재했다.[63] 즉 『동화록東華錄』에는 '아얼주바얼파阿爾朱巴爾法'으로, 메이원딩

---

61 "算法之理, 皆出于『易經』. 卽西洋算法亦善, 原系中國算法, 被稱爲阿爾朱巴爾. 阿爾朱巴爾者, 傳自東方之謂也." 王先謙, 『東華錄』卷21, "康熙八九".

62 梵蒂岡圖書館 Borgia Cinese 319-4, 프랑스어 원고 제목은 Abregé d'algèbre이다.

63 『차근방산법절요』는 상·하 2권, 총 1책으로 이루어져 있다. 책에는 쿵지한(孔繼涵), 홍구(葒谷), 안러탕장서기(安樂堂藏書記) 등 도장(印)이 찍혀 있다. 쿵지한의 소장본에 근거해보면 십일(十一) 『차근방산법』의 원서는 3권으로 되어 있다. 그 중에서 십이 十二 『차근방산법』 8권 1종種, 『절요』 2권은 저자의 성명이 없다. 현재 구궁박물원(故宮博物院)도서관에 소장되어 있다. 「中算史論叢」, 『李儼錢寶琮科學史全集』第7卷, 遼寧敎育出版社, 1998, 69쪽. 또한 『수리정온』이 편찬되기 전에 『차근산법절요借根算法節要』가 출간되었는데 이 책은 서양인이 번역해서 강희제에게 강의할 때 사용한 것으

梅文鼎은 『적수유진赤水遺珍』에서 '아얼러바라阿爾熱八拉'으로 번역했다. 앨지브러Algebra는 수학에서 대수代數를 가리킨다. 그 출처는 825년 아라비아의 수학자 알 콰리즈미Mohammed ibn Musa al-khowarizmi가 지은 『이항과 환산에 의한 계산에 관한 요약al-Kitab al-mukhtasarfi hisab al-jabr wa-al-mu-qabalah』으로 이것이 대수학의 기원이다. 덧붙이자면 "이 책은 12세기 라틴어 'Ludus algebrae et almucgrabalaeque'라는 서명으로 번역되었고 나중에는 'Algebra'로 약칭되었다. 지금은 '대수학'으로 번역한다".[64]

대수학은 동양에서 기원하며 후에 서양으로 전해진 것이다. 강희제의 '동래지법東來之法'은 결코 틀린 말이 아니다. 다만 이 '동'의 개념은 매우 큰 차이가 있다. 여기서 '동래'란 사실 아라비아에서 기원한다는 의미이다. 그러나 강희제는 그것이 중국에서 기원한 것으로 이해했다. 어떤 학자는 "선교사들이 강희제의 환심을 사기 위해 고의로 날조한 거짓말"[65]이 아닌지 의심하기도 하지만 역사적 증거는 없다. 어느 정도 확실한 것은 강희제가 부베의 『역경』 연구 이전에도 '서학중원' 내지는 『역경』이 서양 산법의 기원이라는 생각을 가지고 있었다는 사실이다. 이를테면 강희제가 이 생각을 품게 된 것은 그 전의 일이고 부베에게 『역경』을 연구하게 한 것은 뒷날의 일이다. 이것은 강희제가 부베의 『역경』 연구를 안배할 때 매우 강렬한 정치적 의도가 있었음을 설명해준다. 왜냐하면 '서학중원설'은 실제로 강희제가 서학에 대응했던 기본책략이었기 때문이다. 그것은 당시 동서문화가 충돌하는 상황에서 취한 강희제의 중요한 문화정책

로 보인다. 吳文俊 外編, 앞의 책, 326쪽.

64 M·克萊因, 張理京 外譯, 『古今數學思想』 第1冊, 上海科學技術出版社, 2009, 218~219쪽.

65 樊洪業, 『耶蘇會士與中國科學』, 中國人民大學出版社, 1992, 226쪽.

이었다.[66]

푸케가 재차 강희제에게 대수학을 전수할 때, "천간에서 처음 시작하는 갑, 을, 병, 정 등의 글자로 기지수既知數를 표시하고 지지 말미의 신, 유, 술, 해 등의 글자로 미지수未知數를 표시한다데카르트가 a, b, c, d 등으로 기지수를, 그리고 x, y, z 등으로 미지수를 표시한 것과 같다. 또한 팔괘八卦의 양효陽爻로 '플러스+'를, 음효陰爻로 '마이너스-'를 각각 표시하고 '+'로 같음표를 삼는다"[67]라고 했다. 강희제가 공부할 때 『역경』을 대표로 하는 부호체계는 물론이고 그의 의식 속에 이미 자리 잡고 있었던 '서학중원' 사상이 각성되었을 것이다. 이 때문에 푸케를 상경시켜 부베의 『역경』 연구를 돕도록 한 후에 강희제는 재차 대수학에 흥미를 갖게 된 것이다.[68]

강희제는 전후 두 차례에 걸쳐서 대수학 공부에 몰두했다. 그것은 한편

---

66 吳伯婭, 『康雍乾三帝與西學東漸』, 431~435쪽; 徐海松, 『淸初士人與西學』, 東方出版社, 2000, 352~365쪽.

67 "用天干開首的甲, 乙, 丙, 丁等字表示已知數, 用地支末後的申, 酉, 戌, 亥等字表示未知數(和笛卡爾用a,b,c,d等字母表示已知數, 用x,y,z等字母表示未知數相仿), 又用八卦的陽爻 一作加號, 用陰爻 一作減號, 以+爲等號." 梅榮照, 「明淸數學槪論」, 『明淸數學史論文集』, 江蘇敎育出版社, 1990, 8~9쪽.

68 바티칸도서관의 문헌 역시 이 점을 실증해주고 있다. 그 원문을 옮겨보면 다음과 같다. "啓杜, 巴, 傅(杜德美·巴多明·傅聖澤)先生, 知二月二十五日三王爺傳旨, 去年哨鹿報上發回來的阿爾熱把拉書, 在西洋人們處, 所有的西洋字的阿爾熱把拉書査明, 一幷速送三阿哥處, 勿誤. 欽此. 帖到可將報上發回來的阿爾熱把拉書幷三堂衆位先生們, 所有的西洋字的阿爾熱把拉書査明, 卽送到武英殿來, 莫誤. 二月二十三日 李國屛 和素."; "字與楊, 杜, 紀, 傅(楊秉義·杜德美·紀理安·傅聖澤)四位先生, 知明日是發報的日子, 有數表問答, 無數表問答書, 四位先生一早進來, 有商議事, 爲此特字. 六月二十五日 李國屛 和素. 字啓: 傅先生知爾等所作的阿爾熱巴拉, 聞得已經完了, 乞立刻送來以便平定明日封報, 莫誤. 二月初四 李國屛 和素."; "十月十八日奉上諭新阿爾熱巴拉, 朕在熱河發來上諭, 原有者衆西洋人公同改正, 爲何只着傅聖澤一人自作, 可傳衆西洋人, 着他們衆人公同算了, 不過傅聖澤一人自作, 可與衆西洋人, 着他們衆人公同算了, 不過傅聖澤說中國話罷了. 務要速完. 欽此. 王道化." 梵蒂岡圖書館 Borg. Cinese. 439(a).

으로 수학에 대한 흥미와 관련이 있는가 하면, 또 한편으로는 '서학중원' 사상과도 직접적인 연관이 있다. 그는 부베의 연구를 지도하는 과정에서 부베에게 중국의 고서에 내포된 풍부한 수학 사상을 일깨워주었다. 즉, 부베에게 반드시 고서를 세심하게 비교 열람하고 방향이 다르다고 해서 보지 않는 태도를 버려야 한다고 훈계했다. 이것은 사실 부베가 자신의 사상적 방향으로 발전하도록 인도한 것이다. 이 시기에 강희제가 "그대는 일찍이 『역』수數로 많은 사람들과 강론했는가? 산법과 『역』수는 부합된 다"[69]라고 말한 바가 그것이다.

3) 『역경』 연구와 전례논쟁

이른바 중국전례논쟁은 강희 연간 중국과 서양의 관계에서 가장 중대한 사건이다. 이 논쟁은 강희제의 천주교정책에 중대한 영향을 미쳤다. 더해서 강희제가 부베 등에게 『역경』을 연구하게 한 것은 전례논쟁에서 취한 중요한 절차 중의 하나였다. 강희 39년, 청궁淸宮에 있는 필립포 그리말디Filippo Maria Grimaldi, 閔明我, 1639~1712, 토마스 페레이라, 앙투안 토마, 제르비용 등 예수회원은 강희제에게 올릴 상주문을 치밀하게 준비했다.[70]

삼가 아뢰옵건대 황제께서 친히 살펴주실 것을 공손한 마음으로 바라오며 이로써 가르침을 구하고자 합니다. 서양의 학자들은 중국에서 공자를 기리는 의

---

69   "爾曾以『易』數與衆講論乎? 算法與『易』數吻合." 『淸聖祖實錄』 卷二五一, 康熙五十一
      年, 九月, 丙辰.
70   이 서신은 예수회원 르 콩트가 유럽에서 계획한 것이거나, 아니면 베이징에 있는 예수
      회원들이 획책한 것으로 그 견해가 일치하지 않는다. 李天綱, 『中國禮儀之爭 — 歷史·
      文獻和意義』, 上海古籍出版社, 1998, 49쪽; 顧衛民, 『中國天主敎編年史』, 上海書店,
      2003, 217쪽.

식을 행하며 천지와 조상에 제사하는 예가 있음을 알고서, 반드시 그 까닭이 있다고 하자 그 의미를 밝혀줄 것을 요구하고 있습니다. 신들은 공자는 중국인들로부터 위대한 스승으로 존경을 받지만 행복이나 벼슬, 재물을 얻기 위해 그의 이름으로 기도하지는 않는다고 해석했습니다. 조상 숭배는 사랑과 추모의 정을 기리기 위한 것이지 조상의 은덕을 받기 위한 것은 아니라고 믿습니다. 비록 조상의 위패를 모시기는 하지만 조상의 영혼이 그 위패 속에 존재한다고 믿지는 않습니다. 하늘에 대한 제사는 물리적인 푸른 하늘에 바치는 것이 아니라 만물의 주인이자 창조주께 드리는 것이라고 믿습니다. 곧 공자의 '교사郊社의 예는 상제를 섬기는 것'이라 한 말과 같다 하겠습니다. 어떤 때는 상제라 하고 또 어떤 때는 천天이라고 일컫는 것은, 마치 주상主上을 주상이라 하지 않고 폐하 또는 조정이라 하는 것과 같다고 여겨집니다. 이처럼 비록 명칭은 같지 않지만 그 실상은 하나인 것입니다. 전에 황상께서 내려주신 편액, '경천敬天'이란 어서御書 두 글자가 바로 이러한 뜻이라 생각됩니다. 신들은 어리석은 견해로 이처럼 답했습니다.[71]

강희제는 당시 이 상주문을 비준하면서 "이 글은 심히 훌륭하며 대도에 합치된다. 경천, 사군친事君親, 경사장敬師長은 세상에 널리 통용되는 도

---

71 "謹奏, 爲恭請鑒, 以求訓誨事. 竊遠臣看得西洋學者, 聞中國有拜孔子及祭天地祖先之禮, 必有其故, 願聞其詳等語. 臣管見, 以爲拜孔子, 敬其爲人師範, 幷非祈福佑, 聰明, 爵, 祿而拜也. 祭祀祖先, 出于愛親之義, 依儒禮亦無求佑之說, 惟盡孝思之念而已. 雖說立祖先之牌位, 非謂祖先之魂在木牌位之上, 不過抒于子孫報本追遠, 如在之意耳. 至于郊天之禮奠, 非祭蒼蒼有形之天, 乃祭天地萬物根原主宰, 卽孔子所雲, '社郊之禮, 所以事上帝也.' 有時不稱'上帝'而稱'天者', 猶如主上不曰'主上', 而曰'陛下', 曰'朝廷'之類, 雖名稱不同, 其實一也. 前蒙皇上所賜扁額親書'敬天'之字, 正是此意. 遠臣等鄙見, 以此答之, 但緣關係中國風俗, 不敢私寄, 恭請睿鑒訓誨. 遠臣等不勝惶悚待命之至. 康熙三十九年十月二十日奏." 黃伯祿, 『正教奉褒』, 上海慈母堂重印, 光緒三十年甲辰孟秋月; 李天綱, 『中國禮儀之爭─歷史·文獻和意義』, 49~50쪽에서 재인용.

리이니 고칠 곳이 없다"[72]라고 했다.

강희 43년, 교황 클레멘스 11세Clemens XI는 유지를 공포해 정식으로 '중국의 전례'를 이단으로 판정하고 금지시켰다. 44년, 샤를 토마스 마이야르 드 투르농Charles Thomas Maillard de Tournon, 多羅, 1668~1710이 특사로 중국을 방문했다. 45년, 강희제는 창춘위안에서 투르농 특사를 접대하면서 "서양인이 금후로 리치규범利瑪竇規矩, 적응책략을 준수하지 않으면 결코 중국에서의 거주를 허락하지 않을 것이며 반드시 축출해 돌려보낼 것이다"[73]라고 유지를 전했다. 동시에 재화 선교사들에게 '표'를 내리고 "표를 받은 자는 중국인과 똑같다"[74]고 경고했다.

그러나 강희 46년, 투르농 특사는 난징南京에서 중국 교도의 제조祭祖, 경공敬孔에 관한 교황의 금령을 정식으로 공포했다. 강희제는 마지막 남순南巡 중에 선교사를 한차례 접견하고 "영원히 중국 각 성에서 선교하고 더 이상 서양에 돌아갈 필요 없다"[75]는 등의 말을 남겼다. 49년, 테오도리코 페드리니Teodorico Pedrini, 德理格, 1670~1746와 마테오 리파Matteo Ripa, 馬國賢, 1682~1745가 중국에 왔고 강희제는 푸케를 상경시켜 부베의 『역경』 연구를 돕게 했다. 51년, 교황 클레멘스 11세는 비망록을 발표해 투르농이 중국에서 공포한 교령을 확인했다. 54년, 교황 클레멘스 11세는 『등극한 날로부터從登極之日』를 반포했다. 55년, 강희제는 많은 선교사들 앞에서 페드리

---

72 "這所寫甚好. 有合大道, 敬天及事君親, 敬師長者, 系天下通義, 這就是無可改處." 黃伯祿, 『正敎奉襃』. 羅麗達, 「一篇有關康熙朝耶蘇會士禮儀之爭的滿文文獻」, 『歷史檔案』 1, 1994 참조.
73 "西洋人自今後若不遵利瑪竇的規矩, 斷不準在中國住, 必逐回去" 陳垣 編, 『康熙與羅馬使節關係文書影印本』 第四件.
74 "領過票的, 就如中國人一樣." 위의 책.
75 "永在中國各省傳敎, 不必再回西洋." 黃伯祿, 『正敎奉襃』. 李天綱, 『中國禮儀之爭－歷史·文獻和意義』, 49~50쪽에서 재인용.

니가 교황에게 보내는 자신의 편지를 의도적으로 틀리게 번역했다고 호되게 질책했다.[76] 56년에는 카를로 암브로스 메짜바르바Carlo Ambrosius Mezzabarba, 嘉樂, 1685~1741 특사가 중국을 방문했다.

이상 열거한 연대별 역사 사건으로 보건대 강희제가 부베 등에게 『역경』을 연구하도록 안배한 시기는 한창 '전례논쟁'이 격렬한 때임을 간파할 수 있다. 특히 투르농 특사와 메짜바르바 특사가 중국을 방문한 때 역시도 강희제와 로마 교황청의 관계가 매우 긴장된 시기였다. 이 때 강희제는 재화 선교사들에게 응당 있어야 할 통일된 정책과 요구를 고려하기 시작했다. 강희 45년에 다음과 같은 유지를 내렸다.

> 근래에 서양에서 온 자들은 심히 복잡하다. 도를 행하는 자도 있고 또 어떤 백인은 도를 행하기 위해 이름을 빌린 자도 있다. 따라서 시비를 가리기가 어렵다. 지금 일정한 규칙規則이 없다면 뒷날 시비가 야기될 것이다. 이것은 교화처와도 관계된 일이니 부득이 상규常規를 먼저 분명히 일깨우지 않을 수 없다. 그리하여 후인이 법도를 엄수하고 어기지 않게 하는 것이 좋겠다.[77]

강희제가 선교사들에게 반복해서 말한 것은 바로 리치의 규범을 준수하는 것이었다.

강희제는 투르농을 두 번째 접견했을 때 재화 선교사에 대한 중국의 기본정책을 "중국은 2천 년 동안이나 공학孔學의 도를 신봉해 왔다. 중국

---

76 陳垣 編, 『康熙與羅馬使節關係文書影印本』第七件.
77 "近日自西洋所來者甚雜, 亦有行道者, 亦有白人借名爲行道者, 難以分辨是非. 如今爾來之際, 若不一定規矩, 惟恐後來惹出是非, 也覺敎化處有關係, 只得將定例先明白曉喩, 令後來之人謹守法度, 不能少違方好." 陳垣 編, 『康熙與羅馬使節關係文書影印本』第二件.

에 온 서양인들은 리치 이래로 항상 황제의 보호를 받았고 그들도 공무를 중히 여기고 법을 잘 지켰다. 장래에 만일 어떤 이가 공자와 조상을 공경하는 것에 대해 반대한다면 서양인은 더 이상 중국에 머물기 어려울 것이다"[78]라고 설명했다. 이어서 그는 베이징에 있는 전체 선교사들에게 다음과 같은 유지를 내렸다.

지금부터 리치규범을 따르지 않으면 결단코 중국에서 살 수 없으며 반드시 추방될 것이다. 만약 교화왕敎化王, 교황이 이 때문에 선교를 허용하지 않는다면 그대들은 이미 출가한 사람이니 중국에 살면서 수행修道하면 될 것이다. 교화왕이 재차 그대들이 리치규범을 준수하고 자신의 말에 순종하지 않는 것을 문책하며 서양으로 귀환하도록 조치하더라도 짐은 그대들을 돌아가라고 하지 않을 것이다. 교화왕이 투르농의 말만 믿고 그대들이 자신의 말을 듣지 않은 것을 천주에게 죄를 짓는 것이라 하여 반드시 돌아오게 한다면 짐은 당연히 말할 것이다. 그대들은 중국에 오래 살아서 짐의 영토에 익숙해 중국인과 다를 바가 없으니 돌려보내고 싶지 않다고 말할 것이다. 그럼에도 교화왕이 만약 그대들이 죄를 지어 반드시 귀환하도록 한다면 짐은 그에게 서신을 보내 토마스 페레이라 등이 중국에서 지내면서 짐의 강토에 적응해 오랫동안 힘을 쏟았다고 전할 것이다. 그래도 그대들을 귀환하도록 한다면 짐은 결단코 그대들을 살려서 보내지 않을 것이며 서양인들의 머리를 베어서 보낼 것이다. 짐은 이렇게 편지를 보내겠다. 또 만일 교화왕이 그대들이 천주에게 미움을 사서 죽이겠다고 한다면 짐은 중국에 있는 모든 서양인들을 찾아내어 그 머리를 모조리 잘라서 서

---

78 "中國兩千年來, 奉行孔學之道. 西洋人來中國者, 自利瑪竇以來, 常受皇帝保護, 彼等也奉公守法. 將來若是有人主張反對敬孔敬祖, 西洋人就很難再留在中國." 羅光,『敎廷與中國使節史』, 光啓出版社, 1961, 124쪽.

양으로 보낼 것이다. 그렇게 되면 그대들의 교화왕은 정말 교화왕이 될 것이다. 그대들 중에서 표를 받은 사람은 중국인과 다름이 없으니 걱정할 필요가 없다. 두려워하지 말라.[79]

'전례논쟁' 중에 일부 선교사들의 행동은 강희제를 분노케 했다. 무엇보다도 매그로는 중국의 문리를 이해하지도 못하면서 함부로 말을 내뱉었다. 강희제는 그를 꼬집어 "문자도 모르면서 감히 중국의 도를 망령되이 논한다", "문자도 모르고 또 중국어도 못하니 대화는 반드시 통역이 필요하다. 이런 자가 감히 중국 경서의 도를 말하니 이것은 문밖에 서서 집에 들어오지도 않은 자가 집안의 일을 논하는 것과 같아서 아무런 근거도 없다"[80]고 했다. 뒤에 강희제가 교황에게 보낸 서신을 페드리니가 제멋대로 변경한 일이 있었다. 강희제는 크게 분노해 "페드리니의 죄는 짐이 또한 반드시 성명해 국가의 전례와 제도를 분명히 할 것이다"이라 하면서 그를 "간사한 사람", "무지한 부랑자 같은 소인"으로 칭했다.[81]

---

79 "自今以後, 若不遵利瑪竇的規矩, 斷不準在中國住, 必逐回去. 若教化王因此不準爾等傳教, 爾等既是出家人, 就在中國住着修道. 教化王若再怪你們遵利瑪竇規矩, 不依教化王的話, 叫你們回西洋去, 朕不叫你們回去. 倘教化王聽了多羅的話, 說你們不遵教化王的話, 得罪天主, 必定教你們回去, 那時朕自然有話說. 說你們在中國久, 服朕水土, 就如中國人一樣, 必不肯打發回去. 教化王若說你們有罪, 必定叫你們回去. 朕帶信與他, 說徐日昇等在中國, 服朕水土 出力年久. 你必定教他們回去, 朕斷不肯將他們的活打發回去, 將西洋人等頭割回去. 朕如此帶信去, 爾教化王萬一再說爾等得罪天主殺了罷. 朕就將中國所有西洋人等都查出來, 盡行將頭帶與西洋去. 設是如此, 你們教化王也就成了教化王了. 你们领過票的就如中國人一样, 爾等放心, 不要害怕." 陳垣 編, 『康熙與羅馬使節關係文書影印本』第四件.

80 "遇不識字, 擅敢妄論中國之道"; "旣不識字, 又不善中國語言, 對話須用飜譯. 這等人敢談論中國經書之道, 象站在門外從未進屋的人討論屋中之事, 說話沒一點根據." 陳垣 編, 『康熙與羅馬使節關係文書影印本』第十一件.

81 "德理格之罪, 朕亦必聲明, 以彰國典"; "奸人"; "無知光棍之類小人." 陳垣 編, 『康熙與羅

부베는 강희제가 가장 신임했던 선교사 중의 한 사람이었다. 투르농이 중국에 오자 강희제는 그를 일부 중요한 행사에 직접 참여하게 했다. 이 것은 부베에 대한 강희제의 신뢰를 말해주는 것이다.[82] 이러한 배경 속에 서 강희제는 부베에게 『역경』을 연구하게끔 했고 여러 면에서 지원을 아 끼지 않았다. 이 결정은 분명히 단순한 한 개인의 흥미 문제만은 아니었 다. 이것은 강희제가 부베의 『역경』 연구를 통해 선교사들에게 본보기를 보여주고자 한 데서 연유한다. 즉, 그들에게 리치의 규칙을 준수케 하고 "중국의 도리를 의론하고자 한다면 반드시 중국의 문리에 정통해야 하고 중국의 시서詩書를 다 읽어야만 바야흐로 변론할 수 있다"[83]는 사실을 인 지시키기 위해서였다. 이것은 강희제가 '전례논쟁'에서 로마 교황청의 정 책에 개입해 내화 선교사들이 그 규정된 노선에 따라 중국에서 생활하고 선교하는 중요한 정책규범을 수립하고자 한 것이었다. 이 점은 강희제가 몇 차례의 유비諭批에서 분명히 밝히고 있다.

강희 50년 5월 22일, 강희제는 부베의 수고를 읽은 뒤에, "부베의 초고 를 보니 정말 번거롭고 장황하다. 그 중에서도 앞으로 매그로, 클라우드 드 비스델루 등이 비난하고 질의하면 그 질문 하나하나에 대응할 수 없 게 된다. 지금부터 신중하지 않으면 짐 역시도 설명할 수 없다. 서양인은 함께 논의해야지 가볍게 보아는 안 될 것이다"[84]라고 피력했다. 이로 비 추어볼 때 강희제가 부베에게 『역경』을 연구하게 한 것은 전례논쟁과 긴

馬使節關係文書影印本』第十二件.
82   羅光, 『敎廷與中國使節史』, 119~132쪽.
83   "欲議論中國道理, 必須深通中國文理, 讀盡中國詩書, 方可辯論." 陳垣 編, 『康熙與羅馬使節關係文書影印本』第十三件.
84   "覽博津引文, 甚爲繁冗. 其中日后如嚴黨(閹當─引者注), 劉英(劉應─引者注)等人出必致逐件無言以對. 從此若不謹愼, 則朕亦將無法解脫, 西洋人應共商議, 不可輕視." 中國第一歷史檔案館 編, 앞의 책, 725쪽.

밀하게 연결되어 있음을 알 수 있다. 강희제는 부베의 연구를 통해서 이 논쟁에서의 대응 수단을 모색했다. 설득해야 할 대상은 매그로, 비스델루와 같은 선교사들뿐만 아니라, 심지어 로마의 교황청이었기 때문이다. 이 일은 당연히 중국의 문인보다는 선교사가 더 잘 수행할 수 있었다. 부베는 강희제의 신임을 얻었고 중국의 문리에도 능통했다. 그러므로 이 일을 완수하는 데는 부베보다 더 적격한 인물은 없었다.

4. 부베에게 미친 강희제의 영향

이른바 '중국전례논쟁'에서 조아셍 부베는 마테오 리치의 노선을 명확하게 옹호했으며 그의 행동은 강희제로부터 지지를 받았다. 전례논쟁은 부베의 사상 형성에 중요한 영향을 미쳤다. 나아가 그의 색은 사상 형성과 문제인식 역시 이와 직접적인 관련이 있다. 사실 부베의『역경』연구는 강희제의 직접적인 지도 아래 이루어졌다. 그런 까닭에 강희제의 사상은 부베의『역경』연구에 매우 큰 영향을 미쳤다.『역경』연구는 부베의 중국문화에 대한 인식에 일정한 변화를 초래했다. 부베는『고금경천감천학본의古今敬天鑒天學本義』「자서自序」에서 다음과 같이 쓰고 있다.

천학이란 무엇인가? 그것은 지존무대無對하고 전능한 지고의 신령이며 선악을 상벌하고 지극히 공평무사한 황상제皇上帝가 존재해 이러한 만유의 진주眞主가 연 도道이자 인심이 함께 유래한 이치理다. 상주上主가 최초로 인심을 만들고 선량함을 부여했으므로 자연스럽게 이 이치를 알 수 있다. 천리가 인심에 있으니 사람은 그 본성을 다하면 쉽게 천에 합치될 수 있다. 아! 몇몇 인심이 사욕에 흐르고 하늘에 죄를 얻어 천리를 떠난 까닭에 천리에 어둡게 된 것이다. 지극히 인자하신 상주가 차마 사람들의 미혹됨을 보지 못해 (…중략…) 천도의 깊고 오묘한 비밀을 경전에 기록해 세상의 우매함을 깨우치고자 했다.[85]

이것은 강희 46년에 이루어진 부베의 글과 사상이다. 비록 중국의 문자로 쓴 것이지만 생각과 논리는 완전히 서양적이라는 사실을 알 수 있다. 말하자면 『성경』에 등장하는 원선原善의 에덴 동산, 선조의 원죄, 천주의 구원과 속죄 등 사상의 중국식 표현이라고 할 수 있다. 중국 전적의 이해와 『천학본의』의 기초 위에서 중국 전적을 발췌하고 민간 속어를 수집해놓은 것이다. 전체 책의 논리 구조는 완전히 서양적이고 천주교 신학의 틀이어서 중국의 본토 사상과는 관계가 없었다. 『역경』 연구 초기 부베는 여전히 기존의 사상을 탈피하지 못하고 있었다. 이 때문에 그 연구의 결과물은 강희제를 만족시키지 못했다. 강희제는 허쑤, 왕다오화의 상주문에 "부베의 책을 보니 점점 난잡하다. 이것은 단지 스스로 옳다고 여겨 자질구레하게 여러 책들을 인용했을 뿐이니 결국 거유巨儒가 일찍이 정한 대의가 없다"[86]라고 비주批注했다. 여기서 강희제가 "스스로 옳다고 여긴다"고 한 것은 부베가 전적으로 그와 같은 서양적 방식으로 쓰고 논리도 서양적이고 단지 곳곳에 일부 중국의 고서를 인용했을 뿐 결코 유가의 본의를 이해하지 못하고 있음을 꼬집어 말한 것이다.

---

85 "天學者何乃有皇上帝至尊無對, 全能至神至靈, 賞罰善惡至公無私, 萬有眞主所開之道, 人心所共由之理也. 蓋上主初陶人心, 賦以善良, 自然明乎斯理. 天理在人心, 人易盡其性而合于天. 磋乎! 未幾人心流于私欲, 獲罪于天, 離于天理而天理昧. 至仁上主不忍人之終迷也 (…중략…) 乃以天道之精微明錄于經, 以啓世之愚象." 白晋, 『天學本義』, 梵蒂岡圖書館 Borg. Cinese. 316-14.
86 "覽博津書, 漸漸雜亂, 彼只是自以爲是, 零星援引群書而已, 竟無鴻儒早定之大義." 中國第一歷史檔案館 編, 『康熙朝滿文朱批奏折全譯』, 722쪽.

강희제는 이러한 생각을 또한 베이징에 있는 다른 선교사들에게도 알렸다. 이 일은 매우 중요했으므로 선교사들은 멀리 장시에 있는 장 프랑스와 푸케를 베이징으로 전근시켜 부베의 『역경』 연구를 돕도록 결정했다. 푸케의 상경은 부베의 의견에 따른 것일 뿐만 아니라 베이징에 있는 선교사 집단의 결정이었다. 여하튼 그 뒤로 허쑤는 강희제에게 부베의 연구성과에 대한 견해를 다음과 같이 진언했다.

신하 등은 부베가 쓴 『역경』 몇 단락을 남겨두어 본래는 그래도 저술할 만한 가치가 있다고 생각했습니다. 신하 등이 읽어보니 그 뜻이 불분명해 심히 놀랍고 의아스럽습니다. 황상이 공포하신 명을 받들고서야 비로소 황상의 그 웅대한 도량을 알게 되었습니다. 신하 등이 『역경』을 공부한 적은 없지만 한두 개의 어려운 구절 정도는 괘爻에 대한 주해를 조사해 그 대강을 이해할 수 있습니다. 재차 부베의 『역경』과 그림을 보니 도무지 이해할 수 없으며 그림은 흡사 귀신 같기도 하고 또 꽃무늬 같기도 합니다. 우리가 그 심오한 비밀을 알 수는 없지만 정말 가소롭기 그지없습니다. 더군다나 선후로 모두 중국의 책을 인용하고서도 오히려 서양교라고 말합니다. 황상께서는 이렇게 제멋대로 짜깁기한 가소로운 글을 통찰하셨지만 신 등은 아직 잘 모르겠습니다. 그러므로 부베가 지은 『역경』을 잠시 중단했다가 황상께서 입경入京하시면 부베가 직접 상주하는 것이 좋겠습니다.[87]

---

87 "奴才等留存博津所著『易經』數段, 原以爲其寫得尙可以. 奴才等讀之, 意不明白, 甚爲 驚訝. 皇上頒是旨, 始知皇上度量宏大. 奴才等雖無學習『易經』, 然遇一二難句, 則對掛 查注, 仍可譯其大槪. 再看博津所著『易經』及其圖, 竟不明白, 且視其圖, 有仿鬼神者, 亦有似花者. 雖我不知其奧秘, 視之甚可笑. 再者, 先后來文援引皆中國書. 反稱系西 洋敎. 皇上洞鑒其可笑胡編, 而奴才等尙不知. 是以將博津所著『易經』暫停隔報具奏, 俟皇上入京, 由博津親奏." 中國第一歷史檔案館 編, 앞의 책, 735쪽.

강희제는 허쑤의 이 견해에 동의해 "옳다룾"고 비시㘵㧀했다. 허쑤의 견해는 강희제의 생각에 반영되었고 이때 부베의 『역경』 연구는 아직 일정한 수준에 이르지 못해 내재적 정신이나 본질상에서 『역경』을 파악하지 못했다. 강희제 또한 부베의 중국책에 대한 독서 부족을 비판하면서 그에게 중국책을 숙독할 것을 훈계하기도 했다. 이로 보건대 부베는 강희제가 『역경』을 연구하도록 지정한 초기에는 아직 동서 사상의 결합점을 찾지 못했을 뿐더러 중국문화에 대한 이해 또한 매우 제한적이었음을 알 수 있다.

강희제의 비판은 이후 부베에게 영향을 미쳐 『역경』 연구의 새로운 변화, 좀 더 심도 있는 중국의 문화와 사상에 대한 인식, 색은주의 사상의 성숙 등의 결실로 이어졌다. 부베는 『역륜易綸』 「자서自序」에서 중국문화에서 『역경』의 위치를 다음과 같이 논하고 있다.

크도다! 역易이여, 모든 경전의 근본이고 만학萬學의 기초이다. 『역』에 이르기를, "역이란 글은 넓고 커서 모두 갖추어져 있다"라 했다. 선유가 찬사를 보내며 "그 도가 지극히 넓어 그 쓰임用이 끝이 없고 지극히 신령해 성실誠함이 없는 곳이 없다! 역리易理는 지극하고 극치에 달해 더할 나위 없다"라 했다. 십삼경十三經의 『서경書經』 「서序」에는, "복희伏羲, 신농神農, 황제黃帝의 글을 삼분三墳이라 하니 대도大道를 이른다. 소호少昊, 전욱顓頊, 고신高辛, 당唐, 우虞의 글을 오전五典이라 하니 상도常道를 말한다. 하夏, 상商, 주周 삼대三代의 글은 비록 베푼 가르침이 삼분·오전과 동등하지는 않지만 바른 훈계와 심오한 뜻은 그 하나의 도一揆로 돌아간다. 그래서 역대로 그것을 보배로 삼아 대훈大訓이라 한 것이다"고 했다. 『정의正義』에서는 "하, 상, 주 삼대의 책에는 심오한 문장이 있는데 그 종지가 삼분·오전과 같은 이치다"라 했다. 『도서편圖書編』의 오경五經 서序에 이르기를, "육경六經은 모두 심학心學이다. 천을 논할 때 역보다 더 분명한 것은 없다. 64괘, 384효 어느 것이 심心이 아니며, 어느 것이 성인聖人의 마음이 아니며, 어느 것이 성인의 심학이 아니리오? 그것은 모든 경전과 전적의 도가 전부 역에 갖추어져 있고 모두 천학과 심학을 말하는 것일 뿐임을 알려준다"고 했다.[88]

이 글에 근거해보면 이때의 부베는 중국의 고대 문헌을 비교적 잘 이해하고 있다. 또한 후대의 유가 문헌, 즉 쿵잉다孔穎達의 『오경정의五經正義』 등과 같은 문헌도 충분히 잘 파악하고 있다. 이 점은 부베가 『천학본의』를 쓸 때와는 사뭇 다르다. 그는 1715년의 한 서신에서 다음과 같이 밝히고 있다.

나의 연구는 바로 중국인들에게 공자의 학설과 그들의 고대 전적 중에 실제로 거의 모든 기본적인 기독교 교리가 포함되어 있다는 사실을 증명하려고 하는 것이다. 나는 다행히도 중국의 황제에게 이 점을 설명할 수 있었는데 그것은 바로 중국 고대의 학설과 기독교의 교의가 완전히 서로 같다는 것이다.[89]

---

88 "大哉! 易乎, 其諸經之本, 萬學之原乎. 『易』雲 : 易之爲書也, 廣大悉備. 前儒贊之雲, 其道至廣而無不包其用, 至神而無不存誠哉! 易理至矣, 盡矣, 無以加矣. 十三經『書經』序雲: 伏羲, 神農, 黃帝之書謂之三墳言大道也, 少昊, 顓頊, 高辛, 唐虞之書謂之五典, 言常道也, 至于夏商周三代之書, 雖設敎不倫, 雅誥奧義, 其歸一揆, 是故, 歷代寶之爲大訓. 『正義』曰夏商周三代之書, 有深奧之文, 其所歸趣與墳典一揆. 『圖書編』五經序雲: 六經皆心學也, 說天莫辯乎易, 六十四掛, 三百八十四爻孰非心乎, 孰非聖人之心乎? 孰非聖人之心學乎? 是知諸經典籍之道, 旣全具于易, 皆實惟言天學心學而已." JB, 209쪽.

89 "我的硏究就是要向中國人證明, 孔子的學說和他們的古代典籍中實際包含着幾乎所有的, 基本的基督敎敎義. 我有幸得以向中國的皇帝說明這一點, 那就是中國古代的學說和基督敎的敎義是完全相同的." 로마 예수회 문서국, JS 176, f. 340(부베가 1715년 8월 18일에 쓴 서신(Collani의 사본)).

부베가 마침내 중국문화와 기독교문화 사이에서 하나의 채널을 찾아내어 양자를 완전히 하나로 합치시켰음을 간파할 수 있다. 이때의 중국문화에 대한 이해는 분명히 과거보다 훨씬 더 심화되었고 도리어 다른 방향으로까지 진척되었다. 이것은 어쩌면 강희제도 예상치 못한 일이었을 것이다.

부베를 대표로 하는 예수회 내부의 색은파 한학 연구는 내화 선교사 한학 연구 중에서 그 수량이 가장 방대하고 섭렵한 문헌 또한 가장 많다. 따라서 그들은 최고의 한학 성과를 이룬 일군의 한학자들이라고 할 수 있다. 그들에 대한 연구가 선교사 한학 연구 가운데 가장 어려운 부분을 차지한 이유는 다음과 같은 점들 때문이다. 첫째, 색은파는 당시 공격을 받았기 때문에 문헌이 모두 출판되지 못했고 현재 그들의 문헌은 전부 유럽의 도서관에 수장되어 있다. 그러므로 연구하는 데 곤란함을 겪고 있다. 둘째, 색은파는 자신들의 관점을 증명하기 위해 모든 역량을 중국 문헌에 대한 고증과 연구에 집중했기 때문에 그 관련 문헌의 방대함은 그야말로 사람을 경탄케 만들 정도이다. 이것 또한 연구자들에게 도전해보기를 권한다.

이 연구영역은 아직 발굴되지 않은 선교사 한학 연구의 보고라고 할 수 있다. 본 연구에서는 부베의 전체 저작표를 제시하거나 그 색은 사상의 전모를 다 밝히지는 못했다. 여기서는 단지 부베의 『역경』 연구와 관련된 한문 문헌을 정리하고 그에 따른 색은주의 사상을 초보적으로 살펴보았을 뿐이다. 유럽 선교사 한학의 역사로 볼 때 중국에서 이루어진 색은주의 한학 연구는 가장 유의미한 일단의 역사이다. 이 역사는 유럽 초기 선교사 한학사의 다양성과 복잡성을 가장 생생하게 말해준다. 더욱이 유럽 지식과 중국 지식이 만나서 발생시킨 새로운 지식의 기묘함, 내지는 서양 사상과 중국 사상이 조우해 폭발시킨 문화적 역량과 창조성을 설명해준다. 색은주의에 대한 연구는 이제 막 시작되었으며 앞으로 더욱 생동감 있는 연구가 전개될 것으로 기대한다.

17

프랑스 예수회
한학시대 (2)

색은주의 한학자 조세프 프레마르

1. 프레마르의 중국활동 개관

조세프 프레마르Joseph-Henry Henry-Marie de Prémare, 馬若瑟, 1666~1736는 저명한 프랑스 내화來華 예수회원이다. 프레마르는 1666년 7월 17일에 프랑스의 셰르부르Cherbourg에서 출생했다. 이곳은 노르망디Normandie 코탕탱Cotentin 반도 북단에 위치한 오래된 소읍이자 항만이다. 그의 어린 시절과 가정에 대해서는 아무것도 알려진 바가 없다. 프레마르는 1683년 예수회에 가입했다. 1696년, 라 플레쉬 콜레즈Collège de la Flèche에서 신학을 공부할 때 이후 그의 정신적 지기인 장 프랑수아 푸케Jean François Foucquet, 傅聖澤, 1665~1741와 친교를 맺었다. 당시 푸케는 이 학교에서 수학을 가르치고 있었다.

1693년, 프랑스 예수회원 조아셍 부베Joachim Bouvet, 白晉, 1656~1730가 강희제康熙帝의 특사로 프랑스로 파견되었다. 프랑스 국왕 루이 14세Louis XIV는 중국 황제에 대한 감사의 표시로 부베가 새로운 프랑스의 예수회원을 모집해서 중국으로 되돌아가는 것을 승인했다. 부베는 프레마르를 포함한 중국에 갈 선교사 12명을 선발했다. 프레마르와 그 밖의 7명은 1698년 3월 7일에 부베와 함께 앙피트리테L'Amphitrite호에 승선했다. 나머지 4명은 동인도로 파견되는 해군 전함과 동행했다. 그리고 희망봉에서 그중 2명은 부베 일행의 앙피트리테호에 합류했다. 이 배는 11월 7일에 광저우廣州에 도착했다. 대략 6개월 후에 마지막 2명인 예수회원 푸케와 프랑수아-자비에 덴트레콜레François-Xavier d'Entrecolles, 殷弘緒, 1662~1741 역시도 중국에 왔다.

프레마르는 처음 중국에 도착했을 때 감격으로 가슴이 벅찼다. 당시 목격한 주장珠江 유역 또한 매우 인상적이었다. 그는 페르 라셰즈Père Lachaise, 拉雪玆 신부에게 보낸 편지에서, "주장에 들어서자 중국이 어떤 모습인지 눈에 들어오기 시작했다. 주장 양안兩岸은 끝없이 넓게 펼쳐진 벼논이 아름다운 대초원처럼 푸르다. 무수하게 종횡으로 교차한 작은 용수로들은 수전水田을 여러 개로 구획한다. 멀리 크고 작은 배들이 쉴 새 없이 오가지만 배 아래의 강물은 보이지 않아 마치 그것들이 초원 위에서 다니는 것 같다. 좀 더 멀리 있는 작은 산언덕은 수목들이 무성하고 산골짜기는 흡사 튈르리Tuileries 궁전 화원의 화단처럼 잘 정리되어 있다. 크고 작은 마을이 사방에 총총히 늘어서 있다. 그 전원의 신선한 기운과 다채로운 풍경은 아무리 보아도 싫증나지 않아 돌아가는 것을 잊게 만든다"[1]고 적고 있다.

1699년에 프레마르는 장시江西로 파견되었다. 1700년 11월 1일, 그는 프랑스 예수회원 르 고비앙P.Le Gobien, 郭弼恩에게 보낸 편지에서 이곳의 백성들은 유럽에서 알려진 바와 같이 그렇게 쉽게 기독교를 받아들이지 않음은 물론 결코 무리를 지어 신부의 세례를 받지도 않는다. 이때 프레마르는 점차로 중국 교구의 실제 생활을 체감하기 시작했다. 중국은 이제 더 이상 그가 유럽에서 상상한 것처럼 그렇게 아름답지만은 않았다. 예컨대 시골에서 보편적으로 존재하는 여아女兒 유기 현상은 그를 골치 아프게 했다. 그러나 그의 정신 상태는 매우 훌륭해서 이러한 백성들을 구원하기 위해 자신의 시간, 건강, 생명을 바쳤다.[2] 이 시기 프레마르는 또한 한 통의 편지를 써서 난펑南豊에서의 견문, 그리고 다른 2명의 예수회원

---

1   鄭德弟 外譯, 杜赫德 編, 『耶蘇會士中國書簡集』上卷, 大象出版社, 2005, 139쪽.
2   위의 책, 155쪽.

과 함께 난핑의 작은 산촌에서 엄숙하게 거행한 미사, 부활절의 경축 상황 등을 진술하고 있다.[3]

1714년, 부베는 『역경易經』 연구를 추진하기 위해 강희제를 통해서 푸케와 프레마르를 베이징北京으로 불러들였다. 그러나 프레마르가 베이징에 있는 2년 동안 극히 고통스러워했으므로 2년 후에 다시 장시로 되돌려 보내어 선교를 계속하게 했다.[4]

옹정제雍正帝가 등극한 이후 천주교의 정책은 변화를 겪기 시작했다. 옹정 원년, 민저閩浙 총독 뤄만바오羅滿保는 서양인이 각 성省에서 천주교 교회당을 짓고 몰래 교를 행하고 다니면서 인심을 점점 부추겨 유혹하니 조금도 이익된 바가 없다고 상주했다. 더욱이 서양인들을 수도로 보내고 그 효력 밖에 있는 나머지는 모두 마카오에 안치시킴은 물론 천주당은 행정 사무소로 바꾸어 모든 입교자들이 엄히 금칙禁飭을 행하도록 해야 한다고 했다. 옹정제는 이에 대해 "서양인은 외국인으로서 각 성에 거주한 지 오래되었다. 지금 해당 총독이 그들을 이주시킬 것을 주청奏請하니 그렇게 되면 지방민들이 함부로 소란을 피울까 염려된다. 각 성의 총독과 순무에게 공문을 써서 통지하기를, 서양인들이 이주할 때 반년 혹은 수개월 간의 기한을 주어 마카오에 안전하게 정착하도록 조치하라. 관리를 파견해 호송하고 그들이 수고롭지 않게 하라"[5]고 분부했다.

이와 같은 옹정제의 명령은 재화在華 선교사 중 베이징에 체재하는 이

---

3 Knud Lundbæk, *Joseph de Prémare (1666~1736), S. J. Chinese Philology and Figurism*, Aarhus University Press, 1991, p.19.

4 張西平,「中西文化的一次對話-淸初傳敎士與〈易經〉硏究」,『歷史硏究』3, 2006 참조.

5 "西洋人乃外國之人, 各省居住年久, 今總督奏請搬移, 恐地方之人妄行擾累, 著行文各省督撫, 伊等搬移時, 或給與半年數月之限, 令其搬移. 其來京與安揷澳門者, 委官沿途照看送到, 毋使勞苦." 中國第一歷史檔案館 編,『淸中前期西洋天主敎在華活動檔案史料』第一冊, 中華書局, 2003, 57쪽.

들 말고는 전부 광저우로 집결시키라는 것이었다. 이렇게 되자 프레마르 역시도 장시성에 있는 선교 거점지를 떠나 남쪽인 광저우로 가지 않을 수 없었다. 그는 1699년 중국에 도착한 이래 이 도시에 아직 가본 적이 없었기 때문에 새로운 생활을 시작하는 셈이었다. 프레마르는 1733년 마카오로 거처를 옮겼고 1736년 9월 7일 혹은 17일에 이곳에서 세상을 떠났다.[6] 프레마르는 일생에 걸쳐 집필한 저술이 매우 많았을 뿐만 아니라, 예수회원으로서 한어漢語, 중국어를 가장 잘하는 몇 사람 중의 하나였다. 프랑스의 한학자漢學者 장-피에르 아벨 레뮈자Jean-Pierre Abel Rémusat, 1788~1832는 내화 선교사 가운데서 "중국문학에 대한 조예가 가장 깊은 인물"[7]로 평가했다. 루이스 피스터Louis Pfister가 작성한 서목에 근거해보면 프레마르의 저술은 한문漢文과 서양어로 된 저작 및 번역서가 20여 종에 달한다.[8]

---

6 Knud Lundbaek, *Joseph de Prémare (1666~1736), S. J. Chinese Philology and Figurism*, p.63. 또 다른 견해는 프레마르가 광저우에서 죽었고 그 사망한 월과 일은 자세하지 않다고 했다. 루이스 피스터(Louis Pfister)는 "1733년에 마카오에 갔다. 1735년에 마카오에서 죽었고 그 월, 일은 자세하지 않은 것으로 기록된 듯 보이지만 사망지가 꼭 마카오라고는 할 수 없다"고 말한다. 費賴之, 馮承鈞 譯, 『在華耶蘇會士列傳及書目』上冊, 中華書局, 1995, 526쪽. 상기한 크누트 룬트백(Knud Lundbaek)의 책은 현재 서양 학술계에서 프레마르를 연구한 유일한 전문 저작이다.

7 위의 책, 528쪽.

8 위의 책, 525~534쪽. 여기서 열거한 프레마르의 저작은 25종이다. 프레마르에 관한 저작과 서신은 지금까지도 정확한 통계가 없다. 좀 더 깊은 연구가 이루어져야만 명확해질 것으로 보인다.

2. 프레마르의 한어 연구

팡하오方豪에 따르면 도미니크회Dominican Order의 후안 코보Juan Cobo, 高母羨, 1546~1592가 필리핀에서 선교할 때 가장 먼저 『한어문법漢語語法』이라는 책을 집필했다고 한다. 또 『한자의 예술』, 『한어중첩변별법漢語重疊論辨法』이라는 두 책을 썼다. 그러나 이 책들은 현재까지도 발견되지 않고 있다.[9]

이미 출판된 자료로 보면 서양인이 중국에 들어온 이후 중국 문법에 관한 최초의 연구 저작물은 도미니크회 선교사 프란시스코 바로Francisco Varo, 萬濟國가 스페인어로 쓴 『한어 표준어 문법Arte de la lengua mandarina』으로 파악된다. 이 책은 1703년 광저우에서 판각되었다.[10] 사실 작가는 한어를 인도 · 유럽어 문법 체계에 대입하고자 했다. 때문에 이 책을 1481년에 엘리오 안토니오 데 네브리하Elio Antonio de Nebrija, 1441~1552가 쓴 『문법 입문Intro-ductiones Latince』에 근거해 집필했다. 이 책의 제3장에서 13장까지는 중문 문법 문제를 토론했다. 바로의 책은 한어 문법 연구의 효시를 이룬다는 점에서 평가할 만하다. 그러나 이 책에서 순수하게 문법을 연구하고 토론한 부분은 30쪽이 채 되지 않는다. 또한 중국 문헌, 문법 자료를 이해하는 데 한계를 보여가령 책 전체에 한자가 전혀 없다 실제로 영향은 그다지 크지 못했다.

사실 시간을 추산해보면 중요한 저작은 아르투스 드 리옹Artus de Lionne, 梁弘仁, 1655~1713이 파리로 데려간 중국 교우 황자뤠黃嘉略, 1679~1716가 1716년에

---

9   方豪, 「明萬曆間馬尼拉刊印之漢文書籍」·「流落于西葡的中文文獻」, 『方豪六十自定稿』下, 1506~1524·1743~1791쪽.

10   앙리 코르디에(Henri Cordier, 1849~1925)에 따르면 "1703년 광저우에서 출판된 『관화예술(官話藝術)』은 이미 바로의 최초 집필본이 아니다. 그의 맨 처음 판본은 단지 푸케의 책에서만 볼 있다"고 했다. 許光華, 「16至18世紀傳敎士與漢語研究」, 任繼愈 外編, 『國際漢學』6, 大象出版社, 2000, 476쪽.

완성한 『한어문법漢語語法』을 꼽을 수 있다. 이 책은 전체적으로 보아 두 부분으로 나뉜다. 첫 부분은 한어 문법, 말소리, 생활 용어, 문어 용어를 설명했고 후반부는 중국의 일반적인 상황을 소개했다. 이 책은 비록 출판되지는 않았지만 프랑스 한학사에서 의미 있는 저작이다.[11] 이 점에 대해서는 다음 장에서 살펴볼 것이다.

진정한 의미의 한어 문법 연구는 프랑스의 내화 선교사 조세프 프레마르의 『한어찰기Notices sur la langue chinoise』라는 저작을 통해서 개척되었다. 이 책은 1728년 광저우에서 집필되었지만 1831년에서야 말라카에서 출판되었다. 그리고 1847년에 제임스 그레인저 브릿지맨James Granger Bridgman이 라틴어를 영어로 번역해 출판했다. 『한어찰기』는 모두 네 부분으로 나뉜다. 「서론」에서는 중국의 전적典籍, 한자 쓰기와 한자 발음의 특징을 소개했다. 아울러 한문 발음의 자모 순서에 따라 1445개 상용자의 간단한 도표를 열거하고 있다.[12] 첫째 부분은 구어 문법을 중심으로 한문 구어의 기본 특징과 문법 특징을 소개했다.[13] 둘째 부분은 한문의 문어를 설명하면서 고문古漢語의 문법과 구법句法, 고문의 허사, 그리고 문어의 수사修辭 방법과 예문을 설명했다.[14] 셋째 부분은 연구가 소실되어 전하지 않는다.

프레마르의 『한어찰기』는 서양의 한어에 관한 학습사나 연구사에서 대체할 수 없는 위치를 차지한다. 이 점은 다음 몇 가지 측면에서 설명할 수 있다.

---

11 許明龍 外編, 『中西文化交流先驅』, 東方出版社, 1993, 277~280쪽. 쉬밍룽(許明龍)은 이 문제를 자신의 저작 『황자뤠와 초기 프랑스 한학(黃嘉略與早期法國漢學)』에서 깊이 있게 다루었다.
12 馬若瑟, 「序言」, 『中國語言志略』, 1847년 영문판, 1~35쪽.
13 위의 책, 1~167쪽.
14 위의 책, 168~323쪽.

첫째, 『한어찰기』는 최초의 체계적인 한어 문법 저작이다. 바로가 처음으로 한어 문법 연구를 시작하기는 했지만 그것은 기본적으로 라틴어 문법의 틀에 한어 문법을 꿰맞추어 30쪽의 내용이 전부이다. 그러나 프레마르의 책은 중국의 여러 문헌으로부터 인용한 예문만도 1만 3천여 개나 된다. 프레마르 역시도 여전히 인도유럽어 문법 체계에서 벗어나지 못했지만 "힘써 유럽 전통 문법의 범주를 뛰어넘어"[15] 한문 문헌 그 자체에서 자신의 문법 규칙을 개괄하려고 했다. 그 규모나 체계에 상관없이 문헌의 풍부성으로 볼 때 그것은 서양인이 중국 문자를 연구한 비조로 불리는 데 조금도 손색이 없다. 프랑스의 한학자 폴 드미에빌Paul Demiéville, 1894~1979 은 이 책을 "19세기 전前 유럽의 가장 훌륭한 한어 문법서"[16]로 일컬었는데 매우 적절한 표현이다.

둘째, 『한어찰기』는 한어를 백화와 문언 두 부분으로 나누어 연구한 최초의 저작이다. 한어의 문어와 구어는 예로부터 크게 구별되어왔다. 많은 입화入華 선교사들이 한어를 공부할 때 이 점을 모두 알고 있었다. 프레마르는 이 문제의 중요성을 날카롭게 통찰해 『한어찰기』에서 백화와 문언의 문법 구분을 책 전체의 기본 틀로 삼았다. 백화 부분의 자료는 대부분 원元 잡극雜劇 『수호전水滸傳』, 『호구전好逑傳』, 『옥교리玉嬌梨』 등 소설에서 취했다. 문언 부분의 언어 자료는 주로 선지先秦시대의 전적이나 이학理學의 명저 등에서 취했다.

한어의 언어학사에서 상술한 프레마르의 시도는 유의미한 학술적 가치를 지닌다. 근현대 한어의 발전 과정은 바로 문어와 구어 간의 중대한

---

15   戴密微, 「法國漢學史」, 耿昇 譯, 戴仁 外編, 『法國當代中國學』, 中國社會科學出版社, 1998, 15·16쪽.
16   方豪, 『中西交通史』, 岳麓出版社(書社), 1997, 963쪽에서 재인용.

균열 현상을 해결하는 것이었다. 즉 현대 한어로 문언을 대체하는 부단한 역사 과정을 밟았다. 명청시대의 백화문 운동은 황쭌셴黃遵憲, 1848~1905, 추팅량裘廷梁, 1857~1943, 천룽군陳榮袞, 1862~1922이 문언문을 비판한 데서부터 시작되었다. 그리고 5·4시기의 백화문 운동은 문언문 반대와 백화문 제창은 반봉건과 함께 연결되어 천두슈陳獨秀, 1879~1942, 후스胡適, 1891~1962, 첸쉬안퉁錢玄同, 1887~1939, 루쉰魯迅, 1881~1936, 류반눙劉半農, 1891~1934 등의 노력으로 마침내 백화가 현대 한어의 주체가 되었다.[17] 1920년 학교 어문 교과 과정도 갑작스런 변화가 일어나 제일 먼저 소학교 어린이 3천 개의 송독誦讀 문언문이 백화문으로 바뀌었고 그로 인해 교과목 명칭도 '국문國文'에서 '국어國語'로 개칭되었다. (…중략…) 이것은 바로 다음과 같은 사실을 의미한다.

① 현대의 한어는 고문문언문이 아니다.
② 대중의 표준어는 어느 계층의 은어이거나 특정 지역의 방언이 아니다.[18]

이것은 백화의 학교 진입이 1920년이 되어서야 비로소 현실화된 사실을 설명해주고 있다. 그리고 "최초로 백화문 어법을 체계적으로 연구해 하나의 완전한 문법 체계를 이루어 문법 지식을 대중화시킨 것"[19]으로 일컬어지는 리진시黎錦熙, 1890~1978의 『신저국어문법新著國語文法』은 1924년에 출판되었다. 그러므로 프레마르의 『한어찰기』는 실제로 한문의 백화 문법 연구를 개척한 효시라고 할 수 있다.

---

17   何九盈, 『中國現代語言學史』, 廣東敎育出版社, 2000, 130~173쪽.
18   黎錦熙, 「今序(1951)」, 『新著國語文法』, 商務印書館, 1998, 19쪽.
19   張拱貴·廖序東, 「重印新著國語文法序」, 『新著國語文法』, 商務印書館, 1998, 5쪽.

셋째, 『한어찰기』는 근대 이래 한어 문법 연구의 기초를 다진 저작이다. 근대 이래 한어 연구는 '유럽'을 비롯해서 '홍콩, 남양南洋 일대', 그리고 '중국 본토' 이 세 지역에서 전개되었다. 프레마르의 『한어찰기』는 이 세 지역의 한문 어법 연구 모두에 영향을 미쳤다.

유럽 본토에서 최초로 출판된 한어 문법서는 테오필루스 시게프두스 바이엘Theophilus Sigefndus Bayer의 『중화박물관─한어와 중국문학의 이치를 자세히 논하다Museum Sinicum, in quo Sinicae Linguae et litteraturae ratio explicatur』라는 저작이다. 이 책은 중국의 문자를 소개했을 뿐만 아니라 또한 유럽 최초로 한문 어법을 소개한 서적이다.[20] 당시 프랑스의 저명한 학자 에티엔 푸르몽Etienne Fourmont, 1683~1745은 1742년에 또한 『중화 표준어와 문자의 이중 어법Linguae Sinarum Mandrinicae Hieroglyphicae Grammatica Duplex』이라는 한문 문법책을 출판했다. 그러나 당대 학자들은 이 저작은 프레마르의 책에서 많은 내용을 표절했고 그 수준 역시 프레마르에 훨씬 못 미친다고 생각했다.[21]

특히 프랑스 최초의 한학 교수 레뮈자는 "유럽에서 프레마르의 『한어 찰기』를 통해서 중국을 이해하고 성공적으로 중국과 관련된 깊고 넓은 지식을 이룩한 첫 번째 학자이다".[22] 유럽 한학계에 가장 큰 영향을 미친 중국어 문법서 역시도 레뮈자에 의해 저술되었다. 그런데 레뮈자가 프랑스학원에 한어 교과 과정을 개설할 때 참고한 책은 주로 프레마르의 책이었다. 『한어찰기』의 수고는 100여 년 동안 도서관에 방치되어 아무도 관심을 갖는 사람이 없었다. 그러던 중 레뮈자의 연구와 소개를 통해서

20 Knud Lundbæk, T. S. Bayer(1694~1738), *Pioneer Sinologist*, Curzon Press, 1986.
21 何莫邪,「〈馬氏文通〉以前的西方漢語語法書槪況」,『文化的饋贈─漢學硏究國際會議論文集・語言學卷』, 北京大學出版社, 2000.
22 馬伯樂,「漢學」, 閻純德 外編,『漢學硏究』3, 中國和平出版社, 1999, 48쪽.

점차로 사람들에게 알려지게 된 것이다. 레뮈자가 1822년에 출판한 중요한 문법서『한어 문법의 기초 지식*Elémens de la Grammaire Chinoise*』은 바로 이 책의 계도를 받았다.『한어찰기』는 유럽에서 "과학적인 표준 언어학의 각도에서 한어 문법을 논술한 최초의 학술 저작"[23]으로 인식되고 있다. 이 이후로 "레뮈자는 프랑스의 공교육에서 한어 연구를 창건해 민간 한어와 고전 한어를 처음으로 포함시켰다. 그로부터 한어 문법과 관련된 저술이 지속적으로 늘어났다".[24]

아시아에 체류 중이던 개신교 선교사 로버트 모리슨Robert Morrison, 馬禮遜, 1782~1834은 1811년에『일반 중국어 문법*A Grammar of the Chinese language*』을 썼지만 이 책은 실제로 1815년이 되어서야 정식으로 출판되었다. 그는 영어 문법의 특성에 의거해서 중국어에 대한 연구를 진행했다. 이를테면 다음과 같다.

영문의 기본 언어 규칙을 한문의 언어 규칙으로 삼았고 그에게 익숙한 모어母語의 문법 구조에 한문을 대입했다. (…중략…) 이 책은 중문 문법을 체계적으로 논술한 최초의 저작으로서 중문 문법 연구사에서 개척적 의미를 갖는다.[25]

모리슨이 이 책을 지을 때 프레마르의『한어찰기』를 보지는 못했지만 이 책에 특별히 주목했다. 모리슨의 구체적인 계획하에서 킹스보로Viscount Kingsborough가 1천5백 파운드를 출자해 1831년에 말라카 영회英華학원에

---

23 戴密微, 앞의 글, 27쪽.
24 艾樂桐,「歐洲忘記了漢語却發現了漢字」, 龍巴爾·李學勤 外編,『法國漢學』第一本, 淸華大學出版社, 1996, 184쪽.
25 吳義雄,『在宗教和世俗之間－基督敎新敎傳敎士在華南沿海的早期活動硏究』, 480쪽.

서 이 책의 라틴문 제1판을 출판했다. 그리고 1847년에 브릿지맨^{E. C. Bridg-}
man의 사촌 동생인 제임스 그레인저 브릿지맨^{J. G. Bridgman}이 그것을 영문
으로 번역해 『중국총보^{叢報}』에 출판했다. 이것은 남양 일대에서 활동했던
신교 선교사들이 프레마르의 책을 줄곧 중시했음을 보여준다.

1898년 마젠중^{馬建忠, 1845~1900}이 출판한 『마씨문통^{馬氏文通}』은 중국 본토
에서 중국 학자가 쓴 최초의 중국어 문법책이다. 왕리^{王力}는 이 해를 중국
현대 언어학의 원년으로 삼았다. 중국 어법학의 건립에서 『마씨문통』의
공을 무시해서는 안 되겠지만[26] 알랭 페이라우베^{Alain Peyraube} 같은 일부 외
국 학자들은 프레마르의 저작이 확실히 『문통』에 영향을 미쳤다고 보았
다. 페이라우베의 견해를 빌리자면 이 저작은 아마도 마젠중이 상하이^上
^海 쉬후이공학^{徐滙公學, Saint Ignace} 교회 학교에서 공부할 때 맨 처음 접한 어
법 저작 중의 하나일 것이다. 당시 이 교회 학교의 예수회 신부는 실제로
이 저작을 문법 참고서로 사용했다. 특히 이 두 저작 간 조직 구조 측면에
서 공통점이 명확하다.[27] 이 문제는 아직 사료와 내용 치원에서 좀 더 진
일보한 논증이 필요하지만 이러한 페이라우베의 의견은 일정 부분 합리
성이 있으며 프레마르의 책과 『마씨문통』 간의 어떤 연관을 말해준다.[28]

야오샤오핑^{姚小平}은 이 문제와 관련해서 다음 같이 적절하게 설명한다.

---

26 마젠중이 "최초로 한어를 하나의 완전한 어법 체계로 정비했다"고 함은 분명히 타당한
    말이 아니다. 왜냐하면 그 이전에 선교사의 문법서가 이미 상당량 출판되었기 때문이
    다. 야오샤오핑(姚小平)이 마젠중의 위치를 평가하는 말 앞에 "중국 학술권 내에서" 혹
    은 "중국 언어학의 역사상"이라는 한정어를 덧붙이는 것이 비교적 더 좋을 것이라고 한
    의견이 비교적 적확하다고 할 것이다. 『當代語言學』 1卷 2期, 1999, 1~16쪽 참조.
27 貝羅貝, 「二十世紀以前歐洲語法學研究狀況」, 侯精一・施關淦 外編, 『〈馬氏文通〉與漢
    語語法學』, 157~158쪽.
28 Peverelli, P., *The History of Modern Chinese Grammar Studies*, Leiden University, 1986.

세계 중국어 연구사에 있어 『문통』이 최초의 완전한 구성 체계를 갖춘 한어 문법책이라고 할 수 없다. 그리고 최초로 고중국어 문법의 특징을 체계적으로 게시한 것도 아니다. 『문통』의 역사적 공적은 그것이 중국인들 스스로 자신의 어법서를 창립함으로써 문자, 음운, 훈고의 삼분법을 타파하고 중국 전통의 언어문자학을 현대 언어학으로 견실하게 매진할 수 있도록 했다는 데 있다. (…중략…) 『문통』이 영원히 기념할 만한 가치를 지닌 것은 사실이지만 『문통』 이전의 역사에 대해서도 우리는 마땅히 존중해야 한다. 저 역사가 해명되기 전에는 『문통』의 공과득실을 완전히 이해하기란 불가능하기 때문이다.[29]

크누트 룬트백Knud Lundbaek은 프레마르를 연구한 저작에서 프레마르와 푸르몽이 왕래한 일부 서신을 처음으로 번역·정리함으로써 프레마르의 『한어찰기』에 관한 중요한 역사적 정보를 제공해준다. 룬트백의 연구를 참고해보면 무엇보다도 그들의 서신 속에서 프레마르가 자신의 『한어찰기』를 알리고자 했음을 알 수 있다. 프레마르는 한어를 극히 숭배하고 존경하는 마음을 가졌는데 이것은 그의 색은주의Figurism 사상과 관련이 있다. 그의 입장에서 보면 "한어를 공부하는 것은 가장 훌륭한 일이며 가장 안심하고 공부할 수 있는 기초가 되었다".[30] 푸르몽은 프레마르에게 어떤 사람이 한자가 너무 단순해서 사람들에게 깊은 인상을 주지 못한다는 글을 썼다고 말하자 프레마르는 마음속으로 불쾌하게 여겨 "한자의 조합은 인류의 가장 고상한 성과이며 어떠한 물리학의 체계도 한자처럼 그렇게

---

29 姚小平,「〈漢文經緯〉與〈馬氏文通〉-〈馬氏文通〉歷史功績重議」,『當代語言學』1卷 2期, 1999, 16쪽.

30 Knud Lundbæk, *Joseph de Prémare (1666~1736), S. J. Chinese Philology and Figurism*, p.27.

완전무결할 수는 없다"[31]고 반박했다.

　프레마르에게 한자와 한어는 단순한 언어나 문자 차원을 넘어서 하나의 이상이자 신앙의 근원처였다. 그는 중국 고대의 경서經書 속에서 기독교 대부분의 비밀을 찾을 수 있다고 판단했다. 한문의 경서는 대홍수 이전에 쓰인 문헌으로서 설사 그 뒤로 진시황秦始皇이 상당한 분량을 소각했다고 하더라도 한자들은 여전히 그 전체적 비밀을 보존하고 있었다. 한어와 한자를 인류의 가장 고귀한 성과로 인식한 것이다. 프레마르는 서신에서 "하느님이 필시 한자를 창조한 사람을 인도한 것은 그가 강생한 후 인류에게 계시한 최초의 계시 진리를 가장 요원한 지역의 자손 후대에 전달하기 위해서다"[32]라 말하고 있다.

　또한 프레마르와 푸르몽이 왕래한 서신을 통해서 두 사람의 분쟁과 푸르몽의 인품을 엿볼 수 있다. 프레마르는 파리에서 자신의 저작『한어찰기』를 출판하는 데 푸르몽의 도움을 받기 위해 무던히 애를 썼다. 그러나 파리에서 이렇게 많은 한자를 찾기란 매우 어렵다는 말을 들었을 때 이 책을 중국과 파리 두 곳에서 따로따로 인쇄하자고 제안했다. 즉, 먼저 중국에서 한자를 찍고 나중에 그것을 파리로 운송해서 다시 라틴어로 찍자는 것이었다. 이때 프레마르는 푸르몽이 머지않아 800쪽 분량의 중국어 문법책을 파리에서 출판할 것이라는 사실을 전혀 알지 못했다. 나중에 푸르몽이 자신에게 부쳐온 작품을 보고서 마음속의 분노를 억제할 길이 없었다.

　프레마르는 자신의 저작에 대한 확신과 푸르몽에 대한 경멸로 가득 차 "만일 내가 파리에서 나의『한어찰기』를 출판한다면 단지 3~4년이면 사

31　ibid., p.31.
32　ibid., p.32.

람들이 한어를 습득해 한문 서적을 능히 읽을 뿐더러 통속과 고전 한어로 글을 쓰게 될 것이다. 그러나 만일 그대의 어법서와 그대가 상상해서 만든 자전을 사용한다면 10년을 노력한다 해도 『사서四書』를 읽기란 쉽지 않을 것이다. 그 밖에도 이 책을 인쇄해서 출판하는 데는 거액의 자금이 든다. 때문에 구매할 수 있는 사람은 극소수에 불과할 것이다. 그리고 마지막으로 한 사람이 자전을 통해서 언어를 학습하기란 불가능한 일이다"[33]라고 말했다.

실제 역사로 볼 때 푸르몽이 자신의 저서 『한어논고*Meditationes Sinicæ*』를 쓰면서 프레마르의 책을 표절하지 않은 것만은 확실하다.[34] 그러나 프레마르와 푸르몽 간의 왕래 서신을 살펴보면 푸르몽은 자신의 책을 먼저 출판하기 위해 프레마르의 책을 비판하면서 "프레마르의 이 저작 초고는 문법을 전수하기보다는 간단한 잡문의 말들을 가르치는 데 있다고 말하는 것이 더 나을 것이다"[35]라고 결론 내렸다. 그로부터 프레마르의 책은 국왕도서관에 방치되고 말았다. 프레마르는 푸르몽을 자신의 저작의 후견인으로 여겨 출판을 위탁했다. 그러나 실제로 푸르몽은 『한어찰기』를 출판하는 데 가장 큰 방해자였다. 이 사람은 사실 추앙될 수 없으며 그렇게도 많은 후세 사람들이 그 인품을 비판했던 것은 다 그럴 만한 이유가 있었다.[36]

---

33 ibid., p. 60.

34 1729년 9월 14일 푸르몽은 프레마르의 초고를 받기 전에 자신의 저작 원고를 국왕도서관에 제출해 보관하도록 했다. 1730년 1월 11일 프레마르의 원고는 파리로 보내졌다. 許明龍, 『黃嘉略與早期法國漢學』, 中華書局, 2004 참고.

35 위의 책, 248쪽.

36 위의 책, 238·260쪽; Cécile Leung, *Etienne Fourmont (1683~1745) Orient and Chinese Languages in Eighteenth-Century France*, Leuven University Press, 2002 참조.

3. 프레마르의 중국 전적 번역과 영향

조세프 프레마르가 중국 전적典籍을 번역하고 소개한 것은 한학자로서의 중요한 공헌이다. 루이스 피스터의 소개에 따르면 프레마르는 『서경書經』의 일부 내용과 『시경詩經』의 제8장을 번역했다.[37] 그러나 프레마르가 번역한 중국 전적 가운데 가장 영향이 컸던 것은 원나라 잡극 『조씨고아趙氏孤兒』의 번역서이다. 『조씨고아』는 『사기史記 · 조세가趙世家』, 『좌전左傳 · 선공이년宣公二年』 등 역사서에서 소재를 얻었다. 즉 진영공晉靈公 때 간신 도안고屠岸賈가 조순趙盾 일가 300여 인을 살해했는데 그때 영공의 딸이었던 조삭趙朔의 부인만이 뱃속에 태아를 임신한 채 궁중에 숨어 살아남게 되었다. 조삭의 부인은 궁중에서 급기야 아들을 낳고 '조씨고아'로 이름 지은 다음에 스스로 목을 매어 자살하고 만다.

이때 도안고가 진궁晉宮을 물샐틈없이 포위하자 정영程嬰은 아이를 약초 더미에 감추어 궁문을 빠져나가려고 했다. 문지기 한궐韓厥은 약초 속에 아이가 숨겨져 있음을 분명히 알았지만 정의심이 발동해 정영을 놓아주고 스스로 칼을 뽑아 목을 베고 자결했다. 도안고는 이 사실을 알고 진국의 생후 6개월 이하의 어린애는 모조리 죽이라는 명령을 하달한다. 정영은 당시 조순의 동료 공손저구公孫杵臼를 찾아가 이 일을 어떻게 처리할 것인지를 상의하게 된다. 이 다급한 위기시기에도 이 두 조순의 문인들은 정의롭고 용감하게 위험한 일들을 헤쳐 나갔다. 정영은 갓 출생한 자신의 아들을 조씨고아로 바꾸기로 결정함은 물론 공손저구는 적극적으로 조씨의 후손을 숨기고 돌보는 역할을 맡았다.

---

37 費賴之, 馮承鈞 譯, 앞의 책, 532~533쪽. P.Du halde, *The General History of China, Volume the Second, Printed for J. Watts*, London 참고.

제3막에서 정영은 공손저구가 조씨고아를 맡아서 기르고 있다고 고발하고 몸소 가짜 고아, 즉 실제로는 자신이 낳은 친아들을 도안고에게 건네주었다. 정영은 공손저구가 조씨고아를 보살피고 있다는 사실을 폭로한 공로로 도안고의 문객이 되었고 그의 아들인 조씨고아는 도안고의 수양아들로 들어갔다. 나중에 정영은 조씨고아에게 모든 진실을 알리게 된다. 그런데 이때 조씨고아는 이미 정발程勃로 불리었고 또한 도안고에게 양자로 보내졌기 때문에 도성屠成으로 개명한 상태였다. 조씨고아는 상경上卿 위강魏降의 도움으로 도안고를 죽이고 마침내 부친과 조부의 원수를 갚게 된다. 그리고 정영, 공손저구, 한궐은 모두 조정으로부터 포상을 받았다.

지쥔샹紀君祥은 『조씨고아』 잡극을 창작할 때 "한편으로 『좌전』과 『사기』에 기록된 상당히 긴 시간차가 있는 두 사건, 즉 진영공이 조순을 죽이고자 한 일과 진경공晉景公이 조씨 일족을 주살한 일을 한데 엮음은 물론, 또 한편으로 이 이야기와 관련된 『사기』의 주요 인물과 실마리를 참고해 약간의 줄거리를 첨가하고 변형시켰다. 또한 여기에 강렬한 복수 사상을 투영시켜 희생을 무릅쓰고 무고한 사람을 구해내는 등의 정의를 위해 목숨을 바치는 인물 형상을 그려내어 장렬하고도 정기호연正氣浩然한 비극이 되게 했다."[38]

왕궈웨이王國維, 1877~1927는 원대 잡극에 대해서 다음과 같이 말했다.

잡극이란 동작, 언어, 노래 이 세 가지가 한데 어우러져 이루어진 것이다. 그러므로 원극은 이 3요소에 해당된 것이 각각 존재한다. 그 동작을 기록한 것을

---

38   鄧紹基 外編, 『元代文學史』, 人民文學出版社, 1991, 162~163쪽.

'과科'라 하고 언어를 기록한 것을 '빈賓', '백白'이라 하고 노래를 기록한 것을 '곡曲'이라 한다.[39]

원 잡극의 구조로 말하자면 프레마르는 『조씨고아』를 번역할 때 극 속의 곡 전체를 번역하지 않았다. 또한 「시운詩雲」도 대부분 번역하지 않았다. 그는 단지 극 속의 '백'에 대해서만 번역했을 뿐이다. 이러한 번역은 원 잡극의 예술적 매력을 분명히 약화시키고 있다.

원극의 말은 대체로 곡, 백과 상생 관계에 있다.[40]

이것은 대사賓白와 곡이 원 잡극의 두 가지 표현 기법으로 양자는 하나라도 빠져서는 안 된다는 점을 설명한 것이다. 이를테면 연기할 때 반드시 "동작, 언어, 노래 이 3요소가 잘 어우러져야 한다"는 것이다. 그러나 인쇄본은 항상 변화가 있었다. 왕궈웨이는 『원간잡극삼십종元刊雜劇三十種』에서 곡은 있되 백이 없는 극본이 매우 많다고 지적한 바 있다. 이것은 아마도 민간에서 각인할 때 대사는 누구나 다 알았지만 창곡唱曲은 듣는 자가 모두 이해할 수 없었고 반드시 문자를 보아야 그 뜻을 알았기 때문일 것이다.

프레마르의 번역과 중국 민간의 판각본은 꼭 상반되어 대사는 있되 창곡이 없다. 만일 창곡은 있고 대사가 없는 중국 민간의 판본과 대조해보면 그의 번역 또한 용인될 수 있을 것이다. 왜냐하면 프레마르는 기본적으로 극의 전체 스토리를 번역했기 때문이다. 그러나 이러한 번역은 극의

---

39   王國維, 「宋元戲劇考」, 『王國維文集』 第一卷, 中國文史出版社, 1997, 385쪽.
40   위의 책, 386쪽.

전체 줄거리를 파악하는 데는 문제가 없겠지만 원극元劇의 예술성은 상당부분 상쇄될 것이다. 그 이유는 원곡元曲은 창이 주가 되기 때문이다. 만약창의 곡이 사라진다면 극의 맛은 훨씬 경감되고 말 것이다. 더군다나 "어떤 부분은 대사가 곡에서 이탈되어 마치 앞뒤가 연결된 것처럼 느껴진다. 또한 그와는 반대로 많은 부분이 대사가 곡에서 이탈되어 상하가 잘 연결되지 않고 있다. 이렇게 곡과 백이 잘 맞아야 할 부분이 파열되어 결국 전후맥락이 불분명하고 부자연스럽게 되고 만 것이다.[41]

원 잡극의 곡이 당시唐詩와 송사宋詞보다 훨씬 꾸밈이 없고 속자가 더 많이 사용되었다는 점에서 왕궈웨이는 원 잡극을 중국의 가장 자연스런 문학으로 일컬었다. 그러나 서양인의 입장에서 보면 그것을 이해하기란 오히려 어려움이 있고 번역 역시 상당히 까다롭다고 할 것이다. 이 창곡은 전고典故를 인용한 부분이 매우 많아서 중국의 문화와 역사에 대한 지식이 없으면 번역은 고사하고 근본적으로 이해할 수도 없을 것이다. 이 때문에 프레마르가 번역할 때 창곡을 아예 빼버린 방법이 비록 불완전하기는 하지만 어떤 면에서는 이해가 가기도 한다.

천서우이陳受頤, 1899~1978는 프레마르의 『조씨고아』 번역에 대해서, "프레마르의 역문은 현재 우리가 보기에 너무 간략하다. 그리고 빠뜨리고 번역하지 않은 부분 역시 매우 많은데 예컨대 개막백開場下白의 시詩는 거의 번역하지 않았다. 그러나 원문의 전체 구조는 여전히 보존되고 있을 뿐더러 구별이 어려운 부분은 주해를 달아 당시 독자들에게 적지 않은 도움을 주었다"[42]고 평론했다. 그러므로 프레마르의 『조씨고아』 번역이 전적으

---

41 範存忠, 『中國文化在啓蒙時期的英國』, 上海外語教育出版社, 1991, 109쪽.

42 陳受頤, 「十八世紀歐洲文學里的趙氏孤兒」, 『中歐文化交流史事論叢』, 臺灣商務印書館, 1970, 151쪽.

로 만족스러운 성과는 아니라고 하더라도 필경 중국 희극을 유럽에 전파하는 새로운 역사의 장을 열었음은 분명하다.

프레마르『조씨고아』의 불어판은 1735년『중화제국전지中華帝國全志』『Du Halde(뒤 알드)』편집에 발표되었다.[43] 이듬해 영국에서는 영문 번역본이 나왔고[44] 1736년 말에는 또 다른 발췌 역본이 출현했는데 이것은 다름 아닌 와츠Watts의 역본이다.[45] 1748년에는 독일어본[46], 그리고 1774년에는 러시아어판이 각각 나왔다. 중국의 학자 중에서『조씨고아』의 유럽 역본에 가장 먼저 주목한 인물은 왕궈웨이이다. 그는『송원희극고宋元戲劇考』에서 "중국 희극이 외국 문자로 번역된 것은 시기적으로 상당히 앞서 이루어졌다. 예를 들면 조씨고아는 실제로 프랑스인 뒤 알드가 1762년에 번역했고 1834년에 줄리안Julian이 그것을 중역했다."[47] 왕궈웨이는 여기서 번역자와 출판시기를 모두 잘못 판단하고 있다. 그는 이것이 프레마르가 번역한 것인 줄 정확하게 알지 못했던 것이다. 이 점은 판춘중範存忠, 1903~1987과 천서우이가 이미 지적한 바 있다. 두 영역본의 관계에 대해서는 판춘중 선생이 자세히 소개하고 있다.[48]

천서우이 역시『조씨고아』의 전 유럽 전파에 대한 자세한 글이 있다.[49] 그의 관점에서 프레마르 역본의 영향은 무엇보다 서양과 전혀 다른 희극 형식을 소개했다는 데 있다. 이것은 서양인의 입장에서 볼 때 아주 새로

---

43 *Description Géographique, Historique Chronologique Politique de l'Empire de la Chine et de la Tartarie Chinoise.*

44 *A Description of the Empire of China and Chinese Tartary, Cave.*

45 *General History of China, Watts.*

46 *Ausfuehrliche Beschreibung des Chinesischen Reichs des grossen Tartars.*

47 王國維, 앞의 책, 417쪽.

48 範存忠, 앞의 책, 57~61쪽.

49 陳受頤, 앞의 책.

운 것이었다. 예를 들면 뒤 알드는 프레마르의 극본을 다음과 같이 소개하고 있다.

독자들은 여기서『조씨고아』 3·1률의 준수를 찾아볼 수 없다. 때의 통일, 장소의 통일, 줄거리의 통일도 여기서는 찾을 수 없다. 통상 각본에서 이루어지는, 즉 작품을 우아하게 하거나 정교하게 만드는 관례 역시도 찾아볼 수 없다. 우리들의 희극이 오늘날에 달성한 완미함은 단지 근 100년 내의 일이다. 그 전에는 매우 서툴고 볼품이 없었다. 이 때문에 우리가 본 중국인이 우리의 범례를 지키지 않은 것을 두고 의아하게 여겨서는 안 될 것이다. 그들은 본래부터 국외의 한쪽 모퉁이에 위치해서 세계의 다른 지역과 왕래가 단절되어 있었다.[50]

이처럼『조씨고아』는 희극 형식상 서양과 차이가 있었기 때문에 수많은 비평과 토론을 불러일으켰다. 이것은 실제로 문화 간의 상호 영향이라고 할 수 있다.[51]

문화의 전파와 수용 간의 차이는 매우 크다. 프레마르가 프랑스에『조씨고아』를 소개할 때 곡을 번역하지 않아도 이야기의 줄거리는 바뀌지 않았다. 그러나『조씨고아』가 일단 유럽문화의 시야에 들어왔을 때 그에 대한 유럽인의 수용은 완전히 달랐다. 그들은 완전히 자신의 문화와 상상에 근거해서『조씨고아』를 새롭게 개작해 순수한 유럽 희극으로 바꾼 것이다. 그 가장 전형적인 예로 영국 윌리엄 해쳇William Hatchett, 1701~1760s과 볼테르Voltaire, 1694~1778의『조씨고아』작품들을 꼽을 수 있다.

해쳇은 자신의『조씨고아』극본에서 자신은 프레마르가 번역한『조씨

---

50   위의 책, 154쪽에서 재인용.
51   範存忠, 위의 책, 111~118쪽 참조.

고아』를 각색했다고 명확하게 밝히고 있다. 즉 원극의 시간을 단축하고 최대한도로 서양의 3·1률에 맞게 극본을 개조하여 "극의 스토리 전개를 매우 시원스럽게 했고 구성의 주요 부분 또한 번잡하지 않게 했다". 극 속에 많은 가곡을 삽입함은 물론 『조씨고아』와 구별하기 위해 이야기의 발생시기를 춘추시대에서 명말청초로 바꾸었고 등장하는 모든 인물의 이름 또한 바꾸었다. 해쳇은 기본적으로 중국어를 알지 못했기 때문에 각 한문 이름에 담긴 함의와 상징을 이해하지 못해 중국인이 보기에는 우스꽝스럽기까지 하다. 그가 도안고를 고황제高皇帝로, 공안저구를 노자老子로, 조씨고아를 강희로 바꾼 것이 그 예들일 것이다. 이렇게 개작된 극본은 문학상 거의 아무런 가치도 없었지만 이것은 해쳇이 당시 영국 수상 로버트 월폴Robert Walpole에 반대하는 하나의 비장의 무기였다. 이 극본은 당시 영국 수상의 정적 아가일 공작Duke of Argyle이 헌정한 것이었다. 때문에 천서우이는 "엄격하게 보아 로버트 월폴에 반대하는 정론이다"[52]고 증언한 바 있다.

만일 해쳇의 『조씨고아』가 영국의 정치를 고려했다면 볼테르의 『조씨고아』는 프랑스의 사상을 기초로 개편된 것이다. 볼테르 『조씨고아』의 대체적인 줄거리는 다음과 같다. 칭기즈 칸Chingiz Khan, 成吉思汗이 베이징을 점령한 후에 송조 황제가 남긴 고아를 추격해 죽이려고 하자 송조 대신 장척張惕이 위험을 무릅쓰고 명을 받들어 고아를 돌보았다. 그는 송조의 후손을 보호하기 위해 자신의 아들을 대신 바치기로 결정한다. 그러나 그의 아내 이달미伊達美는 동의하지 않고 남편, 송조 고아를 보호하기 위해 젊었을 때의 연인 칭기즈 칸에게 이 사실을 고하게 된다. 칭기즈 칸은 옛정

---

52 陳受頤, 앞의 책, 162쪽.

이 되살아나 이달미의 남편, 아들과 송조 고아 세 사람의 목숨을 핍박한다. 그녀는 국가 이익과 개인 이익의 충돌 앞에서 송조 고아를 구하기 위해 차라리 죽을지언정 뜻을 굽히지 않는다. 그녀는 남편과 함께 스스로 목을 베고 자결하고자 했다. 장척 부부의 이 정의롭고 늠름한 모습은 결국 칭기즈 칸의 마음을 움직였고 칭기즈 칸은 장척 부부를 사면하고 중국 고아를 거두기에 이른다. 뿐더러 장척을 궁중에 머물게 하여 중국의 역사, 문화와 문명으로 백관을 교화하고 국가를 다스리게 한다.[53]

볼테르는 프레마르가 번역한 『조씨고아』를 높이 평가해 "『조씨고아』는 귀중한 대작으로 중국의 정신을 이해하는 데 이 대제국에 대한 과거나 미래의 모든 사람들의 진술을 능가한다"[54]고 했다. 그리고 그 자신이 『조씨고아』를 개작한 까닭은 중국문화를 숭배하고 존경하는 마음 이외에도 "동양은 모든 예술의 요람이고 동양은 서양에 모든 것을 제공해준다"[55]고 여겼기 때문이었다. 더욱이 프랑스문화 자체의 수요라는 직접적인 요인으로 말하자면 그는 장 자크 루소Jean Jacques Rousseau, 1712~1778의 문명 진보에 대한 회의에 응답해 문명은 야만과 싸워 이길 수 있음을 설명하고자 했다. 『조씨고아』에서 장척으로 대변되는 피점령자가 최종적으로 점령자 칭기즈 칸의 정신적 스승이 된 것으로 설정해 진보가 항상 낙후함을 이기고 문명이 항상 야만을 극복한다는 사실을 충분히 설명하려고 했다.

넓게 보면 18세기 프랑스의 사상적 지도자였던 볼테르는 『조씨고아』를 통해서 공자孔子로 대표되는 유가儒家 사상을 선양해 서양의 주도적 위

---

53 孟華, 『伏爾泰與孔子』, 新華出版社, 1995, 115쪽 참조.

54 위의 책, 119쪽; 孟華, 『他者的鏡像－中國與法蘭西孟華海外講演錄』, 北京大學出版社, 2004.

55 伏爾泰, 『風俗論』 上冊, 商務印書館, 1996, 201쪽.

치에 있는 기독교 사상을 비판하고자 했다. 또한 『조씨고아』를 통해서 계몽군주제가 프랑스에서 가장 바람직한 정치적 선택임을 설명하고자 기도했다. 이것은 일종의 문화 간 '차용'과 '이식'이라는 문제와 관련된다. 이러한 문화 해석을 통해서 자기 자신의 문화 문제와 사상 문제를 해결하고자 했다. 이 같은 문화의 오독은 상이한 문화 간에는 거의 불가피한 일이었다. 즉 량치차오梁啓超, 1873~1929가 "볼테르는 성실한 기운, 고결한 생각, 아름다운 문장으로 타국문명의 새로운 사상을 활용, 본국에 이식해 동포들을 행복하게 해주었다"[56]라고 말한 바와 같다. 그리고 문화 간의 오독과 이식은 번역에 기초한다. 이런 점에서 프레마르가 번역한 『조씨고아』는 실제로 우리가 18세기 프랑스 사상사를 접근하는 데 중요한 방향이 된다.

4. 프레마르의 색은주의 사상

프랑스 예수회의 내화 선교사 색은주의는 '중국전례典禮논쟁Chinese Rites Controversy'1645~1742을 거치면서 출현한 가장 독특한 유파이다. 색은주의 선교사들은 샤를 매그로Mitarbeit von Charles Maigrot, 閻當, 1652~1730로 대변되는 반예수회의 선교노선에 결코 찬동하지 않았다. 그러나 그들이 '마테오 리치Matteo Ricci, 利瑪竇, 1552~1610의 노선'을 견지하고자 했을 때 무엇보다도 이론상 파리외방전교회Société des Missions Étrangères de Paris, 도미니코회의 비판에 대응하지 않을 수 없었다. 동시에 중국에서 선교하기 위해서는 반드시 중국에

---

56   梁啓超, 「論學術之勢力左右世界」, 『飮氷室文集』 6, 中華書局, 1989, 115쪽.

체재함과 동시에 그 이론적 근거를 모색해야만 했었다. 왜냐하면 로마 교황이 이미 예수회의 노선에 비판적 태도를 취하고 있었기 때문이다. 바로 이러한 배경 속에서 조아생 부베를 중심으로 하는 색은파Figurists가 탄생한 것이다. 색은파의 대표적 인물인 부베와 장 프랑수아 푸케에 대한 연구는 현재 비교적 크게 진척된 상황이다.[57]

그러나 조세프 프레마르의 색은 사상에 대한 전문적인 연구는 극히 부족한 상황이다. 여기서는 프레마르의 대표적인 색은주의 한문 문헌, 즉 『육서실의六書實義』와 『유교실의儒教實義』를 중심으로 기초적인 연구를 수행해보고자 한다.

1) 『육서실의』

『육서실의』는 현재 바티칸도서관에 수장되어 있다.[58] 이 책에서 프레마르는 서생書生과 노부老夫의 대화를 통해 색은파의 입장에서 쉬선許慎, 58~147『설문해지說文解字』의 육서六書에 관한 이론을 새롭게 해석하고 있다.

쉬선이 쓴 『설문해자』는 중국의 언어학사에서 가장 중요한 자전 중의 하나이다. "독체獨體는 문文이 되고 합체合體는 자字가 된다. '설문해자'란 다

---

57 Claudia von Coliani, *P.Joachim Bouvet S. j. Sein Leben und sein Werk*, Steyler Verlag 1985; 魏若望, 吳莉葦 譯,『耶蘇會士傳聖澤神甫傳－索隱派思想在中國及歐洲』, 大象出版社, 2006 참조.

58 문헌의 편호는 Borg. Cinese 357이다. 이 문헌은 필사본으로 표지 면(封頁)에 『마선생 육서실의馬先生六書實義』라는 문구가 있다. 책 첫 페이지에는 "書生問, 老夫答, 溫古子述(서생이 묻고 노부가 답하며 온고자가 설명하다)"라고 적혀 있다. 책 안의 글자체는 작은 해서체로 되어 있고 페이지당 11~12행, 매 행에는 23자씩 다양하다. 문헌 앞에는 「서(序)」가 있는데 절중옹(折中翁)이 썼다. 낙관은 "康熙庚子仲冬折中翁書"라고 적혀 있으며 이는 강희 59년(1720년)이다. 글 뒤에는 「발(跋)」이 있고 "康熙辛丑孟春知新翁謹題"라는 낙관이 있으니 강희 60년(1721년)이다. 편역자는 여기서 등장하는 '절중옹'과 '지신옹(知新翁)'이 누구인지는 아직 고증한 바가 없다.

름 아닌 문자를 해설하는 의미이다. 『설문해자』는 총 15권인데 현재의 본은 각 권이 상하로 나뉘어 모두 30권으로 되어 있다. 도합 9,353자, 그리고 소전과 자체가 다른 고문古文·주문籒文은 중문重文으로서 1,163자를 수록했다."[59] 쉬선의 큰 업적은 처음으로 육서를 통해서 한자를 체계적으로 연구했다는 점이다. 육서는 그 전에도 있었지만[60] "육서로 고문자를 대규모로 분석한 최초의 인물은 쉬선이다."[61]

프레마르는 색은파의 입장에서 『설문해자』를 기독교를 설명하는 데 이용했다. 여기서는 제한된 지면 관계상 두 가지의 예만을 들어 설명해보기로 하겠다.

쉬선은 『설문해자』 「서序」에서 "무릇 문자란 경서와 예술의 근본이며 왕이 정치하는 시작이다. 옛사람이 그것을 통해 문화를 후대에 전하고 후인은 그것으로 고대문화를 이해한다. 그러므로 '근본이 서야 길이 열린다'고 한 것이다. 천하의 깊은 도리를 알면 혼란스럽지 않다"[62]라 했다. 여기서 쉬선은 문자의 중요성을 강조하고 있다. 왜냐하면 당시 쉬선이 『설문해자』를 쓸 때만 하더라도 고문학파와 금문학파 간의 논쟁이 가장 격렬한 시기였기 때문이다. 『설문해자』는 고문학파의 가장 중요한 성과였다. 고문학파는 고문은 단지 글자를 해득하는 '소학小學'이 아니라 '경서'를 어떻게 이해할 것인지에 관련된 중대한 문제라고 강조한다. 과거에 경서를 잘 이해하지 못한 까닭은 대부분 문자를 제대로 이해하지 못한 데

---

59   濮之珍, 『中國語言學史』, 上海古籍出版社, 2002, 128쪽.
60   "古者八歲入小學, 故周官保氏掌養國子, 敎之六書, 謂象形, 象事, 象意, 象聲, 轉注, 假借. 造字之本也." 『周禮·地保·保氏』; 班固, 『漢書·藝文志』 각각 참조.
61   何九盈, 『中國古代語言學史』, 廣州敎育出版社, 2000, 62쪽.
62   "蓋文字者, 經藝之本, 王政之始, 前人所以垂後, 後人所以識古, 故曰'本立而道生', 知天下之至嘖而不可亂也." 『說文解字』, 「序」.

서 기인한다. 따라서 쉬선은 고문자를 명확히 해야만 비로소 "믿음직하게 증거를 대고 그 설들을 낱낱이 고증하고 해석하며 무리와 부류를 설명해 오류를 풀고 배우는 이를 깨우쳐 신묘한 뜻에 통달케 할 수 있다. 형태가 같은 글자는 그 글자대로 부수로 나누고 정리해서 서로 섞이지 않도록 할 수 있다"[63]고 주장한 것이다.

프레마르는 『육서실의』에서 서생의 입을 빌려 '문자書契의 기원', 즉 문자의 발생과 언어 저작이 출현하게 된 원인에 관해 묻는다. 그는 중국의 견해에 따라 "상고上古시대에는 결승結繩으로 다스렸지만 후대의 성인聖人이 이를 서계書契로 바꾸었다"[64]고 말을 시작해 이어서 화제를 바꾸어 "건乾은 천天이고 태兌는 구설口舌이니 서계는 그 천의 말을 상징한다"[65]라 해 문자의 발생을 신비화했다. 프레마르는 "서계의 근원은 하도河圖와 낙서洛書에서 나왔다"[66]고 생각했다. 그는 뤄비羅泌의 말[67]을 인용해 "하도와 낙서는 모두 천신이 말과 뜻을 고안해 왕에게 고한 것이다. 선왕이 천으로부터 받아서 세상에 전하니 백관이 이로써 다스리고 만민은 이로써 관찰해 서계라 했다"[68]고 했다. 그럼으로써 "이 때문에 천의 말을 상징한다"[69]라 결론을 맺고 있다.

---

63 "信而有證, 稽譔其說, 將以理群類, 解謬誤, 曉學者, 達神恉, 分別部居, 不相雜厠也." 위의 책.

64 "上古結繩而治, 後世聖人易之以書契." 『馬先生六書實義』 Borg. Cinese 357.

65 "乾爲天, 兌爲口舌, 書契其代天之言乎." 『馬先生六書實義』 Borg. Cinese 357.

66 "書契之原, 其出于河洛." 『馬先生六書實義』 Borg. Cinese 357.

67 뤄비는 송나라 루링(廬陵) 사람이다. 젊었을 때 독서를 좋아했지만 벼슬길에 뜻을 접고 각고의 노력으로 시를 정밀하고 깊이 연구했다. 그러면서도 남의 의견에 구애받지 않았다. 그가 지은 『노사(路史)』는 중국 성씨의 원류를 정치하게 연구한 노작이다.

68 "河圖洛書, 皆天神設言義告王, 先王受之于天, 傳之于世, 百官以治, 萬民以察, 謂之書契." 『馬先生六書實義』 Borg. Cinese 357.

69 "故雲, 代天之言也." 『馬先生六書實義』 Borg. Cinese 357.

하도와 낙서는 중국 문자의 기원에 관한 설이다. 『역경·계사繫辭』에 "하河에서 도圖가 나오고 낙洛에서 서書가 나오니 성인聖人이 법칙으로 삼았다"[70]라 했고 『논어論語』에는 "하늘에서 봉황새가 오지 않고 황허黃河에서 용마가 그림을 지고 나타나지 않는다"[71]라 했다. 여기서 하도河圖는 팔괘八卦를, 낙서洛書는 문자를 각각 가리킨다. 이 견해는 청대淸代에 비교적 큰 논쟁이 있었다. 지원紀昀, 1724~1805은 그의 『열미초당필기閱微草堂筆記』에서 "대대로 전해 내려오는 하도, 낙서가 문자를 발생시켰다는 설은 당나라 이전에는 발견되지 않는다"[72]라 했다. 상고의 문화는 언제나 일정한 신비성이 있게 마련이다. 이것은 매우 자연스러운 현상이다. 쉬선은 『설문해자』의 서언에서 이 점을 이미 분명히 설명한 바 있다. 그러나 그의 생각은 프레마르와 현격한 차이가 있다. 쉬선은 말하기를,

옛날 포희庖犧·伏羲씨가 천하의 왕이 되었을 때 우러러 하늘의 형상을 보고 굽어 땅의 법을 보며 새와 짐승의 문양과 땅의 마땅함을 보아 가까이는 몸에서 취하고 멀리는 사물에서 취해 비로소 『역易』의 팔괘를 만들어 법의 형상을 드리웠다. 신농씨에 이르러 결승結繩으로 다스리고 그 일을 거느림에 여러 일들이 번거로워져 꾸밈이 많아졌다. 황제의 사관 창힐倉頡은 새와 짐승의 발자국 자취를 보고 이치를 분별해 서로가 다름을 알아 처음으로 서계書契를 만들어 백관을 다스리고 만물을 살폈다. (…중략…) 창힐이 처음 문자를 만듦에 대개 유형에 의해 형태를 그렸으므로 '문文'이라 일컫는다. 이후 형태와 소리가 서로 더했으니,

70 "河出圖, 洛出書, 聖人則之."『周易』,「繫辭傳上」第十一章.
71 "鳳鳥不至, 河不出圖."『論語』,「子罕」.
72 "世傳河圖洛書, 出文字, 唐以前所未見也." 紀昀, 『閱微草堂筆記』, 長江文藝出版社, 2019.

즉 '자字'라 일컫는다. '문'이란 사물 형상의 본래이고 '자'란 불어나서 점차로 많아진 것을 말한다. 죽백竹帛에 기록한 것을 '서書'라 한다.[73]

프레마르는 상고시대의 중국문화에 발견되는 일부 신비적 특징을 이용해 가능한 한 신학적인 관점으로 중국 문자의 발생을 해석했다. 그는 문자의 출현을 천에 귀결시키고 문자를 "천의 말을 상징하는 것代天之言"으로 인식했는데 이것은 분명히 쉬선이 강조한 방향과 달랐다. 쉬선은 문자의 출현을 역사적으로 설명했지만 프레마르는 그와는 반대로 상고문화의 신비적인 특징을 이용해 쉬선과 다른 방향에서 설명했다. 즉 문자 발생의 원인을 새로이 신비한 상고시대에서 찾았다. 더해서 육서의 효과를 부각시키기 위해 프레마르는 "백가百家가 출현하면서 육서가 혼미해졌고 육서가 혼미해지니 육경六經이 문란해졌고 육경이 문란해지니 선왕先王의 도가 쇠퇴했다. 그런 까닭에 『여상余常』에 이르기를 '육서가 밝혀진 다음에야 육경이 통하고 육경이 통한 다음에야 대도가 실행된다'고 했다"[74]고 쓰고 있다. 이렇게 육경의 기초는 육서이고 육서는 천의 말을 상징한다. 전 중국문화의 경향은 프레마르에게 와서 변화가 발생한 것이다.

다시 프레마르가 쉬선의 '지사指事'를 설명한 부분을 보자. 육서 중 으뜸인 지사에 관해 쉬선은 "지사란 글자를 보면 그 의미를 깨달을 수 있고 자

---

73 "古者庖羲氏之王天下也, 仰則觀象于天, 俯則觀法于地, 視鳥獸之文, 與地之宜, 近取諸身, 遠取諸物, 于是始作『易』八卦, 以垂憲象. 及神農氏, 結繩爲治, 而統其事. 庶業其繁, 飾僞萌生. 皇帝之史倉頡, 見鳥獸蹄迒之迹, 知分理之可相別異也, 初造書契, 百工以乂, 萬品以察. (…중략…) 倉頡之初作書, 蓋依類象形, 故謂之文, 其後相聲相益, 卽謂之字. 文者物象之本, 字者言孶乳而浸多也. 著于竹帛爲之書."『說文解字』, 「序」.
74 "百家出, 六書昧. 六書昧而六經亂. 六經亂而先王之道熄. 故余常雲, 六書明而後六經通, 六經通而后大道行."『馬先生六書實義』Borg. Cinese 357.

세히 살피면 그 형상을 찾아볼 수 있으니 상上, 하下 등이 바로 그것이다"[75]
라고 했다. 이에 대해 프레마르는 "지사는 육서 가운데 으뜸이고 가장 중
요하며 지사를 분명하게 이해하면 회의會意, 가차假借는 대단히 유용해지
고 상형象形, 형성形聲 또한 능히 짐작할 수 있다"[76]라고 말한다. 이 말은 틀
리지 않는다. 지사란 글자를 해득하는 과정으로부터 논한 것으로 필연적
으로 수위首位에 두어야 한다. 『설문해자』는 모두 540개의 부수로 분류된
다. 이들 부수의 배열순서는 쉬선의 원칙에 따르면 '시일종해始一終亥', '거
형계련居形系聯'이다. 이른바 '시일종해'란 부수의 배열상 '일一' 부수에서
시작해 '해亥' 부수로 끝난다는 것이다. 이것은 한대漢代 음양오행가의 "만
물은 '일'에서 생기고 '해'에서 마친다萬物生于一, 畢終于亥"라는 생각에 영향을
받은 것이 분명하다.

쉬선은 '일' 부수의 '일' 자를 해석할 때 "처음으로 천지만물이 형성될
때 도道가 하나一에서 세워졌으며 그 후 하늘과 땅으로 나누어졌고 다시
변해서 만물이 되었다. 일 부수에 귀속된 글자들은 모두 일을 의미부로
삼는다. 일弌은 일의 고문체이다"[77]라 했다. 이 해석은 중국 고대 철학 사
상의 영향을 받은 것으로 노자老子는 『도덕경道德經』에서 "도道는 '일'을 낳
고 일은 '이二'를 낳고 이는 '삼三'을 낳고 삼은 만물을 낳는다"[78]라 했다.
여기서 도는 노자가 말한 '무無'로서 "천하 만물은 '유有'에서 생겨나고 유
는 '무'에서 생겨난다"[79]와 같다. 이러한 이해에 따르면 '무'는 천지 만물

---

75 "指事者, 視而加識, 察而可見, 上下是也." 『說文解字』, 「序」.

76 "指事者, 六書之中最先而至要也, 指事明, 則會意假借不勝用, 而象形, 形聲亦思過半
矣." 『馬先生六書實義』Borg. Cinese 357.

77 "惟初太始, 道立于一, 造分天地, 化成萬物. 凡一之屬皆從一. 弌, 古文一." 『說文解字』,
「正文」.

78 "道生一, 一生二, 二生三, 三生萬物." 『道德經』下篇, 第42章.

79 "天下萬物生于有, 有生于無." 『道德經』下篇, 第40章.

의 궁극적 근원이다. "'도가 일을 낳다道生一'고 함은 '유가 무에서 생겨난 다有生于無'라는 논리에 의거해 추론한 것으로 '도'는 '무' 다름 아니다."[80]

프레마르는 『설문해자』의 육서 이론 중 지사를 가장 중요시했다. 더욱이 이 지사 이론 중에서 가장 중요한 것은 "주ヽ, 일一, 이二, 삼三"에 대한 해석이다. 그는 '주ヽ'가 가리킨 것은 주재의 본체體이고 일, 이, 삼이 가리키는 것은 주재의 위격位이라고 생각했다. 그러나 양자 간의 관계는 위격이 본체를 떠날 수 없고 본체는 위격을 떠날 수 없다. 그의 근거는 일, 이, 삼이 지사인 이상 그것은 반드시 형체 구조를 더 쪼갤 수 없는 글자獨體인 것이다. 만일 여러 개로 쪼갤 수 있는 글자多體가 상형이나 회의라고 한다면 이나 삼은 '일'의 중첩이고 그렇게 되면 그것은 회의이지 지사라고 할 수 있다. 이와 마찬가지로 일, 이, 삼 역시 상형으로 볼 수 없다.

여기에 기초해서 프레마르는 다음과 같이 말한다.

일, 이, 삼은 이미 '지사'여서 다른 글자로 나눌 수 없는 것은 또한 당연하지 않은가. '일'은 이나 삼이 아닌 이, 삼의 근본이다. '이'는 일이 아니라 일에 의해서 생겨난 것이고 '삼'은 일이나 이가 아니라 일과 이에 의해서 발생된 것이다. 일이 있은즉 이가 존재하고 일과 이가 있은즉 삼이 존재한다. 선후先后의 때가 없으면 존비尊卑의 등급이 없다.[81]

여기서 말하는 일, 이, 삼은 어떤 위치에 있는가? 프레마르는 그것들을 다음과 같이 말한다.

---

80   王明, 『道家和道教思想研究』, 中國社會科學出版社, 1984, 15쪽.

시작도 끝도 없으며 만물의 종시終始이다. 순수 신純神의 본체로 논하자면 그 자체는 변하지 않으며 동등한 위치로 논하자면 일이 있고 이가 있고 삼이 있다. (…중략…) 삼은 삼위일체三位一體로 그 위격이 셋임을 알지만 본체가 스스로 독립적이면 삼은 일체삼위一體三位로 하나의 본체가 하나의 위격이 아님을 안다. 세 위격이 세 본체가 아니면 과연 일도 없고 삼도 없어 말할 것도 없다. 진실로 세 위격이 존재하고 세 위격이 동일하게 하나의 본체임을 알면 '삼'을 견지하고 '일'을 견지해 그 참된 주재자의 도를 파악할 수 있을 것이다.[82]

이 일련의 프레마르의 해석은 대다수 사람들에게 이해되지 못할 가능성이 높았다. 그는 『도덕경』의 "도는 '일'을 낳고 일은 '이'를 낳고 이는 '삼'을 낳고 삼은 만물을 낳는다"라는 사상을 응용해서 '도'와 관련해 문장 속 일, 이, 삼 간의 관계에 기독교적 신학화 해석을 가했다. '천주성삼聖三'은 기독교의 핵심 이론으로 성부聖父, 성자聖子, 성신聖神 삼자 간의 관계를 설명한 것이다. 천주교에서 보면 "하느님은 아버지이고 하느님은 아들이며 하느님은 성신이다. 또한 아버지는 하느님이고 아들은 하느님이며 성신 역시 하느님이다. 그러나 아버지는 아들이 아니고 성신이 아니다. 아들은 아버지가 아니고 성신이 아니다. 성신은 아버지가 아니고 아들이 아니다."[83] 그러나 쉬선이 『설문해자』에서 "처음으로 천지만물이 형성될

---

81 "一二三者旣爲指事, 而不可以異體分之, 乃以異位別之, 不亦宜乎. 一者非二, 非三, 而爲二三之本, 二者非一, 而爲一之所生, 三者非一非二, 而爲一與二之所發. 有一斯有二, 有一與二斯有三, 無先后之時, 無尊卑之等."『馬先生六書實義』Borg. Cinese 357.

82 "無始無終, 而爲萬物之終始. 論其純神之體, 則自爲不貳, 論其同等之位, 則有一有二有三. (…중략…) 三則是三一, 知其位成三, 而體自獨, 則三是一三, 知一體非一位. 三位非三體, 則果無一無三, 而無言可言. 知實有三位, 而三位共爲一體, 則執三執一, 而其眞宰之道."『馬先生六書實義』Borg. Cinese 357.

83 輔仁神學著作編譯會,『神學辭典』, 光啓出版社, 1996, 84쪽.

때 도가 하나에서 세워졌으며 그 후 하늘과 땅으로 나누어졌고 다시 변해서 만물이 되었다. 일 부수에 귀속된 글자들은 모두 일을 의미부로 삼는다"라고 말할 때는 확실히 도가의 사상을 차용한 것이지만 도가 사상에서 일, 이, 삼은 결코 상호적인 삼위일체의 관계가 결코 아니다. 프레마르의 색은주의 사상은 여기서 분명하게 표출되고 있다.

문화 간의 이해와 해석은 역대로 창조의 과정이었다. 어떤 면에서 프레마르는 쉬선에게는 없는 사상을 첨가했기 때문에 『설문해자』를 곡해했다고 말할 수 있다. 그러나 한편으로 볼 때 프레마르는 하나의 새로운 문화를 창조했고 아직도 창조해가고 있는 중이다. 그는 문화 방향상 완전히 상반된 동서양의 두 문화를 회통시켰다. 이러한 프레마르의 생각은 실제로 지금까지도 중국 교회의 이론가들이 기독교 신학 사상을 해석할 때 흔히들 채용하는 기법이다.[84]

---

84 "중국의 문화 사상에는 지극히 생동감 넘치는 도상, 즉 음양태극도(陰陽太極圖)가 존재한다. (…중략…) 아마 다음과 같이 유추해서 말할 수 있을 것이다. 태극의 전체는 바로 시작도 끝도 없으며 영원히 존재하는 유일한 하느님이다. '양(陽)'은 부성애를 베풂을 상징하고 남성적 강건한(陽剛) 사랑을 나타낸다. 그러나 이러한 남성적 강건함 속에는 여성적 부드러움(陰柔)이 내재해 사랑을 주는 가운데 받아들인다. '음(陰)'은 사랑의 수용과 회답을 상징하고 여성적 부드러운 사랑을 나타낸다. 그러나 이러한 여성적 부드러움 속에는 남성적 강건함이 내재해 사랑을 받는 중에 베푼다. 사랑하는 것과 사랑을 받는 것, 주는 것과 받는 것은 본래 깊고 신비한 사랑의 양면이자 상호작용하는 하나의 생명이다. 양이 없으면 음도 없고 음이 없으면 양도 없다. 음과 양은 상생상성(相生相成)하는 관계이며 아버지와 아들 사이도 상생하는 관계이다. 음과 양이 서로 교제해 하나가 되는 원동력은 바로 하느님의 세 번째 위격인 성신의 상징이자 사랑의 신성한 자취가 하나로 합쳐진 면모이다. 음과 양이 상호작용하는 과정에서 만물이 화생(化生)되고 '만물은 음을 등에 지고 양을 가슴에 안아 텅 빈 기운으로 조화를 이룬다(萬物負陰抱陽, 沖氣以爲和, 『道德經』下篇, 第42章)'. 음과 양은 모든 것을 끊임없이 생장시키는 본원으로서 모든 생명의 두 가지 원리를 가리킨다. 그런 까닭에 만물의 내부에는 모두 '천주성삼'의 흔적이 남아 있어서 하느님은 우주 전체에 존재한다고 말할 수 있다. 이 글은 이처럼 생명력이 충만한 태극도를 천주성삼이라는 심오하고 신비한 해석에 적용시켜 신자들이 더욱 깊이 성삼의 심오한 집에 들어가도록 하고 중국인의

프레마르의 수고인 『상형자전문고 *Essay de Dictionnaire Geroglyphique*』는 루이스 피스터가 자신의 책에서 단지 한 문장만을 제시했을 뿐이고[85] 아직 이 문헌에 대해 자세히 연구한 이는 없다. 다만 크누트 룬트백이 이 문헌을 대략적으로 소개하고 있다. 그가 읽은 문헌 내용에 근거해보면 이 문헌은 부베와 프레마르가 함께 쓴 것으로 여겨진다. 전반부는 부베가 썼고 후반부는 프레마르가 썼다. 나중에 프레마르는 이 문헌을 자신의 다른 수고와 함께 에티엔 푸르몽에게 보냈다. 이 문헌은 한문 자체字體 형상에 관한 분석을 통해서 그들의 색은파 사상을 설명하고 있다. 룬트백은 두 글자를 그 예로 들어 이 점을 증명하고 있다.

승乘, cheng은 적절한 때에 쌍륜전차雙輪戰車에 오르는 것을 의미한다. 이 글자는 'ノ', '人', '十'과 '北'으로 구성되었다. 예수 그리스도는 하느님의 명령으로 그의 오른손 방향에서 내려와 적당한 때에 십자十字 위에 오르는데 마치 쌍륜전차를 타는 것과 같다. 선각자 에스겔Ezekiel은 이 신비한 전차는 북방에서 온 것으로 들었다고 말한다.『구약·에스겔서』1장과 10장

이제 그 의미는 명확해졌다. 두 자전의 저자는 '목朩'자는 분명히 한 사람이 십자가에 묶인 형상을 나타낸 것이라고 판단했다. 프레마르는 부베가 두 명의 작은 사람朩을 보편적 범죄자로 해석해 십자가 위에서 신을 발견하고 그를 식별해냈다고 말한다. 신 역시 똑같이 이 두 범죄자를 보았고 예수 그리스도는 이들 두 사람 사이의 십자가에 못 박혀 죽음을 맞이했다는 것이다.[86]

영적 사고와 성삼이 서로 만날 수 있도록 도우니 참으로 친절하기 그지없다. 그리고 이렇게 영성이 충만한 동방도(東方圖)를 보편 교회에 환원하면 반드시 그 독특한 공헌과 가치가 있을 것이라 믿어 의심치 않는다." 위의 책, 45쪽.

85   費賴之, 馮承鈞 譯, 앞의 책, 532쪽 참조.
86   Knud Lundbæk, *Joseph de Prémare (1666~1736), S. J. Chinese Philology and Figurism,*

여기 이 두 글자의 예를 보면 프레마르와 부베의 색은파 사상의 기본 생각들을 분명히 읽어낼 수 있다.

『중국 고서 속의 기독교 주요 교의적 흔적Selectae quaedam vestigia praecipiorum religionis christianae dogmatum ex antiques Sinarum livris eruta』이란 저작은 장장 685쪽에 달하는 수고이다.[87] 프레마르는 푸르몽에게 보내는 서신에서 다음과 같이 적고 있다.

나는 매우 긴 수고를 선생님께 보내며 내게는 부본剛本이 없습니다. 나는 이것을 전적으로 이미 해상 항행航行에 위탁했습니다. 이렇게 어려운 여건 속에서 일을 진행해야 하므로 부본을 남겨 놓기란 시간과 정력이 허락하지 않습니다. 이 수고를 선생님께 맡겨 보존하는 것이 내 수중에 있다가 사후에 좀벌레에게 손상되는 것보다 백배 나을 것입니다. 선생님께서 이 수고를 자료의 축적으로 받아들여 이에 기초해서 많은 의미 있는 글들을 쓰셨으면 좋겠습니다.[88]

이 수고는 모두 다섯 부분으로 나뉜다. 첫째 부분은 중국 경서에 대한 소개이고 둘째 부분은 중국 경서를 통해서 신과 삼위일체를 설명한 것이다. 그리고 셋째에서 다섯째 부분은 중국 경서를 통해서 '인류 타락 전의 세계', '인류 타락 후의 세계', '예수 그리스도 강림 후의 세계'를 설명했다. 룬트백은 이 수고에는 프레마르가 평생에 걸쳐 심혈을 기울여 쓴 "신학-

---

p.129.

87 費賴之, 馮承鈞 譯, 앞의 책, 532쪽 참조. 이 수고는 1724년 5월 21일 파리로 반송되어 반세기 뒤인 1874년에 파리에서 출판되었다.

88 Knud Lundbæk, *Joseph de Prémare (1666~1736), S. J. Chinese Philology and Figurism*, p.131. 룬트백은 실제로 프레마르가 최소한 이 수고의 일부 초본을 보유한 것으로 판단했다.

음운학의 종합 논문"이 포괄되어 있다고 전한다.

프레마르는 저작 초고의 첫째 부분에서 매우 신중하게 자신의 관점을 밝히고 있다. 이는 당시의 '전례논쟁'을 의식한 것이 분명하다. 그는 다음과 같이 말한다.

> 나는 '천'과 '상제'가 우리가 말하는 진정한 의미의 '신'이라고 말한 적이 없다. (…중략…) 나는 이 문제를 저들 학자들이 판정하도록 남겨 두고자 한다. 더욱이 전신부傳信部의 학자들이 중국인 자신들이 이 용어를 사용할 때 궁극적으로 어떠한 함의를 나타내는지를 판정할 필요가 있다고 생각한다. 내 개인의 관점으로 말하건대 만일 나의 관점을 대담하게 표명한다면 이 관점은 우리의 성교회가 환영하지 않는 말임을 안다.[89]

이 수고의 입각점은 중국 경서에 대한 이해이다. 프레마르의 기본 관점은 중국의 경서에는 기독교 신적神迹의 신성한 원본이 내포되어 있다는 데 있다. 프레마르는 다음과 같이 말한다.

> 『경經』세 권의 주제가 모두 성인과 성현에 관한 것일 가능성이 극히 높다. 이들 책에는 성인의 덕행, 지혜, 은혜, 기적, 성스런 법, 그의 통치와 영광이 기술되어 있다. 중국인에게는 이 기록들이 틀림없이 다소 모호하겠지만 우리가 볼 때 이 성인은 다름 아닌 예수 그리스도라는 사실을 분명히 알 수 있다. (…중략…) 이 관점은 정확할 것이다. 사람들이 내가 이 책에서 기술한 관련 논술을 읽고 심사숙고한다면 반드시 이 관점이 정확하다는 사실을 간파할 것이다.[90]

---

89   ibid., p.132.
90   ibid., p.133.

이제 프레마르가 중국의 경서를 통해서 기독교의 역사를 어떻게 해석했는지를 살펴보도록 하자. 먼저 『시경·대아大雅』의 "생민生民" 부분에는 다음과 같은 내용이 나온다.

厥初生民	그 처음 백성을 내신 분
時維姜嫄	바로 강원이시다
生民如何	백성을 어떻게 낳으셨을까
克禋克祀	정결히 제사를 지내시어
以弗無子	자식 없는 나쁜 징조 쫓아내시고
履帝武敏	상제의 발자국 엄지발가락을 밟고 마음 기뻐서
歆攸介攸止	그 자리 쉬어 머무셨도다
載震載夙	곧 아기 배어 삼가하시고
載生載育	아기 낳아 기르시어
時維后稷	이분이 바로 후직이시다

誕彌厥月	아기 낳으실 그 달이 차오고
先生如達	첫아기를 양처럼 쉽게 낳으시어
不坼不副	찢어지지도 터지지도 않으시고
無菑無害	재난도 폐해도 없으셨도다
以赫厥靈	그 영험함을 밝히시어
上帝不寧	상제께서는 크게 편안하시고
不康禋祀	정결한 제사에 크게 즐거워
居然生子	의연히 아들을 낳게 하시었도다

誕寘之隘巷	아기를 좁은 골목에 버렸으나
牛羊腓之	소와 양이 감싸주고
誕寘之平林	넓은 숲속에 버렸으나
會伐平林	때마침 넓은 숲에 나무를 베러 온 이가 거두어주었고
誕寘之寒冰	찬 얼음 위에 버렸으나
鳥覆翼之	새가 날개로 덮어주고 깔아주었다
鳥乃去矣	새가 날아가자
后稷呱矣	후직이 응애응애 울어
實覃實訏	울음소리가 실로 길고 커서
厥聲載路	그 소리가 길에까지 들렸다

이것은 주족周族 시조 후직后稷의 신비롭고 기이한 탄생, 그리고 그가 농업에서 이룩한 위대한 공헌과 지혜를 다룬 시편이다. 이것은 시에서 강원姜嫄이 지성껏 상천上天에 제사지내고 하느님의 발자국을 밟은 뒤에 연정을 품게 되자 신령이 그녀에게 복을 내려 그로부터 임신해 후직을 낳은 일을 기술한 것이다. 강원이 10개월 동안 임신해 아기를 낳을 때 포의胞衣의 파열도 해산의 위험도 없었음을 밝혀 그 신이함을 현시한 것이다. 하나님은 괴롭고 편안하지 않았으며 제사를 받아도 즐겁지 않았다. 그러나 정말로 사내아이를 낳게 해주었다. 강원이 아이를 작은 거리에 버렸지만 소와 양이 와서 감싸고 길러주었다. 그를 숲속에 버렸지만 나무꾼이 보호해주었다. 다시 몹시 추운 곳에 버렸을 때는 큰 새가 날개로 덮어서 추위를 막아주었다. 새가 나중에 날아가자 후직은 크게 울어 그 소리가 사방에 널리 퍼지게 했다. 이러한 내용은 중국 자체의 신화이자 시가로서 상고의 기억과 이상을 기록한 것이지만 프레마르는 이 속에서 기독교의 그

림자를 발견했던 것이다.

프레마르는 "우리는 이 모친과 아들의 이름에 주목할 필요가 있다. 모친의 이름은 '강嫄'이고 처녀인데 하나님의 감응을 받아 성스러운 아들을 낳았다. 그녀는 한 마리의 양이고 우리를 위해 한 마리의 양을 가져온 것이다. 그녀는 또한 '원嫄'이라고도 불리는데 처녀의 기원이 된다. 그녀의 아들은 버려졌다는 의미의 '기棄'로 불린다. 어쩌면 그는 아마 남에게 질책을 받고 버려진 사람인 것 같다"[91]라고 생각했다. 이렇게 프레마르는 강원이 아들을 낳은 일을 성령으로 잉태한 기독교 이야기와 결합시켰다. 상고시대 중국과 서양의 민족은 모두 각자의 신화를 가질뿐더러 일부 유사한 점도 발견된다. 그러나 프레마르의 생각은 견강부회가 심하다. 『신약』의 역사로부터 예수 그리스도가 대략 중국의 동한東漢 애제哀帝 연간에 태어났다고 추산해볼 때 이것은 주조周朝의 강원이 후직을 낳은 시기와는 대단히 큰 차이가 있기 때문이다.

『역경이해Notices Critiques pour entrer dans l'intelligence de l'Y King』라는 저작 앞 26쪽은 이 전체 『역경』에 대한 총서總序이고 그 뒤에는 또 두 개의 괘상卦象에 관한 서언을 적고 있다. 본문 107쪽, 앞 50쪽은 첫 번째 괘상을 자세히 소개했고 뒤이어 57쪽은 두 번째 괘상을 전문적으로 소개했다. 『역경』은 양효陽爻와 음효陰爻 양자로 구성되는데 프레마르는 이 음양 양효를 중요한 상징으로 여겼다. 그는 "때문에 이 체계의 시작 단계에서 구세주가 하느님의 부호임을 알 수 있다. 조금도 이상할 것 없이 이 부호는 이 책의 전체를 관통한다"[92]고 했다.

프레마르는 자신의 스승 부베로부터 『역경』에 대한 색은파의 기본 해

---

91   ibid., p.135.
92   ibid., p.137.

석을 배워 '역경주의자'가 되었다. 그는 『역경』에 관한 논문에서 『역경』은 세인들에게 성인의 형상을 펼쳐 보인 것으로 인식했다. 그는 다음과 같이 말했다.

우리는 성인의 재림을 바라고 있는데 3,000년 후에 성인은 장차 이 세상에 올 것이다. 그의 모친은 그를 낳을 때 여전히 처녀였다. 성인은 빈천한 신분이었기 때문에 세인들은 그를 알지 못했고 심지어 버리기까지 했다. 그가 도래한 뒤에 세상은 가장 완벽한 평화를 이룰 것이다. 다친 자는 치료받을 것이고 폭군은 황위에서 축출될 것이며 새로운 생활을 시작하도록 모든 사람들에게 호소할 것이다. 그는 큰 시련을 이겨내어 3년의 노력 끝에 마귀의 왕국을 쳐부술 것이다. 끝내는 자신의 생명을 바치지만 최후에는 재생할 것이다. 그리고 그가 제정한 규정은 영원히 세상에 전해질 것이다. 그는 평화의 군주이자 영광의 승자이다. 위대하면서도 미미하고 강건하면서도 약소하며 또한 겸손하면서도 고귀하다. 그는 군왕이면서 신민이고 하늘이면서 동시에 대지이고 남편이자 아내이다. 『역경』에 등장하는 이들 모든 상징성의 문구들은 그가 바로 '천주'임을 우리에게 말해주는 것이다.[93]

그런가 하면 프레마르는 제11괘 '태泰, '열다'라는 의미'와 제12괘 '비否, '닫다'라는 의미'를 자세히 연구했다. 그가 보기에 중국인들은 이 두 신성한 부호에 대해 여러 가지 견해를 가지고 있었지만 그들은 결코 그 속에 내포된 진정한 의미를 이해하지 못했다. 즉 세계는 아담의 원죄로 인해 파괴되었지만 성육신으로 인해 회복되었다는 것이다. 프레마르는 계속해서 비교적

---

93   ibid., pp.121~122.

간단명료하게 제7괘, 제23괘, 제47괘를 소개했다. 그가 생각하기에 이 괘들은 마치 충실한 하인예수 그리스도의 사적事跡과 죽음을 상징한 듯했다. 그 다음으로 주의 '위대한 영광'을 표현하는 제8괘, 제24괘, 제47괘 등 괘상을 소개했다. 마지막으로 제31괘와 제32괘를 논하면서 이 두 괘상은 부부의 형상으로 조물주를 상징한다고 했다.[94]

프레마르는 중국인이 『역경』의 신비를 이해하지 못했다고 인식했다. 『역경』은 "분명히 계시적 존재를 밝힌 것으로 이 문헌들의 내용은 신성한 신을 언급한 것이지 중국인이 터무니없이 만들어놓은 것이 아니다. 저작자들은 반드시 이들 부호가 함축하고 있는 의미를 이해했다. 다만 비관적인 사람만이 이 부호를 다소 임의성의 글로 보았을 뿐이다. 『역경』은 메시아Messiah와 관련된 구성이 치밀한 저작이다".[95]

여기서 기술한 프레마르의 이 세 권의 책에 관한 것은 룬트백의 연구를 인용한 것이다. 그러나 룬트백은 프레마르를 철저하게 연구했다고 볼 수 없다. 그의 소개는 지나치게 간단해 보인다. 이후 중국의 학자가 이 세 권의 수고를 입수해야만 진정한 의미의 연구가 이루어질 것으로 판단된다.

2) 『유교실의』

『유교실의』 역시 로마 바티칸도서관에 소장된 프레마르의 중요한 문헌이다.[96] 책의 표지 면封頁에 적힌 "遠生問, 醇儒答, 溫古子述원생이 묻고 순유가 답하며 온고자가 설명하다"라는 문구로 볼 때 이것은 프레마르의 작품임에 틀림없

---

94   ibid., p.122.

95   ibid..

96   梵蒂岡藏號: Borg Cinese 316 I 20 I. 뒷날 『天主教東傳文獻續編』 第二冊 中, 臺灣光啓出版社, 1966에 수록됨.

다.[97] 이 문헌의 주제와 구상은 당시 발생된 '전례논쟁'이라는 배경 속에서 파악해야만 더욱 분명해질 수 있다. 좀 더 실증이 필요하겠지만 '유교실의'에서와 같이 이렇게 유가儒家를 '유교'로 칭한 경우는 아마도 예수회의 전통에서 처음 있는 일일 것이다. 이러한 유가 칭호의 변화는 중국문화에 대한 프레마르의 견해와 입장이 전체적으로 바뀌었음을 의미한다. 아울러 이것은 당시 '전례논쟁'을 둘러싸고 전개된 각 교파와 예수회 내부의 여러 관점에 대한 하나의 응수라고 할 수 있다.

리치는 선유先儒, 원시유학(原始儒學)에 영합하고 후유後儒, 송유이학(宋儒理學)는 배제하는 '적응노선'을 취했다. 리치는 공자 이전의 원시유학을 종교화해 하느님에 대한 숭배와 기독교와의 일치성을 강조했다. 반면에 송유宋儒, 신유학에 대해서는 비판적인 입장을 견지해 후유는 원시유학의 종교성을 상실한 것으로 인식했다. 그는 기독교의 영향을 확대하고 유가 지식인을 끌어들여 입교시키기 위해 유가의 전통적인 전례의 색채를 희석시켜 조상과 공자에 제사하는 것은 결코 종교의식이 아니라 단지 풍속의례일 뿐이라고 주장했다. 그러나 파리외방전교회와 도미니코회는 유가는 종교이고 조상과 공자에 제사하는 것은 종교의식이지 절대로 풍속의례가 아니라고 주장했다.

이처럼 당시 파리외방전교회와 도미니코회에 대한 예수회의 논쟁은 주로 유가의 성질을 어떻게 볼 것인지에서부터 조상과 공자에 제사하는 구체적인 문제 등에 집중되어 있었다. 프레마르는 독창적으로 새로운 길을 모색해 유가는 단지 철학의 한 학파가 아니라 종교임을 분명히 했다. 유교는 파리외방전교회가 선전한 바와 같은, 즉 기독교와 완전히 대립되

---

97 이 문헌은 사본인지 혹은 원본인지 아직 확정할 수 없다. 아마도 푸케가 로마로 가져간 문헌으로 추측된다.

는 그러한 종교가 아니다. 종교로서의 유교는 다름 아닌 동방의 기독교이고 그것은 선교사들이 전파하는 기독교와 결코 다르지 않다는 것이다. 이러한 입장은 예수회 노선에 반대하는 파리외방전교회 등 교파와 첨예하게 대립하는 것임은 물론 예수회의 입장과도 다소 차이가 있었다. 프레마르는 이로부터 자신의 독특한 이론, 즉 그 자신이 창조한 다음과 같은 색은주의 사상의 이론을 전개했다.

첫째, 유교론이다. 프레마르는 『유교실의』 「개편開篇」에서 다음과 같이 말했다.

> 유교란 선성先聖과 후성後聖이 서로 전한 심법心法이다. 고대의 성왕은 그것을 '천天'으로부터 받아서 천을 대신해 기록하고 대훈大訓으로 삼아 사방에 널리 전하며 지극히 믿었다. 그리고 여러 백성들이 분명히 알아 선을 행하고 진리를 터득한 자에게 나아가 배우도록 했다. 『중용中庸』에 이르기를, 하늘이 명한 것을 성性이라 하고 성을 따르는 것을 도道라 하고 도를 닦는 것을 교敎라 했으니 이것은 유교의 큰 근원大原을 말한 것이다. 또 공자께서 이르기를, 대학의 도는 밝은 덕德을 밝히는 데 있으며 백성을 새롭게 하는 데 있으며 선에 머무르는 데 있다고 했으니 이것은 유교의 큰 강령大綱을 말한 것이다.[98]

그렇다면 종교로서 유교의 특징은 무엇인가? 하느님을 공경하는 것이다. 그러나 이 하느님에 대한 공경은 귀신, 성왕, 스승을 존경하는 것과 결

---

98 "儒敎者, 先聖後聖相授之心法者也. 古之聖王得之于天, 代天筆之于書, 以爲大訓, 敷之四方, 以爲極信. 使厥庶民明知爲善, 有道而學焉. 中庸曰, 天命之謂性, 率性之謂道, 修道之謂敎. 言儒敎之大原也. 孔子曰, 大學之道, 在明明德, 在親民, 在止于善. 言儒敎之大綱也." 馬若瑟, 「儒敎實義」, 『天主敎東傳文獻續編』 第2冊, 臺灣光啓出版社, 1966, 1335쪽.

코 모순되지 않고 단지 "조심해서 밝게 섬기되 오직 한 분의 상주만이 존귀하다고 여길小心昭事, 以爲獨尊, 一位上主" 뿐이었다. 하느님이 가장 중요하고 다른 것들은 그 다음에 위치한다. 프레마르는 하느님에 대한 신앙과 동양사회 제도 간의 충돌을 교묘하게 피하고 있다. 프레마르의 논술로 볼 때 그가 단지 무거운 것은 피하고 쉬운 방법을 택해 종교 이해상 중국과 서양의 차이를 조화시키는 데만 역점을 두었다거나 혹은 이론상 그의 색은파 이론을 거칠게 전개한 것만은 아니었다. 프레마르는 이 유교론을 전개할 때 문제를 회피하지 않고 적극적으로 문제에 답하는 매우 강한 공격성이 있었다. 아울러 논술할 때도 매우 강한 이론적 색채를 표출했을 뿐만 아니라 자신의 입장을 드러내지 않고서도 색은파의 주요 대표자로서의 이론 수준과 중국문화에 대한 능숙함을 충분히 과시했다.

만일 유가를 종교로 본다면 피할 수 없는 두 가지 문제가 수반된다. 그것은 유가에서 말하는 '천'과 송유宋儒에서 말하는 '리理'를 어떻게 처리할 것인가의 문제이다. 프레마르는 이 두 문제를 어떻게 해결했을까?

전자로 볼 때 『논어』에서 공자의 '천' 개념은 분명치가 않다.

천이 무슨 말을 하는가! 사시가 운행되고 온갖 만물이 생장하지만 천이 무슨 말을 하는가![99]

여기서의 천은 '자연의 천'을 가리킨다.

천을 원망하지 않고 사람을 탓하지 않으며 아래로 배워서 위로 통달하니 나를 아는 이는 천일 것이다![100]

여기서의 천은 '주재의 천'을 말한다. 공자는 천의 개념에 대해서 "그대로 둘뿐 시비를 따지지 않는다存而不論"라는 태도를 취했기 때문에 이중의 함의를 동시에 갖는다고 할 것이다. 펑유란馮友蘭, 1895~1990은 나중에 공자에게는 '자연의 천Nature'과 '천당의 천Heaven'이 존재한다고 했는데 핵심을 찌른 견해이다.

프레마르의 방법은 공자가 말한 '천'의 두 함의 중 첫 번째 의미를 제거함으로써 공자가 논한 '천'의 이중적 함의를 단층적 함의, 즉 '천당의 천', '주재의 천'으로 전환시키고자 했다. 프레마르는 책에서 다음과 같이 밝히고 있다.

> 천이라는 글자의 본뜻은 '일一'과 '대大'를 취한 것이다. '대'라는 글자를 취해 천으로 삼되 지극히 유일해 둘이 아니고 지극히 커서 절대적인 것이 천이다. 창궁蒼穹의 천은 형체가 있는 구체적인形而下 '기器'일 뿐이다. 따라서 도수度數가 있기 때문에 '유일하다一'고 할 수 없고 한계가 있기 때문에 '크다大'고 할 수 없다. 일과 대가 아니면 실로 천이라는 글자의 본뜻을 다 표현할 수 없다.[101]

이러한 '자연의 천'과 '주재의 천'은 하느님과 어떤 관계가 있을까? 프레마르는 "유형有形의 천은 신천神天의 드러난 형태이고 상제의 영궁榮宮은 주재의 분명한 증험일 따름이다"[102]라고 했다. 이렇게 공자에게서 발견되

99 "天何言哉! 四時行焉, 百物生焉, 天何言哉!"『論語』,「陽貨」.
100 "不怨天, 不尤人, 下學而上達. 知我者其天乎!"『論語』,「憲問」.
101 "天字本義, 從一從大. 從大爲天, 至一而不貳, 至大而無對者天也. 蒼穹之天形而下之器耳, 有度數焉, 故不足爲一, 有界限焉, 故不足以爲大. 非一, 非大, 實不盡天字本義." 馬若瑟, 앞의 책, 1336~1337쪽.
102 "有形之天者, 乃神天之顯象, 上帝之榮宮, 主宰之明驗而已." 위의 책.

는 모호한 '천'의 개념을 분명하게 하여 '신천'인 하느님의 개념으로 '자연의 천', 즉 그가 말하는 '유형의 천'을 대체하고자 했다. 이러한 논쟁 방법은 매우 교묘한 듯 보인다. 프레마르는 공자 학설 중 문제의 소재를 포착해 그 분명치 않은 부분을 자신의 관점으로 처리한 것이다.

프레마르는 '리'의 개념에 관해서 하느님을 '리'로 간주하는 것은 분명히 옳지 못하다고 말한다. 그는 주자朱子가 말한 "리란 단지 깨끗하고 텅빈 세계여서 형태나 흔적이 없으며 조작할 수 없다"[103]라는 말을 인용해 다음과 같이 인식한다.

이로 보건대 하늘, 땅, 사람, 사물은 각기 마땅히 그렇게 되어야만 하는 당위의 법칙을 가지지만 이른바 리가 반드시 그것을 조작할 수 없음을 알 수 있다. 오직 황상제皇上帝만이 만물의 근본이자 만리萬理의 본원이므로 확실히 그것을 창조할 수 있다.[104]

이어서 고대의 경서를 대량으로 인용해 하느님 개념의 존재를 설명함으로써 송유가 말하는 하느님은 고서에 없을 뿐더러 관점도 맞지 않다고 했다.

이러한 반박은 매우 설득력이 있다. 주희朱熹의 입장에서 보면 '리'는 확실히 조작함이 없고 절대적 존재여서 천지에 앞서 존재한다. 그는 말하기를 "만약 리가 없다면 또한 천지도 없으며 사람이나 사물도 존재하지 않아 아무것도 싣지 못했을 것이다"[105]라고 했다. 또한 '리'와 만물의 관계

---

103 "理則只是個淨潔空闊的世界, 無形迹, 他却不會造作."『朱子語類』卷一,「理氣上」.
104 "觀此可知, 天地人物, 雖各有當然之則, 所謂理, 而斯理必不能造之. 惟皇上帝, 萬物之本, 萬理之原, 爲能造成之確矣." 馬若瑟, 앞의 책, 1338쪽.

를 해결할 때도 "기氣가 없다면 리 역시도 실려 있을 곳이 없다"[106]라고 해 '기'의 도움을 빌린다. 이처럼 주희는 리일원론理一元論에서 리기이원론理氣二元論으로 동요되는 모습을 보인다. 프레마르는 이 점에 착안해 창조론의 각도에서 '리' 개념의 한계를 공격했다. 동시에 선진先秦의 고서에서 근거를 찾아내어 자신의 관점을 논증하고자 했다.

프레마르가 전적으로 색은주의적 관점에서 자신의 이론을 전개했지만 유교론을 전개할 때는 유가의 약점을 공격하는 방법을 취했다. 그는 공자의 '천' 개념의 이중성에 착안해 자연의 천을 주재의 천으로 바꾸었고, 또한 주희의 '리' 개념에 만물 창조 능력이 결여되어 있음을 포착해 '리'의 지위를 창조의 권능을 가진 하나님 아래에 두었다. 이것은 유가 경전과 유가 이론에 대한 프레마르의 깊은 이해를 설명해주는 것이다. 나아가 색은파의 학문과 사상의 공력功力을 보여주는 것이기도 하다.

둘째는 전례론이다. 만일 유가를 교로 본다면 유가의 전례 문제, 즉 하나님을 신봉하는 유가를 천지, 임금, 어버이, 스승을 숭배하는 유가의 전통적 전례와 어떻게 조화시킬 것인가 하는 것은 프레마르가 해결해야 할 중대한 문제였다. 그는 이들 문제를 처리하는 데도 매우 능숙한 모습을 보여준다.

프레마르는 귀신을 어떻게 이해할 것인가에 대한 질문을 받자 침착하게 "하느님상제께서 창조한 여러 신들이 무수히 많으니 그 호령號令을 전하고 만방萬方을 수호하는 것을 모두 귀신이라 일컫는다. 『서경』에는 '산천에 망望 제사를 지내고 여러 신에게 두루 제사했다'고 했다"[107]라 대답한다. 이 대답으로 볼 때 그는 중국의 귀신관을 전적으로 찬동하지는 않았

---

105 "若無此理, 便亦無天地, 無人無物, 都該載了." 『朱子語類』 卷一, 「理氣上」.
106 "無是氣則是理亦無掛搭處." 위의 책.

다. 하느님을 존경하는지의 여부에 따라 선신善神과 악신惡神을 구별하고 천신天神과 지옥 개념을 제기해 기독교의 귀신관과 결합시켰다. 이러한 기준이 성립됨으로써 귀신을 제사하는 문제를 판별할 수 있는 척도가 생긴 셈이다. 만일 "귀신에게 제사를 지내는 데 스스로 우쭐거리거나 스스로 능하고 스스로 영험하다고 생각하면 귀신이 하느님과 맞서게 되니 황천皇天에서 응보가 있을 것이다. 음제淫祭는 예가 아니니 절대로 해서는 안된다. 귀신에게 제사를 지내는 목적은 그 은혜에 감사하고 그 보호를 바라며 하느님의 조정에 명을 받아 자신을 지키고 구원하며 자신의 소임을 이끌어주도록 하는 데 있다".[108]

프레마르는 이러한 방법을 취해 전체 중국 유가의 윤리와 전례에 자신의 이해를 투사시켜 신민이 임금을 섬기고 존경할 수 있도록 했다. 왜냐하면 임금은 인간 세상에서 하느님의 대변자이기 때문이다.

신이 임금을 공경하지 않으면 어찌 하늘을 공경할 수 있겠는가? 때문에 신하가 신하답지 못하면 하느님의 죄인인 것이다.臣不敬君, 焉能敬天. 故臣不臣, 上帝之罪人也

같은 이치로 효孝는 수신修身, 제가齊家, 치국治國, 평천하平天下의 근본이다. 사람으로서 천에 대한 도리가 경敬이고, 신하로서 임금에 대한 도리가 충忠이고, 자식으로서 어버이에 대한 도리가 효이다. 이것이 모두 도리인 것이다. 이와 같은 기본적인 이해가 있다면 사람이 죽으면 예로써 장사를

---

107 "上帝所造, 列神無數, 以傳其號令, 以守護萬方, 皆謂之鬼神. 『書』曰, 望于山川, 偏于群神." 馬若瑟, 앞의 책, 1351쪽.
108 "祭鬼神以爲自尊, 自能, 自靈, 則鬼神與上帝抗, 而皇天有對矣. 淫祭非禮, 萬不可也. 使祭鬼神以謝其恩, 而求其庇, 知其受命于帝廷, 而護我, 救我, 引導我爲其任." 위의 책, 1354쪽.

지내야 한다. 이를 두고 "돌아가신 조상 섬기기를 산 사람같이 해야 하고 그렇지 않으면 예가 아니다事死如事生禮也, 不若是非禮也"라고 한 것이다. 기독교를 신봉하는 자 역시 이와 동일하게 집에서 위패를 모시고 조상에 제사한다. 다만 하느님·귀신·선조에 제사하는 등급에 차이가 있을 뿐 모두 대동소이大同小異하다.

여기서 프레마르가 중국의 전례문제에 대해 매우 융통성 있게 대처하고 있다는 사실을 간파할 수 있다. 동시에 그는 이렇게 해야만 이론상 보다 원융회통할 뿐더러 신학상 더 잘 조화될 수 있다고 판단했다. 리치는 공자 제사나 조상 제사 등 전례를 비종교화해 중국인의 풍속으로 규정하는 방법을 취했다. 그러나 이러한 방식은 파리외방전교회에 공격의 빌미를 제공했으며 당시 전례논쟁 중에도 마찬가지였다. 그러나 프레마르는 중국의 전례를 유교의 합리적 부분으로 받아들여 모든 전례들을 하느님의 신앙과 천의 경모 아래 정초시켰다. 프레마르는 이론상 리치보다 확실히 더 주도면밀했다. 이 점은 다음 두 가지로 정리할 수 있다.

첫째, 프레마르는 상고 신앙과 당대 신앙의 관계를 리치보다 더 잘 해결했다. 리치는 원시유가로 되돌아가는 방법을 취해 유가와의 관계, 즉 기독교와 유가의 일치성을 설명하고자 했다. 그러나 당대 유가와의 관계 규정, 즉 송유를 비판하는 리치의 방법은 분명히 기독교와 유교의 긴장 관계를 초래했다. 그러나 프레마르는 근본적으로 유가를 '가家'에서 '교敎'로 바꿈으로써 상고의 원시유가를 긍정함과 동시에 송유 또한 긍정해 역사와 현실을 더 이상 분리되지 않게 했다. 프레마르는 『유교실의』에서 송유에 대해 다소 비판적이기는 했지만 전체적으로는 긍정적인 태도를 견지했다.

둘째, 프레마르는 리치보다 종교 본체와 종교 윤리의 관계를 더 잘 해결했다. 리치는 자신의 선교노선에 대한 다른 교파의 비판을 방어하기 위해 중국의 풍속과 전례를 종교 윤리로부터 배제시켰다. 그러나 이 방식은 입교한 신도들에게 종교 본체의 신앙과 윤리 생활의 안배를 분리시키는 결과를 초래해 적에게 쉽게 약점으로 노출되었다. 예수회의 선교사들 역시 신도들에게 하느님을 섬기는 신앙과 공자나 조상을 제사하는 의식의 관계를 설명하는 데 상당한 어려움을 겪었다. 프레마르의 방법은 보다 더 철저했다. 신앙생활과 윤리생활을 통일해 설명하면서 양자 간의 관계를 지적했다. 이러한 설명은 확실히 교도들을 더 만족시켜 주었고 반대자들에게도 이론적 틈을 주지 않았다.

이처럼 프레마르, 부베, 푸케 등을 대표로 하는 색은파는 사실 리치의 적응노선을 좀 더 발전시킨 형태이자 보다 융화된 적응 이론으로 파악하는 것이 합당하다. 더욱이 색은주의 사상을 황당무계한 이론 내지는 상이한 문화 간의 괴이한 설명으로 치부해서는 안 될 것이다. 이것이 바로 편역자가 현재 절대다수 연구자들의 관점에 동의하지 않는 부분이다. 기왕의 연구들은 모두 색은파가 실제로 예수회 내부에서 중국의 문화와 전적에 가장 정통한 부류이고 이론상의 창조성 역시 가장 대담하다는 사실을 이해하지 못하고 있다. 색은파는 이론 체계상 분명히 리치를 대표로 하는 첫 번째 예수회원들의 이론보다 더 정합적이었다.

프레마르는『유교실의』에서 자신의 기독교적 입장을 애써 숨기고 이론 설명을 그 선배와 동료보다 탁월하게 전개했다. 이렇게 한 자신의 목적을 푸르몽에게 보낸 서신에서 다음과 같이 분명히 밝히고 있다.

내가 이러한 각종 소증疏證이나 그 외의 모든 저술을 짓는 것은 전 세계의 사람들이 다 알게 하는 데 목적이 있다. 기독교의 나머지 세계도 마찬가지로 오래되었으니 중국에서 상형문자를 창조하고 경서를 편집한 사람은 필시 천주가 존재한다는 사실을 일찍부터 알았을 것이다. 내가 30년 동안 온 힘을 쏟은 것은 전부 여기에 있을 따름이다.[109]

이 점은 프레마르가 유럽인에게 보낸 『중용』 번역문에서도 분명히 드러난다. 아래 두 번역문은 독일 한학자 마이클 래크너Michel Lackner가 라틴어를 영어로 번역한 것이다. 그 한문 원문과 중역한 영문을 서로 대조해 보면 문제를 간파할 수 있을 것이다.

① 『중용』 제27장의 번역문

大哉, 聖人之道! 洋洋乎發育萬物, 峻極于天. 優優大哉! 禮儀三百, 威儀三千, 待其人而後行.

위대하구나. 성인의 도여! 왕성하게 만물을 발육해 높음이 천에 닿았다. 넉넉히 크도다! 삼백 가지 예의와 삼천 가지 위의가 그 사람훌륭한 사람을 기다린 뒤에 행해진다.

Oh! how exalted is the path of the Saint, how vast and sublime is his teaching! When you consider his immensity, he nourishes and preserves everything; when you realize his height, he extends to the sky, but one has to wait for this man so that his divine teaching can reign everywhere.

② 『역경·비괘否卦』 구오九五 효사爻辭의 번역문

休否. 大人吉. 其亡其亡. 繫于苞桑.

---

109 "余作此種種疏證及其他一切撰述之目的, 卽在使全世界人咸知, 基督教余世界同樣古老, 中國創造象形文字和編輯經書之人, 必已早知有天主. 余三十年所盡力盡在此耳." 費賴之, 馮承鈞 譯, 앞의 책, 527쪽.

막힘을 그치게 하니 대인이 길하며 망할까 망할까 염려스러워 튼튼한 뽕나무에 묶어둔다.

The evil is extinguished.

The Great man has brought about good fortune. Alas! He perished! He has perished! He has been hung from a tree![110]

이 두 번역문을 보면 '성인'과 '대인'을 각각 'The Saint'와 'Great Man'으로 번역했는데 이것은 확실히 예수 그리스도를 지칭한 말이다. 그밖에도 기독교의 사상에 근거해 원문의 함의를 바꾸는 등 비교적 자유롭게 번역하고 있다.[111]

5. 프레마르 색은주의 사상의 반향과 평가

이상으로 조세프 프레마르의 저작을 분석함으로써 그의 이론 방향을 기본적으로 이해할 수 있었다. 또한 예수회 재화 선교의 적응노선이라는 역사적 배경 아래서 프레마르의 이론 창조를 인정할 수 있었다. 그러나 실제로 이론상 프레마르의 문제는 그 이론 창조보다 훨씬 크다. 근본적으로 보면 색은파가 이룩한 동서양의 문화를 조화시키려는 노력은 필연적으로 중국문화와 기독교문화로부터 초래되는 이중적 질의와 압력에 봉

---

110 Michel Lackner, Jesuit Figurism, Thomas H. C. Lee, ed., *China and Europe: Image and Influences in Sixteenth to Eighteenth Centuries*, pp.139~141.

111 劉耘華, 『詮釋的圓環－明末清初傳敎士對儒家經典的解釋及其本土回應』, 北京大學出版社, 2005, 278~280쪽 참조. 여기서 저자는 프레마르의 번역에 대해서 매우 심도 있게 설명하고 있다.

착할 수밖에 없었다. 아울러 그것은 자신의 이론상에서도 이중의 곤경을 겪는다.

먼저 기독교의 입장에서 보면 천주교의 신앙은 "천주, 아버지, 자식, 성신聖神 외에는 다른 신을 믿어서는 안 된다".[112] 예컨대 『사도신경』에서 "나는 하나님 아버지의 유일하신 아들, 우리 주 예수 그리스도를 믿습니다"라고 말한 바와 같다. 그러므로 프레마르가 중국의 여러 신들과 공자를 제사할 수 있다고 주장했을 때 교리상 본래 모습의 신앙과 충돌할 수밖에 없었다. 바로 이 때문에 예수회에 반대했던 교파, 즉 당시의 푸젠福建 주교 매그로는 "선교사는 어떠한 상황에서도 1년 중 관례에 따라 공자와 조상에 제사하는 몇 차례의 성대한 의식을 기독교도가 주관한다거나 혹은 여기에 참여하는 것을 허락해서는 안 된다. 우리는 이러한 공제供祭가 미신적 성향이 농후함을 선포한다"고 했다. 그런가 하면 "어떤 선교사들은 그들이 복음을 전파하는 곳에서 집에 선조의 위패를 모시는 것을 없애려고 노력하는데 우리는 이들 선교사들의 행동을 높이 평가하며 그들이 계속 추진해나가기를 독려한다"[113]고 했다. 프레마르 역시 중국 신도의 다신 신앙을 어떻게 처리할 것인가의 문제에 직면했다. 그는 유가를 '유교'로 바꾸는 것으로 해결점을 찾고자 했다. 그가 비록 많은 신들을 천주 아래에 두기는 했지만 이론상의 모순은 분명히 드러났다. 프랑스의 한학자 자크 제르네Jacques Gernet, 1921~2018는 신앙의 성질상 유가문화와 기독교문화는 부조화성이 존재한다고 생각했다. 그는 이 일련의 반기독교적

---

112 天主教教務協進會, 『天主教教理』, 天主教教務協進會出版社, 1996, 48쪽.
113 蘇爾·諾爾 編, 沈保義 外譯, 『中國禮儀之爭一西文文獻一百篇(1645~1941)』, 上海古籍出版社, 2001, 16쪽; 李天綱, 『中國禮儀之爭一歷史·文獻和意義』, 上海古籍出版社, 1998 참고.

문헌을 통해서 이 점을 증명했다.[114]

이와 같은 프레마르의 색은주의적 해석은 당시 교회의 비판을 받기도 했다. 프레마르의 이 해석과 관련해서 로마 선교부에 이미 몇 차례 고발 건이 있었다. 1727년 10월 18일, 예수회 회장은 명령을 받고 즉시 프레마르를 중국으로부터 소환한 바 있었다. 그러나 1728년 2월에 선교부는 그의 재능을 참작해 1727년 12월 5일의 요청에 따라 가벼운 처벌을 허락했다. 또한 중국전례를 찬성하는 글을 지어 선서를 부인한 것으로부터 스스로 지은 글을 확정해 선교부에 공개적으로 부인한 것까지를 가정해보면 1736년 10월 5일에 재차 소환하는 명령을 내렸지만 프레마르는 이미 죽고 이 세상에 없었다.[115] 이로 볼 때 전신부傳信部는 프레마르를 자주 못마땅하게 여겼고 결국 교파 내의 이색분자로 몰아 두 차례에 걸쳐서 유럽 소환 명령을 내린 사실을 알 수 있다. 이것은 프레마르가 자신의 입장을 줄곧 견지했고 그의 생각이 계속적으로 로마 측과 충돌했음을 말해준다.

크누트 룬트백의 책은 프레마르의 색은주의적 입장이 유럽에서 일으킨 논쟁과 프레마르가 회답한 귀중한 문헌들을 제공해준다.

1721년 광둥廣東에서, 프레마르는 한 논문집 속에서 한편의 글을 발견했다. 이 글은 멜키오르 달라 브리가Melchior dalla Briga라고 불리는 이탈리아의 예수회원에 관한 것이었다. 이 예수회원은 상형문자를 해독해 고대 이집트인들이 이미 성삼위일체를 알고 있었다고 발표했다. 프레마르는 그에게 편지를 썼다.

프레마르는 자신의 색은주의적 관점을 소개하기 위해 브리가의 번역문에 맞춰 「중국의 서적과 문자에 관한 논고―이시스 여신의 주석자 브

---

114 謝和耐, 『中國和基督敎』, 上海古籍出版社, 1991 참고.
115 費賴之, 馮承鈞 譯, 앞의 책, 527쪽.

리가에게 보낸 편지에서 발췌*Dissertation sur les lettres et livres de Chine, tirée d'une lettre au R. P.de Briga, Interprète de la bande d'Isis*」라는 제목의 글을 지었다. 그는 이 편지를 푸르몽에게 보냈다.

프레마르는 1728년에 푸르몽에게 보내는 편지 가운데 아베 루이요Abbé Rouillot라고 불리는 배편 유럽행 선교사가 쓴 원고를 부쳤다. 그 내용은 "브리가 신부에게 보내는 논문"에 관한 것이었다. 루이요는 프레마르의 글을 받은 뒤 스스로 평론과 주석을 달아 발표했다.

문제는 이 글에서 발생했다. 루이요는 프레마르의 "브리가 신부에게 보내는 논문"에 주석을 가하면서 그중 많은 부분을 생략하거나 왜곡했을 뿐만 아니라 위아래 문장의 설명을 단절시켰다. 그는 이 초록 원고에 대해 허황되고 무의미하다고 매우 저평가했다. 예를 들면 글에서 프레마르의 관점을 인용해, 즉 중국 고서를 읽는 것이 중국인을 예수 그리스도에게 귀의시키는 가장 빠르고 가장 신뢰할 만한 방법이라고 했을 때 루이요는 여기서 "이와 같다면 복음, 신조를 선전할 필요가 없다"[116]고 논평했다.

프레마르는 자신의 논문에 대한 루이요의 평어가 로마에서 부정적으로 작용할 것임을 알았다. 루이요는 초록에서 프레마르가 전례논쟁에 관해 반포한 교황의 규정을 어겼다고 여러 차례 비난했기 때문이다. 프레마르는 날카롭게 맞서 다음과 같이 논변했다.

이 발췌본저자의 이름이 명시되지 않았다은 1727년에 파리에서 나온 것이다. 내가 아는 바로는 그것이 이 논문을 루이요와 토론하려고 한 사람의 손에서 나왔고 루이요는 1725년에 광둥에서 나의 글을 읽었다. (…중략…) 이 발췌본의 내용에 응

---

116 Knud Lundbæk, *Joseph de Prémare (1666~1736), S. J. Chinese Philology and Figurism*, pp.119~123.

대하고 나에 대한 공격을 해명하기 위해 나는 내 수중에 있는 이 논문의 전문을 로마와 파리로 보내고자 한다. (…중략…) 이것이 내가 현재 추진하고 있는 일이고 이 작품과 함께 중국 고서에 관한 또 다른 나의 저작을 로마 교황청에 보내 성교회의 판단을 기다리고자 한다. 나는 차라리 나의 명예 혹은 생명을 희생할지언정 고서에 대한 나의 견해를 철회하고 싶지 않다. 그럼에도 불구하고 나 자신은 이 일에 대해서 결코 어떠한 판단도 하지 않을 작정이다. 나는 이 발췌본에 관해 아직 조금도 의견을 발표한 바가 없기 때문에 그 가운데 설명이 필요한 부분만을 최대한도로 간단명료하게 해명할 것이다.[117]

프레마르는 로마 측의 질책을 피하기 위해 서신에서 다음과 같이 적고 있다.

우리는 무슨 끔직한 죄행 때문에 비난을 받는 것일까? 우리는 정말로 우리 성교회에 무례를 범한 것일까? 만약 이러한 지탄들이 종교 재판소에 회부된다면 결과는 어떻게 될까? 이것은 나와 상관없는 일이고 나는 무명일 뿐이다. 내가 만약 잘못을 범했다면 오로지 시정되기를 바랄 따름이다. 그러나 반대로 나를 위협하는 소문들이 거짓으로 밝혀진다면 그러한 헛소문을 퍼뜨린 사람들에게 그 입을 다물 것을 삼가 요구한다.

나는 여기에 직접 서명한다. 1730년 10월 29일, 광동.

예수회원 조세프 프레마르는 중국에서 이미 30여 년 동안 선교에 몸담고 있다.[118]

프레마르는 또한 극대한 융통성을 발휘해 교회가 자신을 중국에서 소

환하는 것을 방지했다. 그는 말하기를,

내가 말하고 싶은 것은 명확하게 중국전례에 관해 관용을 표시하는 글을 씀으로써 새로운 논쟁을 일으킨 일이다. 나는 무엇보다도 나 자신의 잘못을 검토하고 싶었다. 그러나 나의 논문에서 나는 어떠한 세부적인 문제도 언급하지 않았다. 사람들이 나를 질책할 수 있는 유일한 부분은 바로 내가 한 친구에게 쓴 개인적인 편지에서 이 편지는 결코 전례논쟁에 관한 것이 아니다 과거에 그렇게 생각하지도 않았고 현재에도 믿지 않는 이미 교황에 의해 금지된 관점을 표현한 것일 것이다. 만일 내가 틀렸다면 이러한 규정에 관한 더 많은 정보들을 얻을 수 있기를 바랄 뿐이다.[119]

프레마르는 본래 중국에서 소환되었지만 이번은 피할 수 있었다. 룬트백은 로마국가도서관에서 "프레마르 신부에게 내린 『역경』에 관한 그 자신의 견해를 철회하라는 명령을 취소할 것을 건의한다"라는 제목의 서명이 없는 문건을 발견했다. 이것은 프레마르를 변호하기 위한 글이다. 이 문건의 첫머리에 다음과 같은 기록이 있다.

프레마르 신부의 전체적 체계 속에는 중국 고서에 삼위일체의 신비한 계시와 성육신의 이론 관점이 담겨 있다는 믿음이 함유되어 있다. 우리는 그의 중국 동료들이 그가 과거 30년 동안 이 관점을 줄곧 견지해온 사실을 안다. 뿐더러 그들 중 많은 사람들은 중국 문헌을 모두 잘 이해했고 중국 문헌 속 많은 표

---

117 ibid., p.124.
118 ibid., p.119.
119 ibid., pp.123~125.

현들이 매우 괴이하다고 여겼다. 그와 관련된 토론 문제는 이 책에 관한 프레마르의 관점인지 아닌지가 그 초점이 아니다. 그것은 다만 이들 관점을 받아들일 것인가의 여부, 또한 이 기초 위에서 그가 자신의 관점을 철회할지 아닐지의 문제인 것이다.

이 문제를 결정하기 위해서는 우리는 무엇보다도 먼저 프레마르가 견지한 이들 관점이 성교 교의에 위배되는지, 교회의 전통과 충돌하는지, 교부들의 일반적인 관점에 저촉되는지, 신학자들이 수용한 기본 원칙을 위반했는지, 교회의 규정을 어겼는지 등의 여부를 살펴보아야 할 것이다. 마지막으로 우리는 또한 이들 관점이 신도들의 귀를 오염되지 않도록 보증할 수 있는지, 신도들이 이 논점들을 올바르다고 믿게 할 수 있는지, 신도들이 신앙에 어긋나는 죄악을 범하거나 혹은 옳지 않은 일을 행하도록 유인할지 등의 여부를 조사할 필요가 있다. 요컨대 이 논점들의 순결성을 정밀하게 관찰해보아야 한다.[120]

이 문건의 지은이는 예증을 통해 프레마르의 체계는 1714년의 교황 법규 가운데 "하느님으로부터 유래한다"와 서로 모순된 관점이 없다고 설명하고 다음과 같은 결론에 이른다.

만약 소문과 같다면 전신부는 프레마르 신부의 관점이 사람들에게 알려지는 것을 원치 않았을 것이다. 설사 학자들 간의 토론조차도 안 될 것이다. 이렇게 전신부는 프레마르가 자신의 관점을 쓰거나 발표하는 것을 원천적으로 차단하는 명령을 내릴 수 있었다. 뿐만 아니라 그들은 프레마르가 명령에 복종함은 물론 그와 그의 동료들이 중국 관할의 상급 명령을 즉각 이행할 것으로 확

---

120   ibid., p.125.

신했기 때문에 이 일에 관한 그들의 관점을 어떠한 사람에게도 설명하지 않았다. 여기서 우리는 이러한 명령이 실행되었을 때 어떠한 어려움이 발생되는지에 관해 전신부에 설명할 필요가 있다. 우리는 여기서 논술한 것 역시 사실이며 위에서 서술한 관점과 마찬가지로 별 어려움 없이 증명할 수 있다. 문제는 『역경』에 속죄에 관한 사항이 포함되어 있는지의 여부이다. 중국문화에 대한 이해가 깊은 프레마르 신부에게서 이 문제는 자명한 사실로 여겨졌다.

(…중략…)

프레마르 신부에게는 단지 두 가지 선택뿐이다. 본의와 다르게 그가 지금까지 옳다고 생각한 관점을 뒤엎고 전신부의 불만을 피하든지, 아니면 전신부의 지시를 거부하고 거짓 없이 소신대로 행동하는 것이다. 이것이 바로 프레마르 신부가 자신의 글에서 표현한 관점을 철회하라고 명령을 받았을 때 전신부에 재차 이 명령을 적절하게 재검토해줄 것을 요청한 이유이다. 진퇴양난에 있는 프레마르 신부는 취소할 필요가 없다.[121]

서명이 없기 때문에 정확히 누구의 저작인지는 알 수 없다. 룬트백은 이 문헌의 지은이는 예수회에서 비교적 높은 직위를 가진 사람으로 예수회 총회에 소속된 성원 중의 한 인물일 가능성이 높다고 판단했다. 여하튼 프레마르는 소환 위기를 넘기고 중국에 계속 머물 수 있었다.

오늘날로 볼 때 조아셍 부베, 장 프랑수아 푸케, 프레마르를 대표로 하는 색은파는 전례논쟁 중에 새로운 길을 개척하는 데도 성공하지 못했고 그들의 이론 노력은 최후에는 예수회 내부의 힘에 의해 철저히 억압당해 세 사람의 수고는 모두 문서국에 묻히고 말았다. 비록 그렇기는 하지만

---

121 ibid., p.126.

오늘날 중국문화가 기독교문화와 전면적으로 다시 만나면서 기독교가 머지않아 중국에 재진입하는 시대를 맞이하고 있다. 그러니만큼 바티칸 도서관, 파리의 프랑스국가도서관을 다시 방문해서 문헌 위의 먼지를 털어내고 몇백 년 동안 거의 읽히지 않은 문헌을 펼쳐보면 아마도 마음속에 격정이 타올라 색은파가 그렇게도 고수했던 노력에 감동받을 것이다. 이것은 동서양의 문화가 최초로 조우해서 기독교 측이 중국문화에 적응하기 위해 실행한 가장 진지하고 가장 엄숙한 노력으로 확실히 한 차례의 가장 비장했던 이론적 실험임에 틀림없다.

그 다음으로 중국문화 측면에서 보면 부베, 프레마르 등 색은파의 작품들은 여태껏 중국에서 발표된 바가 없었기 때문에 색은주의 이론에 대한 중국 사대부나 기독교를 믿는 문인의 평가는 아직까지 발견되지 않은 상황이다. 그러나 이론적으로 말하자면 중국 고대문화를 기독교문화의 근원으로 보고 이를 근거로 유가가 바로 기독교라고 단정함으로써 '유교'로 일컫는 등 이 같은 프레마르의 결론에 대해서는 지금은 아마도 어느 누구도 찬동하지 않을 것이다. 중국문화의 발생과 기독교는 어떠한 관계도 없으며 문화의 근원으로 말하자면 이 양자는 각자 독립적으로 발전해온 문화체계이다. 두 문화의 조우는 중국 당조唐朝 경교景敎가 중국에 들어온 데서부터 시작한다.[122]

여전히 우리의 주목을 끄는 것은 2001년 학계에서 유가가 철학인지 아니면 종교인지에 대한 대토론이 벌어진 일이다. 이것은 프레마르의 『유교실의』가 색은파 최초의 역사와 이론으로부터 유가는 종교라는 관점을 논증한 것으로 여기게 만든다. 아울러 이 토론은 색은파가 이론상

---

122 2006년에 뤄양(洛陽)에서 당나라시대의 새로운 경교비가 또 발견되었다. 張風纛, 「跋河南洛陽新出土的一件唐代景敎石刻」, 『西域研究』 1, 2007 참고.

전개한 방향이 다소 한계를 노정한다고 하더라도 그들의 문제의식 내지는 연구와 관련된 문제는 오늘날에 와서도 여전히 유의미하다. 유가의 속성을 어떻게 판별할 것인가 하는 근본적인 문제는 실제로 중국 현대화 전환의 오늘날과도 무관하지 않다. 즉, 그것은 우리가 어떻게 전통문화를 계승해서 그 방향으로 우리 자신의 문화전통을 전개할 것인가 하는 문제 다름 아니다. 역사는 이미 수백 년이 지났지만 사상적 문제는 오히려 영원하다. 이런 의미에서 색은파 신부들이 기울인 극도의 비장한 노력들을 전적으로 경시할 수만은 없다. 중국에서 전개된 색은주의가 비록 실패로 끝나고 말았지만 그들이 남겨 놓은 문제는 도리어 우리를 거듭 일깨워준다.[123]

6. 프레마르의 선교 장회소설 『유교신』

『유교신儒交信』은 조세프 프레마르의 독특한 저작[124]인데 이것은 장회章回소설 형식으로 기독교를 선전하는 작품이다. 소설에 등장하는 인물은 다음과 같다. 즉 지방 유력자 양순수이楊順水는 자가 금산金山으로 집은 유복했지만 일개 속인에 불과했다. 거인擧人 리광李光은 자가 명달明達이며 집이 비록 넉넉하지는 않았지만 독서인이었다. 두 사람에게는 쓰마선司馬愼

---

123 任繼愈 外編, 『儒教問題爭論集』, 宗教文化出版社, 2000; 李申, 『中國儒教史』, 上海人民出版社, 1999·2000; 鞠曦, 『〈中國儒教史〉批判』, 中國經濟文化出版社, 2003 참조.
124 이 책은 프랑스 국가도서관 Maurice Courant 7166호에 수장되어 있다. 현재 사용하고 있는 문헌(鄭安德 編, 『明末淸初耶蘇會思想文獻滙編』第四卷 第四十五冊, 北京大學 宗教研究所, 2003)에서 프레마르의 생애를 소개할 때 프레마르가 "로마 교황청의 전신부에 소환되었고 나중에 그는 또 중국에 왔다"고 한 부분은 착오이다.

이라는 공통된 친구가 있었다. 그의 호는 온고溫故인데 전에 벼슬하다가 현재는 산림으로 돌아와 덕을 닦으며 수양하고 있었다. 쓰마선은 기독교 신도였다. 양순수이와 리광은 함께 그를 방문해 신앙에 대한 이야기를 나누었다. 쓰마선은 리광에게 천주교에 관한 일들을 대략적으로 소개해주었다.

한편 그날 저녁 리광은 꿈을 꾸었는데 꿈속에서 쓰마선이 그의 눈앞에 나타나 어른거리다가 사라져버렸다. 다음날 리광은 일어나자마자 황급하게 쓰마선의 집을 찾아가서 유교와 기독교의 같은 점과 다른 점을 하나하나 물었다. 그렇게 해서 쓰마선은 자신의 신앙 역정을 들려주었다. 쓰마선은 본래 불교도였다. 그런 까닭에 집에 보살, 관음을 모두 갖추어 매일 집에서 염불하며 수재守齋했다. 그리고 향을 피우고 예배함은 물론 불상을 모시며 불경을 연구했다. 그러던 중 성도省都에서 서양 선교사를 만난 뒤부터 천주교를 믿게 되어 보살을 모조리 소각했다. 이튿날 쓰마선은 성도에서 서양 선교사를 만난 얘기를 전해주고자 했지만 다 말할 수 없어 리광에게 선교사가 지은 한문 교의서인 『신경직해信經直解』를 주었다. 지은이는 다름 아닌 '극서極西 예수회원 프레마르'였다. 여기서 프레마르는 처음에 소설 속의 한 인물, 즉 이 책의 저작자로 출현할 뿐 정식으로는 등장하지 않는다.

제3회 소설에 출현한 네 번째 인물 자오징즈趙敬之는 쓰마선과 같은 시기에 벼슬했다. 그러나 쓰마선이 관직에서 물러나 집에 돌아간 그 해에 자오징즈도 부모상을 당해 귀향했다. 자오징즈는 3년의 기한이 다 되어 관직을 위해 다시 경성으로 복귀하던 차에 옛 친구를 만나러 왔다. 쓰마선은 그가 경성에 가게 되면 반드시 세 개의 천주당을 방문할 것을 권한다. 이렇게 소설에서는 경성에도 서양 천주교의 예배당이 있음을 환기시킨다. 이 시기에 리광은 집에서 쓰마선이 준 『신경직해』를 자세히 정독하는데 소설에서는 그 전문이 인용된다. 또한 사람들의 마음을 사로잡기 위해 『신경직해』의 세 번째 절과 글 뒤에 리광의 감탄을 더해 소설과 이 선교 자료가 혼연일체가 되도록 했다.

제4회는 리광과 쓰마선의 대화로 이루어지지만 그 내용은 제1, 2회보다 더 심화된다. 프레마르는 쓰마선의 말을 통해 중국 고서에는 기독교의 비밀이 숨겨져 있음을 설명한다. 그럼으로써 기독교와 유교가 결코 다르지 않음을 리광에게 일깨워준다. 동시에 그에게 선교사가 쓴 한문 선교서, 곧 에마누엘 디아즈Emmanuel Diaz Junior, 陽瑪諾(少瑪諾), 1574~1659의 『경세금설輕世金說』, 줄리오 알레니Giulio Aleni, 艾儒略, 1582~1649의 『천주강생언행기략天主降生言行紀略』을 보내준다.

제5회는 리광이 천주교를 신봉한 후에 가정에서 일어난 풍파에 대한 이야기이다. 리광은 집에 돌아간 뒤 한층 더 천주교를 믿게 된다. 이리하여 이전에 믿었던 불교가 황당하다고 여겨 분노를 참지 못하고 집안에 있는 불상을 산산조각을 내버린다. 이 일은 부인 오씨吳氏를 대노케 해 두 사람은 신앙문제로 대판 싸우게 된다. 리광은 부득이 쓰마선의 집에 머물게 되었다. 이 시기 마침 오씨의 누이동생이 교외의 한 천주교 신도인 수재에게 시집을 가 그녀 역시 입교하게 된다. 이윽고 자매가 서로 만나게 되자 여동생은 언니의 잘못을 충고하면서 입교의 장점을 온몸으로 설파한다. 며칠이 지나서 마침내 오씨는 생각을 바꾸어 리광이 집에 돌아오자 두 사람은 서로 의기투합해 다음날 쓰마선을 찾아가기로 결정한다. 이 때 프레마르는 소설의 주제를 드러내어 리광이 "유교는 믿음基督敎이 없으면 소용이 없고 유교가 믿음과 교통해야 튼실해지니 성인을 바라는 것이 유교이고 성인의 말씀을 따르는 것이 믿음이다儒未信無用, 儒交信才實, 需望聖人爲儒,

從聖人言爲信"라고 말하게끔 설정한다.

제6회는 리광과 쓰마선이 동시에 성도에 가서 서양 선교사를 만나게 된 이야기이다. 서양 선교사는 리광을 만나보고 매우 기뻐해 그에게 세례를 베풀고 세례명을 바오로Paulus라 했다. 그리고 쓰마 요셉Joseph을 아버지로 삼게 했다. 이 세 사람은 쓰마선의 집으로 돌아와 쓰마 부인에게 세례를 베풀고 세례명을 아나Ana라 했으며 그녀의 여동생을 교모敎母로 삼게 했다. 더해서 리광의 아내도 세례를 받고 쓰마 아나를 교모로 삼았다. 서양 선교사는 마을에 머문 지 얼마 되지 않아 50여 인에게 세례를 베풀었다. 이리하여 리광이 회장으로 추대되었다. 이곳은 3년이 되지 않아 3천명이 입교했고 교도들은 예배당을 지었다.

그러나 양순수이는 여전히 매일 음주가무를 즐기고 7, 8명의 첩을 거느리며 불교를 믿었다. 그러나 즐거움 끝에는 슬픈 일이 생기기 마련이었다. 그는 채 50세가 못 되어서 강도떼에게 집안의 재산을 몽땅 약탈당하고 말았다. 그리고 그 자신도 강도에게 묶여 하룻밤을 매달려 초주검이 되었다. 이후 우울증에 걸려 수일 내에 죽고 말았다. 저들 첩들은 일시에 다 흩어졌다. 소설은 여기서 끝난다.

예술과 문학의 각도에서 이 프레마르의 소설에 대해 대략 검토해보기로 하자.

먼저 예술적 시각에서 보면 오랫동안 예수회를 대표로 하는 서양 선교사가 소개한 서양문화를 연구할 때 그들의 서양문학에 대한 소개를 언급한 경우는 극히 드물다. 최근 들어 타이완 학자 리스쉐李奭學가 『중국 명말과 유럽문학中國晩明與歐洲文學』이라는 저작에서 예수회원들이 선교 중에 소개한 서양문학에 관해 체계적으로 연구한 바 있다. 그가 책에서 말한 바와 같이 "나는 올해 연구에서 명말 예수회원의 한문 저작 속에 대량의 문학 자료가 포함되어 있음을 또한 발견했다. 대부분 시어, 강당답기講堂答記, 대화록, 성도전기聖徒傳記, 격언, 언어, 역사일화, 신화, 전설 등이나 전문 저작을 모두 한눈에 볼 수 있다".[125] 바꾸어 말하면 예수회원들은 선교과정에서 항상 문학적 형식을 채용해 서양의 중세기문학의 소개를 통해서 기독교의 이치를 전파했다. 그러나 프레마르와 같이 이렇게 중국 고전소설의 형식을 취해 기독교 사상을 소개한 경우는 최소한 현재까지 편역자가 파악한 문헌으로 볼 때는 처음이다.

중국소설은 "항간에 떠돌거나 길에서 주위들은 이야기街談巷語, 道聽途說"라는 기예의 말로부터 "예술적 이미지에 따라 스토리를 창조한다因文生事"라는 문학작품으로 진화하기까지 긴 시간의 발전과정을 겪었다. 송원宋元화본話本을 거쳐 『삼국연의三國演義』를 대표로 하는 장회소설이 흥기했다. 장회 장르는 강사講史에서 기원한다. 『삼국연의』의 출현은 장회소설의 성숙을 보여준다.[126] 프레마르의 『유교신』은 대체로 명대 장회소설의 특징을 계승해 구조상 장회소설의 방법대로 전개한 것이다. 매회 처음은 곡으로 이끌고 그 끝은 "다시 다음 회를 기대하시라且聽下回分解"라는 말로 종결해 전편과 연결시킨다. 문체는 전체적으로 백화소설의 형식을 취했다.

언어적 관점에서 『유교신』을 관찰해보면 가장 주의를 끄는 것은 매회 앞에 등장하는 곡인데 이 곡들은 매우 예스럽고 우아하다.[127] 이들 전사塡

---

125 李奭學,『中國晚明與歐洲文學』, 中央研究院 臺北聯經出版社, 2005, 3쪽. 이것은 최근 중국어 학술 체계상에서 명청시기 동서문화교류사 연구에 대한 가장 특색 있는 저작 중의 하나이다.

126 林庚,『中國文學簡史』, 北京大學出版社, 1995, 541쪽.

127 第一回 : 嘆天教員外逞花唇, 揭儒宗, 孝庶開另眼, 道貴尋源, 學宜拯世, 如何儉堅終身昧. 乍聞天道便猖狂, 徒勞攘○終無趣. 端有眞儒, 敖百陳大義, 群倫誰不由天帝. 漫言西海與中華, 此心此理原同契. (右調踏沙行) 鄭安德 編,『明末清初耶蘇會思想文獻滙編』第四卷 第四十五冊, 215쪽.

詞, 일정한 보(譜)에 의거해서 거기에 합치되는 성운 평측의 글자를 채워 넣어 운문을 만드는 것으로 볼 때 이것은 프레마르가 지은 것이라고는 상상하기 어렵다. 미국의 한학자 패트릭 하난Patric Hanan은 개신교 선교사들이 중국 선교 중에 창작한 문학작품을 언급하면서 선교사들의 소설 대부분은 중국 문인과 협력해서 이루어진 것이라고 했다. 이를테면 다음과 같다.

선교사들이 출판하고자 할 때 그들은 이 의미를 구두로 학자에게 전달했고 그학자는 이를 매끄러운 상용 중국어로 번역했다. 설사 선교사가 스스로 쓰지는 못한다고 하더라도 학자의 글에 대해서 비판적인 의견을 개진할 수는 있었다. 반복적으로 읽는 과정에서 이런 능력이 요구되었고 결국 선교사가 자기 개인의 능력으로 써낼 수 있는 것보다도 더욱 위대한 가치를 지닌 작품을 생산하기 위해서 이러한 것들이 모두 필요했다.[128]

그러나 『유교신』은 매회 앞에 곡조를 기입한 것으로 보아 만일 중국 문인조차도 프레마르의 색은주의 사상을 표현하기 어려운 부분을 찾게 된다면 이들 감추어진 생각은 오직 그 자신만이 가장 잘 이해하고 있었을 것이다. 예컨대 제4회 앞의 곡에서 다음과 같이 적고 있다.

옛 경전의 많은 비밀과 우의를 진지하게 연구하고 해석해야 하며 영적 자취와 대도를 진술하고 몸소 실천을 보여야 한다. 어떠한 일을 처리하고 진리를 추구

第二回 : 驚異夢急切訪眞因, 篤交情詳明談大道. 洵是天心仁愛. 端倪誠借南柯, 此衷來釋敢勝邪. 急扣伊人則, 先覺殷勤接引, 眞途敢自蹉跎. 金眞貫頂妙如何, 盡把疑團打破(右調西江月). 鄭安德 編, 『明末淸初耶蘇會思想文獻滙編』 第四卷 第四十五冊, 220쪽.
128 韓南, 『中國近代小說的興起』, 上海敎育出版社, 2004, 70쪽.

할 때는 확실한 증거를 확보해야 마음이 현명하고 지혜롭게 된다. 큰일은 평범하지 않음을 알고 육경六經의 깊고 은밀한 곳과 노장老莊의 학설이 내 마음에 감응해야 한다. 여러 영적 자취를 모두 직접 목도해야 문하생에게 선양할 수 있다. 하느님의 큰 은혜가 태양처럼 떠올라 서쪽 끝에 이른 뒤에 이제 우리나라를 비추기 시작했다.[129]

이와 같은 프레마르의 생각을 중국 문인에게 표현하고 전달하게 하기란 쉬운 일이 아니었을 것이다. 그러므로 편역자는 이 소설은 프레마르 자신이 직접 썼을 가능성이 매우 높다고 생각한다. 일반적인 상황에 비추어볼 때 그가 저작할 당시 중국 문인의 도움을 받았을 가능성도 있지만 주요 부분은 프레마르가 지은 것이다. 이러한 생각을 뒷받침해주는 하나의 증거가 바로 미켈레 루지에리Michele Pompilio Ruggieri, 羅明堅, 1543~1607가 중국에 온 지 얼마 되지 않아 중국 고전 시가의 창작 방법을 습득했다는 사실이다. 이 루지에리의 시가들은 문학상 비교적 미숙하고 단순하다. 그에 비해 프레마르는 루지에리보다 중국에 체류한 시간도 길었고 중국 전적과 문화의 이해 수준 역시 훨씬 높았다. 이로 볼 때 프레마르 자신이 이 곡을 지었을 가능성이 매우 크다고 하겠다.[130]

프레마르는 『유교신』에서 모두 10여 명의 인물을 형상화하고 있지만 대다수는 비교적 생기가 없고 오직 리광의 처 오씨를 묘사할 때만 생동

---

129 "究眞詮古經多秘寅, 述靈迹大道見躬行. 于事定求眞有據, 故爲明哲肝腸. 須知大事不尋常, 六經深隱處, 女論應我藏. 靈迹般般皆目睹, 及門始敢宣揚. 聖恩如日志扶桑, 光臨西極後, 今乃照吾邦." 鄭安德 編, 『明末淸初耶蘇會思想文獻滙編』第四卷 第四十五冊, 234쪽.

130 Albert Chen, S. J., "Michele Ruggieri, S. J. (1543~1607) and Chinese Poems", *Monumenta Serica* 41, 1993, pp.129~176; 張西平, 「入華傳敎士漢語學習史硏究－以羅明堅的漢語學習史爲中心」, 李向玉 外編, 『世界漢語敎育史硏究』, 澳門理工學院, 2005 참조.

감 있고 언어도 활기차다. 프레마르는 그녀를 다음과 같이 등장시킨다.

본래 리거인의 아내 오씨는 (…중략…) 매사에 눈치가 빠르고 영특한 사람이
었다. 바느질과 수놓는 일은 말할 것도 없고 바둑을 두는 데도 능했다. 또한 많
은 글자를 깨우쳐 일반소설平話書도 능히 읽을 수 있었다. 특별히 입이 가장 빨
라 여성 중에 변론에 능숙한 입담가로 정평이 자자했다.[131]

그렇다면 오씨의 빠른 입은 어떻게 표현되었을까? 리광이 기독교를 신
봉하기로 하고 집에 돌아와서 집에 있는 불교 보살들을 온통 깨뜨렸을
때 오씨는 시끄럽게 떠들어대며 말한다.

이 천벌을 받아 죽임을 당할 인간아! 마귀에 홀린 게 분명하다. 실성하지 않고
서야 무엇 때문에 내가 모시는 불상을 때려 부수는가. 이게 어디 될 말인가.[132]

이에 리광이 좋은 말로 권할 때 오씨는 심한 욕설을 퍼부으며, "이 아비
지옥에 떨어질 인간아! 당신은 불서佛書를 읽은 적이 없으니 그 참된 의미
를 어찌 알겠는가"[133]라 했다. 리광이 공자가 도울 것이니 부처에게 빌 필
요가 없다고 말하자, 오씨는 "흥! 내가 만약 재난을 당하거나 병이 나면
그 공성인孔聖人이 나를 지켜주겠는가"[134]라고 대꾸했다. 그녀는 남편에게

---

131 "原來李擧人的妻子吳氏 (…중략…) 却是百伶百俐. 莫說女紅針指, 就是敲棋點陸, 也
都曉得. 字也認得多, 平話書也看得過. 只有一樁, 嘴頭子最快, 是個紅粉中辯士." 鄭安
德 編, 『明末淸初耶蘇會思想文獻滙編』第四卷 第四十五冊, 241쪽.

132 "你這天殺的, 敢是遇了邪. 瘋癲了不成. 爲什麼把我的一堂佛菩薩打得稀爛. 這個了得
麼." 위의 책.

133 "你這阿鼻地獄坐的, 你未曾讀過佛書, 那里曉得有意思沒意思." 위의 책.

134 "呸! 我若害起病來, 有那孔聖人保佑我來不來." 위의 책, 242쪽.

샌님이라고 욕하면서, "이미 황천皇天의 하느님上帝이 계셨다면 당신은 어째서 진작 알려주지 않았느냐? 나는 이곳에서 20년이 넘게 부처님께 공양했고 관세음께 기도했는데 당신은 20년 동안 아무 말도 하지 않았다. 그리고 당신은 나와 함께 보살님께 여러 차례 예를 올렸다. 당신은 하늘天에 죄를 지었으니 빌 곳이 없다"[135]라고 했다.

이와 같이 프레마르는 이 몇 마디 말로 오씨의 모습을 형상화했다. 이 글은 단지 6회 분량의 단편소설로서 예술적으로 그렇게 우수한 작품이라고는 말할 수 없을 것이다. 그러나 개별 묘사 부분에서는 뛰어난 점도 발견된다. 특히 지은이가 외국 선교사라는 점을 고려해보면 예술상의 발전은 마땅히 인정해야 한다.

물론 책 전체로 볼 때 여전히 포교소설이고 이야기의 줄거리가 단순할 뿐더러 인물 역시도 지나치게 단조롭고 생기가 없는 것이 사실이다. 포교와 문학의 관계를 어떻게 해결할 것인가 하는 문제인식은 아직 성숙되지 않은 것으로 보인다. 예를 들면 제3회에서는 뜻밖에도 프레마르 자신이 쓴 『신경직해』의 전문全文을 인용했는데 글이 족히 8쪽이 넘는다. 이렇게 긴 글을 소설 속에 배치하는 것은 분명히 눈에 거슬리며 소설과는 거의 아무런 관련성이 없어 보인다.

다름 아닌 하난이 19세기 개신교 선교사의 소설을 평가하면서 말한 대로 사람들은 중국의 현대소설을 다룰 때 선교사소설에 대해서는 완전히 경시하는 경향이 있다. 이와 동일하게 우리가 명청시기소설을 다룰 때도 내화 선교사들의 소설에 주의를 기울이는 경우는 드물다.[136] 특히 프레마

---

135 "旣有個皇天上帝, 你如何不早說. 我二十多年, 在這里供養佛爺, 祈求觀音. 你二十年也不做句聲. 你也同我拜了菩薩多少次, 就是你獲罪于天, 無所禱也." 위의 책.
136 리스쉐의 저작이 이러한 공백을 메워주고 있기는 하지만 선교사의 서양 증도소설에 대

르와 같이 장회소설체로 전도하는 소설은 보기 힘들다. 우리는 마땅히 선교사의 증도證道소설이나 우화 등을 명청시기문학의 연구 범위 속에 포함시켜야 할 것이다.

한 번역과 당시 명말 문인의 소설 작품 간의 관계는 여전히 연구가 필요하다. 동시에 불교 전래 당시의 번역문학과 대비시켜 연구함으로써 명말 증도 이야기가 중국문학 자체에 미친 영향을 설명해내야 한다. 어쨌든 리스쉐는 그 길을 열었고 후학들은 지속적으로 노력해야 할 것이다.

18

명청시대
내화 선교사 한학자의
한문 작품과 성과

1. 내화 선교사의 한문 작품

서양 한학漢學의 역사를 고찰할 때 절대다수의 학자들이 관심을 두는 것은 선교사들이 서양의 언어로 쓰고 서양에서 출판한 작품들이다. 실제로 유럽 초기 한학은 선교사 이 단계에서 두 부류의 한학자로 분류된다. 한 부류는 중국에 있는 선교사이고, 또 한 부류는 국에서 유럽으로 귀환한 선교사와 유럽에 있는 일반 한학자이다. 이 두 부류는 두 가지의 언어로 저술했는데 중국에 있는 선교사가 주로 한문漢文으로 글을 썼다면 유럽으로 귀환한 내화來華 선교사와 유럽 본토의 일반 한학자는 주로 유럽의 언어로 글을 썼다. 따라서 재화在華 선교사가 한문으로 남긴 문헌들은 유럽 초기 한학을 고찰할 때 빼놓을 수 없는 중요한 부분이다. 한학의 관점에서 보면 이 문헌들은 선교사 한학자들이 이룬 최고의 학술성과이다. 또, 현재 한학 발전의 기준에서 보더라도 이 선교사들의 한문 작품은 전체 서양의 한학사에서 감탄을 자아낼 만큼 최고점에 도달해 있다. 이후로도 서양 한학계의 한문 작품 중에서 아직도 이를 넘어선 적이 없다. 일부 한학자들이 개별적으로 한문으로 창작하기도 했지만 1800년 이후 서양 한학계에서 일군의 한학자들이 비교적 집중된 한 시기에 출현해서 한문으로 이렇게 많은 작품을 남긴 경우는 유례를 찾아보기 힘들다.

선교사 한학자의 한문 작품은 기본적으로 중국 문인의 도움을 받아서 이루어졌다. 예컨대 숭정崇禎 원년1628 리즈짜오李之藻, 1565~1630가 편찬한『천학초함天學初函』에는 마테오 리치Matteo Ricci, 利瑪竇, 1552~1610의『교우론交友論』,『천주실의天主實義』,『이십오언二十五言』,『기인십편畸人十篇』,『변학유독辯學遺牘』,『기하원본幾何原本』,『측량법의測量法義』,『동문산지同文算指』,『혼개통헌도설渾蓋通憲圖說』,『건곤체의乾坤體義』등 10부의 저작이 수록되어 있다. 한 외국인이 10여 부의 한문 저작을 집필했다는 사실은 굳이 400년 전임을 거론하지 않더라도 지금 봐도 기적적인 일이다. 그러나 리치의 적지 않은 한문 저작은 중국 문인과의 협업의 산물이다. 이 점은 리치 자신도 인정한 부분이다. 리치는『기하원본』「서序」에서 다음과 같이 적고 있다.

동서양의 언어구조와 문맥이 전혀 다르고 문자의 의미 전달이 서로 결핍된 것이 많다. 구어 표현은 그런대로 괜찮지만 글로 쓰면 이해하기 힘들고 부자연스럽다. (…중략…) 쑤저우蘇州 사람 쉬태시徐太史, 徐光啓 선생이 왔는데 태사는 지력이 치밀하고 문필에 능하며 나와는 오랫동안 교제해온 좋은 벗이다. 내가 생각하기에 그와 함께 책을 번역하고 교열한다면 이 일은 어렵지 않을 것이다.[1]

이 과정에서 한 사람은 "말로 전수하고口傳"하고 한 사람은 "구술한 것을 받아 적으면서筆受", 두 사람이 "되풀이해서 이 책에 합치된 의미를 찾고 중국의 문자를 반복해 정정하되 세 차례나 그 원고를 고쳤다".[2] 비로소 최종적으로 책이 만들어졌던 것이다. 이 내용은『기하원본』이 리치와 쉬광치徐光啓, 1562~1633 두 사람이 공동으로 노력한 결과임을 설명해준다.

---

1 "東西文理, 又自絶殊, 字義相求, 乃多闕略, 了然于口, 尙可勉圖, 寫筆爲文, 便成艱澁 (…중략…) 吳下徐太史先生來, 太史旣自精心, 長于文筆, 與旅人輩交游頗人, 私計得與對譯成書不難." 徐宗澤,『明淸間耶穌會士譯著提要』, 中華書局, 1989, 262쪽.
2 "反復展轉, 求合本書之意, 以中夏之文, 重複訂政, 凡三易其稿." 위의 책.

『혼개통헌도설』역시도 마찬가지이다. 이 문헌은 『사고전서四庫全書』 자부子部 "천문산법류天文算法類"에 수록되었는데 책에는 『혼개통헌도설』은 "명나라 리즈짜오가 편찬하다明李之藻撰"라고 되어 있다. 리즈짜오는 「서」에서 "예전에 경사京師에서 리치 선생과 교류할 때 (…중략…) 내게 천문 관측기구인 평의平儀를 알려주었는데 (…중략…) 귀로 듣고 손으로 받아 썼으니 자못 그 대강을 살필 수 있다"[3]고 했다. 즉, 이 책은 리치가 구술하고 리즈짜오가 받아적었음을 밝히고 있다. 『동문산지』에서도 "서양의 리치가 전수하고 저장浙江의 리즈짜오가 서술했다西海利瑪竇授, 浙江李之藻演"라고 되어 있다. 『측량법의』, 『구고의勾股義』, 『원용교의圜容較義』 등도 이와 동일한 방식으로 저술된 것들이다. 이 저작들이 비록 리치의 이름으로 되어 있기는 하지만 실제로는 리치와 명대明代 문인들의 공동 성과이자 동서문화교류의 결정체라고 할 수 있다. 리치의 수많은 한문 저작은 그 자신과 중국 문인들이 협업해서 이루어진 것이다.

그러나 이 한문 작품들은 결국 선교사들의 한학 저작의 일부분이다. 리치의 『천주실의』와 미켈레 루지에리Michele Pompilio Ruggieri, 羅明堅, 1543~1607의 한문 저작과 시가詩歌 작품으로부터 볼 때 이들의 한문 수준은 매우 높다. 리치와 중국 문인이 협력해서 지은 작품은 대부분 과학기술 분야와 관련된 저작들이다. 가령 『교우론』이나 『이십오언』 등과 같은 종교적이고 인문철학적인 저작은 주로 그들 자신이 쓴 것이다. 책에서도 어느 문인이 윤필潤筆했다는 등의 내용을 주석으로 밝히지 않았다. 대개 과학기술 분야의 저작을 번역할 때는 비교적 적합한 한문 개념을 숙고해야 했다. 이러한 지식은 중국에서는 거의 완전히 새로운 것들이었기 때문이다. 그래

---

3   "昔從京師利先生 (…중략…) 示我平儀, 其制約渾 (…중략…) 耳受手書, 頗亦鏡其大凡." 李之藻, 「渾蓋通憲圖說·自序」, 『渾蓋通憲圖說』, 1716~1717쪽.

서 만약 중국 문인의 협력이 없다면 한문으로 작문하는 것은 결코 쉬운 일이 아니었다. 이와는 반대로 인문·사회·윤리적이고 종교적인 저작은 리치 등에게는 그러한 어려움이 많지 않았다.

그런가 하면 또 다른 특징으로 내화 선교사 한학자의 한문 한학 저작은 단지 서양의 한학 작품으로만 존재하는 것이 아니라 동시에 중국 명청사明淸史 문헌의 일부분으로 존재한다는 사실은 더욱 중요한 의미를 지닌다. 이 문헌들은 중국 천주교사의 기초적인 문헌이기도 하다. 둔황敦煌 문헌에 남겨진 당대唐代 경교景敎의 경문은 아홉 편뿐이며 원대元代 프란시스코회Franciscans, 方濟各會의 중국 문헌은 거의 소실되어 버렸다. 중국 천주교사의 연구 영역에서 특히 명청대 천주교사의 경우 선교사를 중심으로 이루어진 당대 대량의 역사 문헌이 가장 기초적이고 가장 귀중하다고 할 것이다.

이들 대량의 명청대 선교사 한학자의 문헌은 역사연구의 관점에서 보더라도 중국의 근대 사회변천을 연구하는 데 가장 중요한 자료들이다. 선교사들은 서양의 근대과학을 중국에 도입했을 뿐만 아니라 서양의 근대·고대문화를 소개하는 등 동서문명 간에 맨 처음 대규모로 문화교류의 문을 열었다. 과학의 전파나 종교의 교류는 중국의 명청 사회를 변화시켰다. 특히 많은 선교사들이 궁중이나 민간에서 장기적으로 생활하면서 명조, 혹은 청조의 강희康熙·옹정雍正·건륭乾隆 삼대 황제, 그리고 명청 시기 민간 사회에 관한 내용을 기록한 대량의 역사 문헌을 남겼다. 이것은 중국의 명청사, 중국과 유럽의 문화교류사, 중국 근대사를 연구하는 데 극히 중요하다. 따라서 선교사 한학자들이 중국에서 한문으로 쓴 문헌들은 여러 면의 학술적 가치와 의미를 지닌다.

그중에서도 한학적 의미는 장기간 학술계가 등한시해왔다. 이 문헌들은 유럽 초기 한학의 발전에서 가장 중요한 성과로 취급되고 연구되어야 할 것이다. 한학의 관점에서 보면 이 한문 문헌에 대한 연구는 이제 걸음 마 단계이다. 본 장에서 편역자는 주로 문헌목록학의 각도에서 이 문헌의 기본 상황들을 되돌아보고 간단명료하게 설명해보려고 한다. 이들 한문 문헌에는 선교사의 한문 저작뿐만 아니라 중국 문인 신자나 천주교에 반 대한 중국 지식인의 한문 저작도 포함된다. 그러나 선교사의 한문 저작이 주체가 됨은 물론이다.

2. 명청시기 선교사 한문 문헌의 정리와 연구

선교사 한학자의 한문 문헌을 최초로 정리한 인물은 명말明末의 리즈짜 오이다. 그는 『천학초함』을 제목으로 선교사와 중국 문인의 저작 20편, 즉 리편理編 10편, 기편器編 10편을 수록했다. 리편에는 『서학범西學凡』, 『부 당경교비附唐景敎碑』, 『기인십편』, 『부서금팔장附西琴八章』, 『교우론』, 『이십오 언』, 『천주실의』, 『변학유독』, 『칠극七克』, 『영언려작靈言蠡勺』, 『직방외기職方 外紀』이, 그리고 기편에는 『태서수법泰西水法』, 『혼개통헌도설』, 『기하원본』, 『표도설表度說』, 『천문략天文略』, 『간평의簡平儀』, 『원용교의圜容較義』, 『측량법 의』, 『구고의』, 『측량이동測量異同』이 수록되어 있다.

리즈짜오는 『천학초함』의 「서」에서, "당시 마테오 리치라고 불리는 서 양인이 구만리 먼 곳에서 그들의 학술을 가지고 와서 강해한 지 지금까 지 50년이 지났다. 많은 현명한 사람들이 이를 계속 이어갔으며 번역서 도 점점 많아졌다. (…중략…) 그러나 이 서적들은 사방 각지로 흩어졌으 니 학자들이 다 볼 수 없는 것을 유감으로 여기지 않기를 바란다"[4]라고 썼다. 여기서 그의 학술적 안목을 엿볼 수 있다. 그가 정리한 덕분에 명말과 청초淸初의 학자들은 이 문헌들을 다시 볼 수 있게 된 것이다. 그런 점에서 천위안陳垣, 1880~1971은 "『천학초함』은 명나라 말기에 널리 퍼졌고 수차례에 걸쳐 재판되었다. 이 때문에 수산각守山閣의 여러 학자들이 이를 탐독할 수 있게 되었다"고 평가했다.

『사고전서』는 청 조정 차원에서 처음으로 선교사 한학자의 문헌을 수록한 문헌이다. 「사고채진서목四庫采進書目」에는 총 24종의 서학서西學書가 있으며 다음 표를 참고하기 바란다.

「사고채진서목」의 서양 서적 일람표

편호	채입 도서 목록	제목(권수)	저자	채진본 수	비주
1	直隷省呈送書目 (238種)	空際格致(2卷)	(高一志)	2本	卷數, 撰人原井闕, 今補補
2	江蘇省第一次書目 (152種)	幾何原本(6卷)	利瑪竇 徐光啟	4本	卷數, 撰人原井闕, 今補補
3	兩江第一次書目 (1029種)	天學初函(52卷)	李之藻編	12本	卷數 原闕, 今訂補
		西儒耳目資(不分卷)	金尼閣	10本	卷數 原闕, 今訂補
4	兩江第二次書目 (300種)	乾坤體義(2卷)	(利瑪竇輯)	1本	將作者誤作書名,作者 却謂西域人
		同文算指(10卷)	(李之藻演)	8本	瑪竇薛奉作撰
5	兩淮鹽政李續呈送書目 (470種)	鄧玉函奇器圖說4卷	西域人	6本	
6	浙江省第四次汪啓淑家呈 送書目(524種)	天學會通 1卷	穆尼閣	2本	瑪竇傳泛濟撰六卷
		渾蓋通憲圖說 2卷	李之藻	1本	卷數, 撰人原井闕, 今訂補
		寰有詮 5卷	李之藻	4本	
7	浙江省第六次呈送書目 (553種)	渾蓋通憲圖說 2卷	李之藻輯	2本	
		職方外紀 5卷	艾儒略增譯	1本	
		二十五言 1卷	利瑪竇	1本	
8	浙江省第七次呈送書目 (202種)	遠西奇器圖說(3卷)	(鄧玉函)	2本	
9	安徽省呈送書目 (523種)	同文算指前篇 (2卷)	(利瑪竇, 李之藻)	1本	卷數, 撰人原井闕, 今訂補
		同文算指通編 (8卷)			
		渾天儀圖說	(利瑪竇, 李之藻)	4本	

---

4   "時則有利瑪竇者, 九萬里抱道來賓, 重演斯義, 迄今又五十年; 多賢似續, 翻譯漸廣 (…중략…) 顧其書散在四方, 願學者毋以不能盡覩爲憾!" 徐宗澤, 앞의 책, 286쪽.

편호	채입 도서 목록	제목(권수)	저자	채진본 수	비주
10	武英殿第一次書目 (400種)	同文算指 (10卷)	(利瑪竇)	1本	卷數, 撰文原井闕, 今訂補
		七克 (7卷)	(利瑪竇, 李之藻)	6本	
		律呂纂要 (2卷)			
11	武英殿第二次書目 (500種)	寰有詮 (6卷)	(龐迪我)	2本	卷數, 撰文原井闕, 今訂補
		坤輿圖說 (2卷)	(徐日昇)	1本	
			(傅泛際)	6本	
			(南懷仁)	2本	

『사고전서』에 기록된 서학서는 22종이다. 『사고전서』를 편찬할 때 선교사들이 소개한 서학을 취급하는 방식은 "기능은 제한적으로 취하되 학술의 전파는 금한다節取其能, 禁傳其學術"를 원칙으로 했다. 이 때문에 일부 과학 관련 서적을 제외하고는 종교나 인문 분야의 책은 가급적 수록하지 않았다. 설사 수록하더라도 개정작업을 거쳤다. 예를 들어 리즈짜오의 『천학초함』은 본래 20편이었지만 19편으로 바뀌었고 『서학범』 뒤에 첨부된 『당경교비』는 삭제되었다. 그 이유는 간단했다. 편집자가 "서학의 장점은 측산測算에 있고 그 단점은 천주를 숭배해 인심을 현혹시킨 데 있다西學所長在于測算, 其短則在于崇奉天主, 以眩惑人心"고 판단했기 때문이다. 이렇게 채택采進된 서학서는 『사고전서』에 다 수록된 것은 아니고 수록된 서적은 다음 표와 같다.

『사고전서』에 수록된 서학 서적 일람표

部	經		史			子				
類	樂		地理		農家	天文算法				
屬別			外紀			推步				
書名	律呂正義續篇	御製律呂正義後編	職方外紀	坤輿圖說	泰西水法	乾坤體義	表度說	簡平儀說	天問略	新法算書
卷數	1	126	5	2	6	2	1	1	1	1
撰(譯)者	清聖祖御定, (葡)徐日昇, (意)德理格編纂	清高宗勒纂 (意)德理格, (德)魏繼晋, (捷)魯仲賢參與修律	(意)艾儒略	(比)南懷仁	(意)熊三拔	(意)利瑪竇	(意)熊三拔	(意)熊三拔	(葡)陽瑪諾	明徐光啟, 李之藻, 李天經與西洋傳敎士(意)龍華民, (德)鄧玉函, (意)羅雅谷, (德)湯若望等人所修
所据版本	內府刊本		兩江總督采進本	內府藏本	兩江總督采進本	兩江總督采進本	兩江總督采進本	兩江總督采進本	兩江總督采進本	編修陳昌齊家藏本

部	經		史	子	
類	樂		地理	農家	天文算法
屬別			外紀		推步
備注	御定律呂正義의 제3부분을 위하여, 서양律呂(즉, 음계)를 취해 占法을 고증.	상술한 3인은 비록 官臣에 이름이 없지만 실제로 학습에 공헌함.			

	部											
類	譜系											
屬別	算書								器物			
書名	測量法義	測量異同	勾股義	渾蓋通憲圖說	圓容較義	御定曆象考成後編	御製儀象考成	天步眞原	同文算指	幾何原本	御定數理精蘊	奇器圖說
卷數	各1卷			2	2	10	30	1	前編2通編8	6	53	3
撰(譯)者	明徐光啟撰	首卷(意)利瑪竇所譯	明李之藻	明李之藻撰亦(意)利瑪竇參與修纂		清高宗勅纂(德)戴進賢,(英)徐懋德參與修纂	清高宗勅纂(德)戴進賢,(德)劉松齡,(德)鮑友管參與修纂	(波)穆尼閣原著清薛鳳祚譯	明李之藻演(意)利瑪竇譯	西洋歐几里得撰(意)利瑪竇譯徐光啟筆受	清聖祖勅纂	(德)鄧玉函授明王徵譯
所据版本	兩江總督采進本	兩江總督采進本	兩江總督采進本					浙江汪啓淑家藏本	兩江總督采進本	兩江總督采進本	兩江總督采進本	
備注												

　수많은 서양 종교와 관련된 서적은 『사고전서』에 "단지 책 이름만 있고 只存書名" 그 서적 내용은 수록되지 않았다. 이렇게 일부 책들은 『사고존목 四庫存目』에 수록되지 못했으며 천주교와 관련된 저작은 통틀어 15종이다. 그것은 자부의 잡가류雜家類에 수록된 11종, 사부史部의 지리류地理類에 수록된 2종, 경부經部의 소학류小學類에 수록된 2종이다. 구체적인 책 이름은 다음과 같다.

『사고전서』 존목에 수록된 서양 서적 일람표

部	經						史		子						
類	樂	小學					地理		雜家	雜學			雜編		
屬別		韻書					外紀								
書名	律呂纂要	西儒耳目資	別本坤輿圖說	西方要記	薛學遺牘	二十五言	天主實義	畸人十篇附西琴曲意	交友論	七克	西學凡附錄大奏寺碑一篇	靈言蠡勺	空際格致	寰有詮	天學初函
卷數	2	無	1	1	1	1	2	1	1	7	1	2	2	6	52
撰(譯)者	不著撰人名氏	(法)金尼閣	(比)南懷仁	(意)利瑪竇 (葡)安文思 (比)南懷仁	(意)利瑪竇	(意)利瑪竇	(意)利瑪竇	(意)利瑪竇	(意)利瑪竇	(西)龐迪我	(意)艾儒略	(意)畢方濟	(意)高一志	(葡)傅泛濟	明李之藻編
所据版本	內府藏本	兩江總督采進本	大學士英廉購進本	編修程普芳家藏本	兩江總督采進本	浙江巡撫采進本	兩江總督采進本	兩江總督采進本	兩江總督采進本	兩江總督采進本	兩江總督采進本	兩江總督采進本	直隸總督采進本	浙江汪啓淑家藏本	兩江總督采進本
備注															

이상 여러 표에서 당시 서학 저작에 대한 『사고전서』의 수록 현황을 확인할 수 있다.[5]

청대 말기 명청시기 천주교에 대한 교내 신도의 문헌도 기록이 있다. 동치同治시기 교도 후황胡璜은 『도학가전道學家傳』[6]에서 입화入華 선교사의 한문 문헌을 소개하고 있다. 언급된 문헌은 다음과 같다.

利瑪竇　　『天主實義』, 『畸人十篇』, 『辯學遺牘』, 『交友論』, 『西國記法』, 『乾坤體義』, 『二十五言』, 『圓容較義』, 『幾何原本』, 『西字奇迹』, 『測量法義』, 『勾股義』, 『渾蓋通憲圖說』, 『萬國輿圖』

羅明堅　　『天主實錄』, 郭居靜 : 『性靈詣旨』

5　상기한 표들은 計文德, 『從四庫全書探究明淸間輸入之西學』, 臺灣濟美圖書有限公司, 1991, 119·252·336쪽에서 재인용한 것이다. 표 속의 인명은 원래 표에 있던 이름을 수정하지 않은 것임을 밝혀둔다.
6　钟鳴旦 編, 『徐家匯藏書樓明淸天主教文獻』 第三册, 臺灣辅仁大學神學院, 1996.

蘇若漢[7]	『聖教約言』
龍華民	『聖教日課』, 『念珠默想規程』, 『靈魂道體說』, 『地震解』, 『聖若撒法行實』, 『急救事宜』, 『死說』, 『聖人禱文』
羅如望	『啓蒙』
龐迪我	『七克』, 『人類原始』, 『天神魔鬼說』, 『受難始末』, 『龐子遺詮』, 『實義續篇』, 『辯揭』
費奇規	『振心總牘』, 『周年主保聖人單』, 『玫瑰十五端』
高一志	『西學修身』, 『西學治平』, 『幼童教育』, 『空際格致』, 『教要解略』, 『聖人行實』, 『十慰』, 『譬學』, 『寰宇始末』, 『神鬼正記』
熊三拔	『泰西水法』, 『簡平儀』, 『表度法』
陽瑪諾	『聖經直解』, 『十誡眞詮』, 『景教碑詮』, 『天問略』, 『輕世金書』, 『聖若瑟行實』, 『避罪指南』, 『天神禱文』
金尼閣	『西儒耳目資』, 『況義』, 『推歷瞻禮法』
畢方濟	『靈言蠡勺』, 『睡答』, 『畫答』
艾儒略	『耶穌降生言行記略』, 『彌撒祭義』, 『萬物眞原』, 『西學凡』, 『性學粗述』, 『西方問答』, 『降生引儀』, 『滌罪正規』, 『三山論學』, 『性靈篇』, 『職方外記』, 『幾何要法』, 『景教碑頌注解』, 『玫瑰十五端圖象』, 『聖體禱文』, 『利瑪竇行實』, 『熙朝崇正集』, 『悔罪要旨』, 『四字經文』, 『聖體要理』, 『聖夢歌』, 『出像經解』, 『楊淇園行略』, 『張弥格遺迹』, 『五十言』
曾德昭	『字考』
邓玉函	『人身說概』, 『測天約說』, 『正球升度表』, 『奇器圖說』, 『黃赤距

---

7 루이스 피스터(Louis Pfister)의 책에는 "蘇若望"으로 되어 있다.

	度表』,『大測』
傅泛濟	『寰有詮』,『名理探』
湯若望	『進呈畫像』,『主教緣起』,『眞福訓詮』,『西洋測日歷』,『星圖』,『主制群徵』,『渾天義說』,『古今交食考』,『遠鏡說』,『交食歷指』,『交食表』,『恒星表』,『恒星出没』,『測食略』,『大測』,『新歷曉或』,『歷法百傳』,『民歷鋪注解或』,『奏書』,『新法歷引』,『新法表略』,『恒星歷指』,『共譯各圖八线表』,『學歷小辯』,『測天約說』
費樂德	『聖敎源流』,『念經勸』,『總牘内經』
伏若望	『助善終經』,『苦難禱文』,『五傷經規』
羅雅谷	『斋克』,『聖記百言』,『哀矜行詮』,『求說』,『天主經解』,『周歲警言』,『比例規解』,『五緯歷指』,『籌算』,『五緯表』,『黃赤正球』,『日歷考晝夜刻分』,『聖母經解』,『月離歷指』,『日躔表』,『測量全義』,『歷引』
卢安德	『口鐸日抄』
瞿西滿	『經要直解』
郭納爵	『原染亏益』,『身後編』,『老人妙處』,『敎要』
何大化	『蒙引』
孟儒望	『辯鏡錄』,『照迷鏡』,『天學略義』
賈宜睦	『提正篇』
利類思	『超性學要目錄』,『三位一體』,『天神』,『靈魂』,『主敎要旨』,『昭事經典』,『七聖事禮典』,『天主行體』,『萬物原始』,『型物之造』,『首人受造』,『不得已辯』,『司鐸典要』,『司鐸課典』,『聖敎簡要』,『獅子說』,『聖母小日課』,『已亡日課』,『正敎約徵』,『進

呈鷹論』,『善終痤塋禮奠』

潘國光	『聖體規儀』,『天神會課』,『未來辯論』,『十戒勸論』,『聖教四規』,『天階』
安文思	『復活論』
衛匡國	『靈性理證』,『述友篇』
聶仲遷	『古聖行實』
柏應理	『百問答』,『聖波爾日亞行實』,『周歲聖人行略』,『永年瞻禮單』,『四末論』
魯日滿	『問世編』,『聖教要理』
殷鐸澤	『西文四書直解』,『耶穌會例』
南懷仁	『聖體答疑』,『象疑志』,『康熙永年歷法』,『歷法不得已辯』,『熙朝定案』,『教要序論』,『象疑圖』,『告解原義』,『測驗記略』,『驗氣說』,『坤輿全圖』,『簡平規總星圖』,『坤輿圖說』,『赤道南北星圖』; 陸安德의『眞福直指』,『聖教問答』,『默想大全』,『善生福終正路』,『默想規矩』,『聖教約說』,『萬民四末圖』,『聖教撮言』,『聖教要理』

이른바 『도학가전』은 명청시기 입화 선교사들의 생애를 간략하게 소개하고 그들의 저작을 수록한 비교적 완전한 저작 중의 하나이다. 또한 현재 편역자가 아는 범위에서 리즈짜오 이후 중국 교도들이 명청시기 천주교 문헌을 기록하고 정리한 저작 중 비교적 완벽하고 높은 학술적 가치를 지닌다. 이 책에는 선교사 89명이 기재되어 있다. 그중에서 한문 저술이 있는 선교사는 38명이고 총 224부의 한문 저작을 저술했다.

강희시기 중국에 온 예수회 선교사들은 자신들의 한문 문헌을 수집하고 정리하는 것을 매우 중시했다. 바티칸도서관에 소장된 한문 서적 중두 종의 문헌에서 이 서목들을 전문적으로 기재하고 있다.[8] 『바티칸도서관 소장 중국어 사본 및 인쇄물의 요약 목록*INVENTAIRE SOMMAIRE DES MANU-SCRITS ET IMPRIMES CHINOIS DE LA BIBLIOTEQUE VATICANE*』 "Raccolta Generale Oriente" 부분의 편호 "R. G. Oriente 13⒜" 문헌에는 『천주성교서목天主聖敎書目』[9]과 『역법격물궁리서목歷法格物窮理書目』이라는 두 개의 서목이 있다. 전자는 위쪽에, 후자는 아래쪽에 있다.[10] 『천주성교서목』에 열거된 한문 문헌 목록은 다음과 같다.

『昭祀經典』一部;『龐子遺詮』二卷;『靈魂』六卷;『聖體規儀』一卷;『聖體要理』一卷;『周歲主保聖人單』一卷;『聖敎約言』;『三山論學』一卷;『十四戒勸論』一卷;『聖敎源流』一卷;『眞福訓詮』一卷;『善生福終正路』一卷;『原染虧益』三卷;『不得已辯』一卷;『理生物辯』一卷;『司鐸課典』一部;『敎要解略』二卷;

---

8   A Posthumous Work by Paul Pelliot, Revised and edited by Takata Tokio, *INVENTAIRE SOMMAIRE DES MANUSCRITS ET IMPRIMES CHINOIS DE LA BIBLIOTTE-QUE VATICANE*, 1995. 이 목록과 관련된 상황은 뒤에서 다시 상세히 소개할 것이다. 이 목록은 2007년에 중화서국에서 중문판으로 출판되었다.

9   이 문헌은 단일 페이지로 조판·인쇄된 것으로 길이와 넓이가 59×117cm이다. 페이지위에는 "catalogus librorum sinicorum app. soc. Jesu. editorum"와 함께 그 아래에는 "極西耶穌會士同著述"이라는 문구가 있다.

10 서목 앞에는 "인(引)"이라는 글이 있는데 옮겨보면 다음과 같다. "夫天主聖敎爲至其至實, 宜信宜從, 其确据有二: 在外, 在內. 在內者則本敎諸修士著述各端, 极合正理之确, 論其所論之事雖有彼此相距甚遠者, 如天地, 神人, 靈魂, 形體, 現世, 後世, 生死等項, 然各依本性自然之明, 窮究其理. 總歸於一道之定向, 始終至理通貫, 并無先後矛盾之處. 更有本敎翻譯諸書百部一一可考, 無非發明昭事上帝, 盡性立命之道, 語語切要, 不設虛玄. 其在外之确据以本敎之功行踪迹, 目所易見者, 則與吾人講求歸復大事, 永遠固福辟邪指正而已. 至若諸修士所著天學格物致知, 氣象歷法等事, 亦有百十余部, 久行於世, 皆足徵. 天主聖敎其實之理, 愿同志諸君子歸斯正道而共昭事焉."

『首人受造』四卷;『聖人行實』七卷;『聖體答疑』;『天神魔鬼說』;『聖教簡敎』一卷;『正敎約徵』一卷;『五十言』一卷;『經要直指』一卷;『四末眞論』一卷;『求說』一卷;『告解原義』一卷;『七克』七卷;『未來辯』一卷;『辯鏡錄』一卷;『司鐸典要』二卷;『天主降生』六卷;『聖若瑟行實』一卷;『超性學要目錄』四卷;『弥撒祭義』二卷;『性靈詣主』一卷;『百問答』;『眞福直指』二卷;『聖母小日課』;『聖敎要理』一卷;『照迷鏡』一卷;『周歲警言』一卷;『避罪指南』一卷;『聖夢歌』一卷;『耶穌會例』;『熙朝崇正集』四卷;『聖經直解』四卷;『天主性體』六卷;『復活論』二卷;『聖敎實錄』一卷;『主制群徵』二卷;『聖依納爵行實』一卷;『提正篇編』六卷;『聖敎略說』一卷;『古聖行實』;『四末論』四卷;『景教碑詮』一卷;『人類原始』一卷;『滌罪正規』一卷;『勸善終經』一卷;『聖敎信證』一卷;『天主經解』一卷;『三位一體』三卷;『降生引義』一卷;『敎要序論』一卷;『靈魂道體說』一卷;『聖方濟格・沙勿略行實』;『主敎緣起』五卷;『寰宇始末』二卷;『瞻禮單解』;『辯學遺牘』一卷;『天神會課』一卷;『靈言蠡勺』一卷;『臨罪要指』二卷;『二十五言』一卷;『推歷年瞻禮法』一卷;『聖母經解』一卷;『萬物原始』一卷;『天主實義』二卷;『畸人十編』二卷;『進呈畫像』一卷;『聖玻而日亞行實』一卷;『天學略義』一卷;『聖敎問答』一卷;『聖像略說』一卷;『輕世金書』二卷;『靈性理證』一卷;『哀矜行詮』二卷;『死說』;『則聖十篇』一卷;『七聖事禮典』一卷;『天神』五卷;『出像經解』一卷;『天主降生言行記略』八卷;『主敎要旨』一卷;『蒙引』一卷;『聖若撒法行實』一卷;『聖敎撮言』一卷;『四字經』一卷;『每日諸聖行實瞻禮』;『天階』一卷;『十五端圖像』一卷;『斋克』一卷;『永年瞻禮單』一卷;『十慰』一卷;『十戒直詮』一卷;『形物之造』一卷;『聖母行實』三卷;『周歲聖人行略』;『實義續篇』一卷;『萬物眞原』一卷;『啓蒙』一卷;『聖敎要理』一卷;『口鐸日抄』三卷;『聖記百言』一卷;『默想規矩』一卷;『日課經』三卷;『身後編』二卷;『物原實證』;『問世編』一卷.[11] 총 122부의 한문 문헌

『역법격물궁리서목』에 열거된 한문 문헌의 목록은 다음과 같다.

『簡平儀』;『日躔考晝夜刻分』;『康熙永年歷法』二十二卷;『測食略』二卷;『歷引』;『同文算指』十一卷;『簡平規總星圖』;『西學治平』;『地震解』一卷;『泰西水法』六卷;『西學凡』一卷;『進呈鷹論』一卷;『儀象志』十四卷;『渾盖通憲圖說』二卷;『恒星歷指』;『大測』二卷;『學歷小辯』一卷;『籌算』一卷;『坤輿全圖』;『性學粗述』一卷;『述友篇』一卷;『西儒耳目資』三卷;『字考』一卷;『儀像圖』二卷;『圓容較義』一卷;『恒星出没』二卷;『西洋測日歷』;『測量法義』;『測量記略』一卷;『乾坤體義』二卷;『熙朝定案』二卷;『交友論』一卷;『奏書』四卷;『遠鏡說』一卷;『渾天儀說』五卷;『五緯表』十卷;『恒星表』五卷;『正球生度表』;『新歷曉或』一卷;『實有詮』;『歷法不得已辯』一卷;『職方外記』二卷;『坤輿圖說』二卷;『況義』一卷;『辯揭』;『天問略』一卷;『五緯歷指』九卷;『月離歷指』四卷;『表善說』一卷;『共譯各圖八线表』一卷;『比例規解』二卷;『空際格致』二卷;『西方問答』二卷;『奇器圖說』三卷;『西國記法』一卷;『利瑪竇行略』;『測天約說』二卷;『古今交食考』;『月離表』四卷;『新法歷指』一卷;『勾

---

11 프랑스 국가도서관 Maurice Courant 편호 "7046"에는 작자 미상의 『성교의 중요한 이치(聖敎要繁的道理)』가 있다. 이 문헌 뒷부분에 6편의 다른 문헌이 첨부되어 있다. 그 중 제7편의 (一)이 『베이징 간행 천주성교 서목(北京刊天主聖敎書目)』이며 이 서목에는 명청시기 천주교 문헌 123본이 수록되어 있다. 이 중에서도 『벽망(辟妄)』,『악란불병명(鸚鸞不幷鳴)』,『경요직지(經要直指)』,『답객론(答客論)』,『증민략설(拯民略說)』,『조선종경(助善終經)』,『동선설(同善說)』 등 7본이 『천주성교서목』에 수록되지 않은 것을 제외하면 그 나머지는 『천주성교서목』에 수록된 서적과 동일하다. 『천주성교서목』에는 122종의 문헌이 있다. 그중 『리생물변(理生物辯)』,『성모소일과(聖母小日課)』,『고성행실(古聖行實)』,『조선종경』,『교요서론(敎要序論)』,『첨례단해(瞻禮單解)』,『재극(齋克)』,『물원실정(物元實正)』 등 8본의 서적 이외에 나머지는 古朗數目의 "7064"호에 수록된 서적과 동일하다. 鄭安德 編輯,『明末清初耶穌會思想文獻匯編』, 第47冊(未公開出版物), 北京大學宗敎硏究所, 2003 참고.

股義』;『測量全義』十卷;『西學修身』十卷;『斐錄問答』二卷;『驗氣說』一卷;『西字奇迹』;『楊淇園行略』;『黃正球』一卷;『日躔歷指』一卷;『交食表』九卷;『新法表異』二卷;『幾何原本』六卷;『天星全圖』;『西學齊家』;『勵學古言』;『劈學』;『畫答』一卷;『張彌克遺迹』;『黃赤距離表』;『日躔表』二卷;『交食歷指』七卷;『歷法西傳』一卷;『幾何要法』四卷;『赤道南北星圖』;『童幼教育』二卷;『名理探』十卷;『人身說概』二卷;『睡答』一卷;『獅子說』一卷.[12] 총 89부의 한문 문헌

청대 초기에 입화한 선교사 바실리오 브롤로Basilio Brollo, 葉尊孝 혹은 葉宗賢, 1648~1704는 필사본抄本『어휘 라틴어 약해字彙拉丁略解』漢字西譯를 휴대했다. 이 문헌은 현재 바티칸도서관에 편호 Vat. Estr. Or. 2로 소장되어 있다.[13] 이 문헌의 마지막 6종의 다른 서목은 비록 상술한 여러 서적에서 언급한 책들이지만 서목 앞표지에 표시된 책의 각판처刻版處는 매우 중요한 정보를 제공한다. 특히 열거한 입화 프란시스코회의 한문 서목은 매우 희귀하다. 그 목록을 옮겨보면 다음과 같다.

푸저우 친이탕 서판 목록福州欽一堂書板目錄

『聖人行實』七卷;『七克』七卷;『口鐸日抄』八卷;『降生言行記略』八卷;『天學實義』四卷;『性學粗述』四卷;『龐子遺詮』二卷後附:『鬼神說』,『人類原始說』;『聖母行實』三卷;『職方外紀』六卷;『滌罪正規』四卷;『畸人十篇』二卷;『善終助

12　프랑스 국가도서관 Maurice Courant 편호 "7046"에는 작자 미상의『성교의 중요한 이치』가 있다. 이 문헌의 뒷부분에 6편의 다른 문헌이 첨부되어 있다. 그중 제7편의 (二)가『역법격물궁리서목』이며 이 수목(數目)에 명청시기 천주교 문헌 89본이 포함되어 있다. 그 내용은 상술한 서목 내용과 동일하다.

13　별도로 3종의 부본(附本), 즉 Borg. Cinese. 392-393; Vat. east. Or. 7; Borg. Cinese. 495가 있다.

功』一卷;『天釋明辯』一卷;『敎要解略』一卷;『弥撒祭義』二卷;『代疑篇』一卷;『靈言蠡勺』二卷;『實義續篇』一卷;『幾何要法』一卷;『唐景敎碑頌詮』一卷;『十慰』一卷;『歷修一鑒』一卷;『振心總牘』;『不得已辯』附『御覽西方要記』一卷;『天問略』一卷;『三山論學』一卷;『聖敎實錄』一卷;『辯學迪牘』一卷;『聖母經解』一卷;『萬物眞原』一卷;『聖經要理』一卷;『辟妄』一卷;『西學凡』一卷;『交友論』附『二十五言』;『聖若撒法行實』一卷;『聖記百言』一卷;『五十余言』一卷;『聖像略說』附『死說』;『遠鏡說』一卷;『聖水記言』一卷;『聖夢歌』一卷;『聖敎約言』一卷;『悔罪要旨』一卷;『聖經略言』一卷;『西字奇迹』一卷;『小滌罪正規』一卷;『小弥撒祭義』一卷;『四字經文』一卷;『聖敎啓引』一卷;『聖敎日課全部』총 55부.[14]

베이징 간행 성교 서목北京刊行聖敎書目

이 서목은 대체로 위에서 언급한『천주성교서목』과 동일하다.『베이징 간행 천주성교 서목北京刊天主聖敎書目』에는 명청시기 천주교 문헌 123본이 수록되어 있다. 그중에서『벽망辟妄』,『악란불병명鶚鸞不幷鳴』,『경요직지經要直指』,『답객론答客論』,『증민략설拯民略說』,『助善終經』,『同善說』등 7권의 서적이『천주성교서목』에 빠진 것을 제외하면 그 나머지는『천주성교서목』에 수록된 것과 동일하다.『천주성교서목』에는 총 122종의 문헌이 있다. 이 중에서『리생물변理生物辯』,『성모소일과聖母小日課』,『고성행실古聖行實』,『조선종경助善終經』,『교요서론敎要序論』,『첨례단해瞻禮單解』,『재극齋克』,『물원실정物元實正』등 8권을 제외하면 그 나머지는『베이징 간행 천주성교 서목』과 동일하다.[15]

---

14 프랑스 국가도서관 Maurice Courant 편호 "7046" 작자 미상의『성교의 중요한 이치』
   뒷부분 6편의 다른 문헌 중에 이 서목이 포함되어 있다. 이 두 서목은 대체로 동일하지
   만 단지 7046호의 서목에 있는『서방문답(西方問答)』,『성수기언(聖水記言)』,『성교약
   언(聖敎約言)』,『회죄요지(悔罪要旨)』,『수화이답(睡畫二答)』은 Vat. Estr. Or. 2mulu
   목록에서 보이지 않는다.

"역법격물궁리서목"은 상술한『역법격물궁리서목』과 완전히 일치하므로 여기서는 중복해서 열거하지 않겠다.

저장 항저우 천주당 간행 서목浙江杭州天主堂刊書目

『聖經直解』;『聖人行實』;『七克』;『天學實義』;『哀矜行詮』;『聖水記要』;『逑友篇』;『天主敎要』;『景敎碑頌』;『善終助功』;『泰西水法』;『聖母行實』;『出象經解』;『龐子遺詮』;『畸人十篇』;『敎要解略』;『天主聖敎實錄』;『拾慰』;『理證』;『大日課』;『小日課』;『聖敎小引』;『二十五言』;『西方答問』;『辟妄』;『天主降生引義』;『辟妄條駁合刻』;『萬物眞原』;『天主經解』;『聖體要理』;『聖敎約言』;『要理六端』;『答案問』;『天問略』;『辯學遺牘』;『三山論學』총 36부 한문 문헌

광둥 서판 서목廣東書版書目

『聖母行實』;『眞福直指』;『天神會課』;『妄推吉凶辯』;『豁疑論』;『天主聖敎略說』;『敎要序論』;『善生福終正路』;『三山論學記』;『妄占辯』;『推驗正道論』;『萬物眞原』;『聖敎問答指掌』;『聖敎要理』;『聖敎簡要』총 14부 한문 문헌

광둥 성-프란시스코회당 서판 목록廣東聖方濟各會堂書版目錄

『天主實義』;『聖體要理』;『滌罪正規』;『永福天衢』;『初會問答』;『十戒勸諭』;『童幼敎育』;『敎要序論』;『辟妄』;『成人要集』;『默想神功』;『三山論學』;『聖敎約言』;『聖敎小引』;『聖敎要訓』;『永哲定衡』;『大總牘』;『聖母花冠』;『本末約言』;『聖敎領洗』;『聖敎要略』;『聖敎要言』;『同善說』총 23부 한문 문헌16

---

15 프랑스 국가도서관 Maurice Courant 편호 "7046" 작자 미상의『성교의 중요한 이치』뒷부분 6편의 다른 문헌 중 제7편의 (一)에도『베이징 간행 천주성교 서목』이 포함되어 있다. 鄭安德 編輯, 앞의 책 참고.

브롤로의 책 뒤에 첨부된 몇 가지 목록 중 가장 가치가 있는 것은 입화 프란시스코회의 목록이다. 이 목록은 오직 예수회 선교사들만 한문 저술을 했다는 기존의 생각을 수정하도록 만든다.

『성교신증聖教信證』은 중국의 신도 장경張庚과 한린韓霖이 공동으로 쓴 저작이다.[17] 이 책을 쓴 목적은 천주교 교리의 신뢰성을 설명함과 동시에 내화 선교사들의 생애와 저작을 정리하는 데에 있었다. 이것은 아마도 최초로 입화 선교사들의 생애와 저작을 기록한 책 중의 하나일 것이다. 책에는 총 92명의 선교사의 간략한 생애가 기록되었고 36명의 선교사가 쓴 229부의 한문 문헌이 수록되어 있다.[18] 앞서 살펴본 『도학가전』의 서목과의 중복을 피하기 위해 여기서는 선교사의 이름에 따라 그 저술의 수량과 『도학가전』과 다른 부분만 열거하겠다.

利瑪竇	13부
羅明坚	1부, 『道學家傳』은 책 이름을 『天主實錄』으로, 그리고 『聖教信證』은 『聖教實錄』으로 기록한다.
郭居静	1부, 『道學家傳』은 『性靈詣旨』으로, 『聖教信證』은 『性靈詣主』로 기록한다.

---

16 『광둥 성-프란시스코회당 서판 목록(廣東方濟各會各會堂書板目錄)』 뒷면에 별도로 1쪽의 서목이 있는데 제목이 "성교서목(聖教書目)"이다. 내용을 보면 예수회 선교사의 한문 서목 30본을 초록했다. 그 가운데 『권수일감(勸脩一鑒)』만 희귀본이고 나머지는 흔히 볼 수 있는 판각본이기 때문에 생략한다.

17 이 문헌은 현재 프랑스국가도서관(Bibliotheque Nationale de France)에 古郎書目 "Chinois 6903"으로 소장되어 있다. 이 책은 편역자가 2002년 4월에 프랑스도서관에서 연구할 때 이 책을 자세히 조사했지만 전부를 초록하지는 못했다. 다행히 정안더(鄭安德)가 정리한 본이 있기 때문에 이용할 수 있었다.

18 이 가운데 일부 문헌의 책 이름은 이미 식별할 수 없다. 정안더도 서명을 명시하지 않았다. 이러한 문헌이 14종이다.

蘇若漢	1부
龍華民	8부
羅如望	1부, 『道學家傳』은 『啓蒙』으로 명명했고 『聖敎信證』은 기재하지 않았다.
龐迪我	7부
費奇規	3부, 『周年主保聖人單』[19]
高一志	15부, 『道學家傳』에는 『神鬼正記』가 있지만 『聖敎信證』에는 없다. 또한 『聖敎信證』에는 『勸學古言』이 있지만 『聖敎信證』에는 없다.
熊三拔	3부
陽瑪諾	8부
金尼閣	3부, 그중 『推歷瞻禮法』은 『聖敎信證』에서는 『推歷年瞻禮法』으로 명명했다.
畢方濟	3부
艾儒略	25부, 이중 『道學家傳』에 있는 『耶穌降生言行記略』, 『弥撒祭義』, 『景敎碑頌注解』, 『玫瑰十五端圖象』, 『四字經文』은 『聖敎信證』에서는 서명을 『天主降生言行記略』, 『昭事祭義』, 『景敎碑頌』, 『十五端圖象』, 『四字經』으로 각각 명명했다.
曾德昭	1부
邓玉函	6부
傅泛濟	2부
湯若望	25부, 이중 『道學家傳』에 있는 『民歷鋪注解或』은 『聖敎信

---

19 정본(鄭本)에서는 『周年主保聖人單』를 "同年主保聖人單"으로 잘못 표기했다.

證』에서는 수록되어 있지 않다. 그리고 『道學家傳』의 『進呈畫像』은 『聖教信證』에서는 『進呈書像』으로 되어 있다.

費樂德	3부
伏若望	3부
羅雅谷	19부, 『道學家傳』에는 『日躔歷指』, 『月離表』 2부가 없다.
卢安德	1부, 『聖教信證』에는 『口鐸日抄』가 없다.
瞿西滿	1부
郭納爵	4부, 『聖教信證』에는 『老人妙處』, 『教要』가 없다.
何大化	1부
孟儒望	3부
賈宜睦	1부
利類思	21부, 그중 『聖教信證』에는 『善終痤塋禮奠』, 『聖母小日課』, 『已亡日課』, 『型物之造』가 없고 『道學家傳』에는 『六日工』가 없다.
潘國光	6부
安文思	1부
衛匡國	2부
聶仲迁	1부, 『聖教信證』에는 별도로 2부가 있지만 글자가 불분명해 명시하지 않았다.[20]
柏應理	8부, 그중 2부의 필적이 불분명하며 또 『道學家傳』에는 『聖若瑟禱文』이 없다.
魯日滿	2부

20　鄭安德 編, 앞의 책, 30쪽 참고.

殷鐸澤	2부
南懷仁	16부, 이 중에서 『聖敎信證』은 『道學家傳』보다 2부가 많지만 이 2부는 글자가 불분명하다. 더해서 『儀象志』는 『道學家傳』에서는 『象疑志』로 되어 있다.
陸安德	11부, 그중 『聖敎信證』은 『道學家傳』보다 2부가 많지만 이 2부는 글자가 불분명하다. 또한 『道學家傳』에는 『聖敎要理』가 수록되어 있지 않다.

옹雍·건乾교난敎難 이후로 천주교의 발전은 침체의 늪에 빠져들었다. 이에 따라 수많은 천주교 분야의 서적도 단지 제목만 남고 실제 책은 사라졌다. 청대 말기에 이르러서는 급기야 일부 서적은 이미 찾아보기 힘들게 되었다. 이런 점에서 천위안은, "어렸을 때 『사고제요四庫提要』를 읽고 나서야 이런 부류의 서적이 있다는 사실을 알았다. 『사고전서』도 이 서적들을 일률적으로 배척해 수록하지 않았고 단지 서목만 있으며 또한 헐뜯는 내용 일색이다. 오랫동안 원서를 한번 보고 싶었지만 안타깝게도 전해지는 판본이 없다"[21]라고 토로한 바 있다.

---

21 方豪,「李之藻輯刻天學初函考」,『天學初函』重印本, 臺灣學生書周, 1965.

3. 민국시기 중국 학술계의
선교사 한문 문헌에 대한 수집과 정리

민국 초기 이 문헌들을 정리하는 데에 가장 큰 공헌을 한 사람은 마샹보馬相伯, 1840~1939, 잉렌즈英斂之, 1866~1926, 천위안 세 사람이다.

마샹보는 청말淸末에서 민국民國 초의 풍운의 인물이다. 그는 자신의 종교적 경력과 신앙으로 인해 만년에는 천주교의 현지화를 적극 주장했다. 또한 명말청초에 입화한 예수회의 한문 저작에서 마음속에 품은 이상을 찾았으며, "천조지설天造地設에 부합하는 마테오 리치의 번역이 이 이상에 가장 가깝다고 생각했다."[22] 마샹보는 일찍이 『중간「변학유독」발문重刊「辯學遺牘」跋』, 『「마테오 리치의 행적」 후서書「利瑪竇行迹」後』, 『중간「진주영성리증」서重刊「眞主靈性理證」序』, 『중간「영혼도체설」서重刊「靈魂道體說」序』, 『중간「영언려작」서重刊「靈言蠡勺」序』 등 여러 편의 명말청초 천주교 문헌을 정리하는 글을 썼다. 잉렌즈 등과의 서신 왕래 속에서 그 자신이 검토한 명청시기의 천주교 문헌이 26부 이상 있다고 언급했다.[23] 마샹보는 이 일을 추진하기 위해 잉렌즈, 천위안과 여러 차례 연락을 주고받았다. 특별히 천위안의 연구를 중시했는데 잉렌즈에게 보낸 서신에서 "위안안援庵, 즉 천위안은 실로 경애할 만하다"[24]고 했다. 마샹보는 명청시기의 천주교 문헌을 정리

---

22 李天綱,「信仰與傳統-馬相伯的宗教生活」, 朱維錚 外編, 『馬相伯傳』, 復旦大學出版社, 1996.

23 마샹보가 언급한 문헌은 다음과 같다. 『辯學遺牘』, 『主制群徵』, 『景教碑』, 『名理探』, 『利先生行迹』, 『天學略要』(陽瑪諾), 『眞主性靈證』(衛匡國), 『靈魂道體說』, 『鐸書』, 『天教明辨』, 『聖經直解』, 『聖教奉褒』, 『聖教史略』, 『聖夢歌』, 『寶宇詮』, 『童幼教育』, 『超性學要』, 『王覺斯贈湯若望詩翰』, 『天學初函』, 『七克』, 『教要序論』, 『代疑論』(陽馬诺), 『畸人十篇』, 『三山論學記』, 『遵主聖範』, 『靈言蠡勺』.

24 "援庵實可敬可愛." 朱維錚 外編, 앞의 책, 369쪽.

하는 데 중요한 역할을 했다.

잉렌즈는 젊은 시절에 리치, 줄리오 알레니Giulio Aleni, 艾儒略, 1582~1649 등의 서적을 읽고서 천주교에 입교한 인물이다. 민국 초기, 그는 10여 년 동안 노력을 기울인 끝에『천학초함』의 완전한 판본을 찾아냈을 뿐더러 그 가운데서 일부 문헌을 다시 간행했다. 잉렌즈는『변학유독』중간본의「서언序言」에서 다음과 같이 말했다.

『천학초함』은 명말에 리즈짜오가 모아서 간행한 이래로 300여 년이 지나면서 거의 끊어져 버렸다. 내가 수십 년간 고심하며 수집해 지금 다행히 전질全帙을 찾을 수 있었다. 그 내용 중 기편 10종이 천문역법天文歷法, 학술이 지금보다 조금 뒤떨어지는 것을 제외하면 리편은 문필이 우아하고 간결하며 이치가 심오해 현대인의 역저서譯著書가 미칠 바가 아니다. 나는 흔쾌히 공개하기로 마음먹고 우선『변학유독』1종을 간행해 학자大雅들의 연구에 도움을 주고자 한다.[25]

천위안은 이러한 잉렌즈의 노력을 높이 평가하면서 "내가 완쑹예런萬松野人, 잉렌즈을 알게 된 것은『언선록言善錄』때문이다.『언선록』은 명말 서양인의 역저서를 서술했는데 여기에는 내가 읽고 싶어도 얻지 못한 것들이 있다. 특히『영언려작』,『칠극』이 두드러진 작품들이다"[26]고 했다. 잉렌즈의『언선록』은 명청시기의 천주교 문헌을 수집하고 연구한 중요한 저작이다.

---

25 "『天學初函』自明季李之藻匯刊以來, 三百余年, 書已希絶. 鄙人數十年中, 苦志搜羅, 今幸尋得全帙. 內中除器編十种, 天文歷法, 學術較今稍舊, 而理編則文笔雅洁, 道理奧衍, 非近人譯著所及. 鄙人欣快之余, 不敢自秘, 拟先将『辯學遺牘』一种排印, 以供大雅之研究."方豪, 위의 글.

26 "余之識萬松野人, 因『言善錄』也.『言善錄』每述明季西洋人譯著, 有爲余所欲見而不可得者:『靈言蠡勺』,『七克』, 其尤著也."위의 글.

그런데 이들 마샹보, 잉렌즈, 천위안 세 사람 중에서 천위안의 학술적 성과가 가장 높다고 할 수 있다. 천위안이 지은『원나라 네스토리우스교 연구元也里可溫敎考』는 나오자마자 명성을 떨치며 중국 천주교사 연구의 기초를 세웠다. 또한 그는 명청시기의 천주교 문헌을 수집하고 정리하는 데 가장 많은 힘을 쏟았다.

천위안은 입화 선교사의 저작들, 가령『변학유독』,『영언려작』,『명말기의 유럽화 미술 및 로마자 주음明季之歐化美術及羅馬字注音』,『마테오 리치의 행적』등을 정리해 출판했을 뿐 아니라, 또 교외敎外 전적 중 수많은 중요한 문헌들을 발견했다. 그가 쓴『교외 전적을 통해서 본 명말청초의 천주교從敎外典籍見明末淸初之天主敎』,『옹정・건륭시기 천주교를 신봉한 왕족雍乾間奉天主敎之宗室』,『징양 사람 왕정전涇陽王徵傳』,『슈닝 사람 진성전休寧金聲傳』,『명말 순국자 천위제전明末殉國者陳于階傳』,『화팅 사람 쉬짠쩡전華亭許纘曾傳』,『아담 샬과 무천민湯若望與木陳忞』등 일련의 논문은 학술적으로 천주교 입화 선교역사의 연구를 크게 심화시켰으며 역사연구와 문화연구 상에서도 새로운 영역을 개척했다. 천인커陳寅恪, 1890~1969는 천위안의『명나라 말기 윈난雲南과 구이저우貴州의 불교 연구明季滇黔佛敎考』의「서언」에서 "중국 역사류 서적 중에서 완전한 종교사가 거의 없었는데 지금 생겼으니 천위안 선생의 저술이다"라고 했다. 이것은 천위안이 중국 종교사, 특히 중국 기독교사의 연구에서 차지하는 위상을 말해준다.

이러한 천위안의 문헌 정리는 원대한 학술적 안목이 있었다. 천위안은 특별히 마샹보를 만나기 위해 상하이上海를 방문함과 동시에 '쉬자후이장서각徐家滙藏書樓'에 가서 서적을 조사했다. 그는 일을 마친 다음에 "쉬자후이장서각에서 4일간 서적을 열람했으며 수확이 자못 컸다. 보존된 명말청초의 명저들이 많았는데 겨를이 없어 두루 읽어보지 못한 게 한스럽다"[27]고 말한 바 있다.

천위안은 이 문헌들을 정리할 때 마땅히 리즈짜오의 편찬 사업을 계승해『천학초함』을 지속적으로 출판해야 한다고 생각했다. 그는 잉롄즈에게 보낸 서신에서 다음과 같이 말한다.

방금 말한 옛 서적을 간행하는 일은 사람에게 필사하도록 하기보다는 차라리 직접 필요한 서적을 대여해서 영인하는 것이 낫다. 가령『천학초함』의 '리편'을 이어받아 천학이함天學二函, 삼함三函으로 삼아 (…중략…) 시기를 나누어 출판하면 이 일은 어렵지 않을 것이다. 한번 자세히 생각해보면 영인하는 것이 매번 필사하는 것보다 훨씬 낫다. 필사하면 또 교정해야 하고 교정해서 조판·인쇄에 넘기면 또 재차 교정해야 하니 아무래도 수고로움을 면할 길이 없다. 따라서 한펀러우涵芬樓에서 새로 나온『사부총간四部叢刊』의 격식을 본떠서 우선『초성학요超性學要』[21]책를 영인해 '천학이함'이라 명명하면 좋을 것이다. 아울러 다른 뛰어난 작품들을 선정해서 삼함三函을 만들고 여력이 있으면 다시 초함初函을 영인해도 나쁘지 않다. 이렇게 하면 비용이 많이 들지 않고 일이 가벼워 쉽게 실행할 수 있으며 교정의 노동을 덜고 유통의 효율성을 높일 수 있으니 좋은 방안이라고 생각한다. 서신으로나마 논의하기를 청하니 되도록 빨리 도모했으면 좋겠다. 이 일이 만약 수년 전에 실행되었다면 지금은 이미 장관을 이루었을 것이다.[28]

---

27 "在徐家滙藏書樓閱書四日, 頗有所獲. 明末淸初名著, 存者不少, 恨無暇晷遍讀之也." 위의 글.

28 "頃言鐫刻舊籍事, 與其請人膳抄, 毋寧徑將要籍借出影印. 假定接續天學初函理編爲天學二函, 三函 (…중략…) 分期出版, 此事想非難辦. 細想一遍, 總勝于抄, 抄而又校, 校而付排印, 又再校, 未免太費力; 故擬仿涵芬樓新出『四部叢刊』格式, 先將『超性學要』(21冊)影印, 卽名爲天學二函, 幷選其他佳作爲三函, 有餘力幷復影初函, 如此所費不多, 事輕而易擧, 無膳校之勞, 有流通之效, 宜若可爲也. 乞函商相老從速圖之. 此事倘

천위안은 이를 실현하기 위해서 전력을 다해 관련 사료를 수집했다. 더불어『개원 연간 불교 목록開元釋教目錄』,『경의고經義考』,『소학고小學考』체제를 모방해『건가기독교록乾嘉基督教錄』을 만들려고 계획했다. 이 사업은 중국 천주교 문헌을 한 차례 전면적으로 정리함은 물론, 또『사고전서총목四庫全書總目』의 부족한 부분을 보충하고자 한 데 뜻이 있었다.

이 계획은 최종적으로 일부분만 완성하는 데 그쳤다. 이를테면『기독교록입화사략基督教錄入華史略』뒷부분에『명청시기 선교사 역술 목록明淸間教士譯述目錄』을 부록으로 간행했다. 이 목록은 당시 여러 조건의 한계로 인해서 단지 천주교사의 교리, 그리고 종교사와 관련된 부분만 수집했고 천문, 역산歷算, 지리, 예술 등 분야에서 선교사들의 중요한 저술들은 충분히 수집하지 못했다. 그러나 쉬쭝쩌徐宗澤, 1886~1947의『명청시기 예수회 선교사 역저서 개요明淸間耶穌會士譯著提要』와 로마 바티칸 교황청 및 파리도서관의 소장목록이 공표되기 전까지, 이 천위안의 목록은 당시 천주교 문헌을 가장 많이 수록한 목록이었다. 더욱이 이 목록에는 아직 간행되지 않은 판본이 이미 간행된 것보다 더 많았다. 이 점은 천위안이 얼마나 열의를 가지고 탐방하고 수집했는지 그 근면성을 말해준다. 천위안은 천주교 문헌을 조사하고 취합하기 위해 국내의 공적·사적 수장고를 두루 방문했을 뿐만 아니라 멀게는 일본까지 가기도 했다. 다만 그의 구상은 지금까지도 여전히 실현되지 못하고 있다.

그러나 천위안의 계획은 이미 중국 천주교사 연구자들의 목표이자 이상이 되었다. 바로 마샹보, 잉롄즈, 천위안 이 세 사람의 노력 덕분에 민국 초기 천주교 문헌의 수집, 정리 그리고 출판은 뚜렷한 성과를 거두었다.

幸之于數年前, 今已蔚爲大觀矣." 위의 글.

이들이 발굴하고 초록·정리하기 시작한 문헌은『천학초함』이외에도 다음과 같은 서적들이 있다.

『名理探』;『聖經直解』;『利先生行迹』;『天學擧要』;『眞主靈性理證』;『靈魂道體說』;『鐸書』;『天敎明辯』;『正敎奉褒』;『聖敎史略』;『寰宇詮』;『聖夢歌』;『主制群徵』;『幼童敎育』;『超性學要』;『王覺斯贈湯若望詩翰』;『敎要序論』;『代疑論』;『天釋明辯』;『豁疑論』;『辟妄』;『代疑編』;『代疑續編』;『答客問』;『天敎蒙引』;『拯世略說』;『輕世金書直解』;『古新經』;『三山論說』;『遵主聖範』.

이 밖에도 천위안 역시도 교외 전적 속에서 명청시기 천주교와 관련된 지식인, 왕실 인사의 문헌을 발견함은 물론, 일련의 중요한 논문을 발표하기도 했다. 이 내용은 앞서 논급했기 때문에 여기서는 생략하기로 한다.

한편 명청시기 천주교 문헌의 정리와 관련해서 민국 중후기에 가장 큰 공헌을 한 인물은 샹다向達, 1900~1966, 왕중민王重民, 1903~1975, 쉬쭝쩌, 팡하오方豪, 1910~1980, 옌쭝린閻宗臨, 1904~1978 5인을 꼽을 수 있다.

샹다는 동서양 관계사 연구의 대가이며 그의 '돈황학敦煌學'과 '목록학目錄學' 등 분야에서 이룩한 탁월한 공헌은 학계에 익히 잘 알려져 있다. 그러나 명청시기 입화 천주교사 문헌을 수집하고 정리하는 데에서도 두드러진 업적이 있다는 사실은 오히려 모르는 사람들이 많다. 샹다는 이 분야에서 「명청시기 중국 미술이 서양에서 받은 영향明淸之際中國美術所受西洋之影响」 등 중요한 논문을 집필했을 뿐더러 일부 천주교사의 서적을 수집하고 정리하기도 했다. 그가 구두점을 찍으며 교감한『서양 서태 마테오 리치 선생의 행적에 관한 통합 교정본合校本大西西泰利先生行迹』은 본인이 프랑스, 로마 등지의 판본을 모아서 교감한 뒤에 정리한 것으로 현재 가장 뛰어난 교정본이다.

상다는 많은 천주교 관련 희귀본珍本을 수장하고 있었다. 상지편역관上
智編譯館에서는 그가 소장한 천주교 관련 서목을 공개한 바 있다. 그 내용
을 소개해보면 다음과 같다.

『視覺』, 年希堯作序

『睡畫二答』, 西海畢方濟撰, 雲間孫元化訂Chinois 3385, 3387

『五十言余』, 艾思及先生述Courant 3406

『進呈鷹論』, 耶穌會士利類思撰譯Courant 5635

『六書實義』, 温古子述Chinois 906, 907

『交友論』, 歐邏巴人利瑪竇撰述Chinois 3371

『獅子說』, 耶穌會士利類思撰譯Courant, Chinois 5444, Chinois 5025

『原本論』, 劉凝撰述

『開天寶鑰』, 清陳薰著Chinois 7043

『睿鑒錄』, 大西高一志手授, 晋中韓雲撰述

『達道記言』上下二卷, 太西高一志手授, 晋中韓雲撰述Chinois 3395

重刊『二十五言』, 大西利瑪竇述Courant 3376~3377

『厲學古言』, 遠西耶穌會高一志述Chinois 3393

『樊紹祚奏』N. F. Chinois 3178

『遠鏡說』, 湯若望Courant 5657

『西國記法』, 泰西利瑪竇詮, 晋絳朱鼎Courant 5656

『斐錄答匯』, 上下兩卷Courant 3394

『鯨言』, 清嚴謨保定猷氏著

『易原訂余』附「再與顔大老師書」, 閩漳嚴謨保定猷氏著

『詩書糹錯解』, 閩漳嚴謨保定猷氏著

『海西叢抄第一篇』『答客問』, 朱宗元

『拯世略說』, 朱宗元

『崇堂日記随笔』王徵

『泰西利先生行迹』, 西极耶穌會士艾儒略述^{Chinois 1016}

『思及先生行迹』, 綏奉教人李嗣玄德望著^{Chinois 1017, 1018}

『閲楊淇园先生事迹有感』, 晋江門生張庚^{楊淇园先生事迹 내에 첨부, 다른 책이 아님}

『張弥格爾遺迹序』, 浙西鄭圃居士楊廷筠撰^{張弥格遺迹序임, 다른 책이 아님}

『張弥格爾遺迹』, 進賢熊士起薪初稿, 晋江張懶参補

『悌尼削世紀』, 瑪寴張氏傳

『通鑑記事本末補附編卷』, 錢江張星曜紫臣氏編次^{Chinois 1023}

『許嘉祿傳』, 何世貞^{Chinois 1022}

『皇清敕封太孺人顯妣太宜人行實』清許玉撰^{Chinois 1025}

『南先生行述』耶穌會士徐日昇, 安多同述^{Chinois 1032}

『安先生行述』, 遠西同會利類思, 南懷仁同述^{B. N. Chinois 1024}

『泰西殷覺斯先生行略』^{Chinois 1096}

『杜奧定先生東來渡海苦迹』, 方德望, 王清甫譯, 王徵良甫述^{Chinois 1021}

『南京羅主教神道碑記』, 郭寶六廷裳撰^{Chinois 4935}

『畏天愛人极論』, 明涇陽王徵葵心父著, 武進鄭鄭崟父評^{Chinois 6868}

『天學傳概』明閩中黃鳴喬撰, 附答鄕入書, 署徐光啓撰^{Chinois 6875}

『熙朝崇正集』二卷^{不著撰人}

『熙朝崇正集』, 閩中諸公贈詩^{不著撰人}

『天學辯敬錄』, 耶穌會孟儒望, 同會梅高, 傅泛濟, 陽瑪諾同定, 値會艾儒略准

『熙朝定案』^{Courant Chinois 1329}

이 상다의 목록은 상당량의 중요한 문헌을 제공해준다. 이 중에는 그가 해외의 도서관에서 직접 복사해서 가져온 것들이 많다.[29]

왕중민은 중국의 저명한 목록학자, 문헌학자, 돈황학자임과 동시에, 또한 명청시기의 천주교 문헌을 수집하고 정리한 데도 중요한 공헌을 했다. 1934년에 상다와 함께 베이징도서관에서 유럽으로 파견되어 학술조사를 한 적이 있었다. 이 유럽 방문 기간에 왕중민은 명청시기의 천주교 문헌을 수집하는 일을 유럽 서적 탐방의 두 번째 임무로 삼았다. 파리국가도서관과 로마의 바티칸도서관을 방문했을 때 이 서적들에 특별한 관심을 쏟았으며 유럽으로부터 일부 중요한 문헌들을 가지고 오기도 했다. 그 뒤로 왕중민은 연이어 명청시기 산시陝西 지역의 중요한 기독교도 한린韓霖의 저작 『발신수요록跋慎守要錄』과 명나라 슝런린熊人霖의 저작과 관련된 『발지위跋地緯』, 그리고 『왕정유서서王徵遺書序』, 『왕정의 「왕단절공유집」 발문跋王徵의王端節公遺集』, 『발애여당본은거통의跋愛余堂本隱居通義』, 『발격치초跋格致草』, 『문공가례의절文公家禮儀節』, 『도학가전발道學家傳跋』, 『경천해발經天該跋』, 『역대명공화보발歷代明公畫譜跋』, 『상고경전尙古卿傳』, 『청다웨전程大約傳』, 『발신수요跋慎守要』, 『해외희견록海外希見錄』, 『로마 서적 탐방록羅馬訪書錄』 등 영향력 있는 글을 썼다. 왕중민은 천위안과 동일하게 내화 선교사의 역저서 서목을 편찬하고 싶어 했고 그 이름을 『명청시기 천주교 선교사의 역술서목明淸之間天主敎士譯述書目』으로 정하기도 했다. 이 책은 초고는 끝냈지만 완성하지는 못했다. 그 초고도 분실되고 말았다.[30]

---

29 편역자는 이 상다의 책들을 찾기 위해 그의 후손과 통화한 적이 있었다. 그런데 뜻밖에도 그로부터 상다의 집은 '문혁'시기에 몰수당했고 큰방 세 개를 꽉 채우던 책들은 이때 흩어져 사라졌다는 말을 듣게 되었다.

30 王重民, 『冷庐文藪』, 上海古籍出版社, 1992, 937쪽.

쉬쭝쩌는 쉬광치의 제12대손으로 21세 때 예수회에 들어갔으며 구미에서 공부했다. 1921년에 중국으로 돌아온 뒤 얼마 지나지 않아『성교잡지聖敎雜志』의 주편과 쉬자후이徐家滙 천주당도서관의 관장을 맡았다. 그는 이 시기에 일련의 명청시기 천주교사와 관련된 논문과 저작을 발표했다. 그의 대표적인 저작은『명말청초 서학을 진흥한 위인明末淸初灌輪西學之偉人』, 『중국 천주교 전교사 개론中國天主敎傳敎史槪論』,『증서정문공집贈徐定文公集』, 『서정문공 서거 300년 기념문집 회편徐定文公逝世三百年紀念文集匯編』,『서씨포언徐氏庖言』,『명리탐名理探』,『서정문공 시문 목록徐定文公詩文目』 등이 있다.

상술한 저작 말고도 문헌학 분야에서 쉬쭝쩌의 영향력이 가장 컸던 것은 명청시기 천주교사 관련 한문 저작 목록이다. 쉬쭝쩌가 작성한 첫 번째 목록『바티칸도서관 소장 명청시기 중국 천주교인 역저서의 간략한 목록梵蒂岡圖書館藏明淸中國天主敎人士譯著簡目』은 1947년『상지편역관관간上智編譯館館刊』 제2권 제2기에 발표되었다. 그러나 그해에 병으로 사망하고 말았다. 또한『상지편역관관간』 제2권 제4·5기 합장본에서 그의 유작『상하이 쉬자후이장서각 소장 명청시기 교회 서목上海徐家匯藏書樓所藏明淸間敎會書目』을 발표했다. 그런가 하면 1949년에는 중화中華서국에서 그가 편저한『명청시기 예수회 선교사 역저서 개요』를 출판했다. 이 책의 학술적 가치는 현재까지도 여전히 매우 높게 평가받고 있다. 이 책은 다른 어떤 관련 공구서도 미치지 못하는 두 가지 공헌을 남겼다. 첫 번째는 세계의 주요 도서관에 소장된 명청시기 천주교사의 서목을 함께 공개했다. 두 번째는 문헌 210편의 서序, 발문跋, 서언前言, 후기後記를 공개했다.

이 책은 현재의 관점에서 보면 다소 부족한 점이 있다. 예컨대 쉬쭝쩌가 공개한 서목에는 쉬자후이장서각에 소장된 문헌 398본, 파리국가도서관에 소장된 문헌 733본, 바티칸도서관에 소장된 문헌 169부라고 했지만 이러한 숫자는 오차가 있다. 또한 그가 공개한 '서'나 '발문' 중에는 부분적으로 착오가 발견된다.[31] 그러나 이 책의 학술적 공헌이 극히 크다 보니 이러한 일부 부족한 부분이 가려져 버렸다.

팡하오는 천위안을 계승해 명청시기 천주교사, 천주교 문헌의 연구 분야에서 가장 큰 성과를 이룩한 학자이다. 그는 마샹보, 잉롄즈 등 천주교 내 인사들의 전통을 계승했을 뿐만 아니라, 학술계의 둥쮜빈董作賓, 1895~1963, 푸쓰녠傅斯年, 1896~1950, 후스胡適, 1891~1962, 천위안 등과 교류했다. 특히 천위안과 깊이 교류하면서 극대한 영향을 받았다. 팡하오는 "사학은 바로 사료학"이라는 격언을 신조로 삼아 문헌과 사료 방면에 큰 힘을 쏟았다. 이 시기 그는 명청시기 천주교의 역사문헌과 사료 고증에 관한 중요한 글을 지었다. 더불어 이 시기 팡하오의 대표적인 저작은 후스가 서문을 쓴『팡하오 문록方豪文錄』이 있다. 당시『상지편역관관간』제2권 제6기에 발표된『팡제런팡하오 신부 논저 요목方杰人司鐸論著要目』에 기록된 명청시기 천주교 관련 문헌의 목록을 소개해보면 다음과 같다.[32]

『十六世紀我國通商港 Liampo』;『明季西書七千部流入中國考』;『望遠鏡傳入中國考』;『伽利略與中國關係之新資料』;『拉丁文傳入中國考』;『嘉慶前西洋畫流傳中國考』;『孫元化手書與王徵交宜始末注釋』;『康熙雍正二帝之提倡拉定文』;『天主實義發覆』;『徐文定公耶穌像贊校異』;『遵主聖範譯本考』;『明理探譯刻卷

---

31 이 책이 가진 통계상의 문제는 두딩크(Ad. Dudink, 杜鼎克)가 *The ZIKAWEI(徐家匯) Collection in The Jesuit Theologate Library at Fujen 輔仁 Universiiy(Taiwan) : Background and Draft Catalogue*에서 상세하게 지적한 바 있다. Sino-Western Cultural Relations Journal XVIII, 1996, pp. 1~40.

32 이 목록은 이후에 나온 책들(『方豪文錄』,『方豪六十自定稿』)에 전부 수록되지는 않았기 때문에 여기서 열거한 내용은 여전히 학술적인 가치가 있다.

數考』;『家譜中的天主教史料』;『「辯學」抄本記略』;『四明朱宗元事略』;『從清暉閣贈貽尺牘見王石谷之宗敎信仰』;『明末西洋火器流入我國之史料』;『康熙前欽天監以外硏究天文之西人』;『順治刻本西洋新法歷書四種題記』;『徐光啓師友第子記略』;『東林黨人與天主教』;『十七世紀時的杭州修院事業』;『康熙間西洋敎士測繪貴州余慶輿圖簡史』;『來華天主敎士傳習生物學事迹述』;『康熙測圖之新史料』;『與向覺明先生論孫元化及毛文龍事』;『南懷仁尺牘』;『杭州本西儒耳目資辯僞』;『考性理眞詮白話稿與文言底稿』;『聖淸音集卷上校言』;『聖淸音集卷上再校』;『李存我硏究』;『楊淇园先生年譜』;『明淸間譯著的底本』;『跋坤輿格致略說』.

광하오는 신부의 신분으로 천주교사를 연구했고 20세기 학술계의 독보적인 존재로서 동서문화교류사 분야에서 크게 공헌했다. 천위안은 당시 그에게 보낸 서신에서, "공교公敎, 천주교의 논문은 학자들이 오랫동안 중요시해 왔는데 귀하가 고군분투하며 깊이 파고들어 단번에 사람들을 놀라게 했다. 이렇듯 천학을 중흥시키니 오직 귀하만이 할 수 있는 일이리라"[33]라고 말했다. 광하오는 일생토록 천인커의 사숙제자私淑弟子임을 자처했다. 천인커는 그를 "신후이 학안新會學案의 일인자"[34]라고 평한 바 있다. 이는 실제로 과한 말이 아니다. 타이완臺灣 학자 리둥화李東華, 1951~2010는 광하오를 가리켜 "사료학파 이론의 가장 뛰어난 해석가이자 실천가이며 그를 타이완, 더 나아가서는 중국 사료학파의 마지막 한 사람이라고 일컬어도 지나친 말이 아니다"[35]고 했다.

---

33 "公敎論文, 學人久不置目, 足下孤軍深入, 一鳴驚人, 天學中興, 舍君莫屬矣!"陳智超編,『陳垣來往書信集』, 上海古籍出版社, 1993, 306쪽.
34 "新會學案第一人." 李東華,『方豪年譜』, 臺灣國史館, 2001, 262쪽에서 재인용.

더해서 이 시기에 활동했던 두 명의 학자를 잊을 수가 없다. 바로 옌쭝린과 펑청쥔馮承鈞, 1887~1946이다. 옌쭝린은 당시 유럽의 관련 도서관을 방문한 몇 안 되는 서적 탐방 학자로서 자신의 박사 학위 논문을 완성하기 위해서 여러 차례 로마 바티칸도서관을 방문해 문헌을 조사하고 문서를 초록했다. 그는 이 문서들을 항일투쟁시기에 대부분『싸오당바오掃蕩報』의『문사지文史地』에 발표했다. 그런가 하면 펑청쥔은 동서 교류 연구의 대가이다. 그가『서역 남해의 역사와 지리에 관한 고증 총서西域南海史地考證譯叢』에서 수행한 번역문 또한 매우 중요하다.[36]

그건 그렇고, 특기할 사항으로 팡하오는 1946년 9월부터 1948년 7월까지『상지편역관관간』을 주관하면서 2년 동안 총 3권 13기를 출판했다. 이 13기『상지편역관관간』은 당시 명청시기 천주교사 문헌을 수집하고 정리하는 데 중요한 학술적 무대가 되었다. 또, 민국시기에 이 문헌들을 수집하고 정리하는 데 보여준 최고 수준, 가령 문헌의 교감, 구두점, 연구 등은 현재까지도 그들의 성과를 무시할 수 없을 정도의 가치를 지닌다.

편역자는『상지편역관관간』을 펼쳐 읽을 때면 매번 천위안, 잉롄즈, 팡하오, 왕중민, 샹다 등 선배들의 엄격한 학문적 태도와 학술적 열정에 감동하곤 한다. 민국시기, 학술계가 이 문헌들을 정리하고자 노력할 때 천주교 내에서는 실제로 줄곧 이 문헌들을 이용했으며 일부 명말청초시기 천주교의 문헌들을 출판하기도 했다. 최근에 출판된『민국시기 전체 도서 목록-종교편民國時期總書目-宗敎卷』[37]의 기록에 근거해보면 다음과 같은

35　李東華,『方豪先生年譜』, 臺灣三九書局, 262쪽. 그 외에 黃一農,「明末淸初天主敎傳華史硏究回顧與展望」,『國際漢學』第四期 참고.

36　馮承鈞,『西域南海史地考證譯叢』1~3, 商务印書館, 1995.

37　田大衛,『民國總書目-宗敎卷』, 書目文獻出版社, 1994.

서적들이 재출판되었다.

陽瑪諾『聖經直解』1~6; 南懷仁『敎要序論』;『善惡報略說』; 高一志『敎要解略』; 柏應理『天主聖敎百問答』,『四末眞論』,『徐太夫人傳略』又名『一位中國奉敎太太徐母徐太夫人事略』; 陸安德『眞福直指』; 利類思『超性學要』,『論天主』,『論萬物原始』,『論天神』,『論人靈魂肉身』,『論宰治』,『論天主降生』,『聖母小日課』; 孫璋『性理眞詮提綱』; 艾儒略『天主降生引義』,『萬物眞原』,『滌罪正規』,『聖人言行』,『聖人的表』,『言行記略』,『大西西泰利先生行迹』,『弥弥撒祭義』,『聖人德表』; 馮秉正『盛世芻蕘』,『聖經廣益』上下; 龐迪我『七克』; 潘國光『天階』; 沙守信『眞道自證』; 陽瑪諾『天主聖敎十戒直詮』,『唐景敎碑頌正詮』; 徐光啓『劈妄』; 朱宗元『拯是世略說』; 楊廷筠『代疑編』,『代疑續編』; 利瑪竇『天主實義』;『天主實義』文言對照,『畸人十篇』; 浙江杭州倉桥天主堂編『李我存, 楊淇园兩先生傳略』; 丁志麟『楊淇园先生年表』.

4. 1950~2002년 국내외 학술계의
선교사 한문 문헌에 대한 수집과 정리

이 시기 중국학계의 연구 및 문헌 정리 작업은 중국 대륙, 타이완, 홍콩 3개 지역에서 전개되었다. 먼저 타이완의 상황을 고찰해보면 원시 문헌의 수집과 정리 방면에서 대륙의 학술계보다 훨씬 견실하게 진척된 모습을 보인다. 1964년에 우상상吳相湘, 1912~2007은 뤄광羅光, 1911~2004 주교의 수중에 후스를 위해 준비한 로마에서 복제한『서국기법西國記法』이 있음을 알고 매우 기뻐했다. 그는 이를 복사하려고 하던 중에 뒷날 뤄광이 다른 사람을 대신해서『천학초함』도 소장하고 있음을 듣게 되었다. 그래서 우선『천학초함』을 복사해『중국사학총서中國史學叢書』제23집으로 삼기로 결정했다. 팡하오는 복사본 앞에 「리즈짜오 집간 천학초함 연구-리즈짜오 탄생 사백주년 기념 논문李之藻輯刻天學初函考-李之藻誕生四百周年紀念論文」이라는 장문을 썼다. 이『천학초함』의 재출간은 타이완의 명말청초 천주교 한문 문헌의 정리 작업을 시작하게 만들었다. 1년 뒤에 우샹샹은『천주교 동전 문헌天主教東傳文獻』이라는 제목으로 그가 주편한『중국사학총서』제24집으로 삼아 두 번째 명말청초의 천주교 한문 문헌을 출판했다. 또 2년 뒤에는『중국사학총서』제40집으로『천주교 동전 문헌 속편續編』전서全書 3책을 출판해 총 20편의 문헌을 수록했다. 팡하오는 각각의 문헌에 판본학적 설명을 덧붙여 독자들이 각 서적의 내력을 명확하게 이해할 수 있도록 했다. 이어서 1971년에『천주교 동전 문헌 삼편三編』을『중국사학총서 속편』제21집으로 출판해 전서 6책에 총 16편의 문헌을 수록했다.

『천학초함(天學初函)』 서명

편호	저자	서명	비주
1		理編總目	제1권
2	艾儒略	西學凡	제1권
3		唐景教碑附	제1권
4	利瑪竇	畸人十篇(附西琴曲意八章)	제1권
5	利瑪竇	交友篇	제1권
6	利瑪竇	二十五言	제1권
7	利瑪竇	天主實義	제1권
8	利瑪竇	辯學遺牘	제2권
9	龐迪我	七克	제2권
10	畢方濟	靈言蠡勺	제2권
11	艾儒略	職方外紀	제3권
12		器編總目	제3권
13	徐光啓	泰西水法	제3권
14	利瑪竇李之藻	渾盖通憲圖說	제3권
15	利瑪竇徐光啓	幾何原本	제4권

편호	저자	서명	비주
16	熊三拔	表度說	제5권
17	陽瑪諾	天問略	제5권
1S	熊三拔	簡平儀	제5권
19	利瑪竇李之藻	同文算指	제5권
20	利瑪竇李之藻	圜容教義	제6권
21	利瑪竇徐光啓	測量法義	제6권
22	利瑪竇徐光啓	測量异同	제6권.
23	利瑪竇徐光啓	勾股義	제6권

『천주교 동전 문헌』초ⁿ 2, 3편에 수록된 문헌의 상세한 서목은 다음과 같다.

『천주교 동전 문헌(天主教東傳文獻)』 서목

편호	서명	저자	비주
1	西國記法	泰西利瑪竇詮著	
2	原本篇第一		
3	明用篇第二		
4	設立篇第三		
5	立象篇第四		
6	定識篇第五		
7	廣資篇第六		
8	熙朝定案	南懷仁	
9	不得已辨	利類思	
10	不得已辯	南懷仁	
11	辯依西洋新法五字幷中國奉西洋正朔		
12	測驗爲諸辯之据		
13	新法歷遵聖旨爲無庸辯之原		
14	辯光先第一摘以爲新法 不用諸科較正之謬		
15	辯光先第二摘以爲新法 一月有三節氣之謬		
16	辯光先第三摘以爲新法 二至長短之謬		
17	辯光先第四摘以爲新法 夏至日行遲之謬		
18	辯光先第五摘以爲新法 移寅官箕三度入丑官之謬		
19	辯光先第六摘以爲新法 更调辯二宿之謬		
20	辯光先第七摘以爲新法 刪除箱氣之謬		
21	辯光先第八摘以爲新法 顛倒羅計之謬		
22	辯光先第九摘以爲新法 黃道算節氣之謬		
23	辯光先第十摘以爲新法 止二百年之謬		
24	辯晝夜一百刻之分		
25	辯光先閏月之虛妄		
26	合朔初亏先後之所以然		
27	交食測驗七政幷凌犯歷疏密		

편호	서명	저자	비주
28	光先欺世饰罪		
29	光先計圖修歷以掩奸欺		
30	地爲圖形實證		
31	新舊二歷疏密		
32	歷日自相矛盾數端		
33	代疑篇楊廷筠述		
34	答造化萬物一歸主者之作用條		
35	答生死賞罰惟系一主百神不得添其权條		
36	答有天堂有地獄更無人畜鬼趣輪迴條		
37	答物性不同人性人性不同天主性條		
38	答戒殺放生釋氏上善西教不断腥味何雲持齐條		
39	答佛由西來歐邏巴既在极西必所親歷獨昌言無佛條		
40	答既說人性以上所言報應反涉粗迹條		
41	答西國義理書籍有萬部之多若非重復恐多僞造條		
42	答地四面皆人所居天有多層重重皆可測量條		
43	答九萬里程途涉海三年始條		
44	答從來衣食資給本邦不受此中供养條		
45	答人倫有五止守朋友倫盡废其四條		
46	答禮惟天子祭天今日日行弥撒禮非怠即渎條		
47	答謂窘難益德遠於人情條		
48	答疑西教者籍籍果盡無稽可置勿問條		
49	答天主有形有聲條		
50	答降孕爲人生於瑪利亞之童生條		
51	答天主有三位一體降生系第二位費略條		
52	答被釘而死因以十字架爲教條		
53	答耶穌疑至人神人未必是天主條		
54	答耶穌爲公教聖神相通功條		
55	答遵其教者罪過得消除條		
56	答命終時解罪获大利益條		
57	答十字架威力甚大萬魔當之立見消損條		
58	熙朝崇正集 閩中諸公贈泰西諸先生詩初集		

『천주교 동전 문헌 속편(天主敎東傳文獻續編)』 서목

편호	서명	저자	비주
1	天學說	邵辅忠	제1권
2	辯學疏稿	徐光啓	제1권
3	鴞鸞不并鳴說	楊廷筠	제1권
4	天帝考	嚴保祿	제1권
5	天主實義續編	龐迪我	제1권
6	天釋明辯	楊廷筠	제1권
7	三山論學記	艾儒略	제1권
8	主制群征	湯若望	제2권
9	辟妄	徐光啓	제2권

편호	서명	저자	비주
10	景教流行中國碑頌正詮	陽瑪諾	제2권
11	天主聖教實錄	羅明堅	제2권
12	天學略義	孟儒望	제2권
13	辟邪集	沙門智旭	제2권
14	建福州天主堂碑記		제2권
15	天儒印	利安當	제2권
16	天學傳概	李祖白	제2권
17	不得已	楊光先	제3권
18	儒教實義	馬若瑟	제3권
19	盛世芻蕘	馮秉正	제3권
20	熙朝定案		제3권

『천주교 동전 삼편(天主敎東傳三編)』 서목

편호	서명	저자	비주
1	述友篇	衛匡國	제1권
2	正學鏐石	利安當	제1권
3	聖敎信證	韓霖 張賡	제1권
4	五十余言	艾儒略	제1권
5	勤修一鑒	李九功	제1권
6	天主聖教啓疑論	朱宗元	제2권
7	造物主垂象略說	徐光啓	제2권
8	譬學	高一志	제2권
9	達道紀言	高一志	제2권
10	崇一堂日記隨笔	湯若望 王徵	제2권
11	空际格致	高一志	제2권
12	痛苦經迹	湯若望	제3권
13	聖母行實	高一志	제3권
14	聖經直解卷1~卷5	陽瑪諾	제4권
15	聖經直解卷6~卷10	陽瑪諾	제5권
16	聖經直解卷11~附錄	陽瑪諾	제6권

편역자는 뤄광, 팡하오 등 타이완 학자들이 문헌을 정리하고 출판하는 데 두 가지의 중요한 경험을 했다고 생각한다.

첫째, 『천학초함』의 사고방식에 따라 중국 천주교사의 기본 문헌을 정리했다. 이 점은 뤄광과 팡하오가 확실하게 밝히고 있다. 뤄광은 다음과 같이 말한다.

리즈짜오는 『천학초함』을 편집하고 천주교 인사들의 저역서를 수집하면서 그의 심중에는 일찍이 불교의 대장경大藏經과 도교의 도장경道藏經을 염두에 두고 있었다. 불교의 승려들은 위진魏晉부터 당송唐宋까지 불경을 번역하고 주소를 달았다. 그것은 송나라 고종高宗 때에 판각한 대장경으로 집성되었다. 도교의 전적은 비록 난잡하지만 송나라 진종眞宗의 어지에 따라 보문통록寶文統錄으로 엮어졌다. 리즈짜오는 초기 천주교 인사들의 저역서를 수집해 『천학초함』이라고 명명했고 후인들이 계속해서 이함, 삼함, 수천 수백 함까지 펴내 불교의 대장경과 도교의 도장경에 맞설 수 있기를 바랐던 것이다.[38]

둘째, 문헌을 정리하는 하나의 모형을 제공했다. 즉, 판본을 연구하고 영인해서 출판하며 서언序言을 중시한 점이다. 명말청초 천주교 문헌의 판본은 종류가 많은데다가 후대에 복각한 것도 부지기수다. 그래서 각종 판본마다 차이가 크기 때문에 이들 판본을 그냥 그대로 이용해서는 결코 안 된다. 팡하오 등이 찍어낸 서적의 경우에는 판본의 내력에 대해 모두 일일이 설명을 덧붙여 후대의 사용자가 분명하게 파악할 수 있게 했다. 중국의 천주교사는 정치, 문화와 불가분의 관계에 있다 보니 후대에 정리된 각종 판본에는 일부의 내용을 생략하거나 수정하는 일이 빈번했다. 그로 인해 후대의 연구자들이 역사적 진실을 파악하는 데 어려움을 겪는 일이 많았다. 그러나 팡하오는 "역사적 진실을 보존하기 위해서는 사실 원

---

38 "李之藻編輯『天學初函』, 收集天主教人士的譯著, 他的心中, 曾看到佛敎的大藏和道敎的道藏. 佛僧自魏晉到唐宋, 譯經疏經, 積成了宋高宗所刻的大藏經. 道敎的典籍, 雖然蕪雜, 然賴宋眞宗的御旨, 也編成寶文統錄. 之藻收集初期天主敎人士的譯著, 名曰『天學初函』, 理想着後來有人繼續編刻二函, 三函, 以至千百函, 可以和佛藏道藏相抗衡." 羅光, 『天學初函影印本序』, 臺灣學生書局, 1965.

문을 건드리지 않는 것이 좋다"[39]라고 했다. 이러한 방식의 영인은 기본적인 방법이자 원칙이 되었다. 편역자는 특별히 팡하오가 『천주교 동전 문헌 속편』에 쓴 서언의 방법을 추앙한다. 이렇게 하면 난이도가 다소 높아지는 것이 사실이지만 서언이 있는 것과 없는 것의 차이는 매우 크다.

이와 같은 팡하오 등 타이완 학술계가 기울인 노력은 관련 분야 연구에 크게 기여했다. 1980년대 이후, 중국 대륙의 학술계에서도 천주교사에 대한 연구가 서서히 활성화되기 시작했다. 역사 문헌상에서 만약 『천주교 동전 문헌』 1, 2, 3편이 없었다거나 연구상에서 『팡하오 육십 자술록方豪六十自述錄』이 없었다면 대륙의 관련 학술연구는 수 년이 늦춰졌을 것이다.[40]

『쉬자후이장서각 명청시기 천주교 문헌徐家匯藏書樓明淸天主敎文獻』5책은 1996년에 푸런신학대학輔仁神學院에서 출판한 중요한 한문 문헌이다. 이 책은 니콜라스 스탄다르트Nicolas Standaert, 鍾鳴旦, 아드리안 두딩크Adrian Dudink, 杜鼎克, 황이눙黃一農, 주핑이祝平一 등이 연합해 편저한 것이다. 구바오후顧保鵠는 서문에서 이 문헌은 1949년에 상하이의 쉬자후이장서각에서 마닐라로 운반되었다가 1976년에 타이완의 푸런대학교 신학대학으로 옮겨

---

39 "爲存眞起見, 實以不動原文爲宜." 方豪, 「影印辯學疏稿序」, 『天主敎東傳文獻續編』, 臺灣學生書局, 1966.

40 최근 몇 년간, 국내외에 개별 학자들이 팡하오의 연구에 대해 완곡하게 비판하는 일이 많아졌다. 그러나 타이완 학자 리둥화의 다음 말에 귀 기울일 필요가 있다. "방하오의 일생은 의문의 여지 없이 사료학파 진영의 용장이다. 팡하오는 멀게는 명청시기 서양 선교사들의 과학적 방법을, 그리고 가깝게는 당대 실증주의자 후스의 '대담한 가설, 세심한 고증(大膽假設, 小心求證)'이라는 고증벽을 이어받았다. 그는 일생토록 유럽 대륙 과학사파의 계승자 푸쓰녠의 '근대의 역사학은 단지 사료학일 뿐이다(近代的歷史學只是史料學)'라는 잠언을 가슴 깊이 새겼다. 또한 건가(乾嘉) 고증학의 후계자 천위안으로부터 '채산지동(采山之銅)', '갈택이어(竭澤而漁)'의 공부를 습득했다. 더욱이 팡하오는 뛰어난 외국어 기초, 풍부한 천주교사 지식을 바탕으로 장기적으로 '역사의 전문적인 테마 연구'의 저술에 전념해 풍부한 연구 성과를 축적했다." 李東華, 앞의 책, 267~268쪽.

왔다고 밝혔다. 이 문헌은 사실상 명말청초의 천주교 문헌이 전부는 아니지만 총 37종의 관련 문헌을 수록하고 있다. 이를 시기별로 구분해보면 "17세기의 것이 17종, 18세기 초에서 19세기 1840년대의 것이 7종, 19세기 1840년대에서 20세기 초의 것이 13종"이다. 그러나 "이 문헌에 수록된 각 서적이나 각 문건은 실로 중국 천주교사의 귀중한 유산이자 사학계의 보기 드문 보물이다." 두딩크는 『중서문화교류잡지Sino-Western Cultural Relation Journal XVIII』1996년 호에 이 문헌의 상세한 목록을 발표한 바 있다.[41]

2002년에 타이완의 리스학사利氏學社는 스탄다르트와 두딩크가 편집한 『예수회 기록보관소 명청시기 천주교 문헌耶穌會檔案館明淸天主敎文獻』12책을 출판했다. 이 문헌은 전부 로마 예수회 기록보관소에서 선별해 온 것이다. 앨버트 찬Albert Chan, 陳緒倫 신부는 로마 예수회 기록보관소에 소장된 명청시기 천주교 문헌에 대한 뛰어난 목록을 이미 작성했다. 이는 문헌의 선집 분야에 견고한 기초를 다진 것이다. 이 점은 뒤에서 자세히 설명할 것이다. 편자는 서문前言에서 다음과 같이 말했다.

여기서 선별해 편찬한 100여 종의 문헌들은 상술한 소장처에서 나온 것이다. 자료를 편찬할 때 편자는 다음과 같은 3가지의 기준에 따랐다. 첫째, 이 자료들은 대략 1820년 이전에 이루어진 것이어야 한다. 둘째, 이 자료들은 현대 선집 어느 곳에서도 출판된 적이 없어야 한다. (…중략…) 셋째, 이 선집은 많은 희귀한 판본을 포함하되 그 내용이 선교사들이 쓴 교의 문답 류의 원본이거나 중국 교도들이 쓴 교의 서적과 중국 각 수도회의 규약 등이 들어 있어야 한다"라

---

41   Adrian Dudink, *The ZIKAWEI* 徐家匯 *Collection in The Jesuit Theologate Library at FuRen* 辅仁 *University(Taiwan) : Background and Draft Catalogue*, Sina-Western Cultural Relation Journal XVIII, 1996, Amsterdam, pp.1~40.

고 했다. 이 문헌에는 수많은 귀중한 문헌이 수록되어 있다. 예를 들어 마테오
리치의 『성경약록聖經約錄』은 과거 연구자들이 지금껏 한 번도 언급한 적이 없
었던 문헌으로 여기서 최초로 공개된 것이다. 특히 공개한 중국 신도 리주궁李
九功, 옌모嚴謨, 주쭝위안朱宗元 등의 전례논쟁과 관련된 문헌은 매우 귀중한 것들
이다. 이 두 문헌 가운데 전자가 중국 학자와 서양 학자가 협력한 결과물이라
면 후자는 전적으로 서양 학자가 작성한 것이다. 결국은 한문으로 중국에서 출
판된 문헌들이기 때문에 본 절에서 함께 논의해야 한다.

『쉬자후이장서각 명청시기 천주교 문헌』과『예수회 기록보관소 명청시
기 천주교 문헌』에서 공개한 문헌의 편명을 표로 열거하면 다음과 같다.

『쉬자후이장서각 명청시기 천주교 문헌(徐家匯藏書樓明淸天主教文獻)』

편호	서명	저자	비주
1	齋旨	利瑪竇	제1권
2	辟釋氏諸妄	徐光啓	제1권
3	奏疏	龐迪我	제1권
4	策怠警喩	熊士旂	제1권
5	萬物眞原	艾儒略	제1권
6	楊淇圓先生超性事迹	丁志麟	제1권
7	童幼敎育	高一志	제1권
8	睡畫二答	畢方濟	제1권
9	推驗正道論, 谷周偶編	王一元	제1권
10	齊家西學	高一志	제2권
11	鐸書	韓霖	제2권
12	西學四鏡	孟儒望	제2권
13	畢方濟奏折	畢方濟	제2권
14	思及艾先生行迹	李嗣玄	제2권
15	天主聖敎約言等		제2권
16	湯若望賀文(贈言)	蕩若望	제2권
17	利類思安文思南懷仁奏疏		제2권
18	道學家傳	胡璜	제3권
19	(奉天學)徐啓元行實小記	陸不誠	제3권
20	欽命傳敎約述		제3권
21	安南副敎先生		제3권
22	性理參證		제3권

편호	서명	저자	비주
23	息妄類言	方勛	제4권
24	聖教書籍記篇	黃鳴喬	제4권
25	格致奧略	羅明堯	제4권
26	本主教類思羅		제5권
27	昭然公論		제5권
28	誣謗論	南格祿	제5권
29	黃恩彤護教奏疏		제5권
30	天主教奏折		제5권
31	醒心編		제5권
32	聖教喻稿		제5권
33	駐扎上海主教中法職官表	黃伯祿	제5권
34	敎堂買地公件……		제5권
35	天主堂基石記		제5권
36	李公問漁書札		제5권
37	江南育嬰堂記		제5권

『예수회 기록보관소 명청시기 천주교 문헌(耶穌會羅馬檔案館明淸天主敎文獻)』

편호	서명	저자	비주
1	天主實錄	羅明堅	제1권
2	聖經約錄	利瑪竇等	제1권
3	敎要解略	王丰肃	제1권
4	天主敎要	無名氏	제1권
5	天主聖敎啓蒙	羅儒望	제1권
6	誦念珠規程	羅儒望	제1권
7	龐子遺詮	龐迪我	제2권
8	天主聖敎約言	蘇如漢	제2권
	天主聖敎約言	蘇若望	제2권
9	天主聖敎四字經文	艾儒略	제2권
10	天主聖敎入門問答	施若翰	제2권
11	聖敎源流	朱毓朴	제3권
12	振心總牘	費奇規	제3권
13	默想規矩	無名氏	제3권
14	天主降生出像經解	艾儒略	제3권
15	天主降生言行記略	艾儒略	제4권
16	滌罪正規	艾儒略	제4권
17	哀矜行詮	羅雅谷	제5권
18	聖敎四窺	潘國光	제5권
19	推定歷年瞻禮日法	柏應理	제5권
20	善終諸功規例	伏若望	제5권
21	臨喪出殯儀式(早期抄本)	李安堂	제5권
	臨喪出殯儀式(近期抄本)	李安堂	제5권
22	喪葬儀式(早期抄本)	李安堂	제5권
	喪葬儀式(近期抄本)	李安堂	제5권

편호	서명	저자	비주
23	天主敎喪禮問答	南懷仁	제5권
24	善惡報略說	南懷仁	제5권
25	象數論	無名氏	제6권
26	性學粗述	艾儒略	제6권
27	書答	畢方濟	제6권
28	睡答	畢方濟	제6권
29	聖夢歌	艾儒略	제6권
30	民歷鋪注解惑	湯若望	제6권
31	预推紀驗	南懷仁	제6권
32	口鐸日抄	艾儒略	제7권
33	聖水紀言	孫學詩	제8권
34	聖敎規诚箴赞	徐光啓	제8권
35	天學證符	張展	제8권
36	同善說	無名氏	제8권
37	辟邪論	姜佑	제8권
38	天主敎原由	無名氏	제8권
39	夢渡山房悬锤集	郭多默	제8권
40	問答匯抄	李九功	제8권
41	易書	無名氏	제8권
42	禮俗明辯	李九功	제8권
43	摘出問答匯抄	李九功	제8권
44i	證禮议(早期抄本)	李九功	제9권
	證禮儀(近期抄本)	李九功	제9권
45	慎思錄	李九功	제9권
46	醒迷篇	無名氏	제9권
47	辟艾條駁合刻	徐光啟, 張星曜, 洪齊	제9권
48	覺斯錄	劉凝	제9권
49	性說	夏瑪第亞	제10권
50	泡制辟妄辟	夏瑪第亞	제10권
51	赣州堂夏相公聖名瑪第亞回方老爺書	夏瑪第亞	제10권
52	生祠緣由册	夏瑪第亞	제10권
53	生祠故事	夏瑪第亞	제10권
54	祭禮泡制	夏瑪第亞	제10권
55	禮記祭制撮言	夏瑪第亞	제10권
56	(禮儀問答)	夏瑪第亞	제10권
57	中國各省寺廟錄	無名氏	제10권
58	閩中将樂縣丘先生致諸位神父書	丘晟	제10권
59	述聞篇	丘晟	제10권
60	辯祭參評	李西滿	제10권
61	祠典說	張星曜	제10권
62	(禮儀答問)	無名氏	제10권
63	京都總會長王伯多錄等十八人致外省各堂會長書	王伯多錄等	제10권

편호	서명	저자	비주
64	祭祖考	嚴謨	제11권
65	木主考	嚴謨	제11권
66	辯祭(早期抄本)	嚴謨	제11권
	辯祭(近期抄本)	嚴謨	제11권
67	草稿	嚴謨	제11권
68	辯祭後志	嚴謨	제11권
69	致穆老師文兩首,附跋一首	嚴謨	제11권
70	草稿(草稿抄白)		제11권
71	李師條問	嚴謨	제11권
72	考拟	嚴謨	제11권
73	祭祀問答	洪依納爵	제11권
74	芻言	何某	제11권
75	喪禮哀論	無名氏	제11권
76	家禮合敎錄	張象灿.	제11권
77	聖事禮典	利類思	제11권
78	斐祿匯答	高一志	제12권
79	本草補	石鐸璟	제12권
80	聖意納爵傳	高一志	제12권
81	聖方濟各沙勿蜓	高一志	제12권
82	大西利西泰子傳	張維樞	제12권
83	大西西泰利先生行迹	艾儒略	제12권
84	西海艾先生行略	李九功, 沈從先, 李嗣玄	제12권
85	西海艾先生語錄	李嗣玄, 李九功	제12권
86	遠西景明安先生行述	利類思, 南懷仁	제12권
87	利先生行述	南懷仁, 闵明我, 徐日昇	제12권
88	奏疏	利類思, 安文思	제12권
89	禮部題稿		제12권
90	辞衔問答	南懷仁	제12권
91	Edicts and Memorials Concerning Ferdinand Verbiest's Death(熙朝定案)		제12권
92	廣東至北京路程表	無名氏	제12권
93	湖廣聖迹	無名氏	제12권
94	聖母會規	洪度貞	제12권
95	天主耶穌苦難會規	洪度貞	제12권
	會規總要(nos. 96~98)		제12권
96	仁會會規	無名氏	제12권
97	聖方濟各會規	無名氏	제12권
98	聖母會規	無名氏	제12권

이상으로 1960년대부터 2002년까지 타이완에서 명말청초의 천주교 문헌 총 183부가 출판·정리되었음을 확인할 수 있다.[42]

홍콩에서 출판된 명말청초의 천주교 문헌 중에서 가장 가치 있는 것은 중국 대륙의 학자 샤구이치夏瑰琦가 정리한『성조파사집聖朝破邪集』이다. 이 것은 1996년에 홍콩의 젠다오신학대학建道神學院에서 출판한『기독교와 중국문화 사료 총간基督敎與中國文化史料叢刊』의 제1종이다.

대륙 학술계의 1950년 이후의 정리 작업은 먼저 상하이도서관의 '원쉬자후이장서각原徐家滙藏書樓'에 대한 정리로부터 시작되었다. 상하이도서관은 1950년대에 내부적으로 다음과 같은 일련의 목록을 정리했다.

『徐家滙藏書樓所藏天主敎圖書目錄初編目次』[1958];『徐家滙藏書樓所藏西文圖書分類表』[1958];『徐家滙藏書樓所藏古籍目錄初編總目』[不详]; 『徐家滙藏書樓所藏中文平裝圖書目錄』[不详];『徐家滙藏書樓所藏雜志目錄初編』[1957];『徐家滙藏書樓所藏報纸目錄初稿』[1957];『徐家滙藏書樓所藏地方志目錄初編』[1957];『徐家滙藏書樓所藏基督敎圖書目錄初編』[1958];『徐家滙藏書樓所藏西文藏書目錄初編』[1958] 등.[43]

편역자는『쉬자후이장서각 소장 천주교 도서 목록 초편 목차徐家滙藏書樓所藏天主敎圖書目錄初編目次』에서 1843년 이전에 출판된 문헌 28종을 기초적으

---

42 스탄다르트와 두딩크가 편집한『예수회 로마 기록보관소 명청시기 천주교 문헌(耶穌會羅馬檔案館明淸天主敎文獻)』은 단지 이 기록보관소에 소장된 한문 문헌의 일부분일 뿐이며 그 장서의 전체적인 상세한 서목은 Albert Chan, *S. J. Chinese Books and Documents in the Jesuit Archives in Rome*, An East Gate Books, 2004 참고.

43 쉬자후이장서각에 소장된 명청시기 천주교 문헌에 대한 연구는 리톈강(李天綱),「徐家滙藏書樓與明淸天主敎硏究」,『相遇與對話』, 510쪽에 의해서 가장 심도 있게 이루어졌다.

로 집계했으며 그 목록은 다음과 같다.

陽瑪諾 譯, 『聖經直解』, 十四卷, 1790年 京都 始胎堂 판각본;[44]

利類思 譯, 魯日滿 訂, 『聖母小日課』, 1672年 판각본;

朱明 撰, 『聖若瑟大主保經』, 1715年 판각본;

艾儒略 撰, 『天主聖教四字經文』, 一卷, 1798年 北京 共樂堂 판각본;

陽瑪諾 外譯, 西洋利類思 外重校, 『天主聖教總牘匯要』, 1755年 領報堂本;

『聖教日課』, 三卷, 1795年 上海 慈母堂 판각본;[45]

『日課撮要』, 1837年 판각본;

艾儒略 撰, 『萬物眞原』, 一卷, 1791年 판각본;

萬濟國 撰, 『聖教明征』, 1677年 판각본;

白多瑪 撰, 『聖教切要』, 一卷, 1842年 上海 慈母堂 판각본;

『聖教要理選集』, 1811年 판각본;

龐迪我 撰, 『七克』, 七卷, 1798年 京都 始胎堂 판각본;

陽瑪諾 撰, 『天主聖教十戒』, 二卷, 1798年 京都 始胎堂 판각본;

石振鐸 撰, 『哀矜炼靈說』, 一卷, 1824年 北京 共樂堂 판각본;

馮秉正 撰, 『盛世芻荛』, 1796年 판각본;

艾儒略 撰, 『三山論學記』, 一卷, 1694年 北京 天主堂 판각본;

孫璋 撰, 『性理眞詮』, 四卷 卷首一卷, 1753年 北京 首善堂 판각본;

石振鐸 撰, 『初會問答』, 一卷, 1822年 판각본;

林德瑤 譯, 『聖依納爵尤日敬禮』, 附聖方濟各沙勿略九日敬禮, 1780年 上海 慈母堂 활자본;

陽瑪諾 譯, 朱宗元 訂, 『輕世金書』, 四卷, 1815年 판각본;

44　이 목록에는 일부 일본에서 인쇄한 천주교 서적도 포함되어 있다.

沈若瑟 譯,『易簡禱艺』, 三卷, 1758年 京都 聖若瑟堂 판각본;

白多瑪,『四終略意』, 四卷, 1705年 眞原堂 판각본;

柏應理 撰,『四末眞論』, 1825年 北京 共樂堂 판각본;

『聖母聖衣會恩諭』, 1759年 上海 慈母堂 판각본;

峨德斐理鐸 撰,『聖母領報會規程』, 1778年 京都 大堂 판각본;

艾儒略 撰,『天主降生言行記略』, 八卷, 1796年 京都 始胎堂 판각본;

高一志 譯,『聖母行實』, 三卷, 1798年 판각본;

馮秉正 譯,『聖年廣益』, 1815年 판각본.[46]

이 목록에는 일부 1843년 이후 재판된 명청시기 천주교 저작들이 있다. 이 저작들은 다소 늦게 출판되기는 했지만 적지 않은 희귀문헌들이 있다. 예를 들면 페트루스 피누엘라石振鐸, Petrus Pinuela 의 『대사해략大赦解略』, 조세프 프레마르Joseph Henry Marie de Prémare, 馬若瑟, 1666~1736 의 『성 요셉Saint Joseph 전聖若瑟傳』,『성모의 정결한 배우자 성 요셉전聖母净配聖若瑟傳』, 니콜라 롱고바르디Nicolas Longobardi, 龍華民, 1556~1654 의 『사설死說』, 프랑스와 노엘François Noël, 衛方濟, 1651~1729 의 『인죄지중人罪之重』 등이다. 일부 서적은 비록 저자가 명시되어 있지는 않지만 책의 이름으로 분석해보면 『성교리증聖敎理證』,

45   니콜라 롱고바르디(Nicolas Longobardi, 龍華民, 1556~1654)의 작품이다. 費賴之, 馮承鈞 譯,『在華耶蘇會士列傳及書目』上冊, 中華書局, 1995, 68쪽 참고.

46   리톈강은 상술한 목록에는 1843년 이전의 판각본과 사본(抄本)은 28종이 있다고 했다. 그러나 그는 연대가 명확한 『성교요리선집(聖敎要理選集)』과 『삼산론학기(三山論學記)』 2종을 누락시키고 대신 연대가 불명확한 다른 2종을 집어넣었다. 이 2종을 1843년 이전의 저작으로 잘못 이해했던 것이다. 李天綱, 「徐家匯藏書樓與明淸天主敎研究」,『相遇與對話』(내부 회의 논문), 471쪽 참고; 이런 방식은 일리가 없지는 않지만 목록에서 애매모호한 저작은 비단 2종만이 아니기 때문이다. 편역자는 신중을 기하기 위해서 기타 모든 불명확한 저작들은 여기서 제외시켰다.

『장미 십오경玫瑰十五經』 등은 명말청초의 천주교 문헌이 틀림없다. 다만 편역자는 목록에 근거해서 분석했을 뿐이다. 사실상 판본학적으로 연구할 길이 없다 보니 아직 이 문헌들에 대한 정확한 판단을 내리기는 어렵다.

대륙의 학자들은 유럽을 방문하기가 불편했기 때문에 문헌의 정리상에서 타이완의 학자들처럼 국외에 소장된 문헌을 정리하는 일에 치중할 수가 없었다. 그렇다고 하더라도 대륙에 소장된 문헌을 발굴하고 정리하는 데는 대륙 학자들이 수많은 중요한 역할을 했다. 가령 왕중민은 쉬광치의 문헌을, 그리고 리즈친李之勤, 1923~2019은 왕정王徵, 1571~1644의 문헌을 정리하고 출판하는 데 모두 큰 업적을 남겼다. 장웨이화張維華, 1902~1987의 『명사·"유럽 사국전" 주석明史·"歐洲四國傳"注釋』, 다이이쉬안戴裔煊, 1908~1988의 『명사·"포랑지전" 전정明史·"佛郞机傳"笺正』은 비록 동서관계사의 문헌 연구이기는 하지만 천주교사를 포괄한다. 허난교육출판사河南教育出版社, 大象에서 출판한 『중국과학기술전적통회中國科學技術典籍通滙』의 수학권數學卷·기술권技術卷·천문권天文卷은 영인 방식을 취했으며 여기에는 일부 선교사들의 저작도 포함되어 있다.

마카오가 반환될 즈음에 일부 마카오 관련된 문헌과 사료가 정리되고 출판되었다. 거기에는 적지 않은 천주교사를 언급한 귀중한 문헌도 포함되었다. 예를 들면 제일 역사 기록 보관소第一歷史檔案館에서 편찬한 『중국·포르투갈 관계 공문서 사료 회편中葡关系檔案史料滙編』, 『명청시기 마카오 문제 기록 문헌 회편明清時期澳門問題檔案文獻滙編』이 있다. 대륙의 학자들은 또 일부 새로 조판한 정리본이나 표점본標點本, 구두점을 찍은 판본을 출판했는데 이로부터 문헌의 사용이 더욱 편리해졌다. 이 방면에서 대륙 학자들은 타이완 학자들보다 더 많은 작업을 수행했다. 이를테면 셰팡謝方, 1932~2021이 수행한 『직방외기 교석職方外紀校釋』, 중화서국에서 출판한 『원명사료필기총

간元明史料笔记叢刊』, 탕카이젠湯開建이 정리한『마카오 사료 회편澳門史料滙編』
에는『객좌췌어客座贅語』,『만력야획편萬歷野获編』등과 같은 중요한 한문 문
헌이 적지 않게 포함되어 있다. 원우출판사文物出版社에서 출판한『중국고
대지도집中國古代地圖集』의 명대권明代卷과 청대권淸代卷에서는 리치나 페르디
난드 페르비스트Ferdinand Verbiest, 南懷仁, 1623~1688의 지도와 관련된 새로운 발
견과 연구를 공개했다. 일부 학자들은 자신의 저작에서 명말청초의 천주
교 문헌을 정리했다. 예컨대 왕칭청王慶成, 1928~2018은『희귀 청대 사료 및 고
석稀見淸世史料并考釋』에서『우잉뎬 감수서관이 서양인에게 보낸 서신武英殿监
修書官寄西洋人書』,『항저우의 천주당을 톈허우궁으로 바꾼 비문改杭州天主堂爲天
後宮碑記』등 중요한 문헌을 정리했고, 옌쭝린은『옌쭝린 사학 문집閆宗臨史
學文集』에서 로마로부터 복사해온 강희시기 조아솅 부베Joachim Bouvet, 白晋,
1656~1730의『역易』공부 등 천주교사나 동서관계사와 관련된 원시 문헌들
을 공개했다.

특별히 언급할 만한 것은 주웨이정朱維錚, 1936~2012이 주편한『마테오 리
치의 중문 저역집利瑪竇中文著譯集』과 저우얼팡周馸方이 편집하고 교정한編校
『명말청초 천주교사 문헌 총편明末淸初天主教史文獻叢編』이다. 전자가 리치의
한문 저작과 지도를 수집하고 구두점을 찍은標點 것이라면 후자는 명말청
초의 문헌 7편 즉,『변학유독』,『대의편代疑篇』,『삼산론학기三山論學記』,『천
학전개天學傳概』,『파사집破邪集』,『벽사집辟邪集』,『부득이不得已』를 정리하고
구두점을 찍으며 교감한點校 것이다. 이렇게 저본을 선정하고 다른 판본
을 참고해 교정함參校은 물론, 문헌에 구두점을 찍고 주석하는 방법은 간
단하게 영인하는 방식보다 분명히 더욱 어렵고 또한 가치도 훨씬 크다.
모든 명말청초의 천주교 문헌에 구두점을 찍으며 정리할 수는 없겠지만
이 일은 확실히 계속해야 한다. 그런 점에서 왕중민, 리즈친, 주웨이정, 저

우얼팡은 좋은 모범을 보여주었다.

최근에 중국 대륙의 학술계에서 정리한 명말청초 천주교 문헌의 구체적인 서목은 다음과 같다.

① 『聖教入川記』, (法) 古洛東, 四川人民出版社, 1981

② 張維華 撰, 『「明史」歐洲四國傳注釋』, 上海古籍出版社, 1982

③ 徐光啓 撰, 上海市文物保管委員會 外編, 『徐光啓著譯集』, 上海古籍出版社, 1983

④ 徐光啓 撰, 王重民 校, 『徐光啓集』, 上海古籍出版社, 1984

⑤ 梁家勉 編著, 『徐光啓年譜』, 上海古籍出版社, 1981

⑥ 戴裔煊, 『明史佛郎机傳笺正』, 中國社科出版社, 1984

⑦ 聶崇正, 『郎世寧畫集』, 天津人民美術出版社, 1998

⑧ 李之勤 編, 『王徵遺著』, 陝西人民出版社, 1987

⑨ 印任光・張汝霖 撰, 赵春晨 点校, 『澳門記略』, 廣東高等教育出版社, 1988

⑩ 宋伯胤 編, 『明涇陽王徵先生年譜』, 陝西師大出版社, 1990

⑪ 『中國科學技術典籍通匯・數學卷』, 河南教育出版社, 1993

⑫ 『中國科學技術典籍通匯・技術卷』, 河南教育出版社, 1994

⑬ 『中國科學技術典籍通匯・天文卷』, 河南教育出版社, 1998

⑭ 林華 外編, 『歷史遺痕 – 利瑪竇及明清西方傳教士墓地』, 人民大學出版社, 1994

⑮ (意) 艾儒略, 谢方 校釋, 『職方外紀校釋』, 中華書局, 1996

⑯ (清) 楊光先, 陳占山 校注, 『不得已』, 黃山書社, 2000

⑰ 周驅方 編校, 『明末清初天主教史文獻叢編』, 北京圖書館出版社, 2001

⑱ 朱維錚 外編, 『利瑪竇中文著譯集』, 復旦大學出版社, 2001

⑲ 黃時鑒・龔纓晏, 『利瑪竇世界地圖研究』, 上海古籍出版社, 2004年;

⑳ 徐光啓 外, 李天綱 編注, 『明末天主敎三柱石文箋注 – 徐光啓 李之藻 楊廷筠 論敎文集』, 道風書社, 2007[47]

이상의 연구를 개괄해 볼 때 명말청초 동서문화교류사와 선교사 한학 자들의 한문 문헌에 대한 정리가 결코 현대에 와서 시작된 것이 아님을 알 수 있다. 이 문헌들의 학술적 정리는 이미 근 400년에 걸쳐서 이루어 진 것이다. 이 과정에서 선배 학자들은 각고의 노력을 경주했고 수많은 성과를 이루어냈다. 이는 오늘날 우리가 이 분야를 연구하는 데 훌륭한 출발점이 된다. 최근 해외의 한학계에서도 이 방면에서 괄목할 만한 업적 을 이룩하고 있다. 그 대표적인 사례로 일본 학자 다카다 도키오高田時雄의 폴 펠리오Paul Pelliot, 1878~1945 목록 정리, 위둥余東의 바티칸도서관 목록 정 리, 앨버트 찬의 로마 예수회 기록보관소 문헌 정리, 두딩크가 완수한 타 이완 푸런대학교에 소장된 쉬자후이장서각의 명청시기 천주교 문헌 목 록 등을 꼽을 수 있다. 이 몇 가지 목록과 개요는 명말청초의 천주교 한문 문헌을 보다 분명하게 이해할 수 있도록 해준다. 스탄다르트, 두딩크, 황 이눙, 주펑이 등이 정리・출판한 2종의 문헌은 팡하오의 기초 위에서 문 헌 정리 사업의 새로운 장을 열었다. 스탄다르트가 주편한 *Handbook of Christianity in China Volume one : 635~1800*는 설사 서양 학술계의 연 구를 중심으로 종합한 것이지만 최근 한문 연구 영역의 문헌 정리상 진 전 사항도 충분히 중시했다.

지금까지 중국 천주교사 문헌학의 각도에서 명청시기 천주교 문헌의

---

47 여기서 열거한 것은 단지 저작 부분일 뿐이다. 대륙의 학자들이 개별 문헌들을 발견하고 연구한 성과는 적지 않다. 다만 여기서는 지면의 제한으로 일일이 다 열거하지는 않았다.

정리사를 대략적으로나마 정리해 보았다. 여기에는 두 가지의 기본적인 사고가 전제된다.

첫째, 중국 학자들은 응당 이 한문 문헌을 수집하고 정리하는 데 더욱 관심을 기울여야 한다. 최근 들어 해외의 학자나 한학자들이 적지 않은 작업을 하고 있다. 물론 그들이 크게 공헌한 것은 사실이지만 누락된 부분이 상당히 많고 정리 형식도 바르지 못한 경우가 많다. 이 분야 중국 본

첫째, 중국 학자들은 응당 이 한문 문헌을 수집하고 정리하는 데 더욱 관심을 기울여야 한다. 최근 들어 해외의 학자나 한학자들이 적지 않은 작업을 하고 있다. 물론 그들이 크게 공헌한 것은 사실이지만 누락된 부분이 상당히 많고 정리 형식도 바르지 못한 경우가 많다. 이 분야 중국 본토의 학자들이 더욱 많이 참여해서 그 학술적 수준을 확보함과 동시에 리즈짜오가 개창한 이 사업을 진정성 있게 계승해야 할 것이다.

둘째, 이 문헌들의 주체는 내화 선교사 한학자들이다. 유럽 한학사나 선교사 한학 연구로 말하자면 이는 정말 중요한 한학사의 기초문헌들이다. 선교사 한학 연구의 관점에서 보아 이 문헌들을 심도 있게 정리하고 연구하는 것은 대단히 중요한 방향이자 급선무가 아닐 수 없다.

참고문헌

책머리에

陳垣 編, 『康熙與羅馬使節關係書』, 故宮博物院, 1932.

David B. Honey, *Incense at the Alter : Pioneering Sinologists and the Development of Classical Chinese Philology*, American Oriental Society 86, 2001.

제1장

『元史』 卷158, 許衡傳.

D. E. W. 古德格, 朱杰勤 譯, 「元代馬可‧波羅所見亞洲舊有之近代事物」, 『中外關係史譯叢』, 海洋出版社, 1984.

H. 裕爾 撰, H. 考迪埃 修訂, 張緖山 譯, 『東域紀程錄叢』, 雲南人民出版社, 2002.

耿昇‧何高濟 譯, 『柏郎嘉賓蒙古行記』, 中華書局, 1985.

戈岱司, 耿昇 譯, 『希臘拉丁作家遠東古文獻輯錄』, 中華書局, 1987.

道森 編, 『出使蒙古記』, 中國社會科學出版社, 1983.

羅光, 『敎廷與中國使節史』, 臺灣光啓出版社, 1961.

羅香林, 『唐元二代之景敎』, 香港中國學社, 1966.

雷蒙‧道森, 常紹民 譯, 『中國變色龍』, 時事出版社, 1999.

劉福文 外譯, 『哥倫布美洲發現日記』, 黑龍江人民出版社, 1998.

勒尼‧格魯塞, 『草原帝國』, 靑海人民出版社, 1991.

馬吉多維奇, 『世界探險史』, 世界知識出版社, 1988.

馬蘇, 耿昇 譯, 『黃金草原』, 靑海人民出版社, 1998.

莫東寅, 『漢學發達史』, 上海書店, 1989.

莫哈, 「試論文學形象學的硏究史及方法論」, 孟華 外編, 『比較文學形象學』, 北京大學出版社, 2001.

方豪, 『中西交通史』 第1卷, 臺灣中華文化出版事業委員會, 1953.

伯希和, 馮承鈞 譯, 「唐元時期中亞及東亞之基督徒」, 『西域南海史地考證譯叢』, 商務印書館, 1995.

_____, 馮承鈞 譯, 「支那名稱之起源」, 『西域南海史地考證譯叢』 第1卷, 商務印書館, 1995.

弗雷德里克‧J 梯加特, 丘進 譯, 『羅馬與中國－歷史事件的關係硏究』, 人民交通出版社, 1994.

費瑯 編, 『阿拉伯波斯突厥人東方文獻輯注』, 耿昇‧穆根來 譯, 中華書局, 1989.

阿·克·穆爾, 郝鎭華 譯,『一五五〇年前的中國基督教史』, 中華書局, 1984.

雅各布·布克哈特,『意大利文藝復興時期的文化』, 商務印書館, 1988.

阿里·瑪扎海里, 耿昇 譯,『絲綢之路－中國：波斯文化交流史』, 中華書局出版社, 1993.

_____·阿克巴爾, 張至善 編,『中國紀行』, 三聯書店, 1988.

艾田蒲, 許鈞·錢林森 譯,『中國之歐洲』, 河南人民出版社, 1992.

楊志玖,「關于馬可·波羅離華的一段漢文記載」,『文史雜志』第1卷 第12期, 1941.

_____,『馬可·波羅在中國』, 南開大學出版社, 1999.

余士雄,『馬可·波羅介紹與研究』, 書目文獻出版社, 1983.

吳芳恩(Frances Wood),『馬可·波羅到過中國嗎?』, 新華出版社, 1997.

吳焯,「"秦人"考」,『中國社會科學院歷史研究所學刊』第2集, 商務印書館, 2004.

王育民,「關于〈馬可·波羅游記〉的眞僞問題」,『史林』第4期, 1988.

張星烺,『中西交通史料匯編』第1冊, 臺灣世界書局, 1983.

朱謙之,『中國哲學對歐洲的影響』, 福建人民出版社, 1985.

周寧 編,『2000年西方看中國』上, 團結出版社, 1999.

_____,『契丹傳奇』, 學苑出版社, 2004.

周良曉·顧菊英,『元代史』, 上海人民出版社, 1993.

中國文化書院 編,『中西文化交流的先驅－馬可·波羅』, 商務印書館, 1995.

巴柔,「從文化形象到集體想像物」, 孟華 外編,『比較文學形象學』, 北京大學出版社, 2001.

馮承鈞 譯,『馬可·波羅行記』, 上海書店出版社, 2001.

何高濟 譯,『魯布魯克東行記』, 中華書局, 1985.

제2장

裴化行,「明代閉關政策與西班牙天主教傳教士」,『中外關係史譯叢』第4集, 上海譯文出版
　　社, 1988.

張鎧,『中國與西班牙關學史』, 大象出版社, 2003.

張箭,『地理大發現研究－15~17世紀』, 商務印書館, 2002.

陳宗仁,「西班牙占領時期的貿易活動」,『歷史月刊』(臺灣) 第222期 7月號, 2006.

崔維孝,『明淸之際西班牙方濟會在華傳教研究(1579~1732)』, 中華書局, 2006.

제3장

미켈레 루지에리(羅明堅), 곽문석 외역 및 주해,『신편천주실록(新編天主實錄) 라틴어본·
　　중국어본 역주』, 동문연, 2021.

_____ ·줄리오 알레니, 모영환·정현수 역, 『천주성교실록·만물진원』, 문
　　　사철, 2021.

전홍석, 『초기 근대 서구 지식인의 동아시아상과 지식체계 ─ 예수회 선교사의 유교오리엔
　　　트 : 호혜적 교류 형상』, 동과서, 2018.

『利瑪竇通信集』, 臺灣光啓社, 1986.

Albert CHAN, "S. J., Michele Ruggieri, S. J.(1543~1607) and his Chinese Poems", 41, 1993.

計翔翔, 『十七世紀中期漢學著作研究』, 上海古籍出版社, 2002.

羅明堅·利瑪竇, 魏若望(John W. Witek, S. J.) 編, 『葡漢辭典』, 澳門, 2001.

梁曉紅, 『佛敎詞語的構造與漢語詞滙的發展』, 北京語言學院出版社, 1994.

龍思泰, 『早期澳門史』, 東方出版社, 1997.

李開, 『漢語語言學和對外漢語敎學論』, 中國社會科學出版社, 2002.

利瑪竇, 『天主敎傳入中國史』, 臺灣光啓社, 1986.

_____, 何高濟 外譯, 『利瑪竇中國札記』, 中華書局, 1983.

馬西尼, 『現代漢語辭滙的形成 ─ 19世紀漢語外來詞研究』, 上海漢語大詞典出版社, 1997.

裴化行(Henri Bernard), 『天主敎十六世紀在華傳敎志』, 商務印書館, 1937.

費賴之(Louis Pfister), 『在華耶穌會士列傳及書目』上冊, 中華書局, 1995.

徐通鏘, 「字和漢語的句法結構」, 『世界漢語敎學』 第2期, 1994.

楊福綿, 「羅明堅, 利瑪竇〈葡漢辭典〉所記錄的明代官話」, 『中國語言學報』 第5期, 1995.

任繼愈 外編, 『國際漢學』 第2期, 大象出版社, 1998.

張西平, 「西方漢學的奠基人 ─ 羅明堅」, 『歷史研究』 第3期, 2001.

趙元任, 「漢語詞的槪念及其結構和節奏」, 『中國現代語言學的開拓 ─ 趙元任語言學論文選』
　　　　(1975), 淸華大學出版社, 1992.

朱駿聲, 『進說文通訓定聲表』, 道光十三年(1833), 上海古籍出版社影印本.

鄒嘉彦·游汝杰, 『語言接觸論集』, 上海敎育出版社, 2004.

제4장

『利瑪竇書信集』, 臺灣光啓出版社, 1986.

『徐光啓集』, 上海古籍出版社, 1984.

『天主敎東傳文獻』, 臺灣學生書局, 1966.

『天學初函』 影印本 第2冊, 臺灣學生書局, 1986.

『黃宗羲全集』 第11冊.

顧起元, 『客座贅語』, 中華書局, 1987.

談遷,『北遊錄』, 中華書局, 1997.

羅光,『利瑪竇傳』, 臺灣光啓出版社, 1972.

利瑪竇, 何高濟 外譯,『利瑪竇中國札記』, 中華書局, 1983.

利西泰,『萬曆野獲編』卷30, 中華書局, 1997.

林金水,「〈閩中諸公贈詩〉初探」,『宗敎文化』(陳村富) 第3期, 東方出版社, 1998.

_____,「艾儒略與福建士大夫交遊表」,『中外關係史論叢』第5期, 書目文獻出版社, 1996.

_____,「艾儒略與福建士大夫交游表」.

_____,『利瑪竇與中國』, 中國社會科學出版社, 1996.

潘夙娟,『西來孔子艾儒略－更新變化的宗敎會遇』, 臺灣財團法人基督敎橄欖文化事業基金
        會, 2002.

徐光啓,「跋二十五言」,『利瑪竇全集』, 復旦大學出版社, 2001.

徐海松,『淸初士人與西學』, 東方出版社, 2000.

李贄,『焚書』卷6.

_____,『續焚書』卷1.

丁耀亢,『陸舫詩草』卷4.

鍾鳴旦,『楊廷筠－明末天主敎儒者』, 中國社會科學文獻出版社, 2002.

黃百家,『明史·曆志』卷下.

_____,『眼鏡頌』.

黃一農,「王鐸書贈湯若望詩翰硏究－兼論淸初貳臣與耶蘇會士的交往」,『故宮學術季刊』
        第12卷, 第1期, 1993.

_____,『兩頭蛇－明末淸初的第一代天主敎徒』, 臺灣淸華大學出版社, 2005.

제5장

「韃韃旅行記」,『淸代西人見聞錄』, 中國人民大學出版社, 1985.

「聖祖仁皇帝庭訓格言」,『欽定四庫全書薈要』, 吉林出版社, 2005.

『明史』卷326.

『明神宗實錄』卷354.

『神宗實錄』卷361.

『淸聖祖實錄』卷31.

『皇朝文獻通考』第256卷, 光緖 8年(1882) 刊本.

『欽命傳敎約述』, 徐家滙圖書館藏.

谷應泰,『明史記事本末』卷65.

談遷,『北遊錄』, 中華書局, 1981.

方豪,『中國天主教人物傳』中冊, 中華書局, 1988.

樊國梁,「燕京開教略」中篇,『中國天主教史籍彙編』, 臺灣輔仁大學出版社, 2003.

王先謙,『東華錄』卷21, "康熙九", 齊魯書社, 2020.

魏若望 編,『傳敎士·科學家·工程師·外交家－南懷仁』, 社會科學文獻出版社, 2001.

魏特,『湯若望傳』第二冊, 楊丙辰 譯, 知識産權出版社, 2015.

趙爾巽 外撰,『淸史稿』卷二七二, 中華書局, 1976.

鍾鳴旦 外編,『徐家匯藏書樓明淸天主敎文獻』第二冊, 臺灣輔仁大學神學院, 1996.

韓琦·吳旻 校注,『熙朝崇正集』, 中華書局, 2006.

＿＿＿＿＿＿＿＿,『熙朝定案』, 中華書局, 2006.

黃伯祿,『正敎奉褒』, 上海慈母堂重印, 光緖三十年甲辰孟秋月.

黃一農,「湯若望在華恩榮考」,『中國文化』第7期, 1992.

제6장

『徐日昇日記』, 商務印書館, 1973.

『十七世紀俄中關係』第2卷 第3冊, 商務印書館, 1975.

『張誠日記』, 商務印書館, 1973.

樊國梁,「燕京開教略」中篇,『中國天主教史籍彙編』, 臺灣輔仁大學出版社, 2003.

吳伯婭,『康雍乾三帝與西學東漸』, 宗敎文化出版社, 2002.

陳垣 編,『康熙與羅馬使節關係文書影印本』, 故宮博物院, 1932.

包樂士,『「荷使初訪中國記」研究』, 廈門大學出版社, 1989.

제7장

『左傳·文公六年』.

徐光啟,「曆書總目表」(1631),『徐光啟集』, 王重民 輯校, 中華書局, 1963.

江曉原,『天文西學東漸集』, 上海書店出版社, 2001.

湯若望,「曆法西傳」,『崇禎曆書』(下).

張柏春,『明淸測天儀器之歐化』, 遼寧教育出版社, 2000.

阮元,「疇人傳」,『幾何原本』.

梅文鼎,『幾何通解』.

徐光啓,「同文算指序」,『明淸間耶穌会士譯著提要』(徐宗澤 編著), 中華書局, 1989.

『徐光啓集』上卷, 上海古籍出版社, 1986.

『淸聖祖實錄』卷256, 康熙五十二年五月甲子.

中國第一歷史檔案館 編,『康熙朝滿文朱批奏折全譯』, 中國社會科學出版社, 1996.

李迪,『中國數學史簡編』, 遼寧人民出版社, 1984.

『淸史稿』第七冊 卷45, 時憲志, 中華書局, 1997.

『皇朝文獻通考』第256卷, 光緒 8年(1882) 刊本.

Noel Golvers, The Astronomia Europaea of Ferdinand Verbiest, S. J. (Dillingen, 1687), Steyler
　　　Verlag, 1993.

제8장

洪業,『洪業論學集』, 中華書局, 1981.

黃時鑒·龔纓晏,『利瑪竇世界地圖硏究』, 上海古籍出版社, 2004.

『徂徠石先生文集』, 中華書局, 1984.

『孟子·滕文公上』.

『論語·季氏』.

『論語·八佾』.

林啓陸,「誅夷論略」,『聖朝破邪集』卷6.

郭子章,「序言」,『山海輿地全圖』.

『春秋左氏傳·昭公十七年』.

瞿式穀,「職方外紀小言」,『職方外紀校釋』(艾儒略), 謝方 校釋, 中華書局, 1996.

朱維錚 主編,『利瑪竇中文著譯集』, 復旦大學出版社, 2001.

『坤輿萬國全圖』禹貢學會, 1933年本.

楊廷筠,「職方外紀序」,『職方外紀校釋』(艾儒略), 謝方 校釋, 中華書局, 1996.

劉獻廷,『廣陽雜記』.

『定曆玉衡』, 續修四庫全書本, 上海古籍出版社.

朱彝尊,『曝書亭集』卷三十五, 文淵閣四庫全書本.

楊光先,「孽鏡」,『不得已』下卷, 黃山書社, 2000.

楊光先,「日食天象驗」,『不得已』下卷, 黃山書社, 2000.

梅文鼎,「論地圓可信」,『曆學疑問』卷一.

『梅氏叢書輯要』, 承學堂同治十三年(公元1874年)刻本.

張衡,「渾天儀」,『全漢文』卷55.

『徐光啓集』上冊, 上海古籍出版社, 1984.

林金水,「利瑪竇輸入地圓說的影響與意義」,『文史知識』, 1985.

艾儒略,「職方外紀自序」,『職方外紀校釋』, 謝方 校釋, 中華書局, 1996.

謝方,『職方外紀校釋』, 中華書局, 1996.

艾儒略,『職方外紀校釋』(謝方 校釋), 中華書局, 1996.

『康熙政要』第18卷.

『耶穌會士中國書簡集』第二卷, 大象出版社, 2005.

趙榮·楊正泰,『中國地理學史』(淸代), 商務印書館, 1998.

『淸聖祖實錄』卷283.

『淸高宗聖訓』卷217.

孫喆,『康雍乾時期輿圖繪制與疆域形成硏究』, 中國人民大學出版社, 2003.

李約瑟,『中國科學技術史稿』第5卷 第2章, 科學出版社, 1976.

J. B. 杜赫德,「測繪中國地圖紀事」,『歷史地理』第2輯.

王庸,『中國地理學史』, 臺灣商務印書館, 1986.

李孝聰,『歐洲收藏部分中文古地圖敍錄』, 國際文化出版社, 1996.

洛佩斯(Fernando Sales Lopes),「羅明堅的"中國地圖集"」, 澳門『文化雜志』第34期.

(波蘭) 愛德華·卡伊丹斯基,『中國的使臣: 卜彌格』, 張振輝 譯, 大象出版社, 2001.

제9장

『康熙朝漢文硃批奏折滙編』第8冊.

『履園叢話』上冊 卷12, 中華書局, 1980.

『淸高宗御詩三集』第89.

方豪,『中西交通史』下冊, 岳麓書社出版, 1997.

費賴之,『在華耶穌會士列傳及書目』上冊, 中華書局, 1995.

阮元,『揅經室四集』卷11,『揅經室集』下冊, 鄧經元點校本, 中華書局, 1993.

魏若望 編,『傳敎士·科學家·工程師·外交家－南懷仁(1623~1688)』, 社會科學文獻出版
    社, 2001.

張西平,『傳敎士漢學硏究』, 大象出版社, 2005.

鄭德弟 外譯,『耶穌會中國書簡集』下卷, 大象出版社, 2005.

湯開建,『委黎多「報效始末疏」箋正』, 廣東人民出版社, 2005.

_____,『淸朝前期西鐘表的仿製與生産』별쇄본.

黃一農,『天主敎徒孫元化與明末傳華的西洋火炮』, 中硏院史語所集刊, 第67本 第4冊,
    1986年 12月.

제10장

魏特, 楊丙辰 譯, 『湯若望傳』第一册, 知識产权出版社, 2015.

年希堯, 『視學精蘊·序言』, 雍正十三年(1735) 刻本, 現藏北京圖書館.

談遷, 『北遊錄』, 中華書局, 1981.

陶亞兵, 『明淸間中西音樂交流』, 東方出版社, 2001.

李文君 編著, 『西苑三海楹联匾额通解』, 岳麓書社, 2013.

馬國賢, 李天綱 譯, 『淸廷十三年』, 上海古籍出版社, 2004.

莫小也, 『十七~十八世紀傳敎士與西畵東漸』, 中國美術學院出版社, 2002.

朴趾源, 『熱河日記』, 上海書店出版社, 1997.

方豪, 『中西交通史』第五册, 中華文化出版事業社, 1953.

謝稚柳 外編, 『中國書畵鑒定』, 東方出版中心, 2010.

徐宗澤, 『明淸間耶穌會士譯著提要』, 中華書局, 1989.

蘇立文, 陳瑞林 譯, 『東西方美術交流』, 江蘇美術出版社, 1998.

潘復, 『浮生六記』卷四, 淸嘉慶十三年(1808).

楊乃濟, 「乾隆朝的宮廷西洋樂隊」, 『紫禁城』1984年 4期.

楊伯達, 「郞世寧在淸內廷的創作活動及其藝術成就」, 『淸代院畵』(楊伯達), 紫禁城出版社, 1993.

王臨亨, 『粤劍編·志外夷』, 明萬曆刻本.

章文欽 箋注, 「香山澳」, 『澳門詩詞箋注·杜臻』明淸卷, 珠海出版社, 2002.

蔣義海, 『中國畵知識大辭典』, 東南大學出版社, 2015.

田明曜 編纂, 『香山縣志』(鄧遷 等) 刻本, 全國圖書館縮微文獻複製中心, 淸光緒 5年 (1879).

錢中聯 外編, 『淸詩紀事』乾隆朝卷, 江蘇古籍出版社, 1989.

鄭德弟 外譯, 『耶穌會士中國書簡集』第二卷, 大象出版社, 2006.

_____, 『耶穌會士中國書簡集』下卷, 大象出版社, 2005.

鍾鳴旦·杜鼎克 編, 『耶穌會羅馬檔案館明淸天主敎文獻』第六册, 臺北利氏學社出版, 2002.

朱維錚 外編, 『利瑪竇中文著譯集』, 復旦大學出版社, 2001.

陳垣 編, 『康熙與羅馬使節關係文書影印本』, 故宮博物院, 1932.

向達, 「明淸之際中國畵所受西洋之影響」, 『唐代長安與西域文明』(向達), 三聯書店, 1987.

黃時鑒 外編, 『東西文化交流論譚』第一期, 上海文藝出版社, 1998.

황종렬,「마테오 리치의 적응주의 선교의 신학적 의의와 한계」,『교회사연구』제20집, 한국
　　　교회사연구소, 2003.

제11장

마테오 리치, 송영배 역주,『교우론(交友論) 스물다섯 마디 잠언(二十五言) 기인십편(畸人
　　　十篇)-연구와 번역』, 서울대 출판문화원, 2013.

마테오 리치, 송영배 외역,『천주실의』, 서울대 출판부, 2000.

『論語·季氏』.

『徐光啓集』下册, 上海古籍出版社, 1984.

『聖經直解·自序』(1790年版), 경인문화사, 1984.

高一志,「童幼教育」, 黃興濤·王國榮 編,『明淸之際西學文本-50種重要文獻彙編』第一册,
　　　中華書局, 2013.

戈寶權,『中外文學因緣』, 北京出版社, 1992.

利類思,「超性學要·自序」, 徐宗澤 編著,『明淸間耶穌會士譯著提要』, 中華書局, 1989.

利瑪竇,『中國傳敎史』, 臺灣光啟出版社, 1986.

林中澤,『晚明中西性倫理的相遇』, 廣東敎育出版社, 2003.

龐迪我,「七克」, 黃興濤·王國榮 編,『明淸之際西學文本-50種重要文獻彙編』第一册, 中
　　　華書局, 2013.

裴化行, 王昌祉 譯,『利瑪竇司鐸和當代中國社會』第一册, 東方學藝社, 1943.

艾儒略,「西學凡」, 黃興濤·王國榮 編,『明淸之際西學文本-50種重要文獻彙編』第一册,
　　　中華書局, 2013.

李奭學,『中國晚明與歐洲文學』, 臺灣聯經出版公司, 2005.

張凱,『龐迪我與中國』, 北京圖書館出版社, 1997.

張西平,『傳敎士漢學研究』, 大象出版社, 2005.

張錯,『東西文化比較研究-利瑪竇入華及其他』, 香港城市大學出版社, 2002.

鄭德弟 外譯,『耶穌會士中國書簡集』下卷, 大象出版社, 2005.

陳亮采,「七克·七克篇序」, 黃興濤·王國榮 編,『明淸之際西學文本-50種重要文獻彙編』
　　　第一册, 中華書局, 2013.

馮承鈞,『西域南海史地考證譯叢』, 商務印書館, 1995.

何俊,『西學與晚明思想的裂變』, 上海人民出版社, 1998.

許胥臣,「西學凡·西學凡引」, 黃興濤·王國榮 編,『明淸之際西學文本-50種重要文獻彙
　　　編』第一册, 中華書局, 2013.

제12장

何塞·安東尼奧·希門尼斯,「西班牙神父在遠東－高母羨」, 周振鶴·徐文堪 譯, 黃時鑒 外
　　　編,『東西文化交流論譚』, 上海文藝出版社, 2001.

柯毅霖, 王志成 譯,『晚明基督論』, 四川人民出版社, 1999.

「明萬曆間馬尼拉刊印之漢文書籍」,『方豪六十自述錄』.

『明史』第326卷, 列傳 214, 意大利亞傳.

『徐光啓集』, 上海古籍出版社, 1984.

C.R. 博克舍 編注, 何高濟 譯,『十六世紀中國南部行記』, 中華書局, 1990.

鄧恩, 余三樂·石蓉 譯,『從利瑪竇到湯若望－晚明的耶穌會傳敎士』, 上海古籍出版社,
　　　2003.

方豪,『中國天主敎史人物傳』卷一, 中華書局, 1988.

樊國梁,「燕京開敎略」中篇,『中國天主敎史籍彙編』, 臺灣輔仁大學出版社, 2003.

沙丕烈, 馮承鈞 譯,「明末奉使羅馬敎廷耶穌會士－卜彌格傳」,『西域南海史地考證譯叢』第
　　　3卷.

徐宗澤,『中國天主敎傳敎史槪論』, 上海書店, 1990.

愛德華·卡伊丹斯基, 張振輝 譯,『中國的使臣－卜彌格』, 大象出版社, 2001.

張凱,『中國西班牙關係史』, 大象出版社, 2003.

崔維孝,『明淸之際西班牙方濟各會在華傳敎硏究(1579~1732)』, 中華書局, 2005.

沈榷,「南宮署牘·參遠夷三疏」, 夏瑰琦 編,『聖朝破邪集』, 香港建道神學院, 1996.

＿＿＿,「破邪集·南宮署牘·參遠夷疏」卷1, 周駬方 點校,『明末淸初天主敎史文獻叢編』第二
　　　冊, 北京圖書館出版社, 2001.

馮承鈞 譯,『西域南海史地考證譯叢』第3卷, 商務印書館, 1999.

黃一農,『兩頭蛇－明末淸初的第一代天主敎徒』, 臺灣淸華大學出版社, 2005.

제13장

『宮中檔乾隆朝奏折』第8輯, 臺北故宮博物院, 1982.

『淸實錄·高宗實錄』卷1213·卷1216·卷1218·卷1219, 乾隆四十九年十一月丙寅.

『淸實錄·高宗實錄』卷269·卷275·卷288·卷315, 乾隆十一年庚寅.

『淸朝文獻通考』卷298,「四裔」六, 商務印書館, 1936.

康志杰,『上主的葡萄園－鄂西北磨盤山天主敎區硏究』, 臺灣輔仁大學出版社, 2006.

董仲舒, 曾振宇 注说,『春秋繁露·王道通三』, 河南大學出版社, 2009.

杜文凱 編譯,『淸代西人見聞錄』, 中國人民大學出版社, 1985.

杜赫德 編, 鄭德弟 外譯,『耶蘇會士中國書簡集』第二卷, 大象出版社, 2005.

方豪,『中國天主敎人物傳』中冊, 中華書局, 1988.

樊國梁,「燕京開敎略」中篇,『中國天主敎史籍彙編』, 臺灣輔仁大學出版社, 2003.

本源,『淸王朝的宗敎政策』, 中國社會科學出版社, 1999.

費賴之, 馮承鈞 譯,『在華耶蘇會士列傳及書目』上冊, 中華書局, 1995.

費正淸 外編,『劍橋中國晩淸史』上卷, 中國社會科學出版社, 1992.

徐宗澤,『中國天主敎傳敎史槪論』, 上海書店, 1990.

吳伯婭,『康雍乾三帝與西學東漸』, 宗敎文化出版社, 2002.

王之春,『淸朝柔遠記』, 中華書局, 1989.

張承友·張普 外,『明末淸初中外科技交流硏究』, 學苑出版社, 1999.

張澤,『淸代禁敎時期的天主敎』, 臺灣光啓出版社(內部資料), 1992.

齐木德道爾吉 外,『淸朝世宗朝實錄蒙古史史料抄』, 內蒙古大學出版社, 2009.

鍾鳴旦 外編,『徐家匯藏書樓明淸天主敎文獻』第二冊, 臺灣輔仁大學神學院, 1996.

中國第一歷史檔案館 編,「雍正朝滿文朱批奏折全譯」,『閩浙總督滿保等奏報西洋人于福安
　　　　縣傳敎惑衆等情折』, 黃山書社, 1998.

＿＿＿＿＿＿＿＿＿＿＿＿,『明淸時期澳門問題檔案文獻彙編』, 人民出版社, 1999.

＿＿＿＿＿＿＿＿＿＿＿＿,『淸中前期西洋天主敎在華活動檔案史料』第一冊, 中華書局, 2003.

陳垣,「湯若望與木陳忞」, 羅光 外編,『民元以來的天主敎史論集』, 輔仁大學出版社, 1985.

湯開建 外,「淸朝前期天主敎在中國社會的發展及興衰」,『國際漢學』第9期, 大象出版社,
　　　　2003.

馮作民,『淸康乾兩帝與天主敎傳敎史』, 臺灣光啓出版社, 1966.

韓琦·吳旻 校注,『熙朝崇正集·熙朝定案(外三種)』, 中華書局, 2006.

제14장

「浮山大師哀詩二首」,『積學堂詩抄』卷1.

「仁樹樓別錄」,『靑原志略』卷3.

『高子遺書』卷9.

『南雷定公後集』卷3.

『東林學案序』.

『孟子字義疏證』卷上·下, 中華書局, 1982.

『物理小識·自序』, 明崇禎十六年(1643).

『四庫全書總目』卷107.

江永,『數學』, "又序", 叢書集成初編本.

顧炎武,『日知錄』卷7·18.

溝口雄三, 陳耀文 譯,『中國前近代思想之曲折與展開』, 上海人民出版社, 1997.

羅熾,『方以智評傳』, 南京大學出版社, 1998.

劉大春·吳向紅,『新學苦旅－科學, 社會, 文化的大撞擊』, 江西高校出版社, 1995.

李開,『戴震評傳』, 南京大學出版社, 1992.

利瑪竇,『天主實義』第二篇(『明末清初耶蘇會思想文獻彙編』第一卷·第二冊, 北京大學宗
　　　　教研究所, 2003).

＿＿＿＿, 羅魚 外譯,『中國傳敎史』, 臺灣輔仁大學出版社, 1986.

＿＿＿＿·金尼閣, 何高濟 外譯,『利瑪竇中國札記』, 中華書局, 1983.

李約瑟,『中國科學技術史』第1卷, 科學出版社, 1976.

李志軍,『西學東漸與明淸實學』, 巴蜀書社, 2004.

李天綱,「孟子字義疏證與天主實義」,『學術集林』卷2, 上海遠東出版社, 1994.

萬明 外編,『晚明社會變遷問題與研究』, 商務印書館, 2005.

彌爾歧,『蒿庵閑話』卷一, 淸康熙九年(1670).

方豪,「明末淸初西人與士大夫之晉接」,『方豪六十自定稿』, 臺灣學生書局, 1969.

樊樹志,『晚明史－1573~1644』, 復旦大學出版社, 2003.

樊洪業,『耶蘇會士與中國科學』, 中國人民大學出版社, 1992.

謝和耐,「入華耶蘇會士與中國明末的政治和文化形勢」, 耿昇 譯,『明淸之間入華耶蘇會士
　　　　和中西文化交流』, 巴蜀書社, 1993.

＿＿＿＿,『中國和基督敎』, 耿昇 譯, 上海古籍出版社, 1991.

徐宗澤,『明淸間耶蘇會士譯著提要』, 中華書局, 1989.

徐海松,『淸初士人與西學』, 東方出版社, 2000.

蕭萐父·許蘇民,『明淸啓蒙學術流變』, 遼寧敎育出版社, 1995.

梁啓超,『中國近三百年學術史·科學之曙光』, 人民出版社, 2008.

余英時,「自序」(增訂版),『方以智晚節考』, 三聯書店, 2004.

＿＿＿＿,『論戴震與章學誠』, 三聯書店, 2006.

＿＿＿＿,『朱熹的歷史世界』, 三聯書店, 2004.

王力,『中國語言學史』, 復旦大學出版社, 2006.

容肇祖,『明代思想史』, 齊魯書社, 1992.

李贄,『焚書』卷2·6.

張建業 外編,『李贄文集·續焚書』第一卷, 社會科學文獻出版社, 2000.

張立文, 『宋明理學硏究』, 中國人民大學出版社, 1985.

張永堂, 『明末方氏學派硏究初編-明末理學與科學關係試論』, 文境文化事業有限公司,
　　　1987.

＿＿＿, 『明末淸初理學與科學關係再論』, 臺灣學生書局, 1994.

張曉林, 『「天主實義」與中國學統-文化互動與詮釋』, 學林出版社, 2005.

曹增友, 『傳敎士與中國科學』, 宗敎文化出版社, 1999.

朱維錚 外編, 『利瑪竇中文著譯集』, 復旦大學出版社, 2011.

＿＿＿, 「利瑪竇與李卓吾」, 『文彙讀書周報』, 上海, 2001.

＿＿＿, 『走出中世紀』, 上海人民出版社, 1987.

周兆茂, 『戴震哲學新探』, 安徽人民出版社, 1997.

陳來, 『中國近世思想史硏究』, 商務印書館, 2003.

陳衛平, 『第一頁與胚胎-明淸之際的中西文化比較』, 上海人民出版社, 1992.

鄒元標, 「答西國利瑪竇」, 『愿學集』 卷3.

沈定平, 『明淸之際中西文化交流史』, 商務印書館, 2001.

馮友蘭, 「通論道學」, 『中國社會科學』, 1986年 第3期.

許蘇民, 『戴震與中國文化』, 貴州人民出版社, 2000.

胡適, 『戴東原的哲學』, 安徽敎育出版社, 1999.

＿＿, 『中國的文藝復興』, 外語敎學與硏究出版社, 2001.

侯外廬 外, 『宋明理學史』, 人民出版社, 1984.

＿＿＿ 外編, 『中國思想通史』 第4卷, 人民出版社, 1960.

제15장

서창치·우가이 테츠죠우 편, 안경덕·이주해 역, 『파사집-17세기 중국인의 기독교 비판』,
　　　일조각, 2018.

양광선 외, 안경덕 외역, 『부득이-17세기 중국의 반기독교 논쟁』, 일조각, 2013.

전홍석, 『초기 근대 서구 지식인의 동아시아상과 지식체계-예수회 선교사의 유교오리엔
　　　트:호혜적 교류 형상』, 동과서, 2018.

鄧恩, 余三樂·石蓉 譯, 『從利瑪竇到湯若望-晚明的耶穌會傳敎士』, 上海古籍出版社,
　　　2003.

陸九淵, 『象山全集』 卷36.

利瑪竇, 「天主實義」 上卷 第2篇, 『明末淸初耶穌會思想文獻彙編』 第一卷(第二冊), 北京大
　　　學宗敎硏究所, 2003.

_____, 何高濟 外譯, 『利瑪竇中國札記』, 中華書局, 1983.

彌維禮, 「利瑪竇在認識中國諸神宗敎方面的作爲」, 『中國文化』, 1990年 12月.

閩王弼, 「天儒印正·序」, 徐宗澤 編著, 『明淸間耶穌會士譯著提要』, 上海古籍出版社, 2006.

謝肇淛, 『五雜俎』(明萬曆四十四年〈1616〉, 如韋館刻本), 中華書局, 1959.

謝和耐, 『中國和基督敎-中國和歐洲文化之比較』, 上海古籍出版社, 1991.

徐光啓, 「古籍序」, 徐宗澤 編著, 『明淸間耶穌會士譯著提要』, 上海古籍出版社, 2006.

_____, 「同文算指序」, 徐宗澤 編著, 『明淸間耶穌會士譯著提要』, 上海古籍出版社, 2006.

_____, 「曆書總目錄」, 『徐光啓集』卷8.

_____, 『徐光啓文集』上, 中華書局, 2014.

釋聖嚴, 『明末佛敎研究』, 臺灣東初出版社, 1992.

孫尙揚, 『基督敎與明末儒學』, 東方出版社, 1994.

梁啓超, 兪國林 校訂, 『中國近三百年學術史』, 中華書局, 2020.

楊廷筠, 「代疑篇」, 『天主敎東傳文獻』 第1冊, 臺灣學生書局, 1966.

葉楚倫 外, 『首都志』, 正中書局, 1947.

雲棲袾宏, 「答虞德園銓部 (二首)」, 『蓮池大師文集』, 九州出版社, 2013.

張西平, 『中國和歐洲哲學與宗敎交流史』, 東方出版社, 2000.

張星曜, 「天儒同異考·弁言」, 徐宗澤 編著, 『明淸間耶穌會士譯著提要』, 上海古籍出版社, 2006.

周騈方 編校, 『明末淸初天主敎史文獻叢編』 第一冊·第四冊, 北京圖書館出版社, 2001.

周齊, 『由明末淸初佛敎與天主敎之論辯看宗敎寬容之尺度』 축약본.

陳垣, 「湯若望與木陳忞」, 羅光 外編, 『民元以來的天主敎史論集』, 輔仁大學出版社, 1985.

陳衛平, 『第一頁與胚胎-明淸之際的中西文化比較』, 上海人民出版社, 1992.

馮友蘭, 『中國哲學簡史』, 北京大學出版社, 1996.

夏瑰琦, 「論明末中西文化的衝突」, 『明代思想與中國文化』, 安徽人民出版社, 1994.

何俊, 『西學與晩明思想的裂變』, 上海人民出版社, 1998.

Iso Kerm, *Buddhistische kritik am Christentum im China des 17. Jahrhunderts*, Sankt Augustin 1992.

제16장

전홍석, 『초기 근대 서구 지식인의 동아시아상과 지식체계-예수회 선교사의 유교오리엔트 : 호혜적 교류 형상』, 동과서, 2018.

장시핑·전홍석,「청초 흠천감교난을 통해 본 예수회원의 선교 역정-아담 샬과 페르디난트 페르비스트를 중심으로」,『신학전망』220호, 광주가톨릭대 신학연구소, 2023.

「聖祖仁皇帝庭訓格言」,『欽定四庫全書薈要』, 吉林出版社, 2005.

『康熙御製文集』第三集 卷十九, "三角形推算法".

『石頭記索隱』, 浙江敎育出版社, 1993.

『周易』,「繫辭上傳」.

『淸史稿』第七冊 卷45, "時憲志", 中華書局, 1997.

『淸聖祖實錄』卷251, 康熙五十一年丙辰, 九月.

『淸聖祖實錄』卷256, 康熙五十二年甲子, 五月.

M·克萊因, 張理京 外譯,『古今數學思想』第1冊, 上海科學技術出版社, 2009.

顧衛民,『中國天主敎編年史』, 上海書店, 2003.

董光璧,『易圖的數學結構』, 上海人民出版社, 1987.

杜文凱,『淸代西人見聞錄』, 中國人民大學出版社, 1985.

羅光,『敎廷與中國使節史』, 光啓出版社, 1961.

羅麗達,「白晉硏究〈易經〉史事稽考」,『漢學硏究』(臺灣) 第15卷 第1期, 1997.

_____,「一篇有關康熙朝耶蘇會士禮儀之爭的滿文文獻」,『歷史檔安』第1期, 1994.

利奇溫,『十八世紀中國與歐洲文化的接觸』, 商務印書館, 1962.

馬國賢,『淸廷十三年』, 李天綱 譯, 上海古籍出版社, 2004.

梅榮照,「明淸數學槪論」,『明淸數學史論文集』, 江蘇敎育出版社, 1990.

方豪,『中國天主敎人物傳』(中冊), 中華書局, 1988.

白晉, 馮做民 譯,『淸康乾兩帝與天主敎傳敎史』, 光啓出版社, 1966.

樊洪業,『耶蘇會士與中國科學』, 中國人民大學出版社, 1992.

梵蒂岡圖書館 Borg. Cinese. 316(14).

_____ Borg. Cinese. 317(10).

_____ Borg. Cinese. 317(4).

_____ Borg. Cinese. 317(8).

_____ Borg. Cinese. 319(4).

_____ Borg. Cinese. 439(a).

_____ Borg. Cinese. 439(a~h).

_____ Borg. Cinese. 439(b).

費賴之,『在華耶蘇會士列傳及書目』(上卷), 馮承鈞 譯, 中華書局, 1995.

徐海松,『淸初士人與西學』, 東方出版社, 2000.

閻宗臨, 閻守誠 編, 『傳敎士與法國早期漢學』, 大象出版社, 2003.

葉理夫, 「法國是如何發現中國的」, 『中國史研究動態』1981年 3期.

吳文俊 外編, 『中國數學史大系』, 北京師範大學出版社, 2000.

吳伯婭, 『康雍乾三帝與西學東漸』, 宗敎出版社, 2002.

王先謙, 『東華錄』卷21, "康熙八九", 齊魯書社, 2020.

王楊宗, 「明末淸初"西學中源"說新考」, 『科史薪傳－慶祝杜石然先生從事科學史硏究四十
　　　年學術論文集』, 遼寧敎育出版社, 1995.

魏若望, 吳莉葦 譯, 『耶蘇會士傳聖澤神甫傳－索隱派思想在中國及歐洲』, 大象出版社,
　　　2006.

李迪, 『中國數學史簡編』, 遼寧人民出版社, 1984.

李天綱, 『中國禮儀之爭－歷史·文獻和意義』, 上海古籍出版社, 1998.

張西平, 「序二－回到思想史」, 『詮釋的圓環－明末淸初傳敎士對儒家經典的解釋及其本土
　　　回應』(劉耘華), 北京大學出版社, 2006.

朱靜譯, 『洋敎士看朝廷』, 上海人民出版社, 1995.

中國第一歷史檔案館 編, 『康熙朝滿文朱批奏折全譯』, 中國社會科學出版社, 1996.

陳垣 編, 『康熙與羅馬使節關係文書影印本』, 故宮博物院, 1932.

韓琦, 「再論白晉的〈易經〉硏究－從梵蒂岡敎廷圖書館所藏手稿分析其硏究背景, 目的及反
　　　向」, 榮新江 外編, 『中外關係史－新史料與新問題』, 科學出版社, 2004.

黃伯祿, 『正敎奉褒』, 上海慈母堂重印, 光緖三十年甲辰孟秋月.

Claudia von Coliani, *P. Joachim Bouvet S. j. Sein Leben und sein Werk*, Steyler Verlag 1985.

Michael Lacker, "Jesuit Figurism", Thomas H. C. Lee (edited), *China and Europe*, The Chinese
　　　university of Hongkong, 1991.

John W. Witek, *Controversial Ideas in China and in Europe : A Biography of Jean-Francois
　　　Foucquet, S. J. (1665~1741)*, Roma, 1982.

제17장
『論語』「陽貨」.

『論語』「子罕」.

『論語』「憲問」.

『當代語言學』第1卷, 1999 第2期.

『道德經』下篇.

『馬先生六書實義』Borg. Cinese 357.

『說文解字』,「序」.

『周禮·地保·保氏』; 班固, 『漢書·藝文志』.

『周易』「繫辭傳上」第十一章.

『朱子語類』卷一「理氣上」.

鞠曦, 『〈中國儒敎史〉批判』, 中國經濟文化出版社, 2003.

紀昀, 『閱微草堂筆記』, 長江文藝出版社, 2019.

戴密微, 「法國漢學史」, 戴仁 外編, 耿昇 譯, 『法國當代中國學』, 中國社會科學出版社, 1998.

杜赫德 編, 鄭德弟 外譯, 『耶穌會士中國書簡集』上卷, 大象出版社, 2005.

鄧紹基 外編, 『元代文學史』, 人民文學出版社, 1991.

梁啓超, 「論學術之勢力左右世界」, 『飲氷室文集』第6卷, 中華書局, 1989.

黎錦熙, 「今序(1951)」, 『新著國語文法』, 商務印書館, 1998.

劉耘華, 『詮釋的圓環－明末淸初傳敎士對儒家經典的解釋及其本土回應』, 北京大學出版
　　　社, 2005.

馬伯樂, 「漢學」, 閻純德 外編, 『漢學硏究』第3集, 中國和平出版社, 1999.

馬若瑟, 「序言」, 『中國語言志略』, 1847년 영문판.

_____, 「儒敎實義」, 『天主敎東傳文獻續編』第2冊, 臺灣光啓出版社, 1966.

孟華, 『伏爾泰與孔子』, 新華出版社, 1995.

_____, 『他者的鏡像－中國與法蘭西孟華海外講演錄』, 北京大學出版社, 2004.

方豪, 「明萬曆間馬尼拉刊印之漢文書籍」·「流落于西葡的中文文獻」, 『方豪六十自定稿』下.

_____, 『中西交通史』, 岳麓出版社(書社), 1997.

範存忠, 『中國文化在啓蒙時期的英國』, 上海外語敎育出版社, 1991.

輔仁神學著作編譯會, 『神學辭典』, 光啓出版社, 1996.

伏爾泰, 『風俗論』上冊, 商務印書館, 1996.

濮之珍, 『中國語言學史』, 上海古籍出版社, 2002.

費賴之, 馮承鈞 譯, 『在華耶穌會士列傳及書目』上冊, 中華書局, 1995.

謝和耐, 『中國和基督敎』, 上海古籍出版社, 1991.

蘇爾·諾爾 編, 沈保義 外譯, 『中國禮儀之爭－西文文獻一百篇(1645~1941)』, 上海古籍出
　　　版社, 2001.

艾樂桐, 「歐洲忘記了漢語却發現了漢字」, 龍巴爾 外編, 『法國漢學』第一本, 淸華大學出版
　　　社, 1996.

王國維, 「宋元戲劇考」, 『王國維文集』第一卷, 中國文史出版社, 1997.

王明, 『道家和道敎思想硏究』, 中國社會科學出版社, 1984.

姚小平,「〈漢文經緯〉與〈馬氏文通〉-〈馬氏文通〉歷史功績重議」,『當代語言學』第1卷, 1999
　　　第2期.

魏若望, 吳莉葦 譯,『耶蘇會士傅聖澤神甫傳-索隱派思想在中國及歐洲』, 大象出版社,
　　　2006.

李奭學,『中國晚明與歐洲文學』, 中央研究院 臺北聯經出版社, 2005.

李申,『中國儒教史』, 上海人民出版社, 1999・2000.

李天綱,『中國禮儀之爭-歷史・文獻和意義』, 上海古籍出版社, 1998.

林庚,『中國文學簡史』, 北京大學出版社, 1995.

任繼愈 外編,『儒教問題爭論集』, 宗教文化出版社, 2000.

張拱貴・廖序東,「重印新著國語文法序」,『新著國語文法』, 商務印書館, 1998.

張西平,「入華傳教士漢語學習史研究-以羅明堅的漢語學習史爲中心」, 李向玉 外編,『世
　　　界漢語教育史研究』, 澳門理工學院, 2005.

＿＿＿＿,「中西文化的一次對話-清初傳教士與〈易經〉研究」,『歷史研究』第3期, 2006.

張風羲,「跋河南洛陽新出土的一件唐代景教石刻」,『西域研究』, 2007年 第一期.

鄭安德 編,『明末清初耶蘇會思想文獻滙編』第四卷 第四十五冊, 北京大學宗教研究所,
　　　2003.

中國第一歷史檔案館 編,『清中前期西洋天主教在華活動檔案史料』第一冊, 中華書局,
　　　2003.

陳受頤,「十八世紀歐洲文學里的趙氏孤兒」,『中歐文化交流史事論叢』, 臺灣商務印書館,
　　　1970.

天主教教務協進會,『天主教教理』, 天主教教務協進會出版社, 1996.

貝羅貝,「二十世紀以前歐洲語法學研究狀況」, 侯精一 外編,『〈馬氏文通〉與漢語語法學』.

何九盈,『中國古代語言學史』, 廣州教育出版社, 2000.

＿＿＿＿,『中國現代語言學史』, 廣東教育出版社, 2000.

何莫邪,「〈馬氏文通〉以前的西方漢語語法書概況」,『文化的饋贈-漢學研究國際會議論文
　　　集・語言學卷』, 北京大學出版社, 2000.

韓南,『中國近代小說的興起』, 上海教育出版社, 2004.

許光華,「16至18世紀傳教士與漢語研究」, 任繼愈 外編,『國際漢學』第六期, 大象出版社,
　　　2000.

許明龍 外編,『中西文化交流先驅』, 東方出版社, 1993.

＿＿＿＿,『黃嘉略與早期法國漢學』, 中華書局, 2004.

Cécile Leung, *Etienne Fourmont (1683~1745) Orient and Chinese Languages in Eighteenth-Century France*, Leuven University Press, 2002.

P. Du halde, *The General History of China, Volume the Second, Printed for J. Watts*, London.

Peverelli, P., *The History of Modern Chinese Grammar Studies*, Leiden University, 1986.

Knud Lundbæk, *T. S. Bayer(1694~1738), Pioneer Sinologist*, Curzon Press, 1986.

Knud Lundbæk, *Joseph de Prémare (1666~1736), S. J. Chinese Philology and Figurism*, Aarhus University Press, 1991.

Albert Chen, "S. J., Michele Ruggieri, S. J.(1543~1607) and Chinese Poems", *Monumenta Serica* 41, 1993.

Description Géographique, *Historique Chronologique Politique de l'Empire de la Chine et de la Tartarie Chinoise*.

Michel Lackner, Jesuit Figurism, Thomas H. C. Lee, ed., *China and Europe : Image and Influences in Sixteenth to Eighteenth Centuries*.

Claudia von Coliani, *P. Joachim Bouvet S. j. Sein Leben und sein Werk*, Steyler Verlag 1985.

제18장

計文德,『從四庫全書探究明清間輸入之西學』, 臺灣濟美圖書有限公司, 1991.

羅光,『天學初函影印本序』, 臺灣學生書局, 1965.

李東華,『方豪年譜』, 臺灣國史館, 2001.

李之藻, 「渾蓋通憲圖說・自序」,『渾蓋通憲圖說』.

李天綱, 「徐家彙藏書樓與明清天主教研究」,『相遇與對話』(내부 회의 논문).

_____, 「信仰與傳統－馬相伯的宗教生活」, 朱維錚 外編,『馬相伯傳』, 復旦大學出版社, 1996.

方豪, 「李之藻輯刻天學初函考」,『天學初函』重印本, 臺灣學生書周, 1965.

_____, 「影印辯學疏稿序」,『天主教東傳文獻續編』, 臺灣學生書局, 1966.

費頼之, 馮承鈞 譯,『在華耶穌會士列傳及書目』上冊, 中華書局, 1995.

徐宗澤,『明清間耶穌會士譯著提要』, 中華書局, 1989.

王重民,『冷廬文藪』, 上海古籍出版社, 1992.

田大衛,『民國總書目－宗敎卷』, 書目文獻出版社, 1994.

鄭安德 編輯,『明末淸初耶穌會思想文獻匯編』, 第47冊(未公開出版物), 北京大學宗敎研究所, 2003.

鍾鳴旦 外編,『徐家彙藏書樓明淸天主敎文獻』第三冊, 臺灣輔仁大學神學院, 1996.

朱維錚 外編,『馬相伯集』.

陳智超 編,『陳垣來往書信集』, 上海古籍出版社, 1993.

馮承鈞,『西域南海史地考證譯叢』1~3卷, 商務印書館, 1995.

黄一農,「明末清初天主教傳華史研究回顧與展望」,『國際漢學』第四期.

Adrian Dudink, 'The ZIKAWEI(徐家彙) Collection in The Jesuit Theologate Library at FuRen
　　　輔仁 University(Taiwan) : Background and Draft Catalogue', Sina-Western Cultural
　　　Relation Journal XVII(1996), Amsterdam.

Albert Chan, *S. J. Chinese Books and Documents in the Jesuit Archives in Rome*, An East Gate
　　　Books, 2004.

Sino-Western Cultural Relations Journal XVIII(1996).

Paul Pelliot 編, 高田時雄 補編, *INVENTAIRE SOMMAIRE DES MANUSCRITS ET IM-
　　　PRIMES CHINOIS DE LA BIBLIOTTEQUE VATICANE*, KYOTO, 1995.

Borg. Cinese. 392~393.

Vat. east. Or. 7.

Vat. Estr. Or. 2mulu.

Borg. Cinese. 495.

찾아보기